Duncan Haws

SCHIFFE UND MEER

Chronik der Seefahrt

Delius Klasing Verlag

INHALT

KAPITEL 1   Seite 9

Primitivfahrzeuge in aller Welt. Das älteste bekannte Schiff, die älteste Schiffsabbildung. Die Phönizier als Seefahrer. Fahrzeuge auf dem Nil. Frühe Kriegsschiffe. Biremen und Triremen. Die *Lex Rhodia*. Die Schlacht von Salamis. Die SYRACUSA. Die Schlacht von Actium. Römische Kriegs- und Handelsschiffe.

KAPITEL 3   Seite 65

Das Handels- und Seefahrtsimperium des Jacques Coeur. Kolumbus und die Entdeckung Amerikas. Vasco da Gama. Magellans Weltumseglung. Carpentier. Die Schlacht von Lepanto. Die Reise der GOLDEN HIND. Die spanische Armada. Die East India Company. WASA. Die Freibeuter.

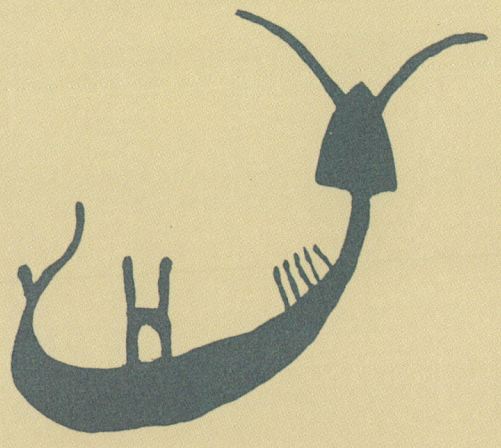

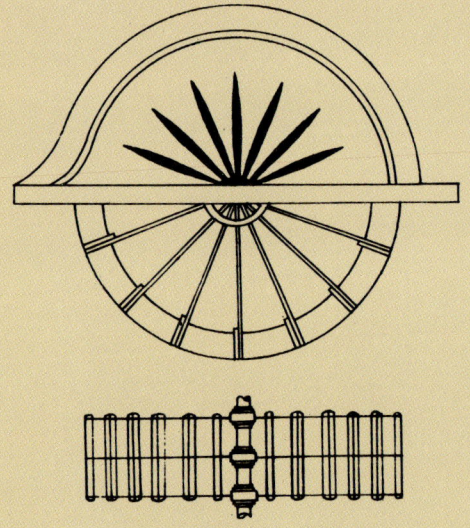

KAPITEL 2   Seite 41

Skandinavischer Schiffbau. Handelsschiffe im Mittelmeer. Das „Griechische Feuer". Das Zeitalter der Wikinger. Arabischer Einfluß im Mittelmeer – das Lateinersegel. Die Invasion der Normannen in England. Die Kreuzzüge. Das Seerecht von Oléron. Die Cinque Ports. Die Hanse. Die Kogge.

KAPITEL 4   Seite 99

Berings Entdeckungsreise. Das Pressen von Mannschaften. Lloyd's in London. Die Boston Tea Party. Das erste einsatzfähige Unterseeboot. John Paul Jones. Die Meuterei auf der BOUNTY. Der erste Versuch mit Dampfantrieb. Trafalgar. Die CLERMONT. Die Ausbreitung des Dampfantriebes in Europa. Die SAVANNAH. Die CURAÇAO.

KAPITEL 5 Seite 119

Der erste Klipper. Der Wettstreit auf der Nordatlantik-Route. Die Zunahme des Welthandels. Radantrieb gegen Propellerantrieb. Die GREAT EASTERN. Das erste Panzerschiff. Handel und Segelschiffahrt: Wolle, Nitrat, Tee. Die Ära der Klipper. Die Ausbreitung des Dampfantriebes. Der Walfang. Die Eröffnung des Suezkanals. Die großen Passagierschiffe. Die TURBINIA.

KAPITEL 6 Seite 171

Der Russisch-Japanische Krieg. Die DREADNOUGHT. Das Motorschiff SELANDIA. Die Eröffnung des Panamakanals. Der Erste Weltkrieg. Das Unterseeboot. Der Wiederaufbau der Handelsflotten. Der Bau des letzten Segelschiffes. Die Weltwirtschaftskrise. Die QUEEN MARY. Der Zweite Weltkrieg.

KAPITEL 7 Seite 211

Der Beginn der Spezialisation. Das schnellste Passagierschiff. Das erste Schiff mit Nuklearantrieb. Der Tanker-Boom. Das Ende des Passagierschiffs im Liniendienst. Roll-on/Roll-off-Fähren. Ölbohrinseln. Lash-Schiffe. Die GLOBTIK TOKYO, ein Schiff von einer halben Million Tonnen Tragfähigkeit. Das Projekt eines Dyna-Schiffes.

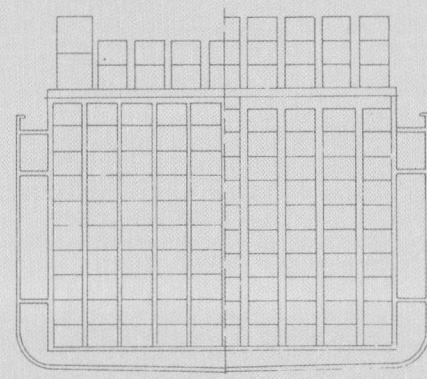

LITERATUR-NACHWEIS Seite 235

Leser, die sich näher mit den hier angeschnittenen Themen beschäftigen wollen, finden hier ein Verzeichnis der weiterführenden Werke.
Stichwortverzeichnis mit über 1000 Stichworten.

World Copyright © Nordbok, Gothenburg, Sweden

Die Deutsche Bibliothek – CIP-Einheitsaufnahme

Haws, Duncan:
Schiffe und Meer: Chronik der Seefahrt/Duncan Haws.
(Dt. Übers.: Dieter Jung, Ulrika Seifert). – 1. Aufl. – Bielefeld:
Delius Klasing, 2000
Einheitssacht.: Ships and the sea <dt.>
ISBN 3-7688-1225-1

1. Auflage
ISBN 3-7688-1225-1
Die Rechte für die deutsche Ausgabe liegen beim Verlag
Delius, Klasing & Co. KG, Bielefeld

Deutsche Übersetzung:
Seiten 9-235: Dr. Dieter Jung
Seiten 236-254: Ulrika Seifert
Einbandgestaltung: Gabriele Engel
Printed in Spain 2000

Alle Rechte vorbehalten! Ohne ausdrückliche Erlaubnis des Verlages darf das Werk,
auch nicht Teile daraus, weder reproduziert, übertragen noch kopiert werden,
wie z. B. manuell oder mit Hilfe elektronischer und mechanischer Systeme inklusive
Fotokopieren, Bandaufzeichnung und Datenspeicherung.

Delius Klasing Verlag, Siekerwall 21, D-33602 Bielefeld
Tel.: 0521/559-0, Fax: 0521/559-113
e-mail: info@delius-klasing.de
http://www.delius-klasing.de

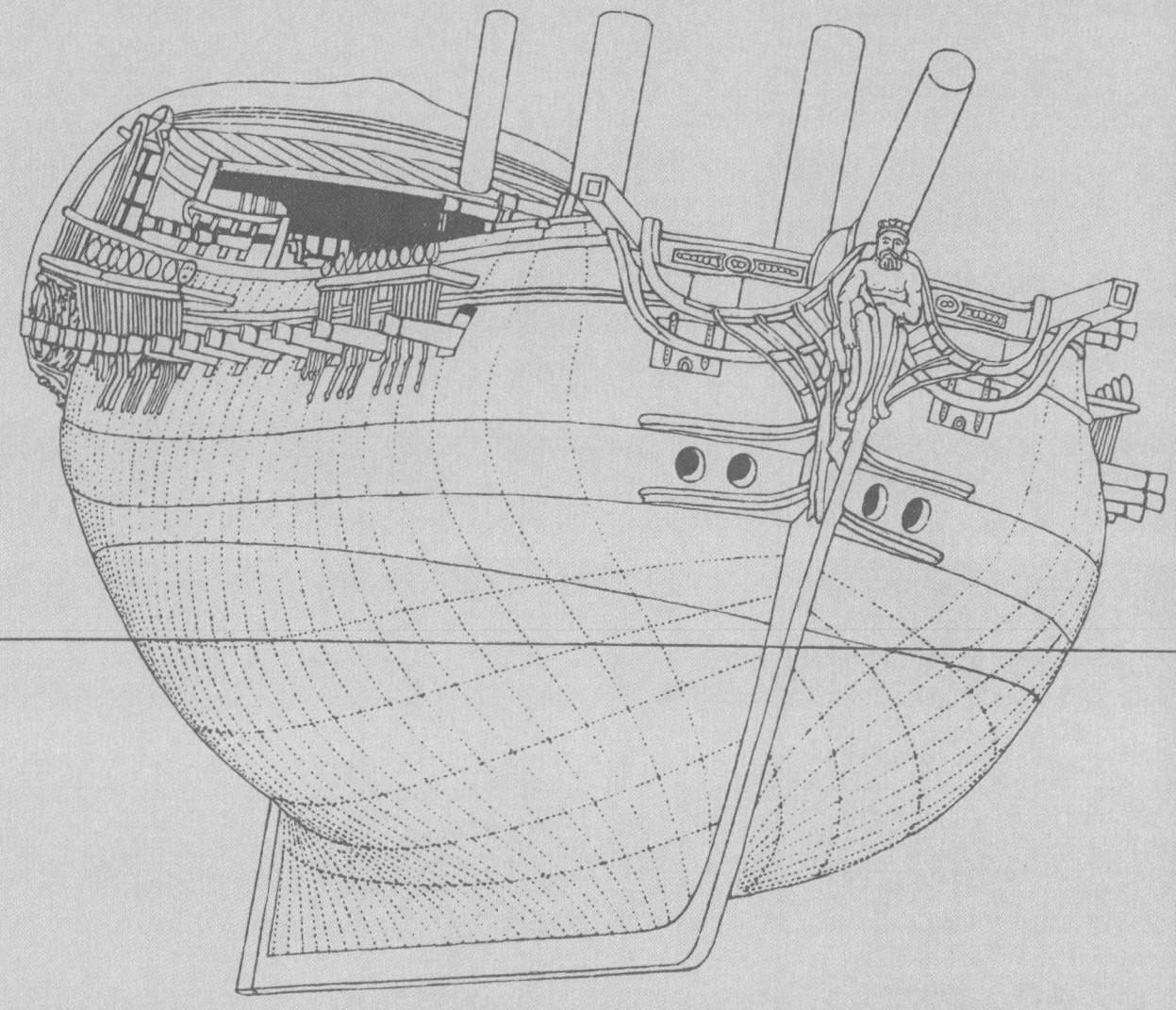

SCHIFFE UND MEER ist konzipiert und hergestellt worden von AB NORD-BOK, Gothenburg, Schweden, in Zusammenarbeit mit dem Autor Duncan Haws und vielen nautischen Experten und Institutionen aus allen Teilen der Welt.
Redaktion: Einar Engelbrektson und Turlough Johnston.
Entwurf: Tommy Berglund.
Künstlerische Gestaltung: Syed Mumtaz Ahmad, Terry Allen, Leif Andersson, Toivo Andersson, Tommy Berglund, Bill Easter, Curt Edvardsson, Henry Forsell, Nils Hermansson, Bertil Karlsson, Hans Linder, David Penney, Holger Rosenblad, Spectron Artists, Tecknargården, Roland Thorbjörnsson, John Wood Associates.

Autor und Verleger möchten auf diesem Wege ihren Dank an jene aussprechen, die ihnen mit Rat, Informationen und Material geholfen haben:
American Institute of Nautical Archaeology
George F. Bass
Charles Barren
British Museum
Compagnie Générale Transatlantique
The 'Cutty Sark' Society
Musée de la Marine, Paris
National Maritime Museum, Greenwich
Scheepvaartsmuseum, Amsterdam
Sjöfartsmuseum, Gothenburg
Sjöhistoriska Muséet, Wasavarvet, Stockholm
Tor Line

Die Illustrationen auf den Seiten 25–28 basieren auf Zeichnungen von Richard Schlecht aus "Archaeology beneath the Sea" von George F. Bass (Walker & Co., New York, 1975).
Die Reproduktionen auf den Seiten 147 und 160 sind von der Mary Evans Photo Library zur Verfügung gestellt worden.
Der Abdruck der Illustrationen auf den Seiten 217–220 erfolgte mit freundlicher Genehmigung der Exxon Corporation und "The Lamp".

VORWORT

Keine Aufgabe, die sich der Menschheit stellte, war so gewaltig, so großartig wie die langsam fortschreitende Eroberung der Weltmeere. Die Eroberung der Luft und des Weltraumes mag spektakulärer erscheinen, doch geht die hierbei verwendete Technologie auf die im Dunkel der Geschichte verborgene Zeit zurück, als sich der Mensch zum ersten Male zögernd dem Wasser anvertraute. Ohne jenen ersten Schritt wäre der spätere Schritt in den Weltraum vielleicht nie getan worden.
Drei Viertel der Erdoberfläche sind von Salzwasser bedeckt. In diese gewaltigen Ozeane münden alle Ströme und Flüsse, seien sie breit oder schmal, gemächlich fließend oder reißend. So verwundert es nicht, daß sich in den ältesten Überlieferungen fast aller Kulturen bereits Hinweise auf Wasserfahrzeuge finden.

Unter der Menge der Errungenschaften der Menschheit stellt die Eroberung der Meere, d. h. die Fähigkeit, Schiffe jeder nur denkbaren Art zu entwerfen, zu bauen, anzutreiben und zu navigieren, ein Wahrzeichen für die Erfindungsgabe und die Zielstrebigkeit des Menschen dar.
Über fast siebentausend Jahre ist die Geschichte des Meeres und des Menschen ein Spiegelbild seiner physischen Kraft allein: Muskelkraft wurde zur Fortbewegung von Flößen und Booten in Stillwasser benötigt, selbst dann noch, als die Segel die Riemen ablösten.
Die Römer gaben ihren Schiffen das Bugspriet, befestigten daran das schmale, stabilisierende Sprietsegel und wiederholten damit, was die Chinesen fünf Jahrhunderte zuvor schon getan hatten. Die Wikinger benutzten vor einem Jahrtausend das einzelne, große Rahsegel, das die Ägypter schon vor zweitausend Jahren kannten.
Rigg und Segel des Flaggschiffes von Kolumbus, der SANTA MARIA, fanden sich so im Prinzip noch bei der MAYFLOWER der Pilgerväter. Nach einigen Augenblicken der Überraschung und einigem versuchsweisen Holen an den Brassen hätte Drakes Mannschaft der GOLDEN HIND ohne Zweifel auch die CUTTY SARK segeln können. Nur die Größe und die eleganten Linien des Klippers hätten die Seeleute des 16. Jahrhunderts in Erstaunen versetzt.
Während einiger Jahrtausende erfüllten die Segel eine einzige Aufgabe: die Antriebskraft des unberechenbaren Windes zu nutzen. Erst von 1800 an, d. h. in weniger als zwei Jahrhunderten, wurden Antriebsmaschinen aus ersten, tastenden Anfängen zur heutigen Reife entwickelt. Im Verlauf dieser Entwicklung änderte sich das Erscheinungsbild des Seeschiffes so sehr, daß es nicht mehr wiederzuerkennen war.
Hätte man den Maschinisten der SIRIUS des Jahres 1838 in den Maschinenraum eines Dampfers um 1920 versetzt, wäre er hilflos gewesen. Geht man nur fünfzig Jahre weiter, so ist ein Ingenieur des Jahres 1920 angesichts der Kompliziertheit heutiger Schiffe verwirrt, wenn nicht sogar ratlos.
Mit diesem Buch soll die aufregende Geschichte der Schiffe und Meere erhellt werden – von den bescheidenen Anfängen bis zum heutigen Tage.

KAPITEL 1

Die Ökologie, ein Teilgebiet der Biologie, das sich mit den Beziehungen der Lebewesen zur umgebenden Außenwelt befaßt, geht von zwei grundsätzlichen Behauptungen aus:
Primitive Völker, vor dieselbe Aufgabe gestellt und mit denselben Mitteln ausgestattet, reagieren auf ein und dieselbe Weise.
und:
Ändern sich die Mittel nicht, ändern sich auch nicht die Methoden zur Bewältigung der Aufgaben.
Daraus läßt sich schließen, daß unsere ältesten Vorfahren auf sehr ähnliche Weise ihre Boote bauten und nutzten wie die heutigen Naturvölker.
Ebenso wie die Gestalt des Menschen über Tausende von Jahren unverändert geblieben ist, hat sich auch die Form des Einmannbootes im Prinzip nicht gewandelt. Derartige Boote gibt es auch heute noch überall in der Welt, nicht nur bei den Primitiven. Auf vielen von Schilfrohr und Binsen umgebenen afrikanischen Seen werden seit eh und je von Lederriemen zusammengehaltene Papyrusbündel als Fortbewegungsmittel benutzt, denen zum Beispiel auch die Schilfflöße der Fischer und Vogelfänger auf den heutzutage flachen Seen Südsardiniens entsprechen. Die Balsas, jene Flöße aus dem leichten Balsaholz in Südamerika, sind den afrikanischen Booten bemerkenswert ähnlich.

Alle diese Fahrzeuge sind charakteristisch für stille Gewässer. Um Flüsse oder Tidengewässer zu bezwingen, entwickelten die Primitiven eine andere Technik: sie fertigten Einbäume oder Kanus an. Diese Boote, durch Brennen und Aushauen aus einem einzigen Baumstamm herausgearbeitet, gibt es auch heute noch. In nördlichen Breiten, wo für diesen Zweck geeignete Bäume selten sind, erstellten die Alten ein Gerippe aus Astwerk, das sie außen mit Tierhäuten bespannten, die durch Lederriemen zusammengeschnürt wurden.
Der primitive Mensch versuchte allemal, den einfachsten und effektivsten Weg für den Transport zu Wasser zu finden. So wählte er nur zwischen zwei Antriebsarten, als er von der reinen Handarbeit abrückte: dem Staken mit einer Art Stange, möglicherweise einem Bambusrohr, und dem Paddeln, vielleicht mittels der Schale einer großen Nuß oder eines flachen Holzstücks. Riemen treten bei diesen einfachen Booten noch nicht in Erscheinung.
Wasserfahrzeuge scheinen zuallererst zum Fischen und zum Überqueren von Flüssen und anderen schmalen Gewässern benutzt worden zu sein. Interessant ist, daß auch heute noch Abkömmlinge dieser ersten Boote für eben diese Zwecke verwendet werden. Ein Beispiel dafür ist das Bambusfloß in Malaysia, das sich, bedingt durch die einfache Bauweise und das stete Vorhandensein der wesentlichen Baumaterialien, in den Jahrhunderten kaum verändert haben kann. Auch die Methode des Fischfangs blieb dort sicher dieselbe, wenn auch mittlerweile das Netz den primitiven geflochtenen Blätterkorb ersetzt hat.
Wie sehr die Umgebung die Formgebung der Boote beeinflußte, wird am Beispiel des Pazifischen Ozeans deutlich:
Hier war das Problem der Brandung rings um die vielen tausend Inseln zu bewältigen. Die hohen einheimischen Palmen waren zu schlank, um sie auszuhauen und als Kanus zu verwenden. Und Flöße daraus wären viel zu sperrig geworden. So kam es zur Entwicklung des Auslegerbootes. Es besteht zumeist aus einem Einbaum, dessen Stabilität durch einen an langen Querhölzern befestigten Schwimmkörper, den Ausleger, hergestellt wird. Mit diesem Kenterschutz versehen, ließen sich die Boote durch die Brandung paddeln.
Die örtlichen Gegebenheiten führten im hohen Norden zu einer anderen, zwangsläufigen Entwicklung. Das Wasser ist hier gewöhnlich so kalt, daß es dem sicheren Tod gleichkommt, wenn man ihm länger als einige Sekunden ausgesetzt ist. Offene Boote und Flöße waren hier nutzlos. So erfand der Mensch das Kajak, ein leichtes, mit Tierhäuten überzogenes, geschlossenes Boot, in das der Fischer durch eine enge Öffnung an der Oberseite hinein-

schlüpfte. Ein langes Doppelpaddel ermöglichte es, die Balance zu halten.

Als sich der Tauschhandel auszubreiten begann, wurde die Aufgabe, Güter, Vieh und Menschen zu transportieren, durch den Bau größerer Flöße gelöst. Ihre Schwimmfähigkeit wurde zuweilen durch aufgeblasene Tierhäute verbessert. So hatte die Entwicklung des Handels von den ersten Anfängen an stets direkten Einfluß auf den Schiffbau – eine Tendenz, die in der gesamten Geschichte zu beobachten ist.

Der Zeitraum von 5000 bis 3200 v. Chr. wird von den Ägyptologen als vordynastische Zeit bezeichnet. Es ist die Zeit, bevor die Pharaonen das Land regierten, eine Zeit auch, als „Ägypten" noch kein Königreich war. Viele andere Völker lebten ebenfalls an den Küsten des Mittelmeeres und des Roten Meeres. Aus dem größten Teil dieser Epoche gibt es keine schriftlichen Überlieferungen, denn die Hieroglyphenschrift der Ägypter kam erst um 3500 v. Chr. auf. Nur mündliche Überlieferung gab den Völkern eine gewisse Kontinuität in ihrer Mythologie und Folklore, ihrer Geschichte und ihren Traditionen. Die Geschichte dieser ältesten Zeit war gesprochene Geschichte. Die Erzähler neigten damals wie heute dazu, ihre Erzählungen auf den neuesten Stand zu bringen und sie nach Gutdünken auszuschmücken. Und so gab es auch damals viele Gelegenheiten, mit den Ereignissen, die sich vor tausend oder zweitausend Jahren zugetragen hatten, ungenau umzugehen.

Dennoch gibt es einen Zeitpunkt in den Überlieferungen, wo plötzlich das Schiff in Erscheinung tritt. Und genau das ist auch der Zeitpunkt, zu dem seine Geschichte beginnt. Das muß um etwa 3500 v. Chr. der Fall gewesen sein.

Die älteste Überlieferung von Schiffen findet sich auf Wänden von Gräbern, auf verzierten Urnen und Gefäßen. Es handelt sich um grobe Zeichnungen, die manchmal den Eindruck machen, als wären sie das spielerische Ergebnis einer freien Stunde. Bei ihrer Betrachtung in den verschiedenen Museen gewinnt man leider nur einen verschwommenen Eindruck. Sie sind im Maßstab und Detail verzerrt wie etwa eine Kinderzeichnung.

Diese frühesten Überlieferungen von Schiffen in Ägypten beweisen eindeutig die Wichtigkeit des Nils für das Leben dort, die er auch heute noch besitzt. Die jährlichen Überschwemmungen des Nils sorgen für die Bewässerung und die Düngung des Bodens. Der Fluß ist Hauptverkehrsweg, seit sich die ersten Menschen im Niltal ansiedelten. An fast jedem Tag bläst der Wind einige Stunden lang direkt aus Norden. Dann ist es möglich, stromauf zu segeln. Da der Strom nach Norden fließt, können Boote entweder stromab driften oder gepaddelt werden. So ist der Fluß in der ganzen überlieferten Geschichte als der Hauptverkehrsweg Ägyptens benutzt worden. Unter den ägyptischen Hieroglyphen bedeutet ein Schiff unter Segeln „südwärts", ein Schiff ohne Segel „nordwärts".

Ägypten war zu keiner Zeit stark bewaldet. Die dort vorkommenden Bäume, Akazien, Tamarisken und Feigen, bleiben klein. Im alten Ägypten gab es jedoch im Überfluß die Papyrusstaude, *Cyperus papyrus*. Das ist heute nicht mehr der Fall, doch damals gewann man daraus Papier, und für Jahrtausende lieferte sie das Hauptbaumaterial für Flußfahrzeuge. Noch heute geschieht der Bau von Rümpfen dort, wo Papyrus noch zur Verfügung steht, in unveränderter Weise. Er beginnt mit einem großen, zentralen Papyrusbündel, an dem parallel dazu kleinere Stränge befestigt werden, so daß sich die Breite, kaum jedoch der Tiefgang vergrößert. Die Seiten sind nicht hochgezogen, und die Oberfläche des Fahrzeugs ist mehr oder weniger plan. Es besitzt auch weder Vor- noch Achtersteven. Tatsächlich ist es der nächste Verwandte des Floßes. Schutzeinrichtungen an Deck werden einfach in die Papyrusbündel hineingetrieben und festgezurrt. Die Fahrzeuge halten nur ein bis zwei Jahre – dann haben sie sich mit Wasser vollgesogen und beginnen zu faulen. Ähnliches gilt für die Balsas in Südamerika.

Natürlich kannte man nicht nur im alten Ägypten den Gebrauch von Wasserfahrzeugen. Ähnliche Papyrusfahrzeuge sind vom Euphrat im Gebiet des heutigen Irak bekannt, wo auch die ähnlich primitive Cufa oder Guffa gebaut wurde.

Nach phönizischen Überlieferungen schreibt der Chronist Sanchoniathon den ersten Gebrauch von Holz für den Schiffbau Onous zu. Leider ist von diesen beiden Phöniziern nicht bekannt, wann sie lebten.

In den nächsten zweitausend Jahren entfaltete sich schrittweise der Handel. Viele Nationen, vor allem die Phönizier, Griechen, Römer und Kreter, entwickelten eine eigene Seefahrtstradition. Während der Sommermonate besegelten ihre Schiffe das Mittelmeer in voller Länge und Breite und trieben überall Handel. Einige unerschrockene Seeleute wagten sich sogar noch weiter. Es ist überliefert, daß im Jahre 611 v. Chr. eine phönizische Expedition Suez verließ, um so weit zu segeln, bis das Land an Steuerbord ein Ende haben würde. Vier Jahre später liefen sie in Alexandrien ein und hatten ganz Afrika umsegelt.

Es gibt keine Nachricht, wann ein Schiff erstmalig als Kriegsschiff benutzt wurde. Die ersten Abbildungen seegehender Fahrzeuge finden sich im Totentempel des Pharaos Sahure aus der Zeit um 2700 v. Chr., der Expeditionen nach Punt ausrüsten ließ.

Der Aufstieg des griechischen und des römischen Imperiums führte zum Bau größerer, leistungsfähigerer Kampfschiffe und Truppentransporter. Der Handel mit den verschiedenen Außenposten des römischen Weltreiches erforderte seetüchtige Handelsschiffe und Schiffsführer, die die Navigation beherrschten. Die moderne Unterwasser-Archäologie hat unser Wissen vom Aussehen dieser Schiffe und vom Leben der Männer, die sie segelten, sehr bereichert. Dadurch ist z. B. bekannt, daß schon um 300 v. Chr. Nägel zum Schiffbau verwendet wurden. Die Entwicklung der Schiffahrt erfuhr einen bemerkenswerten Auftrieb durch die Annahme der *Lex Rhodia*. Das war eine Zusammenstellung von Gesetzen für Handel und Wandel auf See, die von den meisten seefahrenden Nationen der damaligen Welt anerkannt wurden. Die Beziehungen zwischen den einzelnen Völkern gewannen damit sowohl auf dem Gebiet der Schiffahrt wie dem des Handels eine neue Ebene.

PRIMITIVE FAHRZEUGE

A Das Eskimokajak ist leicht, aber wasserdicht. Die über das Rahmenwerk gespannten Häute müssen um so viel nachgeben können, daß sie einen Stoß gegen Eis überstehen, ohne zu zerreißen.

B Das amerikanische Indianerkanu ist über einem Holzrahmen mit Rinde oder, seltener, Häuten bespannt. Hier wird im Gegensatz zum Eskimokajak ein Paddel mit nur einem Blatt verwendet.

C Das Coracle findet sich in Irland, Wales und Schottland.

D Einbäume werden auf allen Flüssen der Erde benutzt.

E Ein Rindenkanu aus Britisch-Kolumbien. Die Rinde ist auf die Spanten genäht.

F Ein Balsa mit Segel vom Titicacasee in Südamerika.

G Auslegerboot mit Segel aus Westafrika.

H Ein Papyrusboot vom Tchadsee. Es kann gewöhnlich nur für eine Saison benutzt werden, weil es durch die Nässe verrottet.

I Die Cufa oder Guffa wird von Herodot schon vor ca. 2500 Jahren beschrieben. Noch heute wird sie auf Euphrat und Tigris benutzt. Sie besteht aus einem fellüberzogenen hölzernen Rahmenwerk.

J Zum Fischfang benutztes Bambusfloß des Malayischen Archipels.

SCHIFFE UND MEER

A *Boot auf einem ägyptischen Gefäß um 4000 v. Chr. Ein Krieger steht auf einer der beiden Hütten. Zahlreiche Riemen scheinen vorhanden zu sein, ferner ein blättertragender Zweig am Bug.*
B *Schiffsabbildung in einer Felszeichnung im Wadi Hammamet, Ägypten (4000 v. Chr.).*
C *Ein halbmondförmiges Boot, ebenfalls aus dem Wadi Hammamet, 4000 v. Chr.*
D *Die älteste bekannte Abbildung eines Schiffes, Hierakonpolis, 5000 v. Chr.*
E *Das Schiff aus der Nubischen Wüste, 5000 v. Chr.*
F *Boot auf einem ägyptischen Gefäß um 4000 v. Chr., ähnlich dem in Abb. A.*
G *Fischernachen aus dem Grab des Tiyi, eines Würdenträgers der 5. Dynastie (etwa 2500 v. Chr.).*
H *Bau eines Papyrusbootes (ca. 2800 v. Chr.).*
I *Ein weiteres Schiff auf Felszeichnungen in der Nubischen Wüste.*

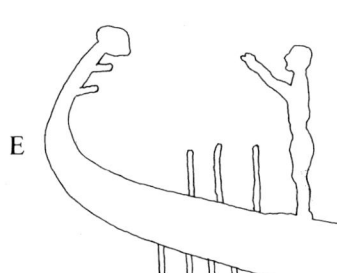
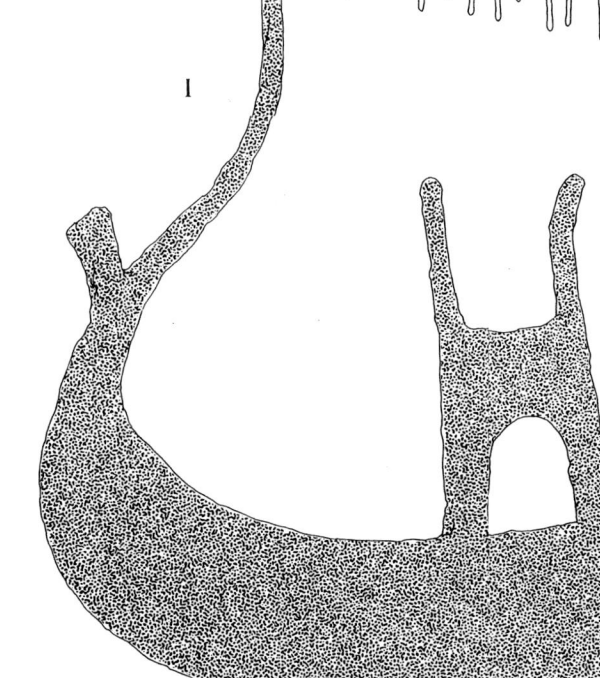

CA. 5000 V. CHR.
Die ältesten bekannten Schiffsdarstellungen stammen aus dieser Zeit und wurden in Hierakonpolis in Ägypten gefunden. Das Papyrusboot zeigt das heute vertraute „Skorpionsschwanz-Heck" und einen abfallenden Bug. An Backbord ist der Steuerriemen eingehängt, etwas vorlich befindet sich eine Hütte. Ferner sind zwei Ruderer dargestellt.

CA. 5000 V. CHR.
Etwa aus der gleichen Zeit stammt die erste Abbildung eines besegelten Schiffes auf einer Totenurne, die bei Luxor gefunden wurde. Das Segel ist an einem einzelnen Mast befestigt. Achtern befindet sich ein kleines Deckshaus. Der hochaufragende Bug ist mit einem Fisch oder Vogel geschmückt. Normalerweise befand sich das Deckshaus vor der Mitte. Wenn dies auch hier zutrifft, könnte der verzierte Bug auch das Heck darstellen. Dann ließen sich „Verzierungen" als Steuerplattform und Steuerriemen deuten – doch warum steht dann der Mast so weit achterlich? Er sollte sich normalerweise so weit vorn wie möglich befinden. Bei dieser Deutung wäre dies ein schwer zu manövrierendes Fahrzeug, es sei denn, der Rudergänger hätte gleichzeitig auch das Segel bedient. Es könnte auch sein, daß das Deckshaus vorn einem Passagier Schutz bieten sollte, während hinten am Heck der Ruderer stand, etwa wie bei den heutigen venezianischen Gondeln. In diesem Fall würde die Malerei die erste Darstellung eines „Passagierschiffes" sein!

CA. 5000 V. CHR.
Eine Felszeichnung eines Schiffes aus der Nubischen Wüste stammt ebenfalls aus dieser Epoche. Wieder weist das Schiff das dem Schwanz eines Skorpions ähnelnde Heck auf. Der Bug ist aufwärtsgekrümmt und trägt eine gehörnte Bugzier. Dieser Schmuck ist in dieser Zeit häufig. Schädel und Hörner eines Stieres vertrieben z. B. böse Geister. Sie galten ferner als die „Augen" des Schiffes. Schließlich hatten sie für die Mannschaft auch noch eine religiöse Bedeutung. Die Haltung des Menschen auf der Zeichnung könnte man als das Anflehen eines Gottes deuten.

Dann könnte es sich bei dem Deckshaus auch um einen Altar handeln. Verschiedene Striche seitlich am Bug werden nicht als Riemen, sondern als Versuch des Künstlers gedeutet, Wasser darzustellen.
Die Abmessungen des Bootes werden, indem man von der menschlichen Figur ausgeht, auf etwa 6,1 m Länge und 1,2 m Breite geschätzt. Rechnet man mit einem Rudergänger, drei Ruderern und zwei Aufsichtspersonen, hätte das Boot sechs Menschen tragen können.

3400 V. CHR.

Die Geschichte Ägyptens unter der Herrschaft der Pharaonen beginnt mit dem ersten König Narmer, der Ober- und Unterägypten zum sogenannten „Alten Reich" einte. Von diesem Zeitpunkt an lassen sich viele recht genaue Angaben über das Leben und den Handel in Ägypten zusammentragen.
Es ist z. B. bekannt, daß die Ägypter etwa zu dieser Zeit mit seegehenden hölzernen Schiffen die Küsten Syriens überfielen. Es waren beplankte Schiffe, die jedoch weder Kiel, Bug noch Achtersteven, ja nicht einmal Spanten besaßen. Sie wurden aus dicken Zedernholzplanken gebaut, die mit hölzernen, stundenglasförmigen Doppelkeilen verbunden wurden. Quoll das Holz im Wasser, stießen die Planken dicht aneinander. Zwei Seile gaben dem Bau größere Stabilität. Eines wurde über Decksstützen vom Bug zum Heck gespannt, das andere außen um den Schiffskörper gewunden. Die Schiffe führten einen Zweibeinmast mit einem Rahsegel an der Nock. Dieses Segel konnte nur bei achterlichem Wind eingesetzt werden. Für eine Möglichkeit zum Halsen oder gegen den Wind zu segeln gibt es wenig oder keine Hinweise. Die Benutzung paariger Steuerriemen, für deren Handhabung zwei oder vier Mann benötigt wurden, läßt auf Größe und Gewicht dieses Schiffstyps schließen.
Er war mit einer großen Anzahl von Ruderern, möglicherweise bis zu 24, besetzt. Diese übernahmen den Antrieb, wenn das Segel nicht eingesetzt werden konnte.
In diesem Fall wurden Mast und Segel in eine Schere niedergelegt.

SCHIFFE UND MEER

2613 V. CHR.
Die 4. Dynastie in Ägypten wurde unter dem Pharao Snefru gegründet. Er war ein großer Schiffbauer. Eine seiner Leistungen bestand darin, 40 Schiffe mit Zedernholz von Byblos in Phönizien nach Ägypten zu bringen.
Das älteste Schiffahrtsdokument aus dieser Zeit ist eine Rechnung über Zedernholz. Zedernholz wurde für die verschiedensten Bauten und den Schiffbau benötigt.
Auf Snefru folgte der Pharao Cheops. Er ließ die erste der großen Pyramiden errichten. Als er starb, erhielt er als Grabbeigabe unter anderem die Teile eines hölzernen Bootes von 48,8 m Länge und 6,1 m Breite. Dieses Boot war völlig eingedeckt und für 20 Ruderer eingerichtet. Ein Mast fehlte jedoch.

CA. 2600 V. CHR.
Etwa für diese Zeit wird den Chinesen die Erfindung des Kompasses zugeschrieben. Ein Stückchen Magneteisenstein wurde auf einem Bambusrohr montiert, das in einem Ölgefäß schwamm. In alten chinesischen Schriften finden sich verschiedene Hinweise auf diesen Kompaß. Doch gibt es hier noch eine ungeklärte Frage. Etwa 4000 Jahre nach der Erfindung des Kompasses durch die Chinesen besuchte Marco Polo China und berichtete systematisch über alles, was er beobachtete. Er war ein zuverlässiger Berichterstatter, und doch fehlt in seinen Aufzeichnungen jeder Hinweis auf den Gebrauch eines Instruments zur Feststellung der Nordrichtung. Er berichtete, daß dies nur mit Hilfe der Sonne und des Polarsterns geschah.

CA. 2600 V. CHR.
Pharao Sahure entsandte acht ägyptische Schiffe gegen die syrische Küste, die mit vielen Gefangenen heimkehrten. Ein Relief an der Pyramide Sahures zeigt deutlich das Aussehen dieser Schiffe.

CA. 2400 V. CHR.
Die Abbildungen aus dieser Epoche zeigen ein neues Merkmal im Schiffbau, das für Jahrhunderte beibehalten werden sollte. Da die Schiffe länger wurden, nahm die Tendenz zum Verbiegen und zur Senkung von Bug und Heck zu. Um dem entgegenzuwirken, wurde eine Anzahl verdrillter Seile über Decksstützen vom Bug zum Heck geführt. Dieses Tau ließ sich mit Hilfe einer dazwischengesteckten Spiere weiter verkürzen und so ein Durchbiegen korrigieren. Ein weiteres Tau – auf den Schiffen des Sahure werden auch zwei gezeigt – lief in Höhe des Decks um den Schiffsrumpf. Das beweist, daß Längs- und Querspanten noch unbekannt waren. Mit zunehmender Schiffsgröße wurden später die Brassen vorn und achtern an einem Strang von Tauwerk befestigt, der dicht vor den Schiffsenden um den Rumpf geführt war. Diese Technik ist an den Abbildungen der Schiffe zu erkennen, die die Königin Hatschepsut in das Land Punt entsandte.
Derartige Verstärkungen an beiden Enden des Schiffskörpers finden sich noch heutzutage bei den flachgehenden Mississippi-Schiffen.

2000–200 V. CHR.
Seegehende, segelführende Handels- und Kriegs-

A *Ein Schiff aus der Flotte des Pharao Sahure (um 2400 v. Chr.).*
B *Ägyptisches Flußboot (ca. 2000 v. Chr.).*
C *Das Hjortspring-Boot (ca. 300 v. Chr.).*
D *Den Chinesen wird in der Hsia-Dynastie die Erfindung des Kompasses zugeschrieben.*
E *Ein frühes skandinavisches Schiff aus der Bronzezeit (Felszeichnung in Schweden).*
F *Das Schiff des Odysseus, dargestellt auf einer attischen Vase im Britischen Museum.*

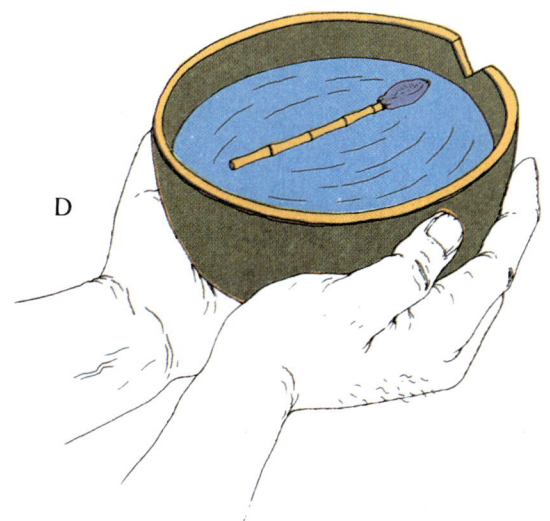

schiffe waren im Mittelmeer nun allgemein verbreitet. Sie waren ziemlich groß und, verglichen mit den Schiffen in Nordeuropa, hochentwickelt.

Im hohen Norden Norwegens gibt es Felszeichnungen, die kanuähnliche Fahrzeuge darstellen. Einige Archäologen hielten sie für stilisierte Schlitten. Sie finden sich jedoch auch in der Bronze- und Eisenzeit, und schließlich fand man ein Boot von 13,7 m Länge aus der Zeit um 300 v. Chr., und zwar bei Hjortspring auf der dänischen Insel Alsen.

Es ist klar, daß die frühen Zeichnungen fellbespannte Spantenboote zeigen. Sie ähneln den Kanus, die heute noch auf Grönland verwendet werden. Das Hjortspring-Boot hat jedoch eine hölzerne Außenhaut, und die Planken sind miteinander vernäht.

Die frühen skandinavischen Boote hatten ein typisches Aussehen: Der Kiel ragte kufenartig vorn und achtern vor, so daß das Boot von zweimal zwei Mann über Land getragen werden konnte. Alle Darstellungen zeigen auch tatsächlich mindestens sechs oder sieben Mann in einem Boot.

Auf keiner Abbildung finden sich Mast oder Segel. Einige Darstellungen zeigen jedoch pilzartige Auswüchse mittschiffs, die bisher nicht identifiziert werden konnten. Björn Landström erwähnt, daß in seiner Kindheit in Finnland viele Seeleute einen großen belaubten Zweig mit in die Ruderboote zu nehmen pflegten. Bei günstigem Wind diente er als Segelersatz. Möglicherweise stellen auch die „Pilze" etwas Derartiges dar.

1900 V. CHR.
Senusret läßt einen Kanal von Bubastis am Nil nach Patumos am Roten Meer bauen. Dies ist ein früher Vorläufer des heutigen Suezkanals. Er wurde gebaut, weil die ägyptische Vorherrschaft im Handel zum Bau und Unterhalt von Handelsschiffen im Roten und im Mittelmeer geführt hatte. Ägypten besaß außerdem eine Kriegsflotte, die mit Truppen des Pharao bemannt war. Daher war dieser 72,4 km lange „Suez"-Kanal wirtschaftlich wie militärisch notwendig.

SCHIFFE UND MEER

CA. 1850 V. CHR.
Erste Berichte über Ruderboote auf dem Nil finden sich zur Zeit des Pharao Sesostris III.

1530 V. CHR.
Im Pazifik existiert zu dieser Zeit eine blühende Seefahrer-Kultur. Auf Fahrten ostwärts wird Hawaii erreicht.

1500 V. CHR.
Die Königin Hatschepsut sendet eine Expedition zur Suche nach dem sagenhaften Lande Punt aus. Die Schiffe sind auf Reliefs am Tempel von Deir-el-Bahri dargestellt. Die Schiffe wurden im Hafen Suez gebaut und liefen nach Süden aus. Es ist nicht überliefert, welche Länder sie erreichten. Aus der Ladung bei der Heimkehr nach einjähriger Fahrt – Gold, Elfenbein, Weihrauch, Myrrhen und Gewürze – kann man schließen, daß sie möglicherweise Indien erreicht haben. Das würde jedoch bedeuten, daß die Schiffe nach dem Passieren von Aden und der Insel Socotra in den offenen Indischen Ozean hätten segeln müssen. Man pflegte jedoch zu dieser Zeit stets in Sichtweite des Landes zu bleiben, sofern man nicht von einem bekannten Kap zu einem anderen segeln oder sich in ähnlicher Weise an Landmarken orientieren konnte.
Berücksichtigt man dies und den Südkurs beim Auslaufen, sind Äthiopien und Ostafrika als Ziele wahrscheinlicher als Indien.
Zu diesem Zeitpunkt hatten sich auch die Phönizier mit dem Hauptsitz in Sidon, dem heutigen Saida, zu einer machtvollen Handelsnation, weniger zu einer Militärmacht entwickelt.
Sie bauten ihre Schiffe aus den berühmten Zedern des Libanon nach Entwürfen, die sich von denen der Ägypter unterschieden.
Die hölzernen Planken wurden durch Pflöcke zusammengehalten, und die Schiffe erhielten größere Festigkeit durch im damaligen Schiffbau nicht übliche Vor- und Achtersteven.
Die Phönizier verließen sich vor allem auf Segel als Antriebsmittel.
Unter der typischen Besatzung eines Handelsschiffes von vier Mann befand sich nicht ein einziger Ruderer.
Die Schiffe wurden mit dem herkömmlichen Langriemen an der Backbordseite gesteuert. Ein festes Ruder achtern war zu diesem Zeitpunkt im Westen noch nicht in Gebrauch, obwohl chinesische Dschunken schon mit einer primitiven Form eines solchen Ruders ausgerüstet waren.

1200 V. CHR.
Die Flotte des Pharao Ramses III. besiegt die vereinigten Flotten der Libyer, Syrer und Philister bei Pelusium. Die ägyptischen Schiffe waren eine Mischung aus eigener und phönizischer Konstruktion. Sie besaßen den Rammsteven, einen Mastkorb und ein festes Schanzkleid, hinter dem die Ruderer geschützt gegen Pfeile und Speere saßen. Die verstärkenden Tauwerkumwicklungen vorn und achtern fehlten; die Einführung des Schanzkleides machte einen Bau auf Spanten notwendig. Die Schiffe hatten jedoch nach wie vor einen flachen Boden – einen Kiel gab es noch nicht.

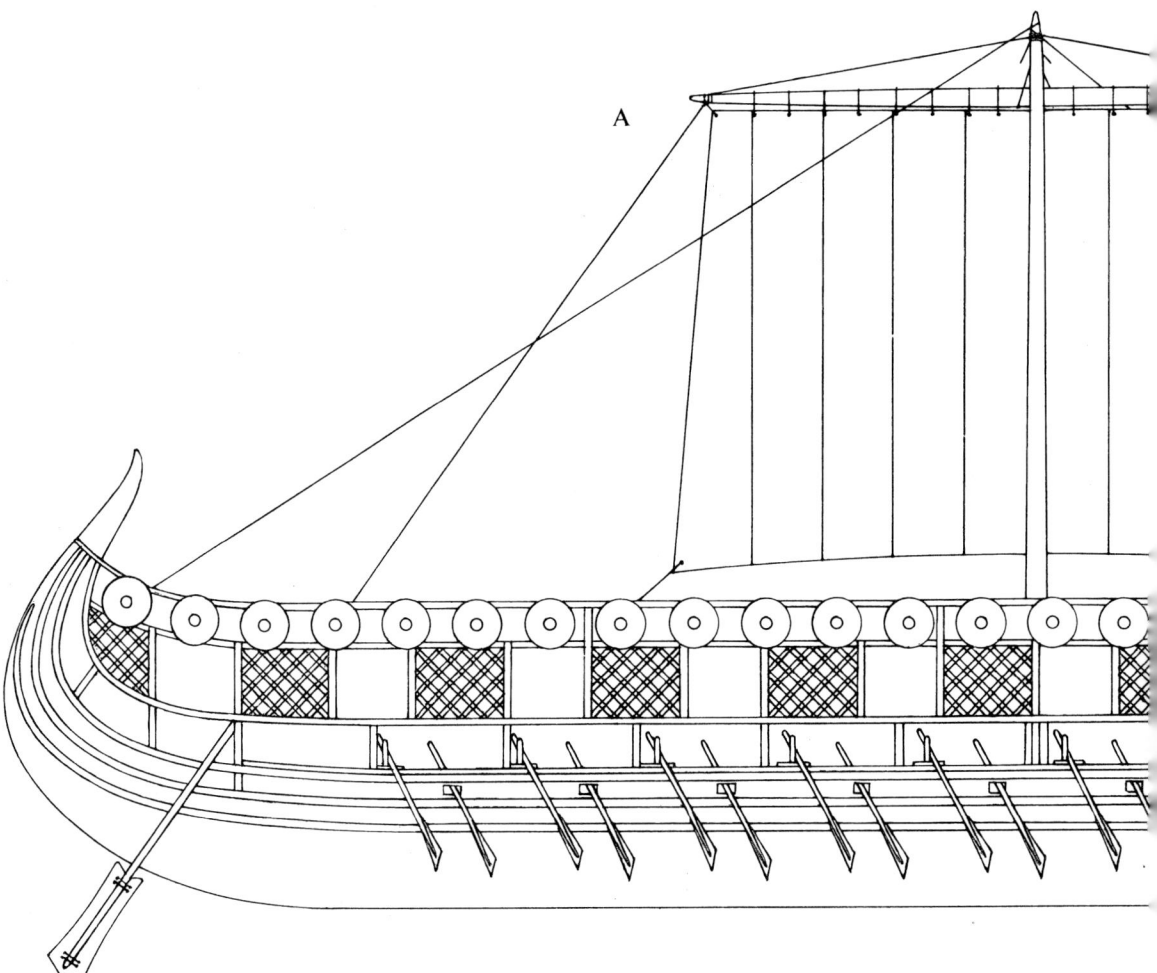

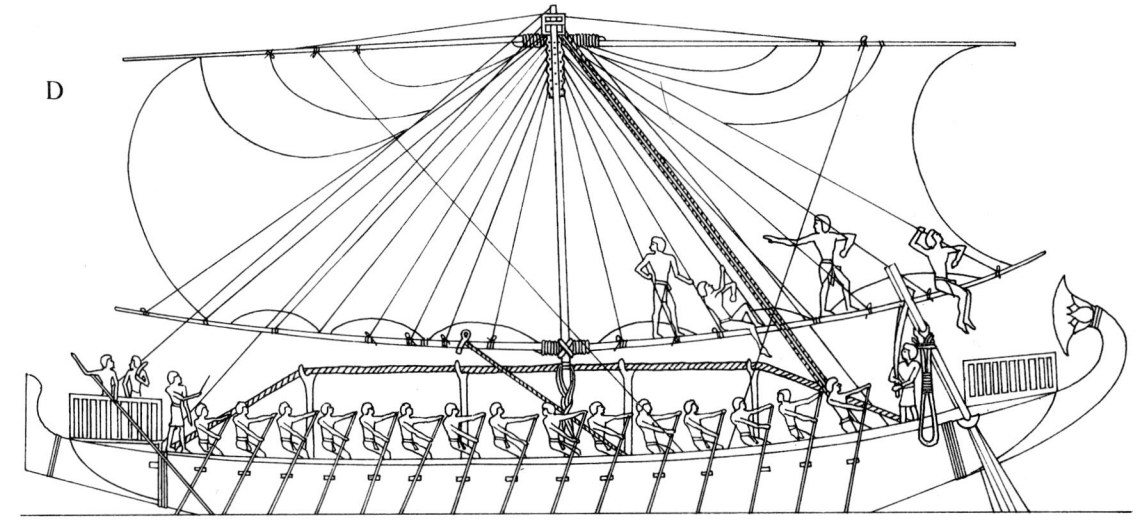

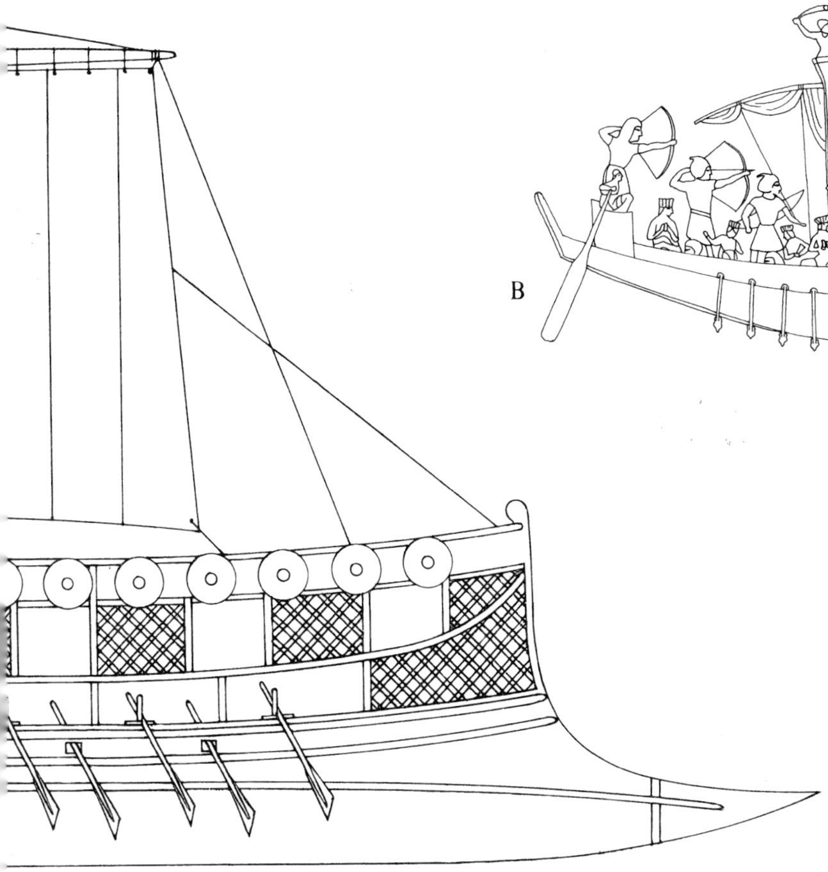

SCHIFFE UND MEER

A *Phönizische Kriegsgaleere (700 v. Chr.).*
B *Bogenschützen und Schleuderer auf einer ägyptischen Kriegsgaleere (ca. 1200 v. Chr.).*
C *Älteste bekannte Darstellung eines Seeschiffes im Sanherib-Palast in Ninive (ca. 700 v. Chr.).*
D *Schiff der Königin Hatschepsut (ca. 1500 v. Chr.).*
E *Hölzernes Schiffsmodell, Grabbeigabe des ägyptischen Fürsten Meket-re (ca. 2000 v. Chr.).*

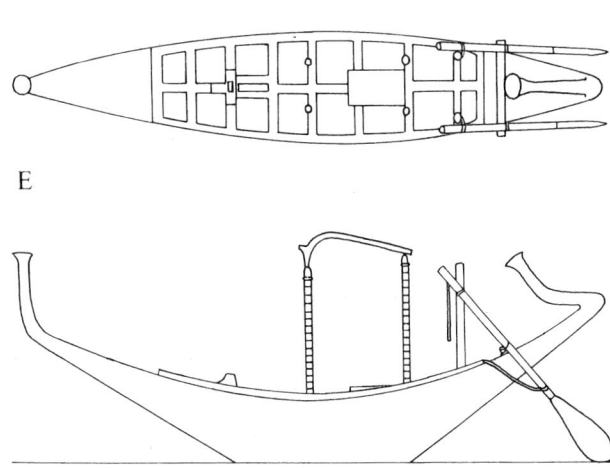

1180 V. CHR.
Homer berichtet, daß als Folge des Trojanischen Krieges die Dardanellen für den Handel geöffnet wurden. Die Kriegsschiffe Trojas führten eine Ruderbank und ein Rahsegel an einem Mast.

1000 V. CHR.
Zu diesem Zeitpunkt waren die Phönizier die Herren des Mittelmeeres. Sie kamen bis nach Cornwall in England, um dort Zinn einzutauschen. Um Handel mit den einzelnen Völkern rings um das Mittelmeer zu treiben, errichteten sie überall Kolonien mit Märkten und Stapelplätzen. Derartige Ansiedlungen fanden sich in Tunesien, Algerien, Italien und auf Malta und Sardinien.
Die Phönizier waren nicht nur erfolgreiche Kaufleute, sondern auch erfahrene Seeleute. Sowohl in der Flotte Ägyptens wie der des Königs Salomo stellten sie die Kapitäne und Offiziere, obwohl sie anfangs kein kriegerisches Volk gewesen waren. Die Schiffsmannschaften setzten sich aus Sklaven und anderen zum Dienst gezwungenen Männern zusammen.
Im allgemeinen war die Seefahrt im hier behandelten Zeitraum auf die Fahrt bei Tage beschränkt. Die Phönizier hatten jedoch bereits Sternbeobachtungen angestellt und Sternkarten gezeichnet. Mit ihrer Hilfe konnten sie ihre Reisen auch nach Einbruch der Dunkelheit fortsetzen. Sie benutzten den Polarstern zur Nordorientierung.

700 V. CHR.
In den Ruinen des assyrischen Sanherib-Palastes fand sich ein Relief eines phönizischen Schiffes mit abtrennbarem Rammsteven. Er sollte in den Rumpf eines feindlichen Schiffes eindringen und dann nahe dem Steven abbrechen, so daß das phönizische Schiff beweglich und wasserdicht blieb. Auf diesem Relief wird zum ersten Male eine Bireme dargestellt, eine Galeere mit zwei Ruderbänken. Interessant ist, daß das Schiff noch immer nur einen Mast mit einem Rahsegel trägt. Zusätzlich ist über dem Ruderdeck ein offenes, durch die Schilde geschütztes Kampfdeck vorhanden. So waren einerseits die Ruderer gegen Pfeile geschützt, und die phönizischen Krieger besaßen andererseits ein freies Kampfdeck, auf dem sie sich bewegen konnten.

609 V. CHR.
Der Pharao Necho II. befiehlt die erste Afrika-Umsegelung. Er setzt dazu eine phönizische Flotte ein

SCHIFFE UND MEER

GRIECHISCHE SCHIFFE
A *Eine Bireme, ein Kriegsschiff um 500 v. Chr.*
A1 *Anordnung der Riemen.*
B *Handelsschiff mit Gangway mit Reling, ca. 600 v. Chr.*

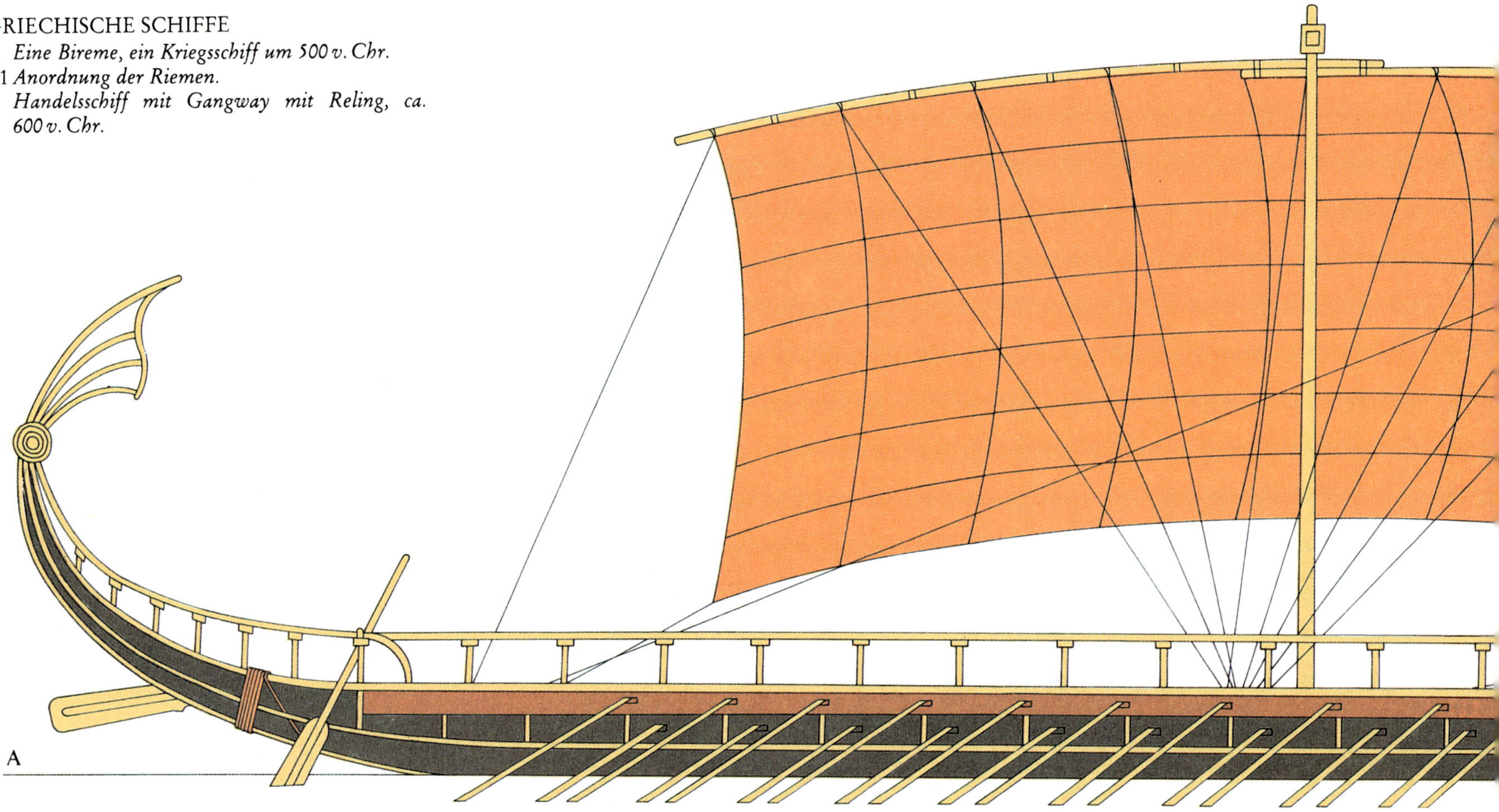

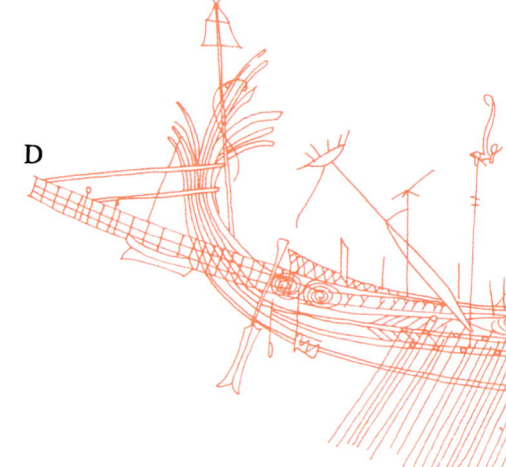

und weist die Kapitäne an, aus Suez auszulaufen und das Land stets an Steuerbord zu lassen. Viele der südlich Ägyptens gelegenen Länder waren wahrscheinlich schon bekannt, wenn nicht durch Handelsexpeditionen wie die der Flotte der Königin Hatschepsut in das Land Punt, so doch wenigstens gerüchteweise. Die Ägypter hatten bereits erkannt, daß Segel am Horizont versanken, und daraus geschlossen, daß die Erdoberfläche gekrümmt sei, glaubten aber noch, daß sie unbegrenzt sei. Unter diesen Voraussetzungen lief die Flotte aus und kehrte vier Jahre später nach Alexandrien zurück. Die Seeleute berichteten von grünen Küsten und tiefschwarzen Menschen, schwärzer als die vertrauten Nubier und Äthiopier. Tatsächlich hatte die Flotte Afrika vollständig umrundet. Man wünschte sich, der phönizische Führer der Flotte hätte Aufzeichnungen über seine Gedanken hinterlassen, als er die Enge von Gibraltar passiert hatte und sich plötzlich in vertrauten Gewässern sah, er also erkannte, daß er Afrika umfahren hatte.

600 V. CHR.
Die griechischen Handelsschiffe dieser Epoche wiesen einen Löffelbug wie die Biremen auf und waren ebenso getakelt. Oft wurde auf dem obersten Deck eine lange, brückenartige Konstruktion gefahren, die als Gangway zur Küste benutzt werden konnte. Es gab zu dieser Zeit schon viele gut ausgerüstete Häfen mit Kaianlagen. Man kann daraus schließen, daß der Handel in einem solchen Umfang betrieben wurde, daß sicher auch Häfen ohne eigene Ladeeinrichtungen regelmäßig angelaufen wurden. Diese Gangway hatte seitlich eine feste, zaunartige Reling und konnte offenbar auch für Vieh benutzt werden, so daß man zu dieser Zeit offenbar schon Handel mit lebendem Vieh über See betrieb.

Auf Grund der Ausbreitung des Handels und der Gründung von Kolonien begann der Schiffbau der einzelnen Länder sich gegenseitig merklich zu beeinflussen. Ein interessantes Beispiel hierfür fand sich auf dem etruskischen Gräberfeld von Cerveteri in der Nähe des heutigen Rom. Ein Gemälde zeigt eine etruskische Bireme, die einer griechischen in der Konstruktion sehr ähnlich sieht. Sie weist einen verzierten Rammsteven, einen seitlichen Steuerriemen, ein Segel und zwei Ruderbänke auf. Das Schiff ist jedoch ein Deck niedriger als eine phönizische Bireme derselben Epoche. Offenbar war also in diesem Teil des Mittelmeeres der griechische Einfluß stärker als der phönizische.

CA. 500 V. CHR.
Zu diesem Zeitpunkt wurde auch die bereits erwähnte *Lex Rhodia* für alle Belange der Seefahrt eingeführt. Tatsächlich geht das Seerecht aller folgenden

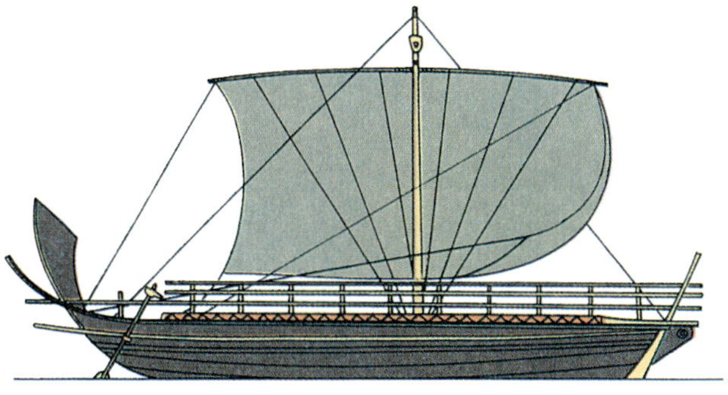

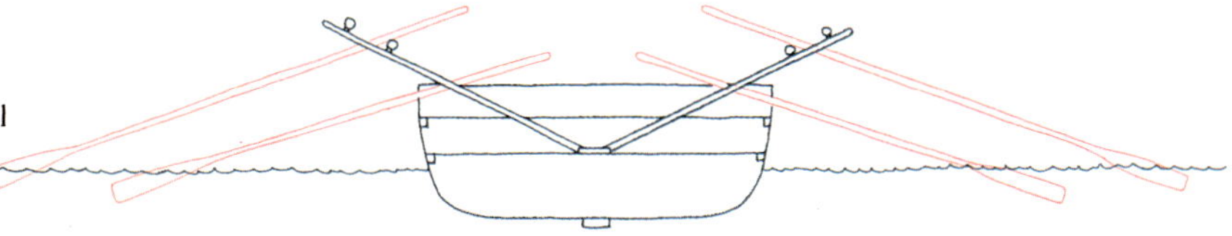

C *Eine Trireme um 500 v. Chr.*
D *Eine Trireme als Kriegsschiff nach einer Schnitzerei aus Delos.*

Jahrhunderte bis auf den heutigen Tag in irgendeiner Form auf diese erste Festlegung der Gesetze auf See zurück. Der Ursprung dieses rhodischen Seerechts verliert sich im Dunkel. Es wurde nach Rhodos, der Hauptstadt der gleichnamigen Mittelmeerinsel, benannt.

Die Einwohner dieser alten Stadt wuchsen als Inselbewohner mit Handel und Seefahrt auf und hatten die grundlegende Notwendigkeit erkannt, alle ihre Angelegenheiten nach allgemein bekannten und anerkannten Regeln abzuwickeln.

Rhodos war als Knotenpunkt des frühen Handels im Mittelmeer von großer Bedeutung. Nahezu jeder Seemann der damaligen Zeit kannte es und lief den Hafen regelmäßig an. Als man daher dort einen Codex mit Verhaltensregeln für die Seefahrt aufstellte, wurde er allgemein akzeptiert. Es wurde durchweg üblich, Streitfragen der Seefahrt nach der *Lex Rhodia* zu lösen. Tatsächlich berief sich noch zweieinhalbtausend Jahre später der British High Court of Justice darauf.

Vor der Aufstellung der *Lex Rhodia* war die juristische Situation auf See unklar. In den meisten Fällen galten die Gesetze des jeweiligen Landes, in denen aber z. B. keine Angaben darüber zu finden waren, was geschehen sollte, wenn ein Schiffsführer zur Rettung des Schiffes Ladung, Mast und Segel opfern mußte.

SCHIFFE UND MEER

A *Ankerwerfen, attische Vase, ca. 440 v. Chr.*
B *Zimmermann bei der Arbeit an einem hölzernen Anker. Sardische Gemme, ca. 500 v. Chr.*
C *Kinder beim Fischfang vom Boot aus. Etruskische Grabmalerei, 6. Jhdt. v. Chr.*
D *Stockanker auf einer attischen Vase, 6. Jhdt. v. Chr.*
E *Teil eines Marmorauges, das vermutlich einmal einen Schiffsbug geschmückt hat, aus Piräus.*
F *Ankerstock aus Blei, Syrakus.*
G *Ankerstock aus Stein, Insel Ägina bei Piräus.*
H *Hölzerner Anker auf einer griechischen Münze des 4. Jhdt. v. Chr.*
I *Ältester bekannter Ankerstock aus einem etruskischen Wrack, frühes 6. Jhdt. v. Chr.*
J *Ankergewichte aus Stein, gefunden bei Motya/Sizilien.*

Der Grund ist einfach. Das Landrecht kannte nicht die Zwangslagen, wie sie dem Seemann ständig drohen. So erwähnt schon der erste Hinweis auf ein Seerecht lange vor der *Lex Rhodia* den Begriff der Kontribution. Dieser Begriff, der später durch die rhodischen Rechtsgelehrten genauer definiert wurde, besagte, daß Schaden an Hab und Gut, den jemand bei der Rettung anderer erlitt, von diesen gutgemacht werden müsse.

Die *Lex Rhodia* besteht aus drei Teilen. Der erste ist die Präambel, die nach unzähligen Abschriften heute keinen Sinn mehr ergibt. Aus einer ziemlich korrekten Abschrift geht soviel hervor, daß die *Lex Rhodia* als wichtig galt und demjenigen, der sie vertrat, höchste Autorität gebührte. Zum Zeitpunkt der fraglichen Abschrift besaß Rom diese Autorität.

Der zweite Teil besteht aus 19 Grundregeln, etwa daß Verträge schriftlich, nicht mündlich geschlossen werden sollen. Der letzte Teil enthält 47 Gesetze. Er setzt unter anderem die Strafe fest für den Diebstahl von Ausrüstungsgegenständen wie Anker, deren Verlust das Schiff auf See in Gefahr brachte. Hier wurde auch vorgeschrieben, daß die Besatzung im Hafen auf dem Schiff und nicht an Land zu schlafen hatte – eine Vorsichtsmaßnahme für den Fall plötzlich einsetzender Stürme.

Eine Vorschrift ist bis heute unverändert geblieben: „Wertgegenstände müssen dem Kapitän gemeldet werden, anderenfalls bei ihrem Verlust kein Ersatz geleistet werden kann."

CA. 500 V. CHR.
In Byzanz, dem späteren Konstantinopel und heutigen Istanbul, entsteht das Gildenwesen. Die Stadt war im Jahre 660 v. Chr. von dem Griechen Byzas an der Stelle, an der Europa und Asien zusammenstoßen, gegründet worden. Griechen, Römer, Ägypter und Phönizier kämpften wechselweise um die Herrschaft über diese den Bosporus beherrschende Position.

Die Schiffseigner schlossen sich hier zu einer Gilde zusammen, um die Vercharterung ihrer Schiffe zu rationalisieren und ihren Mannschaften einheitliche Vorschriften für das Leben an Bord und im Hafen zu geben. Zu dieser Zeit gab es noch keine scharfe Trennung zwischen dem Charterer, den Passagieren und der Mannschaft.

Eine Gruppe von Kaufleuten, die sich in einem Hafen trafen und für ihre Unternehmung ein Schiff benötigten, charterten ein von der Gilde anerkanntes Schiff und wählten einen aus ihren Reihen zum Anführer. Sein Wort war Gesetz.

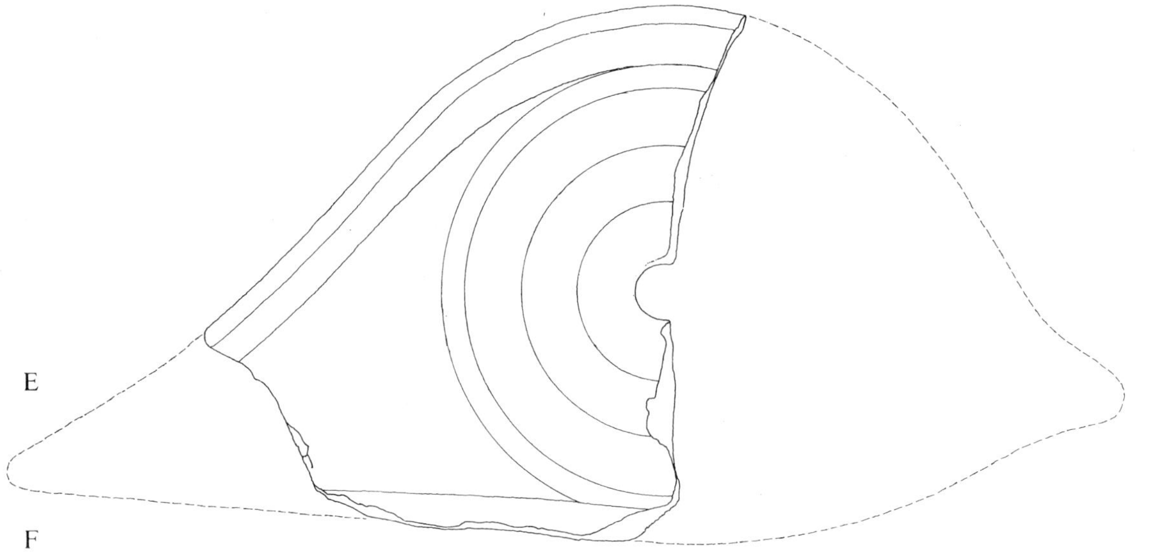

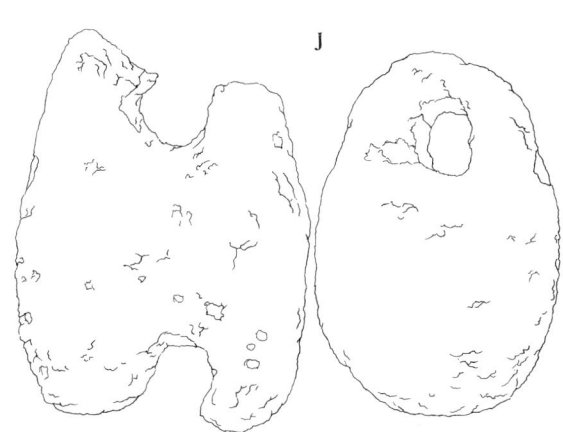

Dem Führer der Seeleute waren das Schiff, die Navigation und die Mannschaft anvertraut, die angeheuert wurde und Wagnis wie Gewinn teilte. Die Mitglieder der Mannschaft erhielten ihre Heuer am Ende der Reise, zweifellos, um sich ihre Loyalität zu sichern.

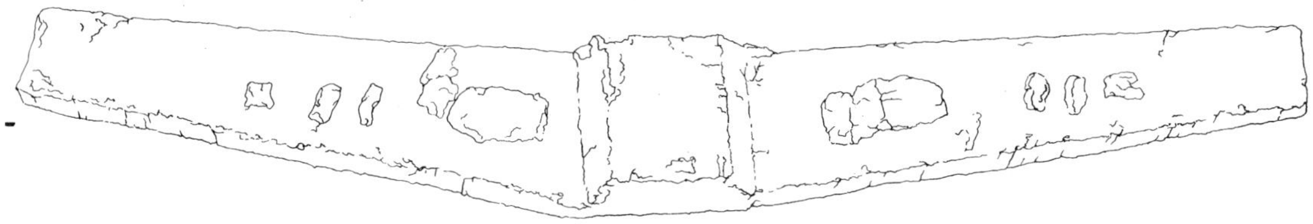

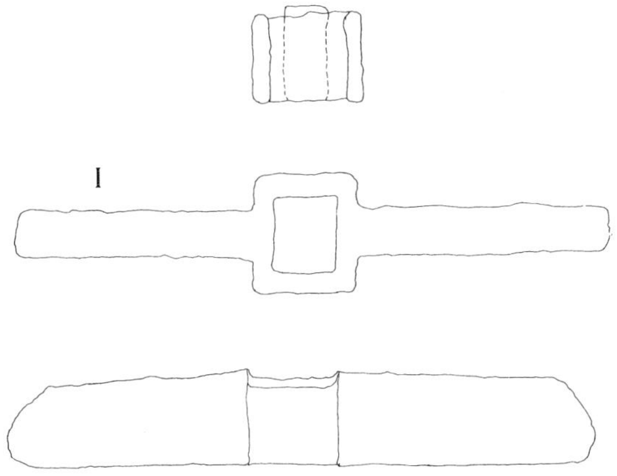

Die im Hafen ansässigen Kaufleute wurden zu den ersten Schiffsinspektoren. Unerfahrene Händler konnten in großen Häfen die Hilfe eines solchen Experten in Anspruch nehmen, um Tauwerk, Segel und Zustand des Schiffsrumpfes überprüfen zu lassen. Um eine gerechte Chartergebühr festzusetzen, zog dieser Auskünfte früherer Charterer ein. Bald gab es Listen empfohlener Schiffe. Mitglieder der Gilde sorgten für eine besondere Inspektion ihrer Schiffe, damit sie in diese Liste aufgenommen werden konnten.

Zu jener Zeit gab es noch keine Karten der Küsten und nur wenige Leuchtfeuer oder andere Navigationshilfen. Die Kaufleute nahmen daher die Hilfe der Experten auch in Anspruch, um einen mit den jeweiligen Gewässern vertrauten Kapitän zu finden. Viele dieser Schiffsführer hängten den Namen der Gewässer, mit denen sie sich auskannten, an ihren eigenen Namen an. Unglücklicherweise rief das bei Uneingeweihten Irrtümer über die Nationalität von Experten hervor. Beispielsweise war Taran der Kreter in Alexandrien keinesfalls ein Kreter. Diese Beifügung sagte nur aus, daß Taran als Schiffsführer in den Gewässern um Kreta besondere Erfahrungen und Kenntnisse gewonnen hatte.

Der Koch war eines der wichtigsten Mitglieder der Mannschaft. Er kochte nicht nur für die Besatzung, sondern verproviantierte auch das Schiff und setzte zusammen mit dem Schiffsführer die tägliche Ration fest. Ein Koch mußte in jedem Hafen handeln können und wissen, welches die besten und billigsten Nahrungsmittel waren. Köche waren in jeder Hinsicht Fachleute.

Seefahrt war saisongebunden. Zwischen dem 7. November und 7. März wurde sie eingestellt. Das winterliche Mittelmeer mit seinen schweren Stürmen und kalten Nächten war für die einfachen Schiffe vor 2000 Jahren ungeeignet.

Sueton erwähnt in seiner Biographie des Kaisers Claudius (10 v. Chr. – 54 n. Chr.), daß Rom großen Mangel an Weizen im Winter hatte. Er berichtet, daß Claudius Schiffe nach Afrika sandte und bei Verlust oder Beschädigung Ersatz garantierte, um zusätzliche Vorräte einzuführen. Noch im Mittelalter gab es für Winterreisen besondere Strafen und Belohnungen.

DIE SCHLACHT VON SALAMIS
Oben die Aufstellung vor der Schlacht, auf der gegenüberliegenden Seite die Endphase, in der die Perser vor dem Ansturm der Griechen wankten und sich Hunderte von kleinen Gefechten auf den Decks der verkeilten Schiffe abspielten.

- A Eine phönizische Galeere des Typs, der von den Persern eingesetzt wurde.
- B Eine griechische Trireme.
- C Ort, von dem aus Xerxes die Schlacht beobachtete.
- D Die persischen Landstreitkräfte.
- E Piräus.
- F Die Insel Psyttaleia.
- G Die Insel Salamis.
- H Die griechischen Landstreitkräfte.
- I Die Stadt Salamis.
- J Die griechische Flotte.
- K Die persische Flotte.

CA. 500 V. CHR.
Die griechische Trireme mit drei Ruderbänken wird eingeführt. Eine große Zahl von Schiffen dieses Typs wird in der Schlacht von Salamis eingesetzt.

480 V. CHR.
Eine karthagische Expedition unter Hannon umsegelt Afrika.

400 V. CHR.
Eine der entscheidenden Schlachten der Geschichte findet statt, die Seeschlacht von Salamis, in der die Griechen die Perser besiegen.
Die persische Flotte des Königs Xerxes bestand aus 850 Schiffen: 300 phönizischen, 200 ägyptischen, 150 zypriotischen, 100 sizilianischen und 100 ionischen. Äschylus berichtet, daß sich darunter nur 200 Triremen befanden. Die Flotte von Xerxes hatte aus 1207 Schiffen bestanden, als sie Persien verließ, doch hatte er bereits 400 auf dem Wege nach Griechenland verloren.
Griechischer Admiral war Themistokles. Unter seinem Kommando standen 380 Triremen. Da Athen bereits gefallen war und jetzt der Stadtstaat Sparta verteidigt werden mußte, führte der Spartaner Eurybiades den Oberbefehl. Er befürwortete einen strategischen Rückzug auf den Golf von Korinth, dessen Hinterland von griechischen Truppen besetzt war, während die Küste um Athen schon in der Hand der Perser war.
Themistokles dagegen wollte im Golf von Athen angreifen und den „Flaschenhals" vor der Insel Salamis benutzen, um den Gegner an der Entfaltung seiner Flotte zu hindern. Sein Plan wurde schließlich angenommen. Er ließ das Gerücht ausstreuen, daß sich die Flotte nach Korinth zurückziehen wolle, sobald es dafür günstige Zeichen gäbe. Sobald Xerxes hörte, was Themistokles beabsichtigte, entsandte er ein Drittel der verbliebenen 850 Schiffe nach Süden, um den erwarteten Rückzug der Griechen in den Peloponnes abzuschneiden.
Die Königin Artemisia von Halikarnassos, eine Verbündete der Perser, warnte Xerxes jedoch, daß die Griechen ausgezeichnete Seeleute und Kämpfer seien, und riet, ein Zusammentreffen mit ihnen zu meiden. Die persische Flotte solle eher taktisch denn als Kampfmittel eingesetzt werden. Xerxes bestand jedoch auf einem Angriff Policys. So sah sich Themistokles nach dem Ablaufen der 3. persischen Flotte mit seinen 380 Schiffen 600 persischen gegenüber.
Themistokles stellte seine Schiffe in der Enge zwischen der Insel und dem griechischen Festland in zwei parallelen Linien gegenüber der ankernden persischen Flotte auf, die sich aus Raummangel nur in ähnlicher Weise entwickeln konnte.
Nun teilte Themistokles seiner Flotte mit, daß ihnen die 3. persische Flotte den Rückzug abgeschnitten habe. Die einzige Chance sei, zu kämpfen und zu siegen. Er hatte jedoch noch einen weiteren taktischen Schachzug parat. Im September weht der Morgenwind in diesem Gebiet stetig aus der Richtung von Korinth. So stand er am Morgen der Schlacht der persischen Flotte genau entgegen. Als er seine größte Stärke erreicht hatte, griff Themistokles an. Der Wind ließ seine Schiffe auf den Feind zulaufen, dessen Segel back standen. Die Perser mußten ihre Schlachtordnung auflösen. Bei dem Versuch anzugreifen, kollidierten ihre Schiffe miteinander.
Die persischen Triremen wurden nun in einer zweireihigen Säule formiert, die Riemen mit höchster Schlagzahl eingesetzt. Xerxes gab den Befehl, das Zentrum der griechischen Flotte anzugreifen. Themistokles konterte dies, indem er den Befehl gab, alle Kräfte zum Abstoppen der Spitze dieser Angriffssäule einzusetzen. Damit hatte er Erfolg. Die Schiffe, die weiter hinten in der persischen Formation liefen, mußten nach allen Richtun-

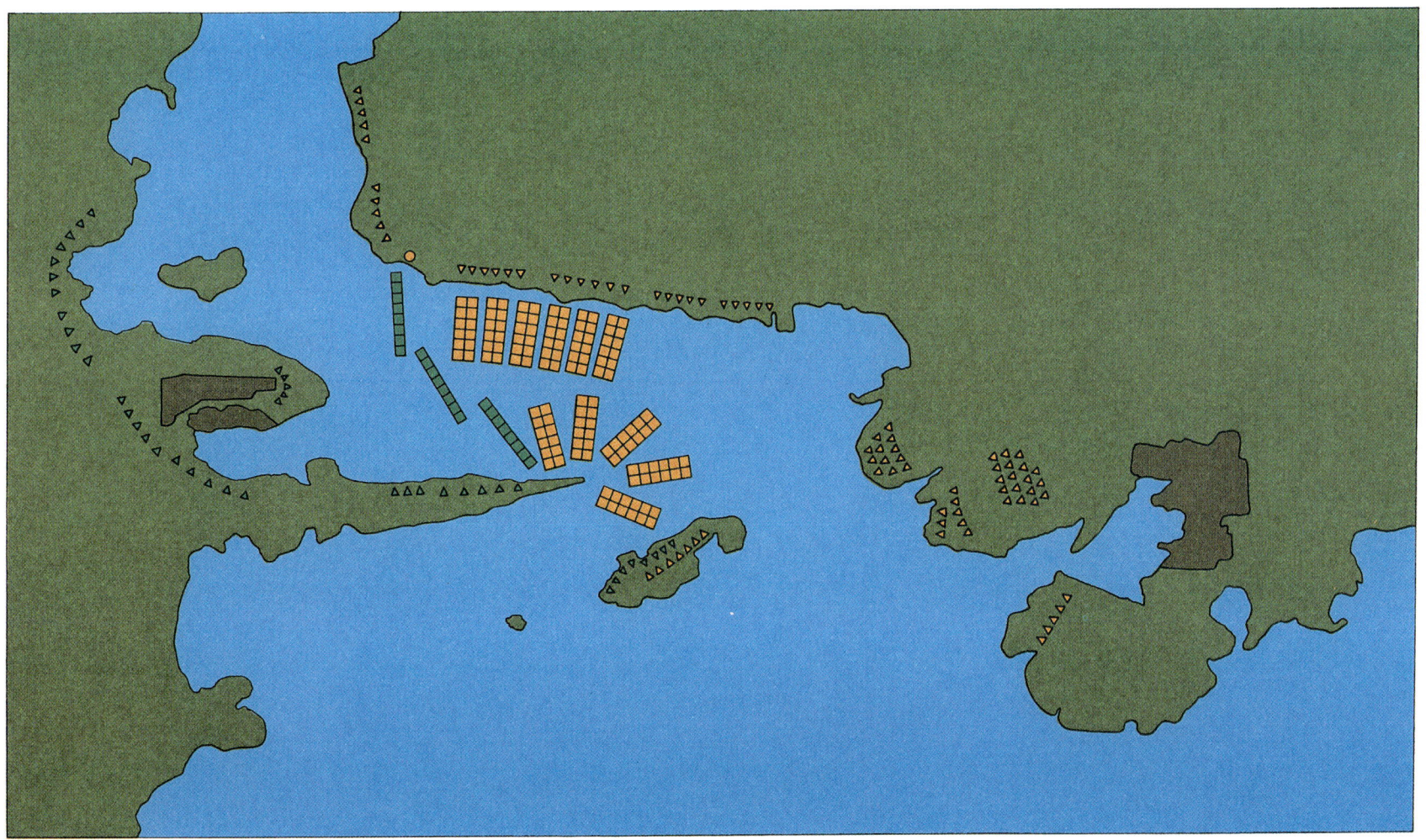

gen ausbrechen, um ein Auflaufen zu vermeiden. Als sich die persische Flotte in voller Verwirrung befand, gab Themistokles den Befehl zum Einzelkampf. Da die griechischen Schiffe unter vollen Segeln liefen, befanden sie sich im Vorteil. Die persischen Schiffe rollten als „lahme Enten" in der See, ein bequemes Ziel der Griechen. In den folgenden Kämpfen verloren die Perser 200, die Griechen 50 Schiffe.

Die Königin Artemisia führte selbst das zweite persische Geschwader. Offenbar hatte Xerxes sie nicht überzeugen können, denn auf dem Höhepunkt der Schlacht zeigte ihre Galeere plötzlich die griechischen Farben und griff eines der persischen Flaggschiffe unter König Clamasithymus an, den sie haßte, und versenkte es. Die Griechen waren über diesen Gesinnungswandel verblüfft und ließen ihr Schiff in Ruhe, das ungehindert vom Schlachtfeld entkam.

Am Abend wußte Xerxes, der die Schlacht von einem am sicheren Ufer aufgestellten Thron aus beobachtet hatte, daß die Schlacht verloren war. Sein bissiger Kommentar war, daß sich „Männer wie Weiber und Frauen wie Helden" benommen hätten.

479 V. CHR.

Die Moral der persischen Flotte war so erschüttert, daß sie innerhalb eines Jahres ein zweites Mal bei Mikale (Südionien) geschlagen wurde. Damit brach die persische Herrschaft in diesem Teil der Welt zusammen. Die Griechen wurden nun zur herrschenden Militär- und Handelsmacht des Mittelmeeres, jedoch nur für kurze Zeit. Durch Intrigen, Krieg und inneren Streit mußten sie die Führung an Rom, das führende Landmacht, und Karthago, das erste Seemacht wurde, abgeben.

CA. 400 V. CHR.

In den griechischen Gewässern erscheint ein als „Ceres" bezeichneter Schiffstyp. Seine Charakteristika sind geringes Gewicht, Schnelligkeit und geringer Tiefgang. Der Rumpf war gerundet, die Breite sehr viel größer als herkömmlich. Der Mast trug ein großes Rahsegel. Dieses und eine Ruderbank mit 20 Ruderern je Schiffseite gaben dem Schiff Schnelligkeit und Manövrierfähigkeit.

Die Ceres wurde zum Standardhandelsschiff dieser Zeit und zum Allzweckschiff der Flotten. Tausende wurden davon gebaut, und man findet Hinweise auf sie in den ältesten Berichten selbst des kleinsten Mittelmeerhafens. Die Formulierungen dieser Berichte lassen die Annahme zu, daß die Schiffe auf regelmäßig befahrenen Handelsrouten eingesetzt wurden.

324 V. CHR.

Die erste Seereise, über die in allen Einzelheiten berichtet wurde, unternahm der Grieche Pytheas. Er lief aus Massilia, dem heutigen Marseilles, aus, ging durch die Straße von Gibraltar und gelangte nach einem Besuch in der Bretagne durch den Kanal bis nach Kent und in die Themsemündung. Dann kreuzte er die Nordsee und dockte möglicherweise in Dänemark, denn er nennt das Land „ähnlich dem, das wir verließen". Dann beschreibt Pytheas ein Land, das er „Thule" nennt, sechs Tagereisen jenseits von Albion gelegen, dem damaligen England. Es kann sich um Island, die Färöer oder die Shetlandinseln gehandelt haben. Er war erstaunt, daß die „nordischen Barbaren", die er traf, in ihrer Kultur seiner eigenen nicht nachstanden. Außerdem stellte er fest, daß diese Völker in der Seemannschaft den Phöniziern ebenbürtig waren – in der Tat kein kleines Lob.

288 V. CHR.

1964 wurde vor Kyrenia auf Zypern das Wrack eines 18,3 m langen Segelschiffes gefunden. Der Rumpf war mit Blei beschlagen, das mit Bronzenägeln am Holz befestigt war. Die Fracht bestand aus Mandeln und 400 Weinamphoren. 29 Mahlsteine dienten als Fracht und Ballast zugleich. Sie waren sorgfältig längs des Kieles gestaut. Im Schiff fand man 4 Holzlöffel, 4 Ölkrüge, 4 Salznäpfe und 4 Becher, was auf die Stärke der Mannschaft schließen läßt. Zur Decksausrüstung gehörte eine schwere Axt. Am mit geschnitzten Ornamenten verzierten Mast lag eine Talje zum Heißen des Segels. Ein Bronzekessel, der zum Kochen gedient hatte, wurde ebenfalls gefunden. Von den fünf geborgenen Münzen stammte die jüngste aus dem Jahre 306 v. Chr. Eine C^{14}-Analyse der Mandeln erbrachte als Zeitpunkt des Untergangs des Schiffes das Jahr 288 v. Chr. Eine entsprechende Analyse der Rumpfplanken ergab jedoch, daß sie aus dem Jahre 370 v. Chr. stammten. Somit war das Schiff rund 80 Jahre alt, als es sank.

Aus verschiedenen an Bord gefundenen Gegenständen konnte geschlossen werden, daß das Schiff südwärts entlang der anatolischen Küste der Türkei gefahren war und auf Samos, Kos und Rhodos Zwischenstationen gemacht hatte, bevor es vor seinem Bestimmungshafen Kyrenia sank.

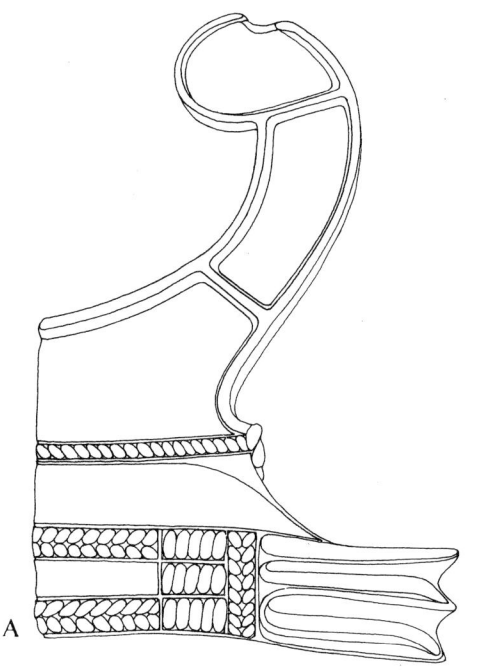

A *Bug eines römischen Schiffes nach einem Bronzemodell.*

DAS YASSI-ADA-SCHIFF
(7. Jhdt. v. Chr.)

Eine archäologische Expedition der Universität von Pennsylvania unter Prof. George Bass hat unsere Kenntnisse über den Schiffbau und Seehandel in Byzanz im 7. Jahrhundert stark erweitert. Sie diente der Ausgrabung des Wracks eines kleinen Küstenfrachtschiffes von ca. 40 t Tragfähigkeit und 21,3 m Länge. Es war vor der Insel Yassi in der Ägäis gesunken, nachdem es eine Klippe gestreift hatte. Über das Schicksal der Mannschaft ist nichts bekannt; die Ladung, 900 Weinamphoren, wurde jedoch zum Totalverlust. Der Schiffseigner hieß Georgios. Sein Name fand sich auf einer großen Laufgewichtswaage in der Kombüse. Er war möglicherweise einer der kleinen, unabhängigen Reeder, deren Handel einen wichtigen Bestandteil der Wirtschaft des byzantinischen Reiches bildete.

Obwohl weniger als 10% des Rumpfes erhalten waren, konnte danach ein vollständiger Plan gezeichnet werden, den die beiden folgenden Seiten wiedergeben.
Auf dieser Seite sieht man eine Rekonstruktion des Schiffes während einer Reparatur im Hafen. Auf dem Kai arbeiten Zimmerleute am Mast. Leider wurden weder Mast noch Reste der Takelage gefunden, so daß diese nicht rekonstruiert werden konnten. Möglicherweise trug das Schiff ein Rahsegel, wie es zeitgenössische Mosaiken zeigen.
Die Draufsicht auf den folgenden Seiten zeigt, wie die Anker des Schiffes gestaut waren. Vier Buganker lagen auf dem Schanzkleid des Vorschiffs, zwei befanden sich an jeder Seite, als das Schiff sank. Sieben Reserveanker lagen in der Nähe.

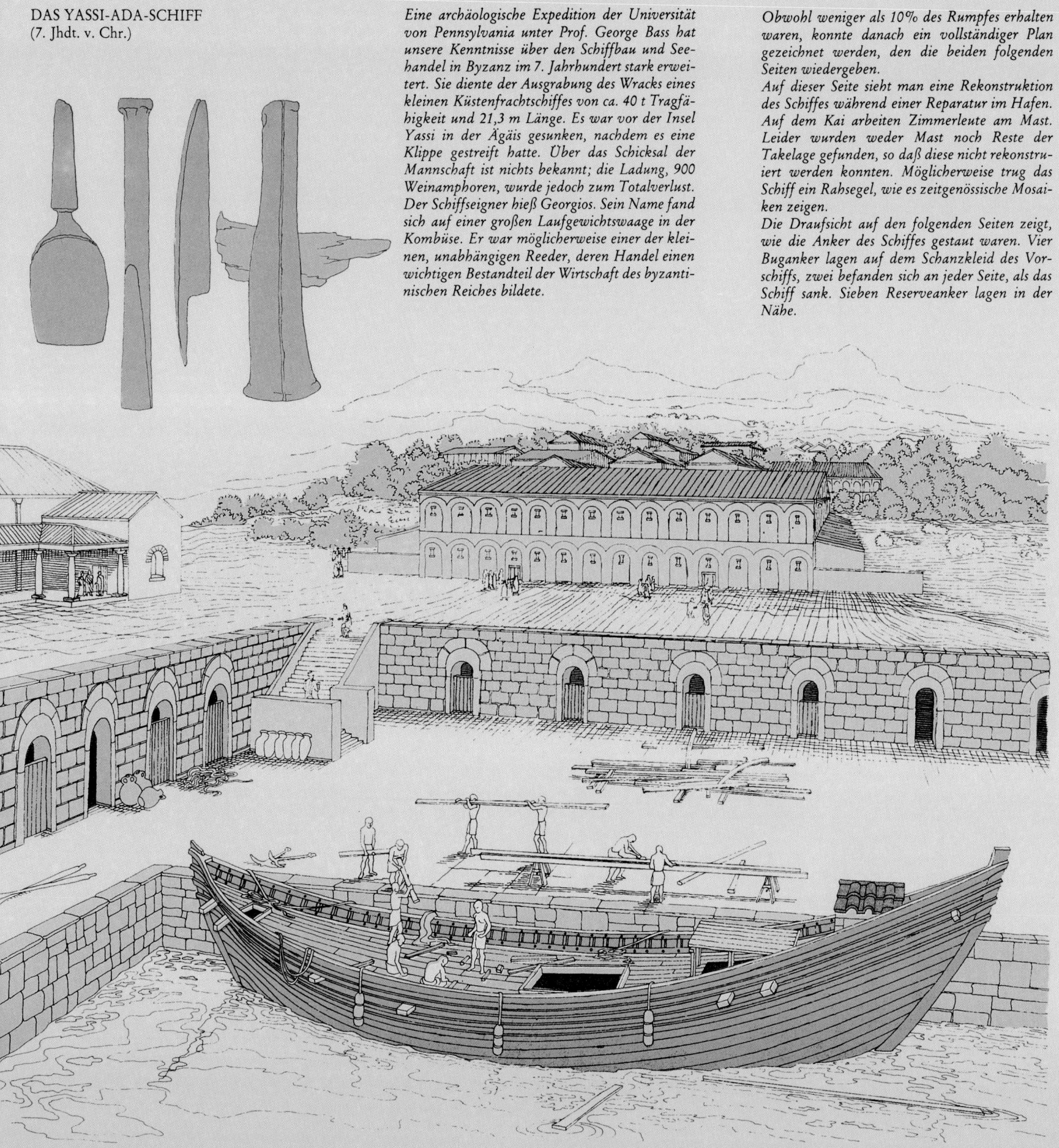

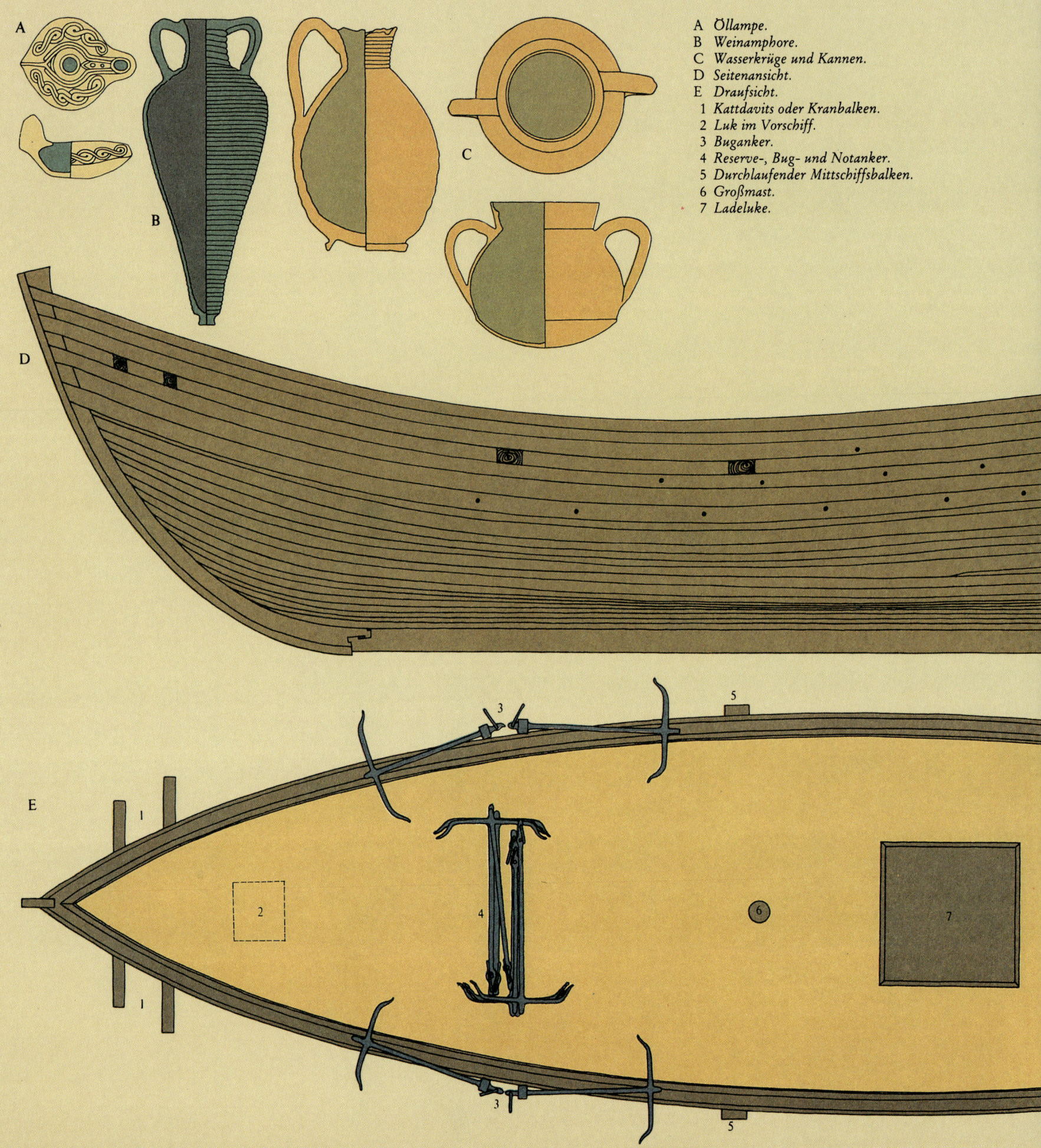

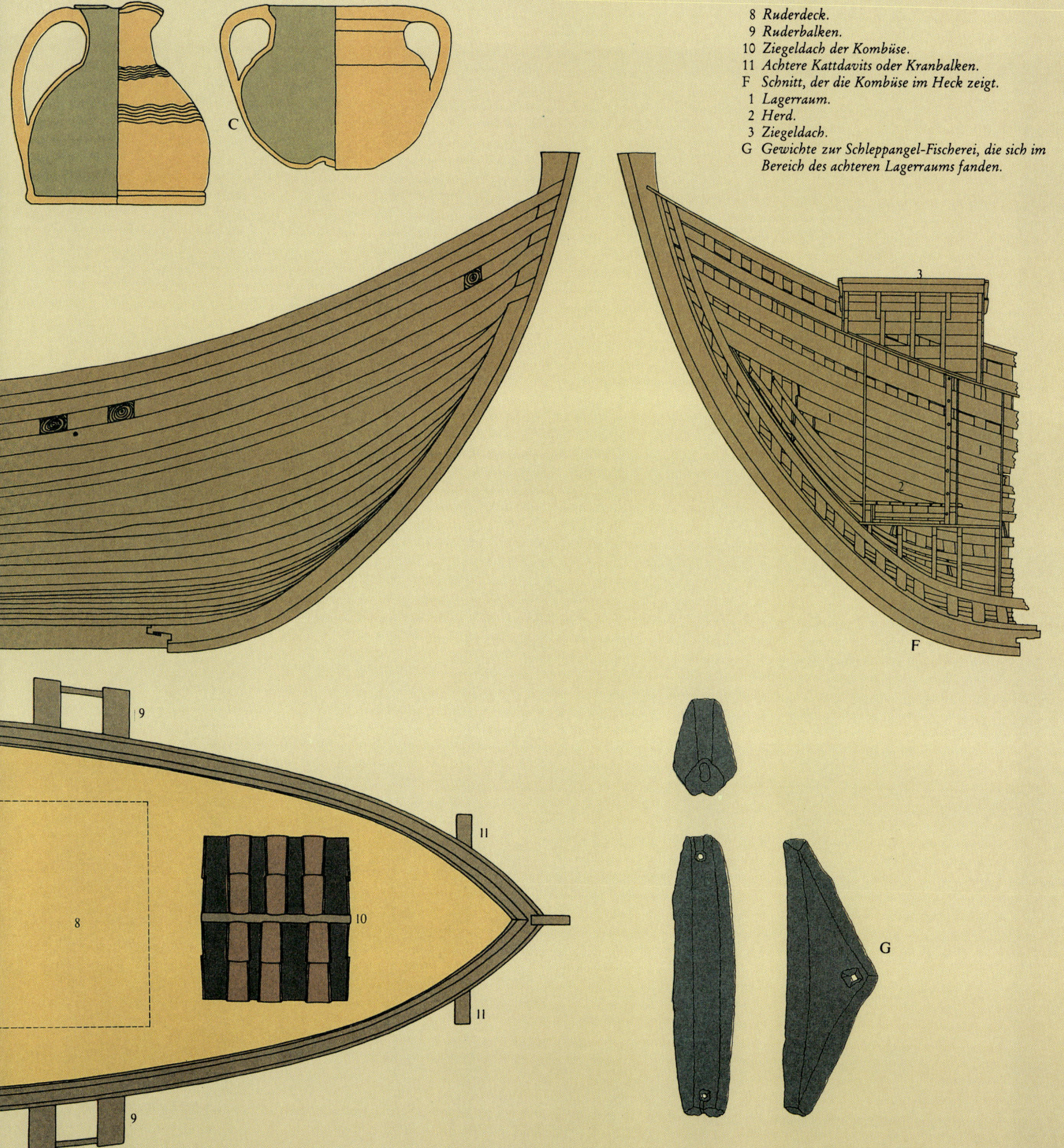

SCHIFFE UND MEER

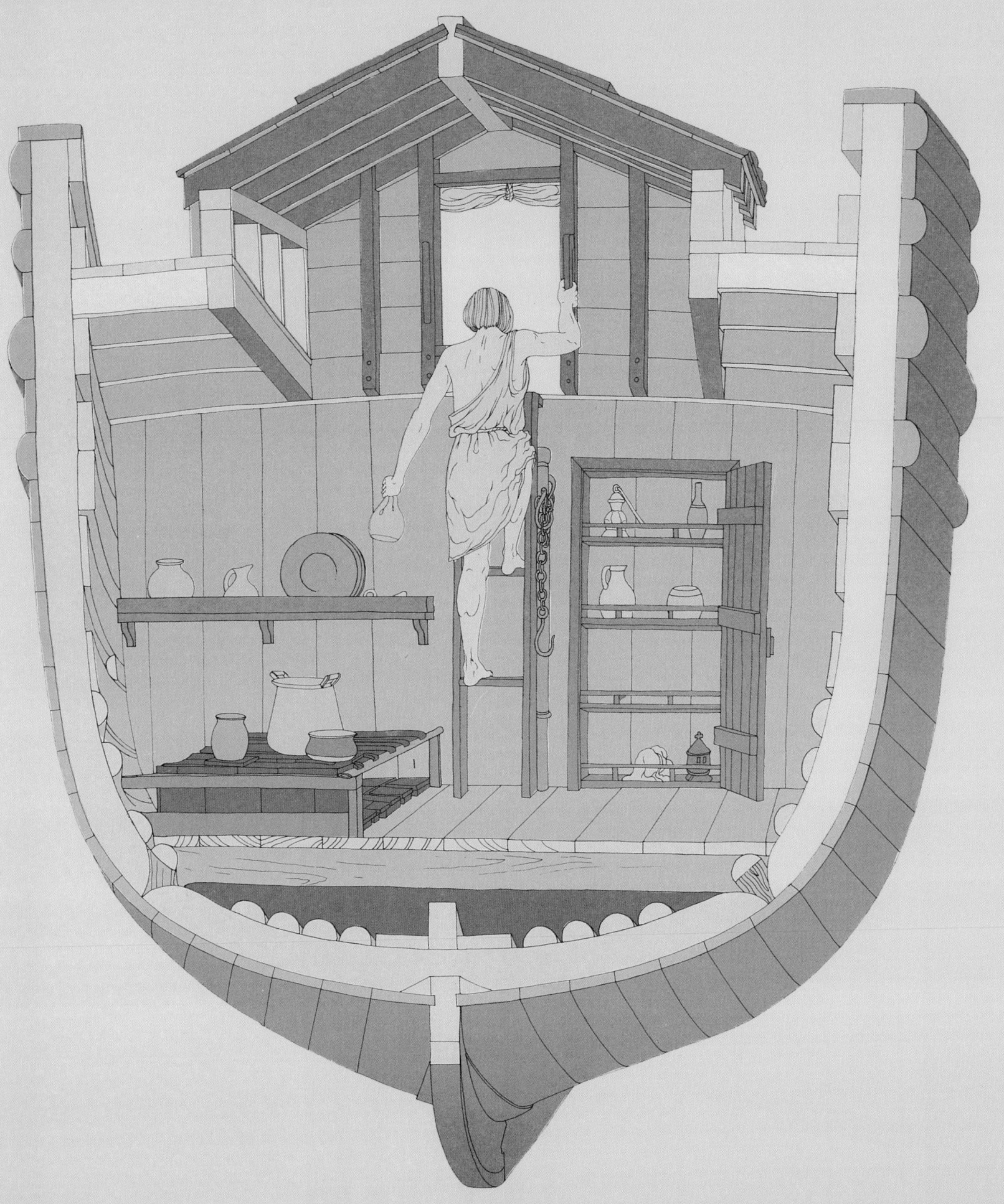

28

Rekonstruktion der Kombüse, vom Heck aus gesehen. Der vorn offene Herd ist aus Ziegeln auf einer Schicht Lehm und Ziegelbrocken aufgebaut. Schmale Eisenstäbe bilden einen Rost. Im Schrank wurde das Geschirr des Schiffes aufbewahrt. Da drei Sätze gefunden wurden, kann man auf drei Mann Besatzung schließen.

280 V. CHR.

Zu diesem Zeitpunkt wird über den ersten Leuchtturm, den berühmten Pharos von Alexandrien, berichtet, der eines der sieben Weltwunder wurde. Er lag auf der gleichnamigen Insel etwa 1,6 km vor der Küste. Alexander der Große hatte die Stadt Alexandrien, mit der der Leuchtturm durch eine Mole verbunden war, ursprünglich entworfen. Ptolemäus II. von Ägypten ließ den 122 m hohen Marmorturm errichten, auf dessen Spitze ein Feuer als Orientierungshilfe für die Schiffahrt brannte.

CA. 265 V. CHR.

Von Zeit zu Zeit ist in der Geschichte von übergroßen Schiffen die Rede, deren Bau der jeweiligen Technologie nicht möglich war. Gebaut wurde jedoch die übergroße SYRACUSA für Gerone II. von Syracus. Achias soll dieses Schiff in Korinth erbaut haben. Es war mit 20 Ruderbänken und vier Masten ausgerüstet und trug acht Belagerungskatapulte an Deck. Wenn man sich in Erinnerung ruft, daß die massiven Quinqueremen nur fünf Ruderbänke führten, bekommt man einen Eindruck von der Größe dieses Schiffes. Es soll in der Lage gewesen sein, eine voll ausgerüstete Armee von 4000 Mann zu transportieren.

Es steht außer Frage, daß dies Schiff vollendet wurde, denn es wurde Ptolemäus Philadelphos von Alexandrien vorgeführt. Dies inspirierte seinen Sohn, Ptolemäus Philopator (285–247 v. Chr. König von Ägypten), ein noch größeres Schiff zu planen. Der Historiker Callixenus berichtet, daß es 40 Ruderbänke und 4000 Ruderer erhalten und einen regelrechten Palast für den König tragen sollte. Die Form, in der Callixenus seinen Bericht abgefaßt hat, legt nahe, daß dieses Monstrum im Gegensatz zur SYRACUSA nur ein Tagtraum blieb. Interessant ist jedoch, daß Callixenus die Ruderbänke insgesamt zählt, so daß 40 Ruderbänke 20 auf jeder Schiffsseite bedeuten. So war also die SYRACUSA eine doppelte Quinquereme, ein Schiffstyp, der mehr als einmal in den Seefahrtsberichten der Zeit, nie jedoch in Schlachtberichten, erwähnt wird. Jedes Kriegsschiff dieser Größe wäre nur ein prestige-heischendes Schaustück gewesen.

264 V. CHR.

Bei Ausbruch der Punischen Kriege bestand die römische Flotte aus Triremen, die von Griechen entworfen, gebaut und bemannt wurden. Die Karthager kämpften mit großen Quinqueremen, die ihnen die Vorherrschaft auf See verliehen. Sie suchten regelmäßig die römischen Küsten heim und trafen nur auf geringen Widerstand. Um wieder zu einem Kräftegleichgewicht zu kommen, bauten die Römer eine Flotte von 100 Quinqueremen und 20 großen Triremen. Vier Jahre wurden hierfür benötigt. Als sie zum Kampf bereit waren, wurden sie unter den Oberbefehl von Caius Duilius gestellt. Da Roms Stärke in seinen Legionen und ihrer Kampfkraft lag, ersann Caius Duilius den taktischen Schachzug, jedes Treffen einer Landschlacht möglichst ähnlich zu machen. Jedes Schiff der römischen Flotte wurde am Bug mit einer Enterbrücke ausgestattet, die drei Mann gleichzeitig passieren konnten. Am vorderen Ende trug die Brücke einen schnabelartigen eisernen Dorn und wurde danach als „corvus" = Krähe bezeichnet. Die römischen Schiffe wurden mit dem Bug gegen den Feind geführt. Die Enterbrücke wurde fallengelassen, und dann stürmten 100 Legionäre in der herkömmlichen Schildphalanx hinüber.

260 V. CHR.

Die erste Seeschlacht der römischen Geschichte fand bei Mylae, dem heutigen Milazzo, statt. Die karthagische Flotte Hannibals mit 125 Galeeren wurde hier vor der Küste Siziliens von 130 römischen Schiffen gesichtet. 30 karthagische Galeeren verließen das Gros und griffen die römische Vorhut an. Unerwartet kam es zu einer frontalen Begegnung mit den römischen Schiffen. Die Enterbrücken fielen nieder und verbanden die gegnerischen Schiffe fest miteinander. Die Legionäre stürmten hinüber, und ein Gemetzel begann. Fast alle karthagischen Galeeren wurden erobert. Der Rest der karthagischen Flotte versuchte so zu manövrieren, daß die römischen Schiffe mittschiffs gerammt werden konnten. Die Römer wichen dem und damit dem herkömmlichen Kampf Seite an Seite aus und gingen wiederum mit dem Bug voran vor, um den „corvus" einzusetzen. Am Ende der Schlacht hatten die Römer 14 feindliche Schiffe versenkt, 31 genommen und über 7000 Karthager getötet.

Die Römer verloren keines ihrer Schiffe und nur wenige hundert Mann.

256 V. CHR.

Dieselbe Taktik wie bei Mylae führte auch zum Untergang der Flotte des Hamilkar in der Schlacht von Ecnomus. 250 römische Galeeren unter dem Befehl von Regulus und Naulius wurden von den Karthagern angegriffen, als sie Transportschiffe und Versorger vor Messina begleiteten.

249 V. CHR.

Nicht jede Schlacht wurde zum römischen Sieg. Im Jahre 249 v. Chr. versuchte Appius Claudius Pulcher, eine karthagische Flotte vor Drepaum (Trapani) auf Sizilien in die Enge zu treiben, indem er sie von See her mit der Corvus-Taktik angriff. Die Karthager, damit nun vertraut, segelten in Kiellinie eng beieinander. Dies zwang auch die römischen Schiffe, dicht aufzuschließen. Als sie einander so nahe gekommen waren, daß die Riemen nicht mehr gebraucht werden konnten und die Segel sich abdeckten, drehten die Karthager zum traditionellen laufenden Gefecht an. 93 römische Schiffe und 22 000 Mann gingen dabei verloren!

Zu dieser Zeit begannen die Römer die karthagische Flotte zu suchen und anzugreifen, wo immer sie sie fanden. Seemacht sollte zur Herrschaft auf dem Lande führen, eine Strategie, die von nun an jeden größeren Krieg in der Geschichte beherrschte.

241 V. CHR.

Seeschlacht bei den Ägatischen Inseln. Die Römer besiegen die Karthager, versenken 50 und nehmen 70 weitere Schiffe. Ende Karthagos als Seemacht und Beginn der römischen Herrschaft über das Mittelmeer. 39 Jahre später wurde Karthago endgültig besiegt und die Stadt dem Erdboden gleichgemacht.

DIE SYRACUSA

Das Schiff war eine doppelte Quinquereme mit je 10 Ruderbänken auf jeder Schiffsseite. 2000 Mann bedienten 800 Riemen.

A *Für eine Reihe von zehn Riemen wurden drei Ausleger benötigt.*

B *Das Schiff trug vier Masten, zwei Wachtürme und ein großes Zelt.*

C *Eine der großen Steinschleudern für Belagerungen. Links der Abfeuermechanismus. Der Katapulthebel (1) wird von einem „Abzugshebel" (2) gehalten, der wiederum an einem Deckspoller festgelegt ist (3). Wird der Abzugshebel mittels einer Spake (4) scharf um 90° gedreht, schnellt der Katapulthebel empor.*

D *Die wahrscheinliche Anordnung der für zehn Riemen benötigten 25 Ruderer. Jede Gruppe stand oder saß etwas hinter und über der vorhergehenden.*

Riemen 1: *Ein Mann sitzend hinter der Bordwand, Riemenlänge 6,1 m.*

Riemen 2: *Zwei Mann sitzend hinter der Bordwand, Riemenlänge 9,7 m.*

Riemen 3: *Zwei Mann stehend, Riemenlänge 12,2 m.*

Riemen 4: *Zwei Mann sitzend, Riemenlänge 14,6 m.*

Riemen 5: *Zwei Mann sitzend, Riemenlänge 15,8 m.*

Riemen 6: *Zwei Mann stehend, Riemenlänge 18,3 m.*

Riemen 7: *Drei Mann stehend, Riemenlänge 19,5 m.*

Riemen 8: *Drei Mann sitzend, Riemenlänge 20,7 m.*

Riemen 9: *Drei Mann stehend, Riemenlänge 23,2 m.*

Riemen 10: *Vier Mann stehend, Riemenlänge 25,6 m.*

E *Die Dolle für Riemen 1 lag im Rumpf, etwa 1,2 m vom Ende entfernt. Damit konnte er um 1,2 m durchgeholt werden und besaß einen Schlag von 3,1 m.*

F *Die Dolle für Riemen 6 lag auf dem Ausleger, 3,7 m vom Ende entfernt. Ein Gewicht von 3,6 kg konnte den Riemen von 14,6 m Länge ausbalancieren, wenn man pro 30 cm ein Gewicht von 0,9 kg annimmt.*

G *Festmontierte Pfeilschleuder.*

1 Mast.
2 Ring zum Festlegen der gespannten Sehne.
3 Block zum Auslösen.
4 Deckstütze.
5 *Die Flugbahn des Pfeils wurde verändert, indem der Bogen gehoben oder gesenkt wurde.*

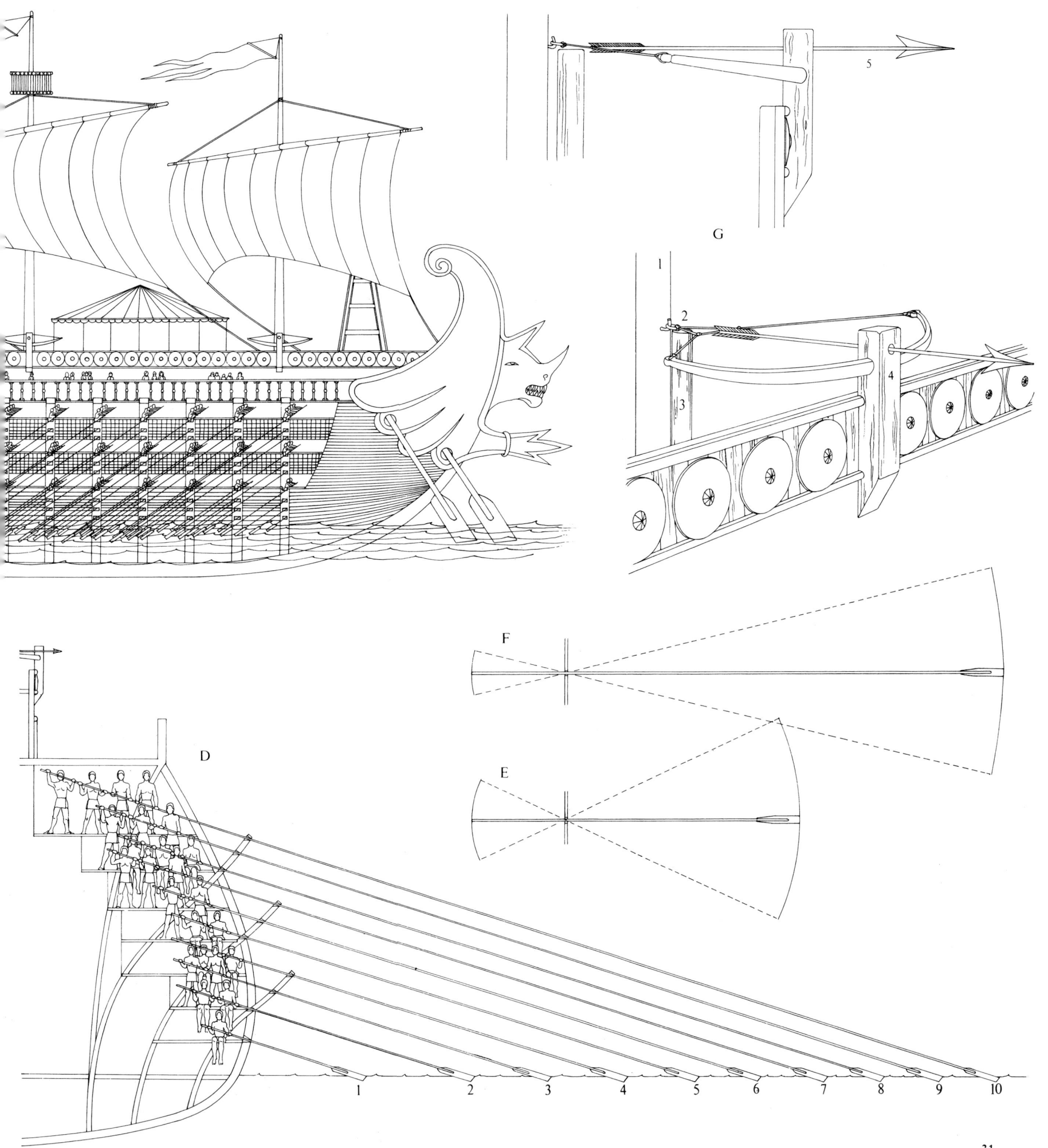

SCHIFFE UND MEER

212 V. CHR.
Der Aufstand in Syrakus gegen die Römer ist von geringer Bedeutung, mit der Schiffahrtsgeschichte jedoch insofern verknüpft, als Archimedes für seine Heimatstadt einen Parabolspiegel erfand, mit dem die Sonnenstrahlen gesammelt und die den Hafen blockierenden römischen Schiffe in Brand gesetzt wurden. Beim Fall von Syrakus nach drei Jahren wurde er von einem Legionär getötet, den der Befehl, Archimedes zu schonen, zu spät erreichte.

191 V. CHR.
Eine römische Flotte unter Livius Salinator besiegt die syrische Flotte unter Polyxenidas, dem Admiral von Antiochia, bei Marmora an der sizilianischen Küste. Der Sieg stärkt die römische Herrschaft im Mittelmeer.

190 V. CHR.
Dieselbe Flotte, nun unter Emilius, besiegt wiederum Polyxenidas mit seiner wiederaufgestellten Flotte. 13 syrische Schiffe werden erobert, 29 in Brand gesetzt. Die Syrer rüsten nun ihre Flotte ab. In den folgenden hundert Jahren können die Römer ungestört über das „mare nostrum", wie sie das Mittelmeer nennen, herrschen.

100 V. CHR.
Auf einem phönizischen Sarkophag, der bei Sidon gefunden wurde, ist ein Handelsschiff dieser Epoche dargestellt. Es ist derselbe Schiffstyp, den auch Paulus beschreibt. Der einzige Unterschied ist eine schräg über den Bug hinausragende Spiere, die ein Vorsegel trägt. Das Bugspriet mit seinem Stützsegel sollte sich auf allen segelführenden Kriegsschiffen der nächsten 1800 Jahre wiederfinden.

70 V. CHR.
Unter dem Schutz und der Vorherrschaft der römischen Flotte blühte der Handel im Mittelmeer. Mit seinem Anwachsen wuchs jedoch auch das Piratenunwesen. Im fraglichen Jahr sammelte der römische Konsul Pompeius 500 Schiffe, um alle Stützpunkte der Piraten an der heutigen algerischen Küste ausfindig zu machen und zu vernichten. Es handelte sich hierbei um herkömmliche Biremen, jedoch ohne Mast und Segel. Warum man auf die Hilfsbeseglung verzichtete, ist nicht bekannt – vielleicht waren es taktische Gründe, um erst im letzten Moment gesichtet zu werden. Diese niedrigen, mehr bootsartigen Biremen waren bemerkenswert schnell und konnten die Piraten der Berberküste leicht besiegen.

55 V. CHR.
Julius Caesar landete in England. Anlaß war die Bestrafung der Briten, die die aufständischen Veneter mit Männern und Schiffen unterstützt hatten. Bis dahin waren die Boote der Briten nur als fellbezogene Coracle beschrieben worden. Caesar machte jedoch klar, daß die skandinavische Schiffbautechnik auch in Südengland angewendet wurde. Er beschreibt die Schiffe der Veneter, darunter solche aus britischen Häfen, die die römischen Schiffe angriffen, mit folgenden Worten:
Ihr Boden war etwas flacher als der unserer Schiffe. Der Bug war sehr hochgezogen, ebenso

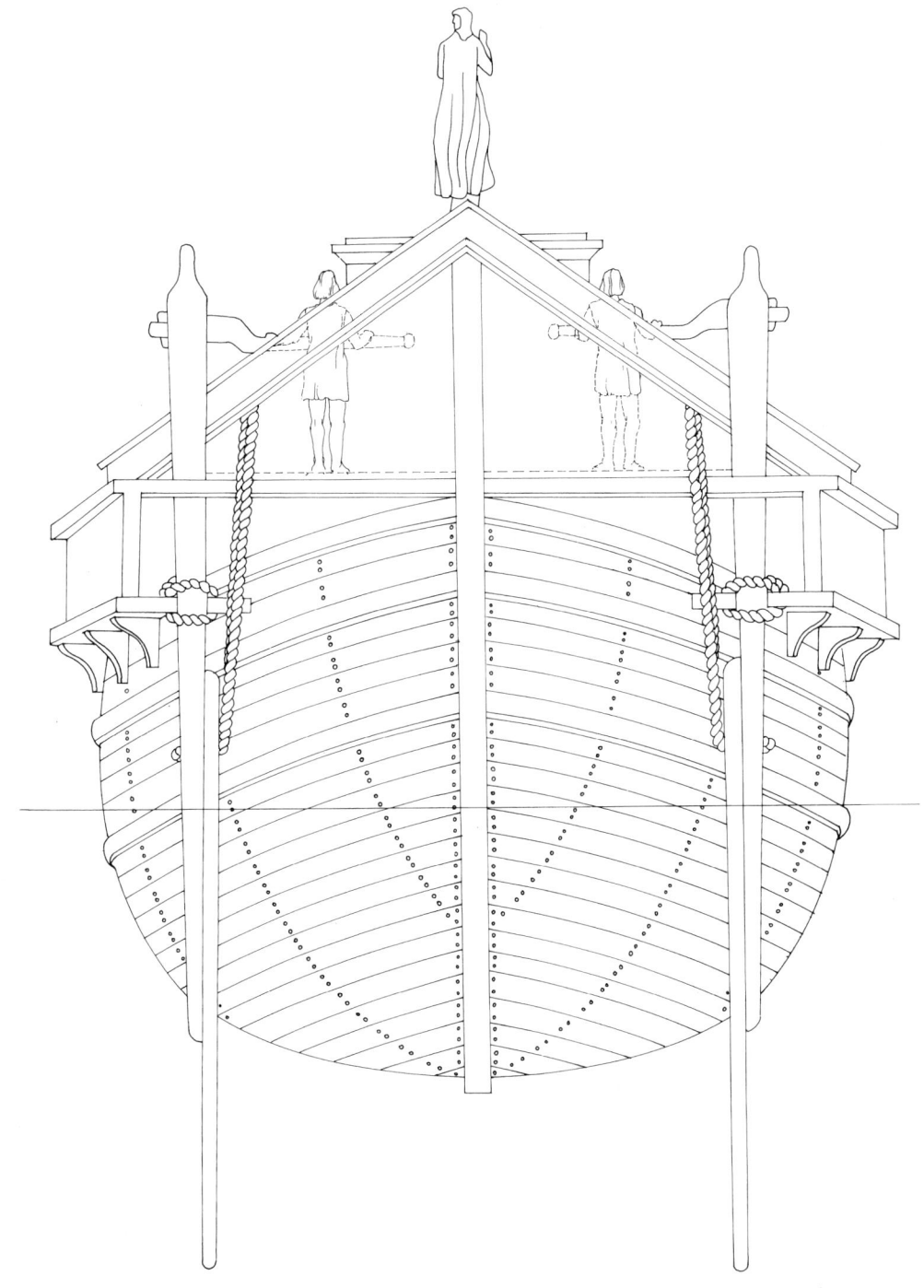

RÖMISCHES HANDELSSCHIFF UM 200 V. CHR.

Das hier abgebildete Schiff wurde nach einem Relief in Ostia, dem alten Seehafen Roms, rekonstruiert. Das Schiff ist karwell gebaut und besitzt zwei Ruder, eins an jeder Seite. Die Abbildung links zeigt die Anordnung der Ruder von achtern gesehen.

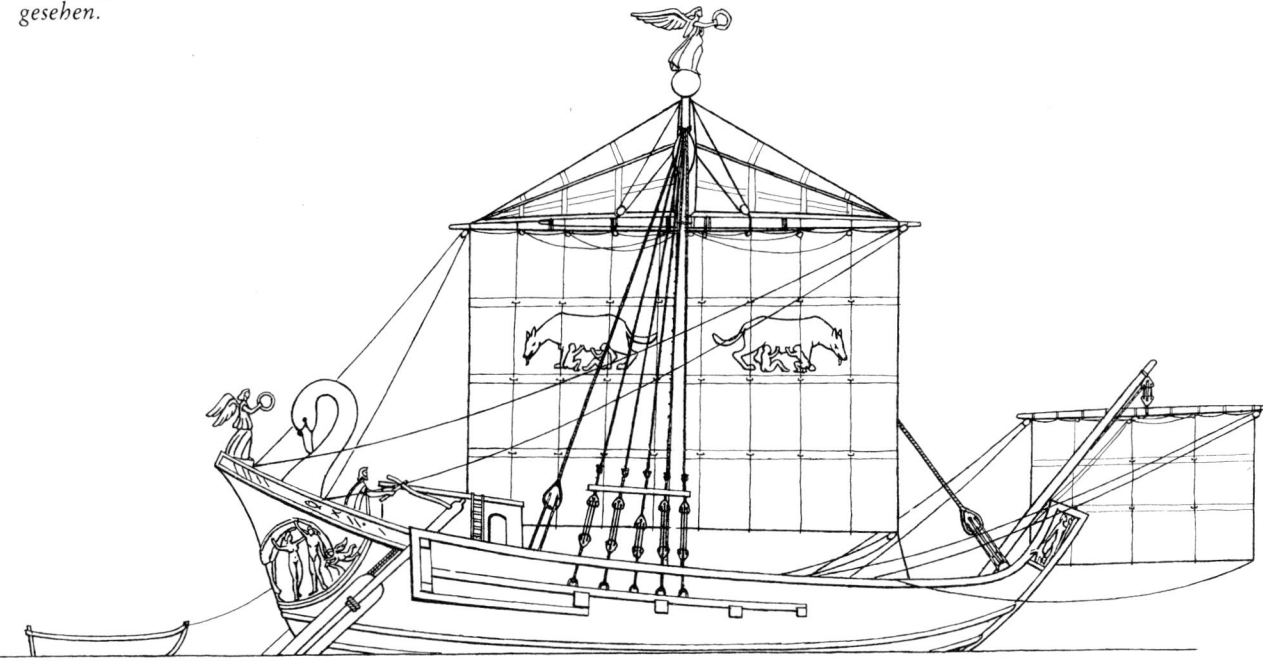

das Heck. Der Schiffsrumpf war völlig aus Eichenholz gebaut. Die Ruderbänke waren aus starken Balken von etwa 30 cm Breite gefertigt und mit eisernen Nägeln von Daumesstärke befestigt. Ihre Anker befestigten sie mit eisernen Ketten statt Tauwerk und benutzten Häute und schmiegsames Leder als Segel. Segeltuch kannten sie nicht.

Der Angriff unserer Flotte auf diese Schiffe hatte nur den Vorteil der Schnelligkeit – alle übrigen Dinge waren für sie günstiger als für uns, denn unsere Schiffe konnten ihren Rammsporn nicht gegen sie einsetzen, da sie zu stark gebaut waren. Wir konnten auch unsere Wurfspeere nur schwer gegen sie einsetzen, da sie hoch über uns aufragten. Aus diesem Grund waren die Schiffe auch schwer zu entern und zum Nahkampf zu bringen.

40 V. CHR.

Plinius der Ältere beschreibt die Quinquereme mit fünf Ruderbänken und 400 Ruderern. Leider sagt er nicht, wieviele Riemen vorhanden waren. Man kann jedoch annehmen, daß zu jeder Bank 20 Riemen gehörten. Plinius berichtet weiter, daß durch jede Öffnung zwei Riemen mit 60 cm Abstand geführt wurden, die inne und außen mit Lederriemen verbunden waren.

Quinqueremen wurden bereits früher erwähnt. Es ist interessant, daß Plinius von ihnen noch immer als Versuchsbauten spricht, die noch nicht als Kriegsschiffe eingesetzt wurden. Die einfache Erklärung ist, daß fünf Bänke mit Riemen, auch wenn diese zu Paaren verbunden wurden, unhandlich und im Vergleich zu den Biremen, mit denen Pompeius 30 Jahre zuvor die Piraten gejagt hatte, nur von geringer Wirkung waren.

31 V. CHR.

Die oft erzählte Geschichte der Liebe zwischen Mark Anton und Kleopatra, die durch Dichtung und Film unsterblich wurde, führte schließlich zur Spaltung des Römischen Reiches und zur Seeschlacht von Actium. Hier standen sich die Flotte Octavians, des Großneffen Caesars, und die von Mark Anton und Kleopatra gegenüber. Letztere war zahlenmäßig überlegen. Man schätzt, daß sie aus 500 römischen und 70 ägyptischen Galeeren bestand. Außerdem standen 200 000 Mann Fußtruppen und 10 000 Reiter zur Verfügung. Octavian befehligte 80 000 Soldaten und 12 000 Reiter, konnte aber nur knapp 300 Galeeren zusammenbringen. Die vereinigte ägyptisch-römische Flotte war jedoch nur schlecht ausgerüstet, im Kampfe unerfahren und unzuverlässig. Die römische Flotte dagegen war kampferfahren und stand unter dem Kommando des fähigen Agrippa.

Mark Anton bevorzugte den Landkampf, in dem er seine dreifache Überlegenheit zum Tragen bringen konnte. Kleopatra hingegen wünschte die Seeschlacht, um das Heer intaktzuhalten. Sie erklärte, daß man beim Verlieren der Seeschlacht nur die Segel zu setzen und vom Schlachtfeld abzulaufen habe. Mark Anton stimmte dem trotz seiner Zweifel zu. Dies war Octavian nur recht, denn er setzte großes Vertrauen in seine Flotte, noch größeres in Agrippa. In der Schlacht von Naulochus (35. v. Chr.), in der Agrippa siegte, trat noch ein weiteres Kampfmittel zu dem erfolgreichen „corvus": der Harpax, ein aus der Entfernung wirkender Enterhaken. Der etwa 5 Ellen lange Balken mit eiserner Spitze wurde von einer Wurfmaschine vorn und achtern in das feindliche Schiff geschleudert. Er trug am Hinterende eine starke Leine, so daß das römische Schiff an das feindliche herangeholt werden konnte und die Legionäre angreifen konnten.

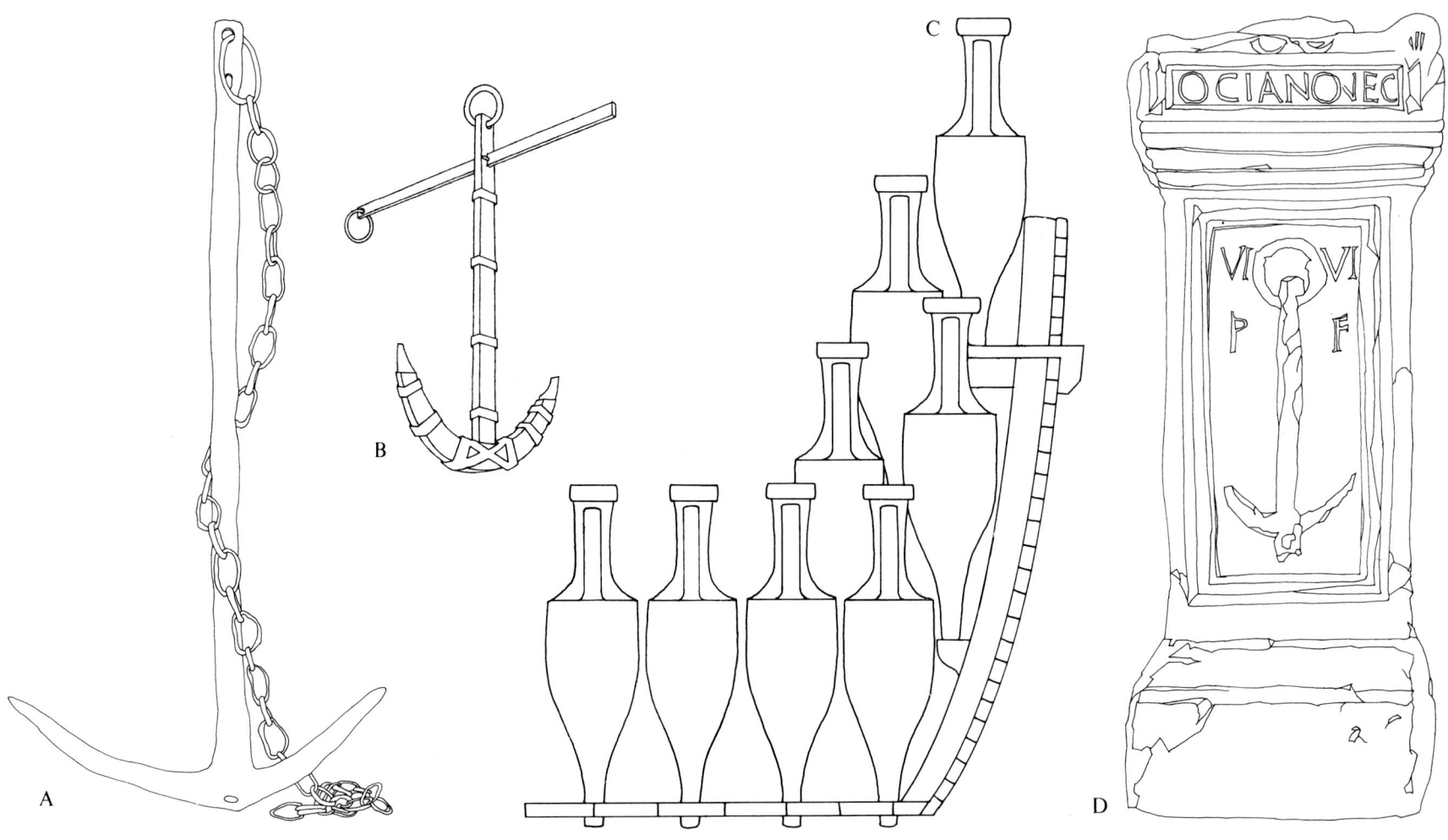

Trotz wiederholter Warnungen seiner Freunde, die einstimmig die Landschlacht bevorzugten, fuhr Mark Anton mit seinen Vorbereitungen einer Seeschlacht fort, mit der er das Schicksal Roms entscheiden wollte. Es ist zweifelhaft, ob eine Seeschlacht jemals vorher oder später mehr Zuschauer hatte als die 300 000 Mann Landtruppen bei Actium.

Der Ablauf der Schlacht ist wohlbekannt. Auf ihrem Höhepunkt setzte Kleopatras Schiff die Segel, und 70 Schiffe folgten ihr in Kiellinie rudernd durch die vor Anker liegende Flotte Mark Antons.

Octavian, der Kleopatra gegenüberstand, zögerte. Ihre Taktik schien klar. Die schnellen ägyptischen Galeeren, meist Biremen, schienen seine Linie durchbrechen zu wollen, um dann eine Kehrtwendung zu machen und ihn von hinten anzugreifen, während Mark Anton gleichzeitig einen Frontalangriff entfesselte. Wenn er jetzt die ägyptischen Schiffe harpunieren würde, hätte Mark Anton in dem entstehenden Durcheinander ein leichtes Spiel gehabt.

So ließ Octavian die Schiffe der Kleopatra passieren und wartete gespannt. Zu seiner Überraschung und zur Bestürzung Mark Antons vollführte jedoch die tapfere Königin keine Wendung, sondern segelte weiter, und das Gros ihrer Flotte folgte ihr. Ein ungläubiges Raunen erhob sich an der Küste und ging in Rufe der Bestürzung und Wut über, als Mark Anton sein Zeichen auf einem schnellen Fahrzeug setzte und seiner entfliehenden Geliebten nacheilte. Fünf Schiffe Octavians nahmen die Verfolgung auf, doch Mark Anton konnte das Flaggschiff Kleopatras erreichen und dort an Bord gehen.

Verlassen und führerlos ergab sich die zahlenmäßig überlegene Flotte bei aufkommendem Sturm Octavian. 300 Schiffe wurden von Agrippa genommen, 5000 der Gefolgsleute Mark Antons fielen. Innerhalb eines Jahres folgten ihnen Mark Anton und Kleopatra, Octavian wurde zum Kaiser Augustus und Ägypten zur römischen Provinz.

43 V. CHR.

Die Strafexpedition Julius Caesars nach Britannien im Jahre 55 v. Chr. hatte dort zur Errichtung von Handelsniederlassungen geführt, doch erst fast hundert Jahre später wurde auf Betreiben des Kaisers Claudius eine zweite wohlvorbereitete Expedition dorthin unternommen, in deren Folge England südlich des Tweed zur weiteren römischen Provinz gemacht wurde.

Der Historiker Publius Cornelius Tacitus beschreibt Londinium (London) als beachtenswerten Hafen und Haupthandelsplatz. Er erwähnt ferner Clausentum (Southampton) als das Zentrum des Handels mit Frankreich.

Bei seiner Reise nach Nordeuropa besuchte Tacitus auch die Suionen, die im heutigen Schweden lebten. Er beschreibt ihre Wikingerboote in seinem berühmten Buch „Germania".

Am bemerkenswertesten fand er, daß diese Boote „lang, schmal und leicht" waren, „vorn und achtern mit gleicher Krümmung". Im Gegensatz dazu besaßen die Schiffe der Römer eine charakteristische Bug- und Heckform.

Das Aussehen der Wikingerschiffe wurde nahezu unverändert während der folgenden tausend Jahre beibehalten. Auf dem berühmten Teppich von Bayeux findet sich eine Darstellung der Schiffe, mit denen Wilhelm der Eroberer 1066 in England einfiel. Sie hatten sich nicht gegenüber dem, was Tacitus tausend Jahre vor diesem Normanneneinfall beschrieb, verändert.

SCHIFFE UND MEER

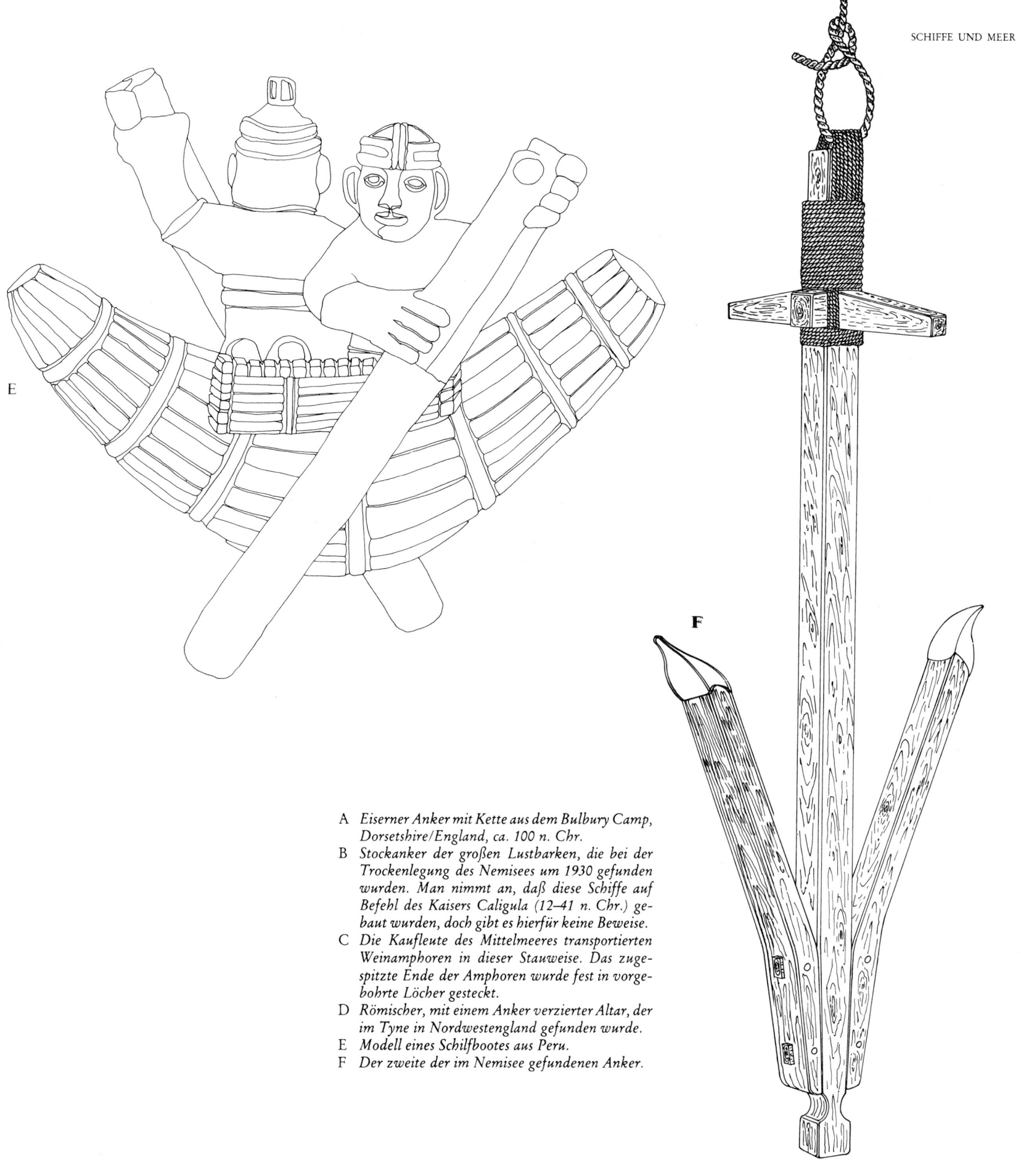

A Eiserner Anker mit Kette aus dem Bulbury Camp, Dorsetshire/England, ca. 100 n. Chr.
B Stockanker der großen Lustbarken, die bei der Trockenlegung des Nemisees um 1930 gefunden wurden. Man nimmt an, daß diese Schiffe auf Befehl des Kaisers Caligula (12–41 n. Chr.) gebaut wurden, doch gibt es hierfür keine Beweise.
C Die Kaufleute des Mittelmeeres transportierten Weinamphoren in dieser Stauweise. Das zugespitzte Ende der Amphoren wurde fest in vorgebohrte Löcher gesteckt.
D Römischer, mit einem Anker verzierter Altar, der im Tyne in Nordwestengland gefunden wurde.
E Modell eines Schilfbootes aus Peru.
F Der zweite der im Nemisee gefundenen Anker.

SCHIFFE UND MEER

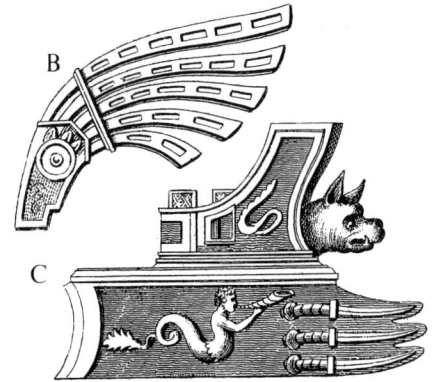

A Die Künstler der 17. und 18. Jahrhunderts gingen bei ihren Schiffsdarstellungen oft von phantasievollen Berichten aus.
   Diese Darstellung soll eine gigantische phönizische Galeere zeigen. Der große Freibord, das riesige Ruder und auf Türmen stehende Masten lassen zweifelhaft erscheinen, daß Derartiges jemals gebaut worden ist.
B Der als „aplustre" bezeichnete Heckschmuck einer römischen Galeere.
C Künstlerisch geschnitzte Bugverzierungen einer Galeere, die nur noch dekorative Zwecke erfüllten, als Rammsteven aber wertlos waren.

DAS GOKSTAD-SCHIFF

Im Jahre 1881 wurde ein Wikingerschiff in einem Grabhügel bei Gokstad/Sandefjord, Norwegen, gefunden. Das Schiff war fast vollständig aus Eichenholz gebaut und bemerkenswert gut erhalten. Hier ist die Rekonstruktion einer nordischen Werft, auf der ein Schiff ähnlich dem aus Gokstad gebaut wurde.

A   Handbohrer und zwei Bohreinsätze.
B   Bügelsäge.
C   Holzfeile.
D   Messer.
E   Breitaxt (Dechsel).
F   Hohleisen oder Gutsche.

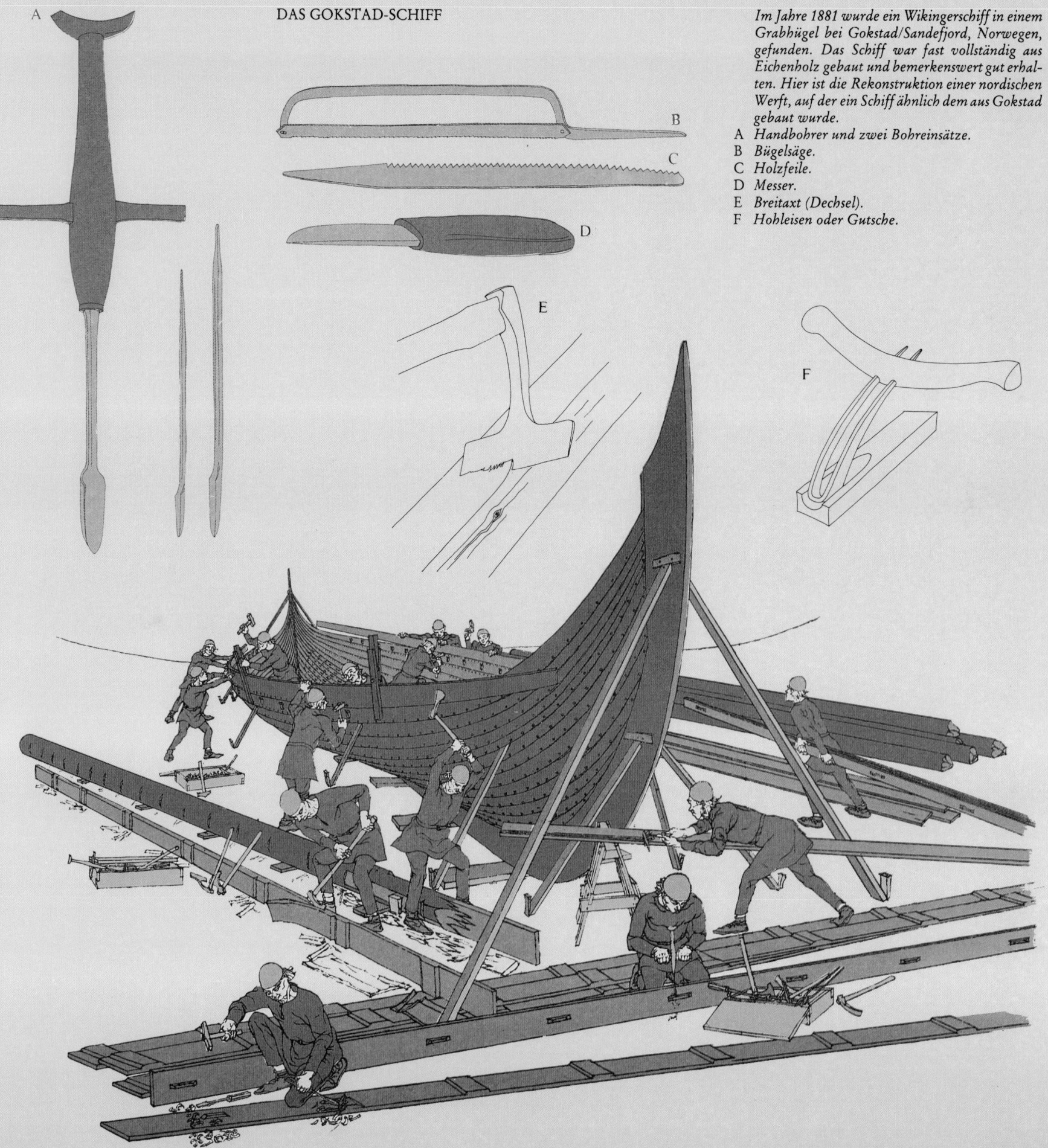

SCHIFFE UND MEER

SCHIFFE UND MEER

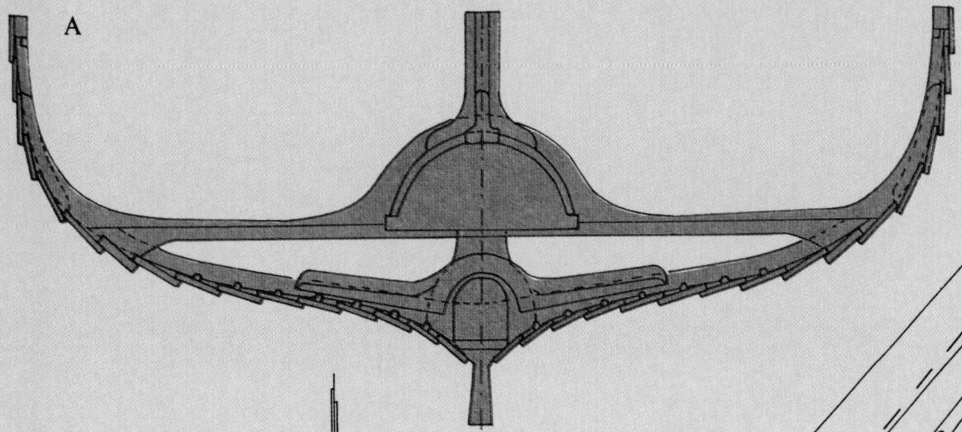

Das Gokstad-Schiff war ein Segelschiff, und die 32 an Bord gefundenen Riemen stellten nur ein zusätzliches Antriebsmittel dar. 1893 wurde das Schiff nachgebaut und überquerte den Nordatlantik von Bergen nach Neufundland in 38 Tagen. Das Gokstad-Schiff war jedoch nicht nur ein Seeschiff, sondern konnte mit seinem geringen Tiefgang auch die seichtesten Flüsse befahren und an flachen Stränden landen.

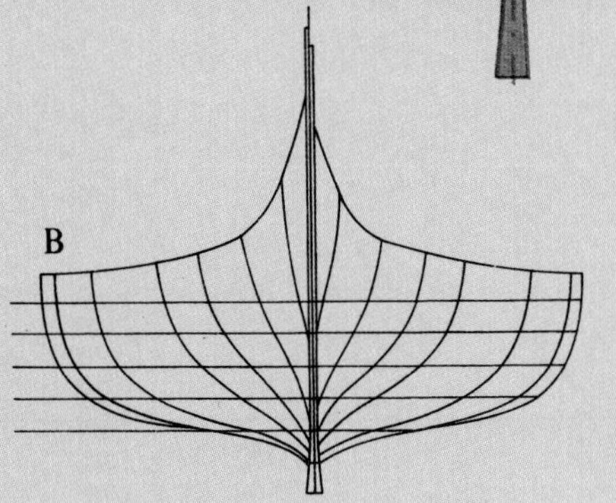

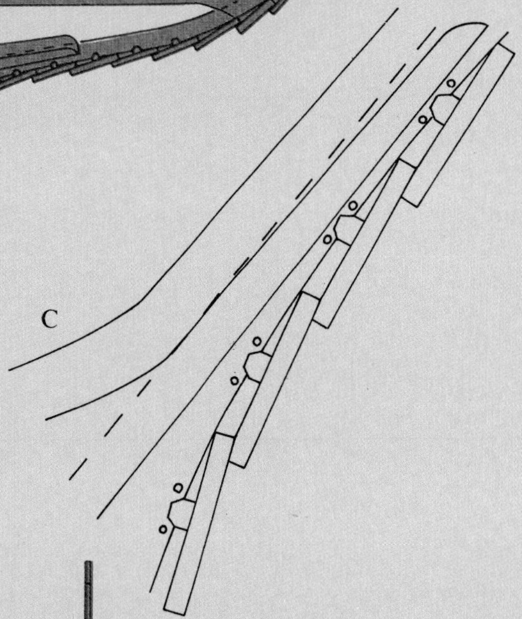

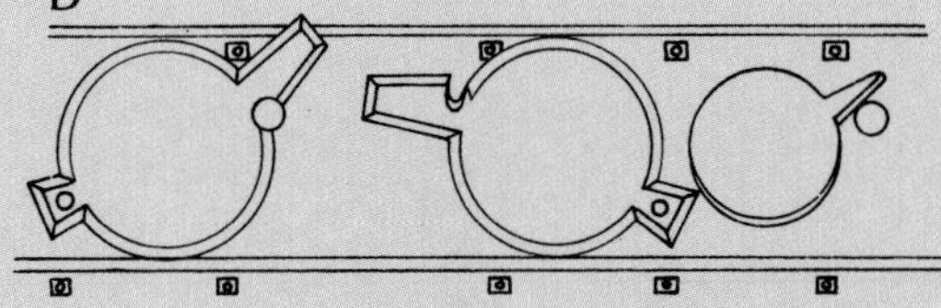

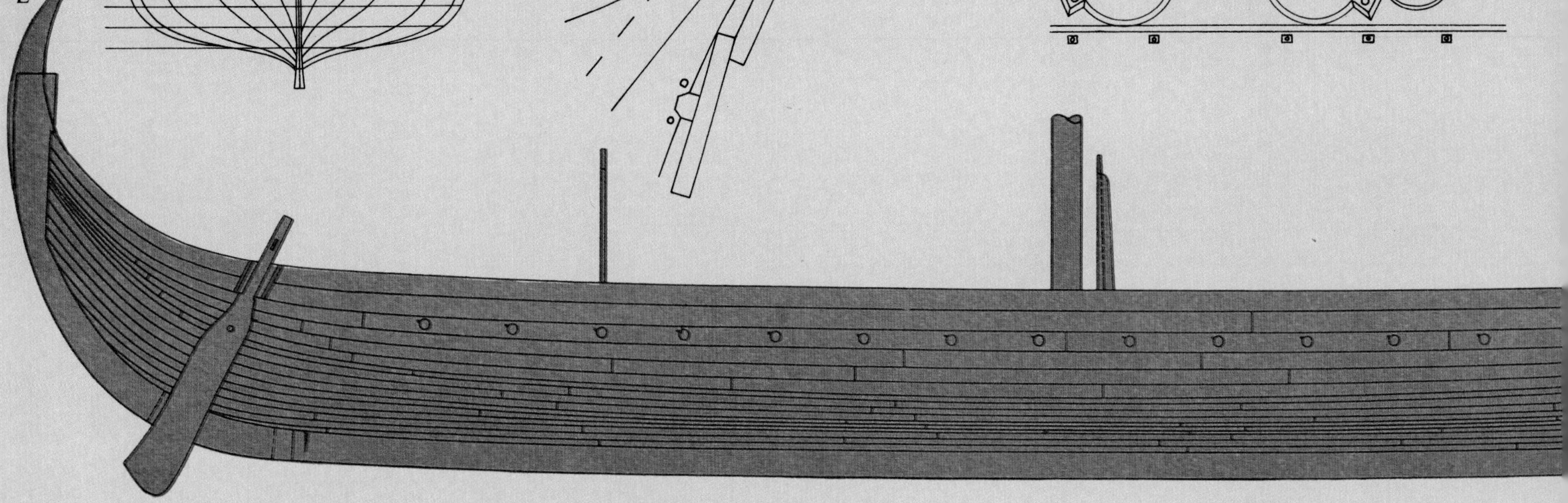

A *Hauptspant.*
B *Spantenriß.*
C *Kreuzhölzer auf der Innenseite der Planken trugen die Spanten, und diese waren mit Tannenwurzeln durch je zwei Löcher in den Kreuzhölzern und Spanten befestigt.*
D *Das Gokstad-Schiff besaß keine Dollen. Statt dessen wurden Löcher im 14. Plankengang benutzt, die durch runde hölzerne Drehschieber dichtgesetzt werden konnten, wenn man sie nicht brauchte.*
E *Seitenansicht des Schiffes.*
F *Die Schilde waren an den Schiffsseiten mittels eines durch den Schildgriff und um eine Latte hinter dem Schanzkleid geführten Endes befestigt.*
G *Wurde der Mast nicht benötigt, konnte er gelegt und verstaut werden.*
H *Das Tauwerk, das zum Aufrichten und Legen des Mastes diente, wurde auch im gelegten Zustand des Mastes zu seinem Schutz benutzt und an einem T-förmigen Pfosten belegt.*
I *Wenn der Mast aufgerichtet war, wurde die Mastspur mit einem Eichenblock verkeilt.*
J *Das Aufrichten des ziemlich schweren Mastes aus Kiefernholz muß eine erhebliche Kraft erfordert haben. In einem Eichenblock an Deck war ein Ausschnitt zur Aufnahme des Mastfußes vorhanden, die Mastspur. Während des Segelns wurde der Mast vom Winddruck gegen die vordere Hälfte der Mastspur gepreßt.*
K *Beim Segeln vor dem Wind war das Segel wahrscheinlich entsprechend der Zeichnung gesetzt.*

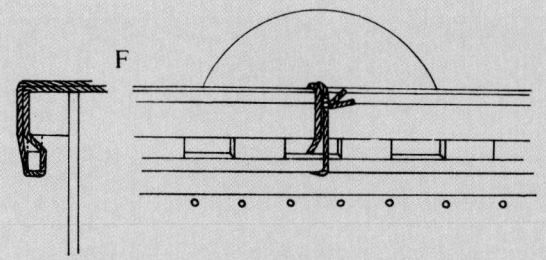

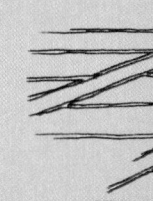

SCHIFFE UND MEER

39

SCHIFFE UND MEER

TRANSPORT DES SCHIFFES ÜBER LAND
Die Wikinger bereisten viele seichte Flußsysteme, besonders im östlichen Europa und in Rußland. Wenn sie an Stromschnellen kamen oder das Schiff von einem Fluß zum anderen transportieren mußten, fällten sie geeignete Bäume und fertigten daraus Rollhölzer. Das Schiff wurde dann daraufgesetzt und konnte über Land bewegt werden.

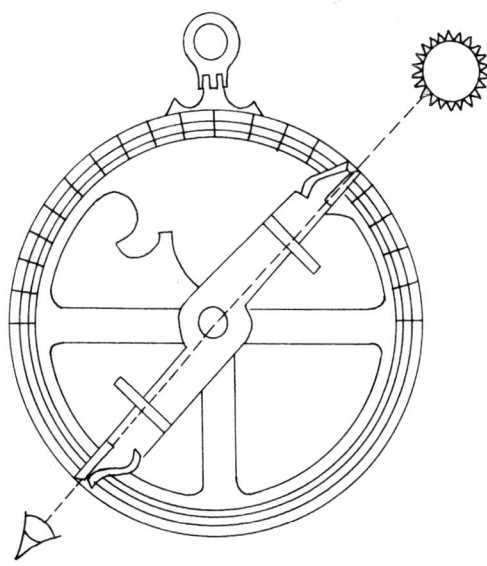

KAPITEL 2

Der folgende Zeitabschnitt ist durch Versuche der Gesetzgeber und Verwaltungen gekennzeichnet, allen Lebenserwerb von und durch das Meer in eine gewisse geregelte Ordnung zu bringen. Außerdem gab es auch stetige Verbesserungen im Entwurf und in den Eigenschaften der Schiffe, wenn auch, wie wir bereits sahen, der Grundtyp der Schiffe sich über Hunderte von Jahren hinweg nicht änderte.

Das einzelne Rahsegel der römischen Schiffe im Mittelmeer im 2. Jhdt. n. Chr. war dem der Wikingerschiffe gleich, die 500 Jahre später entstanden. Diese Wikingerschiffe wiederum waren von denen der Invasionsflotte, mit der Wilhelm der Eroberer aus der Normandie im Jahre 1066 nach England hinüberging, nicht zu unterscheiden.

In der Takelung gab es eine wichtige Neuerung: das Lateinersegel, das etwa im 8. Jhdt. von den Arabern am Mittelmeer eingeführt worden sein soll. Es wurde als Haupt- wie auch als Besansegel benutzt.

Schiffe mit größerem Freibord besaßen dabei natürlich einen taktischen Vorteil. So wurden Kampfplattformen auf Bug und Heck errichtet, die Kastelle. Auch die Handelsschiffe wurden nun in dieser Form gebaut, denn sie mußten sich oft genug gegen Piraten und feindliche Nationen verteidigen.

Die letzte bemerkenswerte Erfindung dieser Epoche war das Heckruder, das möglicherweise im 12. Jhdt. in Friesland entwickelt wurde. Es ersetzte den Steuerriemen an der Seite des Schiffes, der seit den ersten Anfängen verwendet worden war. Die älteste Abbildung eines Heckruders findet sich auf dem Taufbecken der Kathedrale von Winchester; sie stammt wahrscheinlich aus dem Jahre 1180.

Im Jahre 127 zeichnete Ptolemäus seine Weltkarte, die zeigte, daß man Indien erreichen konnte, wenn man von Europa aus westwärts segelte. Amerika fehlte auf der Karte. Etwa 1300 Jahre lang blieb diese Karte die Grundlage für die Seefahrer der Alten Welt. Bis zum Jahre 1415, dem Ende dieser Epoche, hatte es kaum Fortschritte gegenüber den Aufzeichnungen des Ptolemäus gegeben. Der Einfluß Heinrich des Seefahrers, dessen Unterstützung portugiesischer Entdeckungsreisen den Weg nach Indien um die afrikanische Südspitze herum öffnete, sollte sich erst ab 1430 bemerkbar machen.

Die Epoche beginnt mit einem machtvollen römischen Reich rings um das Mittelmeer, das die westliche Welt beherrscht. Dieses Imperium erreichte seine größte Ausdehnung im 2. Jhdt. n. Chr. Danach zerfiel es unter dem Ansturm der Goten aus dem baltischen Raum, der Hunnen und der Vandalen, und die Römer mußten Gallien und Britannien aufgeben. In das dadurch entstehende Macht-Vakuum stießen zunächst die Mauren, später die Wikinger vor.

Im Jahre 610 begründete Mohammed seine Glaubenslehre, die innerhalb von 50 Jahren von den Sarazenen weit nach Norden verbreitet wurde. Die afrikanische und die levantinische Küste des Mittelmeeres wurden bald Hochburgen des Islam und sind es seither geblieben. Jerusalem wurde zum Brennpunkt des Konfliktes zwischen Christentum und Islam. Im Jahre 1096 zog vor dem Kreuzritterheer ein Bauernheer durch Südosteuropa und wurde bei Nicaea vernichtend geschlagen. Der folgende, sogenannte 1. Kreuzzug war der erste, an dem ganze Nationen beteiligt waren und bei dem auch ein Transport über See stattfand. Aus diesem Grunde sollen die Kreuzzüge hier erwähnt werden, weil sie die Bedeutung der Seemacht und die Notwendigkeit aufzeigen, bessere Methoden des Seetransports zu entwickeln.

Vor allem aber ist diese Epoche in die Geschichte eingegangen, weil die Wikinger eine neue Dimension auf See eröffneten. Sowohl auf dem Gebiet der Handels- und Entdeckungsreisen als auch auf dem militärischen Sektor gewannen die Wikinger mit ihren ausgezeichneten Langschiffen die Vorherrschaft, die über Hunderte von Jahren andauern sollte, ihnen auf offener See nicht streitig gemacht wurde und der Seeherrschaft der Spanier, Portugiesen und Engländer gleichzusetzen ist.

Der Mittelmeer-Schauplatz erschöpfte die Kräfte der Nationen, die sich dort engagiert hatten. Gegen

Ende des 13. Jahrhunderts zogen sich die ausgebluteten Stadtstaaten Genua, Venedig, Pisa und Amalfi, die hinsichtlich des Seetransports viel für die Kreuzzüge geleistet hatten, auf das Gebiet des einträglichen friedlichen Handels zurück.

1337 begann der Hundertjährige Krieg Englands gegen Schottland und Frankreich. Es war ein Krieg um die Herrschaftsansprüche der Königshäuser. Auf dem Gebiet der Seefahrt wurde um die Herrschaft im Gebiet des Kanals gestritten. Das Mittel der Blockade wurde häufig angewandt und brachte die Notwendigkeit, über lange Zeiten auf See bleiben zu müssen. 1348 überzog die Pest Europa und brachte das Leben in weiten Bereichen zum Stillstand. Die Furcht vor Ausbreitung der Seuche lähmte den Seehandel, und der Mangel an Seeleuten verbannte selbst die Küstenfahrzeuge in die Häfen.

Um 1400 war es zum stillschweigenden Friedenszustand zwischen England und Frankreich gekommen. In einer Phase relativer Stabilität blühte der Handel im Ostseebereich auf. Die Schiffe der Hanse brachten erheblich vergrößerte Transportkapazitäten. Dies und die Erfahrungen aus vielen Kriegsjahrzehnten führten die Menschen an die Schwelle zum Zeitalter der Entdeckungsreisen.

Von diesem Abschnitt der Seefahrtsgeschichte an besitzen wir recht gute Unterlagen. Viele Museumsstücke in aller Welt gestatten das Überprüfen der geschriebenen Überlieferungen, Vermutungen machen nun Nachweisen Platz. Im Nachhinein kann man sagen, daß in dieser Epoche die Grundlagen für die modernen Schiffe, Handels- und Kriegsflotten geschaffen wurden.

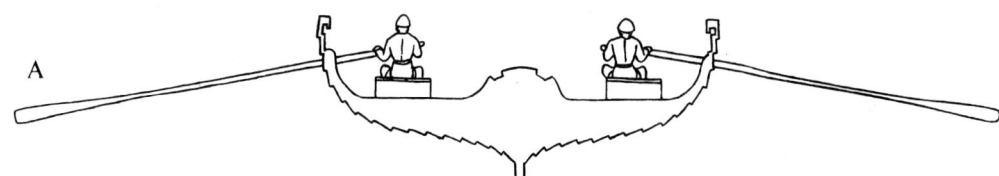

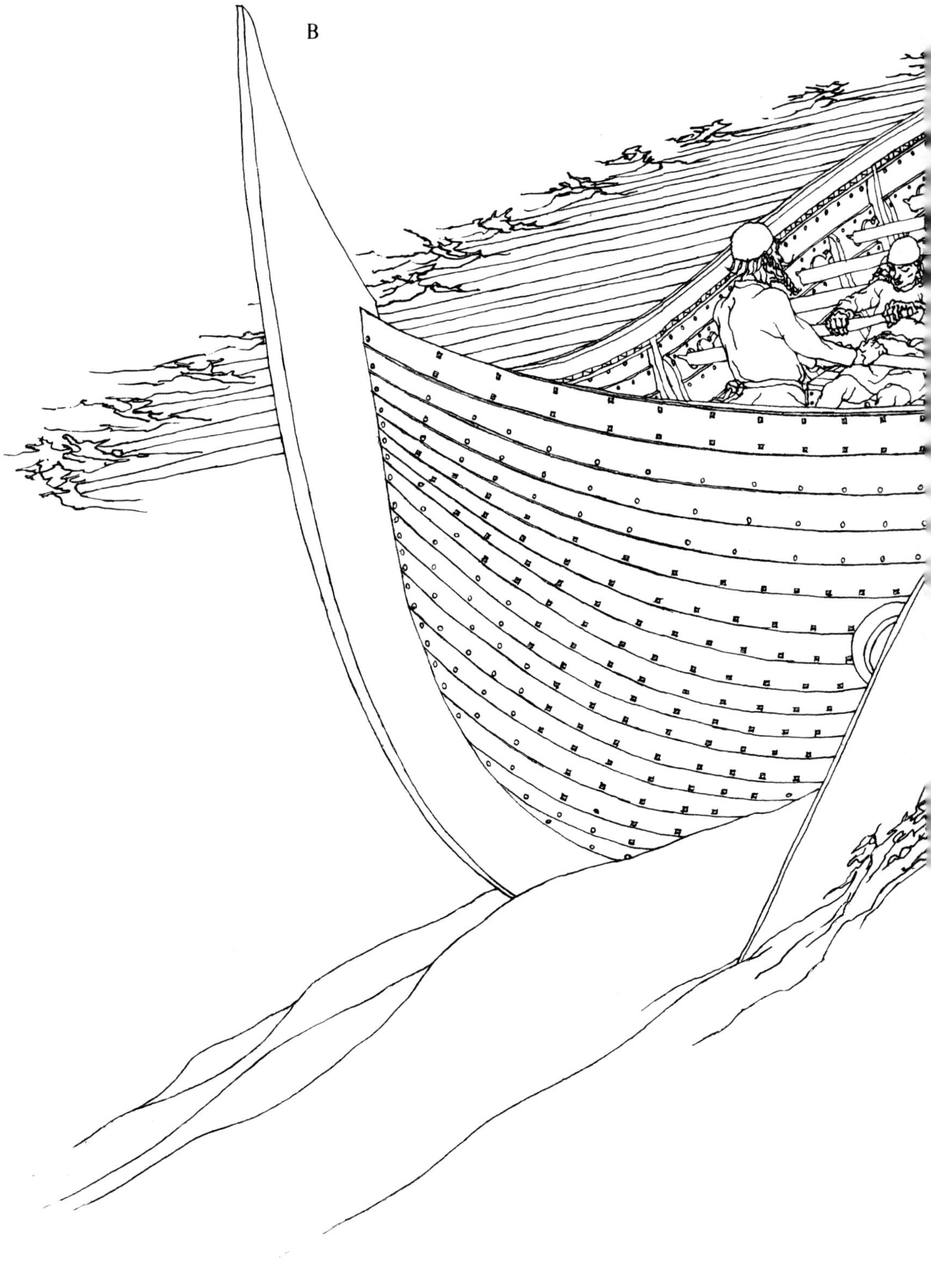

SCHIFFE UND MEER

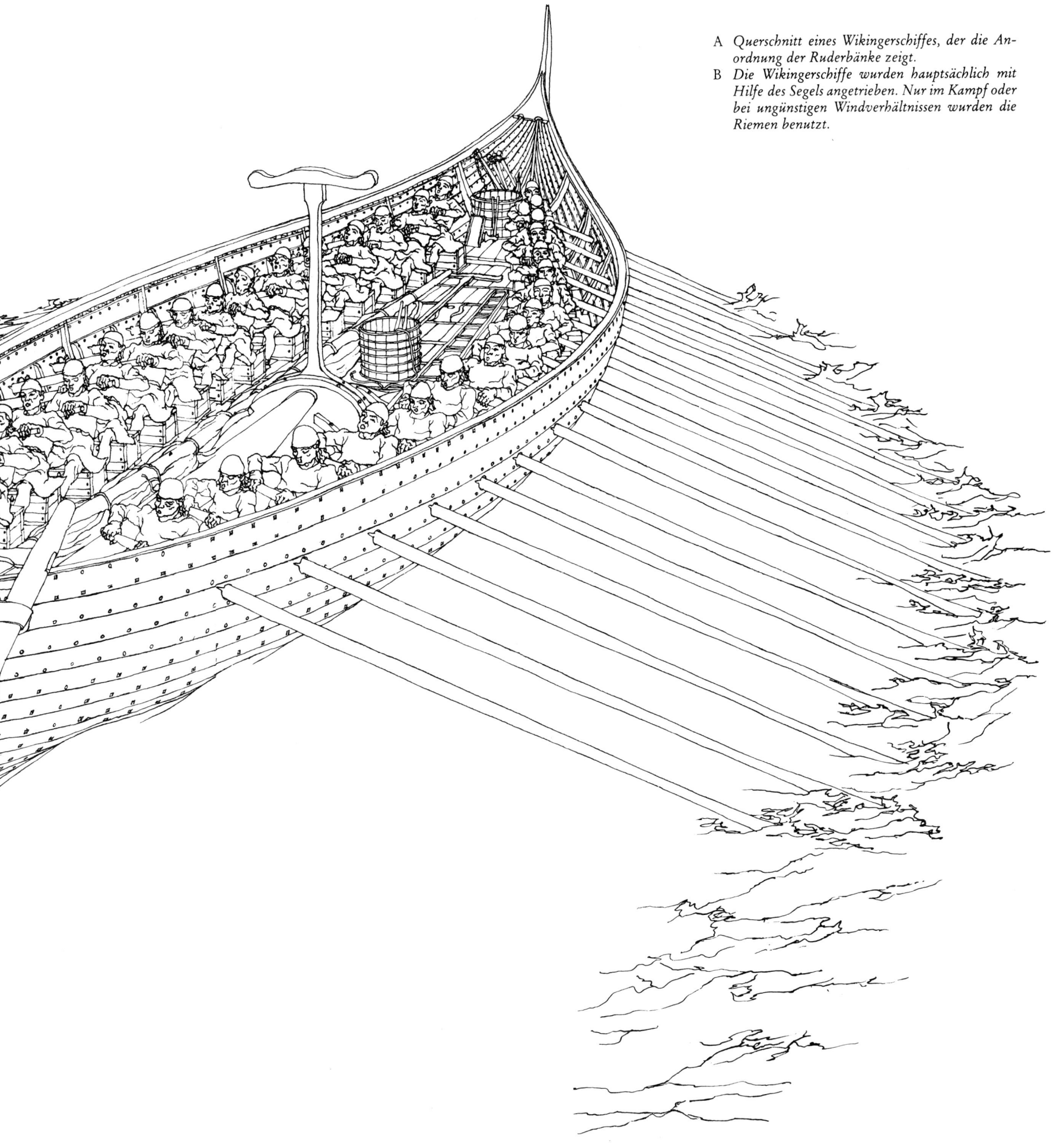

A *Querschnitt eines Wikingerschiffes, der die Anordnung der Ruderbänke zeigt.*
B *Die Wikingerschiffe wurden hauptsächlich mit Hilfe des Segels angetrieben. Nur im Kampf oder bei ungünstigen Windverhältnissen wurden die Riemen benutzt.*

43

127

Der berühmte griechische Astronom und Mathematiker Ptolemäus betreut für einige Zeit die Bibliothek von Alexandrien. Er schreibt einige Bücher, die die kulturelle Entwicklung über Jahrhunderte beeinflussen sollen. Er entwickelt die Vorstellung, daß Sonne und Planeten um die unbewegliche Erde kreisen. Erst 1500 Jahre später sollte Kopernikus das Gegenteil beweisen.

Das Hauptwerk des Ptolemäus ist die „Geographie". Sie enthält Karten Asiens und Afrikas mit Notizen über Längen und Breiten. Die Längen- und Breitenangaben wurden nach der Entwicklung geeigneter Instrumente zur Hauptorientierungshilfe beim Navigieren. Ptolemäus' Karten zeigen, daß Indien durch die Überquerung des Atlantiks erreicht werden konnte – ein kartographischer Fehler, der zusammen mit den Berichten Marco Polos über China Kolumbus zur Suche nach der Westroute anregen sollte.

CA. 350

Nikolaus, Bischof von Myra in der südlichen Türkei, wird auf Befehl des römischen Kaisers wegen Verteidigung seines Glaubens hingerichtet und als St. Nikolaus Schutzpatron der Seeleute und Pfandleiher sowie eine Symbolfigur des Christfestes.

484

St. Brendan wird in Tralee in Irland geboren. Er ist bis heute der Schutzpatron der irischen Seeleute, mehr noch als der sonst verehrte St. Nikolaus. Zusammen mit St. Christoph gilt er auch als Schutzpatron der Reisenden. Er hinterließ einen Bericht über eine Reise über den Atlantik in das „gelobte Land". Er behauptet, dieses Land, das heutige Amerika, erreicht zu haben, doch fehlen erhärtende Beweise hierfür. Jedoch steht außer Frage, daß die Wikinger schon irische Mönche vorfanden, als sie Island, das Sprungbrett nach Amerika, erreichten.

533

Seit Jahrhunderten waren bereits Wechsel bekannt. Auch der Begriff des Rabatts wurde verwendet. Für eine Versicherung kannte man jedoch noch keine festen Regeln. Um dies wenigstens für das Mittelmeergebiet zu ordnen, setzte Kaiser Justinian einen Betrag von 6% des Wertes als gewöhnliche Versicherungssumme fest. Für den Seehandel wurde die Summe verdoppelt.

603

Dies ist der wichtigste Zeitpunkt für die Entstehung der italienischen Stadtstaaten. In diesem Jahr erklärte sich Pisa zur Republik und begann den Bau einer eigenen Kriegs- und Handelsflotte. Andere italienische Städte folgten.

655

Islamische Heere dringen aus Nordafrika nach Norden vor. Der von Mohammed (570–632) begründete Islam hatte sich im Nahen Osten ausgebreitet und bedrohte das Christentum. Die Ausbreitung des Glaubens mit dem Schwert war ein Teil der Lehre Mohammeds. In der Schlacht von Lycia wurde die Flotte von Byzanz von den Arabern besiegt, denen sich damit der Weg nach Westen öffnete.

672

Ein syrischer Ingenieur namens Callinias (Kallinikos) erfindet das „Griechische Feuer", wahrscheinlich eine Mischung aus Erdöl, Schwefel und Salpeter. Es befand sich in einem Kupferrohr, das am Ende, an dem die Ladung war, einen Blasebalg besaß. Einmal entzündet, brannte die Mischung auch auf dem Wasser weiter. Die Waffe wurde von den Griechen an die griechischstämmigen Byzantiner weitergegeben, die sie zur Vernichtung der arabischen Flotte einsetzten.

8. JHDT.

Eine revolutionierende Veränderung in der Takelung und Segelführung stellte das Aufkommen des Lateinersegels dar. Die Araber waren die ersten, die es benutzten – den späteren Namen erhielt es jedoch erst nach seiner Verbreitung im Mittelmeerraum als Segel der lateinisch sprechenden Völker.

Die meisten Fachleute halten das 8. Jhdt. für den Zeitpunkt der Einführung dieses Segels im Mittelmeerraum. Ein Relief auf einem Grabstein des 2. Jhdt. n. Chr., das im Archäologischen Museum in Athen aufbewahrt wird, zeigt allerdings bereits etwas, das man für ein dreieckiges Segel halten könnte. Dies würde bedeuten, daß diese Segelform doch schon einige Jahrhunderte früher am Mittelmeer bekannt war.

AUSGEHENDES 8. JHDT.

Zu diesem Zeitpunkt hatten die Nordmänner, wie die Bewohner Skandinaviens von den Menschen in Südeuropa genannt wurden, bereits überall Angst und Schrecken verbreitet. Sie waren Seefahrer aus harten, unwirtlichen und oft unfruchtbaren Gebieten. Mit ihren charakteristischen Schiffen plünderten sie die Küsten der Volksstämme, deren Gebiete an die Nordsee, den Kanal und den nördlichen Teil der Biskaya angrenzten.

Bald wurde den Nordmännern die Bezeichnung „Wikinger" zugelegt, in der Einzahl „Wiking" oft auch nur für den Anführer dieser Raubzüge verwendet. Der Begriff bedeutet „Bewohner der Buchten oder Fjorde", im Hinblick auf die zerrissenen Küsten Norwegens, Schwedens, Dänemarks und Islands, die Hauptwohngebiete der Wikinger. Einige Auslegungen gehen auch dahin, daß der Begriff auf die Gewohnheit der Nordmänner zurückgeht, in Buchten den günstigsten Zeitpunkt zum Angriff abzuwarten.

Die Schiffe der Wikinger waren aus Holz gebaut. Im allgemeinen waren sie lang und schmal, Bug und Heck von gleicher Form. Die Handelsfahrzeuge waren kürzer und breiter als die gefürchteten „Langboote", die eigentlichen Kampfschiffe der Wikinger. In der Wikingerzeit maß man die Größe eines nordischen Schiffes nach „Räumen". Ein Schiff von 20 Räumen führte 20 Paar Riemen. Ein Langschiff, das etwa 40 m Länge erreichen konnte, führte bis zu 30 Paar Riemen. Es besaß einen einzelnen Mast, der genau auf halber Schiffslänge errichtet war und ein einzelnes Rahsegel trug. Das Leinwandsegel war kräftig, meist in senkrechten Streifen oder einem Rhombenmuster, und gefärbt. Die Oberfläche des Segels wurde durch aufgenähtes Tauwerk verstärkt, so daß es den heftigen Stürmen der nordischen Meere gewachsen war.

Die Wikingerschiffe wurden nach ihrem Verwendungszweck eingeteilt und mit Namen versehen. Es gab Handelsschiffe, Kriegsfahrzeuge und solche für zeremoniellen Gebrauch. Die Drakkar oder großen Drachen führten wilde Drachenköpfe als Bugzier. Dies waren die größten Wikingerschiffe. Snekar oder Schlangen führten Schlangenköpfe, und Ledungs-Schiffe wurden in Kriegszeiten von den Gemeinden dem König zur Verfügung gestellt. Sie stellten also die strategische Reserve für Kriegsfälle dar.

Die Wikinger waren äußerst mutige Entdeckungsreisende. Sie stießen nach Süden vor und gründeten eine Kolonie, die zur heutigen Normandie Frankreichs werden sollte. Sie segelten westwärts und erreichten ohne Zweifel Nordamerika. Über Jahrhunderte beherrschten sie die nordischen Gewässer in der gleichen Weise, wie dies beim Mittelmeer durch die Römer der Fall gewesen war.

716

Die Ägypter errichten in Kairo das Nilometer. Es handelte sich um einen Steinpfeiler, der in Ellen (1 Elle = 55,8 cm) eingeteilt war und zur Messung des Wasserstandes des Nils diente.

826–831

Trotz einiger erlittener Rückschläge setzen die Araber ihre Eroberungsstrategie in Europa fort. Eine große Flotte überquert das Mittelmeer und besetzt Sizilien, das für die nächsten 260 Jahre arabischen Interessen diente.

844

Die in Norwegen ansässigen Wikinger stoßen bis auf die Höhe des heutigen Sevilla nach Spanien vor.

Die Nordmänner, die über Walcheren auch nach Holland eingedrungen waren und Teile Englands verwüstet hatten, gründeten eine Kolonie in Irland. Dublin ist eine der größten irischen Städte, die auf Wikingergründungen zurückgehen.

839

Amalfi, ein Seehafen Süditaliens nahe Neapel, erhebt sich gegen die Lombarden und erklärt seine Unabhängigkeit. Seine Flotte gewinnt den Ruf, eine der stärksten und gefährlichsten im Mittelmeerraum zu sein. Die Stadt erreichte den Höhepunkt ihrer Macht zu Beginn des 11. Jhdt. Im Jahre 1010 wurde der amalfische Codex aufgestellt. Er behandelt in 66 Artikeln Seerecht und Zölle. Er wurde bei zahlreichen westlichen Handelsnationen angewandt. Zwistigkeiten mit den Nachbarstaaten und ein Vordringen des Meeres führten schließlich zum Niedergang der Stadt, von dem sie sich nie wieder erholen sollte.

840

Die berühmte Stadt Venedig, die Königin der Adria, wurde im 5. Jhdt. von Festlandbewohnern gegründet, die vor Attila geflüchtet waren. Sie besaß bereits eine lange kulturelle, politische und wirtschaftliche Geschichte, als sie sich im Jahre 840 zur unabhängigen Republik erklärte. Eine der ersten Aufgaben

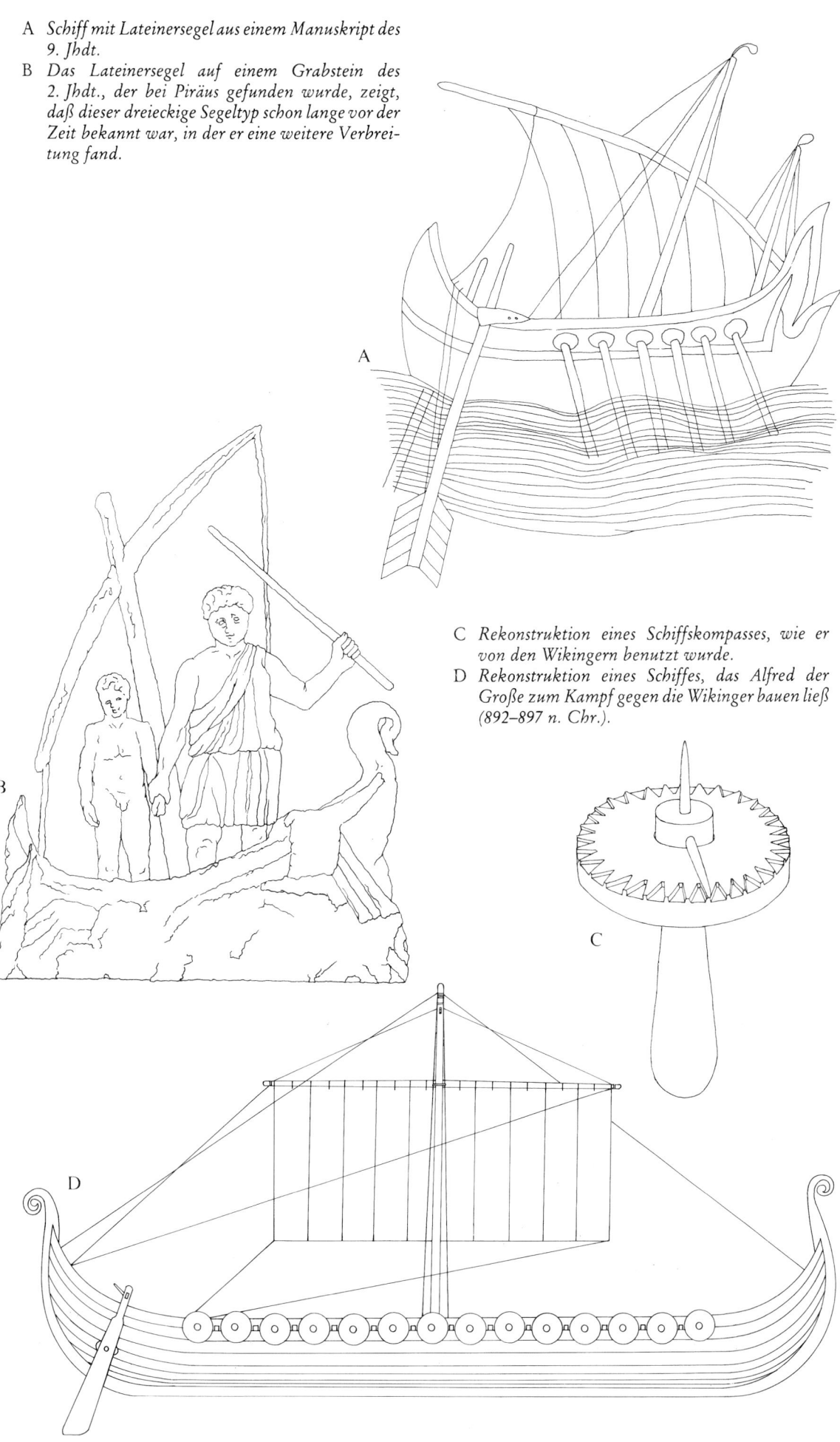

A *Schiff mit Lateinersegel aus einem Manuskript des 9. Jhdt.*
B *Das Lateinersegel auf einem Grabstein des 2. Jhdt., der bei Piräus gefunden wurde, zeigt, daß dieser dreieckige Segeltyp schon lange vor der Zeit bekannt war, in der er eine weitere Verbreitung fand.*
C *Rekonstruktion eines Schiffskompasses, wie er von den Wikingern benutzt wurde.*
D *Rekonstruktion eines Schiffes, das Alfred der Große zum Kampf gegen die Wikinger bauen ließ (892–897 n. Chr.).*

ihrer neuen Führer bestand darin, eine große Zahl von Schiffen bauen zu lassen, wodurch Venedig zu einer der bedeutendsten Seemächte des Mittelmeeres wurde. Von hier aus unternahm Marco Polo seine berühmte Reise nach Osten.
Zu Ehren der Kathedrale von St. Marcus setzte die neue Republik den Markus-Löwen auf ihr Banner. Ihre Verbundenheit mit dem Meer und ihr maritimes Interesse wurde durch eine jährlich wiederholte Zeremonie bekundet, in der der Doge, der Führer des Stadtstaates, symbolisch die Stadt dem Meer vermählte, indem er einen kostbaren goldenen Ring ins Meer warf.

849
Die Sarazenen, ein islamisches Volk aus Palästina, versuchen weiter, ihren Glauben mit dem Schwert in Westeuropa zu verbreiten. Sie greifen Amalfi an, werden aber in einem entscheidenden Seegefecht, der Seeschlacht von Ostia, geschlagen.

MITTE DES 9. JHDT.
Um diese Zeit finden sich Berichte über den Gebrauch eines neuen, von Flavio Gioia entwickelten Kompasses. Grundsätzlich hatte er nur den alten chinesischen Kompaß dadurch verbessert, daß er Wasser anstelle des Öls benutzte und eine Einteilung anbrachte, so daß die Kurse nun genau angegeben werden konnten.

872
Harald Harfagr (Harald Schönhaar) einigt Norwegen unter seiner Herrschaft. Er intensiviert die Wikingerzüge und bleibt nur selten längere Zeit in Norwegen.
Er führt eine große Flotte von Drachenschiffen, mit denen er in die Fjorde Nordeuropas eindringt und die Siedlungen der Anwohner verwüstet. Er geriet mit vielen seiner anfänglichen Gefolgsleute in Streit, so daß zahlreiche ihn schon zwei Jahre später, 874, verließen. Sie wählten Ingolfur Arnarson zu ihrem Anführer und unternahmen mit ihm einen Vorstoß nach Island. Hier gründeten sie eine Siedlung, die sie Reykjavik nannten – die rauchige Bucht. Von hier aus stieß Erik der Rote nach Grönland vor, besiedelte es und entdeckte – wie manche Wissenschaftler meinen – Amerika.

24. NOVEMBER 885
Eine vereinigte Streitmacht der Normannen, Angeln und Sachsen unter Sinric greift Paris an. Das Heer zählt 30 000 Krieger, die von 700 Langbooten transportiert werden und am Seineufer der Hauptstadt des Frankenreiches landen. Nach einjähriger Belagerung erkauft Karl der Dicke durch Geldzahlungen und die Verpfändung Burgunds ihren Abzug, woraufhin er 887 gestürzt wird.

892–897
Alfred der Große, König der Westsachsen in England, läßt eine Flotte bauen, um damit die plündernden Wikinger fernhalten zu können. Er war dabei sehr erfolgreich, wenn es auch eine Zeitlang zu einer Spaltung des Landes kam, wobei der eine Teil von den Dänen besetzt wurde. Im Jahre 897 eroberte Alfred alle Schiffe der Dänen, die in Benfleet, einer

A

kleinen Stadt an der Themsemündung, für den Winter aufgelegt waren.
Auf dem Teppich von Bayeux (70 m lang, Stickerei auf Leinen) befindet sich u. a. auch eine bereits zu König Alfreds Lebzeiten angefertigte Darstellung seiner neuen Flotte. Seine Galeeren waren doppelt so groß wie die anderen Schiffe seiner Zeit und führten 40–60 Riemen auf jeder Seite. Sie hatten einen größeren Tiefgang als frühere Schiffe und waren im Seegang bedeutend stabiler. Von dieser Streitmacht wurden die Dänen überrascht. Es wird von einer Schlacht bei der Isle of Wight berichtet, in der die Dänen geschlagen wurden.

911

Karl III., der Einfältige, König der Franken, schließt mit den Normannen, die trotz der Zahlungen seines Vorgängers weiterhin Frankreich und besonders Paris plündern, einen Vertrag und überläßt ihnen ein großes Gebiet an der Mündung der Seine als Siedlungsland auf Dauer. Der König war nicht so einfältig, wie sein Beiname andeutet, denn er rechnete damit, daß seine neuen „Vasallen" weitere Eindringlinge von Paris fernhalten würden.
Durch den Vertrag von St. Clair-sur-Epte machte er Rollo, den Führer der Normannen, zum Herzog der Normandie, die nach ihnen benannt wurde.

CA. 986

Erik der Rote unternimmt mit wenigen Schiffen eine Fahrt von Island nach Grönland, wo alsbald eine kleine Ansiedlung der Wikinger aufblüht. Von den eingeborenen Eskimos erfahren die Normannen von einem Land im Süden, jenseits der Grenze ewigen Eises, das sehr wahrscheinlich besser als Siedlungsland geeignet sei. Diese Berichte werden von einem Händler namens Björn Herjolfsson bestätigt, der auf einer Reise, vom Sturm verschlagen, einen Ort namens Markland erreicht hatte, der möglicherweise dem heutigen Labrador oder Neuschottland entspricht. Herjolfsson landete nicht, sondern beobachtete nur vom Schiff aus die unermeßlichen Wälder, kehrte zurück und berichtete davon.

991

Olaf Tryggvason führt eine Wikingerflotte von 93 Schiffen gegen die Südostküste von England. Sandwich (Kent) und Ipswich (Suffolk) werden zerstört, bevor er den Blackwater hinaufsegelt und in Maldon in Essex landet. Hier besiegt er in einer Schlacht das Heer des Königs Ethelred. Drei Jahre später versucht ein anderes Wikingerheer unter Olav Tryggvason und Swegen von Norwegen vergeblich, London zu nehmen. König Ethelred konnte sich durch die Zahlung eines Lösegeldes von 16 000 Pfund freikaufen; das entspricht einem heutigen Wert von ca. 3 000 000 Pfund. Dies ist ein Beispiel für eine Zahlung des sogenannten Danegeldes, das meist in die Heimatländer der Wikinger floß.

CA. 1001

Dies ist eines der Schlüsseldaten der Entdeckungsgeschichte der Seefahrt. Im Jahre 1001 verließ Leif Erikson, der Sohn Erik des Roten, mit 35 Männern Grönland, um das sagenhafte Land, von dem Björn Herjolfsson berichtet hatte, wiederzufinden. Markland wurde erreicht, doch die kleine Wikingerschar drang weiter nach Süden vor. Schließlich erreichten sie eine angenehme Bucht, die von Bäumen umgeben war und wo sie viele Beeren fanden, die sie an die heimatlichen Beeren des wilden Weines erinnerten. So nannten sie das Gebiet Vinland.
Jahrelang dauerte der Disput, wo denn nun dieses Vinland zu suchen wäre, das Leif Erikson mit seiner Mannschaft erreicht hatte. Runensteine wurden in Labrador gefunden. Im nördlichen Neufundland wurden nun in jüngster Zeit die Grundrisse zweier großer Häuser (21 × 16,8 m) entdeckt, und zwar bei L'Anse aux Meadows. Wände aus Torf oder Grassoden und eine Herdstelle sind zu erkennen. Der C^{14}-Test, der mit einer Toleranz von ± 100 Jahren arbeitet, wurde für diese Überreste angewendet. Er

SCHIFFE UND MEER

DER TEPPICH VON BAYEUX
A *Die Flotte der Normannen segelt gegen England.*
B *Harold von England kehrt von einem Besuch Wilhelms des Eroberers zurück.*

ergab das Datum 1000 n. Chr. und stimmt gut mit dem schon bisher genannten Datum für die Reise Leif Eriksons überein. Ferner fand sich dort auch noch eine Bronzenadel der Wikinger.

Nun weiß man, daß Leif Erikson und seine Männer ein großes Haus nahe dem Landungsplatz bauten. Sie verbrachten hier möglicherweise den Winter 1001/1002, bevor sie ihre Schiffe mit frischen Vorräten ausrüsteten und im Frühjahr 1002 heimkehrten. Angesichts dessen muß man wohl annehmen, daß die Expedition Leif Eriksons in Neufundland und nicht auf dem amerikanischen Festland überwinterte.

Während der nächsten zehn Jahre unternahmen die Wikinger Erkundungsreisen nach Westen. Es kann wohl als sicher gelten, daß sie das amerikanische Festland erreicht haben. Sie wurden jedoch in diesen Gebieten nicht auf Dauer ansässig, da sich die eingeborenen rothäutigen Indianer, die die Wikinger Skraelinge nannten, nach anfänglicher Neugier sehr feindselig zeigten. Im Jahre 1013 gaben die Wikinger ihre Versuche auf, in diesem Gebiet Fuß zu fassen. Selbst die blühenden Siedlungen auf Grönland wurden aufgegeben, als Schiffe aus der Heimat ausblieben. Das ging auf die Zunahme an mörderischen Blutrachekämpfen in Skandinavien zurück.

Die Zeit verging. Im Jahre 1408 suchte ein Schiff vor einem Sturm Zuflucht an der grönländischen Küste. Man entdeckte an Land halbwildes Vieh, das große Ähnlichkeit mit norwegischem Vieh aufwies. 500 Jahre später, um 1920, entdeckte eine Expedition tiefgefrorene Kadaver in der Nähe der Siedlung Erik des Roten, die nahezu 1000 Jahre überdauert hatten. Alle diese Dinge beweisen, daß die Wikinger sowohl die vorgelagerten Inseln als auch das amerikanische Festland schon etwa 400 Jahre vor Kolumbus entdeckt und besiedelt hatten.

1066

Es ist interessant, daß die beiden größten Invasionen der Geschichte über denselben schmalen Wasserarm erfolgten: über den Kanal, der England und Frankreich trennt. Am 28. September 1066 überfiel und eroberte Wilhelm der Eroberer, Herzog der Normandie, England. Am 6. Juni 1944 kehrten die Alliierten in die Normandie zurück.

Normalerweise wurden die Flotten in ein Winterquartier gelegt, da der Winter für Unternehmungen kaum in Frage kam. Im Frühling 1066 hatte Harold von England eine ausgezeichnete Flotte zusammengezogen, die jeden Invasionsversuch abschlagen konnte. Diese Flotte, die sich bei Sandwich versammelt hatte, wäre für Wilhelm den Eroberer mehr als nur ein Hindernis gewesen. Die Invasion der Normannen erfolgte jedoch weder im Frühjahr noch im Sommer. Auf Grund falscher Informationen löste Harold seine Flotte dummerweise auf, als die Herbststürme anzuzeigen schienen, daß nunmehr mit einer Invasion nicht mehr zu rechnen sei.

Das Ausbleiben der Invasion im Frühjahr und Sommer war durch das Fehlen einer hinreichend großen Flotte zum Transport der Armee der Normannen verursacht worden. Energisch wurde hier Abhilfe geschaffen. Wilhelm ließ Schiffe in großer Zahl bauen und „lieh" viele von Verbündeten und Freunden. Schließlich verfügte er über 400 große und 1000 kleine Fahrzeuge, wie der Augustinerbruder

A *Das älteste erhaltene Schiff mit einem Heckruder, das Kalmar-Schiff Nr. 1, das bei Kalmar/Schweden gefunden wurde und auf etwa 1250 datiert wird.*

B *Hauptspant des Kalmar-Schiffes Nr. 1 mit dem Spill, das zum Heißen des Segels benutzt wurde.*

C *Älteste bekannte Abbildung eines Schiffes mit Heckruder am Taufbecken der Kathedrale von Winchester, ca. 1180 n. Chr.*

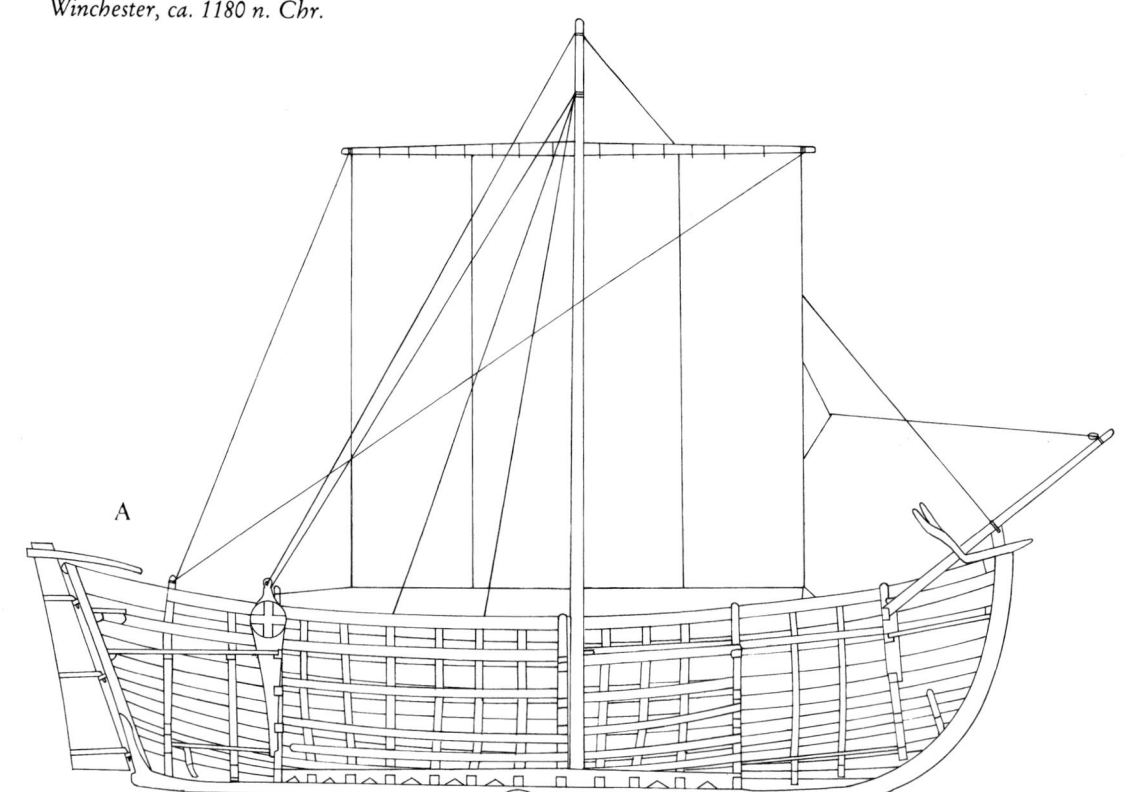

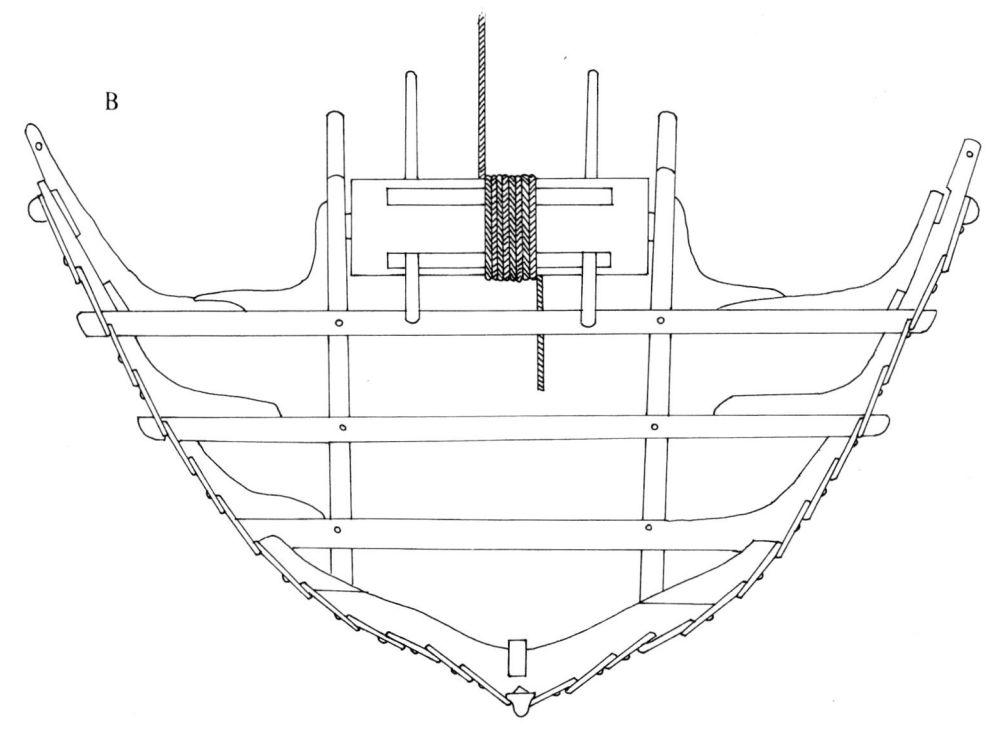

Thierry berichtet. Diese riesige Flotte versammelte sich in der Mündung der Dives und segelte dann 100 Meilen (= 161 km) nach St. Valery, wo am 14. September 65 000 Mann bereitstanden.

Zehn Tage lang wüteten Stürme im Kanal. Am 27. September jedoch herrschte sonniges und ruhiges Wetter. Wilhelm gab den Befehl zum Einschiffen und langte am Morgen des 28. vor einem verlassenen Pevensey an. Die übrigen Ereignisse sind aus der Geschichte bekannt.

AUSGEHENDES 11. JAHRHUNDERT

Unter der Herrschaft Wilhelms des Eroberers werden zum ersten Mal die Cinque Ports erwähnt. Als Gegenleistung für verschiedene Handelsprivilegien hatten die fünf Städte Dover, Sandwich, Romney, Winchelsea und Rye unter dem Gouverneur Lord Warden der Cinque Ports im Invasionsfall der englischen Krone 57 Schiffe mit je 21 wohlbewaffneten Männern und einem Jungen zu stellen. Jeder Kapitän und Befehlshaber einer Hundertschaft erhielt pro Tag einen Sold von einem Sixpence, jeder Seemann drei Pence. Der Gouverneur der Cinque Ports stellte diese Flotte sowohl Wilhelm dem Eroberer wie auch seinem Sohn Wilhelm II., besser bekannt als William Rufus, zur Verfügung. Einige Historiker sind der Ansicht, daß das Interesse, das William Rufus für diese Flotte zeigte, die Keimzelle für die spätere britische Seeherrschaft darstellte, die für die folgenden 800 Jahre bestehen sollte.

1097

Der erste Kreuzzug findet statt. Fünf Stadtstaaten stellen die Flotte. Venedig und Genua entsenden je 200 Galeeren, Pisa 120, Barcelona sowie Marseille stellen jeweils ein großes Kontingent. Philipp I. von Frankreich beteiligt sich mit großen Summen Geldes. Gottfried von Bouillon und der Normannenherzog Robert führen die Streitmacht an, die im Juli 1099 Jerusalem erobert, das danach bis 1187 unter christlicher Oberhoheit bleibt.

1120

Dies war ein tragisches Jahr für Heinrich I. von England, einen der zehn Söhne Wilhelms des Eroberers. Er hatte, begleitet von großem Hofstaat, zusammen mit seinem Sohn Wilhelm und seiner Tochter Mary die Normandie besucht. Die Rückkehr nach England war für den November geplant, eine Zeit schwerer Stürme im Kanal. Heinrich I. verließ Barfleur etwas vor seinem Sohn, der die WHITE SHIP befehligte. Einige Begleiter des Prinzen überredeten ihn zu einer Wettfahrt in der Hoffnung, eher als der König in England anzukommen. Wilhelm nahm diese Herausforderung an. Die WHITE SHIP sank jedoch kurz nach dem Verlassen von Barfleur, nachdem sie sich an einer verborgenen Klippe den Boden aufgerissen hatte. Wilhelm hätte sich mit einem Boot retten können, kehrte jedoch zum Wrack zurück, weil er glaubte, Hilferufe seiner Schwester gehört zu haben. Er wurde nie wieder gesehen. Es wird berichtet, daß Heinrich I. nie wieder gelächelt haben soll, nachdem ihn diese Nachricht erreicht hatte. Rahere, der Hofnarr des Königs, unternahm eine Pilgerreise nach Rom, um Tröstung für seinen Herrn zu erlangen. Nach seiner Rückkehr gründete er das St.-Bartholomäus-Hospital, das bis heute in London existiert. Als direkte Folge des Unterganges der WHITE SHIP entstand nach dem Tode Heinrich I. ein Bürgerkrieg in England, der das Land nahezu 40 Jahre lang heimsuchte.

1143

Portugal erklärt seine Unabhängigkeit von Spanien. Es baut danach als erstes eine Schiffbauindustrie auf. Aus diesen Anfängen entwickelt es sich zu einer der mächtigsten Seefahrernationen des Mittelalters.

1147

Aus Mangel an Transportschiffen wird der 2. Kreuzzug, der von Ludwig VII. von Frankreich ausgerüstet wird, zu einem völligen Fehlschlag.

1170–1177

Die Versuche Venedigs, das östliche Mittelmeer zu beherrschen, führen zu einem Krieg mit Byzanz. Die Auseinandersetzungen reichen von kleinen Scharmützeln zwischen einzelnen Schiffen bis zu Seeschlachten zwischen großen Flotten. Alle diese Treffen enden unentschieden. Schließlich kommt es zu einer stillschweigenden Übereinkunft, bei der jede der beiden Seiten versucht, sich vom Gegner fernzuhalten, jedoch weiterhin eine große Flotte unterhält, um das Gleichgewicht der Kräfte aufrechtzuerhalten.

In vielen italienischen Archiven finden sich genaue Beschreibungen der Schiffe jener Zeit. Alle diese Schiffe scheinen gleichartig gewesen zu sein. Ihre Länge über alles betrug 35,6 m, die Breite 3,7 m und ihr Tiefgang 2,0 m. Als Hauptantrieb dienten 108 Riemen, 54 auf jeder Seite. Diese Riemen besaßen eine Länge von 7,9 m und waren auf einem Ausleger 0,9 m von der Bordwand eingelegt.

1180

Etwa um diese Zeit tritt das Heckruder in Erscheinung. Bis dahin führten alle Schiffe einen Steuerriemen an der Steuerbordseite. Die Backbordseite war dagegen die Schiffsseite, mit der am Kai angelegt wurde und auf der sich die Taljen zum Laden und Löschen befanden. Es läßt sich nicht genau sagen, wann der Steuerriemen zum ersten Mal durch ein Heckruder ersetzt wurde. Das Taufbecken der Kathedrale von Winchester und die Glaubenskirche auf Gotland (Schweden) zeigen Abbildungen von Schiffen, auf denen das Heckruder klar erkennbar ist.

Es fehlen Nachrichten über den Erfinder des Heckruders, doch wurde es wohl in Friesland zuerst benutzt.

1190

Zu dieser Zeit erfolgte der 3. Kreuzzug. Richard III. von England, besser als Richard Löwenherz bekannt, sollte die Flotte stellen, die das Heer nach Osten führen sollte. Im April versammelte sich in Dartmouth/Devonshire die größte Flotte, die ein englischer Hafen gesehen hatte. Sie wurde von allen Nationen gestellt. England entsandte eine große Schiffszahl, die jedoch von der Normandie, der Bretagne, von Anjou, Poitou und Aquitanien zusammen noch übertroffen wurde.

SCHIFFE UND MEER

A *Der letzte Kreuzzug Ludwigs des Heiligen von Frankreich, 1270. Dieser Holzschnitt von 1518 zeigt die Ausschiffung der Armee vor Karthago. Der König starb kurze Zeit später.*
B *Stadtsiegel von Sandwich, einem der Cinque Ports. Viele europäische Hafenstädte des 12.–14. Jhdt. bildeten auf ihrem Siegel ihren gebräuchlichsten Handelsschiffstyp ab. Da die Siegel jedoch rund waren, wurden die Formen der Schiffe verzerrt und dürfen nicht als genaue Abbildungen gelten.*

Die Reise stand unter keinem guten Stern. Die Flotte von mehr als 600 Schiffen ging im Mai 1190 unter dem Kommando von Robert de Sabloil und Gerard, Erzbischof von Aix, in See. Erst am 1. Juni 1191 legte sie vor Acre, dem Ausschiffungshafen, an. Richard, der wegen der äußerst langsamen Reise ungeduldig wurde, verließ die Flotte zeitweilig und benutzte angemietete schnellere Schiffe aus Genua.

Die Segelanweisung des Königs existiert noch. Die Schiffsaufstellung erfolgte in Dreiecksform. Die Vorhut bildeten drei Schiffe, die die Damen des Hofes transportierten. Die Verlobte Richards, Berengaria, befand sich mit auf diesen Schiffen. Sechs Schiffsreihen folgten der Vorhut. Jede Reihe von der 2. bis zur 7. enthielt jeweils 10 Schiffe mehr als die vorangehende: 13 Schiffe in der 2. Reihe (wenn man die Vorhut als drei Schiffe mitzählt), 20 in der 3., 30 in der 4. usw. bis zur 7., die aus 60 Schiffen bestand. Schließlich folgte Richard selbst, der seine Flagge auf der TRENCHE DE MER gesetzt hatte, mit einem Geleit von 50 Galeeren als Nachhut.

Die Blockade von Acre durch Teile dieser gewaltigen Flotte ist eines der bemerkenswertesten Ereignisse in den Annalen der Seefahrt. Man traf auf ein großes, dreimastiges türkisches Schiff, das mehr als 1000 Mann als Entsatz für das belagerte Acre heranbringen sollte. Ohne das Schiff überhaupt zu identifizieren – sein Name blieb unbekannt –, entsandte Richard eine Galeere zum Angriff. Sie wurde von Pfeilen überschüttet und von einem Regen Griechischen Feuers vertrieben. Richard befahl nun einen rücksichtslosen Angriff. Welle auf Welle der Kreuzfahrer brandete heran, und das türkische Schiff wurde mindestens ein Dutzend Mal geentert. Dennoch gelang es den Türken immer wieder, die Kreuzfahrer ins Meer zu werfen. Richard befahl nun, das Schiff zu rammen, und drohte, jeden Kapitän zu hängen, der dem Kampf auswich. Wiederum griffen die englischen Schiffe an, und mehrere Galeeren rammten nacheinander das türkische Schiff.

Damit hatte man schließlich Erfolg. Das türkische Schiff legte sich über. Die dem Tode geweihten Truppen kämpften auf der Bordwand so lange weiter, bis ihnen der Boden unter den Füßen versank. Selbst dann, als sie schon ertranken, wehrten sie sich noch gegen die Gegner, die sie nun zu retten suchten. Von den 1500 Mann Besatzung des türkischen Schiffes wurden nur 42 gerettet.

Dieser heroische Kampf war sinnlos – Acre fiel drei Tage später.

1200

Richard Löwenherz gilt immer als der Führer der Kreuzfahrer und Kämpfer in Landschlachten. Wie man sieht, führte er aber auch erfolgreiche Kämpfe auf See. Schon lange hatte er seine Liebe zur See entdeckt. Einer seiner wichtigsten Beiträge zur Seefahrtsgeschichte sind die *Rules of Oléron*.

Er versuchte damit, die Vorschriften der *Lex Rhodia* auf den neuesten Stand zu bringen, dem Seehandel zeitgemäße Formen zu geben und die Sicherheit für Schiffe und Seeleute zu erhöhen. Die Hauptparagraphen der *Rules of Oléron* waren folgende:

§

Alle Gesetze sollen den Passagier als Teil des Wagnisses und der Bordgemeinschaft betrachten.

§

Sie anerkennen die Verantwortlichkeit des Kapitäns.

SCHIFFE UND MEER

B

§
Die Pflichten des Kapitäns im Falle der Gefahr sind festgelegt. Er hat die „Bordgemeinschaft" zu konsultieren – besonders die Kaufleute, deren Waren sich an Bord befinden.

§
Das Kontributions-System wird definiert. Hierunter versteht man heute die anteilmäßige Übernahme der Havariekosten.

§
Schiffseigner, Kapitäne und Kaufleute werden davor gewarnt, Schiffe zu überladen.

§
Werte sind anzumelden, oder sie können im Schadensfall nicht ersetzt werden.

§
Pflichten und Verantwortlichkeiten der Seeleute werden aufgeführt. Wichtigste hiervon ist, daß Seeleute auch im Hafen an Bord zu schlafen haben.

§
Ein Seemann, der aus Gründen der Schiffssicherheit in einem Hafen zurückgelassen werden muß, hat keine Ansprüche gegen die übrigen.

§
Ein im Hafen zurückgelassener Seemann hat erst wieder Anspruch auf Heuer, wenn er im nächsten Hafen an Bord zurückgekehrt ist.

§
Kapitäne dürfen Besatzungsmitglieder nicht mißhandeln. (Für Mißhandlungen wurden Geldbußen gestaffelt nach Schwere des Vergehens festgelegt.)

§
Die Bodmerei (das Aufnehmen von Geld zwecks Fortsetzung der Reise) wird legalisiert. Das Schiff selbst darf als Sicherheit gelten.

§
Ein Staffel von Abstandsgeldern, die für bestimmte Risiken zu hinterlegen sind (Anmerkung: Sie wurden in der Lex Rhodia in Gold, in den Rules of Oléron in sogenannten „Tuns" genannt. Eine Zeitlang wurden in Nordeuropa Schiffe nach der Zahl der Weinfässer, die sie transportieren konnten, vermessen. Diese Fässer wurden als Tuns = Tonnen bezeichnet. Noch heute werden Schiffe in „tons" vermessen. In England wurde eine Tun als 252 Gallon Wein von 2240 Pounds = 1016,0 kg festgelegt, die „long ton". Die übrigen Nationen bevorzugen die Tonne = 1000 kg. Schließlich kennt man im amerikanischen Raum noch die short ton = 907,18 kg).

§
Verträge müssen schriftlich, nicht mündlich geschlossen werden.

§
Strafen für den Diebstahl von Gütern, der die Schiffssicherheit gefährdet, werden festgelegt.

§
Alle Reiseteilnehmer haben bis zum Ende der Reise zusammenzustehen, worauf ein Eid abzulegen ist.

SCHIFFE UND MEER

Die *Rules of Oléron* behielten für Jahrhunderte Gültigkeit. Erst 1494 veröffentlichte Barcelona sein „Konsular der See", das viele frühere Vorschriften wiederholte. Dieser spanische Codex wurde ins Italienische und Holländische übersetzt und auf vielen Meeren zur Geltung gebracht.

Auch die *Rules of Oléron* wurden übersetzt, denn Edward I. sagt darüber, daß sie von Richard nach seiner Rückkehr aus dem Heiligen Lande korrigiert und ausgerufen, auf der Ile d' Oléron veröffentlicht und französisch *La Ley Olyroun* genannt wurden.

1202

Der 4. Kreuzzug, ein Ereignis von geringer historischer Bedeutung, findet statt. Für die Seefahrtsgeschichte ist er wegen der großen Zahl von Schiffen, die eine einzige Stadt, Venedig, stellte, erwähnenswert.

Die Königin der Adria, wie Venedig genannt wurde, stellte und rüstete aus eigenen Mitteln 1200 Schiffe aus, auf denen 4500 Pferde, 9000 Ritter und Stallknechte, 20 000 Fußsoldaten und Vorräte zum Unterhalt dieser Armee für mindestens zwei Monate eingeschifft wurden.

Die Bewegungen solch riesiger Schiffszahlen erfolgten im allgemeinen unter einem Admiral. Enrico Dandolo war der Admiral des 4. Kreuzzuges. Man kann auf den Reichtum Venedigs schließen, wenn die Ausrüstung einer derartigen Flotte die Stadt nicht ruinierte.

1229

Heinrich III. von England erläßt ein neues Gesetz, das den Gouverneur der Cinque Ports anweist, zur sofortigen Verfügung der Krone 57 Schiffe, 1140 Männer und 57 Jungen zu unterhalten.

1255

Venedig entscheidet sich zu einer eigenen Seerechtsgebung. Zu dieser Zeit herrschte zwischen Venedig, Genua und Pisa ein Streit um die Vorherrschaft in den italienischen Gewässern, den Genua gewann. Dennoch kam die venezianische Flotte unter die neue Gesetzgebung Venedigs. Der Rat der Stadt legte auch die Abmessungen der Schiffe und die Hafengebühren entsprechend diesen Abmessungen fest.

Als Maßeinheiten galten zu dieser Zeit die Amphora, die 6 Gallonen = 27,3 l entsprach, und der Modius, ein altes römisches Maß, das 2 Gallonen = 9,1 l Inhalt hatte. Entsprechend den venezianischen Verordnungen wurde ein neues Schiff auf 50 Goldstücke pro 1000 Modii veranschlagt.

1263

Haakon Haakonsson, König von Norwegen, versucht, die norwegische Herrschaft auf den Hebriden wiederherzustellen. Seine Flotte von Wikingerschiffen wird vom Sturm zerstreut, und er wird in der Schlacht von Largs von Alexander III. von Schottland besiegt, der im Jahre 1266 die Inseln im Vertrag von Perth mit Geldern, die durch Seezölle eingenommen wurden, kauft. Alexander war auf Grund dieser Zölle so wohlhabend, daß er die Gelder sofort bereit hatte und nicht erst durch die Verkündung neuer Abgaben aufbringen lassen mußte.

A *Rekonstruktion des Schiffes auf dem Siegel von Dover.*
B *Das Siegel von Winchelsea, 13. Jhdt.*

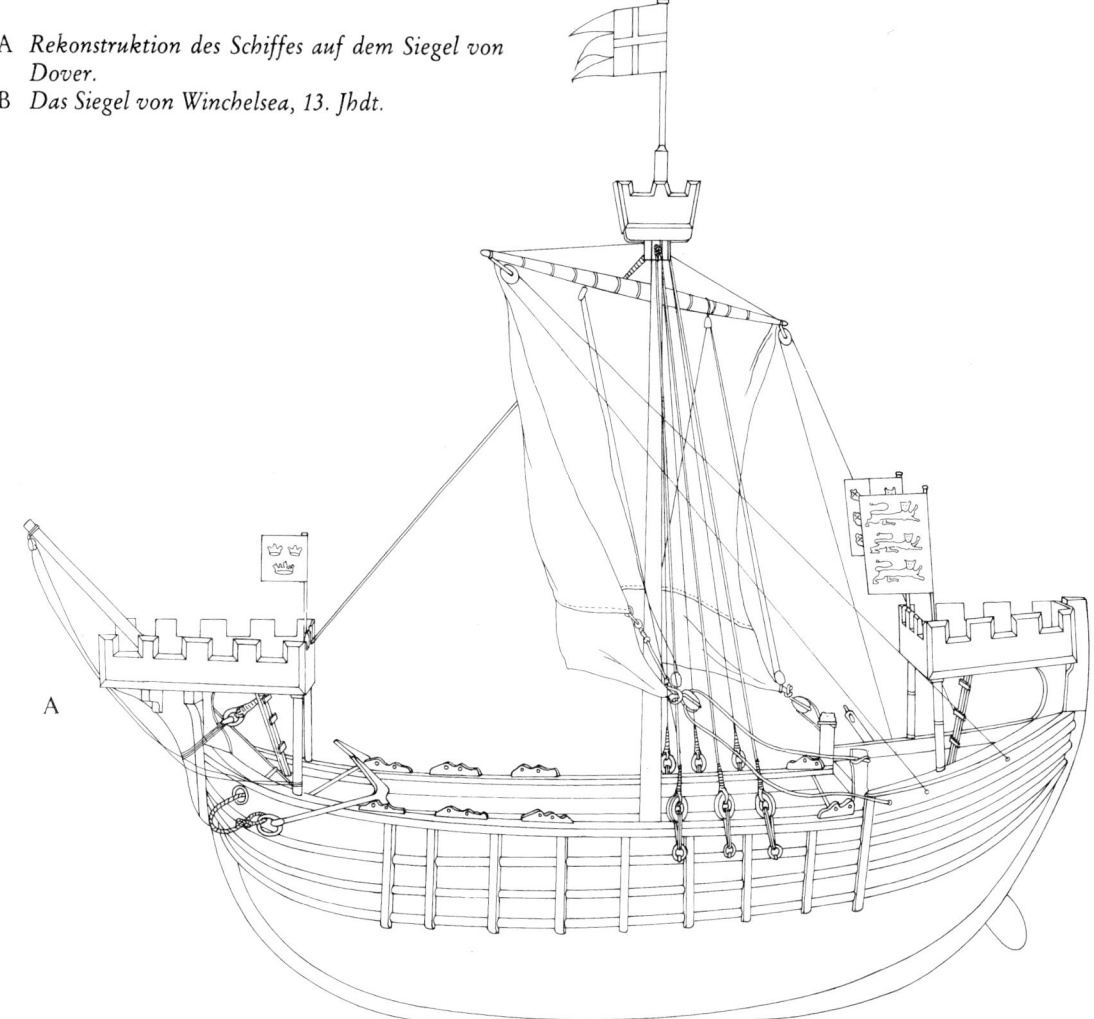

1266

Roger Bacon (1220–1292), dem die Erfindung des Pulvers in der westlichen Welt zugeschrieben wird, erklärt, daß die Erde rund und nicht flach sei. Ihm wurde kaum geglaubt. Er schrieb ferner: „Es ist möglich, große Schiffe und seegehende Fahrzeuge zu bauen, die von einem Mann geführt werden können und sich schneller bewegen, als wären sie vollbesetzt mit Ruderern."

1270

Von einem italienischen Seefahrer, Malocello, wird über eine Reise nach den Kanarischen Inseln berichtet. Diese Inseln waren möglicherweise von alters her durch die Afrikaumsegelungen bekannt, und die Wikinger wußten von ihnen seit 600 n. Chr. Dennoch galt es noch immer als Wagnis, dorthin vorzustoßen, weil allgemein geglaubt wurde, daß jeder, der in Äquatorialgewässer gelangte, dort gekocht würde! Erst Heinrich der Seefahrer, der in der ersten Hälfte des 15. Jahrhunderts lebte, sorgte für eine Beseitigung dieses Aberglaubens.

1279

Der Fischfang stellte eine Hauptaktivität der Länder dar, die atlantische Küsten besaßen. La Rochelle, der westfranzösische Hafen, war lange Zeit für französische und spanische Interessen gleichermaßen nützlich, bis die Basken, die von diesem Hafen Gebrauch gemacht hatten, zu der Überzeugung kamen, daß er zu weit südlich von den Hauptfischgründen lag. Daraufhin errichteten sie einen großen Fischtrokkenplatz in der Bretagne. Auf diese Weise kam es zu etwa 20 Jahre währenden Kämpfen zwischen den verschiedenen Gruppen, die in diesen Gewässern fischten. 1292 griffen die Normannen Schiffe aus Bayonne in St. Matthieu an, einem kleinen Seehafen der Bretagne. Zur Vergeltung wurden 80 normannische Schiffe angegriffen, die in Bordeaux lagen, das zu dieser Zeit englischer Besitz war. Dies war das Signal zum Kampf aller gegen alle, an dem sich etwa 400 Schiffe aller Nationen beteiligten.

1281

Es wird einer der ersten Versuche unternommen, Indien über Afrika und Amerika zu erreichen. Zwei Galeeren unter dem Kommando von Ugolino und Guido Vivaldi verlassen Genua, um Indien über Westafrika zu erreichen. Man hört nie wieder von ihnen.

C *Anordnung der zwei Steuerriemen auf einem Handelsschiff des Mittelmeeres im 13. Jhdt.*
D *Das Schiff auf dem Siegel von Hastings, 13. Jhdt.*

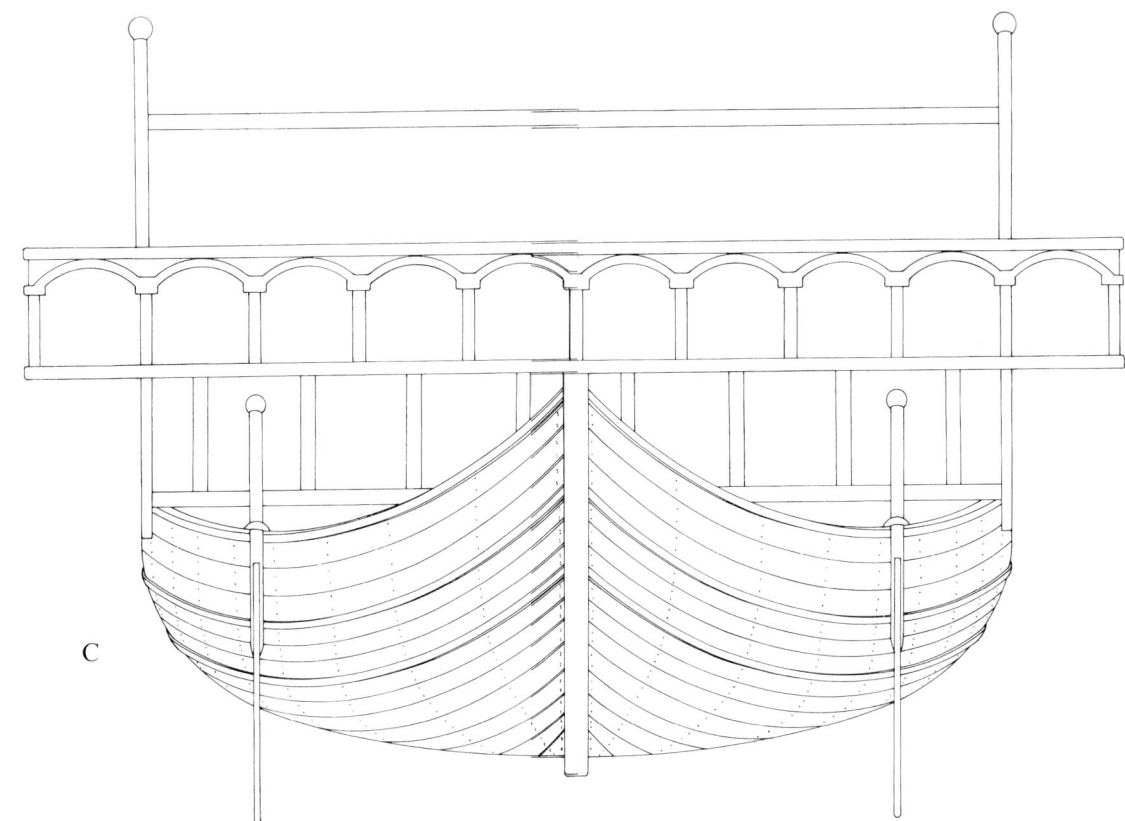

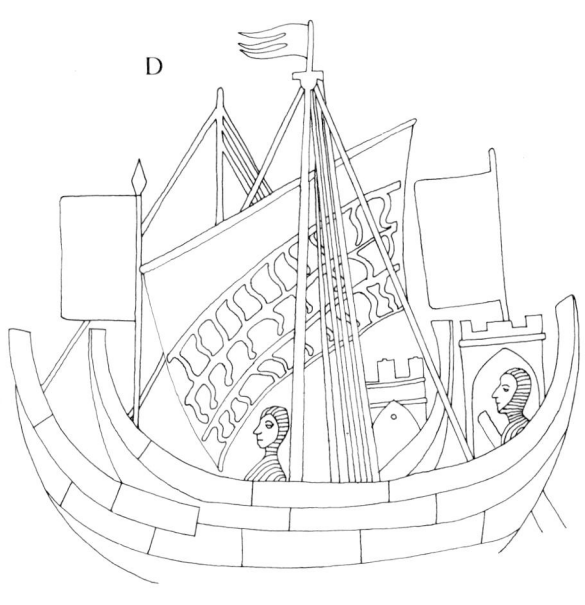

1284
Zwei bemerkenswerte Veränderungen im Aussehen der Schiffe greifen um diese Zeit Platz. Hierfür sind wir mehr auf Abbildungen als auf schriftliche Überlieferungen angewiesen.

Die erste Veränderung spiegeln die Siegel der Cinque Ports wider, die jetzt soweit integriert waren, daß sie eine einheitliche Flagge führten. Die Siegel zeigen Schiffe mit Vor- und Achterkastell, Bugspriet und gerefften Segeln.

Die zweite Veränderung betrifft Schiffe mit Lateinerbeseglung. Sie werden jetzt mit zwei Schwingen gezeichnet, die sich achtern über das Heck hinauskrümmen. Die Rahen waren so lang, daß sie offenbar ein Auflager benötigten. Besonders bei zweimastigen Schiffen wurde dieses Auflager zur Notwendigkeit beim Fieren der Rahe.

6. AUGUST 1284
Schlacht von Meloria: Die erfolgreiche Flotte Genuas unter den Admiralen Oberto Doria und Benedetto Zaccharia besiegt nicht nur die Flotte Pisas, sondern macht auch den Admiral Alberto Morosini zum Gefangenen. Damit wurde Genua die größte Seemacht in diesem Teil des Mittelmeeres.

1292–1294
Philipp IV. von Frankreich, Philipp der Schöne, erläßt Anweisungen über den Bau von Schiffen in Marseille und auch über den Kauf von Schiffen in Genua.

Er ließ auch in Rouen einen Kriegshafen nach den Entwürfen des Genuesen Enrico Marchese bauen. Nach seiner Fertigstellung war dieser Kriegshafen Hauptbestandteil der französischen Flottenorganisation. Er bestand aus einem zentralen Hafenbecken, das von hohen Wällen und einem Graben umgeben war.

Die eigentliche Werft war nur durch eine Schleuse zugänglich, so daß die Arbeit ohne Unterbrechungen ablaufen konnte.

Zu gleicher Zeit konnten 17 Schiffe in dieser Werft bearbeitet werden. Von ihren Helgen liefen nun kontinuierlich schnelle Galioten, andere Schiffe, die mit den im Mittelmeer üblichen Galeeren verwandt waren, Nefs, wie sie ursprünglich in Skandinavien beheimatet waren, Barjots genannte Segelkähne und Flambarts, die den Barjots sehr ähnlich sahen.

Bis 1295 hatte die Galeeren-Werft Philipp IV. in Rouen 50 Schiffe abgeliefert, von denen die RICHESSE Flottenflaggschiff wurde.

SCHIFFE UND MEER

1297
Nachdem die Flotte Philipps des Schönen fertiggestellt war, entschloß er sich zur Blockade Englands. Durch die Hilfe seiner Verbündeten standen ihm 200 Galeeren, 100 große Schiffe und 50 000 Mann unter Admiral Michel du Mans zur Verfügung. Ihm gab er den Befehl, die Engländer von den Meeren zu fegen. Der Handel wurde tatsächlich in einem solchen Maße unterbunden, daß die Flamen, die über viele Jahre eine blühende Wollindustrie mit England aufgebaut hatten, rebellierten. Siege wurden von beiden Seiten erfochten. Schließlich zerstörte die französische Flotte, nun unter dem Befehl von Grimaldi, den größten Teil der niederländischen Flotte auf der Schelde bei Zierikzee.

1300
Der Beginn des Jahrhunderts brachte das Aufblühen eines der ersten und bedeutendsten Handelszusammenschlüsse der Geschichte: der Hanse. Die Städte Hamburg, Bremen und Danzig, zu denen später Lübeck trat, schlossen sich zum Schutz und zur Förderung ihrer Handelsinteressen zusammen. Sie vereinheitlichten auch ihren Schiffbau, der vor allem Schiffe für den Handel im Norden lieferte. Diese Schiffe vertrauten ausschließlich auf ihre Segel und besaßen keine Riemen. Die Schiffe hatten ein Spiegelheck (Plattgat) und Heckruder.
Neben den Hauptaufgaben des Schiffbaus und des Handels nahm die Hanse auch Aufgaben des Bankgeschäfts wahr. Sie eröffnete zunächst vier sogenannte „Kontore" in Nowgorod, Bergen, Brügge und London. Diese Häuser stellten tatsächlich Börsen dar, an denen Kaufleute und Eigner, die häufig durch Agenten vertreten wurden, in den meisten Währungen Handel betreiben konnten. Auch die Schiffspapiere wurden von der Hanse vereinheitlicht.
Der Einfluß der Hanse wuchs in dem Maße, wie das

A *Siegel des flandrischen Hafens Damme, 1309.*
B *Wie diese Abbildung aus dem frühen 14. Jhdt. zeigt, waren Seekämpfe weitgehend die Fortsetzung von Landgefechten. Die Schiffe sind Koggen, die normalerweise zum Seehandel eingesetzt wurden und deren Vor- und Achterkastelle hier als Kampfplattformen dienen.*
C *Schiff auf dem Siegel von Poole, 1325.*

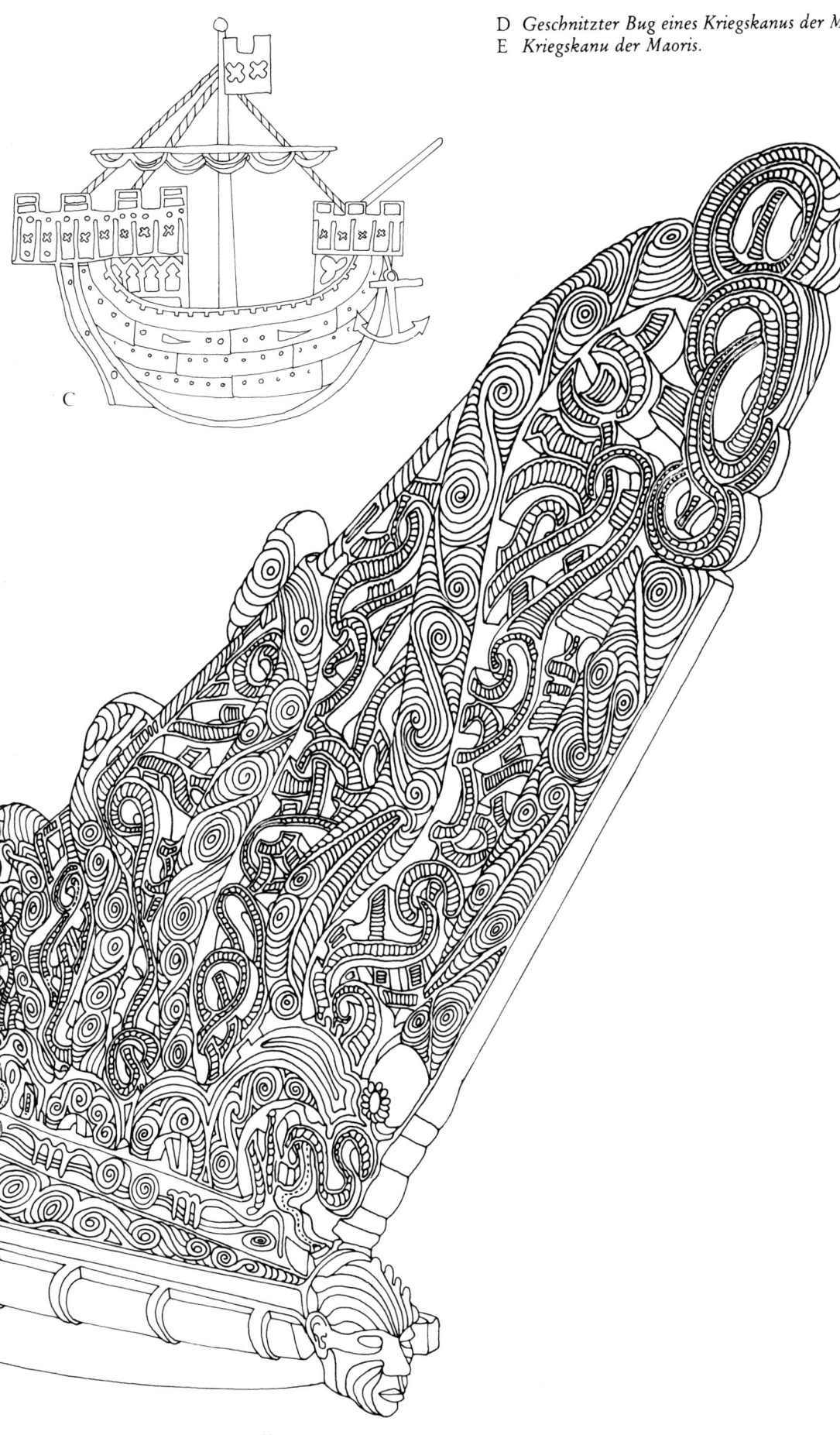

D *Geschnitzter Bug eines Kriegskanus der Maoris.*
E *Kriegskanu der Maoris.*

Wikingerreich schwand. 1349 übertrug Norwegen seinen Seehandel dem Bund. Im Friedensvertrag von Stralsund übertrug Dänemark seinen Export von Ostseefisch an die Hanse. Schließlich erklärte die Hanse alle nordeuropäischen Gewässer und die Ostsee zu ihrem Interessengebiet.
Dieses Bündnis brachte fraglos viele positive Einflüsse. Es vereinheitlichte Maße und Gewichte, führte ein Handelsrecht ein, unterhielt einen Seefahrts-Nachrichtendienst, ließ Kanäle bauen und krönte und verstieß Könige. Bis zur Mitte des 17. Jahrhunderts blieb die Hanse eine der Großmächte. Dem Namen nach existierte sie noch im 20. Jahrhundert.

1319
Aus diesem Jahr wird über den Einsatz eines auf einem Schiff montierten Geschützes berichtet, und zwar für die Flotte Genuas.

24. JUNI 1340
Der Hundertjährige Krieg zwischen England und Frankreich war bereits drei Jahre im Gange, als es zur Schlacht von Ecluse, besser bekannt als Schlacht bei Sluys, kam, in der die Engländer siegten. Eduard III., dessen Schiff unter ihm wegsank, erhielt danach den Ehrentitel „King of the Sea". Der Name des Schiffes war THOMAS, eine Kogge unter dem Befehl von Richard Fylle. Sechs Jahre später baute Eduard III. seinen Sieg durch einen weiteren bei Calais aus, wobei 738 kleine Segelschiffe seinem Befehl unterstanden.
Eduard III. förderte auch den Handel mit dem Kontinent und erhielt daher den Beinamen eines „Vaters des englischen Handels".

1350
Eine große Flotte der Maoris verläßt Tahiti und dringt bis nach Neuseeland vor, wo eine blühende Kolonie gegründet wird. Die neuseeländischen Inseln waren bereits im 12. Jahrhundert erstmalig besiedelt worden, als Toi-kai-rakan, ein Polynesier, hier eine Siedlung begründete. Die Maoris besiegten die einheimischen Stämme, namentlich die Tangata Whenua, und richteten vor allem mit Hilfe ihrer großen, schnellen Boote einen Wachdienst auf den Flüssen und Gewässern in der Umgebung ihrer Siedlungen ein.

29. AUGUST 1350
Eine spanische „Piraten"-Flotte unter dem bekannten Freibeuter Don Carlos de la Cerda sucht die Schiffahrt im Kanal heim und belagert den Hafen von Winchelsea. König Eduard und sein Sohn, der „Schwarze Prinz" (Black Prince), führten selbst das Geschwader, das die Spanier besiegte. 26 der 40 Blockadeschiffe wurden in den Hafen von Rye der Cinque Ports eingebracht.

1364
Karl V. von Frankreich, der Weise, löst die französische Mittelmeerflotte unter dem Befehl von Etienne de Brandin auf und konzentriert im Verein mit Kastilien die französischen Seestreitkräfte auf die Biskaya und den Kanal. Seine Strategie war sehr erfolgreich. 1375 hatte er England bis auf die festen

SCHIFFE UND MEER

A *Eine Holk der Hanse, beladen mit getrocknetem Fisch, auf der Reise von Bergen nach Lübeck. Die Holk war der wichtigste Schiffstyp der Hanse im 15. Jhdt.*
B *Drei Formen von Marsen mittelalterlicher Schiffe.*

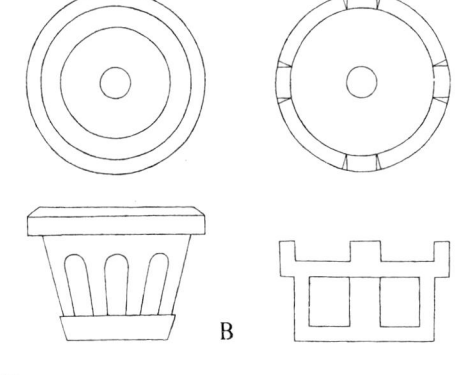

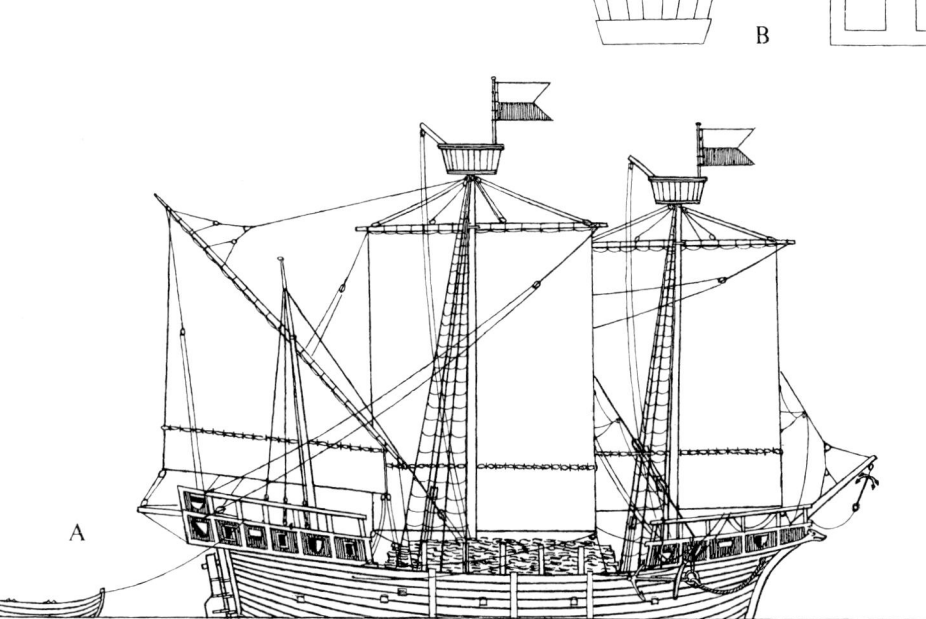

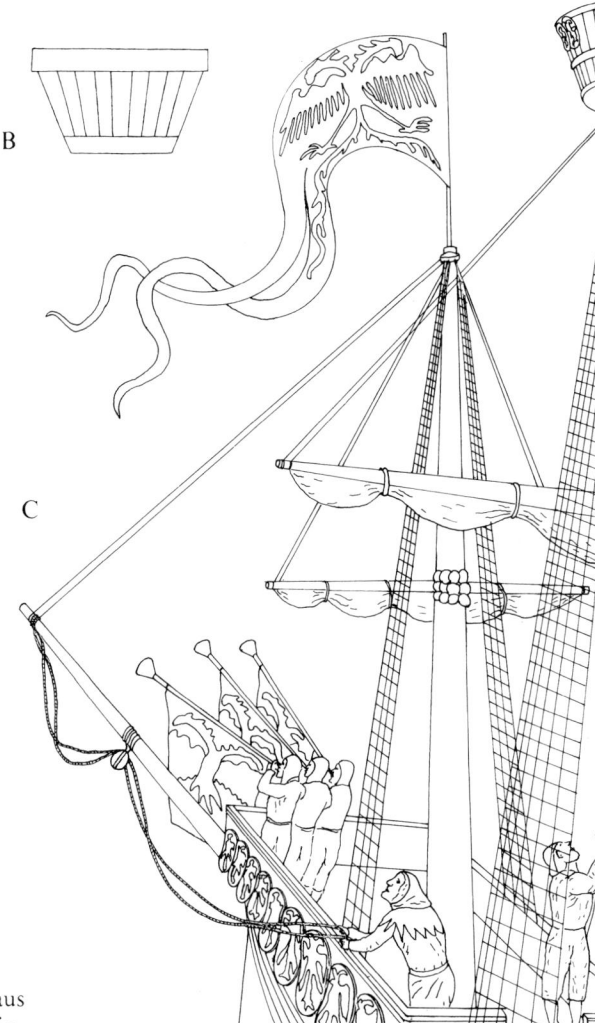

Plätze Bayonne, Bordeaux und Calais aus Europa vertrieben.

1368
Eduard III. von England beginnt mit der Diskriminierung ausländischer Schiffe. Zu dieser Zeit beherrscht er nicht nur England, sondern auch in Frankreich die Gascogne und Guyenne. Diese französischen Gebiete hatten einen großen Weinexport, vor allem nach England. Im genannten Jahr erließ Eduard ein Gesetz, wonach nur in Guyenne und der Gascogne beheimatete Schiffe Wein nach England transportieren durften. Nach einer weiteren Klausel hatten englische Schiffe das Vorrecht, wenn keine der genannten Schiffe zur Verfügung standen. Andere Nationen folgten dem englischen Beispiel, so daß die Flaggendiskriminierung ein Charakteristikum des europäischen Handels wurde. Eduards Gesetz wurde auch in verschiedene Navigationsakte der folgenden Zeit aufgenommen und blieb damit über etwa 500 Jahre gültig.

CA. 1370
Eine grundsätzliche Wandlung der Takelage vollzieht sich. Beschreibungen und Zeichnungen aus dieser Zeit zeigen Rah- und Lateinersegel nebeneinander. Im Mittelmeer sind derartige Schiffe karweel gebaut und werden als Karracken bezeichnet. In nordischen Gewässern entstehen sie in Klinkerbauweise und werden Holks oder Hulks genannt.

22. JUNI 1372
England erlebt eine der größten Niederlagen, als der Versuch des Grafen von Pembroke zum Entsatz des belagerten Hafens La Rochelle fehlschlägt. Pembrokes Geschwader wird völlig aufgerieben und er selbst Gefangener des Admirals Bocanegra der kastilischen Flotte. Guyenne fällt als Folge dieser Niederlage an Frankreich zurück.

1377
England verliert selbst über den Kanal die Kontrolle. Infolgedessen werden viele englische Häfen gebrandschatzt, und zwar vor allem von Franzosen und Schotten, die gemeinsam von französischen Häfen aus operieren. Am 29. Juni wird Rye in Brand gesteckt, im Juli Folkestone, Portsmouth, Dartmouth, Hastings und Yarmouth (Isle of Wight). Im

SCHIFFE UND MEER

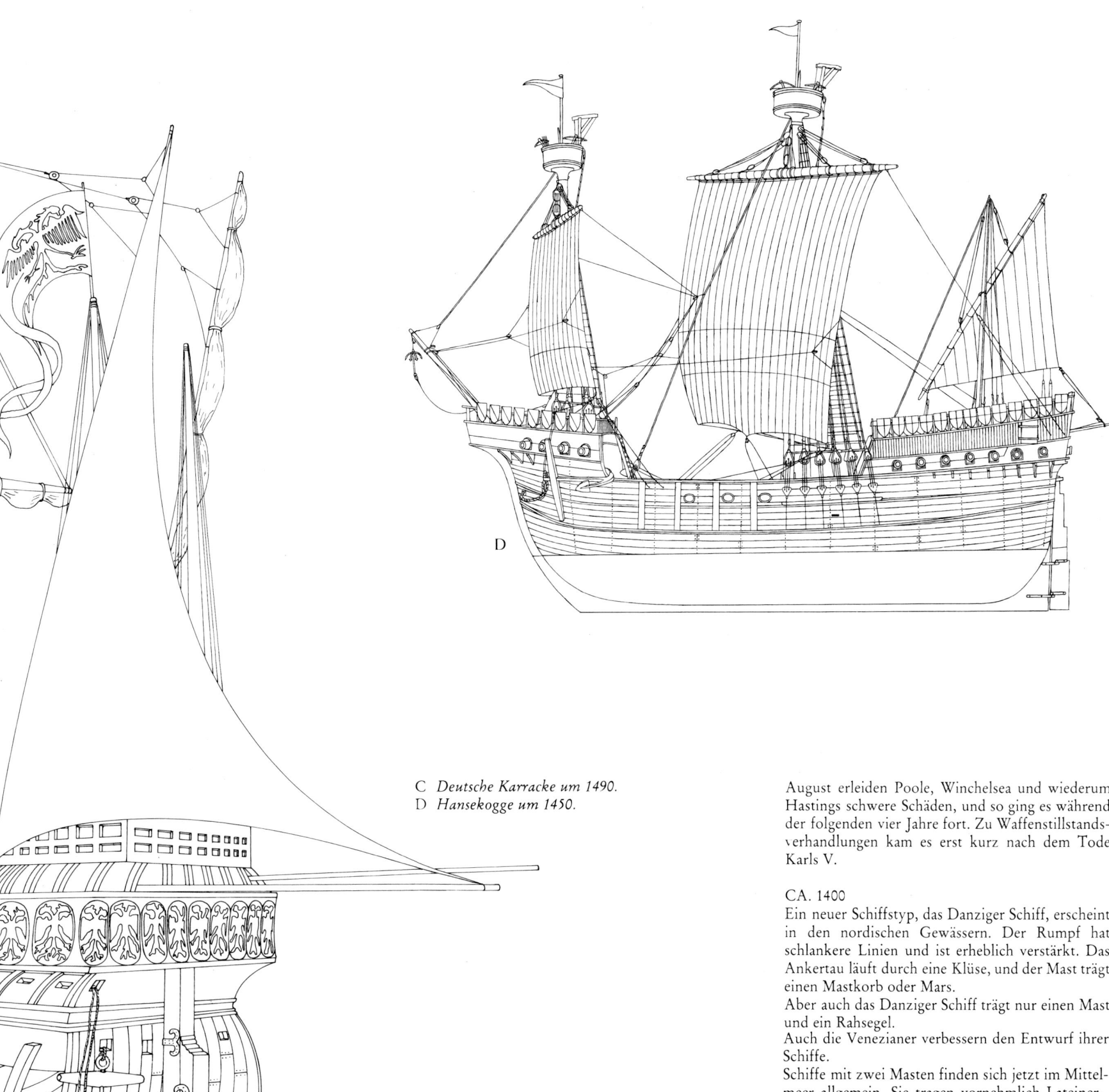

C *Deutsche Karracke um 1490.*
D *Hansekogge um 1450.*

August erleiden Poole, Winchelsea und wiederum Hastings schwere Schäden, und so ging es während der folgenden vier Jahre fort. Zu Waffenstillstandsverhandlungen kam es erst kurz nach dem Tode Karls V.

CA. 1400
Ein neuer Schiffstyp, das Danziger Schiff, erscheint in den nordischen Gewässern. Der Rumpf hat schlankere Linien und ist erheblich verstärkt. Das Ankertau läuft durch eine Klüse, und der Mast trägt einen Mastkorb oder Mars.
Aber auch das Danziger Schiff trägt nur einen Mast und ein Rahsegel.
Auch die Venezianer verbessern den Entwurf ihrer Schiffe.
Schiffe mit zwei Masten finden sich jetzt im Mittelmeer allgemein. Sie tragen vornehmlich Lateiner-, weniger Rahsegel.

1406
Die Position des Lord Admiral von England wird geschaffen. John Beaufort, Sohn des John of Gaunt, ist der erste Träger dieses Titels.

SCHIFFE UND MEER

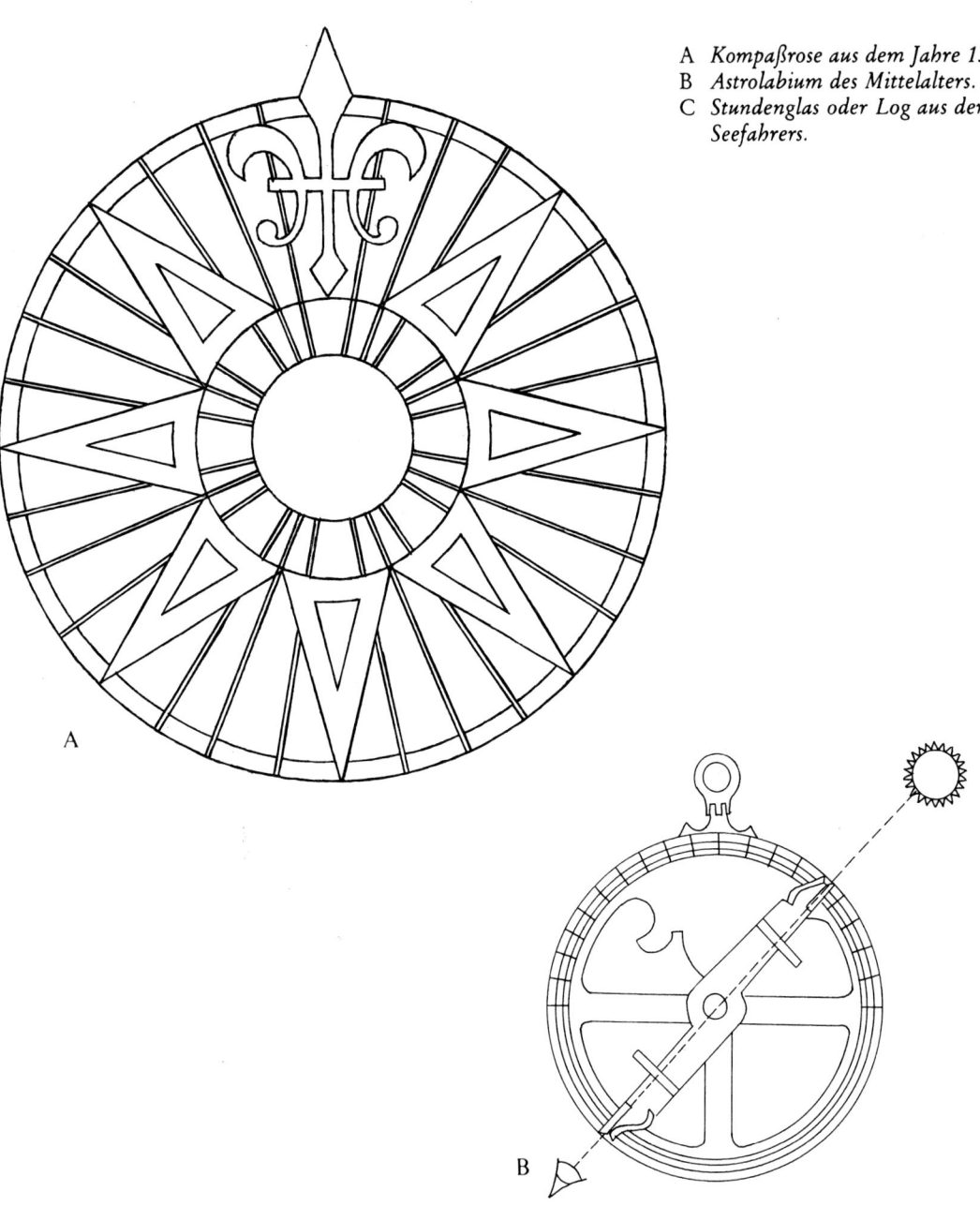

A *Kompaßrose aus dem Jahre 1345.*
B *Astrolabium des Mittelalters.*
C *Stundenglas oder Log aus der Zeit Heinrichs des Seefahrers.*

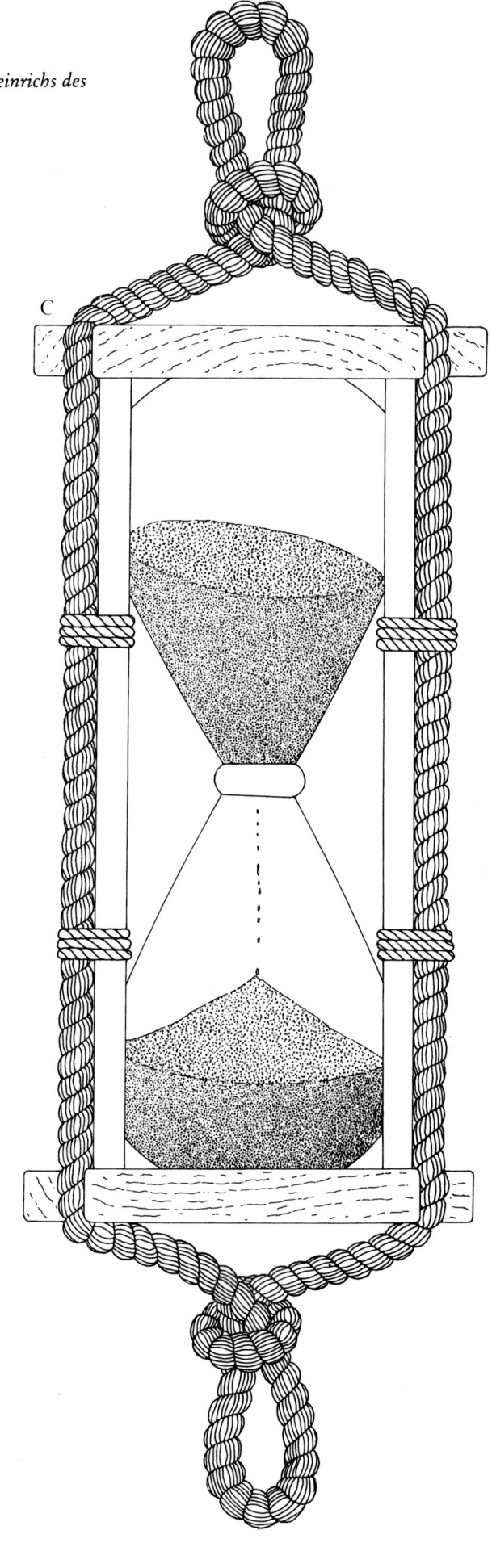

1410
Heinrich IV. von England erwähnt das Schiff CHRISTOPHER OF THE TOWER, mit drei eisernen Geschützen, jedes mit eigener Ladebuchse. Es sind dies die ältesten bekannten Hinterlader.

1415
Die Portugiesen beginnen intensiven Handel mit den Arabern in Ceuta, Nordafrika. Vier Jahre später besiedeln die Portugiesen die bis dahin unbewohnten Madeira-Inseln.

23. SEPTEMBER 1415
Die Engländer gewinnen die Seeherrschaft zurück.

Heinrich V. nimmt mit einer Flotte von 1400 Fahrzeugen und 30 000 Soldaten Harfleur. Später gewinnt er die Schlacht von Agincourt und erhält 1420 durch den Friedensvertrag von Troyes Anrecht auf die Thronfolge in Frankreich. Mont St. Michel, eine Insel vor der französischen Küste, widersteht den Engländern 30 Jahre lang. Die Seeleute von St. Malo erwerben sich großen Ruhm durch ihre Verteidigung der Stadt.

1430
Portugal wird zur großen Seemacht, vor allem durch die Entdeckungsreisen, die Prinz Heinrich der Seefahrer (1394–1460) fördert. Er widmet sich während

SCHIFFE UND MEER

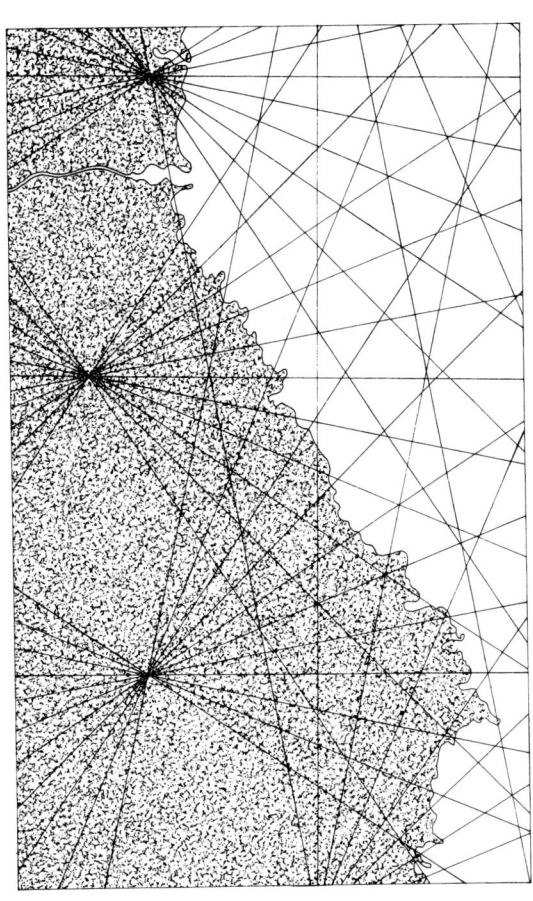

D

E

F

D Teil einer portugiesischen Karte der afrikanischen Westküste, 1490.
E Heinrich der Seefahrer, Prinz von Portugal (1394–1460).
F Eine Taschen-Sonnenuhr aus dem Jahre 1453. Der Stab, der den Schatten auf das Blatt wirft, befindet sich in der Mitte unter dem Deckel.

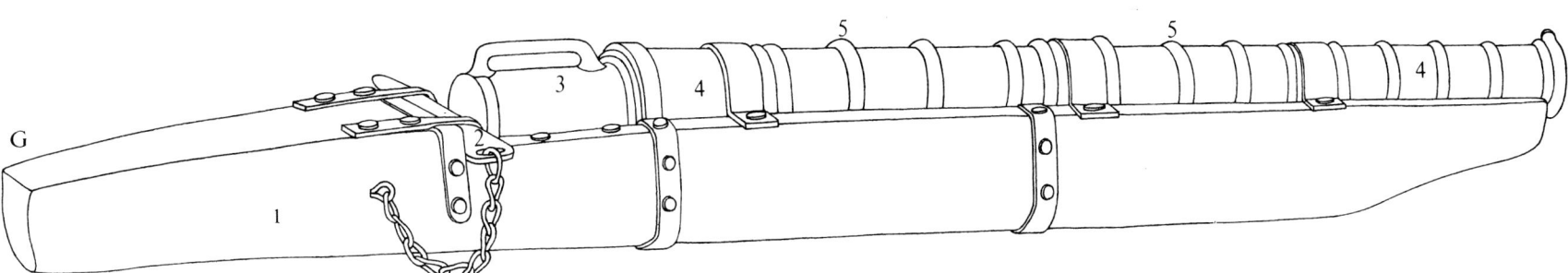

G

G Hinterlader des 15. Jahrhunderts.
1 Bettung.
2 Schloßkeil.
3 Kartusche oder Ladebuchse.
4 Rohr.
5 Eisenringe.

seines ganzen Lebens dem Studium der Navigation und gründet ein Observatorium in Sagres nahe dem Kap St. Vincent im Süden Portugals, wo er die besten Geographen seiner Zeit versammelt. Diese Männer gaben ihr Wissen und ihre Erfahrung an die Kapitäne Heinrichs des Seefahrers weiter.

Heinrich glaubte an die Legende von dem Priester Johannes, der als weißer christlicher König irgendwo in Zentralafrika herrschen sollte. Auf vielen Reisen, die er unterstützte, ließ er nach Nachrichten über ihn forschen. Eine der ersten Karten, die von diesen Reisen heimgebracht wurden, enthielt einen versteckten Hinweis auf einen legendären weißen König der schwarzen Völker.

SCHIFFE UND MEER

Während des 17. Jahrhunderts wurde Holland zunehmend zur wichtigen Seemacht mit einer starken Kriegs- und großen Handelsflotte. In Holland erschienen in dieser Zeit viele Bücher über die Navigation. Obenstehende Abbildung wurde nach dem Titelblatt des „Light of Navigation", von Blaeu 1620 in Amsterdam veröffentlicht, gezeichnet. Hinter den Karthographen und Seeleuten, die hier um ihre Instrumente versammelt sind, sieht man die holländische Flotte auf See. Die Kartographen tauschen Erfahrungen mit den Seeleuten aus, die man an den spitzen, krempenlosen Hüten erkennen kann.

„Light of Navigation" war eine Anthologie der besten Navigationslehrer der Zeit, wie z. B. Waghenaer und Barents.

WASA 1627

Dieses ausgezeichnet erhaltene Schiff, das 1628 im Hafen von Stockholm sank, gibt uns die einzigartige Möglichkeit zum Studium der Schiffbautechnik des frühen 17. Jahrhunderts wie auch des Lebens der Seeleute jener Tage. Bekleidung, Nahrung, Getränke, Geschirr, Möbel, persönlicher Besitz, sogar einige erhaltene Körperteile der Seeleute und ihrer Frauen wurden entdeckt.

A Dieser geschnitzte Löwenkopf findet sich auf jedem Geschützpfortendeckel.
B Eines der Geschütze der WASA.
C Schnitt durch die WASA, der die Anordnung der Geschütze auf den einzelnen Decks zeigt.
D Ansetzer mit Wischer.
E Ladeschaufel.
F Handspake.
G Flexibler Ansetzer mit Wischer.

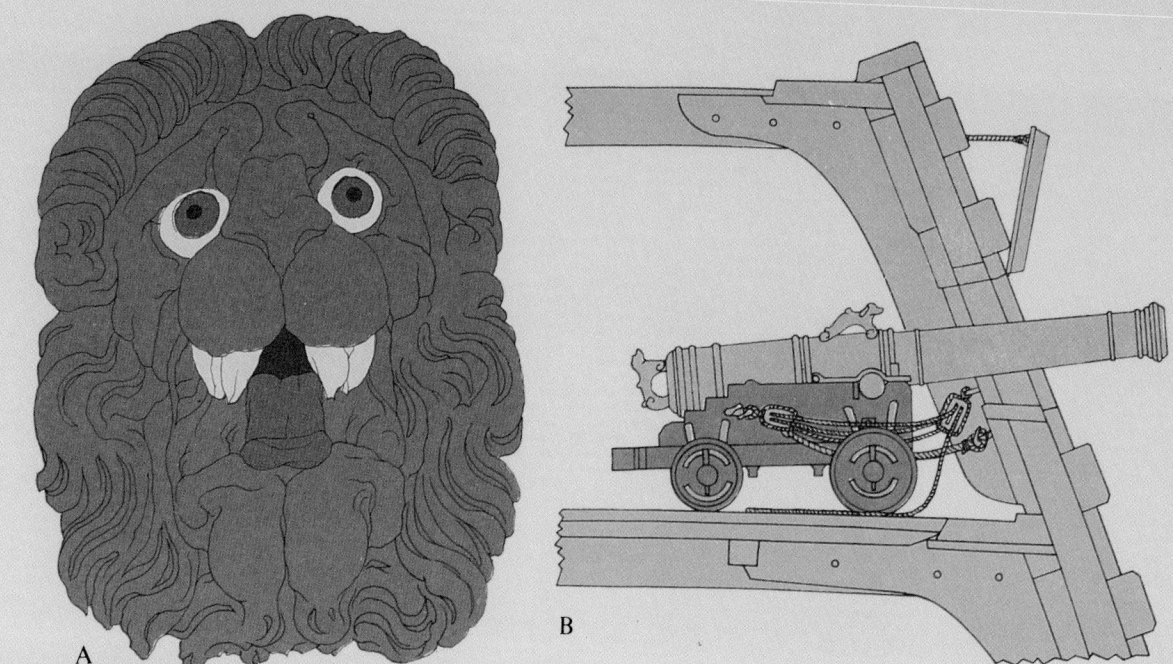

SCHIFFE UND MEER

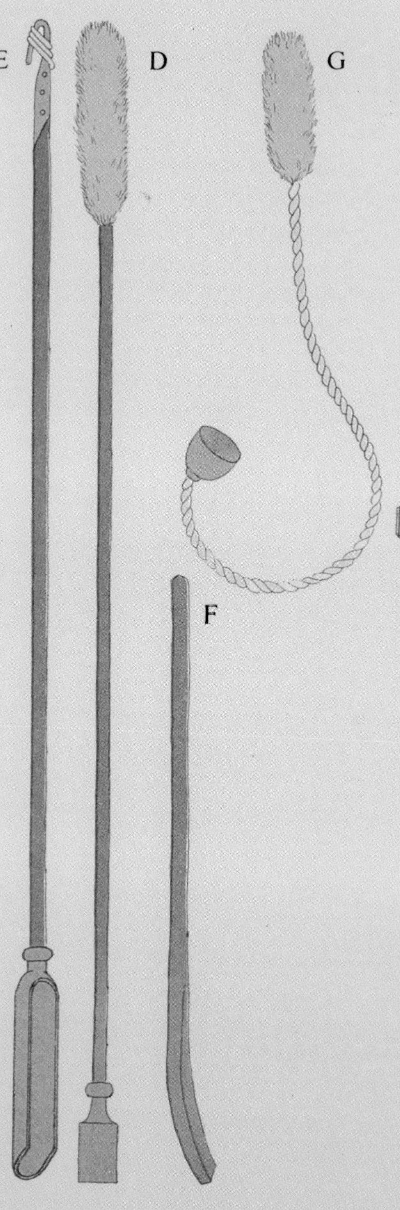

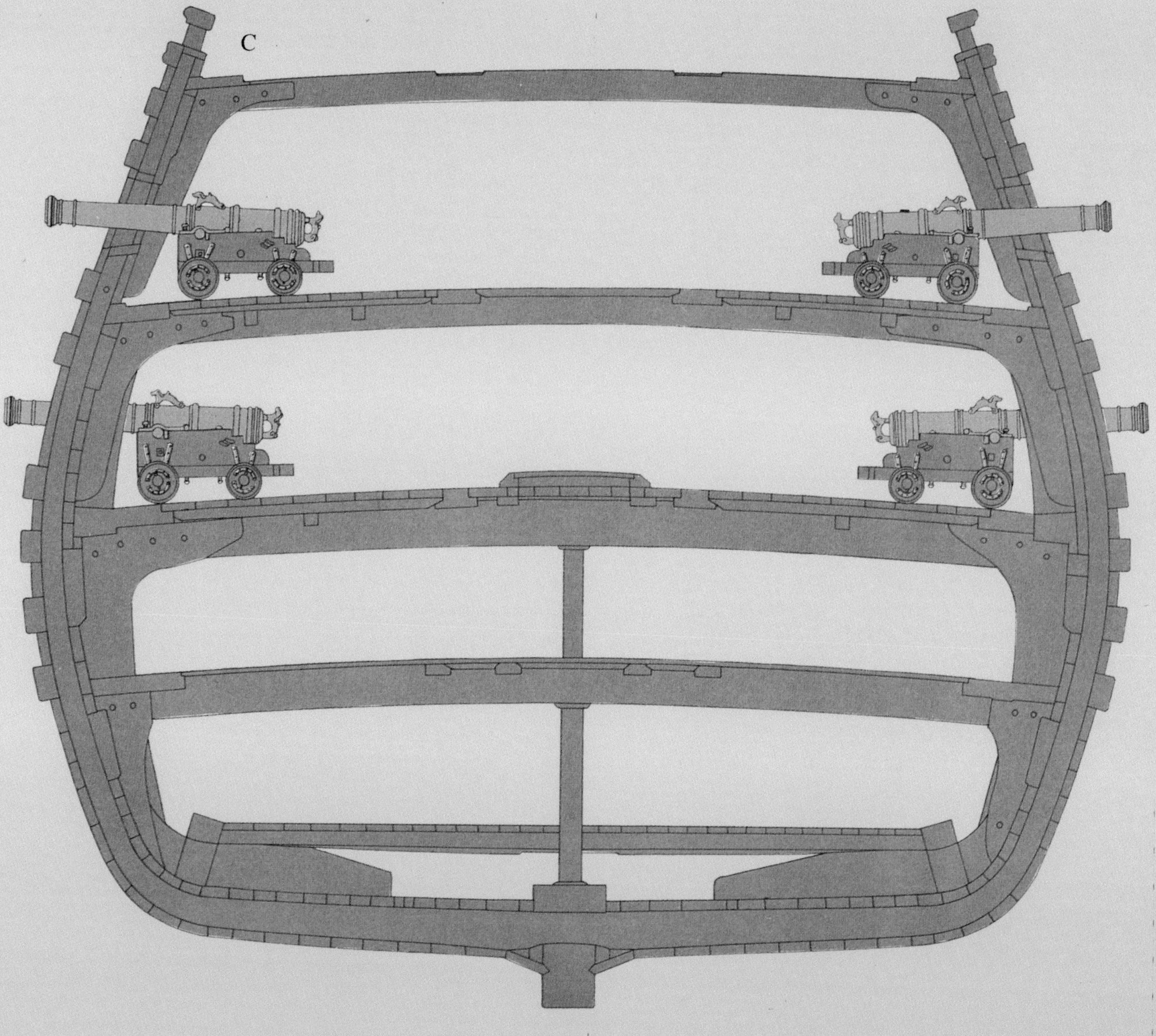

Wasa

Die WASA wurde im Jahre 1956 entdeckt und fünf Jahre später unter großen technischen Schwierigkeiten gehoben. Sie kann jetzt in der Wasavarvet in Stockholm von jedermann besichtigt werden. Die WASA trug 64 Bronzegeschütze, und zwar 48 24-Pfünder, 8 2-Pfünder, 2 1-Pfünder und 6 Mörser. Ihre Besatzung wird auf 133 Seeleute und 300 Soldaten geschätzt. Sie hatte ein Deplacement von etwa 1300 t bei einem Tiefgang von 4,9 m. Die Forschungsarbeiten an diesem Schiff dauern noch an, und ständig werden neue Erkenntnisse gewonnen.

SCHIFFE UND MEER

A Eine Rekonstruktion des Kapitänstisches. Man sieht eine Zinnflasche (1), die, als sie gefunden wurde, noch ein alkoholisches Getränk ähnlich dem Rum enthielt, ein Meßgefäß (2), einen glasierten Steingutteller aus Holland (3), eine Wärmepfanne aus Bronze (4) und verschiedenes anderes Geschirr.
B Eine hölzerne Deckelkanne, bei der die Tülle, Teil des gewachsenen Holzes, nicht angesetzt ist.
C Der Ziegelherd des Schiffes. Einen Abzug gab es nicht – der Rauch mußte sich seinen Weg allein suchen.
D Das Muster des Tellers (3) auf dem Tisch.
E Ein schöner Zinnkrug, hergestellt in Deutschland.
F Die Wärmepfanne aus Bronze.
G Mörser mit Pistill.
H Hölzerner Schöpflöffel.
I Holzlöffel.

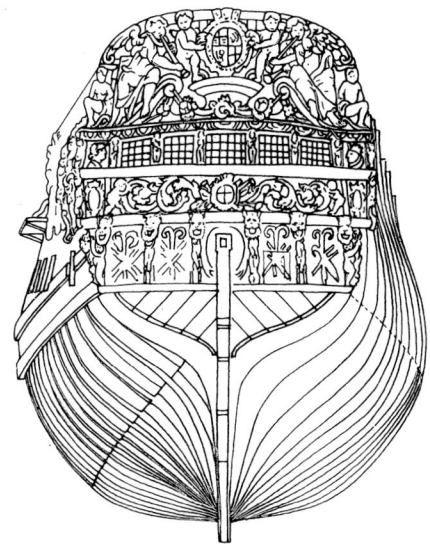

KAPITEL 3

Es war Heinrich der Seefahrer, der durch die Förderung vieler Entdeckungsreisen und sein lebenslanges Interesse an Fragen der Navigation dafür sorgte, daß sich in der ersten Hälfte des 15. Jahrhunderts die bisher weißen Flecken der Landkarte füllten. Christoph Kolumbus, die Cabots und andere Entdecker sorgten dafür, daß die Grenzen der „Terra incognita" in der zweiten Hälfte des 15. Jahrhunderts stark zurückgedrängt wurden. Ferner führten sie ängstlichen Gemütern vor Augen, daß die Reisen in das Ungewisse nicht unbedingt mit einer Katastrophe enden mußten. Ihre Pioniertaten führten bald zu einer großen Zahl von Reisen auf der Suche nach noch unbekannten Ländern.

Neue Länder bedeuteten neue Kolonien und neue Handelsgebiete. Diese Unternehmungen über weite Entfernungen hinweg machten Veränderungen im Schiffbau und in der Seemannschaft notwendig. Vor allem machten die Fortschritte in der Navigation derartige Reisen mit mehr als nur einem vage erhofften Erfolg möglich.

Die Expansion über die Meere brachte aber auch größere Rivalität der Nationen und politischen Zündstoff mit sich. Alle europäischen Nationen suchten in den neuentdeckten Ländern Macht, Wohlstand und wachsenden Einfluß.

Die Rivalitäten führten zu häßlichen Streits zwischen christlichen Fürsten, so daß sich schließlich der Papst Alexander VI. zum Eingreifen genötigt sah. Mit einem Edikt im Jahre 1494 zog er eine Linie über die Erdkarte und sprach alle Gebiete auf der einen Seite Portugal, alle neuentdeckten Länder auf der anderen Seite Kastilien oder Spanien zu.

Diese einseitige Entscheidung führte zu großer Aktivität der anderen Seefahrtsnationen, namentlich in Nordeuropa. Inzwischen vergrößerte Spanien seine Anstrengungen, besonders im Gebiete von Zentralamerika. Portugal dominierte in Südamerika, vor allem im heutigen Brasilien, und drängte auch in ostasiatische Gewässer mit der Kolonisation der Gewürzinseln Indonesiens.

In Nordamerika begann England als erste Nation aktiv zu werden. Seine erste amerikanische Besitzung wurde Neufundland, das die Cabots im Jahre 1497 wiederentdeckten. Vater und Sohn Cabot waren Venezianer im Solde Heinrichs VII. von England. Schließlich kam es zwischen Portugal und England trotz aller Rivalität zu einem Bündnis, das über nahezu 500 Jahre halten sollte.

Die Zwistigkeiten zwischen England und Spanien wandelten sich in offene Feindseligkeit, als Heinrich VIII. (1509–1547) aus dem Verband der katholischen Nationen ausscherte und sich selbst als Haupt der Kirche von England an die Stelle des Papstes setzte. Die Feindschaft gegen England wuchs, als Eduard VI. und späterhin Königin Elizabeth I. das Land vollends dem Katholizismus entfremdeten und den Protestantismus zur Staatsreligion erklärten.

Zwei entscheidende Seeschlachten fanden in dieser Zeit statt, beide aus religiösen Beweggründen. Das erste war die Schlacht von Lepanto im Jahre 1571, in der die vordringende türkische Flotte von der Flotte der Heiligen Liga besiegt wurde, einem losen Bündnis, zu dem der Vatikan unter Pius V., Venedig, Genua, Savoyen und Spanien gehörten. Die alliierte Flotte stand unter dem Oberbefehl von Don Juan d'Austria. Als Ergebnis dieser Schlacht wurde dem Vordringen des Islam nach Europa ein Ende bereitet. Die zweite entscheidende Seeschlacht war der Sieg über die Armada im Jahre 1588, eines der großen Epen der Geschichte. 131 Schiffe unter dem Kommando des Herzogs von Medina-Sidonia erschienen in einer sichelförmigen Marschformation, die von einem zum anderen Flügel 7 Seemeilen (fast 13 km) maß, im Englischen Kanal, um die englische Flotte zum Kampf zu stellen.

Die Besatzung der Flotte bestand aus 8776 Seeleuten, 2088 Galeerensklaven, 21 855 Soldaten und 85 Ärz-

SCHIFFE UND MEER

ten. Ferner hatte man in den Niederlanden noch weitere 30 000 Soldaten und 1800 Reiter rekrutiert. Außerdem begleiteten 180 katholische Priester die Flotte, um das abtrünnige Land zu rekatholisieren. Lord Howard of Effingham, der Oberkommandierende der britischen Flotte in der Eigenschaft als Lord High Admiral of England, besiegte zusammen mit Drake, Frobisher, Sheffield, Southwell, Grenville, Raleigh, Hawkins und Seymour die Armada. Die Teile der Flotte, die den Engländern entgingen, wurden von Stürmen heimgesucht, so daß schließlich weniger als 10 000 Spanier heimkehrten; viele starben noch auf Grund der erlittenen Strapazen. Die Münze, die Elizabeth zur Erinnerung an diese Schlacht schlagen ließ, trug am Rande die lateinische Inschrift: „Gott blies mit seinem Odem, und sie wurden zerstreuet."
Spanien war damit geschlagen, und England blieb eine protestantische Nation.

Im 17. Jahrhundert verringerten sich die unbekannten Gebiete der Erde durch eine nicht enden wollende Zahl von Entdeckungsreisen. Die weißen Stellen waren nun annähernd gefüllt, mit Ausnahme der Bereiche der Arktis, Antarktis, Australiens und des Zentralpazifiks. Natürlich waren die anderen Erdteile noch nicht vollständig erforscht, doch kannte man sie und hatte sie zur weiteren Erkundung vorgesehen. Der Handel erfuhr ebenso eine gewaltige Ausweitung. Viele Handelsrouten kreuzten den Indischen Ozean, denn Schiffe unterhielten eine ständige Verbindung zu den vormaligen „Gewürzinseln", die nun unter niederländischen Einfluß gerieten.
Niederländisch-Ostindien war ein reiches Gebiet, um das es sich zu kämpfen lohnte, und so trat an die Stelle der anfänglichen Streitigkeiten zwischen Portugal und den Niederlanden nun eine Rivalität zwischen England und den Niederlanden.
Zu dieser Zeit hatten die Schiffe das mittelalterliche Aussehen verloren. Das typische rahgetakelte Schiff mit drei Masten, mehreren Decks mit Stückpforten und künstlerisch geschmücktem Achterkastell besaß eine stolze Größe, die dem schwerfälligen Schiff des vorangegangenen Jahrhunderts noch gefehlt hatte. Ein charakteristisches Kennzeichen des 17. Jahrhunderts war das Entstehen der großen Handelsgesellschaften. Die niederländische Ostindiengesellschaft und die englische East India Company bauten beide große Handelsimperien auf, die tatsächlich über dem Recht und Gesetz der Länder standen, in denen diese Gesellschaften beheimatet waren oder Handel trieben.
In dieser ganzen Epoche herrschte nun das Segel. Innerhalb einer Klasse waren alle Schiffe nahezu gleich. Als Geschütz wurden Vorderlader verwendet. Darüber hinaus gab es wenig, was dem Schiff an neuen Merkmalen in dieser langen Zeit hinzugefügt wurde.

Die Jahre des zweiten Quartals des 15. Jahrhunderts wurden von Jacques Cœur (1395–1456) bestimmt, einem der einflußreichsten Handelsherren aller Zeiten. Seine „Hauptstadt" war Montpellier im Süden Frankreichs. Hier entstand auf seinen Werften ein Handelsschiff nach dem anderen, die alle Arten von

A *Der schwarze Pfeffer (Pipera nigrum) war das wichtigste Gewürz, das die Entdecker und Kaufleute nach den sagenhaften „Gewürzinseln" lockte.*

SCHIFFE UND MEER

B *Die „Kraeck", die der niederländische Maler W. A. 1470 malte.*
C *Jacques Cœur (1395–1456).*
D *Eines seiner Schiffe.*

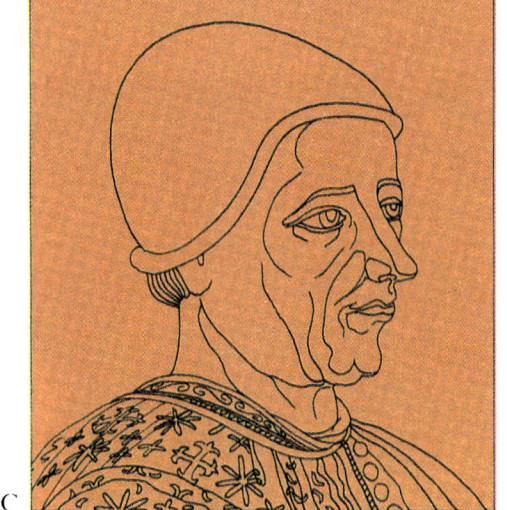

Waren über die Meere trugen. Sein Einkommen war so groß, daß nicht weniger als ein Fünftel aller Steuern, die der König von Frankreich erhielt, von ihm stammten.
Die Schiffe seiner Flotte waren den Arabern erwünscht, die sie ohne Behinderung ein- und auslaufen ließen. Er kontrollierte 30 Handelsplätze und Kontore rings um das Mittelmeer. Unglücklicherweise wurde er in politische Ränke verstrickt und der Unterstützung opponierender Gruppen mit großen Geldmitteln beschuldigt, womit er sich überall Feinde machte. Karl VII. lieh sein Ohr Verschwörern, und so wurde Jacques Cœur 1451 wegen verschiedener Vergehen, darunter des versuchten Mordes an Agnes Sorel, der Geliebten des Königs, inhaftiert. Er entkam aus dem Kerker und starb im Jahre 1456 auf Chios. Er hatte Marseille nahezu im Alleingang zum führenden Handelshafen des Mittelmeeres gemacht.

1445
Zu dieser Zeit baut Portugal seinen Handel mit dem Senegal und anderen Gebieten der afrikanischen Westküste aus. Vor allem wurde mit Pfeffer unter der ortsüblichen Bezeichnung „Maniguette" gehandelt. Die Portugiesen waren erstaunt, als sie feststellen mußten, daß Maniguette die normannisch-französische Bezeichnung für Pfeffer darstellte und damit der Beweis für einen Handel erbracht war, der schon Jahrhunderte zuvor betrieben worden sein mußte und völlig in Vergessenheit geraten war.

1466
Das Siegel Ludwigs von Bourbon zeigte dreimastige Schiffe. Fock- und Besanmast dienten jedoch nur der Verbesserung der Steuerfähigkeit, nicht dem Antrieb.

1470
Der niederländische Maler W. A. malt um diese Zeit Schiffe unter der Bezeichnung „Kraeck". Hierbei handelte es sich um eine Karavelle oder eine Karrakke mit drei Masten. Es besteht kein Grund zu der Annahme, daß das abgebildete Schiff nicht existiert hat. Das Schiff trägt an Deck Geschütze. Soweit bekannt ist, ist W. A. der erste Künstler, der dies abgebildet hat.

1487
SOVEREIGN und REGENT waren die Namen zweier großer Schiffe, die für die Flotte Heinrichs VII. von England gebaut wurden, der nur zwei Jahre zuvor mit dem Sieg über Richard III. bei Bosworth die Tudor-Dynastie in England begründet hatte. Er wollte nun aus politischen Gründen die Flotte aufwerten. Die REGENT trug vier Masten, das erste englische Schiff, von dem dies bekannt ist. Ferner war das Schiff mit 141 kleinen Geschützen, 200 Bogen und 400 Pfeilbündeln ausgerüstet.

1487
Bartolomeo Diaz verläßt Lissabon und bricht zur Kongomündung auf. Von hier geht er nach Natal an der Ostküste Afrikas und umrundet dabei erstmalig das Kap der Guten Hoffnung. Dieser Name wurde dem Kap jedoch erst von Johann II. von Portugal

SCHIFFE UND MEER

verliehen, während Diaz es „Kap der Stürme" nannte, eine wohl treffendere Bezeichnung.

1492

Die wohl bekannteste aller Entdeckungsreisen beginnt. Am 3. August verläßt Christoph Kolumbus den kleinen Hafen Palos bei Huelva, um den direkten Seeweg nach Indien zu suchen. Zu diesem Zeitpunkt waren viele Menschen entgegen der Historie davon überzeugt, daß die Erde eine Kugel sei und daß auf der anderen Seite des Atlantiks eine große Landmasse zu finden war, obwohl diese über Jahrhunderte nicht besucht worden war – jedenfalls nicht von Westeuropäern, wie die Skeptiker hinzufügten. Eine Karte, die dem Entdecker hätte helfen können, fehlte. So finanzierten Ferdinand und Isabella von Spanien die Reise, die zur Entdeckung des westwärtigen Weges zu den ostindischen Inseln dienen sollte.

Kolumbus hatte das Kommando über drei Schiffe. Flaggschiff war die SANTA MARIA, die er selbst *la Nao* = das Schiff nannte. Die PINTA und die NINA bezeichnete er als *las Carabelas* = Karavellen. Las Casas, ein Priester, der das Unternehmen als Chronist begleitete, berichtet, daß die SANTA MARIA erheblich größer als die beiden übrigen Schiffe gewesen sei. Die PINTA sollte als erste am 12. Oktober nach einer fast zweimonatigen Reise Land sichten. Kolumbus ging auf San Salvador auf den Bahamas an Land. Später besuchte er Kuba und Haiti, wo die SANTA MARIA Schiffbruch erlitt. Am 19. November des gleichen Jahres landete er in Puerto Rico, hatte aber damit noch immer nicht das amerikanische Festland erreicht.

Am 15. März 1493 kehrte Kolumbus nach Palos zurück. Er benannte die von ihm besuchten Inseln als „Westindien", denn er war davon überzeugt, einige Indien im Westen vorgelagerte Inseln erreicht zu haben. Diese Überzeugung vertrat er bis zu seinem Tode. Erst 1498 erreichte er auch das amerikanische Festland, und zwar das heutige Südamerika. Ein Jahr später begann Amerigo Vespucci, nach dem der Kontinent heute benannt ist, mit der Erforschung Mittel- und Südamerikas.

Kolumbus unternahm noch weitere Reisen in das Gebiet der Westindischen Inseln. Am 3. Mai 1494 entdeckte er Jamaika und landete in der Discovery Bay. 1509 wurde ein spanischer Gouverneur für Jamaika eingesetzt, das bis zur Mitte des 17. Jhdt. Teil des spanischen Reiches blieb und dann von England im Zuge der Politik Cromwells annektiert wurde. Bartholomäus Kolumbus, der weniger bekannte Bruder des Christoph, gründete Santo Domingo de Guzman, die Hauptstadt der heutigen Dominikanischen Republik. In der Kathedrale dieser Stadt wurde Christoph Kolumbus nach seinem Tode 1506 in Valladolid in Spanien schließlich beigesetzt.

1497

Die Reise der Cabots, die von der des Kolumbus fünf Jahre zuvor überschattet war, hatte für England eine weit größere Bedeutung als jene für Spanien. Heinrich VII. von England, der den englischen Handel wiederbelebte und mit dem Wiederaufbau der Flotte begonnen hatte, verlieh den beiden Venezianern,

A *Christoph Kolumbus (1446–1506).*
B *Eine der Rekonstruktionen der* SANTA MARIA *(1492).*
C NINA, *„die Kleine" (1492).*

SCHIFFE UND MEER

D PINTA, „die Bunte" (1492).
E *Messen der Sonnenhöhe mit einem Jakobsstab.*

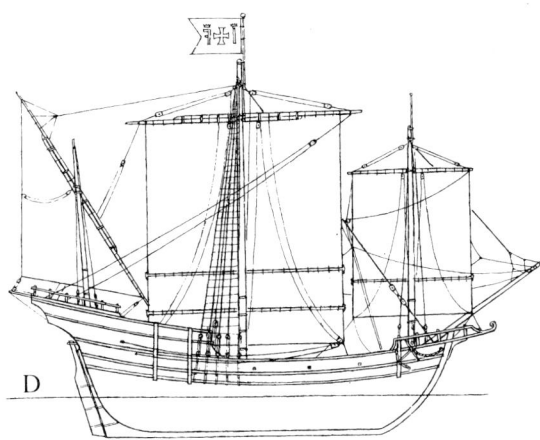

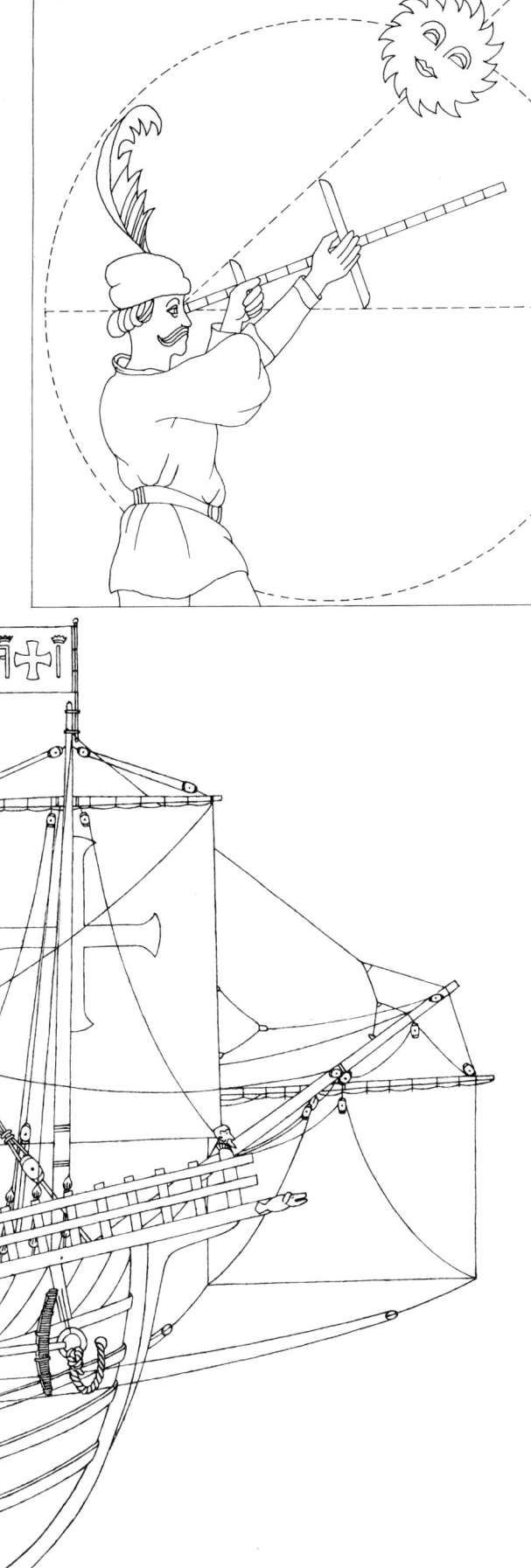

Vater und Sohn, einen königlichen Freibrief. An der Herkunft der Cabots aus Venedig besteht gewisser Zweifel – einige Fachleute glauben, daß sie aus Genua stammten. Der Sohn, Sebastiano Cabot, wurde in Bristol geboren, unternahm einige Reisen für Heinrich VII. und trat dann in den Dienst Spaniens. Später kehrte er nach England zurück und erhielt von Eduard VI. einen lebenslangen Ehrensold in Anerkennung seiner Reisen, der Vorbereitung weiterer Reisen nach Rußland und zur Erforschung der Nordwestpassage und seiner Verdienste um die Weiterentwicklung des Kompasses.

Am 2. Mai 1497 verließen die Cabots Bristol mit der MATTHEW, eine Nußschale von einem Schiff mit nur 18 Mann Besatzung. Sie segelten in nordwestlicher Richtung und erreichten am 24. Juni 1497 (Johannistag) Land. Dieses neugefundene Land nannten sie „Newfoundland", den Ort der Landung St. John, Namen, die sich bis heute erhalten haben. Nach dem Verlassen von Neufundland landeten sie in Labrador und drangen schließlich bis nach Florida im Süden vor, ehe sie nach Bristol zurückkehrten.

Auf Grund der im Freibrief getroffenen Vereinbarungen erhielt die englische Krone 1/5 aller von den Cabots gemachten Entdeckungen. Sie durfte ihre Güter zollfrei einführen. Schließlich erhielt Bristol das Monopol für den Import und den durch die Cabots betriebenen Handel.

1497
Im gleichen Jahr begann die Reise von Vasco da Gama (1460–1524), die in gleicher Weise epochemachend wurde. Seine kleine Flotte bestand ebenfalls aus drei Schiffen, die im Frühjahr 1497 in Lissabon gebaut wurden. Sie erhielten die Namen ST. RAPHAEL, ST. MICHAEL und ST. GABRIEL. Vasco da Gama umrundete das Kap, wobei seine Schiffe in schweren Stürmen Schaden erlitten, so daß er sie in Natal reparieren

69

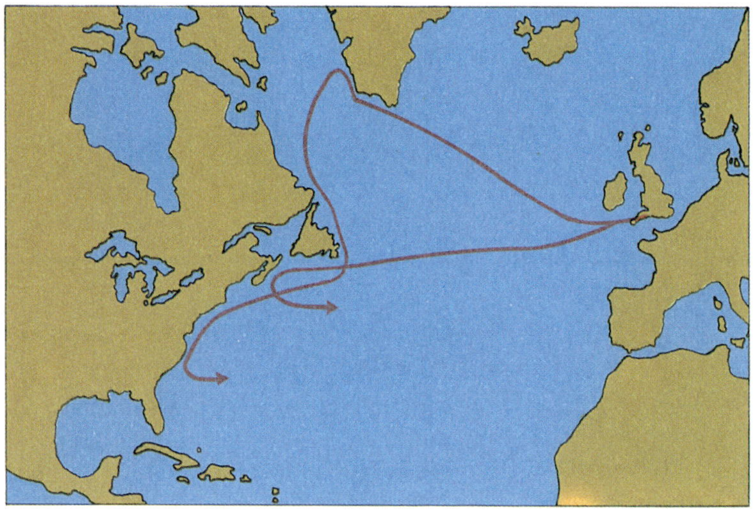

SCHIFFE UND MEER

A

B

C

mußte. Dann besuchte er Mozambique und M'Lindi, bevor er die immer noch gewagte Überquerung des Indischen Ozeans zur Malabar-Küste Südwestindiens unternahm. Er machte in Kalkutta fest, bevor er nach Goa ging, seine Schiffe überholte und sein Hauptquartier dort errichtete. Im Juli 1499 kehrte er nach Lissabon zurück. In Anerkennung seiner Verdienste erhielt er den Ehrentitel eines „Dom", einen lebenslangen Sold und die Möglichkeit zur Ausnutzung einiger Handelsprivilegien mit Indien. Über die Zahl der Schiffe bei seiner Unternehmung gibt es gewisse Zweifel – es werden gelegentlich vier statt drei Einheiten genannt.

1499
Amerigo Vespucci, ein Kartograph aus Florenz, kaufte von Frankreich ein Schiff, LA DAUPHINE, und segelte damit westwärts. Er erreichte schließlich das heutige Surinam. Er unternahm späterhin weitere Reisen, zunächst im Dienst des Königs von Portugal, später im spanischen Dienst. Die von ihm gezeichneten Karten füllten viele Wissenslücken. Allerdings war seine Handschrift schwer lesbar, und so setzte der deutsche Geograph Waldseemüller an die Stelle des für ihn unleserlichen Namens Vespucci „Ameriga". Diese Bezeichnung wurde Allgemeingut, und so erhielt der Kontinent seinen Namen.

1499
Im gleichen Jahr wurde ein anderes Gebiet ähnlich zufällig benannt. Der Spanier Alonso de Ojeda segelte den wenig erforschten Orinoco flußauf. Er entdeckte eine Indianersiedlung, die völlig auf Pfählen erbaut war. Schmale Wasserwege trennten die einzelnen Bauwerke. Im Spaße nannte er diese Siedlung „Klein-Venedig". Die Bezeichnung erhielt sich und gab dem heutigen Venezuela den Namen.

1500
Brasilien wird von dem Entdeckungsreisenden Pedro Cabral entdeckt. Unglücklicherweise teilte jene bereits erwähnte imaginäre Linie des Papstes das neuentdeckte Land, wodurch der größere Teil an Portugal fiel und ein im Grunde einheitliches Gebiet

A *Die Reiseroute John Cabots im Jahre 1497, die zur Entdeckung Neufundlands führte.*
B *John Cabots Schiff* MATTHEW, *1497.*

künstlich in zwei „Nationen" geteilt wurde. Cabral bezeichnet das gefundene Gebiet zunächst als „Insel des heiligen Kreuzes", später aber nach den dort wachsenden charakteristischen roten Farbhölzern, *Guilandina echinata*, „Brasilien". Zwei Jahre später unternahm er eine weitere Reise in ein weites Flußdelta, das er „Rio de Janeiro" – Januarfluß – nannte. Dort wurde auf einer Halbinsel 1565 die spätere brasilianische Hauptstadt gegründet.

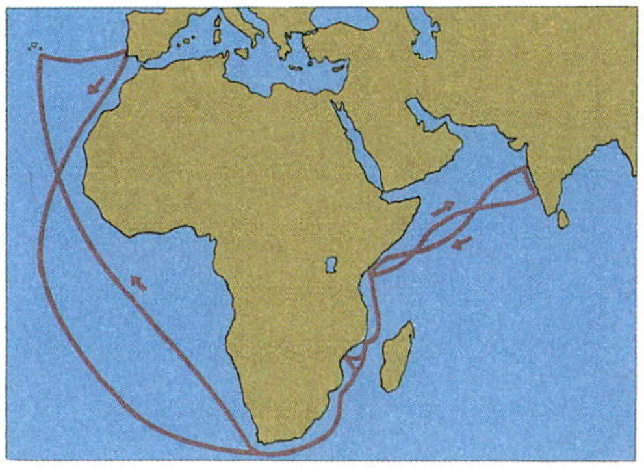

1501
Dem Schiffbauer Descharges in Brest wird die Erfindung der Stückpforten zugeschrieben, rechteckige, in die Schiffswandungen geschnittene Öffnungen für dahinter aufgestellte Geschütze.

1503
Admiral Tristan da Cunha, ein portugiesischer Seefahrer, entdeckt eine Gruppe von vier Inseln im Südatlantik, etwa 2900 km von der nächsten Küste entfernt. Er gibt den Inseln seinen Namen. Sie gelten als die einsamsten Inseln der Welt.

C *1489 zeichnet Martellus Germanus eine Karte der damals bekannten Welt. Amerika fehlt noch völlig, die Westküste Afrikas ist jedoch schon mit einigen Details wiedergegeben.*
D *Die* ST. GABRIEL *Vasco da Gamas, 1497.*
E *Die Reiseroute Vasco da Gamas bei seiner berühmten Fahrt nach Indien.*
F *Vasco da Gama (1460–1524).*

SCHIFFE UND MEER

1510–1533

In diesen Jahren werden auf den Werften Europas ungeheure Anstrengungen im Schiffbau unternommen, ausgelöst durch die Rivalität zwischen den Herrscherhäusern. Heinrich VIII. von England läßt, bald nachdem er seinem Vater auf den Thron gefolgt ist, die HENRY GRÂCE A DIEU erbauen. In Frankreich entsteht die GRAND FRANÇOIS, und für die Malteserritter läuft die SANTA ANNA vom Stapel. In Portugal entsteht die SAO JOAO, in Schweden die STORA KRAFVER, und James IV. von Schottland steuert die GREAT ST. MICHAEL zu diesem Wettbau bei. Die GRAND FRANÇOIS hatte ein wenig rühmliches Schicksal. Beim Stapellauf blieb sie auf dem Helgen stecken, und nichts konnte sie von der Stelle bewegen. Sechs Jahre blieb sie in dieser lächerlichen Position, bis sie schließlich während eines Sturmes kenterte. So blieb sie liegen und wurde dann schließlich geplündert und abgewrackt.

1512

Dieses Datum stellt den Wendepunkt in der Geschichte der Seeschlachten dar. Zum ersten Male wurde in der Schlacht von Brest am 12. August die Artillerie der Schiffe mit dem Ziel eingesetzt, den Gegner zu versenken, weniger, um seine Besatzungen zu töten.

Kleine Geschütze waren schon seit 1319 an Bord von Schiffen in Gebrauch, jedoch nur gegen die Besatzungen. Im Laufe der Zeit hatten Größe und Wirkung der Geschütze jedoch so zugenommen, daß man sie nunmehr als Vernichtungswaffen ansprechen konnte. Die Kriegsschiffe trugen diese Geschütze jetzt im Rumpf, wo sie durch die geöffneten Stückpforten feuern konnten.

Im August 1512 langte eine englische Flotte von 45 Schiffen, darunter auch Brander, unter Sir Edward Howard vor Brest an. Die französische Flotte mit 39 Schiffen unter dem Kommando von Sieur Porsmoguer – ein Waliser, dessen richtiger Name Sir Piers Morgan war – stellte sich dem Gegner. Beide Flotten waren mit schwerem Geschütz bestückt, und man versuchte, sich gegenseitig durch Breitseitenfeuer zu vernichten. Sir Thomas Knivett enterte mit der REGENT die CORDELIER unter Porsmoguer, wobei beide Schiffe weiterfeuerten. Die CORDELIER flog in die Luft und nahm die REGENT mit sich. Mit diesen beiden Schiffen versanken ihre Besatzungen, 1600 Mann.

Alle Augenzeugen dieses Untergangs waren so verstört, daß das Gefecht stillschweigend von beiden Seiten abgebrochen wurde. Hatte es auch keine Entscheidung gebracht, war dadurch jedoch ein für allemal die absolute Überlegenheit dieser Kampfesweise gegenüber den bis dahin betriebenen Enterkämpfen bewiesen worden. In der Folgezeit versuchte man nun stets, die Schiffe und nicht nur die Mannschaften außer Gefecht zu setzen.

1513

Ein berühmter spanischer Entdecker, Vasco Nuñes de Balboa (1475–1517), errichtete eine spanische Kolonie in Darién/Panama. Von einem befreundeten Indianerhäuptling hörte er Gerüchte von einem Meer jenseits der Berge. Er entschloß sich, dieses Meer zu suchen, und kämpfte sich mit 190 Männern durch die Wälder der Bergkette des Isthmus von Panama. Vom höchsten Punkt konnten sie das Meer auf der anderen Seite erkennen und waren damit die ersten Weißen, die den Pazifik erblickten, und zwar von der Atlantikseite kommend.

Balboa wurde von dem erfreuten spanischen König zum Admiral des Pazifiks ernannt. Der neue Admiral ließ in der Hoffnung auf neue Handelsverbindungen eine große Flotte kleiner Schiffe bauen. Er geriet jedoch mit dem neuen Gouverneur von Panama, Don Pedro Arias de Avila, aneinander, der ihn des Hochverrates bezichtigte, ihn schuldig befand und hinrichten ließ.

1514

Heinrich VIII. von England, der Frömmigkeit und Schlauheit miteinander vereinte, vergab ein Privileg an einen religiösen Orden in Deptford, einem der Schiffbaugebiete vor den Toren Londons. Der Orden nannte sich „The Brotherhood of the Most Glorious and Undivided Trinity of Deptford-Stronde". Ihm wurde die Aufsicht über alle Seezeichen und die Beratung der Flotte übertragen. Nach einigem Hin und Her ist „Trinity House" heutzutage die Aufsichtsbehörde über die Leuchttürme, Feuerschiffe und Seezeichen in englischen Gewäs-

A GREAT ST. MICHAEL, *1511.*

B HENRY GRÂCE A DIEU, *auch unter der Bezeichnung* GREAT HARRY *bekannt, 1514.*

C *Der Transport von Pferden über See stellte ein großes Problem dar, da sie bei schwerer See leicht durchgehen konnten. Das Bild zeigt eine der Methoden, die für den Pferdetransport im Raum im 17. Jahrhundert üblich waren.*

D GRAND FRANÇOIS, *1533.*

SCHIFFE UND MEER

73

A *Ein früher Holzschnitt, der Magellan mit seinen Navigationsinstrumenten darstellen soll.*
B *Die* VICTORIA *aus der Flotte Magellans, die als einzige die ganze Weltumseglung von 1519–1522 durchstand.*
C *Die Magellanstraße nach einer Zeichnung im Buch des Antonio Pigafetta.*
D *Jacques Cartier landet 1534 in Kanada (nach einer Karte aus dem Jahre 1546).*

sern. Es arbeitet mit der Royal Navy, besonders der hydrographischen Abteilung, eng zusammen und hält den ungebrochenen Rekord von nahezu 500 Jahren kontinuierlicher Arbeit.

1519
Dieses Jahr ist durch den Beginn der ersten bekannten und erfolgreichen Weltumseglung charakterisiert.

Ferdinand Magellan (1480–1521) verbrachte sein ganzes Leben auf See. Das erste größere Ereignis, an dem er teilnahm, war der Versuch des ersten portugiesischen Vizekönigs im Fernen Osten, Francisco de Almeida, mit seiner Flotte die ständig zunehmende Seemacht der Araber zu zügeln. Auf dieser und weiteren Reisen sammelte Magellan einen großen Schatz an Erfahrungen, die der spanische König zu nutzen verstand, als Magellan sich in der Frage seiner Beförderung mit seinem Arbeitgeber, dem König von Portugal, überwarf. Der Portugiese übersiedelte nach Madrid und wurde spanischer Untertan.

Wie erwähnt, waren die Einflußbereiche Spaniens und Portugals durch ein Edikt des Papstes Alexander VI. im Jahre 1494 durch eine von Pol zu Pol gezogene Linie 370 Seemeilen westlich der Kapverdischen Inseln getrennt worden. Nun stritt man sich um die genaue Lage der „Gewürzinseln", des heutigen Indonesiens. Magellan bot sich an, den Beweis zu führen, daß sie entsprechend dem päpstlichen Entscheid Spanien zustanden. Er machte sich auch anheischig, die Welt zu umsegeln und alle Spanien zustehenden Gebiete in spanischen Besitz zu nehmen. Das Angebot wurde angenommen, und Magellan verließ am 20. September 1519 mit fünf Schiffen und 265 Seeleuten Cadiz. Er setzte seine Flagge auf der TRINIDAD. Die übrigen Schiffe des Geschwaders waren die SAN ANTONIO, CONCEPTION, VICTORIA und die SANTIAGO. Auf dem Weg nach Süden lief die TRINIDAD zu Beginn des Jahres 1520 in die breite Mündung des La Plata in Südamerika ein. Flaches Land erstreckte sich, so weit das Auge reichte. Als man tiefer in den Fluß eindrang, rief Magellan plötzlich aus: „Monte vide eu!" (Ich sehe einen Berg). Heute liegt an dieser Stelle die Stadt Montevideo.

Tierra del Fuego, das Feuerland, erschien so schwarz und ungastlich, daß viele der Offiziere meinten, ein Vorstoß weiter nach Süden wäre unmöglich. Auch viele der Matrosen glaubten dies, und einige meuterten. Magellan entschloß sich, die Reise zu unterbrechen, um einige notwendige Reparaturen durchzuführen. Der Platz, wo dies geschah, ist heute Port St. Julian. Als er die Reise fortsetzte, ließ er Juan de Cartagena, den Kapitän der SAN ANTONIO, zurück. Zwei der an der Meuterei beteiligte Offiziere wurden hingerichtet.

Weitere Schwierigkeiten ergaben sich in der Meeresstraße, die heute den Namen Magellans trägt – der Magellanstraße im äußersten Süden Südamerikas. Kapitän Gomez, der das Kommando über die SAN ANTONIO übernommen hatte, weigerte sich, weiter nach Süden zu gehen, wendete und kehrte nach Spanien zurück.

Trotz dieser Schwierigkeiten, des Ausbruchs von Skorbut und großem Nahrungsmangel behielt Magellan seinen Kurs bei. Am 27. April 1521 erreichte er die Philippinen und wurde in einem Kampf mit Eingeborenen der Mactan-Insel getötet.

Die Führung der Expedition übernahm nun der Kapitän der VICTORIA, Juan Sebastian de Elcano. Er entschied sich für die Fortsetzung der Reise, deren

Erfolg mit dem Erreichen der Philippinen nahezu gesichert war. Die „Gewürzinseln" wurden erreicht, und schließlich kehrten die Männer nach Spanien zurück, ohne zur Umkehr gezwungen zu sein.

Die Reise bewies, daß die Welt rund war und umsegelt werden konnte. Das Wissen war teuer erkauft: Von der ursprünglichen Besatzung von 265 Mann kehrten nur 19 nach Spanien zurück und konnten über die ganze Fahrt berichten.

Obwohl die Idee von Magellan stammte, war es einer seiner Kapitäne, Elcano, dem der Ruhm gebührt, der erste Weltumsegler zu sein.

1534
Jacques Cartier (1491–1557), einer der bedeutendsten französischen Entdecker, verläßt St. Malo, überquert den Atlantik und erforscht die Küste des heutigen Staates New Brunswick. Er entdeckt viele der Küste vorgelagerte Inseln und öffnet auch den Weg in das Innere Kanadas, indem er den St. Lawrence-Strom aufwärtssegelt. Er beanspruchte die Gebiete für die Krone von Frankreich und legte damit den Grundstein für eine lange Rivalität zwischen Frankreich und England in diesem Teil der Welt, wie sie aus ähnlichen Gründen auch in anderen Gebieten der Erde entstand. Sie endete nicht einmal mit dem Sieg der von Wolfe geführten Engländer über die Franzosen in der Schlacht von Quebec im Jahre 1759 – noch heute wird in großen Teilen Kanadas französisch gesprochen.

1536
Die Spanier unternehmen in den folgenden Jahren den entschlossenen Versuch zur Kolonisierung der neuentdeckten Gebiete. Eine der erste Siedlungen wurde in dieser Phase etwa 200 km stromaufwärts am La Plata gegründet – das heutige Buenos Aires. Der Versuch einer dauernden Ansiedlung scheiterte jedoch an der Feindseligkeit der Indianer und dem ständigen Mangel an geeigneter Nahrung. Pedro de Mendoza, der Anführer, mußte die Siedlung schließlich aufgeben. Erst im Jahre 1580 kehrten Spanier wieder dorthin zurück.

1541
Eine weitere spanische Expedition unter Francisco de Orellana untersucht die Küstengewässer der Neuen Welt auf der Suche nach geeigneten Siedlungsplätzen. Er stieß auf einen großen Fluß mit dicht bewaldeten Ufern, den er über 300 km weit aufwärtssegeln konnte. Dann wurde er von einer riesigen, 3 m hohen Welle überrascht, die die Eingeborenen „Amasonas" = Boote-Zerstörer nannten, denn sie kannten ihre zerstörende Kraft. So entdeckte Orellana den Amazonas und benannte ihn sehr passend.

19. JULI 1545
Das englische Schiff MARY ROSE sinkt. Das Schiff war 1509 als Galeone der neuen Flotte Heinrichs VIII. gebaut worden. Es befand sich noch 1545 im aktiven Dienst, als die französische Flotte vor dem Solent erschien. Eine englische Flotte wurde ihr entgegengeschickt. Doch bevor es zum Gefecht kam, wurde die MARY ROSE von einer Bö auf die Seite gedrückt. Die Stückpforten ihrer unteren Decks waren offen. So sank das Schiff, ehe ihm irgendwelche Hilfe gebracht werden konnte. 415 der 700 an Bord befindlichen Männer kamen dabei ums Leben.

Die MARY ROSE, die 91 Vorder- und Hinterlader trug, war eines der ersten Kriegsschiffe, das mit schwerer Artillerie auf dem Hauptdeck rearmiert worden war.

SCHIFFE UND MEER

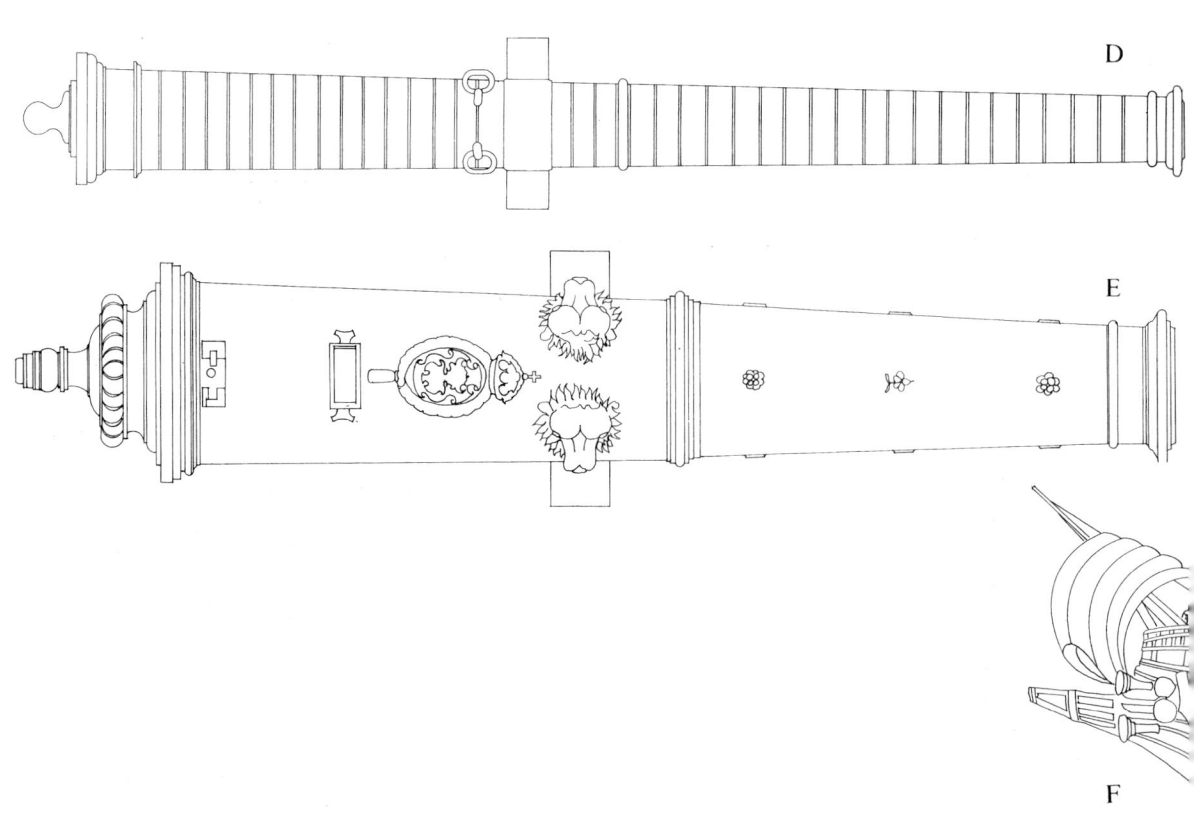

1553
Die Muscovy Company wird von englischen Kaufleuten gegründet. Die Hauptaufgabe der Gesellschaft bestand im Handel mit China, das man über die Meere im Norden erreichen zu können glaubte. Sir Hugh Willoughby und Richard Chancellor unternahmen die erste Expedition in dieser Richtung. Sie erreichten zwar China nicht, doch konnten sie einen Handelsvertrag mit dem Großfürsten von Moskau, dem damaligen nominellen Oberhaupt der russischen Gebiete, abschließen.

1562
John Hawkins (1532–1595) bringt als erster Weißer eine Ladung Sklaven von Sierra Leone nach Westindien. Er begründete damit einen Handel, der bis in das 19. Jahrhundert hinein fortgesetzt werden sollte und regelmäßig auf der Route Westafrika – Westindien – Liverpool – Westafrika lief. Hawkins wurde später wegen seiner Verdienste beim Sieg über die spanische Armada geadelt.

1565
Wenn auch die Hauptinteressen der Spanier in Mittel- und Südamerika lagen, suchten sie auch Einfluß in östlichen Gewässern. In diesem Jahr wird eine spanische Handelsniederlassung bei Manila auf den Philippinen von Miguel Lopez de Legazpi

A *Die Seeschlacht von Lepanto.*
B *Don Juan d'Austria.*
C *Andrea Doria, der große Admiral Genuas (1468–1560).*
D *Eine Serpente aus Schmiedeeisen um 1450.*
E *Bronzegeschütz (Cannon Royale) der* MARY ROSE, *die 1545 sank.*
F *Große Galeere aus einem Manuskript der Biblioteca Marciana in Venedig aus dem 16. Jahrhundert.*

gegründet. Der spanische Einfluß dauerte auf den Philippinen bis 1898.

1565
Eine türkische Flotte, die sich vorwiegend aus Galeeren zusammensetzt, belagert die Malteserritter auf Malta. Die Belagerung dauert vier Monate, schlägt aber fehl. Um die Türken zu entmutigen, läßt der Großmeister des Ordens, Jean de Lavalette, den befestigten Hafen Valletta erbauen, dessen berühmter Grand Harbour einer der Hauptstützpunkte der britischen Flotte im Mittelmeer werden sollte.

1569
Gerard Mercator, ein flämischer Kartograph, verbessert seine Karten durch die Anwendung einer Projektionsmethode, die bis zum heutigen Tage seinen Namen trägt. Die Mercator-Projektion bildet die Erde auf einem Zylinder ab. Es ergibt sich daraus notwendigerweise eine starke Vergrößerung der Gebiete jenseits der 60. Breitengrade.

7. OKTOBER 1571
In diesem Jahr wurde die größte Seeschlacht zwischen Galeeren, die jemals stattfand, geschlagen. Es ist die berühmte Seeschlacht von Lepanto, in der die Flotte der Heiligen Liga die Türken bezwang. Viele Historiker vertreten die Meinung, daß der von Don Juan d'Austria errungene Sieg Europa dem Christentum erhielt.
Die der Schlacht vorausgehenden Umstände sind bekannt. Papst Pius V., besorgt über das Vordringen des Islam in Europa, appellierte an das christliche Europa, eine Heilige Liga gegen die Türken, die Hauptvertreter des Islam, zu bilden. Zunächst war die Antwort hierauf nur zögernd. Die Türken beschworen jedoch eine Krise herauf, indem sie Zypern als Teil des Ottomanischen Reiches beanspruchten. Um seiner Forderung Nachdruck zu verleihen, belagerte Mustafa Pascha, einer der türkischen Feldherren, Famagusta. Im Juni 1571 ergab sich die Stadt. Trotz des Versprechens, die Verteidiger zu schonen, wurden alle hingerichtet und dem Befehlshaber, dem venezianischen General Bragadino, bei lebendigem Leibe die Haut abgezogen. Durch diese Greueltaten wurde das christliche Europa unter Einschluß von Venedig zu einem Zusammentritt zur Heiligen Liga gebracht.
Es ist sinnvoll, die bei Lepanto angewandte Taktik näher zu betrachten. Don Juan d'Austria, ein junger Mann von 25 Jahren, wurde zum Oberbefehlshaber auf Grund seines Ranges als Admiral von Spanien bestellt. Die Vereinigten Flotten versammelten sich am 25. August 1571 in Messina. Ali Pascha, der türkische Admiral, wußte, daß sich etwas vorbereitete. So sandte er zwei Galeeren unter Kara Khodja zur Erkundung aus, die bei Nacht schwarze, bei Tage weiße Segel führten. Die Riemen wurden von sorgfältig ausgewählten Türken, nicht von Sklaven geführt. Es waren die besten Ruderer der ganzen türkischen Flotte. Bald besaß Ali Pascha, der im Golf von Lepanto eine Warteposition bezogen hatte, einen genauen Bericht.
Die Vereinigten Flotten verließen Messina am 16. September. Sie wurden, nach Herkunft geordnet, in fünf Geschwadern aufgestellt. Don Juan führte die aus 200 Galeeren und sechs Galeassen bestehende Flotte von der REALE aus. Etwa 100 Segelschiffe ohne Riemen bildeten die Nachhut und Reserve. Die Flotte ankerte vor Korfu, damit Gil d'Andrada mit vier Galeeren einen Aufklärungsvorstoß unternehmen konnte und damit die Segelschiffe aufschließen konnten.
Kara Khodja hatte die vor Korfu ankernde Flotte beobachtet und sandte eine Nachricht an Ali Pascha, in der er von 200 Christenschiffen sprach. Tatsächlich bestand die Flotte aus 202 Einheiten. Die 100 Schiffe, die die Nachhut bildeten, waren ihm entgangen. D'Andrada berichtete seinerseits Don Juan von 200 türkischen Schiffen – tatsächlich waren 250 vorhanden.
Ali Pascha hielt sich nach Zahl für überlegen und entschloß sich zum Angriff. Er entwickelte seine Flotte in einer Dwarslinie quer über den Golf. Mohammed Scirocco, der Pascha von Alexandrien, befehligte den rechten Flügel, Uluch Ali, der Bey von Algier, den linken. Ali Pascha hatte selbst das Zentrum übernommen.
Die alliierte Flotte näherte sich dem Golf von Lepanto. Don Juan stieg auf eine kleine, schnelle Galeere über und fuhr an der langen Reihe seiner Schiffe entlang, wobei er ein großes Kruzifix emporhielt. Überall wurde er jubelnd begrüßt. Nachdem er sich wieder auf der REALE eingeschifft hatte, ließ er durch ein Geschütz das Signal zum Angriff geben.
Der Wind schlief ein, Segel wurden nutzlos. Die sechs großen venezianischen Galeassen wurden, gefolgt von 150 Galeeren, gegen die türkischen Linien geschleppt.
Als die Galeassen mit ihrer überlegenen Artillerie das Feuer eröffneten, erzeugten sie in der türkischen Flotte große Bestürzung. Doch behielt diese ihre Formation bei und ging zum Enterkampf über. Dem linken Flügel der alliierten Flotte unter Agostino Barbarigo stand der türkische rechte Flügel unter Mohammed Scirocco gegenüber. Dem Pascha gelang es fast, die christlichen Schiffe zu umfassen, wurde dann aber bei einem Gegenangriff getötet und sein Schiff genommen.
Inzwischen war es Ali Pascha im Zentrum gelungen, die REALE zu entern. Don Juan führte einen erbitterten Kampf, Mann gegen Mann, um die Eindringlinge zurückzuwerfen. Ali Pascha zog sich auf das Vorschiff zurück, wo ihn Don Juan nur schwer angreifen konnte. Schließlich kam Prinz Antonio Colonna mit seiner Galeere der REALE zu Hilfe. Ali Pascha wurde mittschiffs in die Enge getrieben. Um nicht in christliche Hände zu fallen, beging er Selbstmord. Sein Haupt wurde abgeschlagen, auf einer Lanze zur Schau gestellt und schließlich über Bord geworfen.
Uluch Ali versuchte Andrea Doria, der den rechten Flügel der christlichen Flotte kommandierte, zu umgehen. Erst im letzten Augenblick ließ der Türke den Kurs ändern und versuchte, seinem bedrängten Zentrum zu Hilfe zu eilen. Zehn seiner Galeeren hatten es auf die Schiffe der Malteserritter abgesehen, die Don Juan im Zentrum unterstützten. Ein Aufschrei ging durch die Flotte, als das Banner der Malteser sank.
Die Situation war kritisch. Im Zentrum der Christenflotte herrschte Durcheinander. Zum Glück traf nun Santa Cruz mit der Reserve ein, von der die

SCHIFFE UND MEER

Türken nichts wußten, und führte sie in die Schlacht. Auch Andrea Doria ging vor, und so kam es zu einer klassischen Zangenbewegung gegen die Schiffe Uluch Alis. Dieser löste abrupt die noch nicht umschlossenen Einheiten seiner Flotte aus dem Kampf und flüchtete unter die Geschütze von Lepanto.

Die Schlacht endete in einem Blutband. Über 30 000 Türken wurden getötet, mehr als 200 Schiffe – vor allem türkische – waren gesunken oder gestrandet. Über 12 000 Christensklaven auf den türkischen Schiffen wurden befreit. Bei Sonnenuntergang ließ Don Juan einen Dankgottesdienst abhalten und für die Rettung des Christentums in Europa danken.

Die wichtigsten Schiffstypen, die in der Schlacht von Lepanto kämpften, wurden schon genannt. Es gab in diesem Zeitabschnitt folgende Haupttypen:

Galeonen: *Sie stellten die „Schlachtschiffe" dieser Zeit dar. Sie wurden speziell für Kriegszwecke entworfen. Ihre Länge war im Verhältnis zur Breite größer als bei den Handelsschiffen. Galeonen besaßen drei Decks und drei Masten sowie ein Bug- und Heck-Kastell, auf denen Kartätschen standen. Diese wurden so gerichtet, daß sie das Deck des Gegners bestreichen und von Soldaten „säubern" konnten. Zu diesem Zeitpunkt wurden auch Seegefechte immer noch durch Landsoldaten entschieden, die die gegnerischen Schiffe entern und im Kampf Mann gegen Mann den Sieg erringen konnten.*

Galeeren: *Lange, schlanke Fahrzeuge mit geringem Tiefgang, gewöhnlich mit einem Rammsteven ausgerüstet. Sie wurden durch Rudersklaven angetrieben. Es gab Galeeren mit und ohne Mast.*

Galeassen: *Galeassen waren bemastete Galeeren, die die Schnelligkeit und Manövrierfähigkeit der Galeere mit der Windnutzung der Galeone verbanden. Bei achterlichem Wind waren es die schnellsten Schiffe einer Flotte.*

Große Schiffe: *Hierbei handelte es sich um große, bewaffnete Handelsschiffe, die im Frieden als Kauffahrteischiffe, im Kriege als Kriegsschiffe eingesetzt wurden.*

1576
Nordwestpassage ist die Bezeichnung für die vermutete Verbindung entlang der Nordküste Kanadas in den Fernen Osten. Sir Martin Frobisher unternahm als einer der ersten den Versuch, diesen Weg zu finden. Bei diesem Versuch entdeckte er die Baffin-Insel. Er brachte authentische Berichte über die Eskimos und ihre Kajaks mit.

15. NOVEMBER 1577 – 26. SEPTEMBER 1580
Die Fahrt der GOLDEN HIND gehört zu einer der

A *Sir Francis Drake (1540–1596).*
B *Als Drake von seiner Fahrt zurückkehrte, berichtete er über ein seltsames Kraut, Tabak genannt. Schon Kolumbus hatte Indianer beim Rauchen von Zigarren beobachtet.*
C *Die* GOLDEN HIND, *rekonstruiert nach der einzigen bekannten Abbildung dieses Schiffes.*
D *Die Laterne der* GOLDEN HIND.

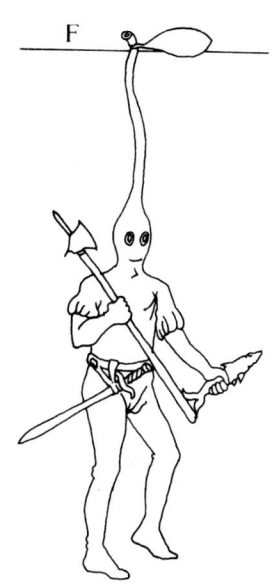
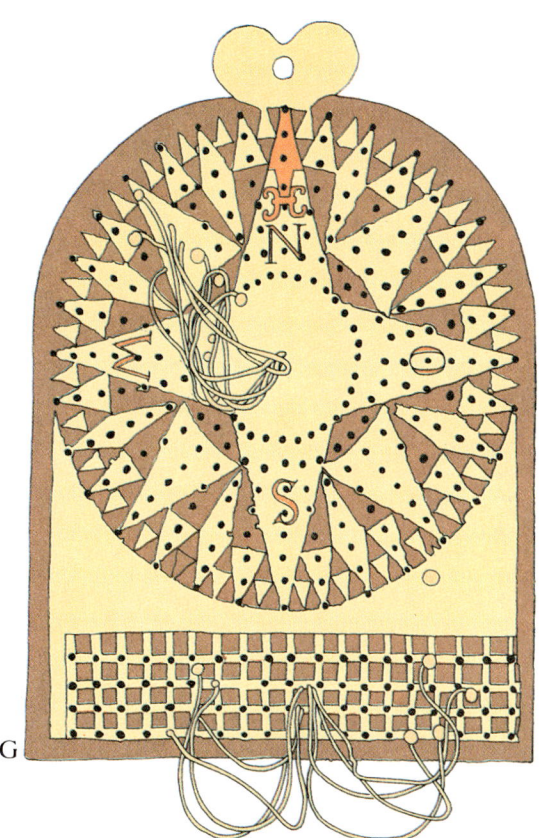

größten Leistungen im Zeitalter der Entdeckungen. Die GOLDEN HIND, ursprünglich als PELICAN gebaut, war das Flaggschiff von Francis Drake, der bei dieser folgenschweren Weltumseglung einen kleinen Verband von fünf Schiffen befehligte.

Am 15. November 1577 lief Drake in den Kanal aus. Ihm folgten die ELIZABETH unter Captain Winter aus London, ein Schiff, das mit 100 t um 20 t kleiner als die GOLDEN HIND war, zwei Schaluppen, MARIGOLD und CHRISTOPHER, von 50 bzw. 40 t und eine kleine Pinasse von 20 t, die BENEDICT. Diese Schiffe hatten zusammen eine Besatzung von 164 Mann.

Südlich des La Plata desertiere eine der Schaluppen, wurde aber von der MARIGOLD wieder aufgebracht. Tom Doughty, der flüchtige Kapitän, wurde angeklagt, schuldig gesprochen und in Port Julian ebenda hingerichtet, wo 50 Jahre früher schon Magellan mit seinem Meuterer ähnlich verfahren war. Die MARIGOLD ging dann bei Kap Hoorn verloren. Die übrigen Schiffe des Verbandes hatten sich vor Beginn des Sturmes verloren.

Drake hatte für einen derartigen Fall Valparaiso als Treffpunkt festgelegt. Captain Winter mit der ELIZABETH entschied sich jedoch zur Umkehr, so wie

E *Nocturlabium, ein Instrument zur Bestimmung der Zeit nach dem Sternenstand.*
F *Frühe Abbildung eines Tauchers, in einer Ausgabe von Vegetius aus dem Jahre 1511.*
G *Pinnkompaß, wie er zur Feststellung der verschiedenen Kurse und zurückgelegten Entfernungen während einer Wache diente.*

Gomez seinerzeit bei der Expedition Magellans. Daraufhin änderte Drake seine Pläne etwas und folgte nun der Pazifikküste Südamerikas, wobei er spanische Schiffe aufbrachte und ihre Ladung, die oftmals aus ungemünztem Golde bestand, konfiszierte. Eines dieser Schiffe war die NUESTRA SEÑORA DE LA CONCEPTION. Dieses Schiff führte Silberbarren als Ballast, eine Ladung Gold und Kisten voller Smaragde und Rubine.

Auf seiner Fahrt nordwärts suchte Drake nach einer Passage in den Atlantik, um nach Hause zurückzukehren. Er erreichte Kalifornien und ankerte in der Drake's Bay. Es war Juli, doch das Wetter wurde trostlos. So entschloß er sich zur Rückkehr nach England über Ostindien und das Kap der Guten Hoffnung.

Die weitere Reise verlief sehr eintönig. Er ließ die GOLDEN HIND auf Celebes kielholen, nahm in Freetown Wasser und machte am 26. September 1580 in Plymouth fest.

Die Spanier waren über den begeisterten Empfang, den man ihm bereitete, sehr erzürnt, mehr noch darüber, daß die Königin Elizabeth ihn in den Adelsstand erhob. Die Freibeuterei, die man Drake so offensichtlich nachsah, verschärfte die schlechten Beziehungen zwischen England und Spanien, vor allem, als bekannt wurde, daß die Königin wissentlich einen Anteil an der Beute akzeptierte.

Ein Jahr, nachdem Drake seine Reise begonnen hatte, schrieb Sir Humphrey Gilbert (1539–1583) einen Bestseller unter dem Titel „To Prove a Passage by the North-West to Cathaia and the West Indies" (Cathay = China). Er hatte jedoch keinen Erfolg bei der Suche und verscholl bei der anschließenden Reise.

1585
Sir Walter Raleigh unternimmt entschlossene Versuche zur Kolonisierung von Virginia. Er unterstützte zwei Expeditionen, von denen die zweite von seinem Cousin, Sir Walter Grenville, geleitet wurde. Am Roanoke wurde eine Kolonie gegründet, doch schlug der Versuch fehl. Sir Francis Drake brachte die wenigen, halb verhungerten Überlebenden am 28. Juli 1586 nach England zurück, wobei er zum ersten Male Tabak einführte. Raleigh führte die Kartoffel nach Irland ein, wo er sich von 1588 bis 1599 aufhielt.

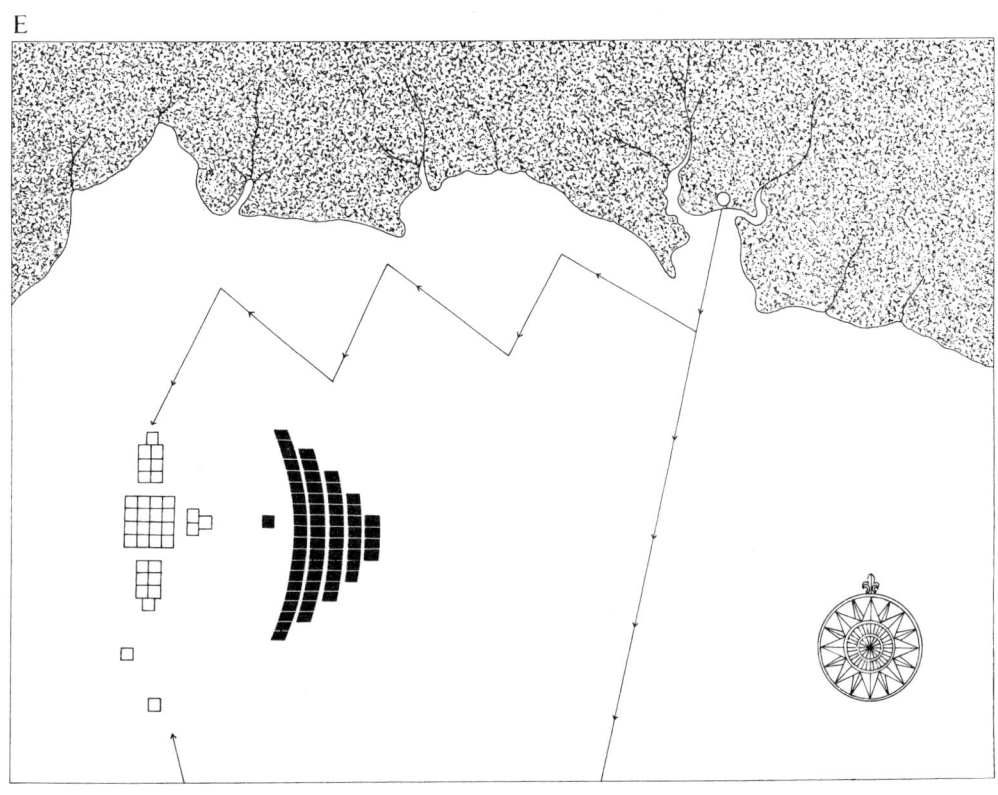

A *Ankunft der englischen Siedler in Virginia, nach einer Darstellung von John White, der 1585 in Roanoke lebte.*
B *Sir Walter Raleigh (1552–1618).*
C *Die* ARK ROYAL, *unter Lord Howard Flaggschiff der englischen Flotte gegen die Armada.*
D *Die vom Herzog von Medina-Sidonia geführte* SAN MARTIN, *das Flaggschiff der spanischen Armada.*
E *Die Armada vor Plymouth. Ein Teil der englischen Flotte kreuzte vor der Küste von Cornwall, um in den Rücken der feindlichen Flotte zu gelangen, während das englische Gros die Vorhut der Armada kreuzte.*

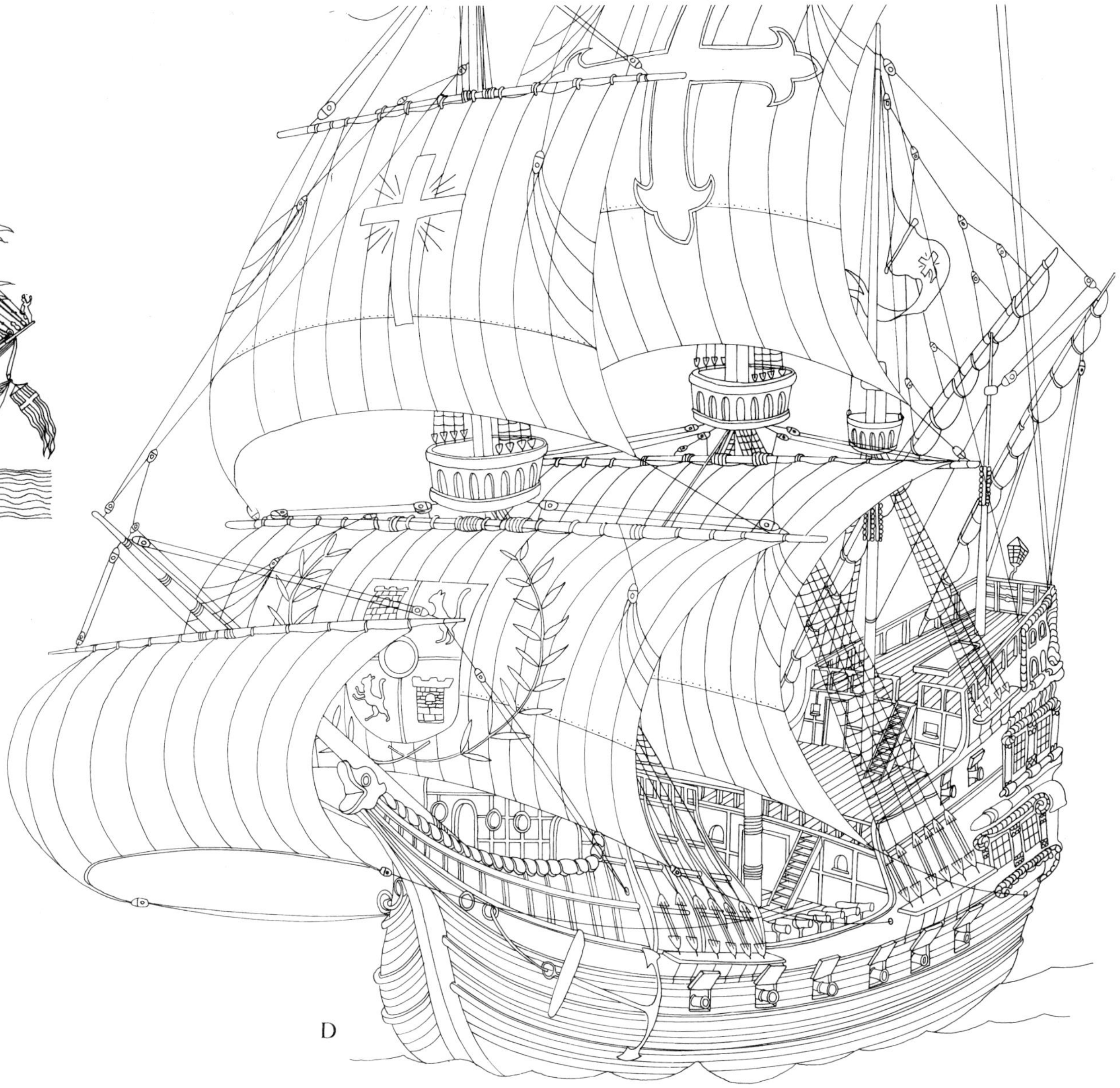

Als Elizabeth im Jahre 1603 starb, fiel Raleigh in Ungnade, weil die Spanier den neuen König, Jakob I., unter Druck setzten. Raleigh verbrachte 13 Jahre im Tower von London wegen angeblichen Hochverrates, was den sympathisierenden Prinzen Charles zu der Frage veranlaßte: „Warum wurde dieser unschuldige Vogel in einen Käfig gesperrt?" Er wurde im Jahre 1616 wieder in Freiheit gesetzt, um eine Expedition nach Südamerika zur Goldsuche zu führen. Er fand jedoch nichts, kehrte gebrochenen Herzens nach London zurück, denn sein Sohn Walter war von den Spaniern getötet worden, und wurde schließlich am 29. Oktober 1618 im Old Palace Yard, Westminster, hingerichtet, ein Opfer seines Vertrauens in die Gunst von Fürsten.

1587
Zwei Jahre nach dem Virginia-Unternehmen lief Drake mit einer Staats-Galeone, der BONAVENTURA (550 t), der LION, einem von Lord Howards Schiffen, und 18 anderen Fahrzeugen in Cadiz ein. Elizabeths Anweisungen, den Frieden zu erhalten, erreichten ihn nicht. Drake griff an und versenkte etwa 30 spanische Schiffe. Auf seinem Rückweg nach England kaperte er das portugiesische Schiff SAN FELIPE, das einen Wert von 140 000 Pfund hatte. Er lieferte

SCHIFFE UND MEER

A

C Das Gefecht vor Portland Bill und der Isle of Wight. Frobishers Geschwader greift unter Land vier spanische Galeassen an. Howard und Hawkins bilden das Zentrum, Drake den rechten Flügel. Die Armada lief in sichelförmiger Formation dann in Richtung der Isle of Wight ab, verfolgt von den Engländern, die sich wieder in vier Geschwader gruppiert hatten.
D Philipp II. (1527–1598).

A *Der Angriff der Engländer auf die Armada. Wiedergabe mit Genehmigung des National Maritime Museum, Greenwich.*
B *Königin Elizabeth (1533–1603).*

B

D

der Königin den Anteil von 40 000 Pfund ab und meldete ferner, er hätte dem spanischen König den Bart versengt. Er hatte jedoch mehr als das getan – er hatte damit für England wertvolle Zeit zur Vorbereitung einer Verteidigung gegeben, ehe Philipp die Armada auslaufen lassen konnte.

1588

Nunmehr soll das Geschehen um die Armada näher betrachtet werden. Philipp II. von Spanien hatte Maria I. von England geheiratet, blieb aber stets in seinem Lande. Als Maria I., die den Beinamen „die Katholische" trug, starb, folgte ihr ihre Halbschwester Elizabeth auf den Thron, die eine gläubige Protestantin war. Philipp bot auch ihr seine Hand, um die lose Allianz zwischen den beiden Mächten zu erhalten, doch Elizabeth wies sie schließlich zurück. Die Beziehungen zwischen England und Spanien verschlechterten sich weiter, als Elizabeth zögernd der Hinrichtung Maria Stuarts zustimmte. Diese fand am 18. Februar 1587 statt. Das katholische Europa erwartete von Philipp eine Gegenmaßnahme, denn auch die Schotten zählten zu den katholischen Nationen. Nach einigem Zögern verkündete er die „Empresa" (das Unternehmen) gegen England.

Don Alvaro de Bazan, Marquis von Santa Cruz und Held von Lepanto, der Großadmiral der Spanier, befürwortete eine großangelegte Invasion über See, während Alexander Farnese, der Herzog von Parma und Oberbefehlshaber der spanischen Truppen in den Niederlanden, für eine Invasion über den Kanal sprach. Philipp entschied sich für einen Kompromiß – eine Armee wurde in den Niederlanden aufgestellt und sollte sich mit den über See herangeführten Kräften vereinen.

Am 31. März 1587 starb der Marquis von Santa Cruz. Ihm folgte im Oberkommando Alonzo, Herzog von Medina-Sidonia, mehr Organisator als Flottenführer. Klugerweise berief er einen Kriegsrat ein, dem sein Stellvertreter, Juan de Recalde, Pedro de Valdes, Miguel de Oquendo und Alonso de Leira, der Befehlshaber der Armee, angehörten.

Ein großer Gottesdienst wurde in der Kathedrale von Lissabon abgehalten. Danach lief die Flotte am 30. Mai 1588 aus dem Tajo aus. Es sei hier daran erinnert, daß zu diesem Zeitpunkt Spanien und Portugal unter einem Herrscher vereint waren. Die Armada, die aus 131 anstelle der ursprünglich geplanten 550 Einheiten bestand, war mit 8776 Seeleuten, 2088 Galeerensklaven, 21 855 Soldaten, 85 Ärzten und 180 katholischen Priestern besetzt, dazu 150 Artilleristen. Die Feuerkraft dieser Flotte bestand aus 3165 Stück Artillerie, davon 2431 Kanonen verschiedenster Art. In See formierte sich die Flotte in Geschwadern, die nach den spanischen Gebieten benannt waren. Die Befehlshaber der Armee befanden sich auf der RATA CORONADA unter dem Kommando von Martin de Bertendona.

Am Sonntag, dem 21. Juli 1588, warpten 54 englische Schiffe gegen den Wind aus dem Plymouth Sound und stellten sich der Armada gegenüber, die nun die berühmte Sichel-Formation eingenommen hatte. Vorratsschiffe und kleinere Fahrzeuge befanden sich in der Mitte der Sichel. Recalde hatte den linken, Bertendona den rechten Flügel übernommen, während Valdes und Oquendo die Transportschiffe flankierten. England wurde an Backbord sichtbar.

Den Eröffnungsschuß gab eine kleine englische Pinasse von 80 t ab, die DISDAIN, die der Armada in den Weg lief und die Herausforderung Lord Howards überbrachte.

Die englischen Geschwader wurden von Lord Howard auf der ARK ROYAL, Drake auf der REVENGE und Frobisher auf der TRIUMPH angeführt. Das Morgengefecht war bedeutungsvoll, denn nach den Eröffnungsbreitseiten sammelte sich die spanische Flotte auf das Zentrum hin und konnte sich nicht völlig gegen die Engländer entwickeln. Ein Vergeltungsfeuer war nahezu unmöglich.

Ein laufendes Gefecht begann, das sich über Tage hinzog. Verschiedene kleinere Kämpfe wurden von Teilen beider Flotte ausgefochten. Am 23. Juli war die Armada zwar angeschlagen, aber im wesentlichen noch intakt. Jetzt teilte sich die englische Flotte in vier Geschwader. Am folgenden Tage stand die Armada vor der Isle of Wight. Die verfolgenden englischen Geschwader griffen die Invasionsflotte von hinten her an und drängten sie in die flachen Gewässer der Ower Bank.

Medina-Sidonia erkannte die Gefahr und ließ in den Kanal abdrehen, um Calais anzusteuern. Die englischen Verfolger blieben in Culverinen-Schußweite. Dies war bereits das Ende der beabsichtigten Landung. Die Armada ankerte zwei Seemeilen vor Calais und erwartete die Armee des Herzogs von Parma. Der Herzog weigerte sich, seine flachgehenden Prähme mit den darauf wehrlosen Truppen dem Feuer der englischen Flotte auszusetzen, die nur auf eine derartige Chance wartete.

Zwei englische Geschwader unter Lord Seymour und Lord Winter mit 80 Schiffen, die bisher die Bewegungen der Armee des Herzogs von Parma beobachtet hatten, vereinten sich nun mit den vier beschattenden englischen Geschwadern, doch wurde ihre Hilfe nicht benötigt. Am 29. Juli wurden kurz nach Mitternacht acht Brander gegen die Armada eingesetzt. Diese Schiffe hatten ein normales Aussehen, doch waren ihre Geschütze doppelt geladen, um möglichst großes Getöse zu erzeugen. Sie wurden von den Kapitänen Young und Prowse geführt. Spanische Pinassen konnten zwei dieser Schiffe abschleppen – die anderen aber richteten schwere Verwüstungen unter den dichtgedrängt liegenden Schiffen der Armada an, als die brennenden Rümpfe unter Geschützgetöse in die Reihen einbrachen.

Über das Ende der Armada wurde bereits berichtet. Es ist dazu vielleicht noch ein Nachspiel zu berichten. Die REVENGE, die Drakes Flaggschiff gewesen war, kam unter das Kommando von Sir Richard Grenville. Am 31. August 1591 gehörte sie zu den 20 Schiffen eines englischen Geschwaders, das vor Flores auf den Azoren ankerte. Unerwartet näherten sich 53 spanische Schiffe, um das englische Geschwader abzuschneiden. Den englischen Schiffen gelang es noch, sich zu zerstreuen – nur die REVENGE hätte durch reine Flucht entkommen können. Grenville weigerte sich, dies zu tun, und er wurde von seiner Mannschaft darin bestärkt.

Die REVENGE kämpfte, bis all ihre Munition verschos-

SCHIFFE UND MEER

A *Die Soldaten der spanischen Armada trugen einen Helm und Brustharnisch und waren mit einem Schwert und einer Luntenschloßmuskete ausgerüstet. Das Pulver trugen sie in einem Horn an der rechten Seite. Die glimmende Lunte wurde mit der linken Hand gehalten. Das Gewehr mußte zum sicheren Richten in einer Gabel aufgelegt werden.*

B *Golddukaten aus dem Wrack eines Schiffes der Armada.*
C *Ein 4-Escudo-Stück, ebenfalls aus einem Wrack.*
D *Silberne Gabeln, wie sie von den Offizieren an Bord benutzt wurden, aus dem Wrack des Armada-Schiffes* GIRONA, *das vor Irland sank.*
E *Ein vergoldeter Bronze-Delphin, ebenfalls aus dem Wrack der* GIRONA.
F GOLDEN LION, *Schiff der englischen Flotte.*
G GRIFFIN *(englische Flotte).*
H TIGER *(englische Flotte).*

SCHIFFE UND MEER

I *Die Karte zeigt den Kurs der Armada von Spanien nach England und den Kurs der übriggebliebenen Schiffe nordwärts um Schottland und westlich an Irland vorbei.*

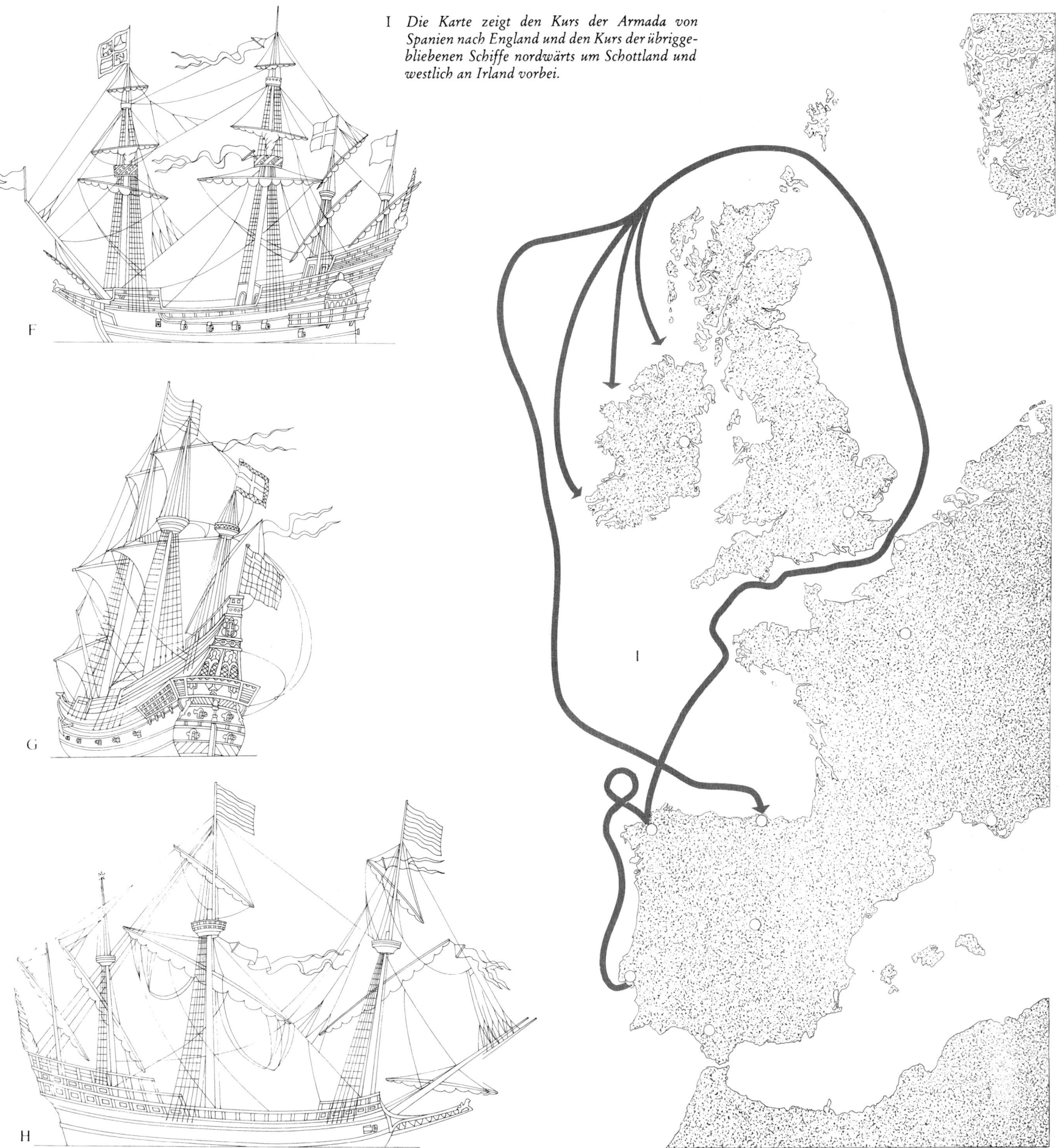

85

SCHIFFE UND MEER

sen war. Alle Masten und Rahen waren heruntergeschossen. Mehrfach wurde das Schiff auch geentert, der Gegner jedoch jedes Mal wieder vertrieben. Zwei der spanischen Galeonen versenkte sie. Schließlich kreisten die übrigen spanischen Schiffe das Wrack ein und warteten auf das unvermeidliche Ende. Der tödlich verwundete Grenville befahl dem Zeugmeister, das Schiff zu sprengen. Dieser weigerte sich jedoch aus Liebe zu seinem Kommandanten. Als sich die Handvoll Überlebender schließlich ergab, wurde sie von den Spaniern mit größter Ritterlichkeit behandelt. Sir Richard Grenville starb zwei Tage nach dem Gefecht an Bord eines spanischen Schiffes. Die REVENGE sank während eines Sturmes.

1589–1600

In den letzten Jahren des 16. Jahrhunderts gab es keine nennenswerten Ereignisse. Entscheidende Seeschlachten wurden nicht geschlagen. Weder die Konstruktion noch die Bedienung der Schiffe änderte sich in dieser Zeit. Entdeckungsreisen zogen zwar noch immer Wagemutige und Abenteurer an, doch kam es zu keinen größeren Entdeckungen. Die Engländer nahmen die verlassenen Falklandinseln im Jahre 1592 während einer Fahrt um Kap Hoorn in ihre Karten auf, doch blieben die Inseln in den folgenden 200 Jahren unbesiedelt. Erst mit der Errichtung eines militärischen Stützpunktes im Jahre 1834 sollten sie eine gewisse Bedeutung erlangen.

FRÜHES 17. JAHRHUNDERT

Die ersten 20 Jahre des 17. Jahrhunderts waren voller Aktivitäten auf dem Gebiete der Seefahrt. Zu Beginn des Jahrhunderts wurde Japan unter dem Shogunat Tokugawas geeint. Zum ersten Male wurde der Handel mit Europäern offiziell gestattet. Die Niederländer wurden hierbei begünstigt. Tatsächlich wurde ihnen im Jahre 1641 als einzigen Fremden gestattet, in Japan zu leben.

31. DEZEMBER 1600

Gründung der East India Company. Sie existierte, häufig unter staatlicher Regie, bis 1858.
Die Gesellschaft trug den Spitznamen „John Company" und erhielt ihre Privilegien von Elizabeth I. Teilhaber waren Londoner Kaufleute, die eine Eröffnungsreise zu den Gewürzinseln Java, Sumatra und den Molukken ausrüsteten. Im Jahre 1613 dehnte die Gesellschaft ihren Einflußbereich auch auf Indien aus, wo eine Handelsniederlassung im Hafen von Surat eingerichtet wurde. Über hundert Jahre waren nur die Portugiesen in diesem Gebiet aktiv gewesen. Der Großmogul, der nominelle Herrscher Indiens, gestattete den Handel mit dem Landesinneren. Im Jahre 1616 wurden die ersten Waren aus Indien mit der HOPE auf dem Wege um das Kap der Guten Hoffnung nach England verschifft.
Die Niederländer waren über diese Entwicklung nicht erfreut. Sie hatten die bittere Erfahrung gemacht, daß Engländer die Gebiete, in die sie einmal kamen, nicht wieder verließen. Sie leisteten ihnen daher in Ostindien Widerstand. Politik beherrschte den Handel. Im Jahre 1623 wurden zehn englische Kaufleute wegen Anzettelung eines Eingeborenenaufstandes hingerichtet. Dies wird als das „Massaker

SCHIFFE UND MEER

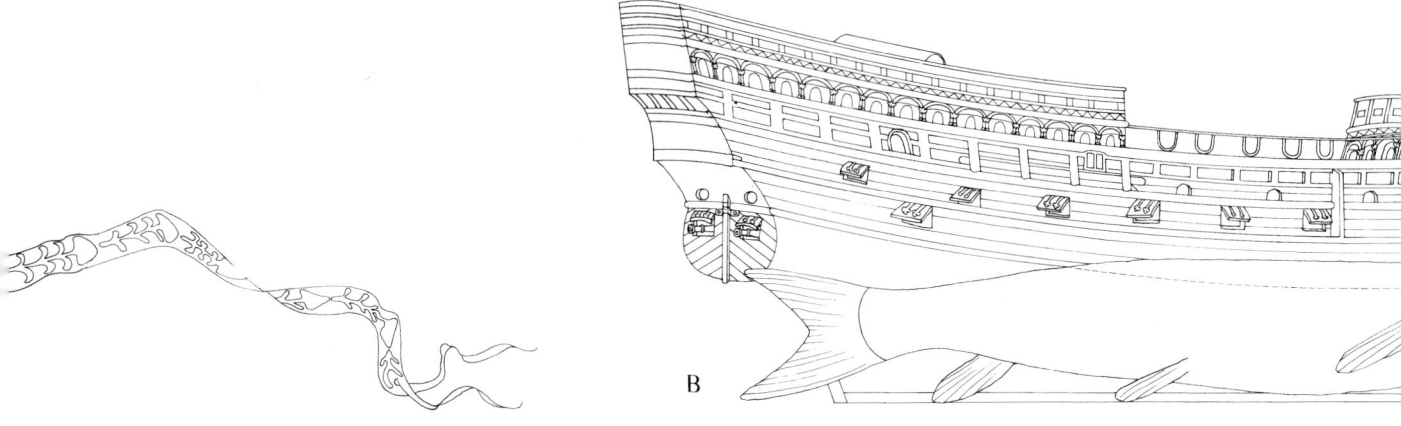

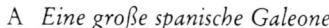

A *Eine große spanische Galeone.*
B *Eine englische Galeone, aus der Handschrift „Fragment of Ancient English Shipwrightry" von 1586.*
C *Eine spanische Karavelle.*

von Amboina" bezeichnet. Es führte zu großer Unruhe und zur Entscheidung der East India Company, ihre Anstrengungen auf Indien zu konzentrieren. Dies stellte sich als kluge Entscheidung heraus, denn im gleichen Jahr wandten sich auch die Japaner gegen die Engländer und erzwangen die Schließung der Handelsniederlassung in Hirado.

Die Gesellschaft wurde fast wie ein souveräner Staat geführt. Sie besaß eine eigene Armee, Kriegs- und Handelsflotte und eigene Behörden. Sie ließ eigene Münzen schlagen und hatte eine eigene Gerichtsbarkeit. Sie richtete drei sogenannte „Präsidentschaften" in Indien ein: Fort St. George in Madras, Fort William, das später in Calcutta umbenannt wurde, und Bombay. Ihr großer Hafen in London, das East India Dock, wurde bald weltberühmt und bis in die jüngste Zeit benutzt.

Mit der Zeit kam es zu einer Machtherrschaft in dieser Gesellschaft, die ihren politischen Einfluß auf Kosten des wirtschaftlichen Einflusses stärkte. Der große Aufstand in Indien von 1857 führte schließlich zur Auflösung der Gesellschaft und der Eingliederung Indiens in das Britische Empire.

1602
Die niederländische Ostindiengesellschaft wird gegründet. Hauptrivalen der Niederländer waren die Portugiesen, die bereits 1605 von den Molukken vertrieben werden konnten. Spanien versuchte an ihre Stelle zu treten, doch waren es die Niederländer, die sich den Haupteinfluß in diesem Gebiet zu sichern verstanden und ihn bis zur Auflösung der Gesellschaft am 31. Dezember 1795 behielten.

1606
Dies ist ein Jahr großer Aktivität. Erkundungsvorstöße südwärts in die unbekannten Bereiche des Südpazifiks werden unternommen. Luis de Torres,

SCHIFFE UND MEER

ein Spanier, segelt mit dem einzigen unversehrten Schiff seiner Expedition durch die Meerenge zwischen Australien und Neuguinea, die nach ihm benannt wird: die Torres-Straße.

MÄRZ 1606
Der Niederländer Willem Janszoon ist der erste Europäer, der nachweislich Australien erreicht. Mit der DUYFKEN erreicht er die Bucht von Carpenteria im Bereich der Mündung des Pennefather River auf der Cape-York-Halbinsel. Er landet nahe des heutigen Wenlock River an der Westküste der Halbinsel.

1607
Der Entdecker Henry Hudson verläßt London mit einem kleinen Schiff, seinem 10jährigen Sohn und einer Mannschaft von zehn Mann. Er wollte Japan auf dem Wege über Grönland erreichen. Die Reise wurde ein Fehlschlag, wenn er auch weit über Spitzbergen hinaus vordringen konnte. Im folgenden Jahr versuchte Hudson erneut den Fernen Osten über die Nordpassage zu erreichen. Er umsegelte Norwegen, erreichte die nordrussischen Küsten und landete auf Nowaja Semlja, bevor ihn das Packeis zur Aufgabe seiner Reise zwang.

Unermüdlich setzte Hudson seine Forschungsreisen fort. 1609 überquerte er den Atlantik mit der HALF MOON, erreichte Amerika und segelte an der Küste südwärts. Er drang in einen Fluß ein, der heute als Hudson River bezeichnet wird, und nahm ein großes Gebiet für seine neuen Auftraggeber, die Niederländer, in Besitz. Er nannte das Gebiet Nieuw Amsterdam, das später unter den Engländern als New York bekannter werden sollte.
Seine vierte und letzte Reise unternahm Hudson in den Jahren 1610/1611. Zu dieser Zeit stand er wieder in den Diensten der Engländer. Auf dieser Reise wollte er die sagenhafte Nordwestpassage entdecken. Er konnte entlang der Nordküste Kanadas segeln und fand dabei die nach ihm benannte Hudsonstraße und die Hudsonbai. Dieser Winter war sehr hart. Sein Schiff wurde vom Eis eingeschlossen, die Nahrung knapp. Im Frühjahr meuterte die Besatzung. Hudson und sein nun 14jähriger Sohn wurden ergriffen und zusammen mit sieben loyalen Besatzungsmitgliedern in einem Boot ausgesetzt. Von ihnen wurde nie wieder gehört.

13. MAI 1607
144 englische Siedler werden an der Mündung des

A *Karte der East India Docks an der damaligen Peripherie Londons.*
  1 *Werft.*
  2 *Helgen.*
  3 *Hafenbecken für den Import.*
  4 *Hafenbecken für den Export.*
  5 *Eingangsbecken.*
  6 *Der Lee (Fluß).*
  7 *Straße nach London.*
B *Schiff der East India Company, frühes 17. Jhdt.*
C *Henry Hudson (ca. 1550–1611).*

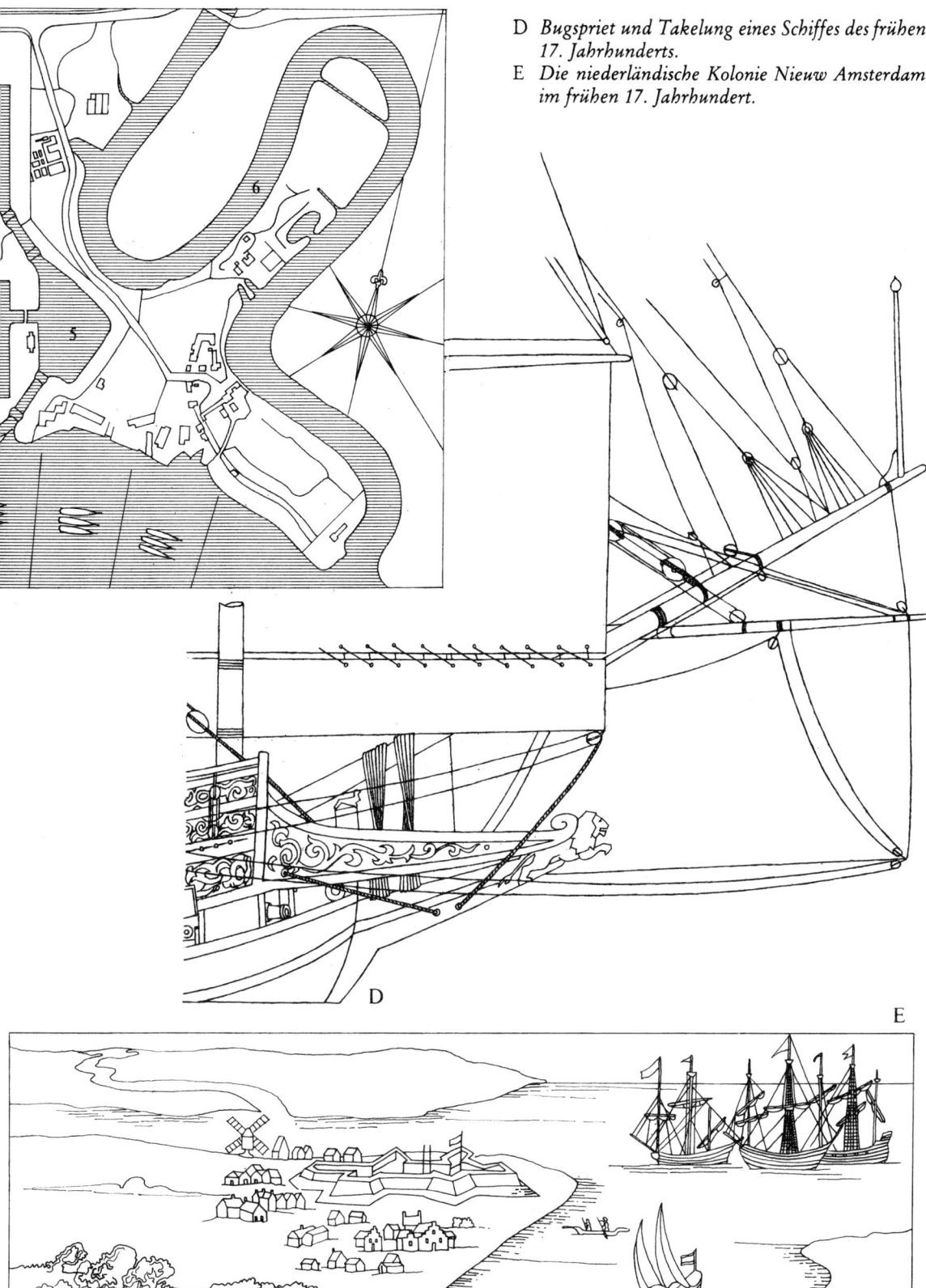

D *Bugspriet und Takelung eines Schiffes des frühen 17. Jahrhunderts.*
E *Die niederländische Kolonie Nieuw Amsterdam im frühen 17. Jahrhundert.*

James River in der Chesapeake Bay ausgeschifft und gründen Jamestown.
Drei kleine Schiffe haben diese Siedler über den Atlantik gebracht: die SUSAN CONSTANT, 100 t Tragfähigkeit und 33,5 m Länge, die DISCOVERY von 20 t Tragfähigkeit und 15 m Länge und die GODSPEED von 40 t Tragfähigkeit und 18,6 m Länge.
Im Jahre 1612 begann diese Kolonie aufzublühen. Die Siedler hatten von den Indianern den Anbau und die Zubereitung des Tabaks erlernt. Die Nachfrage nach Tabak wurde bald so groß, daß die Siedler ihn sogar auf ihren Straßen anbauten. Aus diesen kleinen Anfängen entwickelte sich eine gewaltige Tabakindustrie. Virginia, das Hinterland von Jamestown, wurde eine der wohlhabendsten Kolonien der Neuen Welt. Es ist zweifelhaft, ob die weißen Siedler all die Arbeit, die der Tabakanbau erforderte, selbst bewältigen konnten. Im Jahre 1619 jedenfalls erreichte ein niederländisches Schiff die Kolonie. Dem Kapitän waren die Vorräte knapp geworden, und so tauschte er 20 Negersklaven gegen Nahrungsmittel ein. Diese Sklaven wurden zur Arbeit auf den Tabakplantagen eingesetzt, die überall in Virginia entstanden. Damit hatte der Sklavenhandel Amerika erreicht, und die lange Bindung Neger/Tabakanbau war begründet worden.

1608

Ein niederländischer Optiker in Middelburg, Jan Lipperhey, stellt zwei Linsen in bestimmter Beziehung hintereinander und erfindet das dioptrische Fernrohr.

1609

Sir George Somers führt eine Expedition zur Verstärkung der Kolonien in Virginia. Auf der Fahrt erleidet sein Flaggschiff Schiffbruch. Er erreicht mit den Überlebenden Bermuda, eine unbewohnte Insel, die nach dem Entdecker, Juan de Bermudez, benannt worden war. Der Admiral leitet den Bau einer Flotte kleiner Boote, mit denen Virginia dann erreicht wird. Hier lauschten die Siedler den Erzählungen von dem unbewohnten Inselparadies, um hier ein neues Leben zu beginnen.

1615–1616

William Baffin und Robert Bylot erforschen auf der Suche nach der Nordwestpassage die Gewässer zwischen Kanada und Grönland. Auch ihnen blieb wie ihren Vorgängern ein Erfolg versagt. Sie entdeckten jedoch eine Sommerpassage durch die Baffinbai, jenes Meeresgebiet zwischen Grönland im Osten und Baffinland im Westen, der größten Insel des kanadisch-arktischen Archipels.

1616

Willem Barents leitet eine Expedition, die China über Nordrußland zu erreichen versucht. Er hat keinen Erfolg. Er überwintert jedoch auf Nowaja Semlja in einem Haus, das aus Hölzern seines Schiffes gebaut wurde. Dieses Haus wurde gut erhalten 1871 wiederentdeckt.

6. SEPTEMBER 1620

Die MAYFLOWER verläßt Plymouth. An Bord befinden sich die Pilgerväter, eine Gruppe von 73 Männern und 29 Frauen, vor allem Puritaner, die England verlassen und eine Kolonie gründen wollten, in der sie ihren Glauben ungehindert ausüben konnten. Zwei Monate später landeten sie in der Nähe von Cape Cod in Massachusetts in einiger Entfernung von der bereits existierenden Kolonie in Virginia. Nach einem harten Winter zählte die Siedlung nur noch etwa 50 Einwohner. Sie lehnten es jedoch ab, nach England zurückzukehren, als die MAYFLOWER im Frühjahr 1621 dorthin segelte. Mit der Ankunft der Pilgerväter trat die Kolonisierung der Neuen Welt in ein neues Stadium, in dem die Verfolgten aus aller Welt dort gern willkommen waren. Diese Politik wurde bis heute weiter verfolgt.

1628

Das zweite Viertel des 17. Jahrhunderts ist durch den wachsenden Einfluß Schwedens gekennzeichnet, das zu einer führenden Macht Europas wird. Die Zunahme an politischem Einfluß geht Hand in Hand mit einem Anwachsen seiner Kriegsflotte. König Gustavus II. Adolphus nahm einen erfahrenen niederländischen Schiffbauer, Henrik Hybertsson, in seine Dienste, als er während des Dreißigjährigen Krieges eine Zeitlang die Verbündeten gegen den Kaiser anführte. Im Jahre 1625 gaben die Schweden vier Schiffe in Auftrag, die der Kern der neuen Flotte werden sollten. Eines dieser vier Schiffe war die WASA. Gerade fertiggestellt, verließ dieses Schiff den Kai von Longarden unterhalb des Königsschlosses am Sonntag, dem 10. August 1628.

Die WASA war ein großes Schiff von 1300 t Deplacement, hatte eine Besatzung von 433 Mann und stand unter dem Kommando von Söfring Hansson. Ihre Länge ohne Bugspriet betrug 60,9 m, die Gesamthöhe vom Kiel bis zum Flaggenknopf 52,0 m und die Breite 11,7 m. Ihre Bestückung bestand aus 64 Bronzegeschützen.

Als sie auslief, boten die strahlenden Farben und die Blattgold-Verzierungen ein prächtiges Bild. Vier Segel, die Fock, das Vormarssegel, Großmarssegel und das Besansegel, waren gesetzt.

Plötzlich fiel eine Bö ein. Die WASA krängte nach Backbord. Für einen Augenblick ließ der Wind nach, und das Schiff richtete sich wieder auf. Dann traf sie eine zweite, noch heftigere Bö.

Nun legte sich das Schiff noch gefährlicher nach Backbord über. Da die Stückpforten offenstanden, drang Wasser ein. Die WASA sank wie ein Stein bei einer Wassertiefe von 33,5 m – so berichteten es die Augenzeugen.

Eine Untersuchungskommission, die kurz nach dem Sinken der WASA zusammentrat, stellte fest, daß niemand an ihrem Untergang eine Schuld trug. Der Admiral Klas Fleming, der Leiter der Kommission, deckte jedoch auf, daß man mit der WASA einen Stabilitätstest veranstaltet hatte, indem man dreißig Männer von einer Schiffsseite zur anderen laufen ließ. Bereits nach der dritten derartigen Bewegung geriet das Schiff in Gefahr zu kentern.

Von 1663 bis 1664 wurden 53 der Bronzegeschütze des Schiffes geborgen. Dann ging die Kenntnis von dem Wrack bis 1956 verloren, als es von Anders Franzén wiederentdeckt wurde. Am 24. April 1961 wurde das Schiff geborgen, wiederhergerichtet und ist heute in Stockholm zu besichtigen.

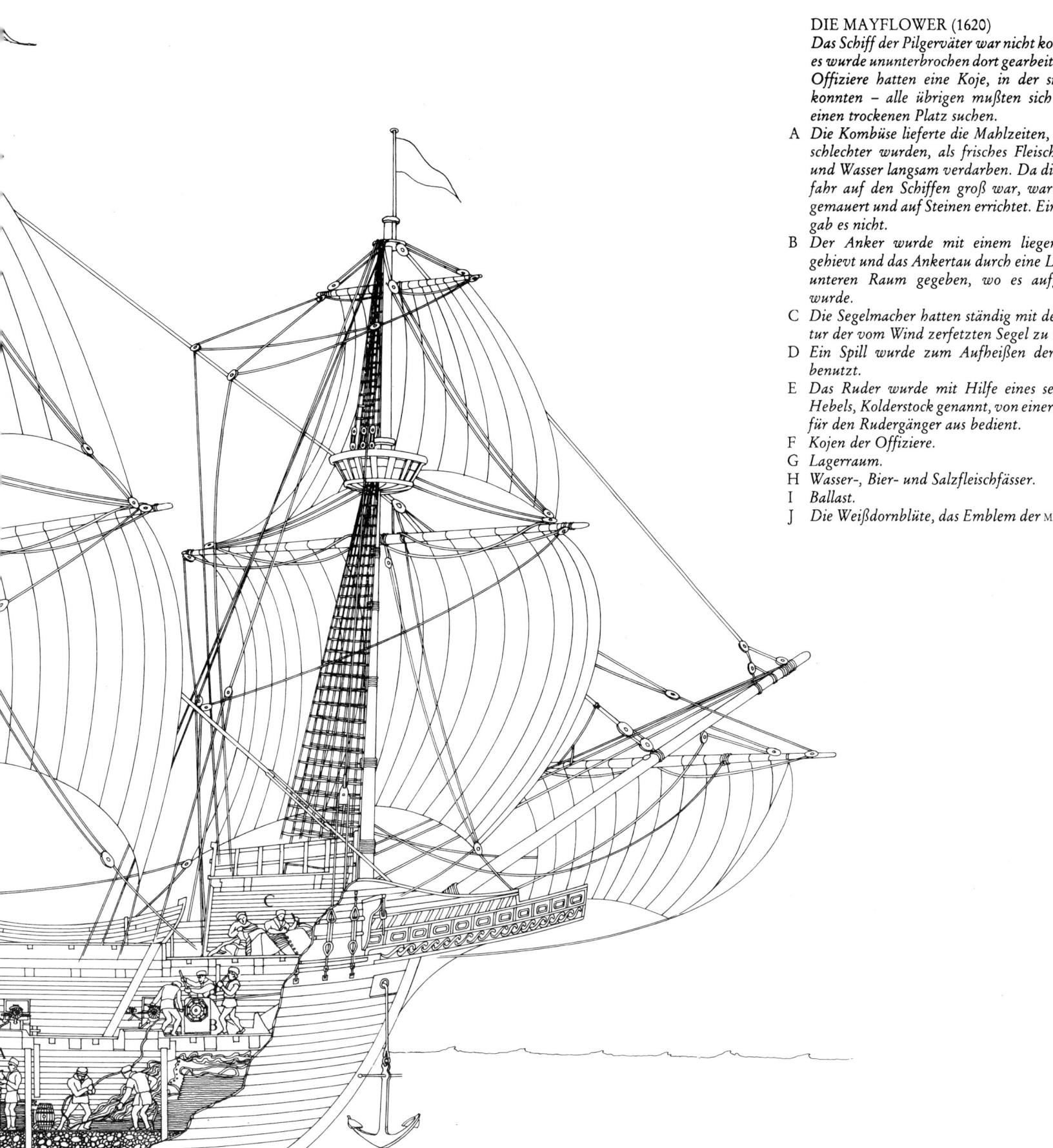

DIE MAYFLOWER (1620)

Das Schiff der Pilgerväter war nicht komfortabel, es wurde ununterbrochen dort gearbeitet. Nur die Offiziere hatten eine Koje, in der sie schlafen konnten – alle übrigen mußten sich irgendwo einen trockenen Platz suchen.

A Die Kombüse lieferte die Mahlzeiten, die immer schlechter wurden, als frisches Fleisch, Gemüse und Wasser langsam verdarben. Da die Feuergefahr auf den Schiffen groß war, war der Herd gemauert und auf Steinen errichtet. Einen Abzug gab es nicht.
B Der Anker wurde mit einem liegenden Spill gehievt und das Ankertau durch eine Luke in den unteren Raum gegeben, wo es aufgeschossen wurde.
C Die Segelmacher hatten ständig mit der Reparatur der vom Wind zerfetzten Segel zu tun.
D Ein Spill wurde zum Aufheißen der Großrah benutzt.
E Das Ruder wurde mit Hilfe eines senkrechten Hebels, Kolderstock genannt, von einer Plattform für den Rudergänger aus bedient.
F Kojen der Offiziere.
G Lagerraum.
H Wasser-, Bier- und Salzfleischfässer.
I Ballast.
J Die Weißdornblüte, das Emblem der MAYFLOWER.

SCHIFFE UND MEER

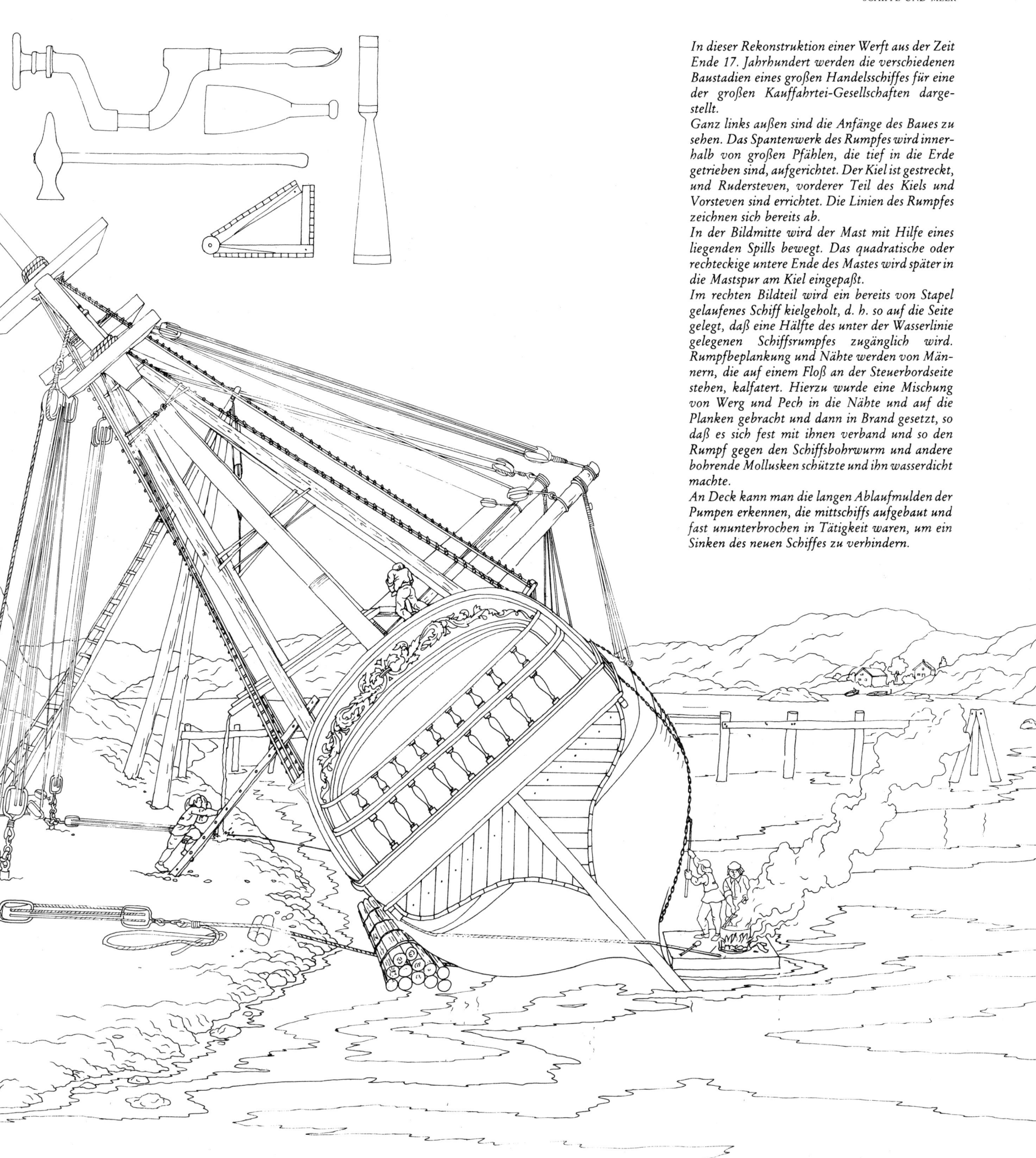

SCHIFFE UND MEER

In dieser Rekonstruktion einer Werft aus der Zeit Ende 17. Jahrhundert werden die verschiedenen Baustadien eines großen Handelsschiffes für eine der großen Kauffahrtei-Gesellschaften dargestellt.

Ganz links außen sind die Anfänge des Baues zu sehen. Das Spantenwerk des Rumpfes wird innerhalb von großen Pfählen, die tief in die Erde getrieben sind, aufgerichtet. Der Kiel ist gestreckt, und Rudersteven, vorderer Teil des Kiels und Vorsteven sind errichtet. Die Linien des Rumpfes zeichnen sich bereits ab.

In der Bildmitte wird der Mast mit Hilfe eines liegenden Spills bewegt. Das quadratische oder rechteckige untere Ende des Mastes wird später in die Mastspur am Kiel eingepaßt.

Im rechten Bildteil wird ein bereits von Stapel gelaufenes Schiff kielgeholt, d. h. so auf die Seite gelegt, daß eine Hälfte des unter der Wasserlinie gelegenen Schiffsrumpfes zugänglich wird. Rumpfbeplankung und Nähte werden von Männern, die auf einem Floß an der Steuerbordseite stehen, kalfatert. Hierzu wurde eine Mischung von Werg und Pech in die Nähte und auf die Planken gebracht und dann in Brand gesetzt, so daß es sich fest mit ihnen verband und so den Rumpf gegen den Schiffsbohrwurm und andere bohrende Mollusken schützte und ihn wasserdicht machte.

An Deck kann man die langen Ablaufmulden der Pumpen erkennen, die mittschiffs aufgebaut und fast ununterbrochen in Tätigkeit waren, um ein Sinken des neuen Schiffes zu verhindern.

SCHIFFE UND MEER

A *Englischer Dreidecker (Schiff der Linie 1. Klasse) um 1680.*

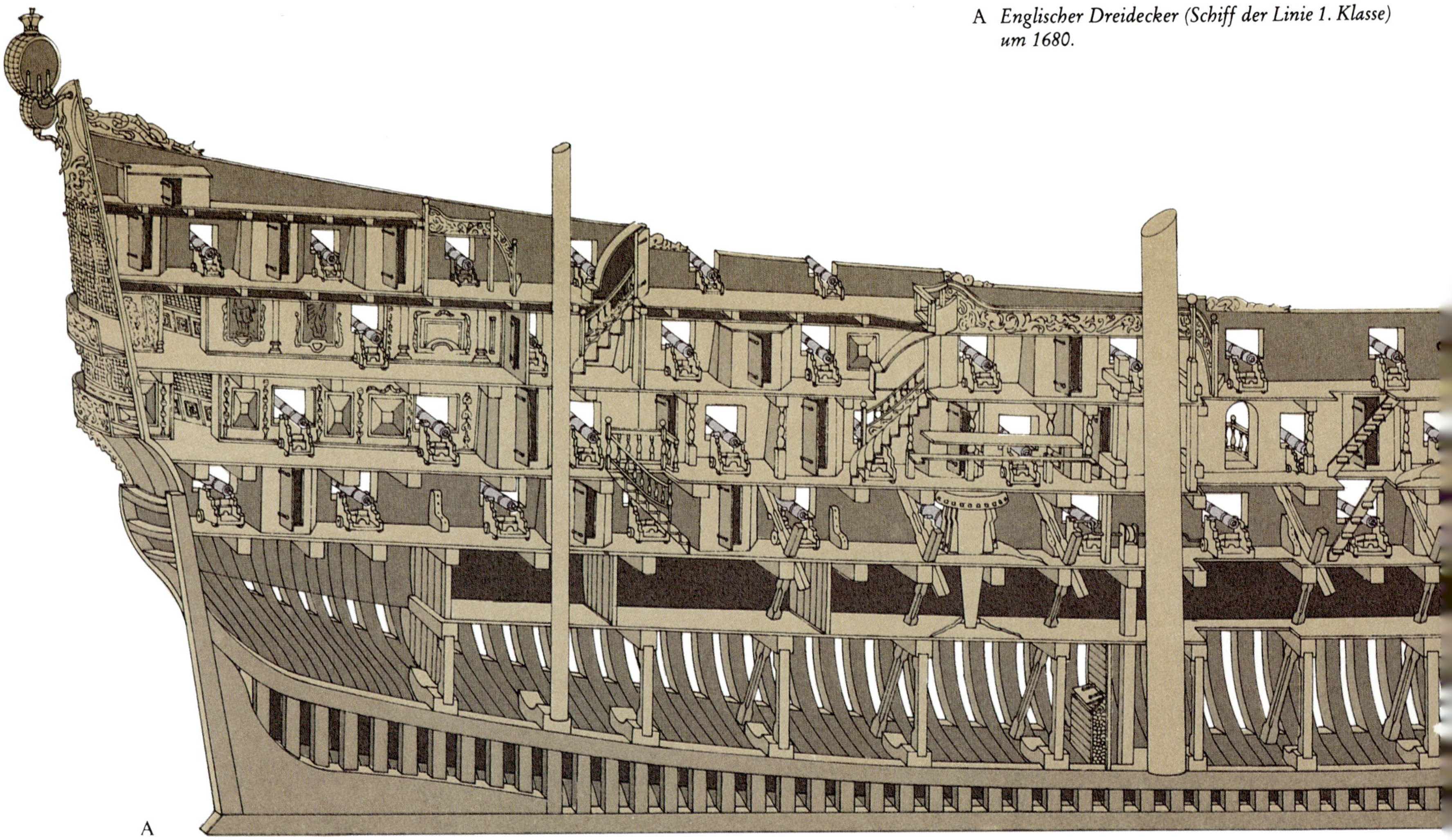

1637
Die SOVEREIGN OF THE SEAS, ein britisches Kriegsschiff, trägt als erstes Schiff 100 Geschütze.

1638
Der japanische Kaiser erläßt zwei Dekrete, mit denen er alle Häfen für Ausländer schließt und den internationalen Handel verbannt. Wie bereits erwähnt, wurden nur die Niederländer hiervon ausgenommen.

21. OKTOBER 1639
Der niederländische Admiral Maarten Tromp besiegt eine spanische Flotte mit 70 Schiffen unter dem Admiral Antonio Oquendo. Damit schwand die Herrschaft Spaniens über die Niederlande. Neun Jahre später erhielten sie durch den Westfälischen Frieden ihre Unabhängigkeit.

1642
Zu dieser Zeit war Anthony van Diemen Generalgouverneur von Niederländisch-Ostindien. Er sandte einen erfahrenen Seemann, Abel Tasman, zur Erforschung der südlichen Meere aus. Tasman entdeckte eine große Insel, die er als „Van-Diemens-Land" bezeichnete. Heute wird sie ihm zu Ehren Tasmanien genannt. Später auf derselben Reise sichtete er wieder Land und glaubte, die Südspitze Südamerikas erreicht zu haben. Er nannte sie nach den niederländischen Generalstaaten „Staaten Landt". Als der Irrtum bemerkt wurde, änderte man den Namen in New Zealand, ebenfalls nach einer niederländischen Provinz.

1652
Ein Krieg zwischen den Niederlanden und England bricht aus, der unentschieden ausgeht.
Eine der Seeschlachten dieses Krieges findet 1653 vor Portland statt. Sie dauerte drei Tage und ist insofern bemerkenswert, als die Engländer eine neue Taktik entwickelten. Oberkommandierender der englischen Flotte war ein General, Robert Blake. Er führte die dreitägige Schlacht gegen den niederländischen Admiral Maarten Tromp, dessen Flotte einen

SCHIFFE UND MEER

B *Kombüse des Schiffes.*
C *Die* SOVEREIGN OF THE SEAS, *1637*.

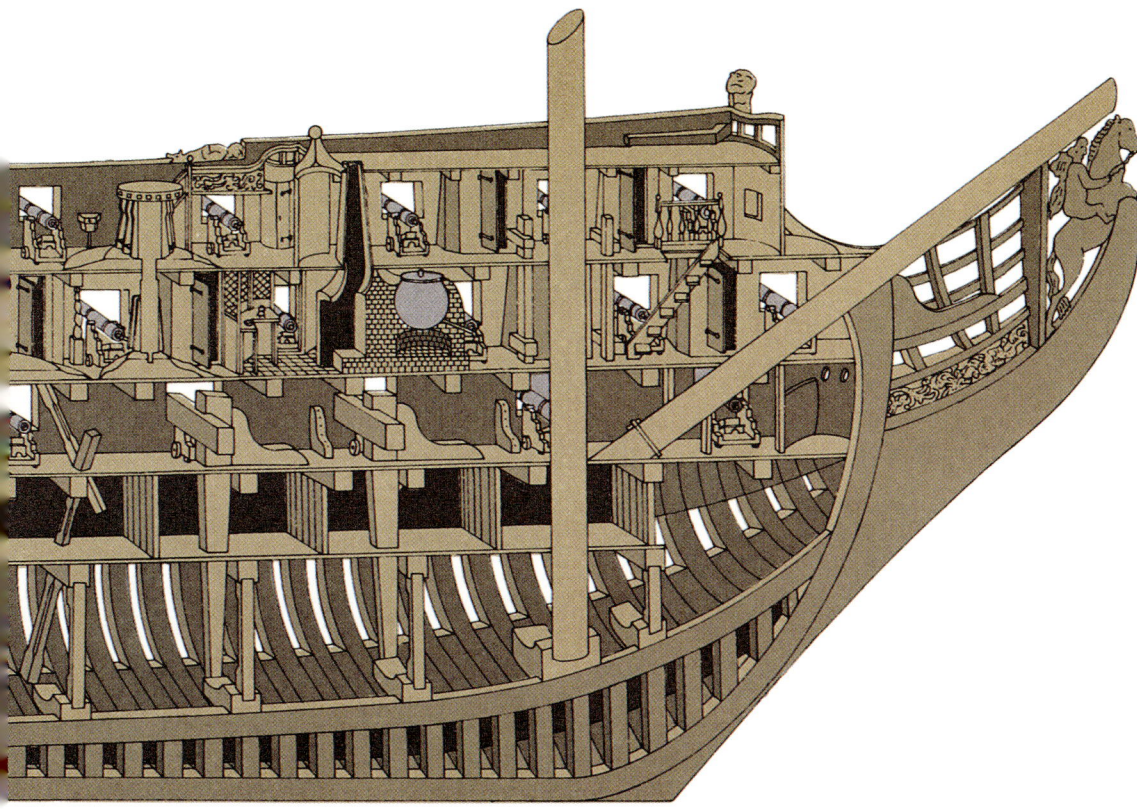

großen Konvoi auf dem Marsch durch den Kanal deckte. Die englischen Bewegungen wurden von General Blake als Koordinator von seinem Flaggschiff aus nach vorgefaßtem Plan gelenkt, was sehr erfolgreich war. Die Niederländer verloren eine große Zahl von Handelsschiffen und neun Kriegsschiffe. Sieben Jahre später, 1660, „verlor" die britische Flotte alle ihre Generale, als auch sie den Titel eines Admirals erhielten. Nun hatte der Oberkommandierende in Seemannschaft, nicht in militärischer Taktik unschlagbar zu sein. Vier Jahre später stellte der Herzog von York das erste Seesoldaten-Regiment auf, das auf Schiffen der Flotte Dienst tun sollte. 1672 waren daraus die „Marines" geworden. Viel später, 1802, wurden sie in „Royal Marines" umbenannt und existieren in dieser Form noch immer.

1652
Die Reise von niederländischen Häfen aus nach Celebes, Sumatra, Java und den übrigen Gewürzinseln dauerte so lange, daß oft unter Besatzungen und Reisenden Skorbut ausbrach. Skorbut ist die Folge mangelhafter Ernährung. Schon zu dieser Zeit war bekannt, daß frisches Gemüse das Auftreten der Krankheit verhinderte. So entsandte die niederländische Ostindiengesellschaft einen ihrer Ärzte, Jan van Riebeeck, um eine Siedlung am afrikanischen Kap einzurichten, Kapstadt. Die Siedler sollten frisches Gemüse zur Verproviantierung der niederländischen Schiffe anbauen, die den Hafen auf halbem Wege nach Ostindien anlaufen sollten.
Damit sank die Zahl der Skorbutfälle. Van Riebeeck blieb zehn Jahre lang in Kapstadt. Als er es verließ, zählte die niederländische Siedlung 260 Köpfe. Sein Denkmal ist noch heute in Kapstadt zu besichtigen.

AUSGEHENDES 17. JAHRHUNDERT
Eine interessante Erscheinung der zweiten Hälfte des 17. Jahrhunderts waren die Freibeuter oder Bukaniere. Das Wort Bukanier leitet sich vom französischen „boucanier" ab, d. h. Fleisch am Spieß

braten. Die Piraten pflegten diese Art der Zubereitung, weshalb man sie so nannte. Genauer gesagt galt diese Bezeichnung nur für die Piraten der Karibischen See. Ursprünglich diente ihnen Tortuga als Unterschlupf, doch wurde später Port Royal auf Jamaika ihr Hauptsitz. Als die Stadt 1692 durch ein Erdbeben zerstört wurde, sahen viele darin ein Gottesgericht, das die sündigste Stadt Westindiens heimgesucht hatte.

Einer der „erfolgreichsten" der Bukaniere war ein Waliser, Henry Morgan (1635–1688). Er raffte in einem relativ kurzen Leben einen gewaltigen Schatz zusammen und hielt ihn, was unter den Piraten selten war, auch zusammen. Seine Unternehmungen, darunter die Plünderung der spanischen Stadt Panama 1671, erregten die Aufmerksamkeit keines Geringeren als Karls II. von England, seines vorgeblichen Souveräns. Schließlich kam es zu einem Vertrag zwischen dem König und dem Bukanier, auf Grund dessen der frühere Pirat seine anrüchigen Praktiken aufgab, geadelt wurde und als Gouverneur Jamaika übernahm, das Admiral Penn, einer der tüchtigsten Admirale Cromwells, 1655 den Spaniern abgenommen hatte, wenn es auch offiziell erst 1670 von der britischen Krone annektiert wurde.

Ein anderer berüchtigter Pirat in den Diensten der britischen Krone war Captain William Kidd (1645–1701). Genauer gesagt war er ein Kaperfahrer. Kaperschiffe waren Privateigentum, erhielten jedoch von der Krone eines Landes die Genehmigung, als Kriegsschiff zu agieren. Kaperbriefe wurden Captain Kidd und vielen anderen Freibeutern ausgestellt. Kidd wurde es erlaubt, jedes französische Schiff anzugreifen. Nach dem Sprichwort, daß man auf einen Schelm anderthalbe setzen soll, übertrug man ihm auch die Bekämpfung der Piraten im Indischen Ozean. Natürlich wurden die meisten Kaperfahrer selbst als Piraten tätig und erreichten auf diese Weise dreifachen Gewinn: einmal Schutz ihrer Handlungen durch die Regierung, die den Kaperbrief ausgestellt hatte, sodann den Gewinn aus ihrer eigenen Piraterie und schließlich einen Anteil an der Beute, die sie der Regierung ablieferten.

Captain Kidd konnte sich aller dieser Gewinne als Belohnung für seine Unterstützung erfreuen – weniger seiner Hinrichtung als Mörder durch dieselbe britische Regierung am 23. Mai 1701 im Execution Dock, Wapping, einem berühmten Wahrzeichen Londons an der Themse.

1680

Auf dem Ontariosee läuft die GRIFFIN vom Stapel. Sie war konstruiert worden von Robert la Salle (1643–1687), einem bedeutenden französischen Entdeckungsreisenden, der den Mississippi und den Ohio weißem Einfluß erschloß. Ebenso tat er dies für die Großen Seen, indem er mit seinen Männern die GRIFFIN baute, das erste größere Schiff, das jemals diese fünf Seen, die die Grenze zwischen Kanada und den USA bilden, befuhr.

1688

William Dampier (1652–1713) war ein anderer britischer Freibeuter, der sein Land verließ und 1688 Australien erreichte. Er erforschte einen Teil seiner Küsten, kehrte dann nach England zurück und

A *Entwurf eines Taucheranzuges von Borelli (1680).*
B SOPHIA AMALIA, *das erste dänische Schiff, das zum Teil drei Decks übereinander führte (1650).*
C *Stockanker aus dem 17. Jahrhundert.*
D *Eine Kanone der niederländischen Ostindiengesellschaft (17. Jhdt.). Daneben das Wappen auf dem Rohr.*
E *Der erste Eddystone-Leuchtturm, 1698.*

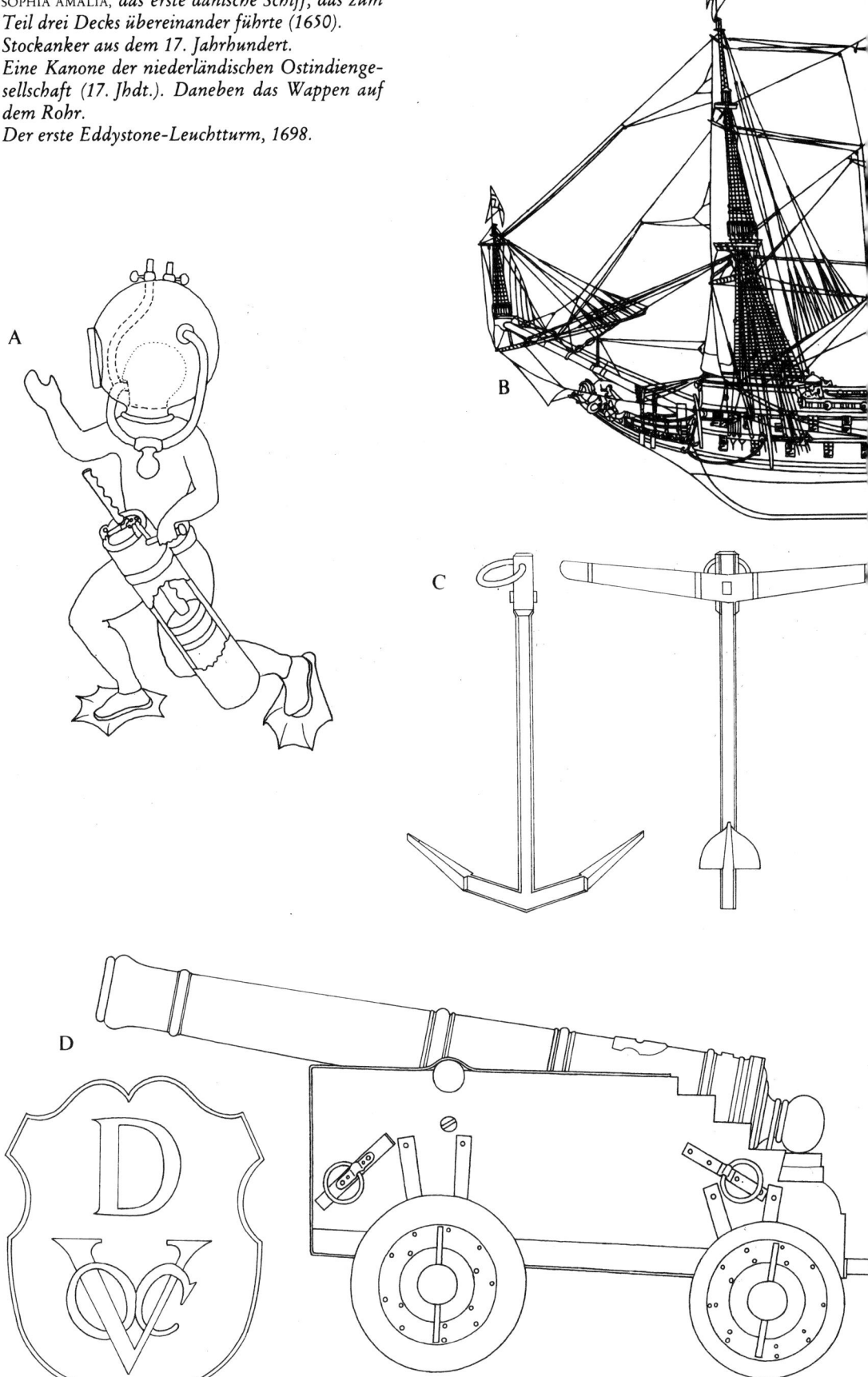

schrieb das Buch „A Voyage round the World". Seine negativen Berichte über Australien bestätigten die niederländischen Angaben über dieses Gebiet aus dem Anfang des 17. Jahrhunderts. Sie führten dazu, daß man sich für nahezu hundert weitere Jahre bis zu den Reisen des Captain Cook nicht um dieses Gebiet kümmerte.

Auf einer seiner folgenden Kaperreisen, die er im Mai 1703 antrat, wurde William Dampier von einem Navigator namens Alexander Selkirk oder Selcraig (1676–1721) begleitet. Selkirk war der Sohn eines schottischen Schuhmachers aus Largo, Fifeshire, und erfahrener Seemann. Im Oktober 1704 wurde er auf der unbewohnten Insel Más a Tierra der Juan-Fernandez-Gruppe im Stillen Ozean ausgesetzt. Es gibt widerstreitende Berichte darüber, warum dies geschah. Einmal heißt es, daß Dampier es absichtlich tat, weil der junge Mann gemeutert hatte. Eine andere Version besagt, daß er als Schiffbrüchiger auf die Insel kam. Am wahrscheinlichsten ist, daß er auf eigenen Wunsch dort zurückgelassen wurde, nachdem er mit seinem Kapitän, Thomas Stradling, in Streit geraten war. Er blieb dort über vier Jahre und wurde dann von der DUKE gerettet, einem Schiff aus dem Verbande unter Captain Woodes Rogers, der später wegen seines entschlossenen Kampfes gegen die Piraten als Gouverneur auf den Bahamas berühmt werden sollte.

Alexander Selkirk ist der Nachwelt erhalten geblieben, weil er das Vorbild für Daniel Defoes Robinson Crusoe wurde.

1698
Der erste Eddystone-Leuchtturm wird errichtet. Er wurde von Henry Winstanley entworfen und aus Holz gebaut. Er tat vier Jahre lang Dienst, bis ihn ein heftiger Sturm zerstörte. Es wurde damit bewiesen, daß es möglich war, das gefährliche unterseeische Riff ca. 23 km südwestlich von Plymouth für die Schiffahrt zu kennzeichnen.

1698
Etwa um diese Zeit kümmerte sich Peter der Große, der Zar von Rußland, um den Aufbau einer neuen russischen Flotte. Zwei Jahre lang bereiste er europäische Werften, um sich über den Schiffbau zu unterrichten. Er arbeitete selbst für einige Zeit auf niederländischen Werften und sammelte so Erfahrungen. Über seinen Besuch in Deptford ist viel berichtet worden. Schließlich kehrte er nach Rußland zurück und nahm viele erfahrene Arbeiter mit, die ihm beim Aufbau einer neuen Flotte halfen.

ENDE DES 17. JAHRHUNDERTS
Vielleicht von noch größerer Bedeutung für die Geschichte der Seefahrer war Cornelius van Bynkershoek (1673–1743), ein Jurist, der sich auf das Seerecht spezialisiert hatte. Unter anderem beschäftigte er sich mit den Hoheitsverhältnissen in den Küstengewässern eines Landes. Er bewegte die niederländische Regierung schließlich zur Einführung einer Drei-Meilen-Zone (5,6 km) als Hoheitsgewässer. Diese Entfernung wurde nach der damaligen größten Schußweite des stärksten Geschützes festgelegt. Die meisten anderen Länder folgten und erklärten ebenfalls drei Seemeilen unter der Küste als ihre Hoheitsgewässer. Dieses internationale Recht blieb für 200 Jahre gültig, bis verschiedene Länder in einseitigem Vorgehen die Grenzen auf 50 Seemeilen (92,6 km) erweiterten unter dem Vorwande, ihre Fischerei und den Abbau von Bodenschätzen sichern zu müssen.

Am Ende des Jahrhunderts waren Britannien, die Niederlande, Frankreich, Schweden und Rußland die Hauptseemächte. Spanien und Portugal waren in dem Streit um die Vorherrschaft zurückgefallen. Das Zentrum dieses Wettstreites hatte sich vom Mittelmeer in den Atlantik verlagert. Das Aussehen der Schiffe hatte sich grundlegend geändert. Mit Ausnahme der kleinen Boote hatten die Segel die Riemen als Antrieb abgelöst. Das taktische und strategische Denken hatte neue Impulse erfahren. Die europäischen Herrscher, die mit dem Aufbau großer Weltreiche beschäftigt waren, waren sich mehr denn je darüber im klaren, daß Seeherrschaft Weltherrschaft bedeutete.

SCHIFFE UND MEER

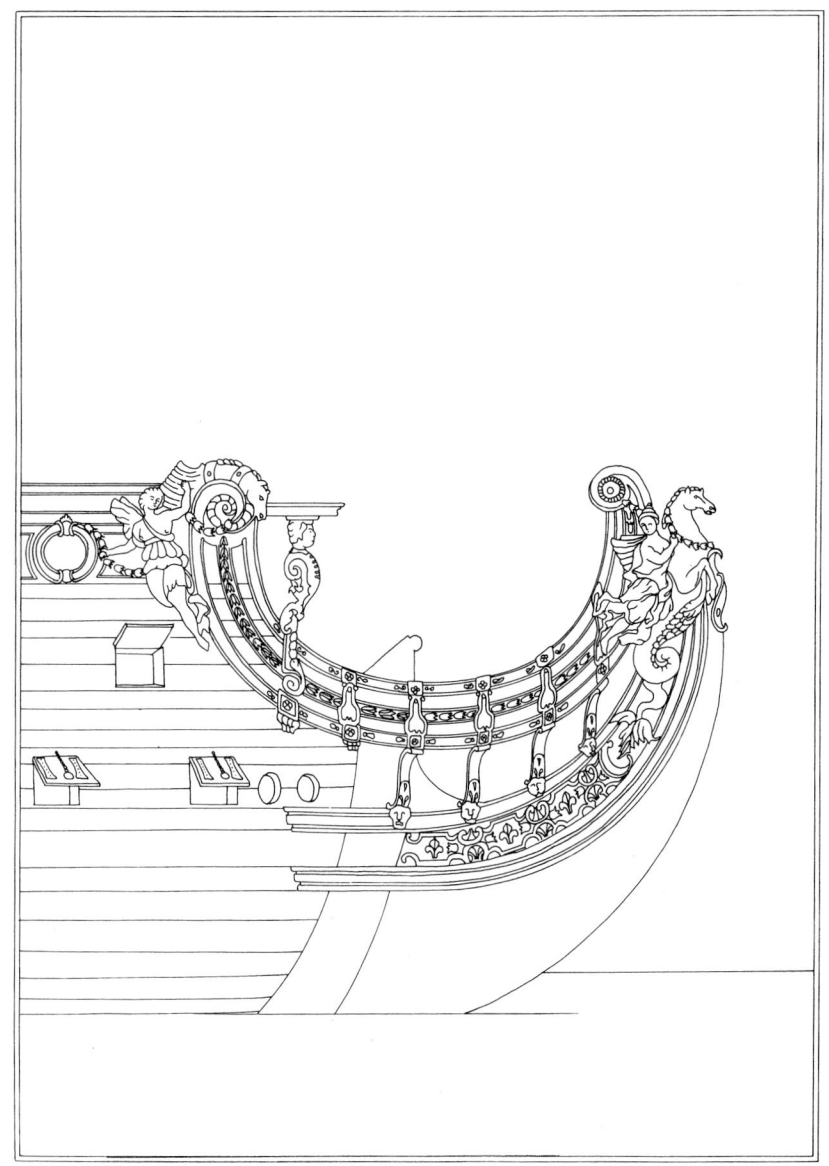
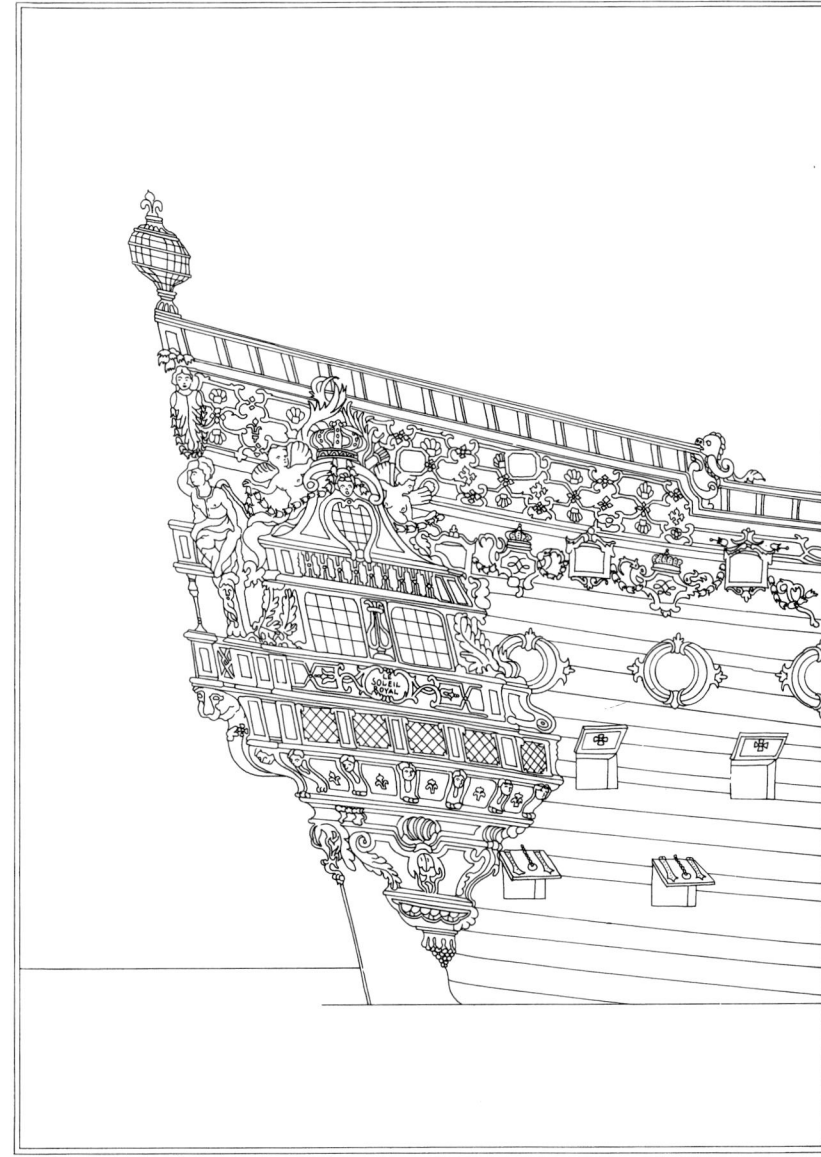

Bug und Heck des französischen Schiffes LE SOLEIL ROYAL, *1669.*

KAPITEL 4

Die nächsten 125 Jahre stellen einen Entwicklungsabschnitt dar, dessen Anfang und Ende jeweils durch eine große Seeschlacht gekennzeichnet sind. In der Schlacht in der Bucht von Vigo im Jahre 1702 wurde die französische Seemacht empfindlich geschwächt, und die Seeschlacht in der Bucht von Navarino im Jahre 1827 stellte das letzte Flottentreffen zwischen Segelschiffen dar.

Dieses Jahrhundert ist jedoch nicht vor allem durch seine Seeschlachten gekennzeichnet, sondern durch den großen Fortschritt in allen Wissenschaften, von denen viele einen direkten Einfluß auf die Seefahrt hatten.

Obwohl die ersten wissenschaftlich durchgeführten Untersuchungen der Widerstandsfähigkeit eines Schiffsrumpfes schon um 1670 stattfanden, erschien erst 1746 die erste Abhandlung über Schiffsstabilität, und zwar in Frankreich, wo man dazu einige wertvolle Experimente unternommen hatte. Die Schiffsbauer zogen hieraus jedoch nur ganz langsam Nutzen, und die Formen der Schiffe veränderten sich daher in diesem Jahrhundert wenig. Handelsschiffe und Kriegsschiffe mittlerer Größe konnte man äußerlich kaum unterscheiden. Man konnte keine sehr langen, hölzernen Schiffe bauen, da die Längsstabilität zu gering war. Die Kriegsschiffe mußten relativ gedrungen sein, um die Geschütze an Bug und Heck auch tragen zu können. Da der Kriegsschiffsbau tonangebend war, wurden auch die Handelsschiffe ähnlich gebaut.

Die Genauigkeit der Navigation war bisher vor allem durch das Fehlen eines genauen, auch auf See verwendbaren Instrumentes zur Zeitmessung behindert gewesen. Eine Methode zur Bestimmung der geographischen Breite war schon lange bekannt und zu hinreichender Genauigkeit entwickelt worden. Die Feststellung der geographischen Länge war jedoch vom Vorhandensein eines präzisen Chronometers abhängig. Im Jahre 1714 setzte die britische Regierung einen Preis von 20 000 englischen Pfund für die Konstruktion eines zuverlässigen Chronometers aus. Er wurde 1773 dem Engländer John Harrison zuerkannt, der sein ganzes Leben an dieser Erfindung gearbeitet hatte.

Im Jahre 1731 erfand John Hadley den nach ihm benannten Oktanten, mit dem die Messung von Höhen auf See zu größtmöglicher Perfektion gebracht wurde. Hadleys Oktant war Vorläufer des Sextanten, der 1757 von einem britischen Marineoffizier namens Campbell entwickelt wurde. Zum Gebrauch kann er ohne Stativ in die Hand genommen werden, was an Bord auf See wesentlich ist. Im Jahre 1755 wurde ein weiterer Fortschritt in der Navigation durch Tobias Mayer erzielt, einen deutschen Wissenschaftler aus Göttingen, der Tafeln zur Feststellung der bei der astronomischen Navigation gebrauchten Zeit von Greenwich herausgab. 1767 erschien zum ersten Male der britische „Nautical Almanac", ein unentbehrliches Hilfsmittel für die Navigation auf See.

Mit wachsendem Seehandel wurde eine Versicherung von Schiff und Ladung unumgänglich. Lloyd's, heute die größte Versicherungsgesellschaft der Seefahrt, entstand in der persönlichen Atmosphäre eines Londoner Kaffeehauses. Im Jahre 1688 eröffnete Edward Lloyd ein Kaffeehaus in der Tower Street, wo sich Bankiers, Kaufleute, Schiffseigner und Kapitäne trafen und ihre Geschäfte bei einer Tasse Kaffee abschlossen. Die Versicherung erfolgte noch nach dem im 16. Jahrhundert entstandenen Florentiner Prinzip, wodurch jeder einen so großen Anteil am Risiko, wie er wollte oder konnte, durch seine Unterschrift übernahm. Die Kaufleute, die dies taten, schrieben dabei ihren Namen einen unter den anderen unter die Police. Sie wurden daher „underwriter" (Unterschreiber) genannt.

Lloyd's blühte von Anfang an. Edward Lloyd richtete für seine Kunden einen Nachrichtendienst ein, der auf allen möglichen Quellen und einem System von Boten beruhte, die jeweils mit den neuesten Nachrichten über das Ein- und Auslaufen aus den Docks zurückkamen. 1696 brachte er zum ersten Mal „Lloyd's News" heraus, die Einzelheiten über Schiffsbewegungen, daneben aber auch andere Handelsnachrichten enthielten. Daraus entstand 1734 „Lloyd's List". 30 Jahre später gründete eine Gruppe von Versicherern offiziell die Gesellschaft, die „Lloyd's Register", ein Verzeichnis aller Schiffe herausgab. Die älteste erhaltene Ausgabe ist die von 1764/66. Darin wurde sämtlichen Schiffen entsprechend ihrem Zustand ein bestimmter Code zugeteilt. A 1 war das Symbol für bestmögliche Seetüchtigkeit, das 1775 geschaffen wurde und seither in viele Sprachen übergegangen ist.

Die Genauigkeit des Chronometers von John Harrison wurde von Captain James Cook, jeden Zweifel ausschließend, nachgewiesen, als er es auf den letzten beiden seiner drei vielerwähnten Reisen benutzte. Cook, wahrscheinlich Englands größter Seemann, hat das Wissen um die südliche Halbkugel durch die Erforschung und Kartierung des Südpazifiks und der Antarktis erheblich erweitert und nachgewiesen, daß der sagenhafte Südkontinent nur ein Märchen war. Außerdem setzte er Australien und Neuseeland auf die Karten der Erde. Cook war ein echter Gelehrter, der Beiträge zu vielen Wissensgebieten geliefert hat. Einer davon ist sein Sieg über den Skorbut. Seine Besatzungen erhielten frische Früchte, besonders Zitronen, und litten dadurch nicht unter dem Vitaminmangel, der früheren Expeditionen so zugesetzt hatte.

Am Ende des fraglichen Zeitabschnittes zeichneten sich Kriege am Horizont ab. Der amerikanische Unabhängigkeitskrieg (1775–1783) war von Anbeginn sowohl Land- wie Seekrieg. Bei Ausbruch der Feindseligkeiten besaßen die Kolonien keine organisierte Flotte. Es standen jedoch viele eigene Schiffe, die Handel an den Küsten und über See betrieben, und viele Seeleute zur Verfügung. Ihnen war Krieg nichts Unbekanntes, denn so mancher von ihnen hatte als Kaperfahrer an dem jüngst beendeten Krieg mit Frankreich teilgenommen. Außerdem waren die Schiffe zum Schutz gegen Piraten ständig bewaffnet. Man konnte daher 1775 auf diese Schiffe als Kaperfahrer zurückgreifen. Einzelne Kolonien oder der Kongreß erteilten ihnen eine entsprechende Legitimation. Man nimmt an, daß auf amerikanischer Seite etwa 2000 Kaperfahrer fochten, die von amerikanischen und französischen Häfen gegen die Handelsschiffahrt des Gegners operierten. Außerdem rüsteten einzelne Staaten Flotten aus. Beide Mittel wurden während des ganzen Krieges gegen die Engländer eingesetzt und trugen schließlich mit zum Friedensschluß bei. Die Verluste der englischen Handelsschiffahrt wurden so groß, daß Lloyd's, mächtiger denn je, einen Druck auf die britische Regierung ausübte, ein System zum Schutze der Handelsschiffahrt einzuführen, das später so wohlbekannte Geleitzugsystem.

Am Ende des amerikanischen Unabhängigkeitskrieges hatte die britische Regierung die Notwendigkeit einer mächtigen beweglichen Flotte erkannt, die der Armee in einem Feldzug einen Rückhalt bieten konnte. Man zog daraus die Lehre, wie in den Kriegen gegen Napoleon klar zu erkennen war. Im Jahre 1803 besaßen z.B. die Franzosen 23 Linienschiffe und 25 Fregatten, die Engländer dagegen 34 Linienschiffe und 85 Fregatten, außerdem eine Reserve von 77 Linienschiffen und 49 Fregatten. 1816 zählte die englische Flotte doppelt so viele Linienschiffe und die sechsfache Zahl an Fregatten. Die Schlacht von Trafalgar, in der Nelson fiel, war die entscheidende Seeschlacht, in der die britische Vorherrschaft auf den Meeren für über 100 Jahre begründet wurde.

Die revolutionierende Erfindung in diesem Zeitabschnitt war zweifellos die Entwicklung des Dampfschiffes als Alternative zum Segelschiff. Den Antrieb durch Dampfkraft kannte man theoretisch schon seit vielen Jahren. Der Franzose Denis Papin hatte schon zu Anfang des 18. Jahrhunderts mit einer Dampfmaschine experimentiert. Er versuchte jedoch noch kein Boot anzutreiben. Auf seinen Versuchen mit dampfgetriebenen Pumpen baute in England Thomas Newcomen auf, dessen Dampfmaschine bald überall zum Betreiben von Pumpen in Bergwerken benutzt wurde. Ein Dr. John Allen schlug sogar vor, eine solche Maschine zum Antrieb eines Bootes zu verwenden, indem man am Heck stetig einen Wasserstrahl herauspumpte. Jedoch erst am 15. Juli 1783 wurde eine Dampfmaschine erstmalig erfolgreich zum Antrieb eines Schiffes benutzt. An diesem Tag bewegte sich die PYROSCAPHE des Marquis Claude de Jouffroy d'Abban, dessen Maschine Paddelflossen antrieb, 15 Minuten lang erfolgreich gegen die Strömung der Sâone. Leider erhielt Jouffroy d'Abban keine finanzielle Unterstützung zur Auswertung seiner Konstruktion. Auf der anderen Seite des Atlantiks erprobte der amerikanische Ingenieur John Fitch im August 1787 sein Dampfboot EXPERIMENT erfolgreich auf dem Delaware. Im Sommer 1790 richtete er damit einen Passagierdienst zwischen Philadelphia und Trenton ein. Insgesamt wurden 14 Reisen durchgeführt und eine Strecke von insgesamt 3220 km zurückgelegt. Leider endete das Unternehmen mit finanziellen Verlusten, und Fitch stellte den Dienst ein.

In Großbritannien stellte Thomas Lord Dundas of Kerse, ein Direktor des Forth and Clyde Canal, 1801 William Symington zum Bau der CHARLOTTE DUNDAS an, die als das erste brauchbare Dampfschiff betrachtet wird. Von da an machte die Entwicklung schnelle Fortschritte. 1812 richtete Henry Bell, ein Schotte, mit seiner COMET in europäischen Gewässern einen regelmäßigen Dampfschiffsverkehr zu Handelszwecken ein. 1819 überquerte die SAVANNAH den Atlantik von Amerika nach Europa. In der Zukunft mußte man nun mit dem Dampfantrieb rechnen. Die Segelschiffseigner ignorierten diese Anzeichen jedoch zunächst und investierten in immer größere und schnellere Segelschiffe, ohne sich klarzumachen, daß die Nachfolger dieser kleinen Dampfboote in weniger als 100 Jahren die Segel aus der Handelsschiffahrt vertreiben würden.

1702

Das Gefecht in der Bucht von Vigo markiert den Beginn des Spanischen Erbfolgekrieges, in dem England, die Niederlande und Österreich gegen Frankreich und Spanien kämpften. Hinsichtlich der Bewaffnung stellt dieser Kampf einen Wendepunkt dar: Zum ersten Male wurden keine Pikeniere mehr eingesetzt, denn durch einen Befehl vom 20. Juni 1702 waren die letzten zwölf Pikeniere jeder Kompanie der britischen Armee ihrer mittelalterlichen Waffen beraubt worden.

Eine Flotte von 203 vereinigten britischen und niederländischen Schiffen unter Vizeadmiral Sir George Rocke, der seine Flagge auf der ROYAL SOVEREIGN gesetzt hatte, besiegte die Flotte der Franzosen und Spanier, die durch eine Balkensperre und mehrere Küstenbatterien geschützt war.

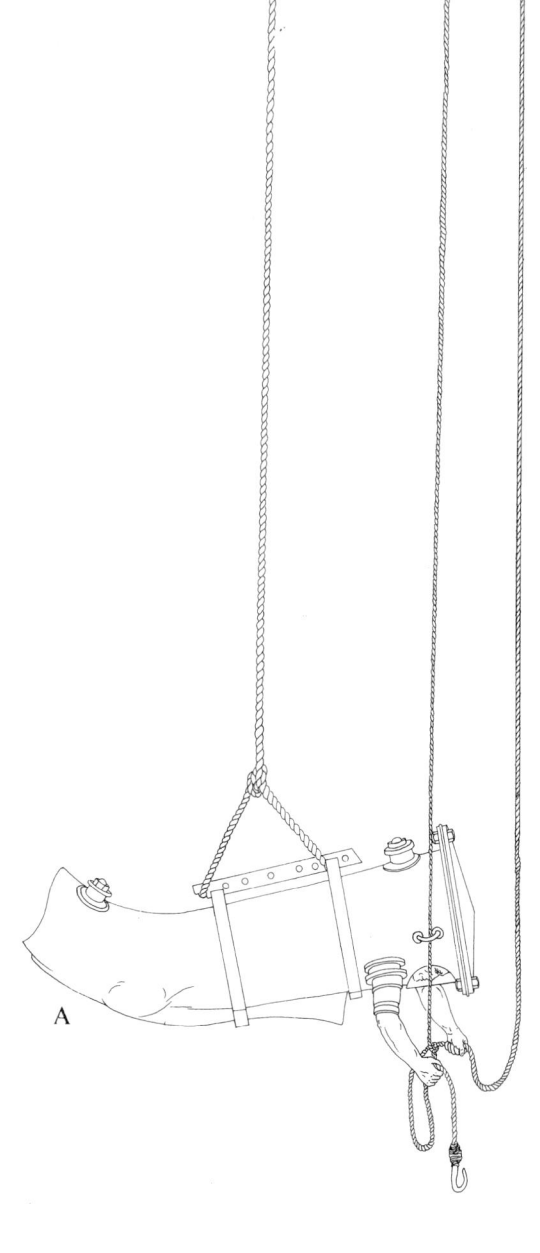

A

1703

Der schwerste je bekannt gewordene Sturm tobt im Kanal. Innerhalb von 24 Stunden sinken etwa 150 englische Handelsschiffe und 13 Kriegsschiffe. Viele von ihnen gehen auf den Goodwin Sands, einem gefürchteten Schiffsfriedhof, zugrunde.

1707

Die ASSOCIATION unter Admiral Sir Cloudesley Shovel strandet auf den Scilly-Inseln. Von den 15 Schiffen seiner Flotte gehen vier mit 800 Mann Besatzung verloren. Noch heute werden Funde aus der ASSOCIATION geborgen.

A *Entwurf eines Taucheranzuges von John Lethbridge aus dem Jahre 1715. Er gab an, ihn mehrmals selbst erfolgreich erprobt zu haben. Der Anzug bestand aus Holz, das innen und außen mit eisernen Reifen mehrfach verstärkt war. Durch zwei Löcher konnten die Arme nach außen geführt werden, und ein Fenster gestattete die Sicht.*

B *Schlacht in der Bucht von Vigo, von Anna Beek (Scheepvaartmuseum, Amsterdam).*

1718
In Westindien haben die Freibeuter ihr Hauptquartier auf die Bahamas verlegt. Hier trat ihnen Captain Woodes Rogers, der zu dieser Zeit Gouverneur der Bahamas wurde, mit Erfolg entgegen. Er befahl Einsatz mit allen Mitteln gegen die Piraten. Acht ihrer Anführer wurden gefangengenommen und öffentlich gehängt.

1728
Peter der Große sendet den Dänen Vitus Bering aus, um die Verbindung zwischen Rußland und Amerika finden zu lassen. Bering beginnt mit seiner Suche von der Halbinsel Kamtschatka aus. Er erreichte zwar die heute nach ihm benannte Meeresstraße, konnte jedoch nicht nach Alaska vordringen. 13 Jahre später erforschte er die etwa 90 km breite Meerenge erneut und überquerte sie, um Alaska zu erreichen, fand aber bei einem Schiffbruch den Tod.

1732
England führt das Feuerschiff in die Seefahrt ein. Als erstes wird das Nore-Feuerschiff in der Themsemündung ausgelegt, damals wie heute einer der meistbefahrenen Schiffahrtswege. Es handelte sich hierbei um eine umgebaute niederländische Galiote.

1740
Seit der Zeit der Normannen wurden Seeleute für die verschiedensten Flotten durch sogenannte Preßkommandos beschafft. England benötigte für seine schnell wachsende Flotte ständig neue Leute. Bis 1740 konnte jeder Seemann eines britischen Schiffes, gleich ob Engländer oder Ausländer, zur Marine gepreßt werden. Gegen das Vorgehen der Preßkommandos gab es keine Einspruchsmöglichkeit. Schließlich entwickelte sich dieses System so skandalös, daß man sich um eine gewisse Ordnung dabei bemühen mußte. Ein Gesetz legte fest, daß in Zukunft nur noch Engländer zwischen 18 und 55

SCHIFFE UND MEER

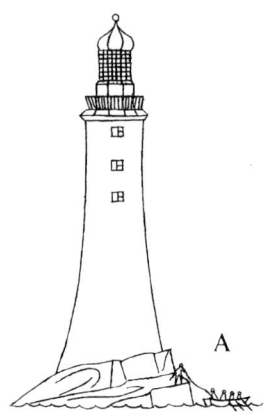

A *Der zweite Eddystone-Leuchtturm, 1759.*
B *Der Zeichnungsraum bei Lloyd's, nach einem Druck von Rowlandson.*
C *Das Nore-Feuerschiff, 1732.*
D *Das Harrison-Chronometer, das Captain Cook auf seiner zweiten Reise 1772–1775 benutzte.*
E *Seitenansicht und Längsriß der* ENDEAVOUR *von Captain Cook, 1768.*
F *Captain James Cook (1728–1779).*
G *Die von Franzosen 1759 angefertigte Karte von Australien, die Cook mit sich führte.*

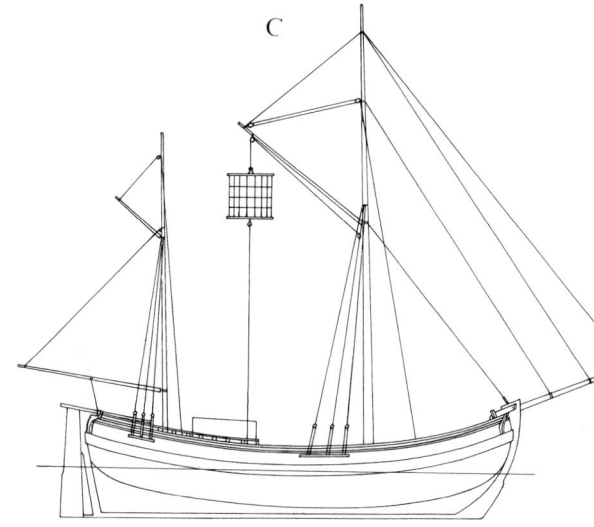

Jahren von Preßkommandos „angeworben" werden konnten.
Leider fand dieses neue Gesetz von 1740 keine hinreichende Beachtung. Einer der Gründe für den Ausbruch des Anglo-Amerikanischen Krieges von 1812 war, daß englische Preßkommandos fortfuhren, amerikanische Bürger mit Gewalt von Schiffen zu holen und zum Dienst auf englischen Kriegsschiffen zu zwingen. Die Preßkommandos wurden schließlich 1815 abgeschafft, ein Teil des Wiedereinführens geordneter Zustände nach den Napoleonischen Kriegen.

1740
Captain George Anson beginnt seine Weltumseglung. Anson war von Kindheit an zur See gefahren und führte das Kommando über fünf Kriegs- und drei Hilfsschiffe mit einer Besatzung von insgesamt 1400 Mann. Wenn die Reise, die 45 Monate dauerte, auch ein Erfolg war, so konnte Anson doch nur mit einem Schiff, der CENTURION, zurückkehren.

1756–1763
Der Siebenjährige Krieg brachte den Tiefpunkt der französischen Kolonisierungsbemühungen im 18. Jahrhundert. Viele indische Besitzungen und Französisch-Kanada gingen an England verloren, das sich wiederum auf seine überragende Seemacht stützen konnte. In einer berühmten Episode erlitt es jedoch eine Niederlage. 1757 konnte Admiral Byng die französische Blockade um die damals englische Besitzung Menorca nicht brechen und erlitt bei dem Versuch, Gibraltar zu verteidigen, eine Niederlage. Die Öffentlichkeit war hierüber so aufgebracht, daß die Regierung Admiral Byng zurückrief, ihn wegen Hochverrats in einem der himmelschreiendsten Prozesse anklagen und in Portsmouth erschießen ließ.
Die Urteilsbegründung lautete lediglich: „Pour encourager les autres."
Am 29. September 1758 wurde während des Siebenjährigen Krieges Horatio Nelson in Burnham Thorpe in der Grafschaft Norfolk in England

1760
Gründung von Lloyd's of London, das noch heute besteht. Lloyd's Klassifikation wird über etwa 200 Jahre als Werturteil über die Eigenschaften eines Schiffes anerkannt. Die Glocke der LUTINE im Büro kündet den Verlust eines Schiffes auf See.

1768–1779
Captain James Cook (1728–1779) läuft 1768 mit der ENDEAVOUR, einer Besatzung von 80 Mann und drei Wissenschaftlern zu seiner ersten Pazifikreise aus. Er sollte Tahiti erreichen und dort den Durchgang der Venus beobachten. Auf dieser Reise umsegelte und kartographierte Cook Neuseeland. 1770 landete er in der Botany Bay, New South Wales, und fand ein weit weniger unwirtliches Land vor, als es frühere Reisende von den nördlichen Regionen Australiens beschrieben hatten.
1772 lief Cook zur zweiten Entdeckungsreise aus. Er sollte den legendären Kontinent im Süden auffinden. Er unternahm die Reise mit zwei Schiffen, der RESOLUTION und der ADVENTURE. Auf dieser Reise näherte er sich 1773 dem Südpol auf 2092 km und kam damit näher als je ein Mensch zuvor.
Die dritte Pazifikreise unternahm Cook mit der DISCOVERY und der RESOLUTION. Hauptaufgabe war es, eine Passage zwischen Pazifik und Atlantik zu finden, und zwar an der Nordküste Kanadas. Dies gelang Cook nicht, doch konnte er auf dieser Reise den Skorbut bezwingen. Er erreichte dies durch die Ausgabe frischen Obstes, vor allem von Zitronen (Lime Fruits), an die Besatzungen. Seither werden englische Seeleute in jenen Gewässern und heutzutage Engländer überhaupt als „Limey" bezeichnet.
Dies war die letzte Reise, die Cook unternahm. Am 14. Februar 1779 wurde er von Eingeborenen an der Küste von Hawaii getötet. Die Reise wurde fortgesetzt, und die Überreste seiner Expedition erreichten England am 4. Oktober 1780.

16. DEZEMBER 1773
Ende November und Anfang Dezember 1773 liefen die drei englischen Schiffe DARTMOUTH, ELEANOR und BEAVER in Boston ein. Sie machten an der Griffins Wharf fest, löschten ihr Stückgut und warteten auf die Teesteuer-Bescheinigung. Viele Bürger hatten schon früher und mehrfach gegen die Erhebung dieser besonderen Steuer protestiert. Nun stürmte eine Gruppe junger Männer, als Mohawk-Indianer verkleidet, die drei Schiffe und warf die Teeladung über Bord.
Die „Boston Tea Party" löste Vergeltungsmaßnahmen seitens der englischen Regierung aus, die jedoch vergeblich den Hafen zu schließen versuchte. Damit war der erste Anstoß zu einer Entwicklung gegeben, die zum amerikanischen Unabhängigkeitskriege führen sollte und damit zur Gründung der Vereinigten Staaten von Amerika.

geboren. Bereits mit zwölf Jahren trat er in die Royal Navy ein, wurde mit 19 zum Leutnant befördert und übernahm als Zwanzigjähriger als Kapitän die BADGER.
Als er das Kommando auf der AGAMEMNON führte, verlor er bei der Eroberung Korsikas das rechte Auge. Bei dem Versuch, Santa Cruz de Teneriffe zu nehmen, erhielt er einen Schuß in den rechten Ellenbogen. Der Arm wurde im Licht einer Schiffslaterne amputiert. Eine Wunde aus der Schlacht von Aboukir hinterließ auf seiner Stirn eine Narbe, die er wie ein Wappen trug. Bei dem Gefecht von Kopenhagen setzte er, als die Flotte in schwerem Feuer lag, demonstrativ sein Fernrohr an das blinde Auge und mißachtete das Rückzugssignal, das Admiral Parker geben ließ.

1759
Mit dem neuen Eddystone-Leuchtturm bei Plymouth im Südwesten Englands wird die noch heute vertraute Formgebung der Leuchttürme eingeführt.

1774
Ein spanischer Entdecker, Juan Perez, besucht die Insel Vancouver, landet jedoch nicht auf dem kanadischen Festland. Ein Jahr später läuft ein anderer Spanier, Manuel de Ayala, mit der SAN CARLOS in die Bucht von San Francisco ein. Soweit bekannt, ist dies das erste Mal, daß ein Beauftragter der Westeuropäi-

schen Mächte seit Drake diese Gebiete erforschte. Der Sund war zwar schon von José de Ortega 1769 gesichtet worden, doch hatte er sich keine Zeit genommen, ihn zu erkunden. Tatsächlich war man in Westeuropa zu dieser Zeit wenig an der Erforschung dieser entlegenen Gebiete interessiert. So konnten sie von den Mexikanern, die hierher über Land vordrangen, ohne große Schwierigkeiten von 1822 bis 1844 beherrscht werden.

Selbst dann war es noch kein blühendes Gebiet. Nur die Engländer unterhielten eine Schiffsverbindung. John Reed erhielt 1826 die Konzession, William Richardson ab 1841. Tatsächlich fand keine größere Expansion statt, bis 1851 die beiden Städte San Francisco und Oakland durch die Dampffähre KANGAROO verbunden wurden.

7. SEPTEMBER 1776

Zum ersten Male greift eine Nation zur unterseeischen Kriegsführung. Es sind die Vereinigten Staaten von Amerika, die im Unabhängigkeitskampf mit Großbritannien stehen. David Bushnell ist der Erfinder des ersten einsatzfähigen Unterseebootes, Sergeant Ezra Lee setzt es im Hafen von New York ein und versucht damit eine Mine an dem englischen Kriegsschiff EAGLE zu befestigen. Der Versuch schlägt fehl, denn die Kupferbeplattung des Kriegsschiffes ist zu dick.

16. NOVEMBER 1776

Das Schiff ANDREW DORIA der Vereinigten Staaten besucht den Hafen Fort Orange in Niederländisch-Westindien. Die Holländer feuern Salut – das erste Mal, daß ein Schiff unter der neuen Flagge mit diesem internationalen Ehrenerweis empfangen wurde.

AUSGEHENDES 18. JAHRHUNDERT

England befindet sich im Krieg mit Amerika, Frankreich und den Niederlanden. Ein Amerikaner, John Paul Jones, vollbrachte, was man bisher für undurchführbar gehalten hatte: Er überquerte den Atlantik und griff England zweimal an. 1778 beschoß er Alnmouth in Northumberland, und im folgenden Jahr kämpfte er vor Flamborough Head. Sein Schiff sank, er selbst aber wurde gerettet. Jones war ein Korsar, der oft mit kleinen französischen Geschwadern operiert hatte.

1784

Der Walfang wird in Nova Scotia eingeführt. Gouverneur Parr veranlaßt 20 Familien, Massachusetts zu verlassen und sich in Halifax anzusiedeln. Es entsteht eine neue Siedlung, die nach dem bisherigen Wohnort der Einwohner Dartmouth genannt wird. Die Siedler erhielten 1541 Pfund zum Bau neuer Häuser und einer Werft. Innerhalb eines Jahres bildeten drei Brigantinen und ein Schoner den Grundstock des neuen Erwerbszweiges.

MAI 1787 – 26. JANUAR 1788

Die britische Regierung erkannte bald die Möglichkeiten, die die Entdeckung der Botany Bay durch Captain Cook bot. Die Deportation war seit langem im englischen Strafgesetzbuch als mögliche Strafe vorgesehen. Cooks Berichte überzeugten die Regierung, daß Australien das Land war, wohin man Verurteilte nunmehr deportieren konnte, nachdem Amerika für diesen Zweck nicht mehr verfügbar war. Captain Arthur Phillip führte das Kommando über ein Geleit von elf Schiffen, die Sträflinge nach Australien bringen sollten. An Bord befanden sich auch Sämereien und Vieh zum Aufbau einer Ackerwirtschaft.

Australien wurde bald unter britische Schutzherrschaft gestellt. Die ersten Deportierten trafen am 18. Januar 1788 im Lande ein. Bis 1841 folgten ihnen mehr als 80 000 weitere Verurteilte aus England. Viele wurden in Australien auf freien Fuß gesetzt und blieben dort als Siedler. Erst 1793 durften auch freiwillige Siedler einwandern.

1787

Meuterei kam auf See glücklicherweise selten vor. Die absolute Gewalt des Kapitäns zusammen mit der herkömmlichen Todesstrafe durch Hängen an einer Rah wirkte auf Unzufriedene meist sehr abschreckend. Außerdem machten die meisten Hafenbehörden mit Meuterern kurzen Prozeß. Dennoch kam es manchmal zur Meuterei von einzelnen, ganzen Besatzungen oder sogar ganzen Flotten. Der klassische Fall ist der der Meuterei auf der BOUNTY.

Captain Bligh war weder ein Narr noch ein Feigling. Es wird häufig vergessen, daß er als Leutnant an der Seite Captain Cooks stand, als dieser auf Hawaii ermordet wurde. Bligh führte den Gegenangriff, verteidigte die Leiche Cooks und sorgte dafür, daß seine Männer den Leichnam bergen und zum Boot bringen konnten. Erst dann verließ auch Bligh den Strand.

Es war derselbe Bligh, der nun als Kapitän mit der BOUNTY Spithead verließ und auf die lange Fahrt nach Tahiti ging. Er sollte eine Ladung Brotfruchtbaum-Pflänzlinge an Bord nehmen und sie nach Westindien bringen, wo man damit einen neuen Erwerbszweig zu begründen hoffte. Bligh war von der Admiralität wegen seiner Erfahrungen im Pazifik für diese Aufgabe ausersehen worden. Er nahm einen Botaniker mit an Bord, der sich um die Fracht kümmern sollte.

Bligh stammte aus Cornwall. Er war einer von drei Brüdern, die alle in der Royal Navy dienten. In einer Zeit, in der Flottenkapitäne für ihre Strenge bekannt waren, zeichnete sich Bligh nicht durch besondere Härte aus. Die Strenge war unumgänglich, wenn man bedenkt, daß die Besatzungen aus gepreßten Mannschaften bestanden. Richard Bligh hatte vor einem Kriegsgericht gestanden, weil er ein Schiff an die Franzosen verloren hatte. Er wurde freigesprochen, doch seinem Namen haftete nun ein Makel an. John Bligh wurde 1797 auf der LATONA von Meuterern über Bord geworfen. Diese Vorfälle und andere, in die John und Richard Bligh verwickelt waren, werden von der Fama oft Captain William Bligh zugeschrieben.

Captain Bligh war ein Mann absoluter Genauigkeit. Er ließ nie eine Entschuldigung gelten, war streng und ein Perfektionist. Dies sind die „schlimmsten" Vorwürfe, die gegen ihn erhoben werden können. Von seinem Perfektionismus hat man noch heute Nutzen: Die von ihm gezeichneten Karten von Hawaii haben nach wie vor Gültigkeit.

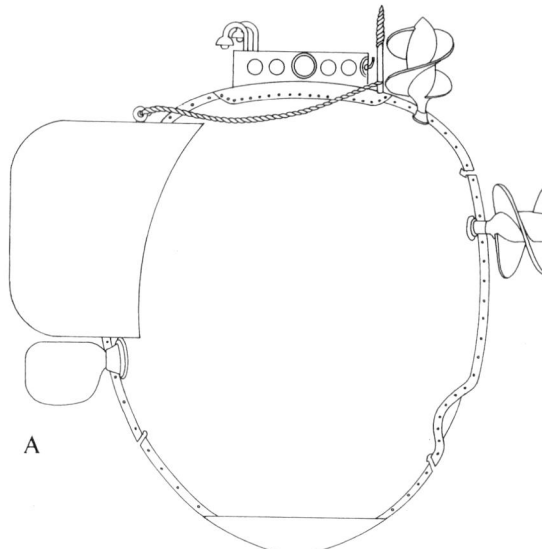

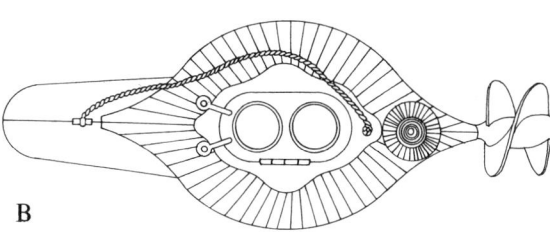

TURTLE, 1776.
Dieses Unterseeboot wurde von David Bushnell aus Saybrook, Connecticut, zum Einsatz im amerikanischen Unabhängigkeitskrieg entworfen.
Die TURTLE, *auch unter der Bezeichnung „Maine Torpedo" bekannt, wurde aus Eichenholz gebaut und mit Teer überzogen. Sie konnte zum Tauchen geflutet und zum Auftauchen gelenzt werden. Der Luftvorrat reichte für ca. 30 Minuten. Unter Wasser wurde die Konstruktion mit einem von Hand gedrehten Propeller fortbewegt.*
A *Seitenansicht.*
B *Draufsicht.*
C *Schnitt durch das Boot.*
1 *Ruder.*
2 *Propeller.*
3 *Lenzpumpe.*
4 *Glasfenster.*
5 *Bohrer.*

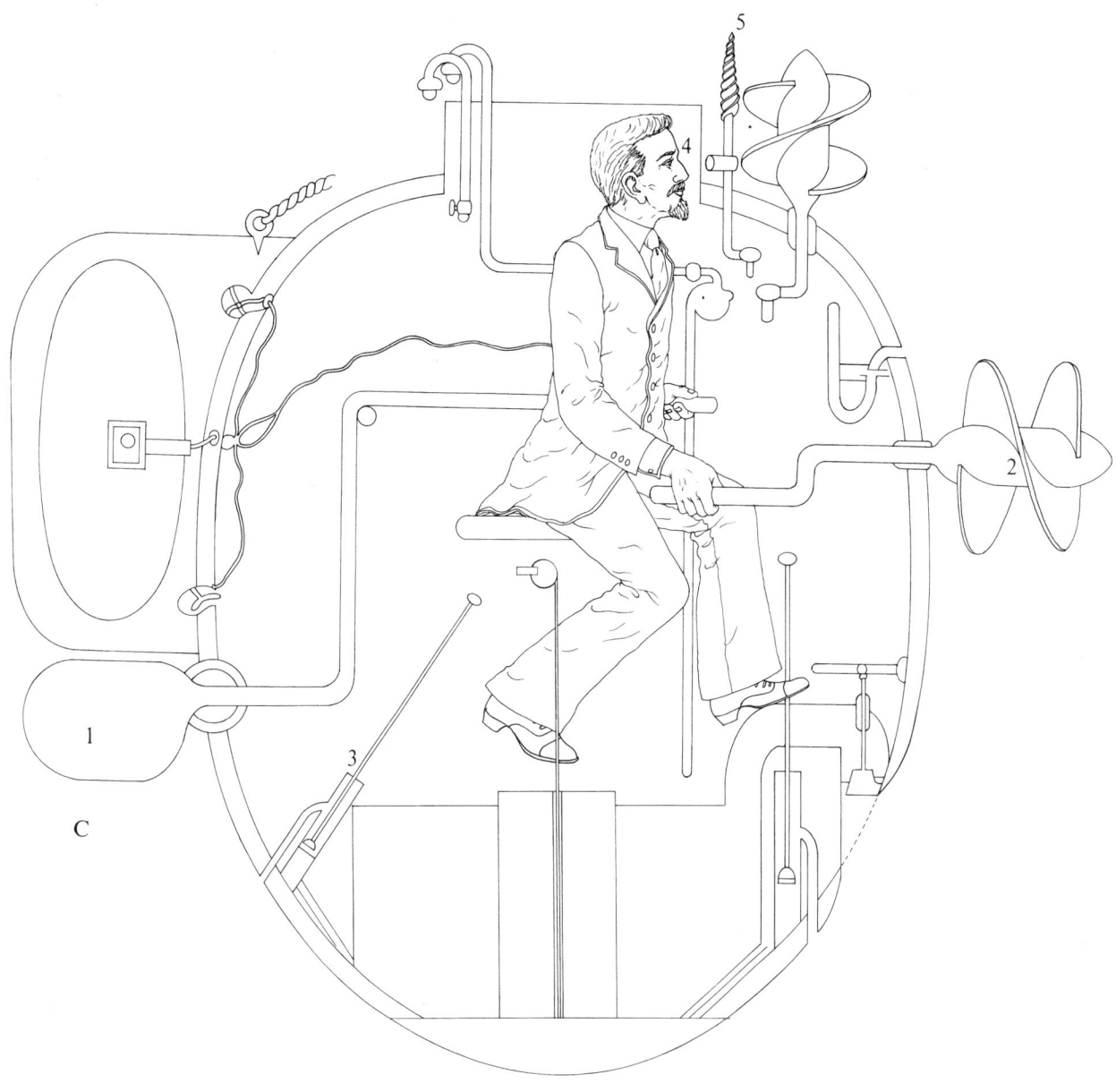

„Brotfrucht-Bligh", wie er zeitweilig genannt wurde, erreichte wie geplant den Pazifik. Im April 1789 meuterte jedoch ein Teil der Besatzung unter Fletcher Christian, als man die Insel Tofota in der Nähe der Freundschaftsinseln erreicht hatte. Bligh und einige loyale Besatzungsmitglieder wurden in einem kleinen Boot ausgesetzt. Er befand sich tatsächlich mitten im Pazifik, Tausende von Seemeilen von jedem größeren Hafen entfernt, und hatte nur noch seine Erfahrungen und ein etwa 5 m langes Boot.

Zweifellos konnte Bligh nur durch seine Kenntnisse über die Winde im Pazifik das gebrechliche Gefährt sicher nach Timor in Niederländisch-Ostindien bringen, d. h. über 3600 Seemeilen. In Timor nahm er ein Schiff nach London, wo er 1790 anlangte und der Admiralität Bericht erstattete. Diese rüstete sofort die PANDORA aus, um die Meuterer einzufangen. Diejenigen Meuterer, die sich, z. T. mit eingeborenen Frauen, auf Tahiti niedergelassen hatten, wurden nach London zurückgeführt und einem Kriegsgericht unter Admiral Lord Hood überantwortet. Drei von ihnen wurden hingerichtet, die übrigen freigelassen.

Ein Teil der Meuterer hatte jedoch Tahiti verlassen und sich auf Pitcairn angesiedelt. Ihre Nachkommen leben dort noch heute.

Die Lords der Admiralität hatten zu Captain Bligh ein so großes Vertrauen, daß sie ihn erneut in den Pazifik entsandten, wo er seine ursprüngliche Aufgabe nun vollendete. Er kehrte nach England zurück und ging in Woolwich von Bord. Der „Kentish Messenger" berichtete darüber:

„Das hohe Ansehen, in dem Captain Bligh bei der ganzen Besatzung stand, wurde allen Anwesenden offenkundig. Die Männer brachten Hochrufe aus, als er von Bord ging, und stellten sich vor den Toren des Docks erneut auf, um ihre Akklamation zu wiederholen."

Er wurde zum Admiral ernannt, gab jedoch den Seemannsberuf auf und übernahm das Amt des Gouverneurs von New South Wales. Der in ihm verwurzelte Sinn für strenge Disziplin verließ ihn nie. Dies war sein Unglück, denn inzwischen dachte man darüber anders. Bligh wurde von der Armee abgesetzt und für zwei Jahre unter Hausarrest gestellt. Dann wurde er abgelöst. Diejenigen, die ihn abgesetzt hatten, zogen ihn aber nicht zur Rechenschaft. Bligh kehrte nach London zurück und starb 1817 an Krebs, immer noch darüber verwundert, warum ihm der Spitzname „Bounty Bastard" angehängt worden war.

1789

Das Rettungsboot wird erfunden. Ein Schiff strandet in der Mündung des Tyne in Nordengland. Es wird vom Sturm entmastet und zerschlagen. Dies geschieht nur etwa 275 m von Hunderten von Menschen entfernt, die sich an der Küste versammelt haben, jedoch nichts zur Rettung der Mannschaft unternehmen können, die vor ihren Augen um-

Rekonstruktion der fieberhaften Geschäftigkeit, die während eines Gefechtes an Deck eines Kriegsschiffes im 18. Jahrhundert herrschte. Teile der Takelage sind durch Kugeln zerfetzt worden. Zwei Segel sind herabgestürzt und werden von der Mannschaft hastig beiseite geräumt, um das Deck für die Geschützbedienungen klarzuhalten. Das Geschütz links im Bild ist gerade geladen worden und wird ausgerannt. Mit Hilfe einer Handspake wird es gerichtet. Danach erhält es dann die gewünschte Erhöhung. Der Stückmeister spannt den Hahn, wird dann weit genug zurücktreten, um nicht in den Rücklauf zu geraten, und die Abzugsleine betätigen.

Auf der rechten Bildseite gibt ein Offizier Befehle zum Ausrennen eines Geschützes. Dies geschieht durch Holen an den Seitentaljen, mit deren Hilfe das Geschütz auch nach links oder rechts gerichtet wird. Die Handspake wird auch zum Anheben des Hinterendes des Geschützes bei der Höheneinstellung verwendet. War die gewünschte Erhöhung des Rohres erreicht, wurde die Traube des Rohres mit Keilen festgelegt.

kommt. Als Ergebnis dieser Katastrophe wird ein Preis für die Konstruktion eines Rettungsbootes ausgesetzt. Den Preis erhält Henry Greathead, dessen Seenotboot ORIGINAL über 40 Jahre Dienst tat. Heute besitzen über 30 Nationen eigene Seenot-Rettungsgesellschaften.

1791
Commander George Vancouver vermißt die Nordwestküste Nordamerikas. Er stellt die britische Herrschaft im Nootka Sound, Vancouver Island, wieder her.

1792
Ausrufung der Republik Frankreich. M. Monge, der erste Marineminister der Republik, verfügt über 86 Linienschiffe, 76 Fregatten und über 100 Schaluppen und kleinere Einheiten.

1797
Die englische Flotte meutert auf dem Nore bei Chatham in Kent. Die Befehlsgewalt wird auf den Schiffen gewählten Vertretern übergeben und die Drohung ausgesprochen, die Schiffe Frankreich zu übergeben.
Die Meuterei wurde durch Klagen über schlechte Nahrung, unzureichende Löhnung und tyrannische Offiziere ausgelöst. Hauptursache scheint jedoch Unzufriedenheit gewesen zu sein, die von französischen Agenten und bestochenen englischen Seeleuten geschürt wurde. Der Hauprädelsführer, Richard Parker, wurde verurteilt und gehängt.

1792–1815
Die Napoleonischen Kriege werden allgemein mit Landkriegen gleichgesetzt, in denen Napoleons große Armee gewaltige Leistungen vollbrachte. Dies ist richtig, doch scheiterte Napoleons Traum, Herrscher über die ganze Welt zu sein, an der englischen Seemacht. Hätte er die Seeschlacht von Aboukir gewonnen, hätte seinen Truppen der Weg in den Nahen Osten und nach Indien offengestanden. Er verlor diese Seeschlacht jedoch ebenso wie die meisten anderen.

14. FEBRUAR 1797
Admiral Sir John Jervis hatte eine Zeitlang Cadiz blockiert. Ihn erreichten Nachrichten, daß die spanische Flotte unter Don José de Cordoba aus Cartagena ausgelaufen war. Jervis, dem 15 Linienschiffe, vier Fregatten, eine Korvette mit 20 Kanonen, eine Brigg mit 18 und ein Kutter mit zehn Geschützen zur Verfügung standen, lief aus, um den Gegner abzufangen. Kurz nach Tagesanbruch kamen die 40 Schiffe der spanischen Flotte, darunter 25 Linienschiffe, in Sicht. Die Spanier waren mit 2000 Geschützen, denen Jervis nur 1414 gegenüberzustellen hatte, in der Übermacht. Die spanische SANTISSIMA TRINIDAD mit 130 Rohren – nach anderen Quellen 136 – war zu dieser Zeit das größte Kriegsschiff der Welt. Die Schlacht dauerte bis um 17 Uhr, und Jervis gewann sie. Erheblichen Anteil an diesem Ausgang hatte Commodore Nelson mit der CAPTAIN. Nelson nahm zwei Schiffe, die SAN NICHOLAS mit 80 Geschützen und die SAN JOSE mit 120 Rohren. Das erfreute britische Parlament verlieh Jervis den Titel eines Peer und zeichnete Nelson mit dem Order of the Bath aus.

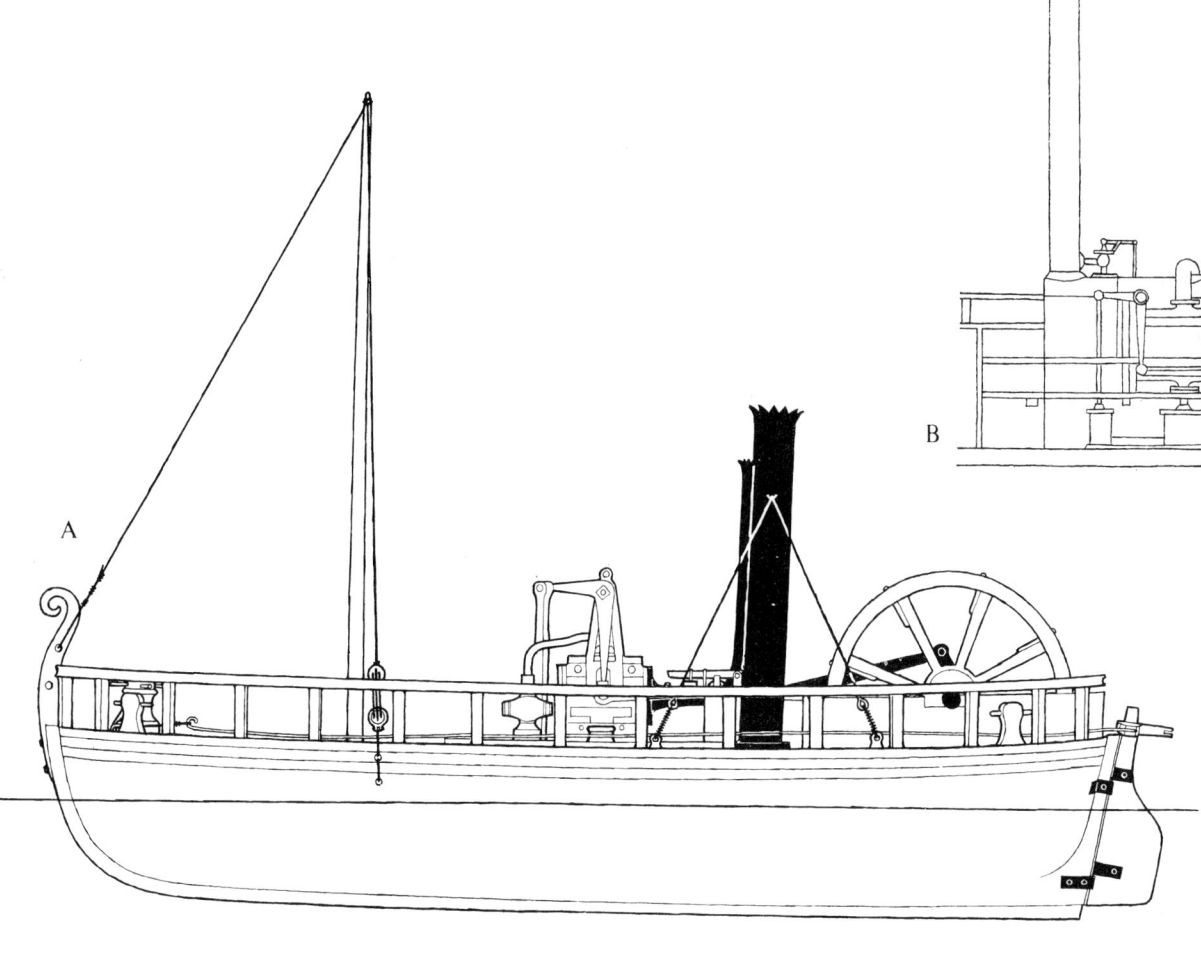

1798
Napoleons Flotte unterbricht die Fahrt nach Ägypten und erobert Malta. Unklugerweise beschlagnahmt man dabei die Kirchenschätze der Insel. Die gläubige Bevölkerung erhebt sich – ein klassisches Beispiel des Kampfes eines David gegen Goliath. Nelson stellt einige seiner Schiffe zur Blockade der französischen Garnison ab und hält sie zwei Jahre lang aufrecht, bis jene sich ergibt.

1. AUGUST 1798
Die Schlacht am Nil findet statt. Sie wird meist als Schlacht von Aboukir bezeichnet, denn die französische Flotte ankerte in der Bucht von Aboukir nahe dem Nildelta. Die vereinigte britische Flotte, die erste „moderne" Flotte, die je durch die Straße von Messina ging, bestand aus 14 Schiffen, die bis auf eins 74 Geschütze führten. Die Stärke der Besatzung betrug 6988 Mann.
Die französische Flotte stand unter dem Befehl von Admiral Bruey und Konteradmiral Villeneuve. Sie bestand aus 18 Schiffen und war nach Geschützzahl etwas überlegen. Bruey unterstanden 10 110 Mann – er war an Kopfzahl der Flotte Nelsons also weit überlegen.
Das Ergebnis der Schlacht war ein Triumph für Nelson. Das herausragende Ereignis der berühmten Schlacht war der Untergang der L'ORIENT. Dies war das Flaggschiff von Admiral Bruey unter dem Kommando von Kapitän Casa Bianca. In einem Nachtgefecht wurde das Schiff von einer gewaltigen Explosion vernichtet. Es feuerte bis zur letzten Minute.

1800
Matthew Flinders umsegelt Australien, wahrscheinlich als erster Mensch überhaupt.

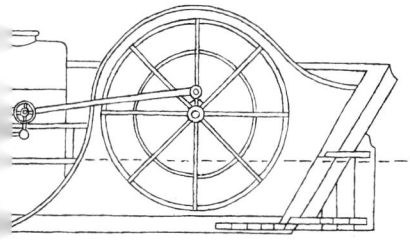

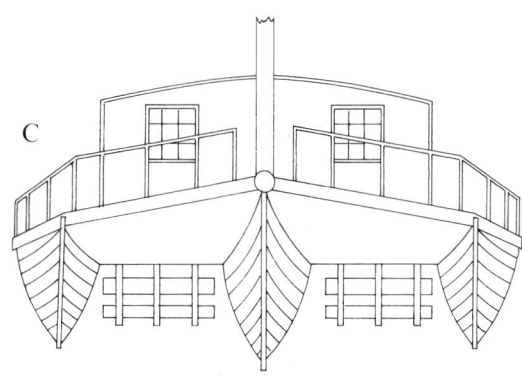

A CHARLOTTE DUNDAS *(1801)*.
B *Symingtons direkt wirkende Dampfmaschine, die das Schaufelrad der* CHARLOTTE DUNDAS *antrieb, das sich in einem gedeckten Heckeinschnitt befand.*
C *1787 hatte Patrick Miller aus Dalswinton in Schottland mit dampfgetriebenen Booten experimentiert. Hier der Querschnitt eines seiner Boote, das zwei Schaufelräder und drei Bootsrümpfe besaß.*

1800
Die letzte Dekade des 18. Jahrhunderts weist eine überraschende Zunahme des englischen Schiffsbestandes und in Verbindung damit einen ähnlichen Anstieg in seinem Seehandel auf. 90 Jahre, von 1700 bis 1790, waren vergangen, ehe die Zahl der im Lande registrierten Schiffe von 3281 auf 16 079 angestiegen war. In der letzten Dekade wuchs diese Ziffer sprunghaft auf 20 983.

2. APRIL 1801
Seeschlacht vor Kopenhagen. Theoretisch bestand noch kein Kriegszustand zwischen Dänemark und England, doch hatte Dänemark schon lange freundliche Neutralität gegenüber Frankreich gezeigt. Es konnte daher wenig überraschen, daß Dänemark eine der Signatarmächte des Paktes über „Bewaffnete Nordische Neutralität" wurde, wonach Rußland, Schweden und Dänemark englischen Ansprüchen ohne Kriegserklärung mit Waffengewalt gegenübertreten wollten.
Die britische Regierung entsandte daraufhin eine englische Flotte von 54 Schiffen unter Admiral Parker nach Kopenhagen. Zur Flotte gehörten 18 Linienschiffe, vier Fregatten, verschiedene Briggs, Monitore und Brander. Aufgrund der gefährlichen Strömungen konnten nicht alle Schiffe in der Schlacht eingesetzt werden.
Diese Schlacht war sehr heftig. Man hat geschätzt, daß auf engstem Raume etwa 2000 Geschütze aller Kaliber drei Stunden lang ununterbrochen feuerten. Während dieses Gemetzels setzte Admiral Parker, der sich bei der Nachhut befand, das vorher verabredete Signal Nummer 39, mit dem Nelson der Rückzug befohlen wurde. Nun ereignete sich die berühmte Szene, in der Nelson, von seinem Signaloffizier darauf aufmerksam gemacht, das Glas vor das blinde Auge setzte und sein Signal 16, das Signal für Nahkampf, stehen ließ.

1802
Der erste Dampfer läuft vom Stapel. Man hatte schon vorher einige zaghafte Versuche mit Dampfantrieb unternommen, doch erst Lord Dundas ließ durch William Symington (1763–1831) eine Dampfmaschine so in ein Schiff einbauen, daß man von einem ernsthaften Versuch sprechen konnte.
Symington hatte bereits eine Anzahl von Einzylinder-Maschinen gebaut, besaß also bereits eine gewisse Erfahrung. Lord Dundas führte aus, daß er einen neuen Raddampfer benötigte, den er als Schlepper auf dem Forth and Clyde Canal einsetzen könnte. Der erste Auftrag wurde Ende 1801 erteilt. 1802 war das Schiff zu Probefahrten bereit. Lord Dundas nannte den Dampfer zu Ehren seiner Tochter CHARLOTTE DUNDAS. Bei schlechtem Wetter legte das Schiff die 19,5 Seemeilen (31,4 km) bis Port Dundas, Glasgow, in sechs Stunden zurück, mit einer Durchschnittsgeschwindigkeit von 3,5 km/h. Eine Anzahl von Herren in Frack und Zylinder begleiteten Lord Dundas auf dem offenen Deck des Rad-Schleppers. Jedermann war von der Leistung des Schiffes, angesichts des Sturmes, gegen das es anzukämpfen hatte, stark beeindruckt.
Trotz ihrer eindrucksvollen Probefahrt konnte die CHARLOTTE DUNDAS nicht eingesetzt werden. Die Wellen, die das Schiff hervorrief, zerstörten die Ufer des Kanals. Es wurde daher in Bramford Drawbridge bei Schleuse 16 für viele Jahre aufgelegt.

22. JULI 1805
15 Schiffe unter dem britischen Vizeadmiral Calder greifen 20 franko-spanische Schiffe unter Admiral Villeneuve vor Kap Finisterre an. Das Gefecht wird bei unsichtigem Wetter durchgeführt und endet unentschieden. Calder wird Versagen vorgeworfen und abgelöst.

21. OKTOBER 1805
Die letzte große Seeschlacht zwischen Segelschiffen, die Seeschlacht von Trafalgar, findet statt. Admiral Nelson war der Oberbefehl über die britische Flotte erteilt worden, die die franko-spanische Flotte, die in Cadiz neu ausgerüstet wurde, vernichten sollte.
Die britische Flotte bestand aus 33 Schiffen. Die VICTORY führte die Vorhut, die ROYAL SOVEREIGN die Nachhut. Collingwood war britischer Vizeadmiral. Einige Geplänkel gingen der eigentlichen Schlacht voraus. Am 19. Oktober gab die MARS, die als Signalwiederholer die Verbindung zu den als Spähschiffen unter Land stehenden Fregatten herstellte, die Nachricht, daß die vereinigte französische und spanische Flotte unter Villeneuve, Don Ignatius Maria d'Alava und Don Federico Gravina ausgelaufen sei. Zufälligerweise bestand auch diese Flotte aus 33 Schiffen. Inzwischen war die Zahl der britischen Schiffe jedoch auf 28 reduziert, da fünf Schiffe unter Konteradmiral Louis nach Gibraltar entsandt worden waren, um Nachschub zu holen.
Am 20. Oktober kommen die gegnerischen Flotten bei Tagesanbruch in Sichtweite. Nelson erkennt, daß der Gegner etwa 12 Seemeilen in Lee südwärts läuft. Während des ganzen Tages hält Nelson nun langsam von der Küste ab. Seine Absicht ist, den Gegner so weit von der Küste abzudrängen, daß ein rascher Rückzug unmöglich ist.
Um 11.45 gab die SANTA ANA, ein Schiff von 112 Geschützen, bei leichtem westlichen Wind und einer langen, rollenden Dünung die ersten Schüsse auf die ROYAL SOVEREIGN ab. Jedes Schiff eröffnete nun das Feuer auf sein Gegenüber in der feindlichen Linie. Die VICTORY feuerte über das Heck der BUCENTAURE, auf der sich Admiral Villeneuve befand, und setzte sie außer Gefecht. Die VICTORY ihrerseits wurde von der REDOUTABLE beinahe geentert, wobei ein Scharfschütze aus einem Gefechtsmars des französischen Schiffes mit einer Kugel Admiral Nelson das Rückgrat zerschmetterte.
Nelsons Taktik wird deutlich. Sie will mit zwei Divisionen die feindliche Linie durchbrechen, sie in drei Gruppen teilen und am Rückzug nach Cadiz hindern. Was besonders wichtig war: Die Spitze des feindlichen Verbandes befand sich so weit vom eigentlichen Schlachtfeld entfernt, daß sie zwei Stunden benötigte, um zu wenden und zurückzulaufen. So lange besaßen die Engländer auf dem Schlachtfeld die zahlenmäßige Überlegenheit. Bald bestand am Ausgang der Schlacht kein Zweifel. Villeneuve war in Gefangenschaft geraten, seine Flotte zerstreut. Dreizehn seiner Schiffe befanden sich in den Händen britischer Prisenkommandos, 17 weitere waren entmastet.

SCHIFFE UND MEER

Die Verluste standen in keinem Verhältnis zueinander. Die franko-spanische Flotte verlor 3000 Mann, die britische 454, wozu noch 1141 Verwundete kamen. Die BELLE ISLE – trotz des Namens ein britisches Schiff – war als einzige schwer beschädigt und entmastet worden. Auch dem nachfolgenden Sturm, der das Schlachtfeld reinzufegen schien, entging die britische Flotte ohne Schäden, während drei der überlebenden franko-spanischen Schiffe Schiffbruch erlitten.

1807

Vier Jahre nach dem erfolgreichen Stapellauf der CHARLOTTE DUNDAS wandte sich auch ein amerikanischer Ingenieur, Robert Fulton, dem Bau von Dampfschiffen zu. Er hatte die Probefahrt der CHARLOTTE DUNDAS gesehen und war über die wachsenden Kosten beim Bau großer Segelschiffe besorgt. Er fand bald einen Gönner, R. Livingstone, und es wurde eine Verabredung getroffen, daß er einen Teil der Schiffswerft von Charles Brown am Hudson in der Nähe von New York benutzen konnte. Die Arbeit ging rasch voran, so daß das auf den Namen CLERMONT getaufte Dampfschiff 1807 Probefahrten auf dem Hudson unternehmen konnte. Es erreichte eine Geschwindigkeit von 5 kn. Fulton war der Meinung, daß mit weiter aus dem Wasser herausragenden Schaufelrädern das Schiff noch schneller werden würde. Der Umbau wurde ausgeführt, und schließlich ging das Schiff auf die Reise von New York nach Clermont, etwa 177 km entfernt. Clermont wurde nach 24 Stunden erreicht, die erste längere Reise, die ein Dampfschiff unternahm. Nach einer kurzen Unterbrechung wurde sie nach dem Regierungssitz des Staates, Albany, über weitere 64 km fortgesetzt. Nach acht Stunden traf das Schiff dort ein. Ein unvorbereiteter Augenzeuge, der das qualmende und zischende Schiff sah, soll schreiend nach Hause gelaufen sein und berichtet haben, er habe den Teufel in einer Sägemühle auf dem Wege nach Albany gesehen.

Die CLERMONT sollte ein besseres Schicksal als die CHARLOTTE DUNDAS erleben. Der Rumpf des amerikanischen Schiffes wurde umgebaut und vergrößert. Danach wurde das Schiff viele Jahre mit großem Nutzen im Handelsverkehr auf dem Hudson eingesetzt, und zwar als NORTH RIVER. Der Dampfantrieb wurde damit zur bleibenden Einrichtung.

1807

Obwohl Dänemark den Sklavenhandel 1802 für illegal erklärt hatte und verschiedene Länder diesem Beispiel gefolgt waren, wurde die Sklaverei selbst erst 1862 verboten. Das hieß, daß der Sklaventransport über See immer noch fortgesetzt werden konnte, wenn auch jede Fahrt mehr und mehr zu einem Wagnis wurde. Die amerikanische Regierung erklärte 1807 den Sklavenhandel als Piraterie und richtete, wie die britische, Küstenpatrouillen ein, um die Kapitäne von dieser Art des Handels abzuschrecken. Captain Gordon vom amerikanischen Schiff ERIE war der letzte, der 1860 820 Sklaven nach Amerika zu bringen versuchte, dabei aufgebracht, verurteilt und gehängt wurde. Es gab aber immer wieder Männer, die der Versuchung dieses lukrativen Handels erlagen und sich über die Gesetze und

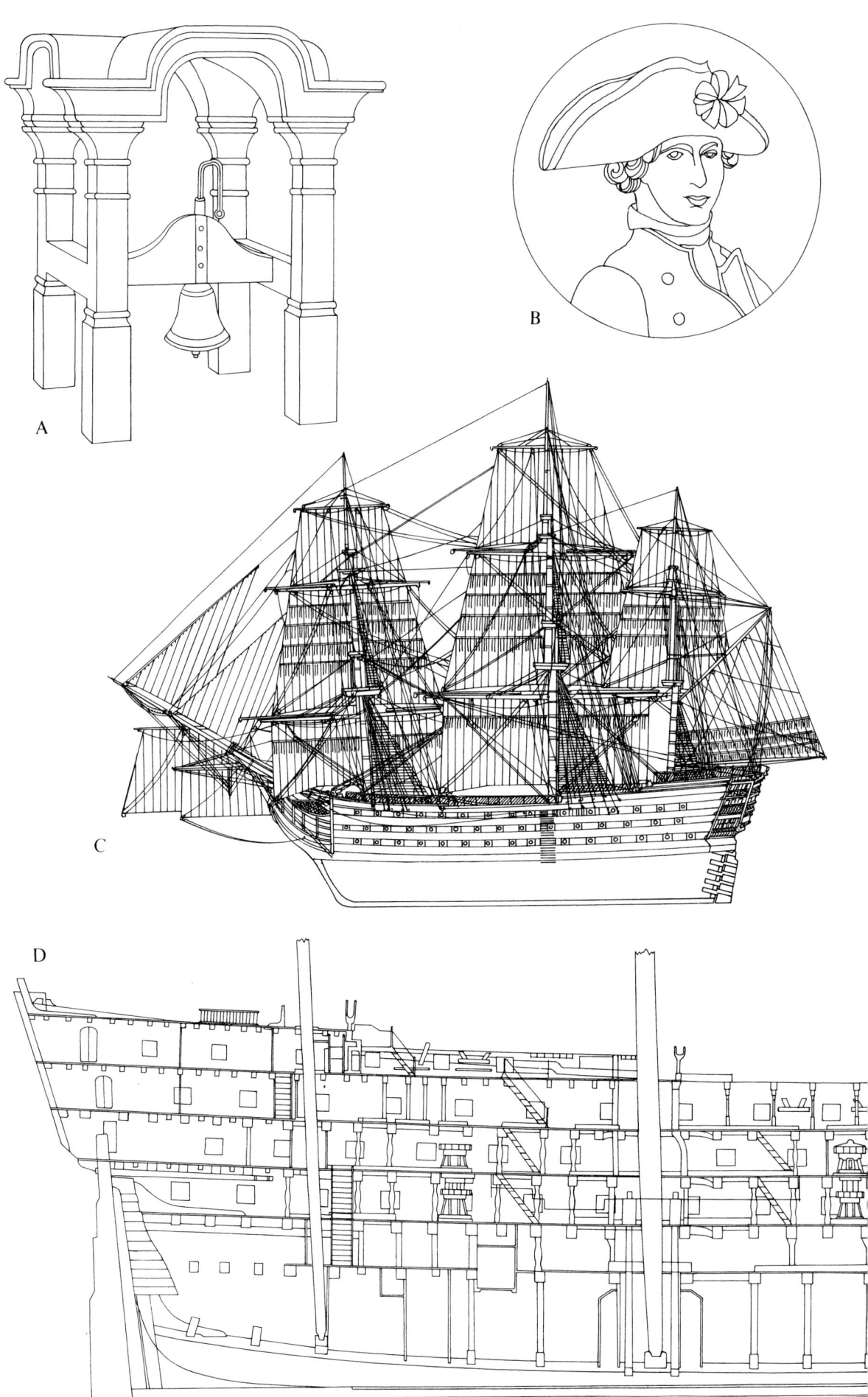

VICTORY

Dies war das Flaggschiff Nelsons in der Schlacht von Trafalgar im Jahre 1805, auf dem er auch an seiner Verwundung starb. Es war ein Schiff der ersten Linie, ein Dreidecker mit 102 Geschützen. Im Jahre 1765 vom Stapel gelaufen, hat das Schiff an vielen Gefechten teilgenommen und ist heute eines der wenigen erhaltenen hölzernen Kriegsschiffe. Es liegt im Hafen von Portsmouth.

A Die Schiffsglocke.
B Horatio Lord Nelson (1758–1805).
C Seitenansicht.
D Längsschnitt.
E Querschnitt mittschiffs mit den Geschützdecks.
F Das Heck des Schiffes.

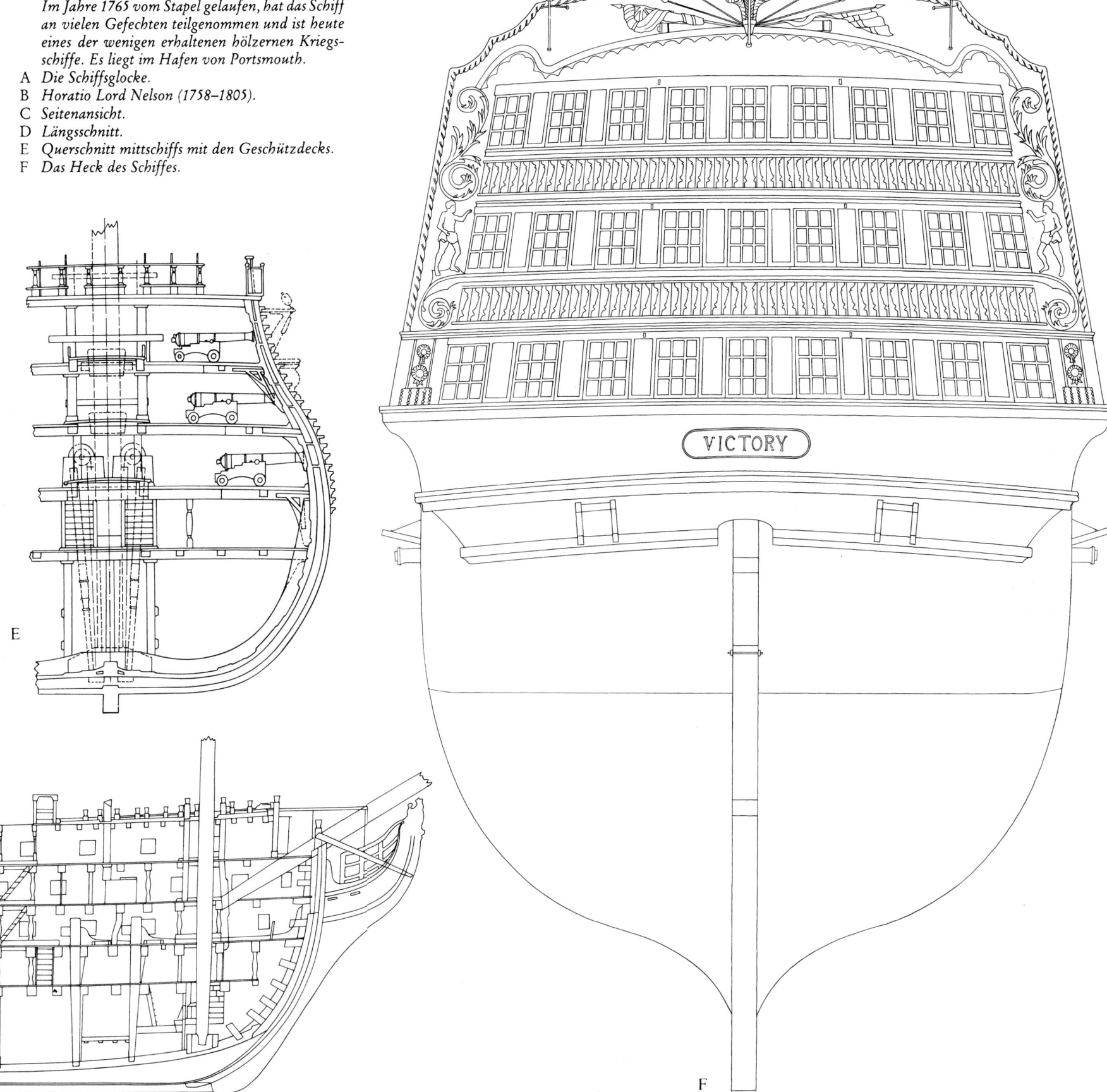

Verordnungen hinwegsetzten. Im Jahre 1807 landeten z. B. nicht weniger als 202 Schiffe insgesamt 39 000 Sklaven in Amerika an. Die Anzahl der tatsächlich verschifften Sklaven muß erheblich größer gewesen sein, denn die Verluste auf den Reisen waren hoch. Die Zahl ist aber noch niedrig, vergleicht man sie mit den 60 000 Sklaven, die 1822 nach Brasilien gebracht wurden, in dem Jahr, in dem es sich von Portugal trennte.

1812
Eine neue Dimension eröffnete sich der Seefahrt, als ein Dampfschiff zum ersten Male rückwärts lief. Zu diesem Manöver kam es zufällig. Die COMET war der Stolz der Werft von John Wood in Port Glasgow, wo sie 1812 für Henry Bell erbaut worden war. Es war der erste britische Passagierdampfer. Ursprünglich war sie mit zwei Schaufelradpaaren ausgerüstet worden, doch brachte die Entfernung des einen einen gewissen Geschwindigkeitszuwachs, wenn auch die COMET nie zu einem Schnelläufer wurde, denn ihre Maschine war zu schwach. Häufig brach die Dampfversorgung zusammen, und dann mußten die Passagiere das Schwungrad, das die Schaufelräder antrieb, von Hand bewegen.
Eine Tages lief die COMET auf. Nun besaß das Schiff wie alle frühen Dampfschiffe keine Umsteuerung. Wenn es auflief, mußte es freigestakt werden. Der Kapitän gab dem jungen Maschinenanwärter den Befehl, das Schwungrad von Hand zu betätigen. Dieser bewegte die Schaufelräder aber nur so weit, bis sich der Zylinder in seinem Totpunkt befand. Dann öffnete er das Dampfventil und zog die oberste Schaufel zu sich heran. Es gab einen heftigen Stoß, und dann lief die COMET in einer Qualmwolke rückwärts von der Sandbank.
Der junge Mann bekannte später, daß er dieses Manöver schon einige Male ausgeführt, jedoch davon nichts erzählt habe, weil er befürchtete, sich den Zorn des Kapitäns über ein unerlaubtes Maschinenmanöver zuzuziehen.

1812
Robert Fulton entwirft die DEMOLOGUS, das erste dampfgetriebene und gepanzerte Kriegsschiff. Es war ein Dampfer mit einem einzelnen Schaufelrad und bestimmt für die Verteidigung des Hafens von New York. Das Rad befand sich im Zentrum des Schiffskörpers, um bei Angriffen auf das Schiff möglichst geschützt zu sein.

18. JUNI 1812 – 24. DEZEMBER 1814
Aufgrund mangelhafter Nachrichtenübermittlung kam es zu einem völlig unnötigen Krieg zwischen Amerika und England. Er brachte keiner Seite Gewinn. In seinem Verlauf fanden einige berühmte Gefechte zwischen Fregatten statt. Zur Überraschung der Engländer siegten die Amerikaner häufi-

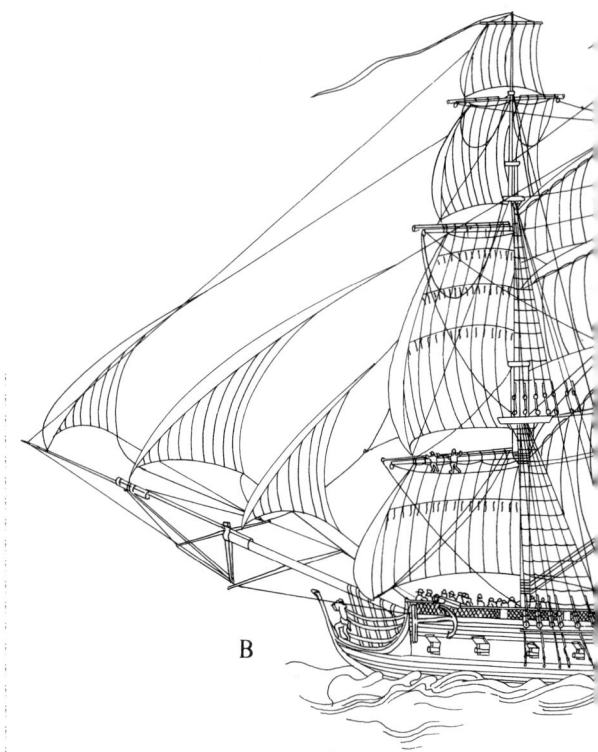

B

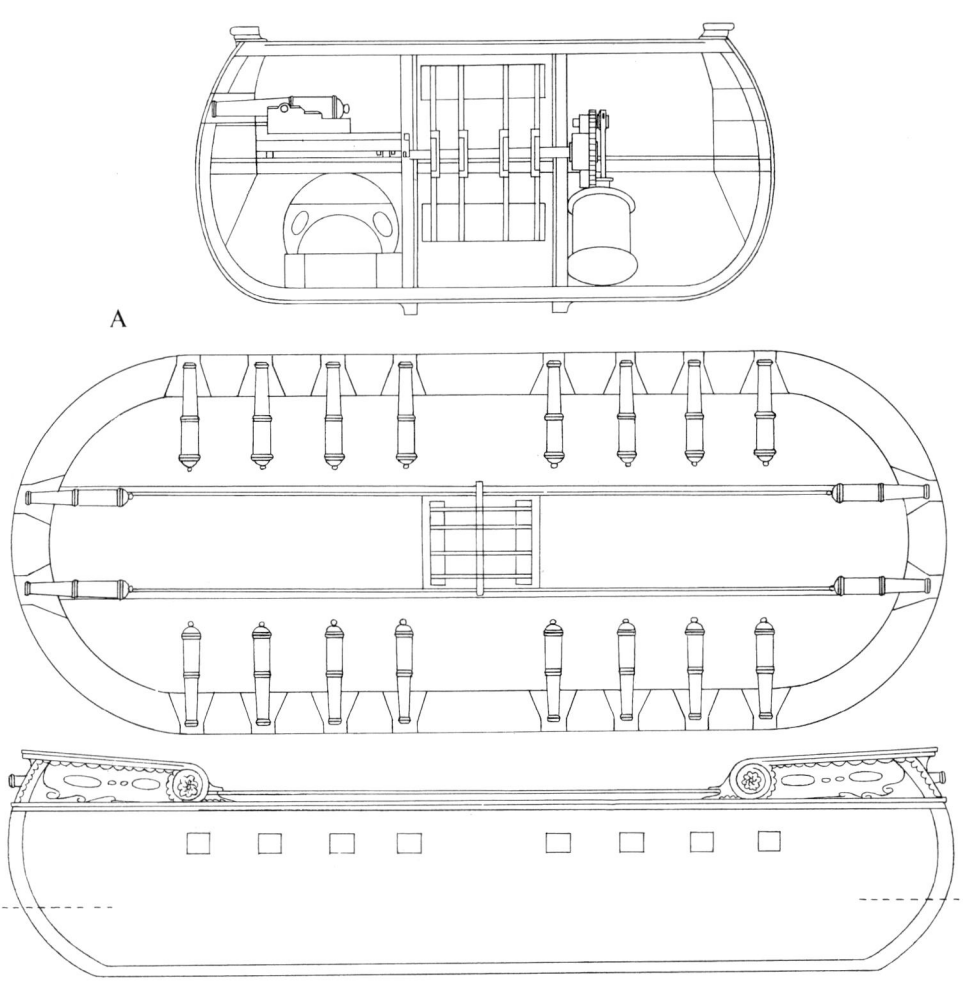

A

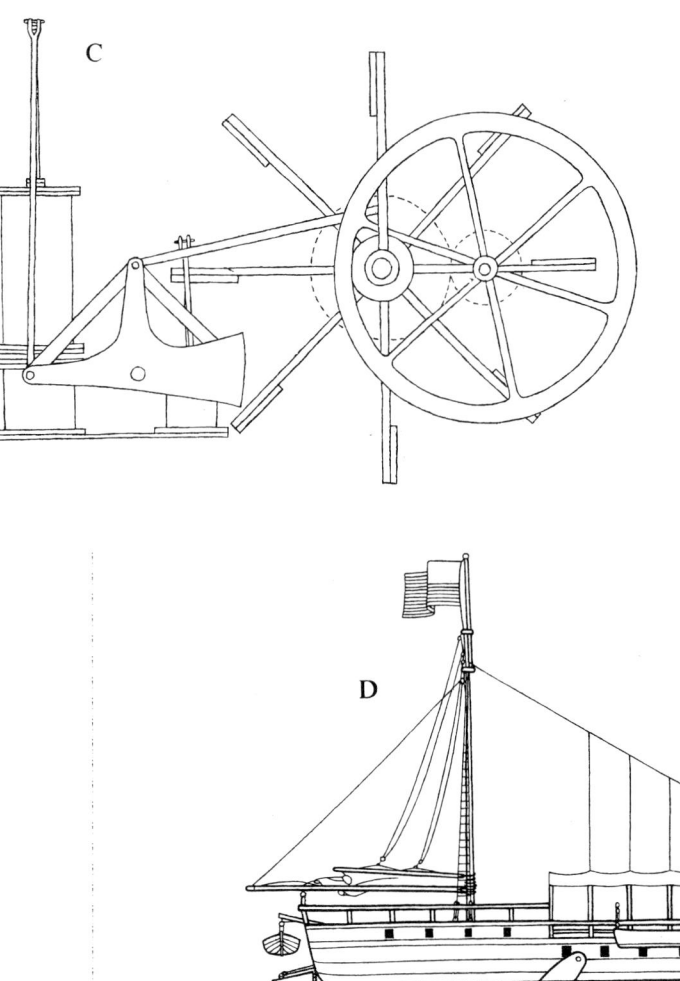

C

D

SCHIFFE UND MEER

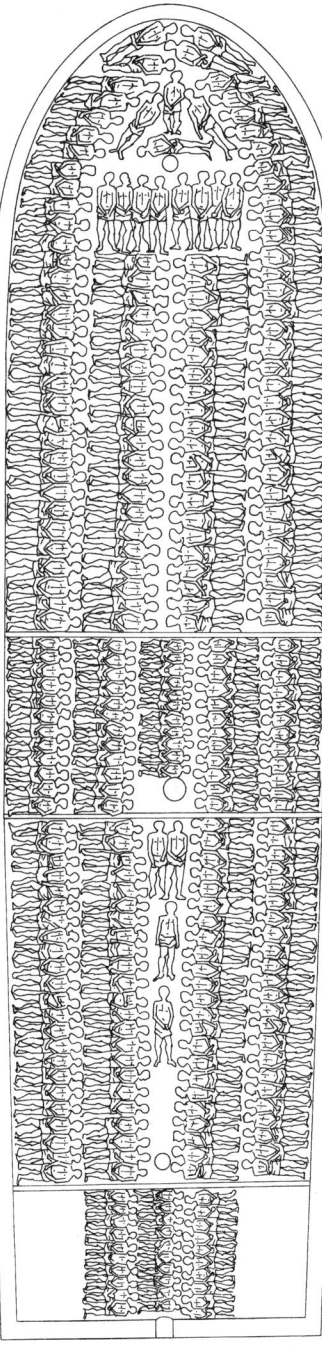

ger. Das spornte die Admiralität an, und einige amerikanische Schiffe konnten aufgebracht werden. In diesem Krieg führten die Amerikaner zum ersten Male die Vorläufer der späteren U-Boot-Fallen und Handelsstörer ein. Die amerikanische Fregatte ESSEX verhielt sich wie ein Handelsschiff, kam am 3. August 1812 unbemerkt an die britische ALERT heran und konnte sie mit einer einzigen Breitseite entmasten.

1813
Kanada stellt seine erste Dampffähre, die SWIFTSURE, auf dem St. Lawrence in Dienst, ein Schiff von 42,7 m Länge.

1814
Der Dampfantrieb hält auch auf der Themse seinen Einzug, als Archibald MacLachlan und William Denny in Dumbarton die 19,2 m lange MAJORY bauen lassen. Das Schiff, das manchmal auch als MARGERY bezeichnet wird, wurde nach Fertigstellung sofort für den Fährdienst zwischen London und Margate eingesetzt. Es fuhr auf dem Forth and Clyde Canal entlang der Ostküste Englands und erreichte so schließlich die Themse.
Vor dem Nore ankerte ein Geschwader der britischen Flotte. Als die MAJORY in einer dicken schwarzen Qualmwolke auftauchte, gab es eine Flut von Signalen, und die Seeleute rannten auf ihre Gefechts-

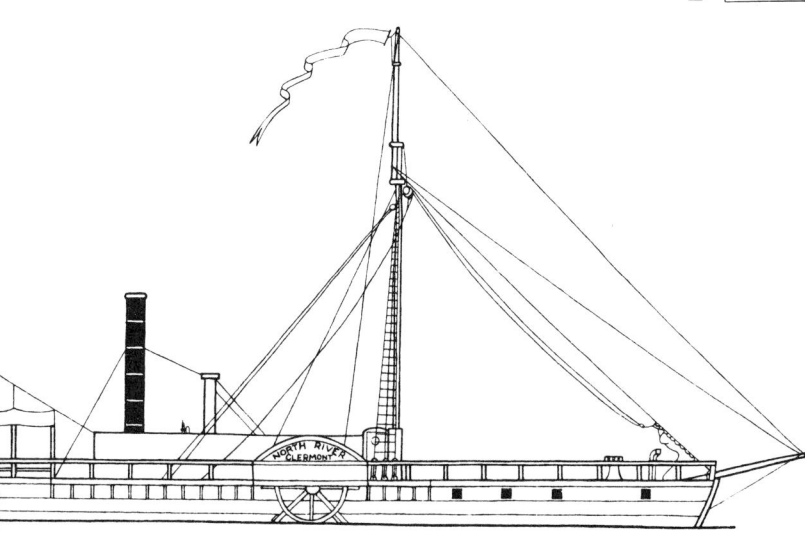

A *Das amerikanische Kriegsschiff* DEMOLOGUS, *von Robert Fulton 1812 entworfen und 1815 fertiggestellt, war das erste dampfgetriebene Kriegsschiff der Welt.*
B *Die amerikanische Fregatte* ESSEX, *die die britische* ALERT *im Jahre 1812 entmastete, war später das erste amerikanische Kriegsschiff im Pazifik.*
C *Die Dampfmaschine und das Zahnradgetriebe der* CLERMONT *1807.*
D *Die* CLERMONT, *später* NORTH RIVER *(1807–1808).*
E *Plan eines Sklavenschiffes mit der Anordnung der menschlichen Fracht unter Deck.*

113

SCHIFFE UND MEER

stationen. Auf die Anfrage: „Welches Schiff?" kam die Antwort: „MAJORY, auf der Fahrt von Schottland nach London."
Diese Antwort stellte die Royal Navy nicht zufrieden. Es folgte die Anfrage: „Welcher Typ von Schiff?" Antwort: „Ein Dampfschiff." Die Royal Navy zeigte sich von einmaliger Begriffsstutzigkeit: „Antwort unverständlich, bitte Signal wiederholen." So wurde diese Komödie weitergespielt, bis die Identifikation von der Navy schließlich akzeptiert wurde und die MAJORY die Reise nach London fortsetzen konnte. Als sie dann ihre erste Reise nach Gravesend antrat, hatten sich Hunderte von Schaulustigen am Ufer versammelt, doch nur sieben Wagemutige nahmen an der Fahrt teil. Glücklicherweise drängten sich nach einigen schnellen und sicheren Reisen die Passagiere, und die MAJORY war, solange sie diesen Dienst versah, immer ausgebucht. Im Frühjahr 1816 wurde das Schiff an Andriel Pajol et Cie. in Paris verkauft und lief am 17. März nach der französischen Hauptstadt aus. Es wurde vom neuen Eigner in ELISE umbenannt und auf der Seine eingesetzt. Durch diese Reise von London nach Paris wurde es zum ersten Dampfschiff, das den Kanal überquerte. Bei steifem Südwind nahm diese Reise 17 recht unangenehme Stunden in Anspruch.
Pietro Andriel, der Kapitän und Miteigner, verließ Paris im folgenden Jahr und siedelte sich in Neapel an, wo er eine eigene Reederei, P. Andriel et Cie, gründete. Diese Reederei setzte 1818 den ersten Raddampfer im Mittelmeer ein.

1816
Großbritannien, Wegbereiter im Dampfschiffbau, beginnt mit dem Export von Schiffsmaschinen.

JULI 1816
Das erste schwedische Dampfschiff, die STOCKHOLMS-HÄXAN (Hexe von Stockholm), unternimmt Probefahrten auf dem Mälarsee. Ihre 4-PS-Maschine verleiht ihr eine Geschwindigkeit von 4 kn/h.

14. SEPTEMBER 1816
Der Mittelraddampfer PRINZESSIN CHARLOTTE VON PREUSSEN läuft in Pichelsdorf bei Berlin vom Stapel. Er ist mit einer englischen Maschine ausgerüstet.

1817
Zu Beginn des Jahres tagt eine Kommission des britischen Unterhauses, um die Verhinderung von Unglücken durch Explosionen an Bord von Dampfschiffen zu beraten. Als Ergebnis mußten alle Dampfschiffe registriert und ihre Dampfkessel in regelmäßigen Abständen inspiziert werden. Die Kessel mußten so ausgelegt sein, daß sie dem dreifachen Arbeitsdruck standhalten konnten, mit zwei Sicherheitsventilen ausgerüstet und aus Schmiedeeisen oder Kupfer hergestellt sein.

1818
Die ROB ROY von 88 t wird als erster Dampfer zwischen Glasgow und Belfast eingesetzt.

1818
Ferdinand II., König beider Sizilien, war Ingenieur aus Passion. Er liebte den Geruch der Maschinen und

A SAVANNAH (1818).
B ELISE EX MAJORY (oder MARGERY), 1814.
C *Diese Abbildung gibt die* STOCKHOLMSHÄXAN *wieder nach Skizzen, die der Sohn von Samuel Owen aus dem Gedächtnis anfertigte.*
D *Die* STOCKHOLMSHÄXAN *(Hexe von Stockholm), 1816.*

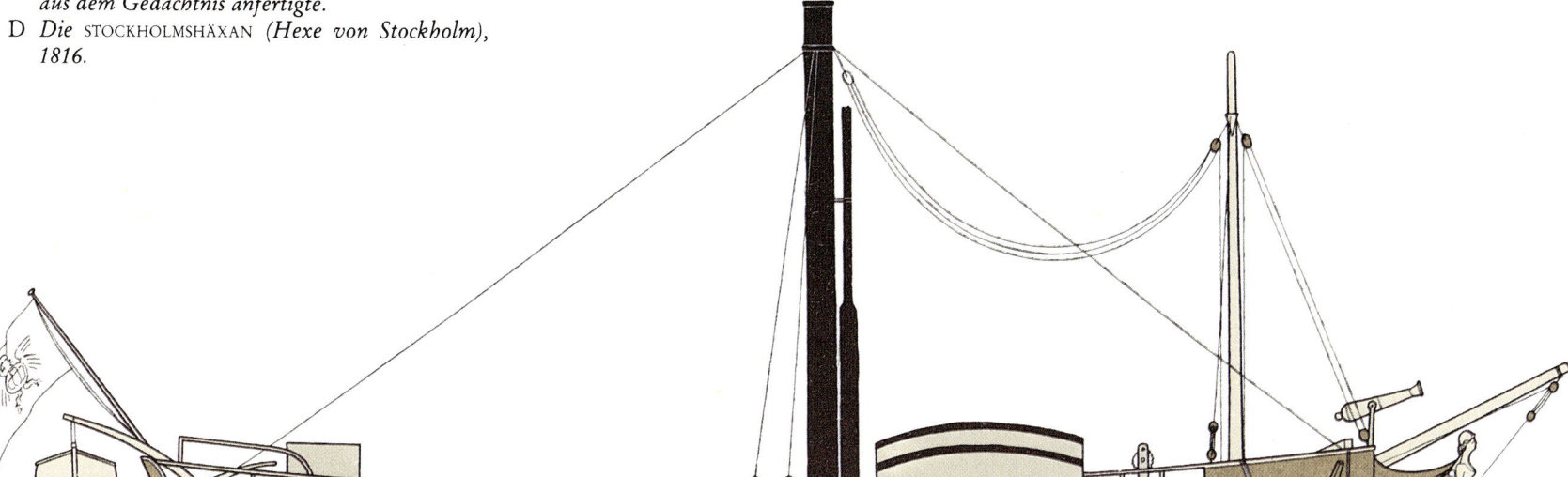

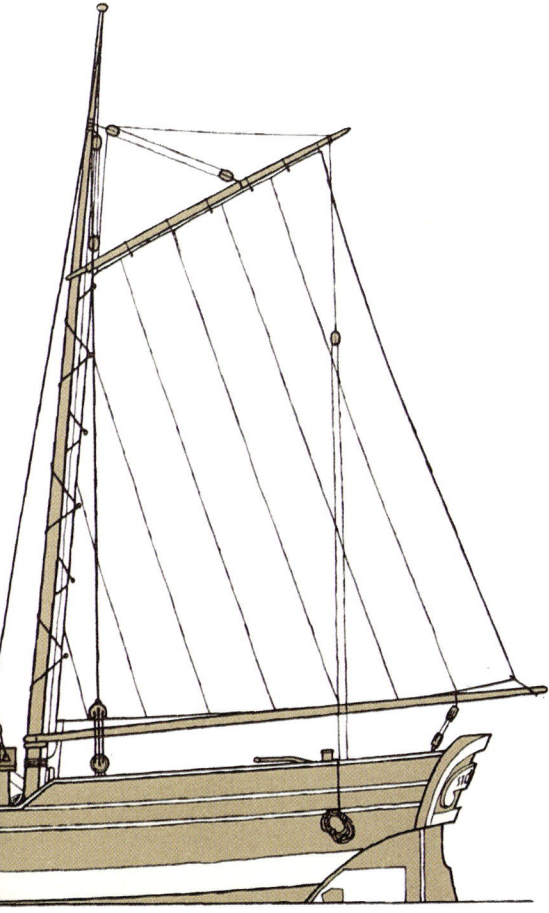

hatte sich allem Mechanischem verschrieben. Er erteilte Pietro Andriel die Konzession zum Betrieb eines Dampfers zwischen Neapel und Marseilles, der auch Civitavecchia, Livorno und Genua anlief. Die Konzession war auf 15 Jahre befristet.

Andriel betrieb das Projekt mit großem Geschick. Am 27. September 1818 lief das Dampfschiff FERDINANDO PRIMO auf der Werft von Stanislao Filosa in Neapel nur wenige Tage vor dem eines Konkurrenten aus dem Norden vom Stapel, der versucht hatte, einen Dienst von Triest nach Venedig noch vor dem zwischen Neapel und Marseille einzurichten. Die CAROLINA, die Triest Anfang Oktober verließ, wurde das zweite Dampfschiff des Mittelmeeres.

An einigen Stellen wird auch als erstes italienisches Dampfschiff überhaupt die kleine ERIDANO genannt, die sich, lange bevor die FERDINANDO PRIMO und die CAROLINA in Dienst kamen, langsam auf dem Po auf- und abbewegt haben soll.

Die FERDINANDO PRIMO besaß bei 115 t eine Länge von 39 m und eine Breite von 6 m. Ihr Rumpf war aus Holz gebaut, und eine Dampfmaschine englischer Herkunft von 50 PS verlieh ihr eine Geschwindigkeit von 6 kn/h. 50 Passagiere konnten in einem allgemeinen Salon im Vorschiff untergebracht werden, sechzehn weitere in Einzelkabinen am Heck des Schiffes. Natürlich handelte es sich bei dem 1. Ingenieur um einen Engländer. Kapitän war jedoch der 24jährige Guiseppe Libetta, Nachkomme einer angesehenen sizilianischen Familie. Als er mit dem Schiff sicher in Genua einlief, wurde er von der ganzen Stadt gefeiert. Er hatte für die Reise von Neapel nach Genua einen vollen Monat benötigt, doch minderte das die Freude in Genua nicht. Am 4. November 1818 erreichte Libetta schließlich Marseille, als erster Kapitän eines Dampfschiffes, das je diesen altbekannten Hafen anlief.

Die FERDINANDO PRIMO hatte nur ein kurzes Leben. Bereits 1820 wurde sie von einem am Clyde gebauten Schiff ersetzt.

1819

Es wird festgestellt, daß Seewasser aus allen Teilen der Welt, wenn man von Deltagebieten und ausgesüßten Binnenmeeren wie der Ostsee absieht, dieselben Salze im gleichen Verhältnis enthält.

1819

Für den Tagesdienst zwischen Holyhead und Dublin wird die TALBOT gebaut. Es ist das erste Dampfschiff mit zwei Maschinen, eine für jedes Schaufelrad. Es konnte sich damit um die eigene Achse drehen.

1819

Um die erste Überquerung des Atlantiks mit einem Dampfschiff gab es einen heißen Wettkampf. Natürlich kann der Begriff des Dampfschiffs unterschiedlich definiert werden. Wenn man eine bestimmte Definition akzeptiert, so war es die SAVANNAH, der der Ruhm der ersten Atlantiküberquerung gebührt. Das Schiff wurde 1818 bei Francis Pickett in New York auf Stapel gelegt und war als hölzernes Segelschiff für den Dienst New York – Le Havre entworfen. Als es fast fertiggestellt war, entschied man sich zum Einbau einer kleinen Einzylinder-Dampfmaschine von 90 PSi, die von den Speedwell Iron Works, New Jersey, gebaut wurde.

Diese Hilfsmaschine – denn nur das war sie – trieb Schaufelräder mit je zehn Schaufeln an, die abgenommen und zusammengelegt werden konnten, wenn sie nicht in Betrieb waren. Sie konnten dann unter Deck verstaut werden. Das Spritzwasser der Schaufelräder wurde soweit wie möglich durch Leinwandverkleidungen, die schirmartig über die oberen Radhälften gespannt wurden, ferngehalten.

Diese ganze Anlage trug mehr den Charakter eines Experiments als den einer ernsthaften Antriebsanlage. Die Grundidee war, daß sich die SAVANNAH in Windstillen vor den subtropischen Küsten Georgias fortbewegen sollte, wenn alle anderen Schiffe festlagen.

Die SAVANNAH wurde zum Verkauf gestellt, und ihr amerikanischer Eigner entschied, daß hierfür in Europa ein besserer Markt zu finden sei. So verließ das Schiff am 24. Mai 1819 den Hafen von Savannah in Georgia, um nach Liverpool zu segeln. Es lief in Ballast und ohne Passagiere. Am 20. Juni erreichte es den Mersey nach einer Reise von 27 Tagen und 15 Stunden. Die Dampfmaschine war insgesamt drei Tage und acht Stunden, vor allem beim Auslaufen aus Savannah und Einlaufen in Liverpool, in Betrieb gewesen.

Technisch gesehen ist die SAVANNAH aber das erste Schiff mit einem gewissen Antrieb durch Dampf, das den Atlantik überquerte.

Zwei Anekdoten seien hier noch angefügt. Die SAVANNAH ging unter Dampf nach Kinsale in Irland, wo sie bunkern wollte. Vor Cape Clear im äußersten Süden Irlands wurde sie von der Küstenwache entdeckt. Diese meldete dem Flaggadmiral in Cork, sie hätte ein in Brand geratenes Schiff gesichtet. Der Admiral befahl ein Kriegsschiff zur Hilfeleistung. Zum Erstaunen des Kommandanten konnte er mit seinem schnellen Marine-Kutter das „brennende" Schiff erst einholen, als es schon im Hafen von Kinsale vor Anker gegangen war.

Einige Tage später lief die SAVANNAH unter einem sehr großen Sternenbanner in Liverpool ein. Der Wachoffizier des Wachbootes vor Liverpool rief das Schiff an und fragte, warum es diese Flagge führe. Die Antwort war: „Weil mir mein Land das Recht dazu gibt." Die Entgegnung war, daß der Kommandant des Kriegsschiffes sich dadurch beleidigt fühle. Darauf antworteten die Amerikaner: „Wir führen die Flagge aus Ehrerbietung. Dieses ist ein amerikanisches Schiff." Danach machte die SAVANNAH, das Dampfschiff, das aus Amerika herübergekommen war, angesichts der sich versammelnden Hafenarbeiter fest.

1820

Edward Bransfield, der den Walfänger WILLIAMS führt, sichtet als erster Mensch das antarktische Festland.

1821

Die RISING STAR wird das erste Dampfschiff des Pazifiks. Sie verläßt Gravesend in England am 22. Oktober 1821 und segelt von Hafen zu Hafen entlang der europäischen, später der südamerikanischen Küste, geht um Kap Hoorn und hinauf nach Valparaiso. Auf dieser Reise legt sie 12 000 Seemeilen zurück. Sie benötigt dazu sechs Monate, während derer genaue Aufzeichnungen gemacht wurden.

1821

Die ROB ROY wird aus dem Glasgow–Belfast-Dienst abgezogen und zwischen Dover und Calais eingesetzt. Es ist das erste Dampfschiff, das einen fahrplanmäßigen Fährdienst im Kanal aufnimmt. Die Franzosen sind hiervon so beeindruckt, daß sie das Schiff zum Einsatz als Postschiff nach England kaufen. Es wird in HENRI QUATRE umgetauft.

1822

Lloyd's of London nimmt den ersten Dampfer in sein Register auf. Es ist die JAMES WATT, die der General Steam Navigation Co. gehört, einer Gesellschaft, die noch heute besteht.

Die Eintragung von Dampfern erfolgte selten. 1831 hatte die Zahl der eingetragenen Dampfschiffe 81 erreicht. Bei allen handelte es sich um Schiffe, die für den Einsatz auf Flüssen, in Flußmündungen oder zu kurzen Reisen über den Kanal bestimmt waren.

Der Hauptgrund für die Kürze der Reisen lag in dem

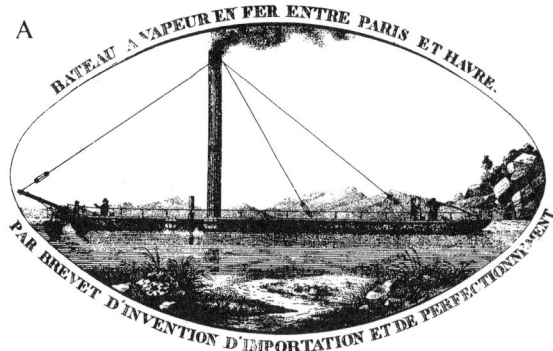

A AARON MANBY *(1822)*.
B JAMES WATT *(1822)*.

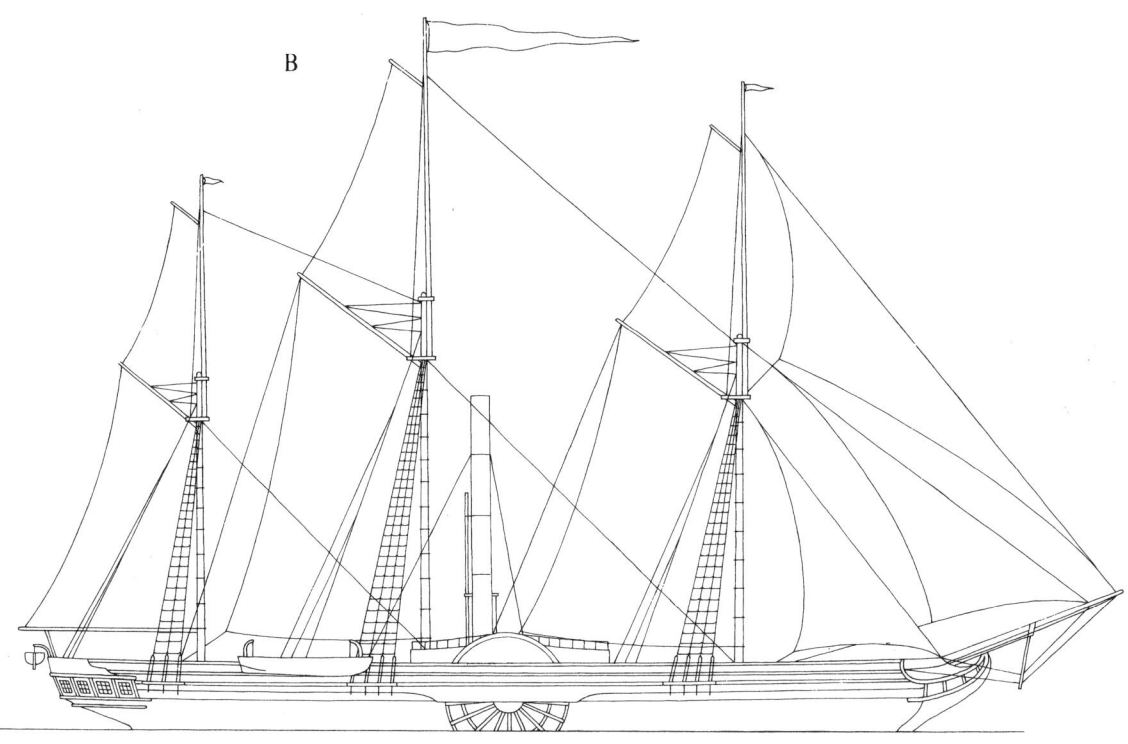

Brennstoffproblem. Zu jener Zeit verbrauchten Dampfmaschinen 4,1 kg Kohle pro PS und Stunde. Die Zwillingsmaschine von 50 PS, die auf der JAMES WATT eingebaut worden war, verbrauchte 5 t Kohle, wenn die Irische See mit stetigen 10 kn überquert werden sollte. Das ganze Schiff war aber nur 44,5 m lang.

1822

Von den Horseley Iron Works, Tipton in Staffordshire, wird das erste Schiff mit rein eisernem Rumpf begonnen. Mit dem Bau der AARON MANBY sollte die Überlegenheit des Eisens als Schiffbaumaterial gegenüber dem Holz bewiesen werden. Das Schiff wurde für Aaron Manby, den Besitzer der größten Eisengießerei Frankreichs, gebaut, der auch die Hauptanteile an der Passagierschiffahrt auf der Seine besaß. In seiner Flotte liefen schon einige Schiffe mit Versuchsrümpfen aus Metall.

Einer der Gründe, warum Eisen bis zu diesem Zeitpunkt nicht schon in größerem Umfang im Schiffbau benutzt wurde, bestand in der allgemeinen Volksmeinung, daß Eisen nicht schwimmen könnte und es den Zorn des Allmächtigen herausfordern würde, wollte man etwas anderes beweisen. Dennoch hatte schon 1787 der Engländer John Wilkinson mit dem Bau eiserner Leichter in Willey in Shroppshire begonnen. Sie waren für den Einsatz auf Flüssen bestimmt, 21,3 m lang und trugen 32 Tonnen – doppelt soviel wie die gewöhnlichen Leichter mit einem Tiefgang von 0,9 m. Will man genau sein, so hatten Wilkinsons Leichter allerdings keinen rein eisernen Rumpf. Vor- und Achtersteven und der Kiel bestanden aus Holz. Mit Bolzen waren daran eiserne Spanten und auf diesen Platten aus 8 mm dickem Schmiedeeisen befestigt.

Als die AARON MANBY fertiggestellt war, wurde sie demontiert und über Land in die Surrey Docks von Rotherhithe, London, gebracht. Dort wurde das Schiff für die Fahrt nach Paris wieder montiert und vollbrachte dann als erstes eisernes Schiff die Kanalüberquerung. Es leistete auf der Seine bis zum Jahre 1855 gute Dienste.

Schiffe mit eisernen Rümpfen besaßen in tropischen Gewässern einen großen Vorteil: sie konnten nicht von Bohrwürmern befallen werden. Daher richtete MacGregor 1829 auf dem Niger einen Dienst mit dem eisernen Dampfer ALBURKAK ein. Indien besaß 1832 vier Schiffe mit eisernen Böden, die LORD WILLIAM BENTINCK, die THAMES, die MEGNA und die JUMNA, die einen regelmäßigen Dienst auf dem Ganges unterhielten.

1823

Die ersten Dampfschiffseigner der Niederlande, die Nederlandsche Stoomboot Maatschappij, bringen die DE NEDERLANDER in Fahrt.

1824

Die General Steam Navigation Co. Ltd. wird reorganisiert. Sie erhebt den stolzen Anspruch, die älteste Dampfschiffsgesellschaft der Welt zu sein. Sie unterhielt regelmäßige Dienste zwischen London und Lissabon, Boulogne, Calais, Dieppe, Ostende, Rotterdam und Hamburg, europäische Häfen, mit denen sie auch heute noch Handelsbeziehungen hat.

1825

Die Mediterranean Steam Navigation Co. wird die erste Dampfschiffsgesellschaft des Mittelmeeres. Sie betreibt Dienste zwischen Marseille und Genua, Livorno, Civitavecchia, Neapel, Messina und Malta. Für die Dienste der Gesellschaft werden fünf Dampfschiffe gebaut: die CAPRI und die VESUVIO als erste, bald gefolgt von der MONGIBELLO, der ERCALANO und der MARIA CHRISTINA.

1825

Diesen ersten Erfolgen in der Dampfschiffahrt folgten unausweichlich innerhalb kürzester Zeit Rivalität und Wettkampf. Die Zeitungen priesen bald die Überlegenheit des Dampfers über das Segelschiff. Pünktlichkeit, Verläßlichkeit, Schnelligkeit und Sicherheit waren die Schlagworte, mit denen eine umfangreiche Propaganda betrieben wurde, um der Dampfschiffahrt weltweit den Boden zu bereiten. Monarchen und Regierungen unterstützten diese Bestrebungen, indem sie finanzielle Zuschüsse oder Lizenzen für Gesellschaften boten, die einen regelmäßigen Dienst mit Dampfschiffen aufbauen wollten. Ein Beispiel hierfür ist der Radjah von Oude in Indien.

Ein Konsortium indischer Kaufleute, dem der Radjah vorstand, bot dem Eigner des Dampfschiffes, das von einem europäischen Hafen aus Kalkutta in weniger als 70 Tagen erreichen würde, eine Belohnung von 80 000 Rupien.

Zwei Reisen mußten durchgeführt werden. Der Preis sollte am Ende der zweiten Reise in Kalkutta ausgezahlt werden.

Außer dieser Belohnung in barer Münze wurden noch wertvolle Waren für den Transport in beiden Richtungen geboten.

Eine Gruppe Londoner Kaufleute nahm diese Herausforderung an. Für die Summe von 43 000 Pfund kauften sie die ENTERPRISE, die zu diesem Zeitpunkt auf der Werft von Gordon and Co. Deptford, gebaut wurde. Die ENTERPRISE, die bei Lloyd's als A 1-Schiff klassifiziert und versichert war, verließ Falmouth am 16. August 1825 unter dem Kommando von Leutnant Johnson und führte neben der Ladung noch 17 Passagiere mit.

Die Reise von Falmouth nach Kalkutta über Kapstadt dauerte 113 Tage, davon 64 unter Dampf. Da die ENTERPRISE die geforderte Zeit nicht eingehalten hatte, wurde der Preis nicht ausgezahlt. Der Radjah schenkte jedoch den Eignern die Hälfte dieser Summe, 40 000 Rupien. Obwohl diese darüber sehr erfreut waren, entschlossen sie sich doch, den Dienst nicht weiter fortzusetzen. Sie verkauften das Schiff an die Regierung von Bengalen für 40 000 Pfund. Mit der Summe des Radjah, den für Ladungs- und Passagiertransport eingenommenen Geldern und der Verkaufssumme waren alle Ausgaben gedeckt, und die Gesellschaft löste sich ohne Verluste auf.

Die ENTERPRISE verschwand jedoch nicht aus der Geschichte. 15 Jahre später, 1840, läuft der erste Postdampfer in Alexandrien ein. Die Post wird von Bord gegeben, über Land zum Hafen von Suez gebracht und hier auf ein Schiff nach Bombay verladen.

Es ist die ENTERPRISE, die diesen zweiten Teil der Reise mit der Indienpost zurücklegt.

1825

George Thompson steht einer Gruppe von Kaufleuten in Aberdeen vor, die drei Briggs kaufen: die AMITY, die MANSFIELD und die SIR WILLIAM WALLACE. Mit diesen Schiffen wird die Aberdeen-Line begründet, die bis 1931 bestehen soll.

OKTOBER 1826

Das erste Dampfschiff der niederländischen Marine, die CURAÇAO, wird von der American and Colonial Steam Navigation Co., London, gekauft. Vor 1830 hat das Schiff drei Reisen über den Atlantik nach Südamerika unternommen und dabei Passagiere, Post und wertvolle Fracht transportiert. Die erste begann am 26. April 1827 in Hellevoetsluis bei Rotterdam und ging nach Paramaribo, Surinam. Diese Reise dauerte 28 Tage, wovon das Schiff elf Tage unter Dampf lief.

20. OKTOBER 1827

Die Schlacht von Navarino findet statt. Es ist die letzte Flottenaktion, die unter Segeln durchgeführt wird. Im Zusammenhang mit dem Vertrag von London liefen noch Verhandlungen, als eine vereinigte Flotte britischer, französischer und russischer Schiffe auf eine Flotte von ca. 100 türkischen und ägyptischen Schiffen traf. Ein Schuß von einem türkischen Schiff tötete Leutnant Fitzroy, der das Kommando über ein Boot der britischen DARTMOUTH führte. Dies löste ein Gefecht aus, das bis zum folgenden Morgen andauerte. Dann stellte man fest, daß nur eine türkische Fregatte und 15 kleinere Fahrzeuge dem Gemetzel entkommen waren. Die Verluste der Alliierten betrugen 177 Tote und 490 Verwundete, die der Türken und Ägypter über 5000 Verwundete.

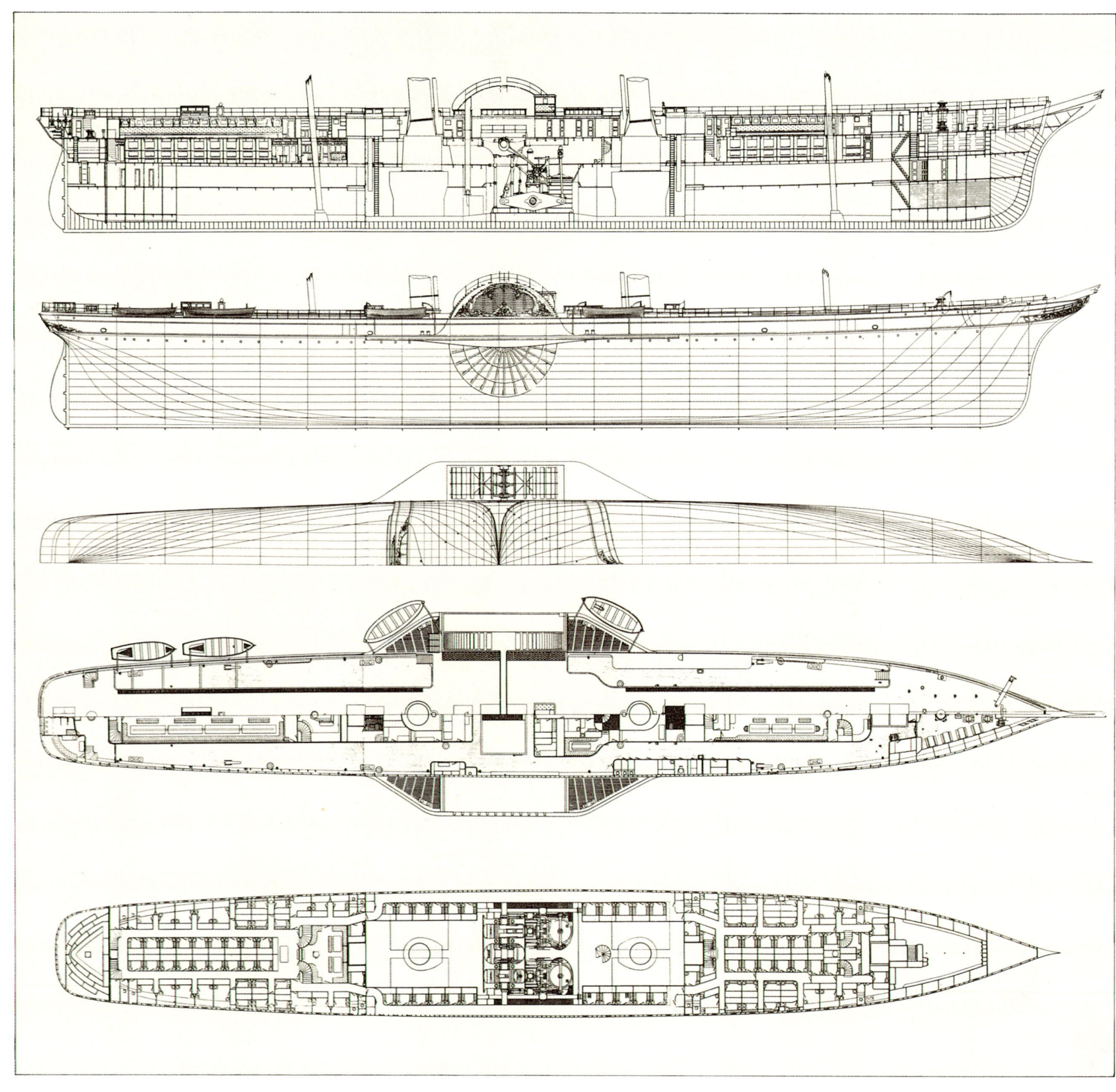

Linienriß und Deckspläne für ein Postschiff im Dienst zwischen Großbritannien und Nordamerika aus „The Modern System of Naval Architecture" von John Scott Russell, das 1865 in London erschien. Russell baute später die GREAT EASTERN, verlor aber seine Werft als Folge dieses Wagnisses.

KAPITEL 5

Um 1830 ist eine Wendemarke in der Geschichte der Seefahrt anzusetzen. Mit Ausnahme der unerforschten Polargebiete, von denen man aber wußte, gab es kaum noch Ziele für Entdeckungsreisen. Der Dampfantrieb war zur festen Einrichtung geworden, und nach den ersten, tastenden Versuchen kam es nun zu einer stetigen Entwicklung und Verbesserung von Antriebsmaschinen, die kaum spektakuläre Höhepunkte aufzuweisen hatte.

In der Schiffahrt hatte sich die Überzeugung durchgesetzt, daß der Segelantrieb zwar billiger war, Dampfantrieb jedoch die Garantie für regelmäßige Abfahrten und fahrplanmäßige Ankünfte – was noch wichtiger war – bot. Dies war etwas, was für den potentiellen Passagier angesichts des sich immer mehr ausweitenden Welthandels und immer besserer Verkehrsverbindungen große Anziehungskraft besaß.

Dies widersprach natürlich dem, was ursprünglich Anlaß zu den Versuchen mit Dampfantrieb gewesen war: der Suche nach einer Möglichkeit zur Kostensenkung gegenüber Segelschiffen. Nachdem sich nun aber eine Nachfrage nach pünktlichen Dampfschiffen entwickelt hatte, mußte dieser Bedarf gedeckt werden. Als natürliche Folge dieser Entscheidung hatten die ersten Dampfmaschinen geringer Leistung neuen Typen zu weichen, von denen man sich eine wirtschaftlichere Arbeitsweise gegenüber ihren Vorgängern erhoffte.

Die Probleme, denen sich Reeder und Konstrukteure gegenübersahen, waren mannigfaltig. Der Kohlenverbrauch lag bei weitem zu hoch. Die Kessel mußten regelmäßig entsalzt werden. Die Dampfschiffe waren noch immer so klein, daß eine gewinnbringende Zuladung nur über kürzeste Entfernungen erfolgen konnte. Schließlich war das Bunkern während der Reise eine äußerst kostspielige Angelegenheit. Alles dieses mußte geändert werden, sollte das Dampfschiff zum wirklichen Transportmittel werden und nicht ein reines Prestigeobjekt bleiben. Samuel Hall löste mit seinem Oberflächenkondensator, den er 1834 vervollkommnete, das Kesselproblem. Die Seitenbalanciermaschine, die in immer leistungsfähigeren Modellen gebaut wurde, lieferte die notwendige Antriebskraft. Was nun noch fehlte, um über Nacht zu einem Erfolg zu kommen, war Geld – und dieses wurde in Großbritannien durch bestimmte feste Jahreszuschüsse für den Transport der Post verfügbar. Ähnliche Subventionen boten auch viele andere Länder, in denen der Bau von Dampfschiffen heimisch geworden war. Daher war um 1840 der Weg zum Aufbau weltweiter Dampferlinien frei.

Grundsätzlich gab es die Wahl zwischen zwei Möglichkeiten, Schiffe durch Dampf anzutreiben. Die ältere benutzte dazu Schaufelräder, die etwas jüngere Schiffsschrauben. Im Jahre 1845 bewies H.M.S. RATTLER (= Klapperkiste, kein sehr glücklicher Name für ein Schiff!) überzeugend die Überlegenheit des Schraubenantriebes. Danach wurde der Schaufelradantrieb aufgegeben.

Das Ende der Raddampfer wäre schon früher gekommen, hätten nicht viele Postbehörden auf dem Transport ihrer Post in hölzernen Schiffen mit Seitenradantrieb bestanden. Schließlich setzten sich aber auch hierfür Schiffe mit Metallrümpfen und Schraubenantrieb durch.

Um die Mitte des 19. Jahrhunderts wurden viele der heute noch wohlvertrauten Reedereien gegründet. Einige dieser Gesellschaften spezialisierten sich auf den Einsatz von Schiffen, die nur zum Transport von Passagieren und Post gebaut waren, während andere Mehrzweckschiffe bauen ließen, die sowohl Fracht wie auch Passagiere transportieren konnten.

Dennoch wurden die Segelschiffe durch diesen Aufschwung im Dampfschiffbau nicht völlig verdrängt. Die Bevölkerungsexplosion begann etwa zu diesem Zeitpunkt. Eine Welle von Auswanderern ergoß sich aus Europa in die leeren Kontinente jenseits der Ozeane, was wiederum dem Welthandel einen gewaltigen Auftrieb verlieh. Die Nachfrage nach Transportkapazität war dadurch so groß, daß die Segelschiffe über eine Reihe von Jahrzehnten noch einmal eine Blüte an der Seite der Dampfschiffe erlebten.

Erst nach 1880 ging es mit den Segelschiffen immer schneller bergab. Paradoxerweise lief jedoch das größte jemals gebaute Segelschiff erst zu Beginn des 20. Jahrhunderts vom Stapel, die berühmte FRANCE. Wollten sie der Konkurrenz des Dampfschiffes standhalten, mußten die Segelschiffe sowohl schneller als auch größer werden. Es entstanden die Klipper (engl. Clipper), die die Reisedauer um Tage verkürzen (engl. to clip (be)schneiden) sollten. Im Jahre 1855 war das größte Schiff der Welt noch ein Segelschiff, die WHITE STAR, obwohl die ARABIA der Cunard Co. schon eine größere Länge über alles aufzuweisen hatte.

1855 führte der Ingenieur John Elder die Verbundmaschine in die Schiffahrt ein. Hier leistet der Dampf zunächst einmal in einem kleinen Hochdruckzylinder Arbeit und entspannt sich dann weiter in einem größeren Niederdruckzylinder, eine weitaus wirksamere Ausnutzung des erzeugten Dampfes. Elder hatte diese Maschine zum Einsatz auf der Südamerika-Route entworfen, wo die Bunkermöglichkeiten besonders schlecht waren.

So gut der Gedanke war, fand er doch nicht sofort Anklang im Schiffbau. Erst 1866 ließ Alfred Holt Verbundmaschinen auf den Schiffen AGAMEMNON, ACHILLES und AJAX seiner Blue Funnel Line einbauen, die für den Fernostdienst bestimmt waren. Fünf Jahre später erschien dieser Maschinentyp auch auf dem Atlantik, als die National Line eine derartige Maschine für die HOLLAND bestellte. Nach diesem Durchbruch auf der meistbefahrenen Schiffahrtsroute der Welt ging man allgemein zu der neuen Maschine über.

Die berühmte GREAT EASTERN ist der klassische Anachronismus der Seefahrtsgeschichte aus der Mitte dieses Jahrhunderts. Das Schiff war in Größe und Entwurf seiner Zeit um gut 50 Jahre voraus. Aber auch ihr doppelter Antrieb war ebenso einzigartig wie anachronistisch. Unter wirtschaftlichen Gesichtspunkten war sie einfach zu groß. Es gab kaum ein Dock, kaum einen Kai oder eine ausgebaggerte Reede in der Welt, wo sie liegen konnte.

Erhebliche Mittel wurden zum Bau von solchen Prestigeobjekten eingesetzt wie der GREAT EASTERN, aber mehr noch für viele großartige Schiffe, bei denen alle technischen Fortschritte zur Anwendung kamen, über die eine fortschrittstrunkene Wertftindustrie gebot. Ab 1860 lag das Schwergewicht auf dem Bau von ständig schnelleren, größeren und besseren Schiffen, wobei oft als treibende Kraft die Post-Kontrakte im Hintergrund standen.

Im Jahre 1869 wurde der Suezkanal mit großen Feierlichkeiten eröffnet. Diese Abkürzung des Weges nach dem Fernen Osten machte die Segelschiffsreisen um das Kap nicht nur wenig attraktiv für die Verlader, sondern auch unwirtschaftlich für die Reeder. Der Beginn des rapiden Niederganges der Segelschiffahrt läßt sich mit dem Datum der Eröffnung des Suezkanals genau angeben. Innerhalb von zehn Jahren überflügelte die Tonnage der Dampfschiffe die der Segelschiffe, die nun ihre Spitzenposition ein für allemal verloren.

In den letzten 30 Jahren des 19. Jahrhunderts kam es zu einem rasanten Aufschwung in der Schiffahrt. Elektrizität wurde an Bord eingeführt. Die Passagierschiffe erhielten mittschiffs besondere Passagierdecks, was den Einbau von Einzelkabinen, Speise- und Rauchsalons möglich machte. Es entwickelte sich das Konzept des Luxus-Liners als schwimmendes Hotel. Die Masten verloren Segel und Rahen und blieben über Jahrzehnte nahezu kahl. Schlingerkiele verliehen den Schiffen zusätzliche Stabilität. Neue Entwürfe mit geradem Steven und mehreren Schornsteinen veränderten das altbekannte Bild eines Schiffes.

Die Doppelschrauben kamen auf. Den Dreifach-Expansionsmaschinen folgte die Vierfach-Expansionsmaschine. Kühlmaschinen erlaubten den Transport von Fleisch und Früchten. Ständig wurden Schiffe mit immer höherer Geschwindigkeit entworfen.

Der Entwurf der Kriegsschiffe hielt mit der allgemeinen Entwicklung Schritt. Man kann sogar sagen, daß jeder größere Fortschritt durch Kriegserfahrungen bedingt war. Der Krimkrieg bewies zum Beispiel die Überlegenheit von Dampfantrieb und Panzerung. Im amerikanischen Bürgerkrieg wurde das Konzept des Handelsstörers erneut aufgegriffen und zum ersten Male der Einsatz von Minen erprobt. Im Gefecht zwischen MONITOR und MERRIMAC zeichneten sich bereits die Seeschlachten zu Ende dieses und zu Beginn des folgenden Jahrhunderts ab.

In allen Flotten der Welt verschwanden um 1870 die Segel, und eine neue Generation von Schlachtschiffen entstand. Die britische DEVASTATION, der Masten, Rahen und Segel der früheren Zeit fehlten, ist ein Beispiel.

Whitehead versenkte mit seinem Torpedo nicht nur Schiffe, sondern auch die Argumente derer, die noch immer für hölzerne Schiffsrümpfe plädierten. Es war die wirkungsvollste Waffe, die bis dahin erfunden worden war. Sie führte zum Entstehen von Torpedobooten, Zerstörern, zur Einführung der Mittelartillerie auf Großkampfschlitten und schließlich zum Unterseeboot.

In der letzten Dekade des 19. Jahrhunderts hatten die Flotten ihr neues Erscheinungsbild erlangt und neue Strategien entwickelt. Sie waren jetzt bereit, all dieses in der einzig möglichen Weise zu testen, nämlich in einem Kriege. Der Rüstungswettlauf hatte begonnen. Machtstreben bestimmte alle Ereignisse. Der I. Weltkrieg war nur noch 14 Jahre entfernt.

Aber auch in den letzten Jahren des Jahrhunderts wurden viele Neuerungen und Verbesserungen in der Schiffahrt eingeführt. Im Jahre 1894 fand z. B. die aufsehenerregende Fahrt der TURBINIA während der Marine-Schau in Spithead statt, bei der das Schiff 34,5 kn erreichte. Es war dies das erste turbinengetriebene und gleichzeitig das schnellste existierende Schiff. In der Handelsschiffahrt wurde die erste Turbine jedoch erst im Jahre 1900 eingeführt – ein klassisches Beispiel dafür, wie militärische Entwicklungen erst später eine friedliche Nutzung finden.

Im Juni 1897 führte Rudolf Diesel ein neues Antriebsprinzip in Gestalt seines Motors vor. In diesem Fall blieb der Schiffbau hinter der Nutzung in der übrigen Wirtschaft zurück, denn erst im Jahre 1912 lief das erste Schiff mit Dieselantrieb vom Stapel.

Schließlich schiffte sich im Jahre 1899, eben vor der Jahrhundertwende, Guglielmo Marconi auf dem amerikanischen Schiff ST. PAUL nach Europa ein. An Bord installierte er einen kleinen Apparat, mit dessen Hilfe er über weite Entfernung den Kontakt mit dem Needles-Leuchtturm auf der Isle of Wight herstellte. Diese Erfindung, die drahtlose Telegraphie, eröffnete der gesamten Welt, besonders aber der Schiffahrt, ganz neue Möglichkeiten.

Nun muß der nächste Abschnitt der Schiffahrtsgeschichte dargestellt werden: die Zeit, in der der Dampfantrieb zur Vollkommenheit entwickelt wurde und in der es seltsamerweise gleichzeitig zur Apotheose der Segelschiffahrt in Gestalt der großen Klipper kam. Das Kriegsschiff wandelte sich in diesem Zeitraum vom mit Vorderladern bestückten Segelschiff zum Stahlrumpf mit Geschütztürmen. Zu Beginn dieser Epoche gab es nur wenige Reeder mit Pioniergeist, die Dampfer besaßen und mit ihnen vorwiegend in europäischen Gewässern Handel trieben, während am Schluß Dampfschiffe unter den Flaggen von mehr als 100 Nationen ein weltweites Netz von Handelsrouten bedienten. Es ist die Zeit, in der das schraubengetriebene Schiff seine eigentliche Entwicklung durchmachte – erst der Nuklearantrieb sollte in der Mitte des 20. Jahrhunderts dann wieder ähnlich tiefgreifende Änderungen bringen.

Das unvergleichliche Verdienst der Männer, die für die Entwicklung der Schiffahrt in dieser Zeit verantwortlich sind, liegt darin, daß sie mit dem Dampfantrieb eine Leistung vollbrachten, die der ihrer Vorfahren mit Segelschiffen in den davorliegenden 5000 Jahren nicht nachsteht.

FRÜHE DAMPFSCHIFFE

PRINZESSIN CHARLOTTE VON PREUSSEN
Dies war das erste Dampfschiff, das 1816 in Preußen, und zwar unter der Leitung von John Rubie, in Pichelsdorf bei Berlin erbaut wurde. Das Mittelradschiff erhielt eine Seitenbalanciermaschine von Boulton, Watt & Co. Die Steuerung erfolgte mit drei am Heck angebrachten Ruderblättern, die von dem achtern sichtbaren riesigen Ruderrad bewegt wurden.

CALEDONIA
Die auf dem Clyde in Schottland 1815 erbaute CALEDONIA *wurde zunächst auf der Themse eingesetzt, bevor sie 1817 den Kanal überquerte und von Rotterdam nach Koblenz fuhr. Sie war das erste Dampfschiff auf dem Rhein. 1818 wurde sie an Steen Andersen Bille verkauft und zwischen Kopenhagen und Kiel eingesetzt, als erstes dänisches Dampfschiff überhaupt.*

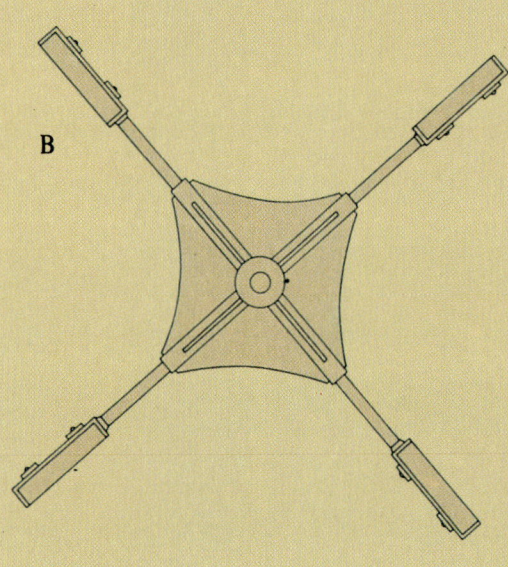

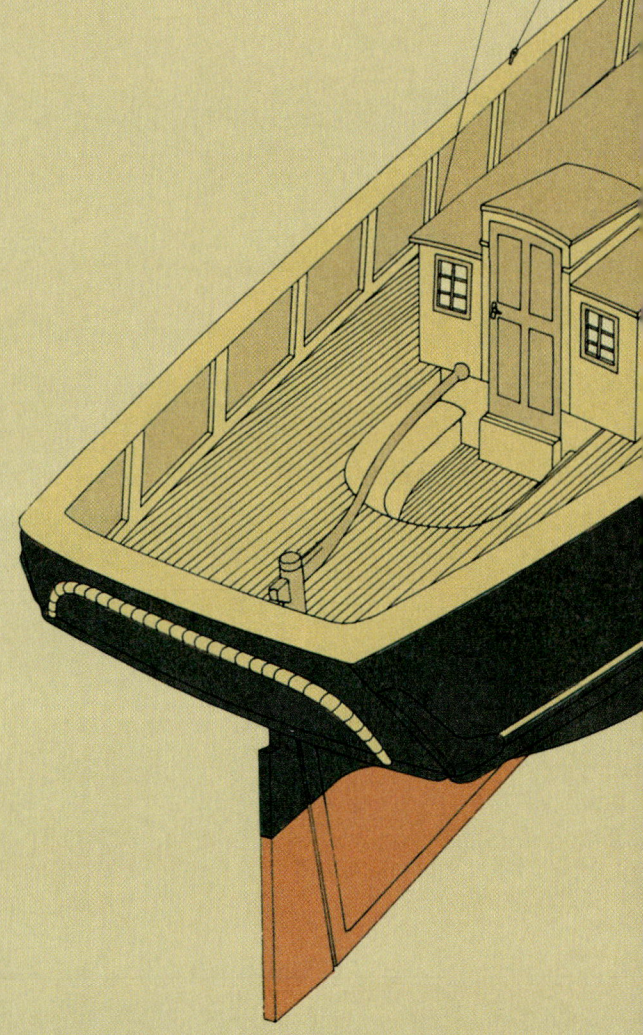

Der erste Dampfer, der in Europa wirtschaftlich genutzt wurde, war die 1812 im Auftrage von Henry Bell erbaute COMET. Bell besaß Bäder am Clyde in Schottland und wollte mit der COMET Gäste aus Glasgow zu seinem Hotel bringen. Auf Rat von Robert Fulton, des amerikanischen Ingenieurs, auf den die CLERMONT zurückging, ließ er die COMET auf der Werft von John Wood & Co. in Glasgow bauen. Henry Bell betrachtete die COMET mehr als Reklamemittel denn als Ersatz für die regelmäßige Segelschiffsverbindung. Der kleine Dampfer rief aber ein solch großes Interesse an der Dampfschiffahrt hervor, daß 1815 bereits zehn Dampfer auf dem Clyde eingesetzt waren. Die COMET lief im Juli 1812 vom Stapel. Die Einrichtungen für die Passagiere bestanden aus einem Salon 2. Klasse im Vorschiff, in dem man wegen seiner geringen Höhe nur sitzen konnte, und einem Salon 1. Klasse, der auch Stehhöhe hatte.

Ein liegender Niederdruckkessel war in einer Ziegelummauerung an Steuerbord montiert und wurde von außen gefeuert. Er lieferte den Dampf für die Maschine an Backbord. John Robertson in Glasgow lieferte die stehende Einzylinder-Maschine, die 4 Nenn-PS leistete. Der Schornstein diente gleichzeitig als Mast.

SCHIFFE UND MEER

A *Die Seitenansicht zeigt die* COMET *mit einem Rahsegel an dem 7,6 m hohen Schornstein und einer Fock als Stützsegel.*
B *Eines der Schaufelräder mit vier Schaufeln.*
C *Die Draufsicht zeigt die Salons 1. und 2. Klasse sowie die Lage von Kessel und Maschine.*
D *Die Maschine der* COMET *steht noch heute im Science Museum in London. Der Querschnitt zeigt die Anordnung von Maschine, Feuerung, Kessel und Schaufelrädern.*

SCHIFFE UND MEER

DE NEDERLANDER
Dieses erste Dampfschiff der Nederlandsche Stoomboot Maatschappij wurde 1823 von der Werft W. & J. Hoogendijk, Capelle a/d IJssel, gebaut. Die Maschine wurde von Henry Maudslay in England gekauft. Das Schiff stellte eine Verbindung der Postkutschenlinien zwischen Brüssel und Antwerpen und Rotterdam und Den Haag her.

FERDINANDO PRIMO
Dies war das erste Dampfschiff, das im Mittelmeer eingesetzt wurde (1818). Es wurde auf der Werft von Stanislao Filosa bei Forte Vigliena mit zwei liegenden Seitenbalanciermaschinen ausgerüstet, die wahrscheinlich importiert worden waren. Das Schiff wies 16 Passagierkabinen im Achterschiff und einen Passagierraum im Vorschiff auf.

A *Schiffsrauchrohrkessel mit Wendekammer, um 1850.*
B *Seitenbalanciermaschine, um 1840.*
C *Stehende Verbundmaschine, um 1870.*
D *Oberflächenkondensator von Samuel Hall, 1834.*
E *Verbund-Oszillatormaschine, um 1840.*
F *Schnitt durch den Zylinder einer solchen Maschine.*
G *Der Flußraddampfer* NATCHEZ *(1869), der 1870 an der berühmten Wettfahrt mit der* ROBERT E. LEE *auf dem Mississippi teilnahm.*

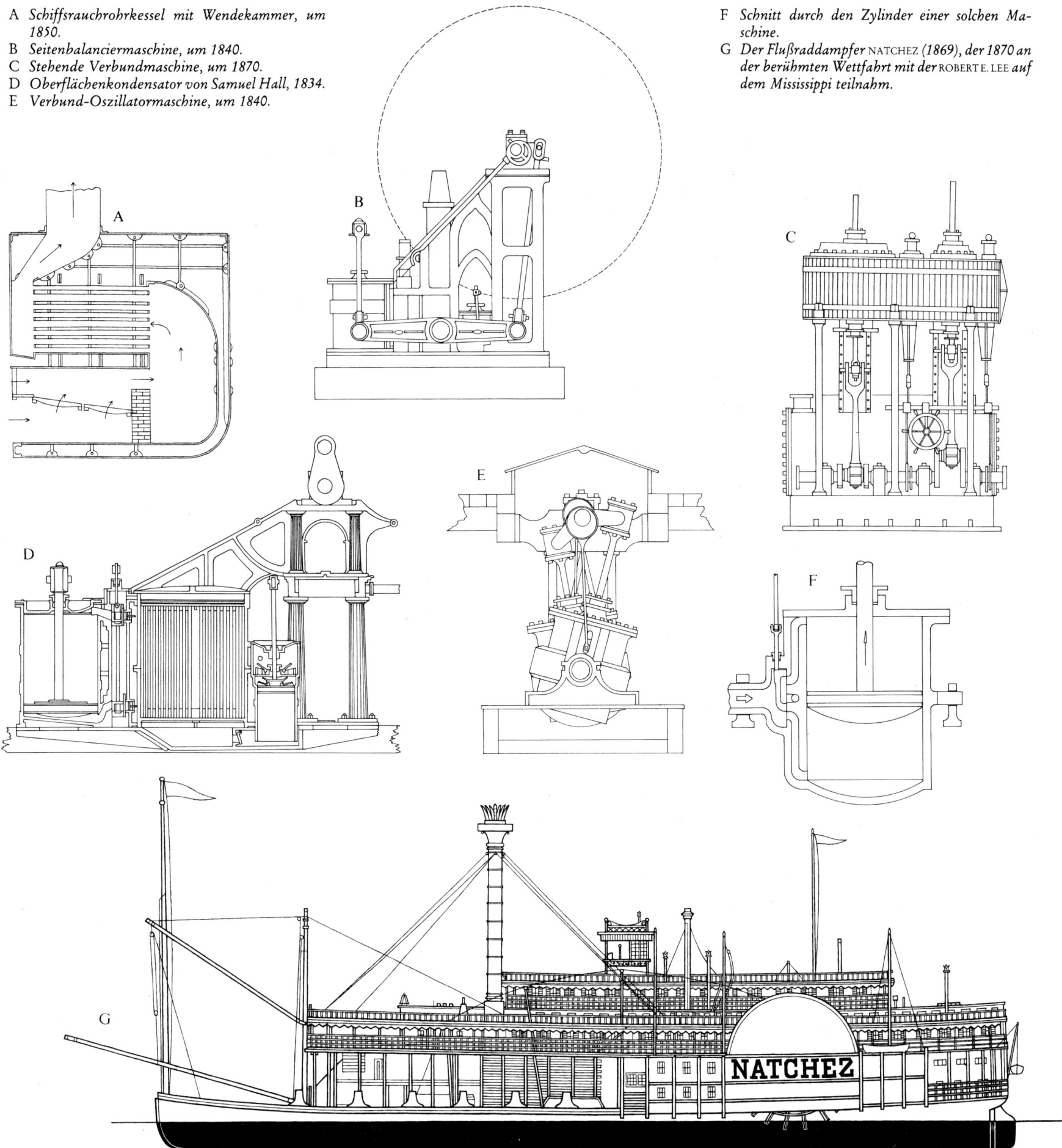

GREAT BRITAIN
A *Seitenansicht.*
B *Der sechsflügelige Propeller, der bei der Probefahrt verwendet wurde. Später wurde er durch einen vierflügeligen Propeller ersetzt.*
C *Querschnitt, der die Anordnung der Maschinen zeigt.*

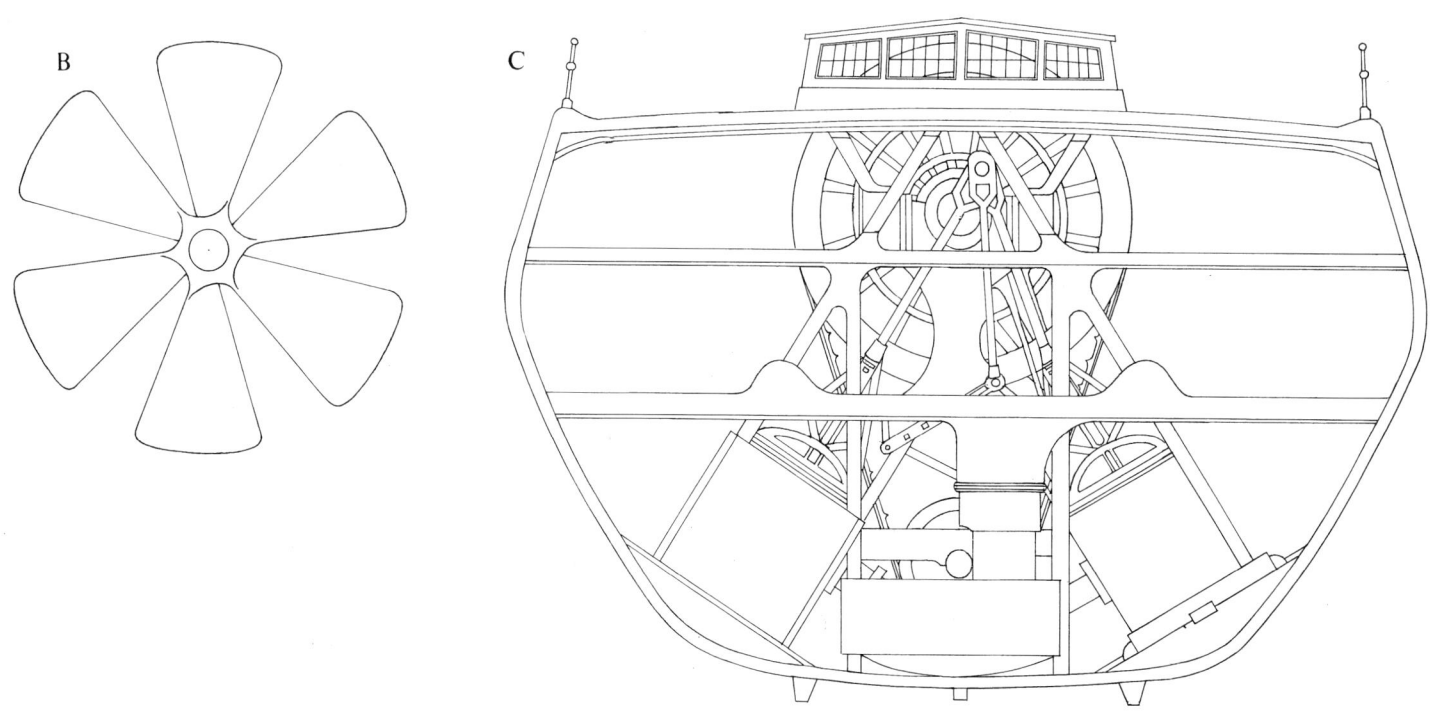

A Schiffsrauchrohrkessel mit Wendekammer, um 1850.
B Seitenbalanciermaschine, um 1840.
C Stehende Verbundmaschine, um 1870.
D Oberflächenkondensator von Samuel Hall, 1834.
E Verbund-Oszillatormaschine, um 1840.
F Schnitt durch den Zylinder einer solchen Maschine.
G Der Flußraddampfer NATCHEZ (1869), der 1870 an der berühmten Wettfahrt mit der ROBERT E. LEE auf dem Mississippi teilnahm.

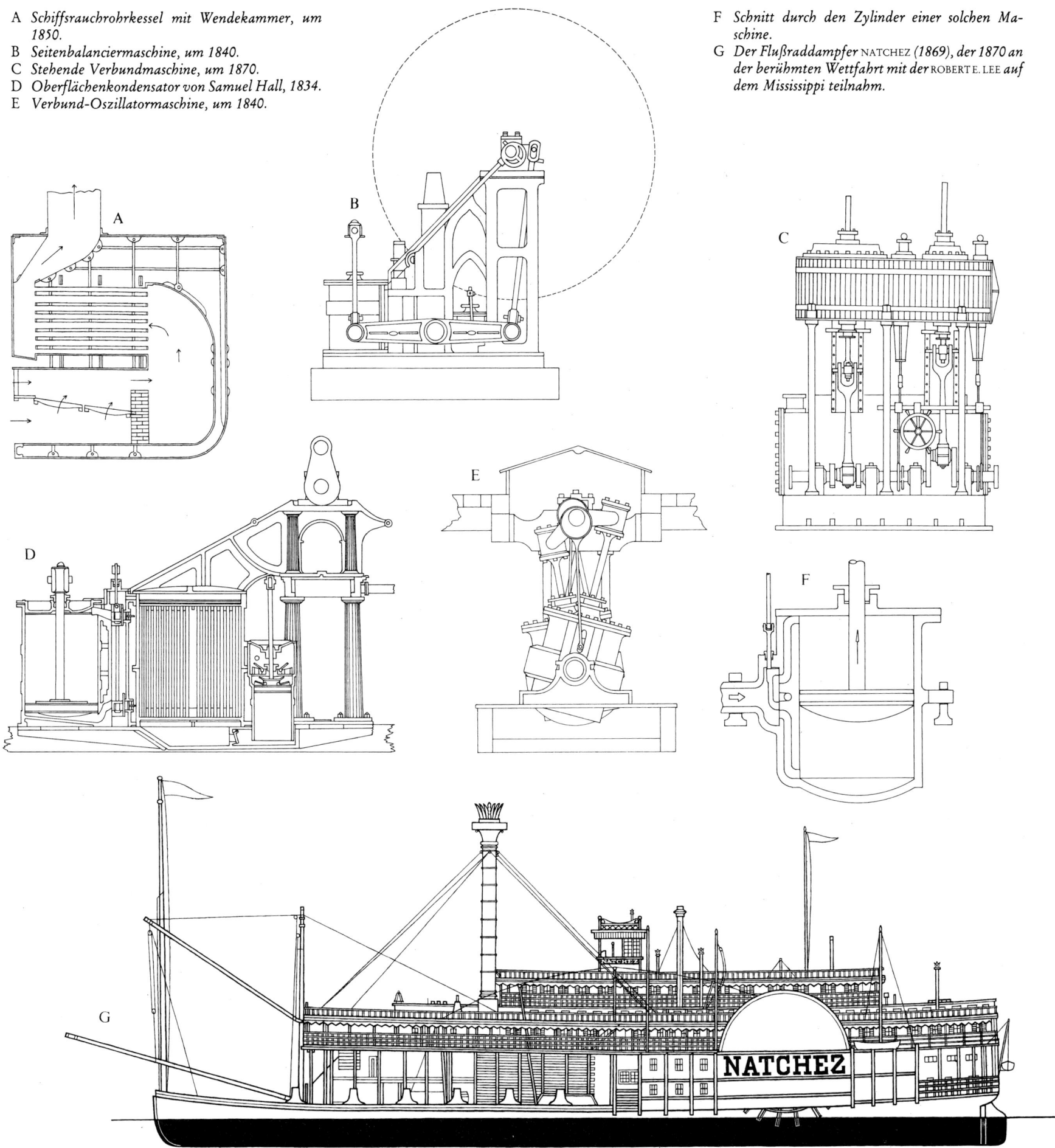

SCHIFFE UND MEER

1830
Die SPHINX mit 777 t ist die erste Radkorvette, die in Dienst kommt. Sie wurde für die französische Marine gebaut, doch waren die Befehlshaber der Flotte hier wie auch anderswo zunächst dem neuen Schiffstyp gegenüber nicht sehr aufgeschlossen.
Es herrschte die Ansicht vor, daß die Verwundbarkeit der Paddelräder, der für den Brennstoff benötigte Raum und die durch das Maschinengewicht bedingte geringe Geschwindigkeit Dampfantrieb für die Flotten ungeeignet mache. Die SPHINX war an dem Sieg von Algier über die letzten Piraten der Berberküste beteiligt, konnte aber trotz ihrer Bewährung die negativen Anschauungen in der Flotte über diesen Schiffstyp nicht verändern.

1833
Schon 1805 hatte Francis Tudor 130 t Eis der Seen von Boston nach Martinique verschifft. Er baute dies zu einem regen Handel mit Westindien aus. 1833 unternahmen seine Schiffe bereits sehr viel weitere Reisen mit dieser Ware – die TUSCANY brachte in diesem Jahr 180 t Eis nach Kalkutta. Davon kamen 100 t in einwandfreiem Zustand an.
Dieser Handel stellte sich als recht einträglich heraus, und bald beteiligten sich auch die Norweger daran. Sie verkauften ihr Eis vor allem an Fischer, und bald benutzten die englischen Fischerei-Schmacken norwegisches Eis zum Frischhalten ihres Fanges. Dadurch konnten sie ihre Fangreisen bzw. ihre Fanggebiete weiter ausdehnen.
Die Norweger bauten Rutschen, auf denen sie die Eisblöcke von den Seen talwärts zur Küste transportierten. Sobald die Schiffe voll beladen waren, wurden die Rutschen in große hölzerne Schuppen geführt, wo das Eis monatelang aufbewahrt werden konnte.
Die Eisschiffe transportierten ihre Ladung in Sägemehl verpackt. Das feuchte Sägemehl gab entzündbare Gase ab, und die Eisschiffe gerieten daher leicht in Brand. Lloyd's stufte sie in eine hohe Feuer-Risiko-Klasse ein.
Mit Beginn des 20. Jahrhunderts entstand diesem Handel Konkurrenz durch die Herstellung künstlichen Eises, die anfangs jedoch recht kostspielig war. Der Bedarf an Eis schwankte je nach der Jahreszeit ganz außerordentlich. Der I. Weltkrieg unterbrach den Eishandel; danach wurde er nicht wieder aufgenommen.

1833
Die ANN McKIM, der erste der großen Klipper, läuft vom Stapel. Sie wurde für Isaac McKim bei Kennart Williamson, Fells Point, Baltimore, gebaut.

1834
In den Kesseln der frühen Dampfschiffe wurde Seewasser verwendet. Wenn auch der daraus erzeugte Dampf rein war, so blieb doch im Kessel das Salz zurück. Dies bedeutete, daß die Kessel alle vier Tage gelöscht und ihr Inneres entsalzt werden mußte.
Die Lösung brachte der von Samuel Hall konstruierte Oberflächenkondensator. Dieser benutzte Süßwasser in einem geschlossenen Kreislauf zur Dampferzeugung. Durch Seewasserkühlung wurde Dampf

A Kontaktmine, um 1830.
  1 Kontaktzünder.
  2 Minengefäß.
  3 Anker.
B SPHINX (1830).
C Hölzernes Modell eines Propellers von Frédéric Sauvage (1832).
D Erster Taucheranzug mit Gelenken (1838).
E Rettungsring.
F Patentlog.
G BRITISH QUEEN (1839).
H SIRIUS (1837).
I Der erste geschlossene Taucherhelm, hergestellt von Siebe 1829.

SCHIFFE UND MEER

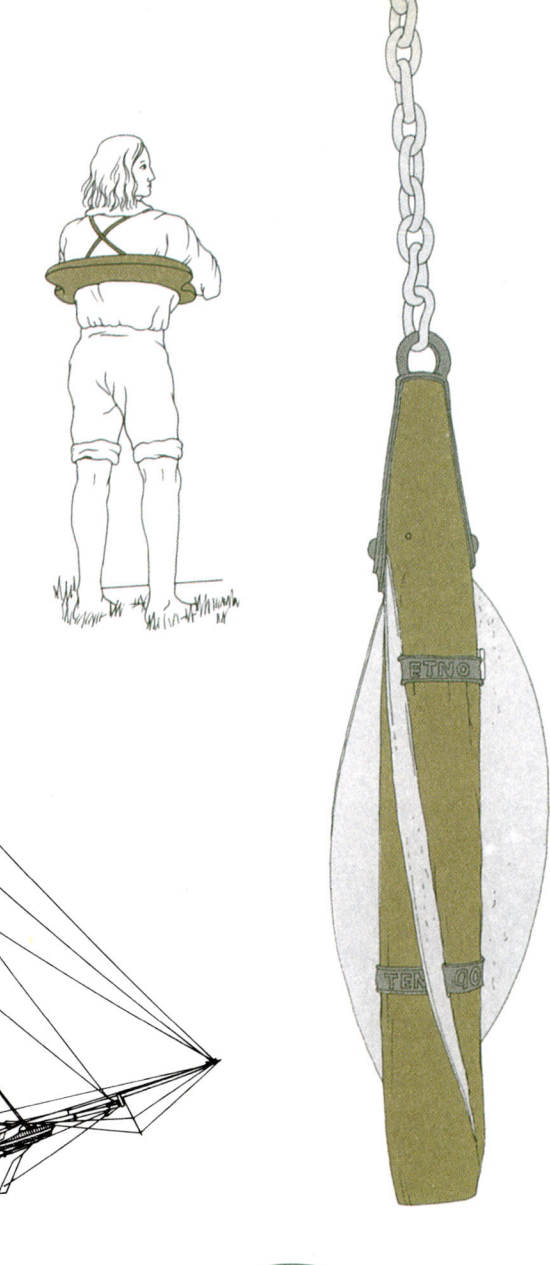

nach seinem Austritt aus der Maschine abgekühlt und als Süßwasser zurückgewonnen.
Diese Erfindung wurde auf den drei großen Konkurrenten im Nordatlantikverkehr, der BRITISH QUEEN, der SIRIUS und der GREAT WESTERN, eingebaut und erlaubte eine Verkürzung der Reisedauer um zehn Tage. Der einzige Nachteil bestand darin, daß ein Vorrat an Speisewasser mitgeführt werden mußte, doch konnte dies gegenüber dem großen Gewinn vernachlässigt werden.

2. JULI 1835
Die französische Regierung richtet einen staatlichen Liniendienst zwischen Marseille und den Häfen Kleinasiens ein. Als erste Schiffe werden die Dampfer EUROTAS, LEONIDAS, LYCURGUE, MENTOR, SCAMANDRE und TANCREDE eingesetzt. Aus diesem Dienst entsteht später die bekannte Reederei Messageries Maritimes, die noch heute existiert und eine der beiden größten französischen Reedereien geworden ist.

1836
Die Dramatic Line, eine Reederei im Besitz von E. K. Collins, New York, richtet einen Passagier-Liniendienst zwischen New York und Liverpool mit besonders dafür gebauten Segelschiffen ein. Eine Reise nach Europa dauerte zwischen 18 und 21 Tagen, die nach Amerika über 30 Tage. Diese Reisedauer wollten die Befürworter der Dampfschiffahrt verkürzen.

1836
Die BEAVER ist das erste Dampfschiff an der Westküste Amerikas. Sie wird zur sorgfältigen Vermessung der Küste von San Francisco bis Alaska eingesetzt. Auf der Themse im Auftrag der Hudson Bay Co. erbaut, gelangte das Schiff von London um Kap Hoorn nach Vancouver. Wenn auch vor allem als Vermessungsschiff gedacht, war die BEAVER doch mit vier Bronzegeschützen bestückt. Sie tat bis 1880 Dienst und erlitt dann vor Vancouver Schiffbruch. Erst das Goldfieber in Kalifornien brachte 1849 die Aufnahme eines planmäßigen Dampfschiffsverkehrs in diesem Teil der Erde.

1836
In einschlägigen Schiffahrtskreisen ist die Überquerung des Atlantiks allein mit Maschinenkraft im Gespräch. Die Skeptiker sind in der Überzahl. Ein gewisser Dr. Lardner hält dazu im Dezember 1836 in Liverpool einen Vortrag. Seine Worte spiegeln die allgemeine Ansicht wider: „Was das Projekt einer Überquerung des Atlantiks allein mit Dampfkraft betrifft – es ist eine Chimäre. Genausogut kann man über eine Reise von New York oder Liverpool zum Mond sprechen."

DER GROSSE WETTSTREIT IM NORDATLANTIK – OKTOBER 1836
Die British and American Steam Navigation Co. wird mit einem Kapital von 500 000 Pfund gegründet, nachdem Dr. Junius Smith am 1. Juni 1835 den Plan für eine Dampfschifflinie zwischen London und New York veröffentlicht hat. Die neue Gesellschaft bestellt bei Curling & Young in London einen hölzernen Seitenraddampfer von 2000 t.

1837
Das neue Schiff wird als ROYAL VICTORIA auf Stapel gelegt. Mit Zustimmung der Königin Victoria wird es in BRITISH QUEEN umbenannt. Der Konkurs von Claude Girwood & Co., dem Maschinenbauer, bringt ein Jahr Verzögerung in der Fertigstellung des Schiffes.

1837
Inzwischen läßt auch die Great Western Steamship Co. ein Dampfschiff für den Nordatlantikeinsatz bauen. Diese GREAT WESTERN soll im Frühjahr 1838 fertiggestellt werden. Sie wurde von Isambard Kingdom Brunel entworfen, der später auch die GREAT EASTERN bauen sollte. Die Direktoren der British and American Steam Navigation Co. erhielten davon Nachricht und entschlossen sich, nach einem Schiff zu suchen, mit dem sie bis zur Fertigstellung der BRITISH QUEEN den Nordatlantikdienst aufnehmen konnten. So traten drei der Direktoren mit der St. George Steam Packet Co. in Verhandlungen, die einen Dienst zwischen London und Cork betrieb und einen neuen Dampfer von 703 t, die SIRIUS, besaß. Dieses Schiff wurde für zwei Reisen gechartert.

28. MÄRZ 1838
Die SIRIUS läuft von London nach Cork aus, um dort weitere Passagiere, die Post aus London und Kohlenvorräte an Bord zu nehmen.

SCHIFFE UND MEER

4. APRIL 1838
Die SIRIUS verläßt mittags unter dem Kommando von Leutnant Roberts mit 40 Passagieren, einem Wasservorrat von 20 t und einem Kohlenvorrat von 450 t Cork. Für Fracht war kein Raum an Bord. Sie lag bereits gefährlich tief im Wasser; und die Radachsen befanden sich noch eben über der Oberfläche.

8. APRIL 1838
Die GREAT WESTERN verläßt mit nur sieben Passagieren Bristol nach New York. Es ist das erste Schiff, das speziell für Atlantiküberquerungen entworfen wurde.

23. APRIL 1838
Nach einer stürmischen und schwierigen Überfahrt, die dicht an Meuterei vorbeiging, erreicht die SIRIUS New York, 18½ Tage nach dem Verlassen von Cork. Sie hatte ihren Konkurrenten um nur 4 Stunden geschlagen. Kaum hatte das Schiff an der Battery festgemacht, wurde bereits ein weiterer Dampfer in den Verrazzano Narrows gemeldet. Dies war die GREAT WESTERN, die 15 Tage und 5 Stunden nach dem Verlassen von Bristol eintraf. Ein gewisser Trost für Reeder, Konstrukteure und Besatzung war es, daß das Schiff über 3 Tage weniger als die SIRIUS für die Reise benötigt hatte.

5. JULI 1838
Die SIRIUS war ursprünglich für die Irische See entworfen worden. In der City of Dublin Steam Packet Co. hatte die SIRIUS ihren schärfsten Konkurrenten.
Die Direktoren dieser Gesellschaft entschlossen sich, ihren Dampfer, die ROYAL WILLIAM, ebenfalls im Nordatlantikdienst einzusetzen. Am 5. Juli 1838 lief das Schiff zur ersten Reise aus.
Die ROYAL WILLIAM war das erste Schiff, dessen Rumpf in fünf Abteilungen unterteilt war. Ein zeitgenössischer Bericht gibt ein gutes Bild, bis zu welchem Ausmaß diese frühen Dampfer beladen wurden. Obwohl die ROYAL WILLIAM keine Fracht und nur 32 anstelle der möglichen 80 Passagiere mitführte, waren Bunker, Laderäume und sogar das Welldeck mit Kohlen angefüllt. Die Radkastengalerie tauchte ein, und wenn man sich über die Reling lehnte, konnte man sich die Hände im Meer waschen.

20. OKTOBER 1838
Die City of Dublin Steam Packet Co., die mit dem Einsatz der ROYAL WILLIAM zufrieden ist, gründet die Transatlantic Steam Ship Co. Am gleichen Tag verläßt die neue LIVERPOOL, die von Sir John Tobin gekauft wurde, Liverpool zur Gründungsreise nach New York. Die ROYAL WILLIAM wird wieder in ihr ursprüngliches Fahrtgebiet zurückgezogen. Die LIVERPOOL ist das erste Dampfschiff mit zwei Schornsteinen. Außerdem gab es auf ihr heißes und kaltes Wasser in den Baderäumen. Dennoch brachten ihre ersten sieben Reisen keinen Gewinn. Das Schiff wurde aufgelegt und schließlich an die P & O Line verkauft, die es in GREAT LIVERPOOL umbenannte, um es nicht zu Verwechslungen mit der bereits eingesetzten LIVERPOOL kommen zu lassen. Die alte LIVERPOOL wurde bald als „Little Liverpool" bezeichnet.

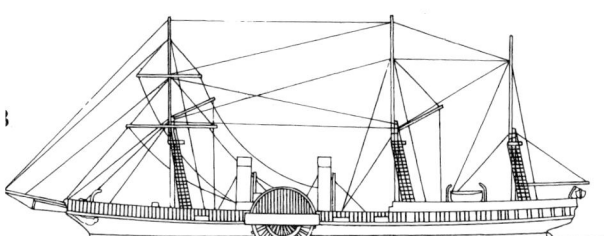

A ROYAL WILLIAM *(1837).*
B GREAT LIVERPOOL *(1837).*
C *Diese Schnittzeichnung vom Heck der* ROBERT F. STOCKTON *(1838) zeigt die Anordnung der beiden Propeller hinter dem Ruder. Nach der Probefahrt wurden sie gegen einen einzelnen Propeller an der allgemein üblichen Stelle ausgewechselt.*
D GREAT WESTERN *(1837).*

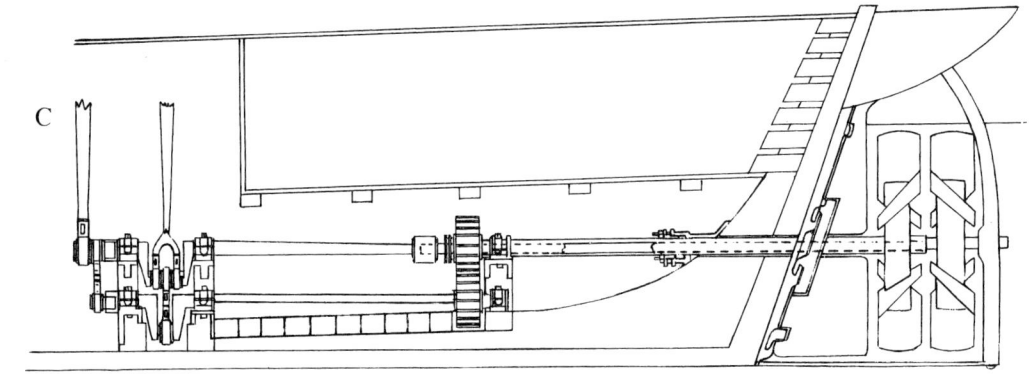

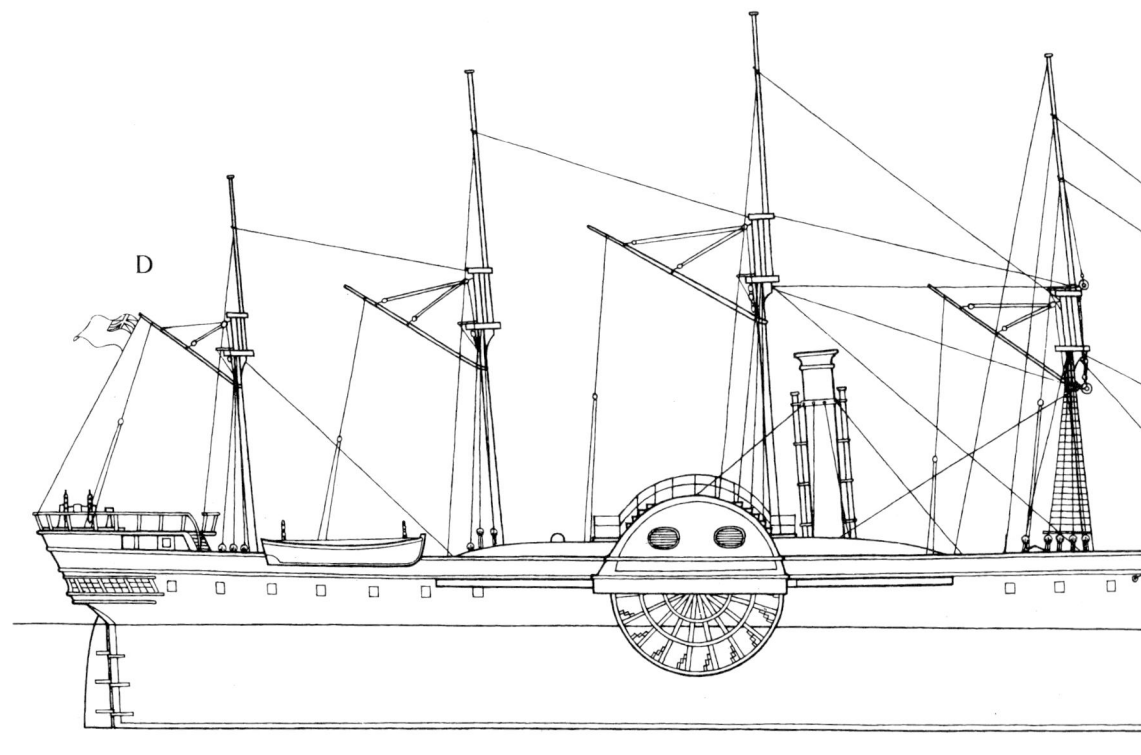

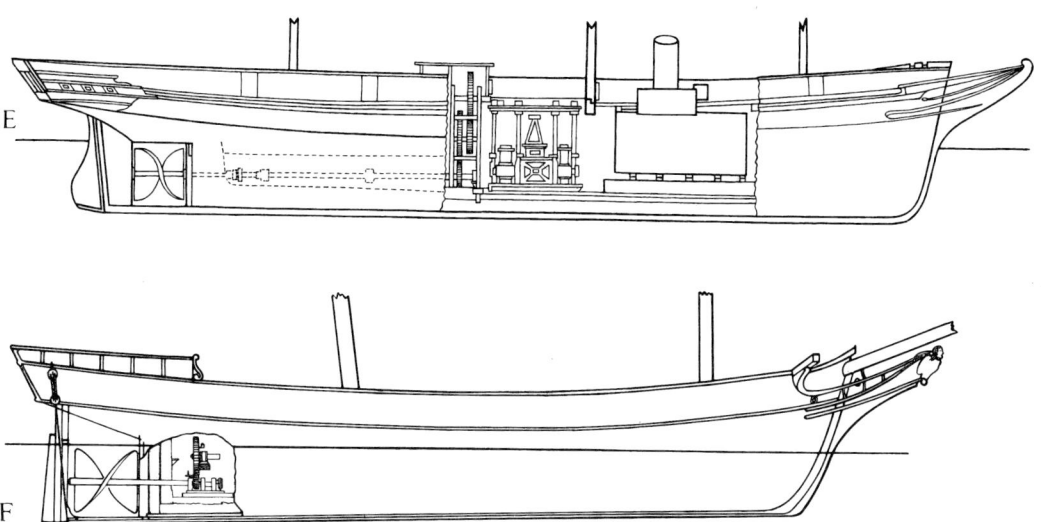
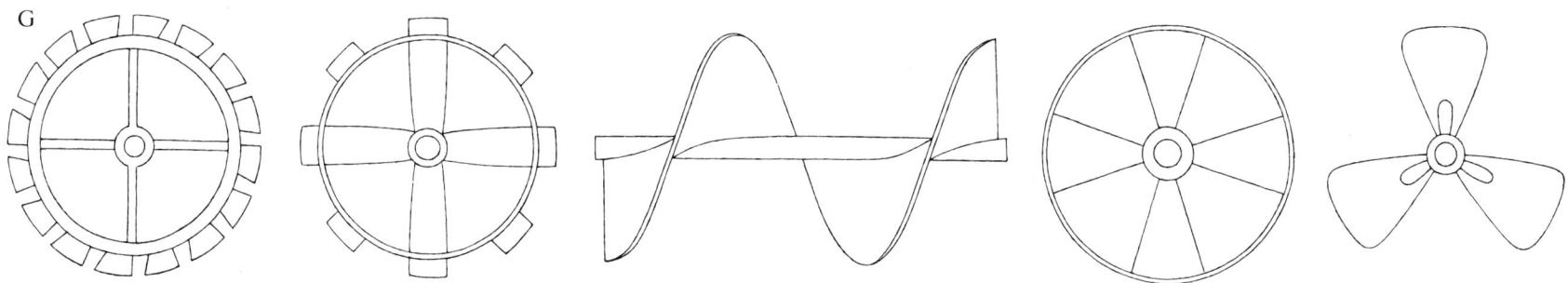

E CIVETTA, *1829 von Joseph Ressel und Ottavio Fontana in Triest gebaut. Bereits 1812 hatte der Österreicher Ressel eine archimedische Schraube mit zwei sich gegenüberstehenden Blättern mit einem halben Umgang skizziert.*

F *Ein Schrauben-Propeller, den sich Francis Pettit Smith patentieren ließ, trieb die* ARCHIMEDES, *die 1838 von Henry Wimhurst gebaut wurde. Der ursprüngliche Propeller hatte einen Umgang und einen Durchmesser von 2,1 m. Nach den Probefahrten erhielt das Schiff einen Propeller von 1,75 m Durchmesser mit zwei Flügeln.*

G *Verschiedene Entwicklungsstadien des Propellers aus den Jahren 1785, 1800, 1812, 1840 und 1860 (von links nach rechts).*

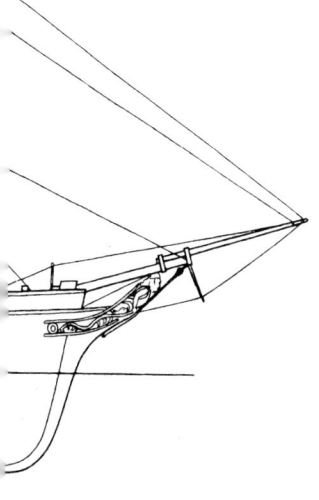

SCHRAUBENANTRIEB

Die Geschichte des Schiffspropellers ist eine Geschichte der Versäumnisse und der verpaßten Gelegenheiten. Schon 100 Jahre früher hatte der Mathematiker Daniel Bernoulli die Schraube als Möglichkeit zum Schiffsantrieb vorgeschlagen. Dies geschah 1752, doch erst 1794 wurde ein Patent für einen Schraubenantrieb an William Lyttleton erteilt. Sechs Jahre später, 1800, ließ ein Mr. Shorter seine Bark DONCASTER über eine Stunde mit einer Geschwindigkeit von 1,5 kn mit Hilfe eines Propellers fortbewegen, der von acht Männern, die um ein Spill liefen, angetrieben wurde!

Im Jahre 1802 kam das erste Boot mit Propellerantrieb zu Wasser. Colonel John Stevens ließ ein Ruderboot von 5,5 m Länge mit einem einfachen Propeller ausrüsten. Er benutzte es bis 1806 auf dem Hudson.

Colonel Stevens stellte schnell fest, daß ein rechtsdrehender Propeller das Boot nach links vom Kurs ablenkte und umgekehrt. Er behob diesen Nachteil, indem er zwei gegenläufige Propeller an die Stelle des einen setzte. Mit dieser Erfindung stieß er jedoch auf geringes Interesse. Erst 1838 wurden seine revolutionären Ideen beim Bau der ROBERT F. STOCKTON und der ARCHIMEDES verwirklicht, und im Jahre 1845 stand dann die Überlegenheit des Propellerantriebes über den Radantrieb fest. Wäre die Technologie schon früher in der Lage gewesen, die Erkenntnisse von dem 5-m-Modell auf Schiffe der damals im Bau befindlichen Größe zu übertragen, wäre der Radantrieb sehr viel schneller zum alten Eisen geworfen worden.

Gab es also bei dieser Umsetzung der Erkenntnisse von Stevens in den Schiffbau auch Verzögerungen, so hat es nicht an Ingenieuren gefehlt, die ständig an der Idee eines Propellerantriebes gearbeitet haben. Einer der ersten war der Österreicher Joseph Ressel, der mit einer archimedischen Schraube im Jahre 1812 auf einem Donauschiff experimentierte.

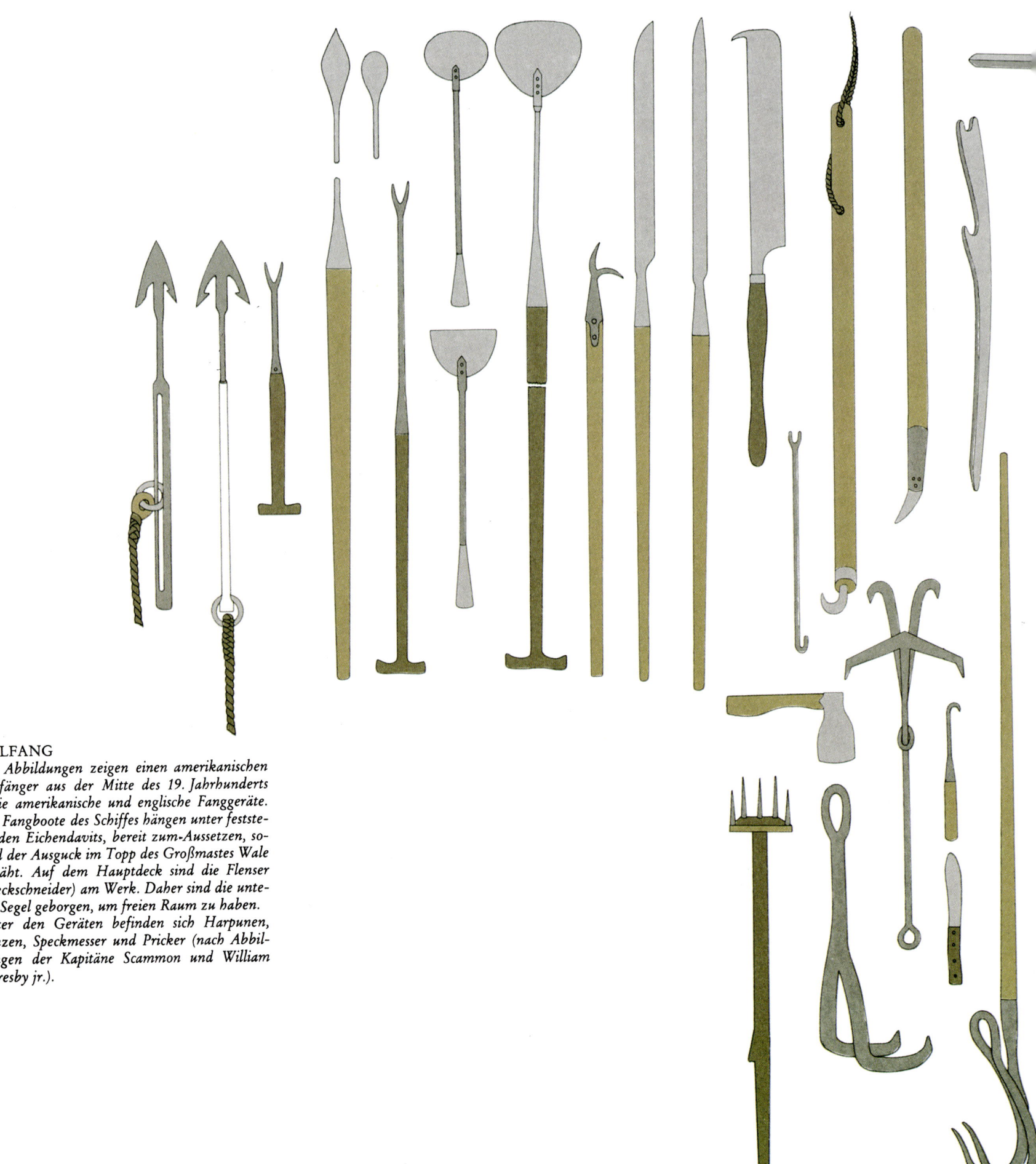

WALFANG

Die Abbildungen zeigen einen amerikanischen Walfänger aus der Mitte des 19. Jahrhunderts sowie amerikanische und englische Fanggeräte. Die Fangboote des Schiffes hängen unter feststehenden Eichendavits, bereit zum Aussetzen, sobald der Ausguck im Topp des Großmastes Wale erspäht. Auf dem Hauptdeck sind die Flenser (Speckschneider) am Werk. Daher sind die unteren Segel geborgen, um freien Raum zu haben. Unter den Geräten befinden sich Harpunen, Lanzen, Speckmesser und Pricker (nach Abbildungen der Kapitäne Scammon und William Scoresby jr.).

WALFANG UND WALFANGSCHIFFE
1820–1850

Die Familie Cunard in Halifax, Nova Scotia, war eine der Familien, die am Walfang Interesse zeigte, als der Gouverneur Parr 1784 20 Auswanderer aus Massachusetts dort willkommen hieß. Diese beiden Gebiete in Kanada und in den USA sollten später die Zentren einer Walfangindustrie werden. Aus der Cunard-Familie ging einer der bedeutendsten Reeder hervor: Samuel Cunard, der Begründer der Cunard Shipping Co. Eines der berühmtesten Walfangschiffe, die SAMUEL CUNARD, verließ 1837 Halifax und führte die engen Beziehungen der Familie zum Walfang fort.

Die Blütezeit der Walfang-Segelschiffe war nur kurz. Schon 1850 begann der Walfang rückläufig zu werden, da die Fangreisen sehr lange dauerten und die Seeleute ungern so lange von zu Hause abwesend waren. Der aufblühende weltweite Handel machte es außerdem einfacher, sein Geld in der Frachtfahrt als im Walfang zu verdienen.

Wie erwähnt, dauerten im Mittelalter Seereisen oft sehr lange. Magellan war zum Beispiel auf seiner Entdeckungsreise mehr als drei Jahre lang unterwegs. Doch wurde diese Reisedauer noch von den Walfängern übertroffen. Die längste derartige Reise war wahrscheinlich die der PACIFIC, die St. John in Neufundland im April 1841 verließ. Vier Jahre und neun Monate später, im Januar 1846, lief das 347 Tonnen große Schiff, das eine Länge von 33,2 m und eine Breite von 8,5 m hatte, in Valparaiso ein. Der einst so feste Rumpf war zu diesem Zeitpunkt so verrottet, daß es sofort abgewrackt werden mußte. Die so mühsam errungene Ladung Walöl brachte die SIGNET nach St. John.

Auf Walfangschiffen wurden nur richtige Walfänger und Neulinge angeheuert, niemals Seeleute. Der Grund dafür war, daß man bedingt durch die langen und mühsamen Reisen damit rechnen mußte, daß Seeleute im nächsten Hafen, der angelaufen wurde, weglaufen und sich nach einer besseren Heuer umsehen würden. Die Besatzungen durften nur auf abgelegenen Pazifik-Atollen an Land, wo niemand entkommen konnte. Die Walfangschiffe vermieden auch, soweit möglich, jeden Handelshafen. Die ganze Mannschaft war am Gewinn einer solchen Reise beteiligt, und die Höhe dieser Anteile berechnete sich aus dem Nettogewinn. Die Kapitäne der Walfangschiffe verkauften an ihre Mannschaft Kleidung, Tabak und ähnliche Dinge. Häufig kauften die Matrosen hemmungslos, so daß ihnen am Ende der Reise, die drei und mehr Jahre dauern konnte, oft kein Heller blieb.

Wale waren auch nicht allzu reichlich. So wird nach einer Reise von 19 Monaten nur ein Fang von 34 Walen angegeben. Einige Schiffe brauchten drei bis vier Jahre, um zu einem solchen Ergebnis zu kommen. Die Größe der Wale wurde nach Fässern oder Tonnen gerechnet. Die größten Wale entsprachen 60 Faß. Ein Faß erbrachte damals etwa 100 Pfund Erlös.

Den Rekordfang dieser Zeit brachte die MARGARET RAIT aus St. John ein. Sie fing an einem Tage drei Wale

---

geschmiert wurde. So konnte der drohende Rückschritt zum Radantrieb vermieden werden.

1829 wurde ein weiterer Versuch mit Propellerantrieb im Venedig-Triest-Dienst gemacht. Die Behörden verboten den Einsatz dieses Schiffes, denn es wurde behauptet, der Kessel sei eine Fehlkonstruktion.

Der erste Durchbruch für diese Antriebsweise kam 1836. Der Engländer Francis Pettit Smith experimentierte in London mit der Dampfbarkasse FRANCIS SMITH (6 t). Dieses Fahrzeug war zwar klein, aber erfolgreich. Im gleichen Jahr baute der schwedische Ingenieur John Ericsson, der in England lebte, die sehr erfolgreiche, schraubengetriebene FRANCIS B. OGDEN, die er zu Ehren des amerikanischen Konsuls in Liverpool so benannt hatte.

1838 gab Leutnant Robert F. Stockton einen kleinen Dampfer von 19,2 m Länge mit eisernem Rumpf und Antrieb durch eine Ericsson-Schraube bei Lairds in Birkenhead privat in Auftrag. Wie es naheliegend war, nannte er das Schiff ROBERT F. STOCKTON. Im Frühjahr des folgenden Jahres überquerte es unter Segeln den Atlantik. Nach einer Reihe von manchmal recht schwierigen Versuchen wurden Schraube und Ruder in der heute üblichen Weise angeordnet, so daß das Ruder achterlich der Schraube montiert wurde. Das war für die Leistungen des Schiffes von großer Bedeutung. Nach diesem Umbau versah es unter dem Namen NEW JERSEY ab 1840 für viele Jahre seine Dienste und war damit das erste als Handelsschiff eingesetzte Schraubenschiff Amerikas.

Das Francis Pettit Smith erteilte Patent wurde 1838 von der Ship Propeller Co. übernommen. Die Gesellschaft ließ bei Henry Wimhurst in Blackwell im Osten Londons die ARCHIMEDES bauen. Die Schraube wurde in das Totholz des Kiels eingelassen, und das Schiff erreichte damit eine Geschwindigkeit von 9 kn. 1840 unternahm das Schiff eine Demonstrationsfahrt durch die englischen Häfen. Als direktes Ergebnis des Besuches in Bristol erhielt die dort 1843 erbaute GREAT BRITAIN einen Schraubenantrieb. Danach war es nur noch eine Frage der Zeit, bis der Propeller den Radantrieb verdrängt hatte.

Ein Problem mußte noch gelöst werden, das den Siegeszug des Propellers gefährden konnte. Zu dieser Zeit gab es noch keine Metall-Lager, die der Abnutzung durch die schnell rotierende Schraubenwelle standhalten konnten. Glücklicherweise entdeckte Penn 1840, daß das echte Pockholz die Härte von Metall und keinen Abrieb zeigte, wenn es mit Wasser

GREAT BRITAIN
A *Seitenansicht.*
B *Der sechsflügelige Propeller, der bei der Probefahrt verwendet wurde. Später wurde er durch einen vierflügeligen Propeller ersetzt.*
C *Querschnitt, der die Anordnung der Maschinen zeigt.*

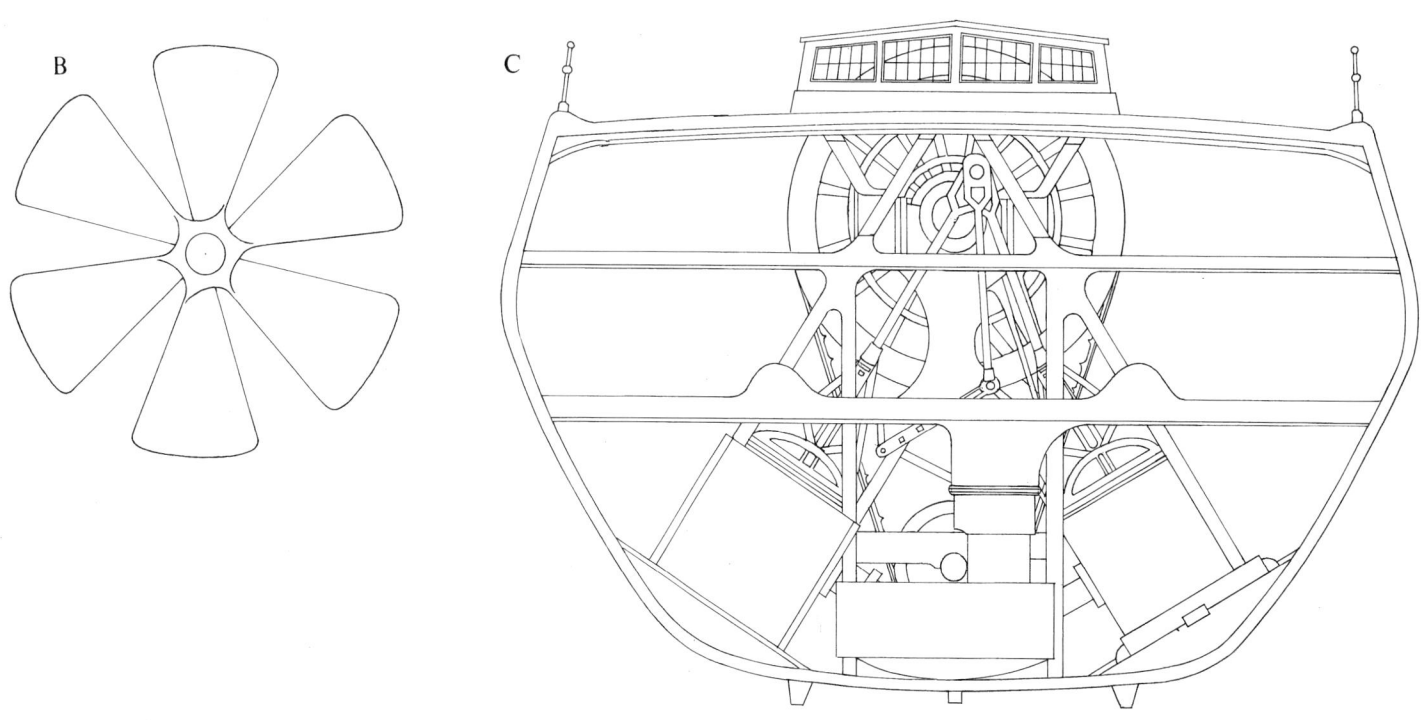

der 60-Faß-Größe, lief nach London und verkaufte ihren Fang für 18 600 Pfund – das war mehr, als das ganze Schiff gekostet hatte.

Wenn auch die Walfangschiffe gewöhnlich schlecht gepflegt wurden und armselig getakelt waren, kamen doch Unfälle auf und mit ihnen recht selten vor. Es gab kaum Totalverluste oder Verschwinden auf See. Jedoch kehrten die Schiffe selten mit der Mannschaft heim, mit der sie ausgelaufen waren.

Kanadische Walfänger suchten stets die Nähe britischer Walfänger, ungeachtet dessen, wie weit diese entfernt sein mochten. Dies geschah nicht aus Freundschaft, sondern aus einem sehr prosaischen Grunde: An Bord der britischen Schiffe mußte ein Arzt sein. Kanadische und amerikanische Walfänger leisteten sich einen solchen Luxus nicht.

SICHERHEIT AN BORD
1817–1839

Im Verlauf der Jahrhunderte hatte die britische Regierung wenig getan, um gesetzlich Sicherheitsmaßnahmen für Seeschiffe vorzuschreiben. Im Jahre 1817 erließ das Parlament erstmalig einige Vorschriften für den Bau und die Erprobung von Dampfkesseln. Ein Parlamentsbericht aus den Jahren 1836/37 forderte die Registrierung aller Dampfschiffe. Zum Erstaunen der Bevollmächtigten, die diesen Bericht zusammengestellt hatten, war bei der Besichtigung von 76 Schiffen auf dem Mersey festgestellt worden, daß nur 39 von ihnen registriert worden waren. Zwei Liverpooler Eigner besaßen allein mehr Schiffe, als überhaupt in Liverpool registriert waren.

Ähnlich sah es im ganzen Lande aus. Auf der Themse gab es 16, auf dem Humber 26 unregistrierte Schiffe, und aus den übrigen Flüssen und Häfen des Landes wurden Hunderte mehr gemeldet. Es ergab sich, daß 95% der Liverpooler Schiffahrt in irischem Besitz waren. Daraufhin erhielten die Hafenbeamten die dringende Anweisung zu einer Zählung aller Dampfschiffe, die jeweils unter ihrer nominellen Kontrolle standen. Sie ergab 766 Schiffe. Davon waren 484 Fluß- und Küstenfahrzeuge, darunter viele Schlepper, 282 Schiffe stellten sich als große Küsten- und Seefahrzeuge heraus. Nur neun Jahre vor dieser Zählung hatte das Lloyd's Register, das man für diese Zeit als ziemlich zuverlässig ansehen kann, nur 81 Dampfschiffe aufgeführt.

Die ersten amtlichen Vorschriften für Rettungsboote, die über die herkömmlich mitgeführten Gigs und Kutter hinausgingen, wurden auf Grund der Berichte dieser Kommission erlassen. Die „London Gazette" schrieb überzeugend, daß „aufschwimmende Wrackteile nicht mehr länger zur Rettung von Menschenleben hinreichten".

Um der neuen Vorschrift zu entsprechen, experimentierten einige Gesellschaften mit Booten, die kieloben auf die Radkästen gelegt wurden. Es gab auch Lösungen, bei denen Rettungsboote die obere Abdeckung der Radkästen bildeten. An der Form der Rettungsboote kann man daher oft ersehen, von wann alte Abbildungen datieren.

Im Zusammenhang mit einem Versuchsbau ganz besonderer Art wurden Sicherheitsmaßnahmen erneut aktuell. Es handelte sich um die COLUMBUS, einen Raddampfer, der für die Nordatlantikroute entworfen worden war, jedoch nie zum Einsatz kam.

Das Schiff erregte auf seiner Probefahrt von Liverpool nach London großes Aufsehen. Der Dampf wurde mit einem revolutionären Verfahren erzeugt. Ein Wasserstrahl wurde in einen Behälter mit Quecksilber eingespritzt, das auf 350° C erhitzt war. Dabei kam es zur schlagartigen Verdampfung des Wassers. Die übrige Maschine war konventionell gebaut.

Auf der Probefahrt erreichte die 330 t große COLUMBUS eine Geschwindigkeit von 8,5 kn. Sie verbrauchte 3 t Kohle pro Tag, was eine Ersparnis von 50% gegenüber anderen Schiffen bedeutete. Unglücklicherweise kam es auf der COLUMBUS, bevor das Schiff in Dienst gestellt wurde, zu einer schweren Kesselraumexplosion. Dies führte zum Verbot des Quecksilberkessels. Die Idee wurde nie wieder aufgegriffen. Ein Jahr nach dieser Explosion beauftragte das Parlament eine Kommission mit der Ausarbeitung eines Berichts und der Zeit besser angepaßter Sicherheitsvorschriften.

POSTSCHIFFE

Nicht nur der Nordatlantik zog das Interesse der ersten Dampfschiffsreedereien auf sich. In den anderen Ozeanen war das Problem jedoch, daß die Entfernungen für eine ausreichende Nutzfracht einfach zu groß waren. Es wurde zuviel Raum von den Kohlenvorräten eingenommen, die man mitführen mußte. Das Bunkern im Verlauf der Reise war eine sehr kostspielige Sache.

Trotzdem erkannten die Regierungen in Europa und Amerika, wie wichtig es war, regelmäßig und pünktlich verkehrende und Gewinn abwerfende Dampfschiffslinien einzurichten und zu fördern. Es gab etwas, wo die Regierungen Unterstützung gewähren konnten: die Beförderung der Post. Diese war bisher in großem Umfange, aber sehr unzuverlässig mit Segelschiffen geschehen. Der Postanfall wuchs ständig, und eine schnelle Zustellung wurde zu einer Frage wirtschaftlicher Notwendigkeit.

Die britische Regierung holte schon 1837, drei Jahre vor Einrichtung der Penny Post, Angebote für einen regelmäßigen Posttransport durch Dampfer ein.

Bis zu diesem Zeitpunkt mußte der Empfänger das Porto bezahlen. Dies wurde durch das von Sir Rowland Hill eingebrachte Gesetz geändert. Nun mußte der Absender eine Briefmarke kaufen, sie auf den Brief kleben, und die Post übernahm dann die Beförderung zum Empfänger.

Dieser Gedanke fand weltweit Anklang. Bald übernahmen auch andere Länder dieses System. Es wurde zu einem der wichtigsten Merkmale sozialen Fortschritts, den die Geschichte kennt. In Großbritannien wurden bereits 1840 73 Millionen Briefe befördert. Bis zum Jahre 1870 hatte sich diese Zahl auf 630 Millionen erhöht.

Aus den Einnahmen, die der Staat aus dem Postwesen erzielte, konnte er sich mit erheblichen Summen am Transport von Post nach Übersee beteiligen.

Der erste derartige Vertrag wurde am 22. August 1837 zwischen der Regierung und der Peninsular and Oriental Steam Navigation Co., der späteren berühmten P & O Line, geschlossen und betraf den Posttransport nach Spanien und Portugal. Im September 1837 kündigte die Reederei die ersten Abfahrten in den Londoner Zeitungen an.

Zwei Jahre später wurde die Royal Mail Steam Packet Co. in London für den Posttransport nach Westindien, in die Karibische See und zur Westküste Südamerikas gegründet. In Erwartung eines großen Bedarfs erteilte die Gesellschaft einen der größten Aufträge aller Zeiten. Es wurde ein Kontrakt über den Bau von 14 Transatlantik-Schiffen abgeschlossen. 1841 wurde die CLYDE als erstes Schiff der neuen Reederei fertiggestellt. Die CLYDE führte als Royal Mail Steamer vor ihrem Namen die Buchstaben R.M.S. Sie wurden später von fast allen Schiffen geführt, die Post transportierten.

Weitere Postverträge wurden geschlossen. Zum Beispiel erhielt Samuel Cunard 1839 den Kontrakt für den Postdienst nach Kanada und New York, mit Zubringern nach Boston und Quebec. Seine Reederei hieß ursprünglich The British and North American Royal Mail Steam Packet Co. Dieser zu lange Name wurde sehr bald von all denen, die mit der Gesellschaft zu tun hatten, durch „Cunard Line" ersetzt, ein Name, den die Gesellschaft aber erst 1878 anerkannte und dann selbst benutzte. Das erste Schiff in diesem Dienst war der Dampfer BRITANNIA.

Im Oktober 1839 holte der Generalpostmeister der Vereinigten Staaten Angebote ein für eine Reihe von Liniendiensten von New York nach Liverpool, Bristol, Southampton, Antwerpen, Bremen und Hamburg mit Zubringerdiensten nach Le Havre, Brest und Lissabon. Für diese riesige Aufgabe gingen nur wenige ernsthafte Angebote ein. Das günstigste Angebot war das von Edward Mill, New York, der einen Liniendienst zwischen New York und Le Havre einrichten wollte und hierfür pro Jahr 1 300 000 Dollar forderte. Der Generalpostmeister nahm dieses Angebot im Auftrage der amerikanischen Regierung an. 1846 gründete Edward Mills die Ocean Steam Navigation Co. für den Postdienst. Als erster Dampfer wurde die WASHINGTON eingesetzt; bald folgte das Schwesterschiff HERMANN.

Frankreich bot als drittes Land Postkontrakte an. Die Firma Héroult et de Handel richtete im gleichen Jahr 1839 den ersten französischen Transatlantikdienst ein, und zwar mit der UNION. Danach war es nur noch eine Frage der Zeit, daß auch die übrigen Regierungen Angebote von Reedereien für die regelmäßige Postbeförderung einholten.

1840

Captain James Clark Ross unternimmt mit Schiffen, die besondere Eisverstärkungen erhalten haben, eine Expedition in die Antarktis. Er kartographiert die Küste des Victoria-Landes, das er zu Ehren der jungen britischen Königin benennt, geht aber nicht an Land.

1845

Trotz der Leistungen von Schraubenschiffen seit dem Stapellauf der ARCHIMEDES und der schnellen Verbreitung, die der Schraubenantrieb fand, wurde in der Seefahrt noch immer die Debatte weitergeführt, ob der Propeller- oder der Radantrieb besser sei. Die Befürworter des Radantriebes fragten, wie denn eine winzige rotierende Schraube zwei mächtigen umlaufenden Rädern, an denen Schaufeln von 3 m x 0,90 m ins Wasser bissen, überlegen sein könne.

SCHIFFE UND MEER

Es gab nur einen Weg, diesen Disput ein für allemal beizulegen – den durch eine praktische Demonstration. Die britische Admiralität ließ daher zwei Schwesterschiffe bauen, eines mit Rad-, das andere mit Propellerantrieb. Die beiden Schiffe waren sonst völlig gleich, besaßen gleiche Abmessungen, gleiche Tonnage und gleich starke Antriebsmaschinen.

An einem windstillen Apriltag wurden die beiden Schiffe Heck gegen Heck mit schweren Leinen verbunden. Auf ein Kommando nahmen RATTLER, das schraubengetriebene Schiff, und ALECTO, der Raddampfer, gleichzeitig Fahrt auf. Vorher war ein genauer Zeitplan abgesprochen worden. Beide Kapitäne ließen die Umdrehungen der Maschine erhöhen, bis Gleichstand erzielt war. Schließlich begann sich die RATTLER langsam in Bewegung zu setzen und zog die das Wasser peitschende ALECTO hinter sich her. Nach zehn Minuten wurde die ALECTO trotz voll arbeitender Maschine von der RATTLER mit einer Geschwindigkeit von 2,8 kn durch das Wasser geschleppt.

Das Ergebnis war überzeugend. Dennoch zögerten die Lords der Admiralität noch, den Radantrieb völlig aufzugeben. Weiterhin enthielten die Postkontrakte der Admiralität zwei anachronistische Klauseln. In der einen wurden Schiffe mit Holzrümpfen, in der anderen Radantrieb gefordert. Wären nicht diese Forderungen gewesen, hätte sich der Schraubenantrieb viel schneller gegen Segel und Radantrieb durchgesetzt. So mußten aber Gesellschaften wie die Cunard Line zwei Typen von Schiffen bauen, um im Geschäft zu bleiben: Schraubenschiffe für den ständig zunehmenden Passagierverkehr, hölzerne Raddampfer, um den Forderungen der Admiralität für die Postkontrakte zu entsprechen.

26. JULI 1845
Die GREAT BRITAIN, der erste Transatlantic-Liner mit Schraubenantrieb, läuft von Liverpool nach New York aus.
Isambard Brunel, der Erbauer der GREAT WESTERN, begann 1843 mit ihrem Bau. Dieses große, schraubengetriebene Schiff sollte das zweite und letzte Schiff sein, das Brunel für die Great Western Shipping Co. entwarf. Es war so groß, daß man ihm zunächst den Namen MAMMOTH (Mammut) geben wollte. Brunel bevorzugte derartige Namen für seine Schiffe in der richtigen Überlegung, daß sie eine viel bessere Vorstellung von der Größe und Majestät seiner Schiffe gaben als die neutralen Bezeichnungen, die schließlich als Namen gewählt wurden. Das dritte Schiff, das er baute, die GREAT EASTERN, sollte zunächst LEVIATHAN genannt werden. Jedoch gefiel der Name MAMMOTH weder der Königin Victoria noch ihrem Prinzgemahl, der das Schiff schließlich am 19. Juli 1843 auf den Namen GREAT BRITAIN taufte. Es gab keine Helling, die für dieses Schiff groß genug gewesen wäre. Es wurde daher in einem Trockendock in Bristol von der Railway Co. unter der Aufsicht von William Patterson erbaut. Unglücklicherweise hatte man sich bei der Berechnung des Tiefganges geirrt. Zur Bestürzung aller bei der Taufe Anwesenden konnte das Schiff das Docksüll nicht passieren. Es dauerte ein ganzes Jahr, bis die notwendigen Änderungen ausgeführt waren und das Schiff aus seinem „Gefängnis" befreit werden konnte, ein weiteres, bis es ausgerüstet war.
Die GREAT BRITAIN war 1838 von Brunel entworfen worden, demselben Jahr, in dem die GREAT WESTERN ihre verspätete Jungfernreise unternahm. Sieben Jahre waren also vergangen, als die GREAT BRITAIN im Juli 1845 ihre Jungfernreise nach New York antrat. Sie war für 360 Passagiere entworfen worden, doch nur 60 Plätze waren gebucht. Die Überfahrt dauerte lange: 14 Tage und 21 Stunden. Wenn das Schiff auch langsam war, leitete es dennoch die Ära der großen, schraubengetriebenen Liniendampfer ein.

A *Zwillingsmaschine der* RATTLER.
B *Der berühmte Schleppwettkampf zwischen der* RATTLER *und der* ALECTO, *bei der die* RATTLER *die Überlegenheit des Schraubenantriebs gegenüber dem Radantrieb bewies.*

Das Schiff erlebte schlimme Tage. Lange Jahre lag es als rostende Hulk auf den Falklandinseln, bis es schließlich im April 1970 wieder flottgemacht wurde und seine 48. und letzte Reise heim nach Bristol antrat. Hier soll es wiederhergestellt werden und als Museum an das Genie eines Brunel erinnern.

DER BAUMWOLLHANDEL UND DIE SEGELSCHIFFAHRT

Trotz der riesigen Dampfer, die jetzt die Werften verließen, behauptete sich auf manchen Gebieten das Segelschiff durchaus. Der Baumwollhandel ist ein typisches Beispiel für dieses Vertrauen zur Segelschiffahrt. Mobile und Savannah entwickelten sich zu den beiden führenden Häfen für den Baumwollumschlag in Amerika. Es war die Segelschiffahrt, die zu ihrem Aufblühen wesentlich beitrug.
Die Baumwolle wurde in Ballen von je 227 kg abgepackt, die fest umschnürt, an den Enden aber offen waren. In dieser Form wurde die Baumwolle in den Häfen angeliefert. Beim Stauen wurde eine Methode angewandt, die man als „Schrauben" (screwing) bezeichnete. Mit Hilfe einer Schraubenwinde wurden die Ballen so fest zusammengepreßt, daß in dem Raum, den normalerweise zwei Ballen einnahmen, drei untergebracht werden konnten. Die eine Seite der Schraubenwinde wurde gegen die Bordwand, die andere gegen die bereits eingebrachte Ballenreihe gesetzt. Dann betätigten vier Mann die Winde, bis man einen weiteren Ballen in die Reihe zwängen konnte. Dies wurde so lange fortgeführt, bis kein weiterer Ballen mehr eingefügt werden konnte. Für diese mühsame und harte Arbeit brauchte man starke Muskeln. Die Arbeitsteams blieben auch nachts an Bord und schliefen auf der Baumwolle. Sie wurden ausschließlich nach Leistung bezahlt, und es wird berichtet, daß beim Bemühen um das Einzwängen eines weiteren Ballens einmal ein Deck von den Deckstützen losgesprengt wurde.
Bei den Stauern handelte es sich um Holzfäller aus dem Norden, die nur zur Baumwoll-Erntezeit in die Häfen kamen und ein sehr rauher Haufen waren. In dieser Zeit kümmerte sich die Polizei um einen Toten, der im Hafen gefunden wurde, nur dann, wenn es sich um einen Einwohner der Stadt handelte. Nur dann wurde eine Morduntersuchung eingeleitet.

1845
John Franklin wurde Führer einer Expedition zur Entdeckung der Nordwestpassage. Seine beiden Schiffe, die EREBUS und die TERROR, waren mit den modernsten Einrichtungen ausgestattet, die bei den Forschungen von Nutzen sein konnten. Dennoch hörte man nie wieder von den Schiffen.

1846
Die britische Admiralität stellt ein 60-Kanonen-Schiff, die AJAX, in Dienst. Es ist mit einer 4-Zylinder-Maschine von Maudslay, Sons and Field von 450 PS und einer Schraube ausgerüstet und erreicht eine Geschwindigkeit von 9 kn. Vom Typ her war die AJAX noch ein Segelschiff, und die Maschine wurde vorwiegend zum Manövrieren benutzt. Zum Segeln wurden Schraube und Schornstein eingezogen. Es war das erste dampfgetriebene Schiff der Linie.

1847
Friedrich Wilhelm III. von Preußen ruft die erste Nationalversammlung des 1816 gegründeten „Deutschen Bundes" ein. Ein einheitliches Reich wurde Deutschland erst nach dem deutsch-französischen Krieg, aber schon 1848 schuf der Norddeutsche Bund eine erste Flotte, als Dänemark die Herzogtümer Schleswig und Holstein in seinen Staatsverband einverleiben will. Unter anderem werden die beiden Cunard-Raddampfer BRITANNIA und ACADIA angekauft, mit je neun 68-Pfündern bestückt und in BARBAROSSA und ERZHERZOG JOHANN umbenannt. Als erste Panzerfregatten der Bundesflotte werden 1867 die FRIEDRICH CARL und die KRONPRINZ in Dienst gestellt. Die Rivalität um die Vorherrschaft auf See sollte fast 100 Jahre andauern.

1847–1848
In diesen Jahren nimmt die Rivalität unter den Seemächten der Welt stark zu. Großbritannien ist der Favorit im Rennen um die Führungsrolle in der Schiffahrt. In Amerika war dies stark zu spüren, denn besonders im Atlantikverkehr führte zwischen 1838 und 1847 jeder reguläre Liniendienst die englische Flagge.
Tatsächlich wurde durch die ausgezeichneten Leistungen der amerikanischen Klipper die Entwicklung der Dampfschiffahrt in den USA hintangehalten. Allein damit ließ sich jedoch auf die Dauer nationales Prestige erringen.

1847–1848
Die Segelschiffahrt erhält indirekt erneut Auftrieb durch die große irische Hungersnot 1847/48. Die lange Zeit anhaltenden Mißernten an Kartoffeln, dem wichtigsten Nahrungsmittel, führten zur Auswanderung von Hunderttausenden von Iren nach Kanada und in die USA. Die meisten benutzten Segelschiffe, die überfüllt waren und auf denen sehr schlechte hygienische Bedingungen herrschten. Dem „Schiffsfieber", einer Sammelbezeichnung für Typhus, Cholera und Ruhr, fielen viele Auswanderer zum Opfer. Man schätzt, daß etwa 25 000 Iren auf dem Wege nach Kanada zugrunde gingen und annähernd die gleiche Anzahl auf der Reise nach Amerika. Etwa 10 000 Iren wurden nachweislich auf Grosse Island, der Quarantäneinsel von Quebec, beerdigt, weitere 6000 in Montreal.

JANUAR 1847
Die Direktoren der bis dahin in der Segelschiffahrt

tätigen Red Cross Line wollen Dampfschiffe im Verkehr von den USA nach Europa einsetzen. Sie müssen dazu ein britisches Schiff, den Schraubendampfer SARAH SANDS, chartern. Sie tritt die erste von zehn Charterreisen im Januar 1847 an.

2. JUNI 1847
Die WASHINGTON überquert als erstes amerikanisches Dampfschiff den Atlantik. Sie gehört der Ocean Steam Navigation Co., New York, und eröffnet den Dienst für die U.S. Mail zwischen New York, Southampton und Bremen.

APRIL 1848
Die Black Ball Line, stärkster Konkurrent der Red Cross Line, ist bemüht, mit dieser Gesellschaft im Nordatlantikdienst um jeden Preis Schritt zu halten, und kauft daher die für den Dienst zwischen New York und New Orleans bestimmte UNITED STATES. Sie beginnt ihren Atlantikeinsatz zwischen New York und Liverpool.

1849–1851
Der Beginn der Dampfschiffahrt an der Pazifikküste Amerikas ist in den Jahren 1849 bis 1851 mit dem Ansturm vieler Glücksritter während des Goldfiebers in Kalifornien verknüpft.
Der erste Dienst für die Goldsucher an der Westküste wurde zwischen dem Isthmus von Panama und San Francisco eingerichtet. Hierzu wurden vor allem alte Schiffe, insbesondere Segelschiffe eingesetzt. Diese „Goldrausch"-Schiffe genossen einen sehr schlechten Ruf. 1850 wurde die COLUMBIA in New York gebaut. Dieser Seiten-Raddampfer war das erste speziell für den Dienst nach San Francisco gebaute Schiff. Es wurde von den Eignern, der Firma Holland Aspinwall, zwischen San Francisco und Portland, Oregon, eingesetzt. Hieraus entwickelte sich die Pacific Mail Steamship Co.

1849
In der Mitte des 19. Jahrhunderts gewann der Dampfantrieb auf den Weltmeeren immer mehr an Bedeutung, da sich der Welthandel sehr stark ausweitete. Ein wesentliches Moment war hierbei die Aufhebung der Navigationsakte durch die britische Regierung. Nun durften auch Schiffe unter fremder Flagge ungestraft Waren in britischen Häfen löschen.

DAS ZEITALTER DER KLIPPER
Obwohl die Dampfschiffe nach Zahl und Anteil an der Gesamtschiffahrt zunahmen, hatte die Segelschiffahrt noch 20 Jahre des Wachstums vor sich. Dieses Wachstum betraf die Anzahl, die Geschwindigkeit und die Größe der Segelschiffe. Der Höhepunkt des Segelschiffbaus waren, soweit es die Schnelligkeit betrifft, die Klipper, die Schiffe „par excellence" der Mitte des 19. Jahrhunderts.
Segel und Dampf bildeten auf dem Felde des Entwerfens von Schiffen ein schöpferisches Duo. Aber noch lange waren Schönheit und Eleganz dem Segel vorbehalten. Man braucht dazu nur die Linien der Rümpfe zu betrachten. Die Geschwindigkeit nahm bei gleichbleibender Segelfläche in dem Maße zu, in dem die U-förmige Gestalt des Buges einem V-förmigen wich. Die Technik der konkaven Wasserlinie brachte eingezogene Linien vom Bug bis zur Schiffsmitte.
Eine weitere Neuentwicklung war der Kompositbau. Bei Schiffen dieser Bauweise bestanden die Spanten des Rumpfes aus Eisen und wurden dann mit Holz beplankt. Unterhalb der Wasserlinie wurde das Holz mit Kupfer oder Muntzmetall beschlagen, um es gegen den Schiffsbohrwurm (Teredo) zu schützen.
Dies waren die beiden Errungenschaften des Schiffbaues, deren Kombination die scharf gebauten Klipper ergab, die wie Segelyachten über die Meere jagten und sich gegenseitig mit Rekordreisen auszustechen suchten.
Die frühesten Beschreibungen amerikanischer Klipper bezeichnen sie als die schärfsten existierenden Schiffe, was sich auf die Gestalt der vorderen Rumpfhälfte bezog.
Bevor aber die Klipper ihre höchste Vollendung erreichten, gab es noch ein Segelschiff, das Erwähnung verdient. Es handelt sich um das kanadische Schiff MARCO POLO. Seine Karriere begann unter einem düsteren Vorzeichen, denn beim Stapellauf 1851 lief es quer über den Fluß und kenterte fast, wobei ein Junge ins Wasser geschleudert wurde. Das Schiff war in St. John für James und Thomas Smith erbaut worden, wurde aber am Ende der Jungfernreise am 31. Mai 1851 an James Baines für die Black Ball Line, Liverpool, verkauft.
Baines setzte das Schiff im Melbournedienst ein, und es erzielte hier eine Reisedauer von nur 76 Tagen. Damit wurde es das Spitzenschiff der Linie. Es blieb für nahezu 15 Jahre im Australiendienst, bevor es den Rest seines Lebens im Nitrathandel verbrachte,

A

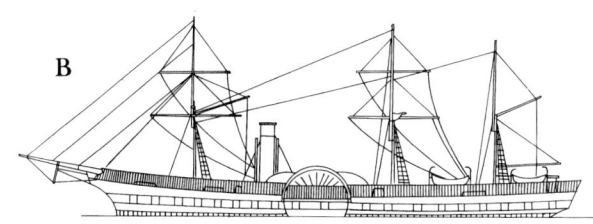
B

C

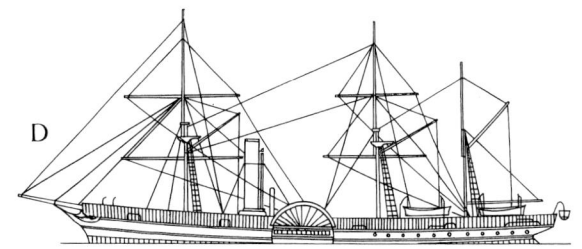
D

A *Die* MARCO POLO, *gebaut 1851, galt 1852 als das schnellste Schiff der Welt.*
B WASHINGTON *(1847).*
C SARAH SANDS *(1847).*
D UNITED STATES *(1848).*
E *Hauptspant eines hölzernen Schiffes mit eisernen Spanten (Kompositbauweise) aus der zweiten Hälfte des 19. Jahrhunderts.*

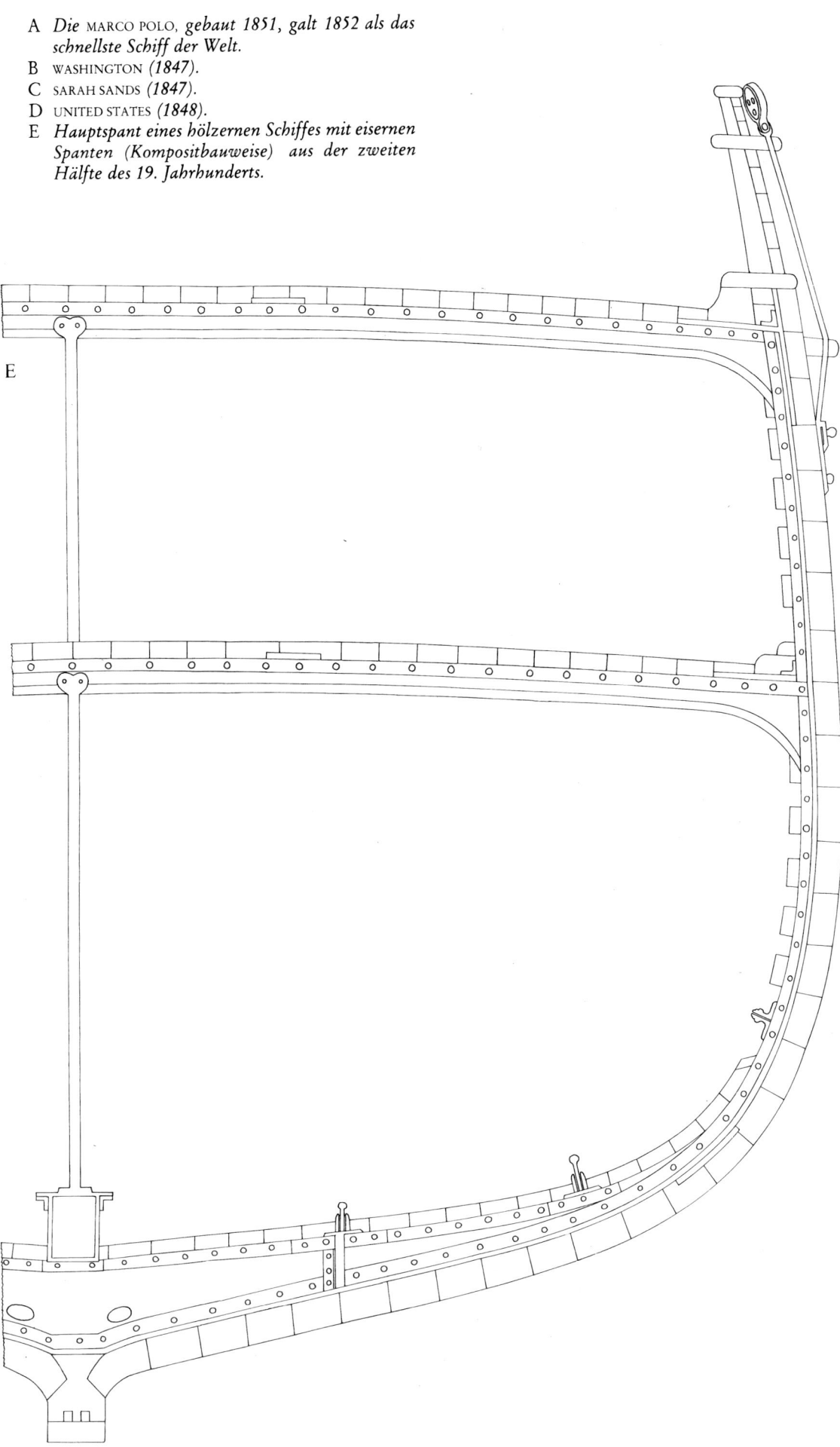

der Guanofahrt von Huanillos in Chile aus, wo das Schiff einmal 15 Monate auf eine volle Ladung warten mußte. Im Jahre 1883, seiner 44. Saison, mußte das Schiff vor Cavendish auf der Prince Edward Island aufgesetzt werden, um die Ladung zu retten. Die Mannschaft berichtete, daß das Schiff nun so verrottet war, daß die Pumpen das durch die morschen Planken eindringende Wasser nicht mehr bewältigen konnten.

Während der meisten Zeit, da das Schiff im Australiendienst eingesetzt war, war sein Kapitän der berüchtigte „Bully" Forbes. Er war ein Mann, so wird berichtet, mit dem es keiner aufnehmen konnte. Nur einmal geschah dies – durch einen Fisch! Auf einer Reise folgte der MARCO POLO ein etwa 5 m langer Hai. Der Kapitän gab den Befehl, ihn zu fangen, und er wurde an Bord gehievt. In dem Augenblick, da das riesige Tier an Bord gelangte, begann es blindwütig um sich zu schlagen. Zur Bestürzung der Besatzung, die ihm machtlos gegenüberstand, zertrümmerte der Hai das Skylight über der Kabine des Kapitäns und verschwand darin mit Haken, Leine und Beschwerungsgewicht. Dort schnappte das Tier blitzartig nach dem Kapitän, der noch nie in seinem Leben so erschreckt worden war, und zertrümmerte dann die gesamte Kabineneinrichtung. Es ist nicht überliefert, ob Forbes schließlich die Haifischflossensuppe geschmeckt hat.

1850
Die französische Regierung entscheidet sich zur Einführung des Dampfantriebes auf ihren Linienschiffen. Nach dem Entwurf von Stanislas Dupuy de Lôme, eines berühmten französischen Marine-Schiffbauers, wird die NAPOLEON auf Stapel gelegt. Es war als Linienschiff 2. Klasse klassifiziert, trug 92 Geschütze und erreichte eine Geschwindigkeit von 13,8 kn. Sein Deplacement betrug 5057 t, die Länge ü. a. 71,2 m, und die Maschinen leisteten 900 PS. Es war das führende Kriegsschiff seiner Zeit.

Dieser Bau forderte die Engländer zu einer Antwort heraus. Sie bestand im Bau der AGAMEMNON im Jahre 1852, die größer war, deren Maschine aber nur einen Hilfsantrieb darstellte.

1852
MacGregor Laird gründet die African Steam Co., die spätere Elder Dempster Line.
Laird hatte schon lange Verbindungen nach Afrika. Im Juli 1832 war er zusammen mit dem Forschungsreisenden Richard Lander zum Niger aufgebrochen, um das Hinterland als Handelsgebiet der African Commercial Co. zu erschließen. Das Unternehmen war gut vorbereitet, denn die Gesellschaft stellte zwei kleine Flußraddampfer und eine Brigg von 200 t zu Lairds Verfügung. Unglücklicherweise erkrankte Lander bald und starb. Dieser Unglücksfall und schlechte Handelsergebnisse brachten die Gesellschaft zur Aufgabe des Versuchs, das Niger-Gebiet zu kolonisieren.

Laird kehrte 1834 nach Liverpool zurück, wurde Teilhaber eines Konsortiums, das die SIRIUS kaufte, und engagierte sich nun in der Schiffahrt. Zehn Jahre später gründete er die Werft Laird Bros. and Co. Ltd., die unter dem Namen Cammell Laird weltbekannt werden sollte.

AUSWANDERUNG IN DIE NEUE WELT

*Die Massenauswanderung aus nahezu allen europäischen Ländern, die um 1840 begann, brachte Millionen von Menschen nach Amerika, wo auf die Armen, die Besitzlosen und die Wagemutigen Land und unbegrenzte Möglichkeiten warteten. Die starke Zunahme der Bevölkerung in den Friedensjahren nach den napoleonischen Kriegen, Mißernten wie etwa durch die Kartoffelfäule in Irland und die Verlockungen des Goldrauschs in Kalifornien ließen insgesamt die Neue Welt als bessere Heimat als die Vaterländer erscheinen.
Für die Millionen auswandernder Bauern war die Seereise ein entsetzliches Erlebnis, das geprägt war durch schlechte Verpflegung, Krankheiten und Seekrankheit sowie die Angst vor Stürmen. Das größte Problem bestand jedoch für viele darin, überhaupt erst einmal in die Häfen zu gelangen. So wanderte zum Beispiel eine schwedische Familie aus Mittelschweden nach Göteborg an der Westküste, schiffte sich dort nach London ein, wanderte von London nach Liverpool und trat hier die Überfahrt nach Amerika an.*

ZIERAT AN SCHIFFEN DES 19. JAHRHUNDERTS

Galionsfiguren lassen sich bis in die ersten Anfänge des Schiffbaus zurückverfolgen. Die Felszeichnungen in der Nubischen Wüste, darunter ein Schiff mit einem gehörnten Kopf am Bug, sind etwa 7000 Jahre alt. Dieser Kopf diente vielleicht zum Abschrecken böser Geister. Später wurden derartige Zierate zum Erkennen der Schiffe, Einschüchtern des Gegners und Beweis für Fertigkeiten oder Prestige des Schiffseigners benutzt.

A Galionsfigur der VANADIS, ca. 1860.
B Namensschild der ALBION, um 1800.
C Galionsfigur der AJAX (1807).
D Galionsfigur eines unbekannten Schiffes, um 1850.
E Schnitzwerk eines unbekannten Schiffes, um 1850.
F Schnitzwerk eines unbekannten Schiffes, um 1820.
G Galionsfigur der HORATIO (1807).
H Galionsfigur eines unbekannten Schiffes, um 1800.

Im Jahre 1852 schloß Laird einen Vertrag über einen monatlichen Dienst nach Westafrika ab. Zu seinen Partnern bei dem neuen Wagnis gehörten Alexander Elder und John Dempster, deren Namen bis heute in der Bezeichnung Elder Dempster Line erhalten sind.

MAI 1852
Seit 1830 hatten Gibbs Bright and Co. Segelschiffe in der Australfahrt eingesetzt. 1852 kauften sie die GREAT BRITAIN von Brunel für 18 000 Pfund. Sie wurde entsprechend den Bedürfnissen der Eigner umgebaut und erhielt vier Masten und zwei Schornsteine nebeneinander. Zu dieser Zeit war das Goldfieber in Australien auf seinem Höhepunkt. Die GREAT BRITAIN wurde nach Umbau sofort wieder eingesetzt und beförderte in einer ersten Reise von 83 Tagen 636 Passagiere nach Sydney.

3. JANUAR 1852
Das hölzerne Postschiff AMAZON der Royal Mail Line gerät auf seiner Jungfernreise 110 Seemeilen westlich der Scilly-Inseln in Brand. 37 der 161 Passagiere und 68 Besatzungsmitglieder kommen um.
Auf Grund dieser Katastrophe werden von nun an alle Postschiffe mit Eisenrümpfen gebaut und erhalten Schraubenantrieb. Im gleichen Jahr führt die Cunard-Linie den Propellerantrieb in ihrem Liverpool-New-York-Dienst ein: Als erstes Schiff wird die ANDES so ausgerüstet, doch durfte sie keine Post befördern.

1853
Eine der ehrgeizigsten, aber weniger erfolgreichen Unternehmungen startete die New York and Australian Navigation Co. 1853. Wie ihr Name andeutet, wollte sie eine Verbindung von New York über Liverpool und Kapstadt nach Sydney schaffen. Die GOLDEN AGE war das hierfür ausersehene Schiff. Die Nachfrage war jedoch so gering, daß die Gesellschaft diesen Dienst nach einer Abfahrt wieder einstellte. Die GOLDEN AGE wurde in den Pazifikdienst, für den sie ursprünglich gebaut worden war, überstellt.

1853
Die Cunard-Linie läßt den letzten hölzernen Raddampfer, die ARABIA, bauen, weil die britische Post noch immer auf hölzernen Postschiffen besteht.

1853
Schiffe bleiben meist in der Erinnerung lebendig, weil etwas Besonderes oder Augenfälliges an ihnen war. Wenige fanden Anerkennung, weil nichts Außergewöhnliches über sie zu berichten war. Wollte man ein solches Schiff erwähnen, so hätte dies die MILES BARTON verdient. Dieser 963-Tonner gehörte der Golden Line eines Mr. Beazley. Der Name dieser Reederei ist heute vergessen, während die zur gleichen Zeit gegründeten, wie die Cunard Line, Elder, Dempster oder die General Steam, ein Stück Geschichte machten.
Die MILES BARTON war zwischen Liverpool und Melbourne eingesetzt. Die ersten drei Reisen nahmen 74, 76 und 79 Tage in Anspruch. Diese Zeiten lagen nur wenig über den Rekordzeiten der schnellsten Segelschiffe und erheblich unter denen der langsamen Dampfschiffe. Die MILES BARTON versah über Jahre hinweg beispielhaft und verläßlich diesen Dienst. Dieser Art sollten die eigentlichen wertbestimmenden Attribute der Schiffahrt sein, nicht die spektakulären Reisen berühmter Schiffe.

JULI 1853
Der amerikanische Commodore Matthew Perry läuft die Bucht von Sagami an und erzwingt die Öffnung der japanischen Häfen für den gesamten Welthandel.

1854
Die BRANDON läuft als erstes Schiff mit einer Maschine, in der sich Hoch- und Niederdruckzylinder genau gegenüberliegen, vom Stapel. Die Eigner waren über die sehr wirtschaftliche Betriebsweise erfreut, doch zögerten andere Gesellschaften mit der Einführung dieser neuen Verbundmaschine.
Das Prinzip der Compound- oder Verbundmaschine hatten sich Charles Randolph und John Elder 1853 patentieren lassen. Das Prinzip war einfach. Durch die Verwendung eines Hoch- und eines Niederdruckzylinders konnte die Dampfspannung zweifach ausgenutzt werden. Damit sank der Kohlenverbrauch um etwa die Hälfte, und die mit dieser neuen Maschine ausgestatteten Schiffe konnten erheblich mehr Nutzladung mitführen als jene mit herkömmlicher Maschine. Mit wachsender Erbitterung mußten die Erfinder dennoch erleben, daß der so offensichtliche Vorteil ihrer Erfindung lange Zeit ignoriert wurde, bis sie schließlich doch in den Schiffbau Eingang fand.

1854
Ein berichtenswertes Ereignis dieses Jahres ist die Rekordreise der LIGHTNING, eines der neuen Segelschiffe. Sie setzt die Reisezeit Sydney – London auf 64 Tage herunter.

MÄRZ 1854
Trotz der Sicherheitsbestimmungen, die in wachsendem Maße den Werften von den Regierungen und Reedereien auferlegt werden, ist das Jahr 1854 ein Jahr von Unglücksfällen. Die größte Katastrophe ist der Verlust der CITY OF GLASGOW im März. An Bord befinden sich beim Verlassen von Liverpool 480 Passagiere und Besatzungsmitglieder. Das Schiff wird nie wieder gesehen.
Man nimmt an, daß es nur wenige Tagesreisen von New York entfernt mit einem Eisberg kollidierte und spurlos versank.

17. JULI 1854
Der zweite Verlust des Jahres betrifft die FRANKLIN der New York and Havre Steam Navigation Co. Sie lief vor Long Island auf und zerbrach. Glücklicherweise gab es hierbei keine Toten.

9. SEPTEMBER 1854
Die Inman Line, die bereits früher die CITY OF GLASGOW eingebüßt hat, trifft ein weiterer schwerer Verlust, als die CITY OF PHILADELPHIA vor Cape Race Schiffbruch erleidet.
Das schöne Schiff war zehn Tage zuvor zur Jungfernreise ausgelaufen. Wiederum kam es zum Glück nicht zu Todesfällen.

A *Spill eines Segelschiffs, um 1850.*
B AGAMEMNON *(1852).*
C GOLDEN AGE *(1852).*
D ANDES *(1852).*
E ARABIA *(1852).*
F NAPOLEON *(1850).*

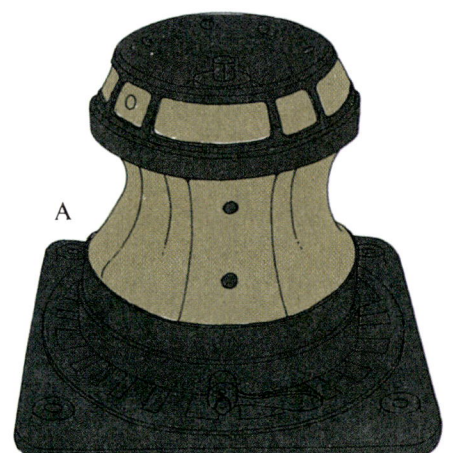

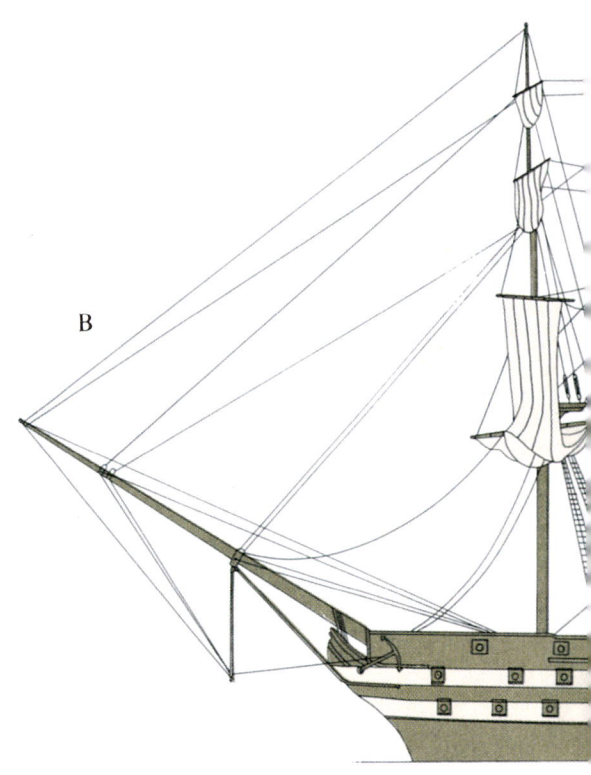

Während des Krimkrieges (1854–1856) bestand die Kleidung der britischen Seeleute aus weit ausgestellten Hosen, einem Hemd mit breitem Kragen, einem schwarzen Halstuch und einem Strohhut.

27. SEPTEMBER 1854
Das vierte große Unglück betraf die ARCTIC, die der Collins Line gehörte. Dieses Schiff kollidierte mit dem französischen Schiff VESTA. Innerhalb von vier Stunden sank die ARCTIC. Hierbei kamen 322 Passagiere und Mannschaften ums Leben. Unter den Toten befanden sich Frau, Sohn und Tochter des Reeders, des dynamischen Begründers der Dramatic Line und der New York and Liverpool United States Mail Steamship Co.

1854–1856
Der Krimkrieg findet statt. Wenn es sich hierbei auch um einen Landkrieg handelte, hatte er doch großen Einfluß auf die weitere Flottenentwicklung. Nach seinem Ende waren Regierungen wie Konstrukteure davon überzeugt, daß eine weitere Kriegsschiffentwicklung nur auf dem Gebiet des maschinengetriebenen Schiffes möglich war. Außerdem hatte dieser Krieg die Notwendigkeit von Panzerung bewiesen. Napoleon III. gab für Frankreich drei schwimmende Haubitzbatterien in Auftrag, die TONNANTE, die LAVE und die DEVASTATION. Alle drei waren durch mehrere Panzerlagen von insgesamt 203,4 mm geschützt. Am 14. Oktober 1854 beschossen sie ein russisches Fort und vernichteten die Geschützstellungen. Wenn auch alle drei schwimmenden Batterien Treffer durch die russische Artillerie erhielten, wurden sie doch nicht wesentlich beschädigt.
Der Krieg brach im März 1854 aus. Großbritannien, Piemont (ein italienisches Königreich) und Frankreich erklärten als Verbündete der Türkei Rußland den Krieg, das in die Türkei eingefallen war. Der englische Vizeadmiral Dundas befehligte am 14. September 1854 eine Landung in Sewastopol auf der Krim-Halbinsel im Schwarzen Meer. Es handelte sich hierbei um die erste große Gruppenbewegung über See seit Einführung des Dampfantriebs.
Die meisten der frühen Passagierschiffe erfüllten gleichzeitig Postverträge für die Regierung. Eine Klausel dieser Verträge besagte, daß die Schiffe im Kriegsfalle als Truppentransporter eingesetzt werden konnten. Daher wurden viele dieser Schiffe sofort gechartert und die HIMALAYA für 130 000 Pfund gekauft. Insgesamt wurden 12 Schiffe der P & O Line als Truppentransporter eingesetzt, die zusammen 62 000 Soldaten und 15 000 Pferde beförderten. Auf Grund dieses Abzuges der Schiffe mußte die P & O Line den Australiendienst einstellen. In gleicher Weise mußte auch die Cunard Line auf den Nordatlantikdienst verzichten, als auch ihre Schiffe als Truppentransporter beansprucht wurden. Außerdem wurde der Cunard Liner ANDES für 505 Pfund monatlich als Lazarettschiff gechartert. Er tat Dienst zwischen der Krim und Skutari, wo Florence Nightingale ihr Lazarett eingerichtet hatte.
Andere Reedereien, die Schiffe abgeben mußten, waren die Inman Line, die Allan Line, Bibby Brothers, die Union Steam Collier Co. – der Vorläufer der heutigen bekannten Union Castle Line – und die Royal Mail Line. Die französische Regierung setzte Schiffe der Messageries Maritimes ein und charterte ausländische Tonnage.
Gegen Ende des Krieges kam es zu einem der größten Verluste von Kriegsschiffen der modernen Geschichte. Es handelte sich um Selbstversenkung. Am 10. September 1855 gaben die Russen Sewastopol auf und zerstörten ihre gesamte Flotte von 117 Schiffen. Darunter befanden sich fünf Linienschiffe mit 120 Geschützen, acht mit 84 Geschützen, eines mit 80 Geschützen und vier Fregatten mit je 60 Geschützen.

SCHIFFE UND MEER

Der Kiel für dieses riesige Schiff wurde am 1. Mai 1851 auf der Werft von John Scott Russell Co. auf der Isle of Dogs in der Themse in London gestreckt. Es war von dem berühmten Ingenieur Isambard Kingdom Brunel entworfen worden. Der Stapellauf sollte am 3. November 1857 erfolgen, gelang jedoch nicht. So blieb das große Schiff noch mehr als ein Jahr auf dem Helgen, bevor es zu Wasser gebracht werden konnte. Es wurde LEVIATHAN *getauft, später jedoch als* GREAT EASTERN *registriert.*

GREAT EASTERN

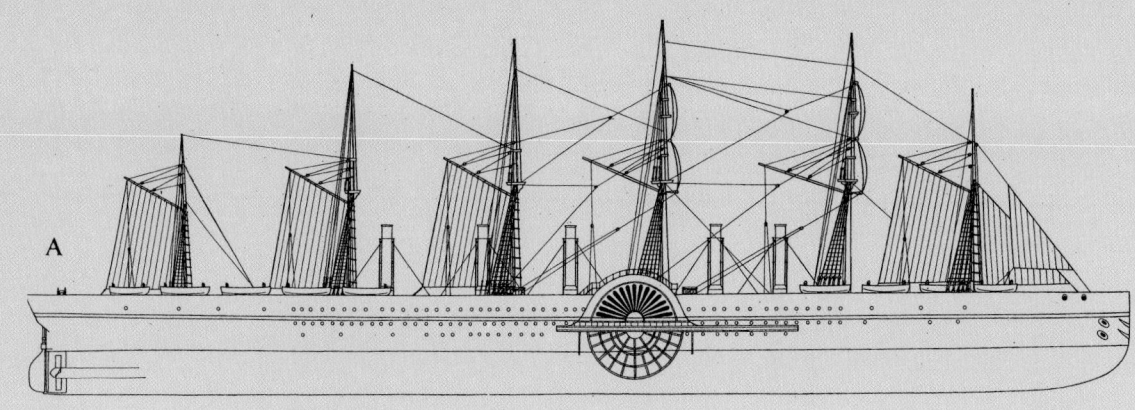

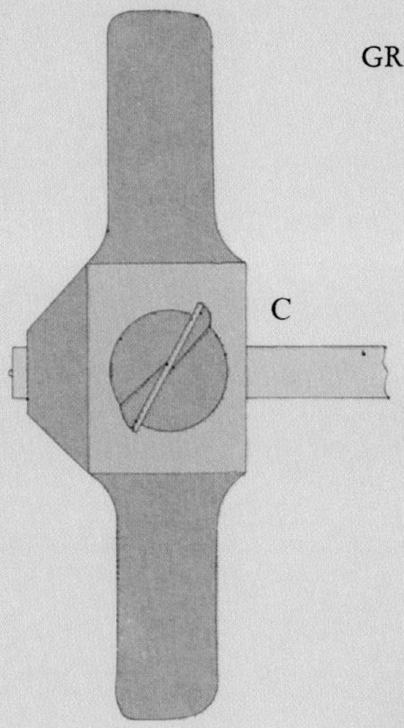

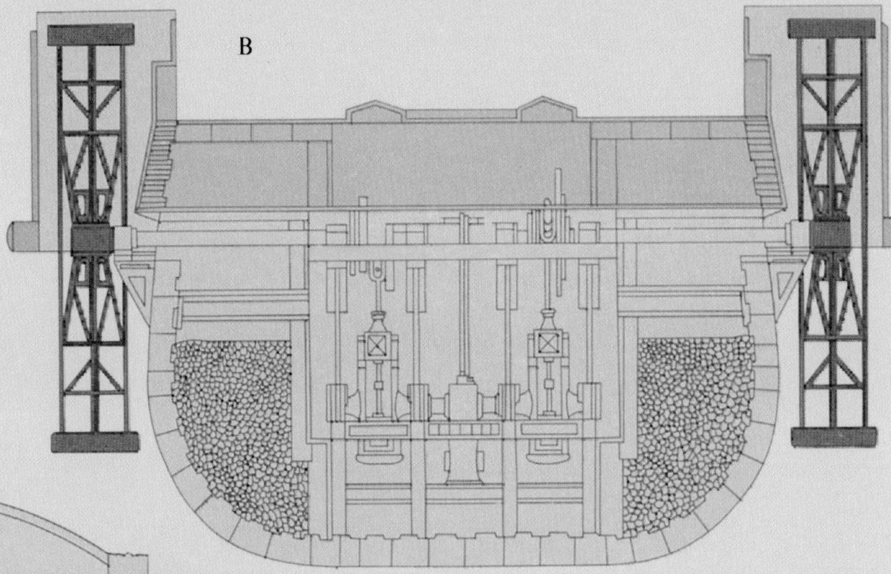

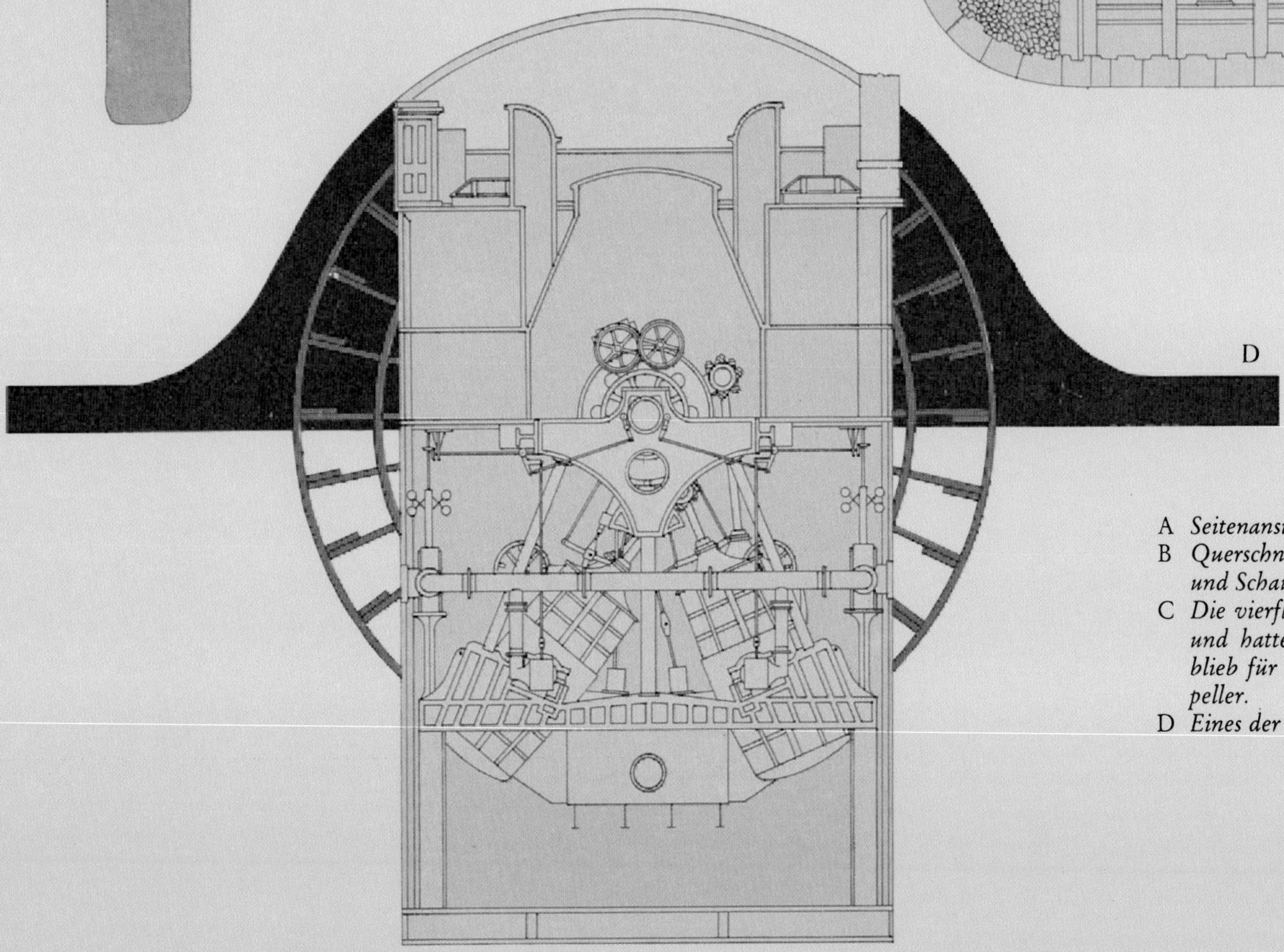

A Seitenansicht.
B Querschnitt, der die Anordnung der Maschinen und Schaufelräder zeigt.
C Die vierflügelige, gußeiserne Schraube wog 36 t und hatte einen Durchmesser von 7,3 m. Dies blieb für ein Jahrhundert der größte Schiffspropeller.
D Eines der beiden großen Schaufelräder.

145

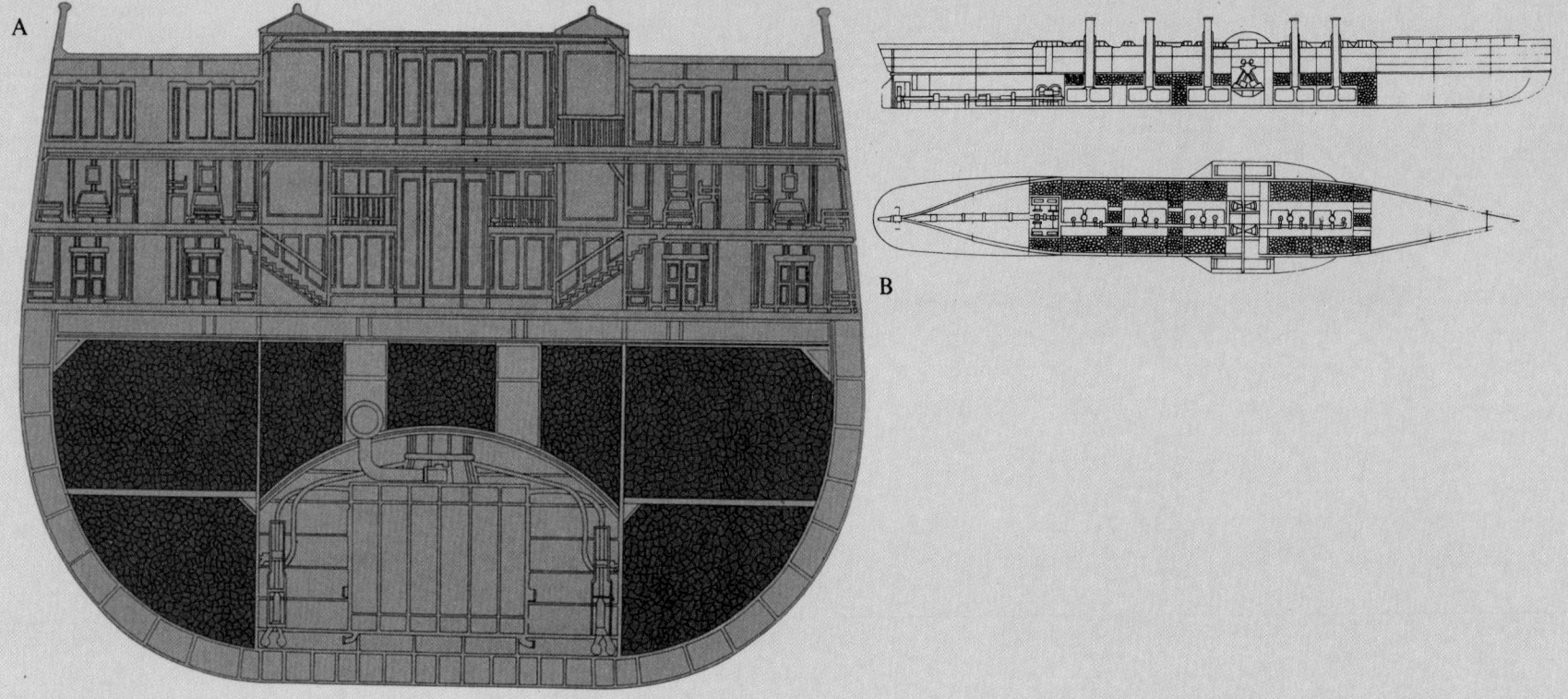

A Querschnitt.
B Die GREAT EASTERN sollte zunächst große Ladungsmengen nach Ceylon befördern, von wo aus diese durch kleinere Schiffe in die indischen und australischen Häfen verteilt werden sollten. Ihre Kohlenbunker waren dafür so ausgelegt, daß sie 12 000 t Kohlen fassen konnten. Sie waren über und neben den zehn Kesseln des Schiffes angeordnet. Einige Fachleute sind der Meinung, daß sich der Einsatz des Schiffes in diesem ursprünglich vorgesehenen Dienst rentiert hätte.
C Der Maschinenraum für den Schaufelradantrieb lag zwischen dem zweiten und dritten Kesselraum. Die vier oszillierenden Zylinder wogen einschließlich Kolben und Kolbenstange je 38 t. Sie waren von Scott Russell gebaut worden.
D Der pompös verzierte Deckskompaß.
E Der Längsschnitt zeigt die komplizierte Anordnung der Kessel- und Maschinenräume. Die zehn Doppelender-Kofferkessel standen zu zweit jeweils an der Basis eines der fünf Schornsteine. Die 45,7 m lange Propellerwelle wurde von der Schraubenmaschine angetrieben, die ihren Dampf von sechs Kesseln erhielt, die zwölf Feuer

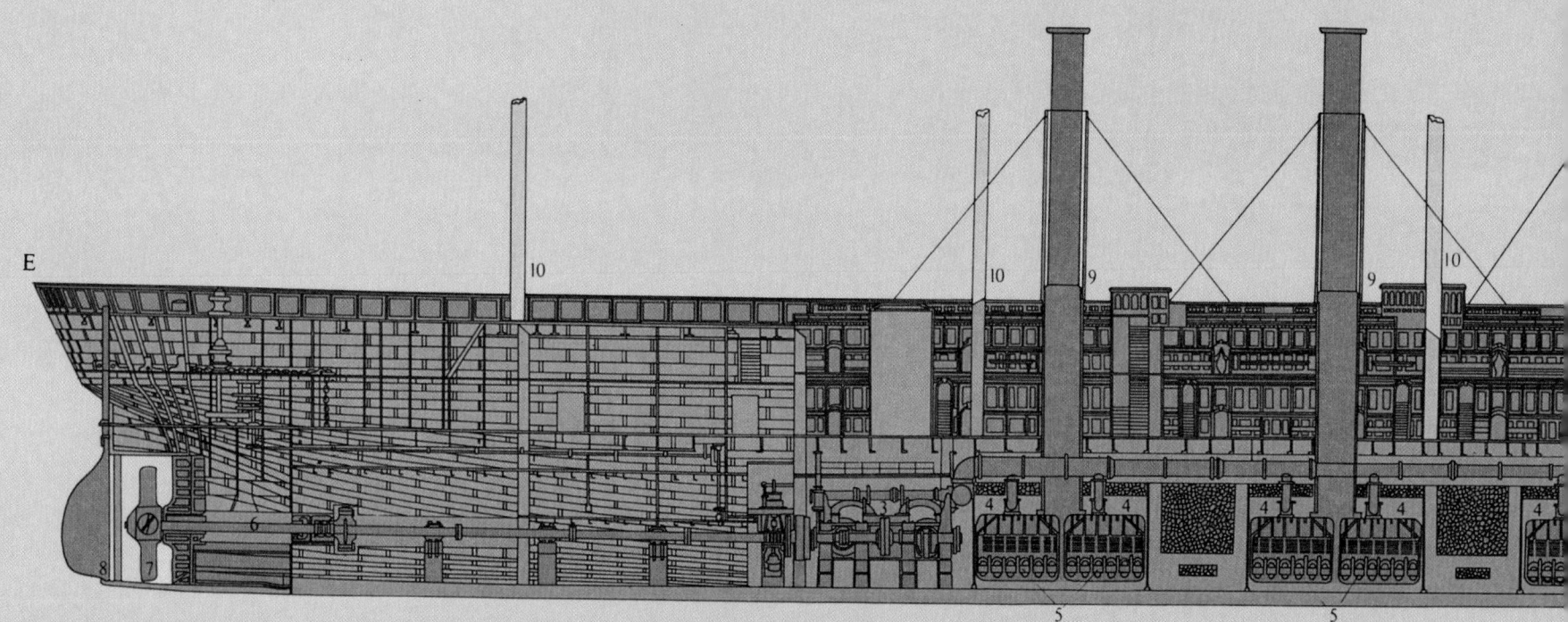

SCHIFFE UND MEER

C

D

hatten. Die beiden Maschinen zum Antrieb der Schaufelräder wurden von den vier vorderen Kesseln mit insgesamt zehn Feuern versorgt.
1 Maschinen zum Antrieb der Schaufelräder.
2 Kessel für die Schaufelradmaschinen.
3 Propellermaschine.
4 Kessel für die Propellermaschine.
5 Feuerungen.
6 Die riesige Welle wog 60 Tonnen.
7 Propeller.
8 Ruder.
9 Schornsteine.
10 Die Masten, die insgesamt 5435 m² Segelfläche tragen konnten.

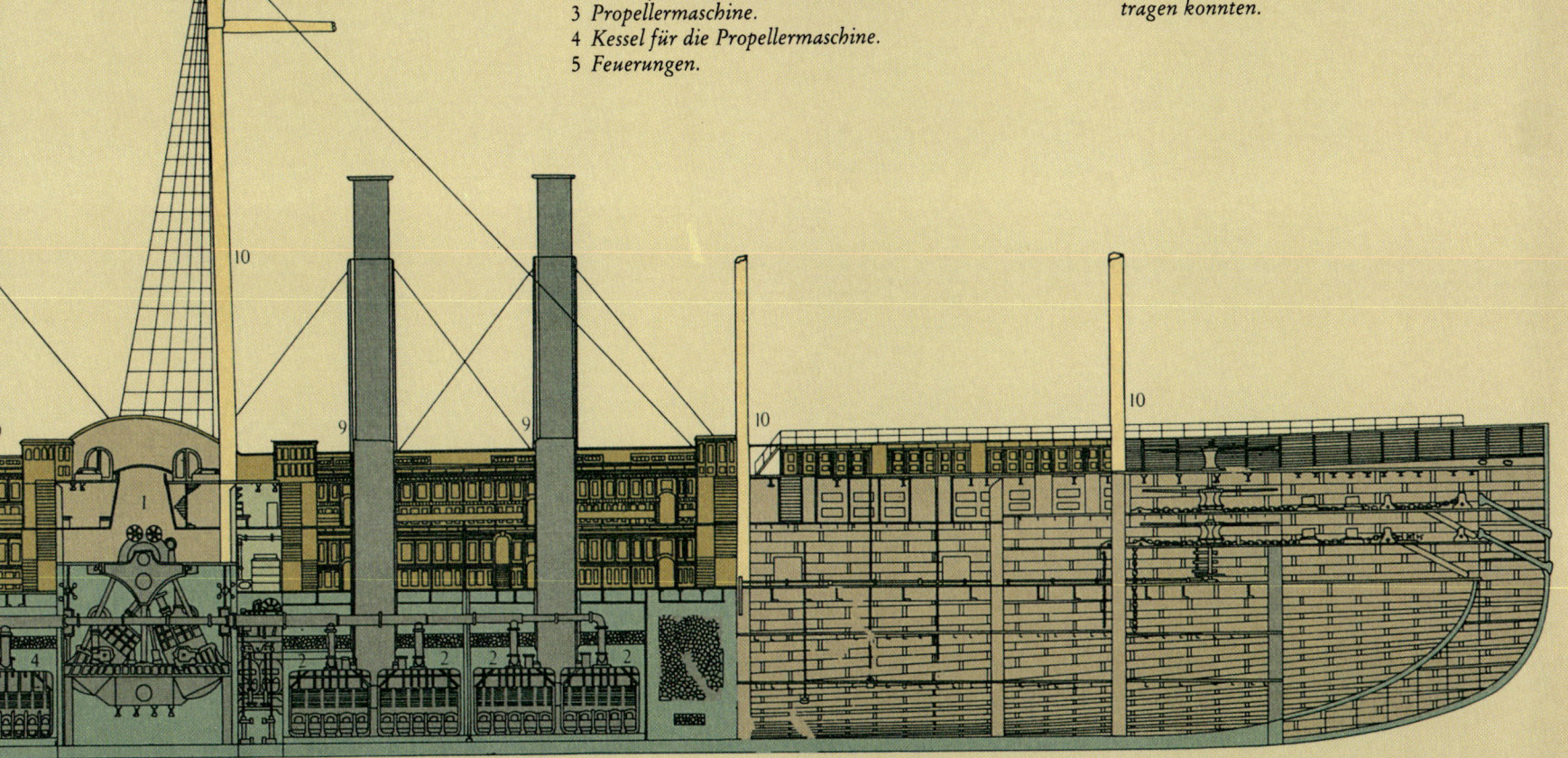

147

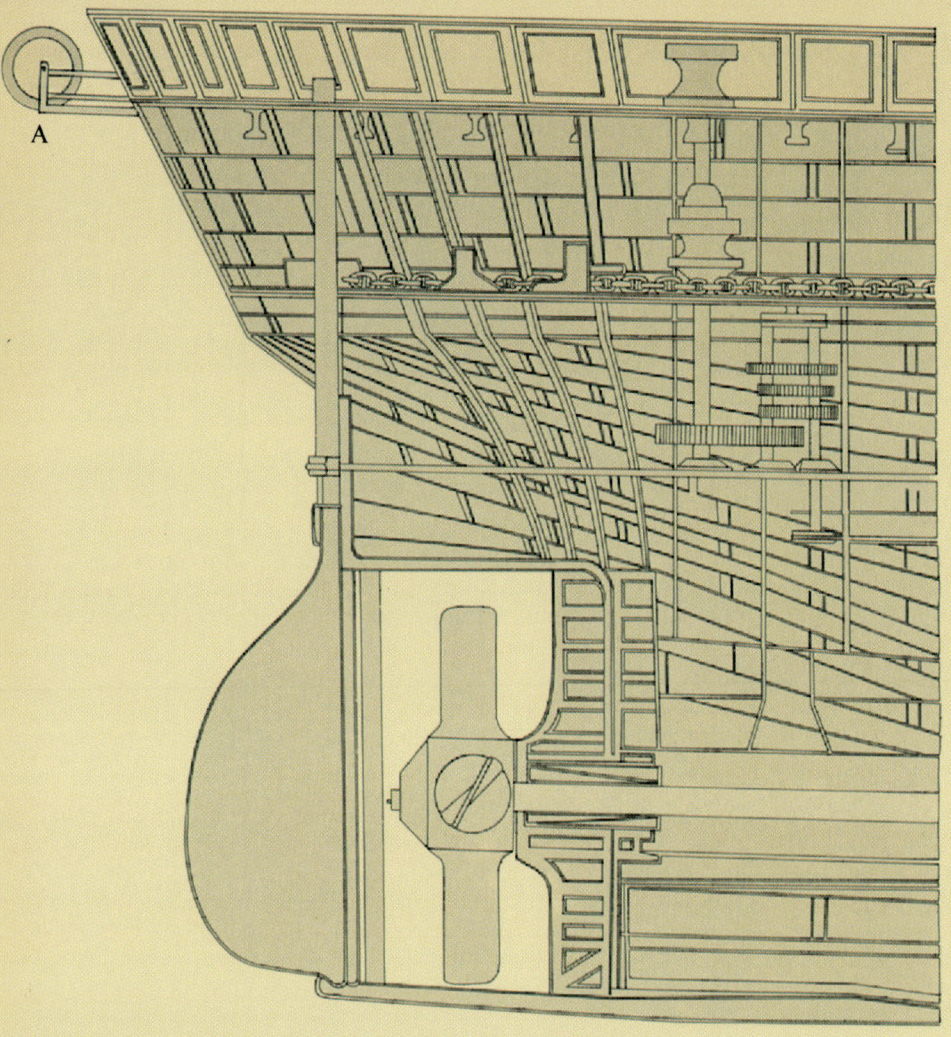

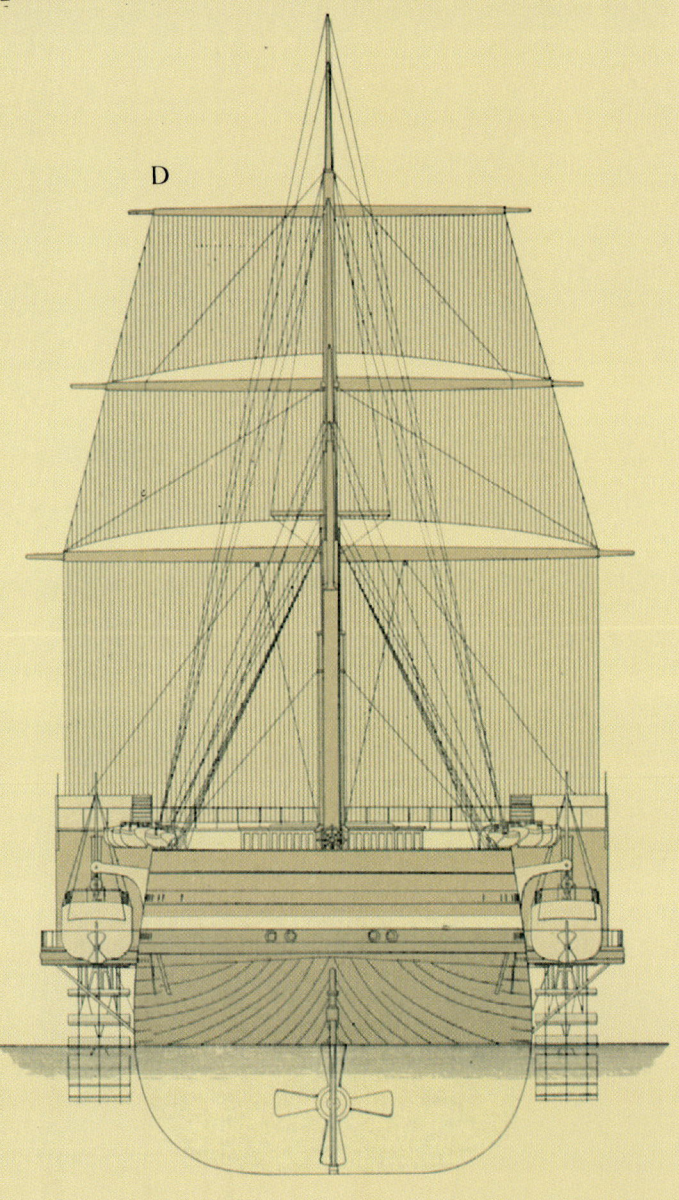

Zwischen 1865 und 1874 war die GREAT EASTERN zum Verlegen der Kabel über den Atlantik und zwischen Bombay und Suez eingesetzt.
A Die Rolle, über die das Kabel beim Verlegen lief.
B Zeitgenössische Darstellung des Schiffes beim Verlegen des Transatlantikkabels.
C Die Ankerkette.
D Heckansicht des Schiffes, die die Segelanordnung und die schönen Linien des Rumpfes zeigt.
E Der Konstrukteur der GREAT EASTERN war Isambard Kingdom Brunel (1806–1859), der den Beinamen „The Little Giant" (Der kleine Riese) führte. Er war einer der bekanntesten Ingenieure seiner Zeit. Er starb, als sich sein größtes Werk auf der Jungfernreise befand.

A ERICSSON *(1853)*.
B FRANKLIN *(1848)*.
C HUDSON *(1858)*.
D NORTH STAR *(1853)*.

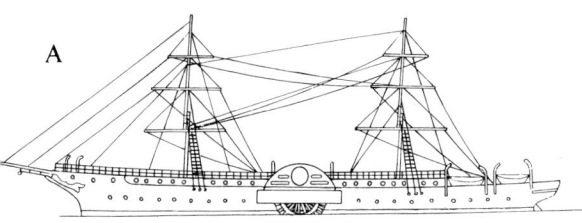

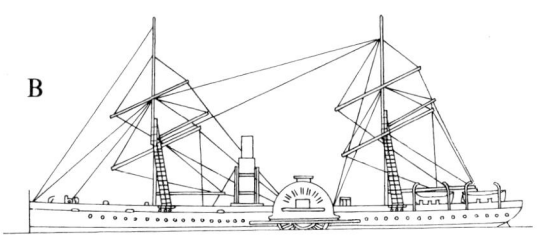

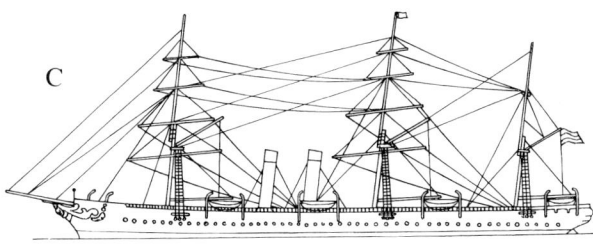

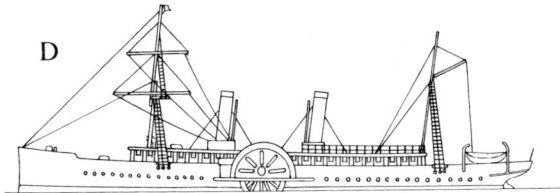

1855
Die ERICSSON wird für John B. Kitching in Dienst gestellt. Obwohl das technisch fortschrittlichste Schiff seiner Zeit, versagte es anfangs. Es war das erste Schiff, das jemals vier Schornsteine trug, wenn sie auch kaum mehr als dünne Ofenrohre waren. Jedes der beiden Schaufelräder, die einen Durchmesser von 9,8 m hatten, wurde von zwei sehr großen Zylindern mit 3,5 bzw. 4,3 m Durchmesser angetrieben. Diese gehörten zu Heißluftmaschinen, die mit überhitzter, komprimierter Luft betrieben wurden, sich aber als nicht geeignet erwiesen. Schließlich sank das Schiff sogar, allerdings in flachem Wasser. Nach der Bergung benutzte man die Gelegenheit zum Ersatz der bisherigen Maschinen durch herkömmliche Dampfmaschinen. Schließlich wurde die ERICSSON von der Collins Line gechartert, nachdem die PACIFIC verschollen war.

1855
Die Vanderbilt Line nimmt den Dienst über den Nordatlantik auf.
Commodore Vanderbilt stellte als sein erstes Dampfschiff die NORTH STAR 1853 in Dienst und nahm selbst mit seiner Familie an der ersten Überfahrt nach Europa teil. Als Schwesterschiff wurde die ARIEL gebaut, und diese beiden Schiffe versahen ab 1855 einen regelmäßigen Nordatlantikdienst. Vanderbilt ging hiermit bewußt ein wirtschaftliches Risiko ein, denn zu dieser Zeit besaß er noch keinen Postkontrakt. Erst 1857 wurde ihm ein solcher erteilt, der auf 13 Rundreisen zwischen New York und Bremen während dieses Jahres befristet war. Die Subvention wurde nur in Höhe des Nennwertes der beförderten Post festgesetzt.
Zur gleichen Zeit, da der Kongreß diesen Vertrag mit Vanderbilt schloß, kürzte er auch die Unterstützung für die Collins Line um eine halbe Million. Dies beschwor das Ende dieser berühmten Reederei herauf. Weitere Einsparungen wurden vorgenommen. Die Ocean Steam Navigation Co. weigerte sich, mit der Preisunterbietung durch die Vanderbilt-Linie Schritt zu halten, und stellte ihren Betrieb ein. So blieb Vanderbilt als einziger im Nordatlantik-Geschäft, doch stellte sich der Postanfall als sehr viel geringer heraus, als er erwartet hatte. 1861 wurden Vanderbilts Schiffe im Bürgerkrieg von der Regierung der Nordstaaten übernommen. Damit endete Vanderbilts Engagement im Nordatlantikdienst.

1856
Als erstes Schiff mit eisernem Rumpf wird die PERSIA für die Cunard Line gebaut.

1856
Die Cie. France-Américaine wird zum Aufbau einer Verbindung zwischen Nord- und Südamerika gegründet. Aus dem Schiffsbestand, der nach Beendigung des Krimkrieges verkauft wird, erwirbt die Gesellschaft acht Schraubendampfer. Die BARCELONE, ALMA, LYONNAIS und VIGO werden im Dienst nach New York eingesetzt. Die CADIS, FRANÇOIS ARAGO, JACQUART und FRANC-COMTOIS versehen den Dienst nach Rio de Janeiro und Havanna.
Wiederum lehrte die Erfahrung, daß in Frankreich fast kein Bedarf für diese Verbindungen bestand. Am 21. November 1856 wurde die LYONNAIS gerammt und 120 Menschen getötet. Auf Grund dieses Ereignisses wurden die Dienste eingestellt und alle Schiffe verkauft.

1856
Deutschland tritt in den Nordatlantikverkehr ein. Die HAPAG – die Hamburg-Amerikanische Paketfahrt-Actien-Gesellschaft – war bereits 1847 gegründet worden, setzte jedoch erstmalig 1856 Dampfer, und zwar die BORUSSIA und die HAMMONIA, zwischen Hamburg und New York ein. Ihnen folgten 1858 die SAXONIA und die AUSTRIA, die von der britischen Regierung nach Fertigstellung zunächst als Truppentransporter während der Aufstände von 1857 nach Indien geschickt worden waren.

1856
Randolph und Elder unternehmen einen weiteren Versuch, ihre Compoundmaschine einzuführen. Sie bauen für die Pacific Steam Navigation Co. die INCA und die VALPARAISO und rüsten sie mit Compoundmaschinen aus.

1856
In diesem Jahr eröffnet die Hamburg-Brasilianische Co. einen erfolglosen Dienst nach verschiedenen brasilianischen Häfen. Nach dem Mißerfolg werden die beiden hierfür eingesetzten Schiffe, beides Schwesterschiffe der BORUSSIA, an die HAPAG verkauft.
Die PETROPOLIS wurde vom neuen Eigner in BAVARIA umbenannt, während die TEUTONIA als Reserveschiff der HAPAG verwendet wurde.

SEPTEMBER 1857
William Mackinnon erhält den Postvertrag zwischen Kalkutta und Rangun und gründet die Calcutta and Burmah Steam Navigation Co., die sofort drei Dampfer kauft: die CAPE OF GOOD HOPE, die CALCUTTA und die BALTIC. Die Reederei wächst schnell. Bald versieht sie Dienste nach Madras, Ceylon, Bombay, Karatschi und Penang. 1862 wird mit einem Kapital von 400000 Pfund die British India Steam Navigation Co. Ltd. gegründet. Mackinnons ursprüngliche Firma, Mackinnon Mackenzie and Co., wird geschäftsführende Agent der B.I. Auch hier ist das Wachstum gewaltig. Als die NOWSHERA 1883 vom Stapel läuft, ist sie das einhundertste Schiff der Flotte der B.I.

23. NOVEMBER 1857
Das letzte und größte für den Nordatlantikdienst entworfene Schiff mit hölzernem Rumpf wird in Dienst gestellt. Die ADRIATIC der Collins Line.
Sie führt nur eine Reise durch, bevor die Linie im Februar 1858 eingestellt wird. Danach wird das Schiff für zwei Jahre aufgelegt.
Grund für die Aufgabe des Dienstes war die Reduzierung der Subventionen durch den amerikanischen Kongreß von 858 000 auf 385 000 Dollar, also eine Kürzung um rund eine halbe Million Dollar. Die Baukosten für die ADRIATIC hatten 250 000 Dollar betragen.
Das Zusammentreffen dieser beiden Ereignisse führte zur Auflösung der Reederei.

A WARRIOR, das erste gepanzerte Kriegsschiff mit eisernem Rumpf (1860).
B *Querschnitt der* WARRIOR *mit den liegenden Trunk-Maschinen und zwei der ursprünglich verwendeten glatten Vorderlader.*
C GLOIRE, *das erste der Panzerschiffe (1859).*

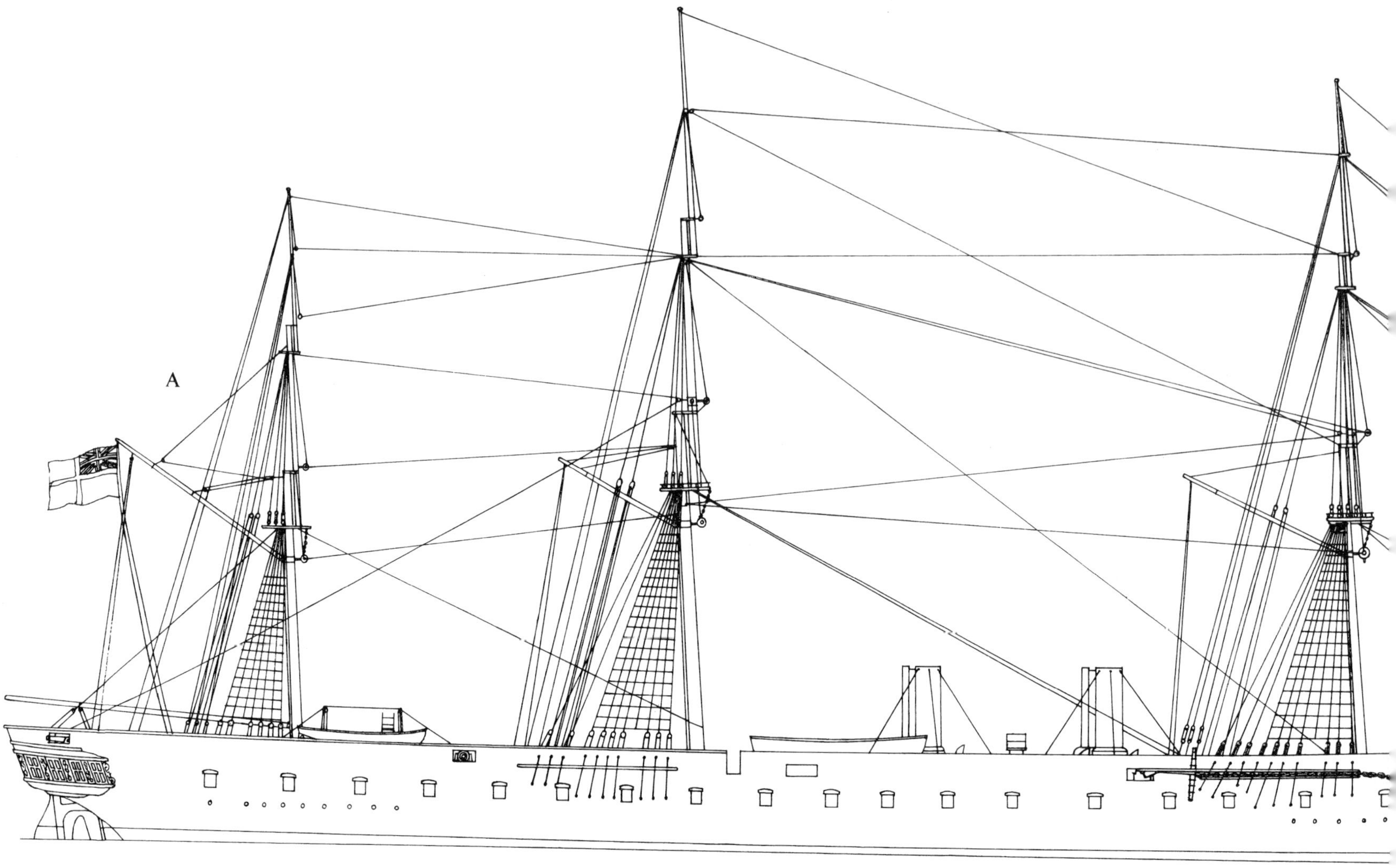

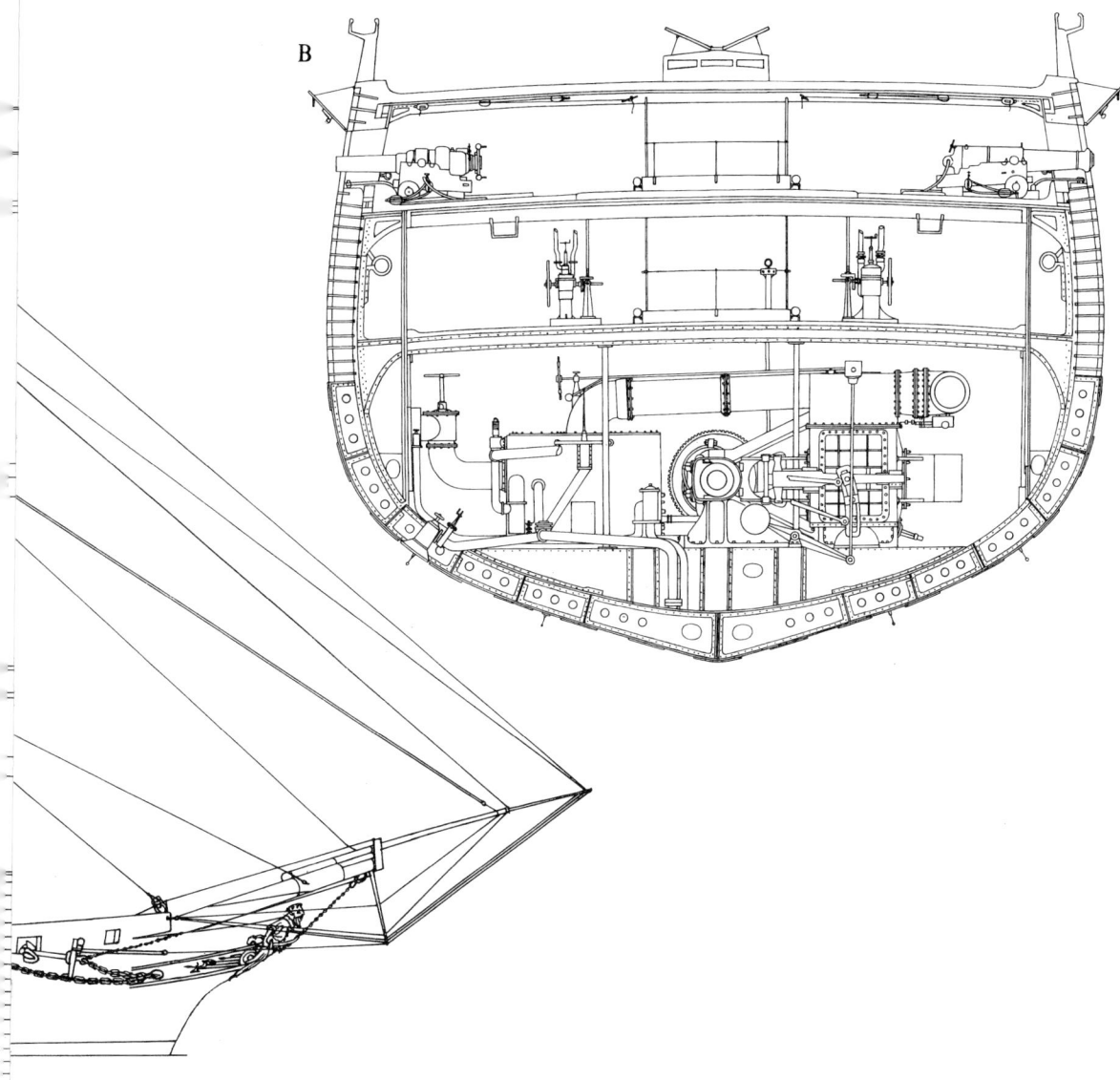

19. JUNI 1858
Die BREMEN läuft von Bremen nach New York aus. Sie befördert 115 Passagiere, die ersten all der vielen, die in den kommenden Jahrzehnten von Schiffen des Norddeutschen Lloyd über den Atlantik befördert werden sollten.
Der NDL wurde auf Grund der Erfolge der HAPAG gegründet, die die Kaufleute der übrigen deutschen Hafenstädte, besonders aber Bremens, herausgefordert hatten. So entschieden sich die Stadtväter von Bremen 1856 zur Vergabe „der Rechte einer juristischen Person" für den NDL an H. H. Meier. Dieser hatte, um die Sicherheit und Qualität der Schiffe der neuen Reederei – BREMEN, NEW YORK, HUDSON und WESER – darzutun, die Bezeichnung Norddeutscher Lloyd gewählt.
Später wurde abkürzend nur vom NDL oder Lloyd gesprochen, eine Bezeichnung, die dann im Namen vieler Reedereien auftauchen sollte.

13. SEPTEMBER 1858
Die AUSTRIA der HAPAG brennt auf See aus. Das Feuer wurde durch ein routinemäßiges Ausräuchern der Auswandererdecks verursacht. Dieses Räuchern wurde so vorgenommen, daß eine rotglühende Kette in einen Eimer mit Teer gegeben wurde. An diesem Unglückstag, einem windigen 13. September, war die Kette zu stark erhitzt. Der Teer entzündete sich und floß auf das Deck. Bald stand das ganze Schiff in Flammen, und 471 der 530 an Bord befindlichen Menschen kamen ums Leben.

1859
Öl war als wissenschaftliche Kuriosität schon seit langer Zeit bekannt. Dort, wo es an der Oberfläche austrat, wurde es von primitiven Völkern für unterschiedliche Zwecke verwendet. Im Jahre 1859 stieß Colonel Drake bei Titusville auf die erste Ölquelle in den USA, und hieraus entwickelte sich sofort ein Exporthandel.

1859
Das erste Panzerschiff, die französische GLOIRE, läuft vom Stapel. Der herkömmliche Holzrumpf ist bis 1,8 m unterhalb der Wasserlinie und bis zum Hauptdeck hinauf mit zwei Schichten von Eisenplatten gepanzert, die zusammen 114,3 mm stark sind. Die ursprüngliche Bewaffnung bestand aus dreißig 36-Pfündern, glatten Vorderladern. Diese wurde jedoch durch die neuen Hinterlader ersetzt, und zwar durch sechs 23,9-cm- und zwei 16,3-cm-Geschütze, zu diesem Zeitpunkt eine unglaubliche Bestückung. Das Deplacement des Schiffes betrug 5675 t, seine Länge 71,6 m. Es erreichte eine Höchstgeschwindigkeit von 12 kn.

1860
Die Royal Navy stellt als direkte Antwort auf die GLOIRE als erstes gepanzertes Schiff die WARRIOR in Dienst. Dieses Schiff besaß einen eisernen Rumpf, der mittschiffs über 61 m durch Panzerplatten verstärkt war. Die WARRIOR trug zwanzig Vorderlader vom Kaliber 17,8 cm. Ihr Deplacement betrug 9210 t, ihre Länge 115,8 m.

1860
Zu diesem Zeitpunkt konnten sich die USA rühmen, die größte Handelsflotte der Welt zu besitzen. Die Tonnage an seegehenden Schiffen war zwar nur halb so groß wie die Großbritanniens, doch war der Umfang der Küsten- und Binnenschiffahrt enorm. Die Gesamttonnage der USA betrug 2,5 Millionen Tonnen, die Großbritanniens 2 Millionen. Keine andere Nation erreichte die Millionengrenze. Es ist verständlich, daß die USA diesen Spitzenplatz nach 1861 verloren. Vier Bürgerkriegsjahren folgte die kräftebindende Expansion in die weiten Ebenen des Westens. In dieser Zeit gab es in den USA fast kein Kapital, das im Welthandel investiert werden konnte.

17. JUNI 1860
Die GREAT EASTERN tritt von Southampton aus ihre Jungfernfahrt an.
Brunel hatte mit der Eastern Steam Co. den Vertrag geschlossen, ein Schiff zu bauen, das „mindestens fünfmal größer als jedes bisher erbaute Schiff" war. Er wollte das neue Schiff LEVIATHAN nennen. Als die GREAT WESTERN in MAMMOTH umgetauft wurde, stimmte er dem Namen GREAT EASTERN zu.
Sein Grundgedanke war, daß das Schiff groß genug sein sollte, um ohne Nachbunkern von England nach Ceylon laufen zu können. Als die GREAT EASTERN geplant wurde, war das größte Schiff die HIMALAYA der P & O Line. Sie war 103,6 m lang und mit 3500 BRT vermessen. Brunels Schiff sollte eine Länge von 207,3 m und eine Breite von 36,0 m, gemessen über die Radkästen, erhalten. Ihr Deplacement sollte 27 400 t betragen, und sie sollte mit 18 915 BRT vermessen werden. Als Antrieb sollten sowohl Propeller wie auch Schaufelräder dienen, eine Kombination, die danach nie wieder versucht worden ist. Der Kiel wurde am 1. Mai 1854 in Scott Russels Werft in Milwall am Ufer der Themse gelegt. Erst am 31. Januar 1858 konnte das Schiff zu Wasser gebracht werden. Bis zu diesem Zeitpunkt hatte der Bau 750 000 Pfund gekostet, und das Schiff war noch immer nicht fertig. Die Eastern Steam Ship Co. konnte keine weiteren Mittel aufbringen, und so wurde das Schiff an die Great Ship Co. für 160 000

Schäden. Dieses Treffen bewies den Wert der gepanzerten Schiffe.

Einige Kaperschiffe der Südstaaten konnten erstaunliche Erfolge erringen. Die ALABAMA operierte zum Beispiel zwei Jahre lang im Atlantik und im Indischen Ozean. Sie brachte 38 Schiffe auf, bevor sie von der KEARSARGE der Nordstaaten versenkt wurde. Die FLORIDA vernichtete in etwas mehr als einem Jahr 37 Schiffe.

Die Torpedo-Schaluppen der Südstaaten waren kleine Dampfbarkassen, die eine Sprengladung, die als Torpedo bezeichnet wurde, am Ende einer langen Spiere am Bug führten. Diese Ladung detonierte beim Aufprall auf den Rumpf des Gegners. Das Abwehrmittel gegen diese Spieren-Torpedoboote bestand aus einer Sperre, die etwa 4,5 bis 6 m vom Schiffsrumpf entfernt schwamm.

Die Nordstaaten führten auch den Einsatz von Minen ein. Es handelte sich dabei um Sprengkörper, die durch ein Kabel mit einem elektrischen Zündgerät an der Küste verbunden waren und von dort aus im geeigneten Moment gezündet wurden.

1861

Die spanische Regierung schließt mit A. Lopez in Alicante einen Postbeförderungsvertrag nach Mittelamerika. Spanien hatte zu dieser Zeit noch immer die Oberhoheit über bestimmte Gebiete in Süd- und Mittelamerika. Im Verlauf der Jahre weitete sich das Unternehmen von Lopez aus. 1881 wurde es als Compania Transatlantica reorganisiert und existiert noch heute unter der Bezeichnung Compania Transatlantica Española.

1861

Der erste Tanker läuft vom Stapel. Es handelt sich um das Segelschiff ELIZABETH WATTS, das am Tyne in England speziell für den Transport von Öl gebaut worden ist. Es erhält acht Tanks, woraus sich die Bezeichnung „Tanker" abgeleitet hat. Zwei der Masten waren hohl, um dem Öl eine Ausdehnungsmöglichkeit zu geben.

JULI 1861

Die beiden Brüder Émile und Isaac Pereire erhalten den Vertrag für den Posttransport zwischen Frankreich und den USA, Mexiko, Westindien und Zentralamerika. Im folgenden Monat gab Kaiser Napoleon III. der von den Brüdern gegründeten Reederei den Namen Compagnie Générale Transatlantique. Die C.G.T. ist heute eine der bedeutendsten Reedereien der Welt.

1862

Der spanische Erfinder Monturiol kann als einer der Erfinder des modernen Unterseebootes bezeichnet werden. Sein Boot EL ICTINEO ist noch heute in Cartagena zu besichtigen. Es besitzt einen doppelten Rumpf, Dampfantrieb, Ballasttanks und eine chemische Anlage zur Erzeugung von Sauerstoff. Es war damit seiner Zeit weit voraus.

1863

Als ernsthafter Konkurrent zu EL IGTINEO wird LE PLONGEUR in Frankreich gebaut. Dieses französische Unterseeboot wurde mit Preßluft angetrieben.

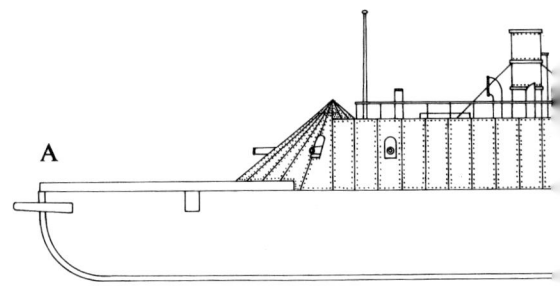

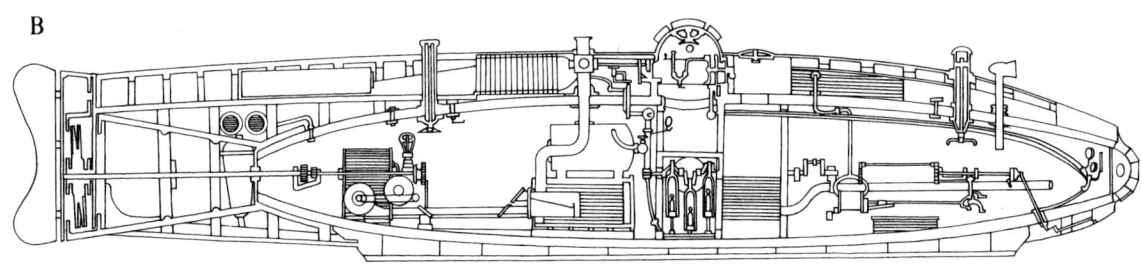

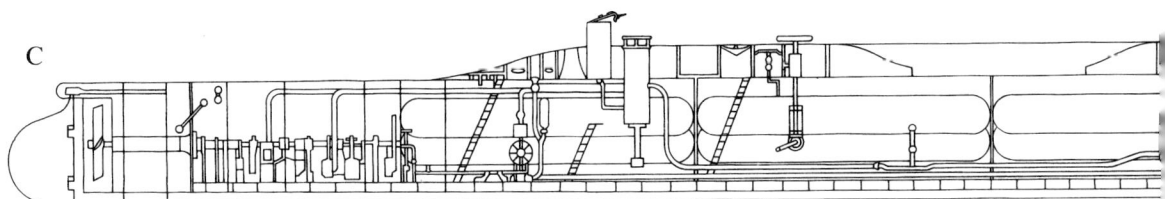

A MERRIMAC *(1855), die unter dem Namen* VIRGINIA *im amerikanischen Bürgerkrieg das berühmte Gefecht mit der* MONITOR *führte.*
B EL ICTINEO *(1862), das erste spanische U-Boot.*
C LE PLONGEUR *(1863), das erste französische U-Boot.*
D WASHINGTON *(1864).*
E NORTHUMBERLAND *(1864).*
F *Französischer Propeller, um 1860.*
G KEARSARGE, *das Schiff der Nordstaaten, das 1864 im Englischen Kanal die* ALABAMA *versenkte.*

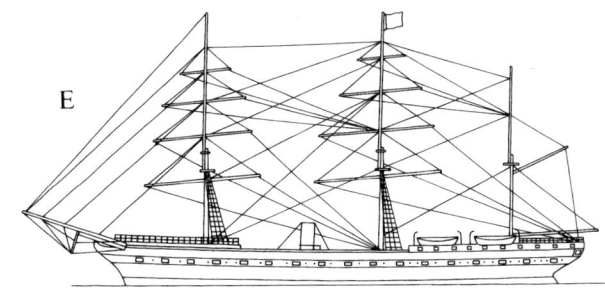

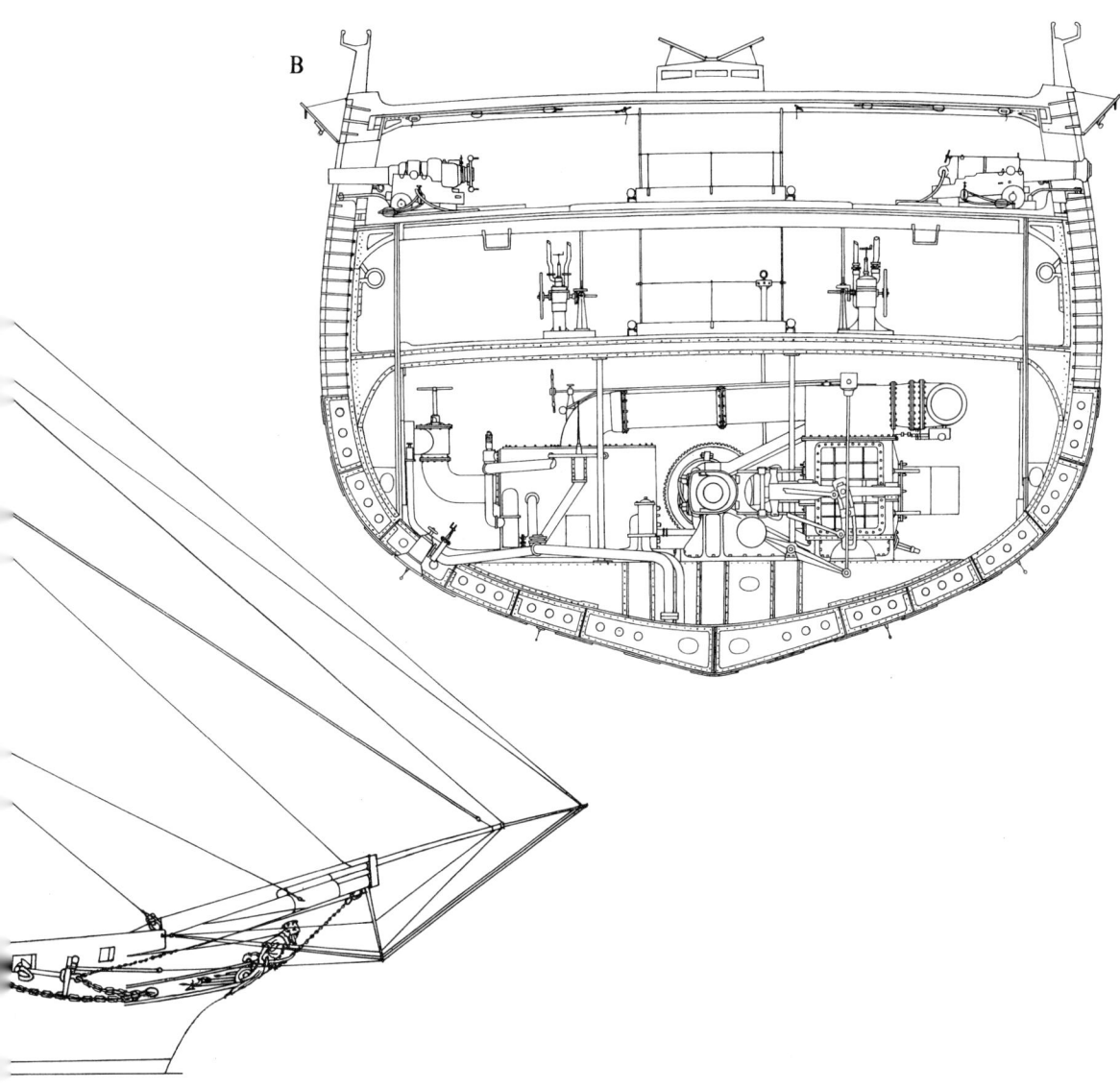

1,8 m unterhalb der Wasserlinie und bis zum Hauptdeck hinauf mit zwei Schichten von Eisenplatten gepanzert, die zusammen 114,3 mm stark sind. Die ursprüngliche Bewaffnung bestand aus dreißig 36-Pfündern, glatten Vorderladern. Diese wurde jedoch durch die neuen Hinterlader ersetzt, und zwar durch sechs 23,9-cm- und zwei 16,3-cm-Geschütze, zu diesem Zeitpunkt eine unglaubliche Bestückung. Das Deplacement des Schiffes betrug 5675 t, seine Länge 71,6 m. Es erreichte eine Höchstgeschwindigkeit von 12 kn.

1860

Die Royal Navy stellt als direkte Antwort auf die GLOIRE als erstes gepanzertes Schiff die WARRIOR in Dienst. Dieses Schiff besaß einen eisernen Rumpf, der mittschiffs über 61 m durch Panzerplatten verstärkt war. Die WARRIOR trug zwanzig Vorderlader vom Kaliber 17,8 cm. Ihr Deplacement betrug 9210 t, ihre Länge 115,8 m.

1860

Zu diesem Zeitpunkt konnten sich die USA rühmen, die größte Handelsflotte der Welt zu besitzen. Die Tonnage an seegehenden Schiffen war zwar nur halb so groß wie die Großbritanniens, doch war der Umfang der Küsten- und Binnenschiffahrt enorm. Die Gesamttonnage der USA betrug 2,5 Millionen Tonnen, die Großbritanniens 2 Millionen. Keine andere Nation erreichte die Millionengrenze. Es ist verständlich, daß die USA diesen Spitzenplatz nach 1861 verloren. Vier Bürgerkriegsjahren folgte die kräftebindende Expansion in die weiten Ebenen des Westens. In dieser Zeit gab es in den USA fast kein Kapital, das im Welthandel investiert werden konnte.

17. JUNI 1860

Die GREAT EASTERN tritt von Southampton aus ihre Jungfernfahrt an.
Brunel hatte mit der Eastern Steam Co. den Vertrag geschlossen, ein Schiff zu bauen, das „mindestens fünfmal größer als jedes bisher erbaute Schiff" war. Er wollte das neue Schiff LEVIATHAN nennen. Als die GREAT WESTERN in MAMMOTH umgetauft wurde, stimmte er dem Namen GREAT EASTERN zu.
Sein Grundgedanke war, daß das Schiff groß genug sein sollte, um ohne Nachbunkern von England nach Ceylon laufen zu können. Als die GREAT EASTERN geplant wurde, war das größte Schiff die HIMALAYA der P & O Line. Sie war 103,6 m lang und mit 3500 BRT vermessen. Brunels Schiff sollte eine Länge von 207,3 m und eine Breite von 36,0 m, gemessen über die Radkästen, erhalten. Ihr Deplacement sollte 27 400 t betragen, und sie sollte mit 18 915 BRT vermessen werden. Als Antrieb sollten sowohl ein Propeller wie auch Schaufelräder dienen, eine Kombination, die danach nie wieder versucht worden ist. Der Kiel wurde am 1. Mai 1854 in Scott Russels Werft in Milwall am Ufer der Themse gelegt. Erst am 31. Januar 1858 konnte sie zu Wasser gebracht werden. Bis zu diesem Zeitpunkt hatte der Bau 750 000 Pfund gekostet, und das Schiff war noch immer nicht fertig. Die Eastern Steam Ship Co. konnte keine weiteren Mittel aufbringen, und so wurde das Schiff an die Great Ship Co. für 160 000

19. JUNI 1858

Die BREMEN läuft von Bremen nach New York aus. Sie befördert 115 Passagiere, die ersten all der vielen, die in den kommenden Jahrzehnten von Schiffen des Norddeutschen Lloyd über den Atlantik befördert werden sollten.
Der NDL wurde auf Grund der Erfolge der HAPAG gegründet, die die Kaufleute der übrigen deutschen Hafenstädte, besonders aber Bremens, herausgefordert hatten. So entschieden sich die Stadtväter von Bremen 1856 zur Vergabe „der Rechte einer juristischen Person" für den NDL an H. H. Meier. Dieser hatte, um die Sicherheit und Qualität der Schiffe der neuen Reederei – BREMEN, NEW YORK, HUDSON und WESER – darzutun, die Bezeichnung Norddeutscher Lloyd gewählt.
Später wurde abkürzend nur vom NDL oder Lloyd gesprochen, eine Bezeichnung, die dann im Namen vieler Reedereien auftauchen sollte.

13. SEPTEMBER 1858

Die AUSTRIA der HAPAG brennt auf See aus. Das Feuer wurde durch ein routinemäßiges Ausräuchern der Auswandererdecks verursacht. Dieses Räuchern wurde so vorgenommen, daß eine rotglühende Kette in einen Eimer mit Teer gegeben wurde. An diesem Unglückstag, einem windigen 13. September, war die Kette zu stark erhitzt. Der Teer entzündete sich und floß auf das Deck. Bald stand das ganze Schiff in Flammen, und 471 der 530 an Bord befindlichen Menschen kamen ums Leben.

1859

Öl war als wissenschaftliche Kuriosität schon seit langer Zeit bekannt. Dort, wo es an der Oberfläche austrat, wurde es von primitiven Völkern für unterschiedliche Zwecke verwendet. Im Jahre 1859 stieß Colonel Drake bei Titusville auf die erste Ölquelle in den USA, und hieraus entwickelte sich sofort ein Exporthandel.

1859

Das erste Panzerschiff, die französische GLOIRE, läuft vom Stapel. Der herkömmliche Holzrumpf ist bis

SCHIFFE UND MEER

John Ericssons MONITOR *(oben rechts) aus dem Jahre 1862 war das erste mit einem Geschützturm ausgestattete Schiff. Es war einer der vielen Entwürfe dieses vielseitigen Ingenieurs. Ferner ist einer seiner früheren Entwürfe für einen Monitor abgebildet. Er sollte durch von Hand getriebene Propeller vorwärtsbewegt werden.*

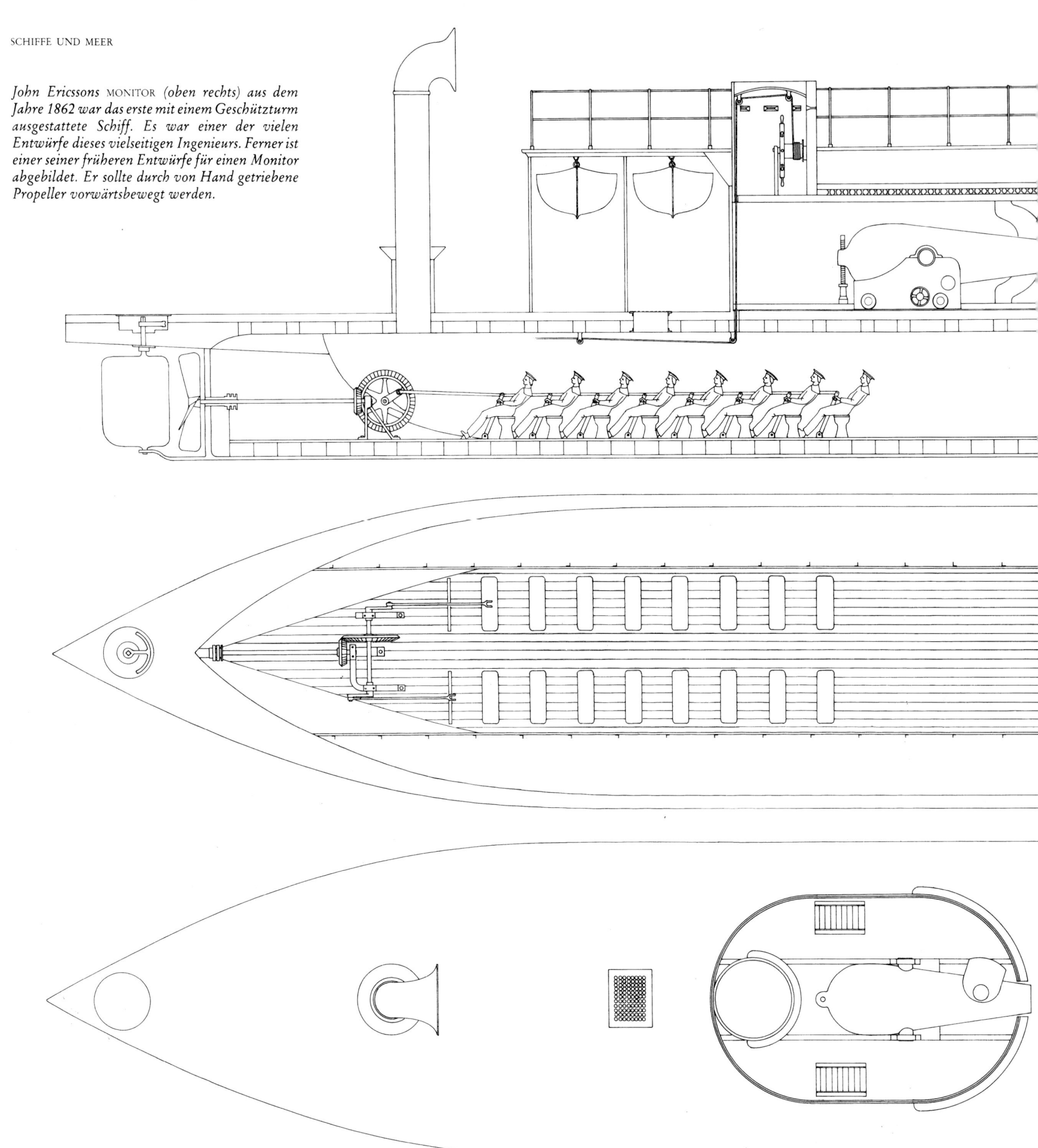

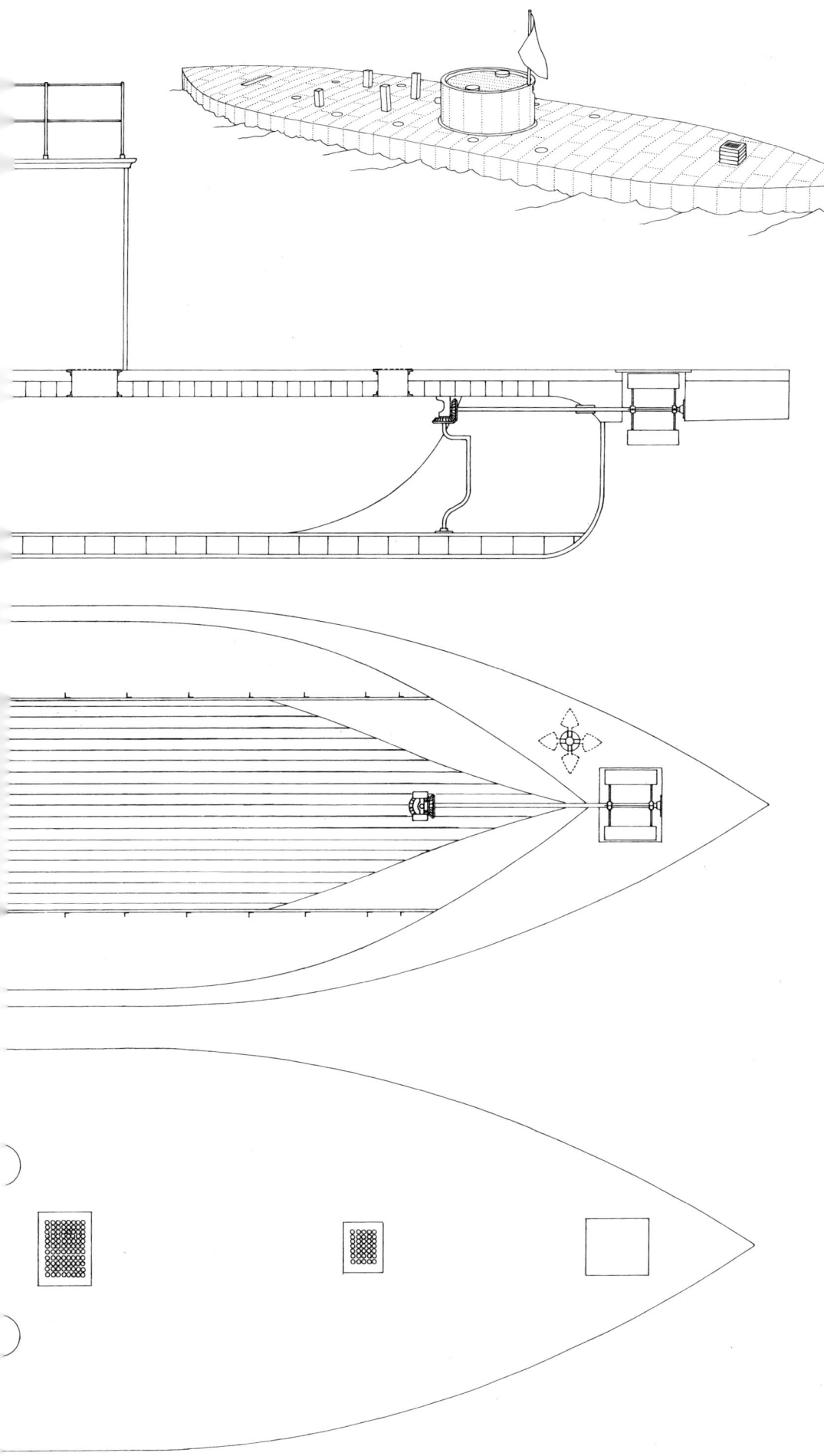

Pfund für den Einsatz im Nordatlantik verkauft und im September 1858 fertiggestellt.

Am 17. Juni 1860 verließ die GREAT EASTERN Southampton zur Jungfernreise. Die Überfahrt dauerte 11 Tage und 13¼ Stunden, während der Rekord bereits bei 9 Tagen und 18 Stunden lag. Die Besatzung bestand aus 400 Mann. Das Schiff konnte 800 Passagiere der 1. Klasse, 2000 der 2. und 1200 der 3. Klasse befördern. Für die Jungfernreise hatten sich nur 40 Passagiere eingeschifft, von denen jeder 75 Pfund für die Reise zahlte.

Der Betrieb der GREAT EASTERN war damit ein wirtschaftliches Problem. Bei der Größe des Schiffes brachte jede Reise Verluste, und so wurde es insgesamt nur zu elf Transatlantikreisen eingesetzt. Brunel hatte eins beim Entwurf seines Meisterwerkes nicht richtig bedacht – die gewaltigen Abmessungen der GREAT EASTERN. Um 1860 waren die Häfen zur Aufnahme derartiger Schiffe noch nicht eingerichtet. Die Ankerplätze waren nicht genügend tief, die Docks zu klein. Kais und Molen hatten keine hinreichende Länge. Außerdem hatte das Schiff eine unangenehme Eigenschaft – es rollte sehr stark. Innerhalb von fünf Jahren nach der Fertigstellung entwickelte sich das Schiff zu einem lästigen „Weißen Elefanten".

Nach seinem Abzug aus dem Transatlantikdienst wurde es zu weniger populären Aufgaben eingesetzt. Von 1864 bis 1866 legte es das Transatlantikkabel. Seine großen Laderäume konnten auf einmal 1600 km Kabel fassen. Im Jahre 1867 wurde es zum Transport von Amerikanern benutzt, die die Weltausstellung in Paris besuchen wollten. Gegen Ende seines relativ langen Lebens wurde das Schiff dann selbst als schwimmendes Ausstellungsstück in Liverpool verankert. Ab 1888 wurde das Schiff in Birkenhead abgewrackt.

Der verstorbene A. G. Hardy zog folgende Quintessenz in einem Brief an den Autor: „Über 40 Jahre stieß dieses vermaledeite Schiff jeden verzeichneten Rekord um, verfälschte es jeden Durchschnittswert und war stets die Ausnahme von der Regel. Brunel hatte kein Recht, derartig mit der Geschichte umzuspringen!" Brunel hat insgesamt nur drei Schiffe entworfen, aber alle waren Superlative.

1861–1865
Während des amerikanischen Bürgerkrieges kam es zu einem umfangreichen Seekrieg. Die Südstaaten setzten Kaperschiffe ein. Die Nordstaaten blockierten die Häfen des Südens. In Unterstützung der Bewegungen der Landtruppen kam es zu vielen Gefechten zwischen einzelnen Schiffen beider Seiten.

Das wohl berühmteste Treffen des Bürgerkrieges ist das zwischen der MERRIMAC der Konföderierten und der MONITOR der Nordstaaten. Das Zusammentreffen der beiden Schiffe von Hampton Roads am 8. März 1861 war das erste Gefecht zwischen Panzerschiffen. Bei der MERRIMAC handelte es sich um eine umgebaute Dampffregatte mit Schraubenantrieb mit zehn Geschützen und Rammsporn. Die schraubengetriebene MONITOR führte zwei 27,9-cm-Geschütze in einem Drehturm und war kaum mehr als eine schwimmende Geschützplattform. Bei dem vierstündigen Gefecht erlitt keines der beiden Schiffe entscheidende

SCHIFFE UND MEER

Schäden. Dieses Treffen bewies den Wert der gepanzerten Schiffe.

Einige Kaperschiffe der Südstaaten konnten erstaunliche Erfolge erringen. Die ALABAMA operierte zum Beispiel zwei Jahre lang im Atlantik und im Indischen Ozean. Sie brachte 38 Schiffe auf, bevor sie von der KEARSARGE der Nordstaaten versenkt wurde. Die FLORIDA vernichtete in etwas mehr als einem Jahr 37 Schiffe.

Die Torpedo-Schaluppen der Südstaaten waren kleine Dampfbarkassen, die eine Sprengladung, die als Torpedo bezeichnet wurde, am Ende einer langen Spiere am Bug führten. Diese Ladung detonierte beim Aufprall auf den Rumpf des Gegners. Das Abwehrmittel gegen diese Spieren-Torpedoboote bestand aus einer Sperre, die etwa 4,5 bis 6 m vom Schiffsrumpf entfernt schwamm.

Die Nordstaaten führten auch den Einsatz von Minen ein. Es handelte sich dabei um Sprengkörper, die durch ein Kabel mit einem elektrischen Zündgerät an der Küste verbunden waren und von dort aus im geeigneten Moment gezündet wurden.

1861
Die spanische Regierung schließt mit A. Lopez in Alicante einen Postbeförderungsvertrag nach Mittelamerika. Spanien hatte zu dieser Zeit noch immer die Oberhoheit über bestimmte Gebiete in Süd- und Mittelamerika. Im Verlauf der Jahre weitete sich das Unternehmen von Lopez aus. 1881 wurde es als Compania Transatlantica reorganisiert und existiert noch heute unter der Bezeichnung Compania Transatlantica Española.

1861
Der erste Tanker läuft vom Stapel. Es handelt sich um das Segelschiff ELIZABETH WATTS, das am Tyne in England speziell für den Transport von Öl gebaut worden ist. Es erhält acht Tanks, woraus sich die Bezeichnung „Tanker" abgeleitet hat. Zwei der Masten waren hohl, um dem Öl eine Ausdehnungsmöglichkeit zu geben.

JULI 1861
Die beiden Brüder Émile und Isaac Pereire erhalten den Vertrag für den Posttransport zwischen Frankreich und den USA, Mexiko, Westindien und Zentralamerika. Im folgenden Monat gab Kaiser Napoleon III. der von den Brüdern gegründeten Reederei den Namen Compagnie Générale Transatlantique. Die C.G.T. ist heute eine der bedeutendsten Reedereien der Welt.

1862
Der spanische Erfinder Monturiol kann als einer der Erfinder des modernen Unterseebootes bezeichnet werden. Sein Boot EL ICTINEO ist noch heute in Cartagena zu besichtigen. Es besitzt einen doppelten Rumpf, Dampfantrieb, Ballasttanks und eine chemische Anlage zur Erzeugung von Sauerstoff. Es war damit seiner Zeit weit voraus.

1863
Als ernsthafter Konkurrent zu EL IGTINEO wird LE PLONGEUR in Frankreich gebaut. Dieses französische Unterseeboot wurde mit Preßluft angetrieben.

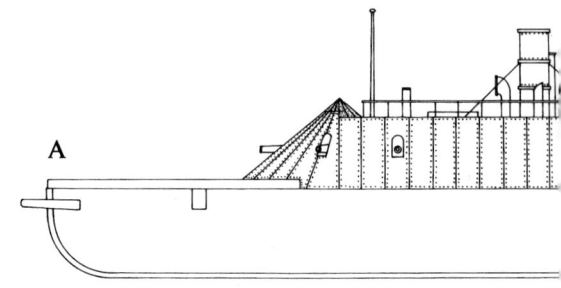

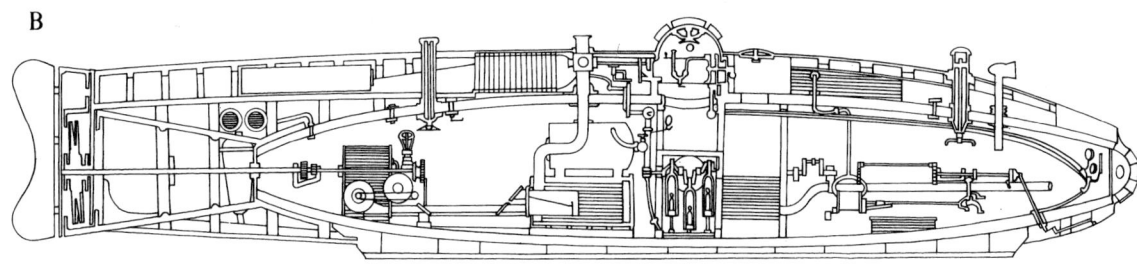

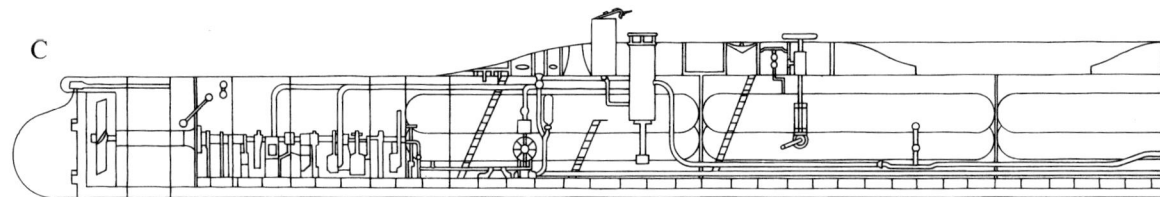

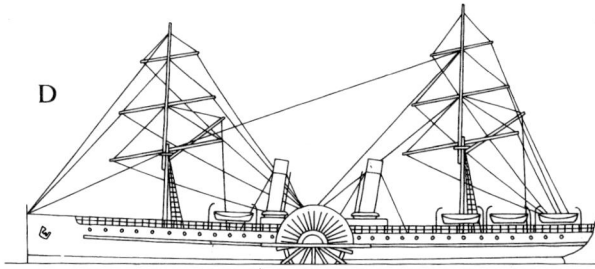

A MERRIMAC (1855), *die unter dem Namen* VIRGINIA *im amerikanischen Bürgerkrieg das berühmte Gefecht mit der* MONITOR *führte.*
B EL ICTINEO (1862), *das erste spanische U-Boot.*
C LE PLONGEUR (1863), *das erste französische U-Boot.*
D WASHINGTON (1864).
E NORTHUMBERLAND (1864).
F *Französischer Propeller, um 1860.*
G KEARSARGE, *das Schiff der Nordstaaten, das 1864 im Englischen Kanal die* ALABAMA *versenkte.*

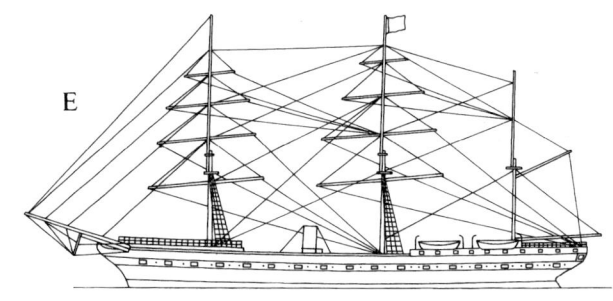

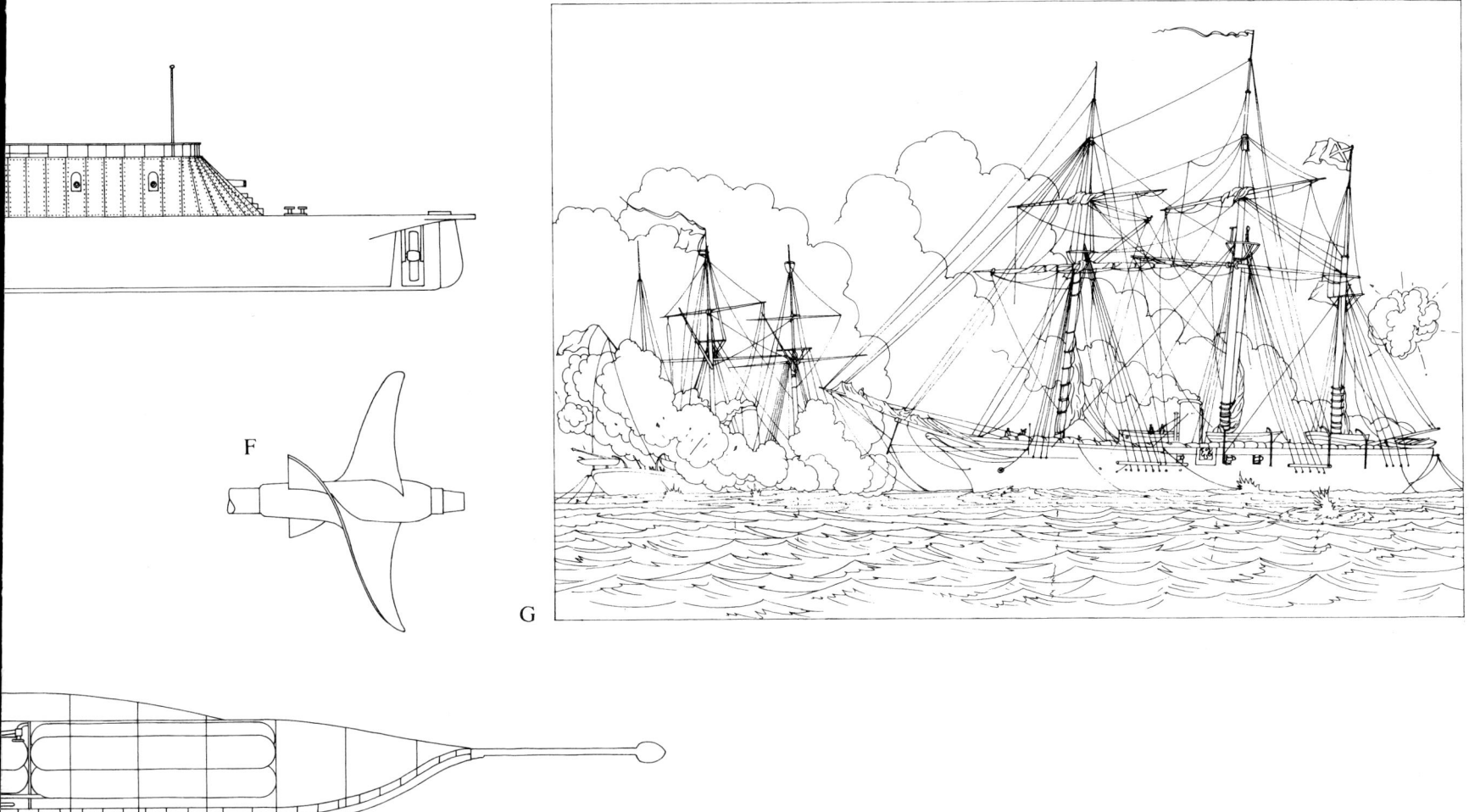

Alle frühen Unterseeboote wiesen Stabilitätsprobleme auf und waren unter Wasser äußerst labil. Die geringste Abweichung im Trimm ließ sie auf der Stelle zum Boden absinken. Später wurden Tiefenruder am Bug eingeführt, um dem entgegenzuwirken.

1864
Money Wigram and Co. nehmen den regelmäßigen Dienst nach Australien auf. Die Gesellschaft hatte dorthin schon seit 1837 einen Verkehr mit Segelschiffen unterhalten. Nun versuchte sie den Einsatz von Segelschiffen mit Hilfsmaschinen. Die Segel wurden, soweit möglich, benutzt, in Flauten jedoch mit Hilfe der Maschine gefahren. Die NORTHUMBERLAND, die 1864 in Dienst gestellt wurde, ist ein typisches Beispiel für ein derartiges Schiff. Besonders für lange Reisen bewährten sich diese Schiffe für eine gewisse Zeit, und einige blieben bis 1882 im Dienst.

15. JUNI 1864
Die Cie. Générale Transatlantique nimmt den Nordatlantikdienst mit dem Raddampfer WASHINGTON auf, als dieser von Le Havre nach New York ausläuft.

DER TEEHANDEL
Etwa seit der Mitte des 17. Jahrhunderts war der Tee in Europa wohlbekannt. Samuel Pepys erwähnt ihn in seinem berühmten Tagebuch bereits 1661. Es handelte sich dabei um chinesischen Tee, der auf dem Landweg nach Europa gekommen sein mußte. Erst 1664 brachte die East India Co. eine Ladung Tee auf dem Seeweg nach Europa. Ein Teil dieser Ladung, rund ein Kilogramm, das mit 85 Pfund Sterling bewertet wurde, ging als Geschenk an Karl II.
Der Tee fand einen ständigen Markt. Die East India Co. errichtete daher umgehend Lagerhäuser und Faktoreien, und das gleiche tat die niederländische Ostindiengesellschaft auf dem Festland. Ihr Tee war viel billiger als der nach England importierte. Es entwickelte sich daher schnell ein reger Teeschmuggel, der die Zöllner bis in den Beginn des 18. Jahrhunderts auf Trab hielt.
Der Teehandel warf große Gewinne ab. Ein halbes Kilo konnte in China für 5 Pence eingekauft werden, auf dem Londoner Markt aber für 60 Pence verkauft werden. In England war der Teehandel das Monopol der East India Co., und zwar bis zur Verabschiedung des Repeal Act am 22. Mai 1834. Drei Tage später verließen die ersten Schiffe freier Teehändler China – der eigentliche Teehandel mit China hatte begonnen.
Anfangs war der Transport von Teevorräten nach Europa keine eilige Angelegenheit. Die Teeschiffe stellten ein Sammelsurium von Schiffen aller Größen und Geschwindigkeiten dar. Im Jahre 1849 erhielten auch fremde Schiffe, wie bereits erwähnt, das Recht, Waren nach England zu transportieren. Im gleichen Jahr begann das Goldfieber in Kalifornien. Diese beiden zunächst zusammenhanglosen Ereignisse beeinflußten einander. Die Klipper aus New York brachten Prospektoren und Vorräte nach San Francisco. Sie fanden dort aber keine lohnende Fracht für die Häfen der amerikanischen Atlantikküste, überquerten daher den Pazifik, luden Tee und gingen damit nach London.
Daraus hätte sich für die Besitzer der amerikanischen Klipper ein lohnender Handel entwickeln können. Die Schnelligkeit ihrer Schiffe rechtfertigte einen Frachtpreis in Hongkong von 6 Pfund Sterling für 40 Kubikfuß (1,1 m³). Demgegenüber verlangten die herkömmlichen Teeschiffe 3,50 Pfund für die gleiche Menge. Jedoch gab es viel zu viele amerikanische Klipper, als daß alle am Teetransport hätten teilhaben können. Außerdem waren diese Schiffe zu groß. Die englischen Klipper waren dagegen etwas kleiner. Sie hatten zunächst unter einer Reihe von Konstruktionsmängeln gelitten, waren zu schmal, zu rank und zu „naß" gewesen, da sie viel Wasser übernahmen, wodurch die Fracht leiden konnte. Nachdem man diese Mängel jedoch bei späteren Entwürfen ausgeglichen hatte, konnten die englischen Klipper die führende Rolle im Teehandel übernehmen.
Dies galt besonders, als zu einem allerdings recht späten Zeitpunkt Indien als Teelieferant in Konkurrenz zu China auf den englischen Markt trat. Smith's City Line, die den Dienst zwischen Kalkutta und London versah, etablierte sich schnell als führender

SCHIFFE UND MEER

A *Laterne der* MATHILDA.
B *Die von Broström 1865 gekaufte* MATHILDA.

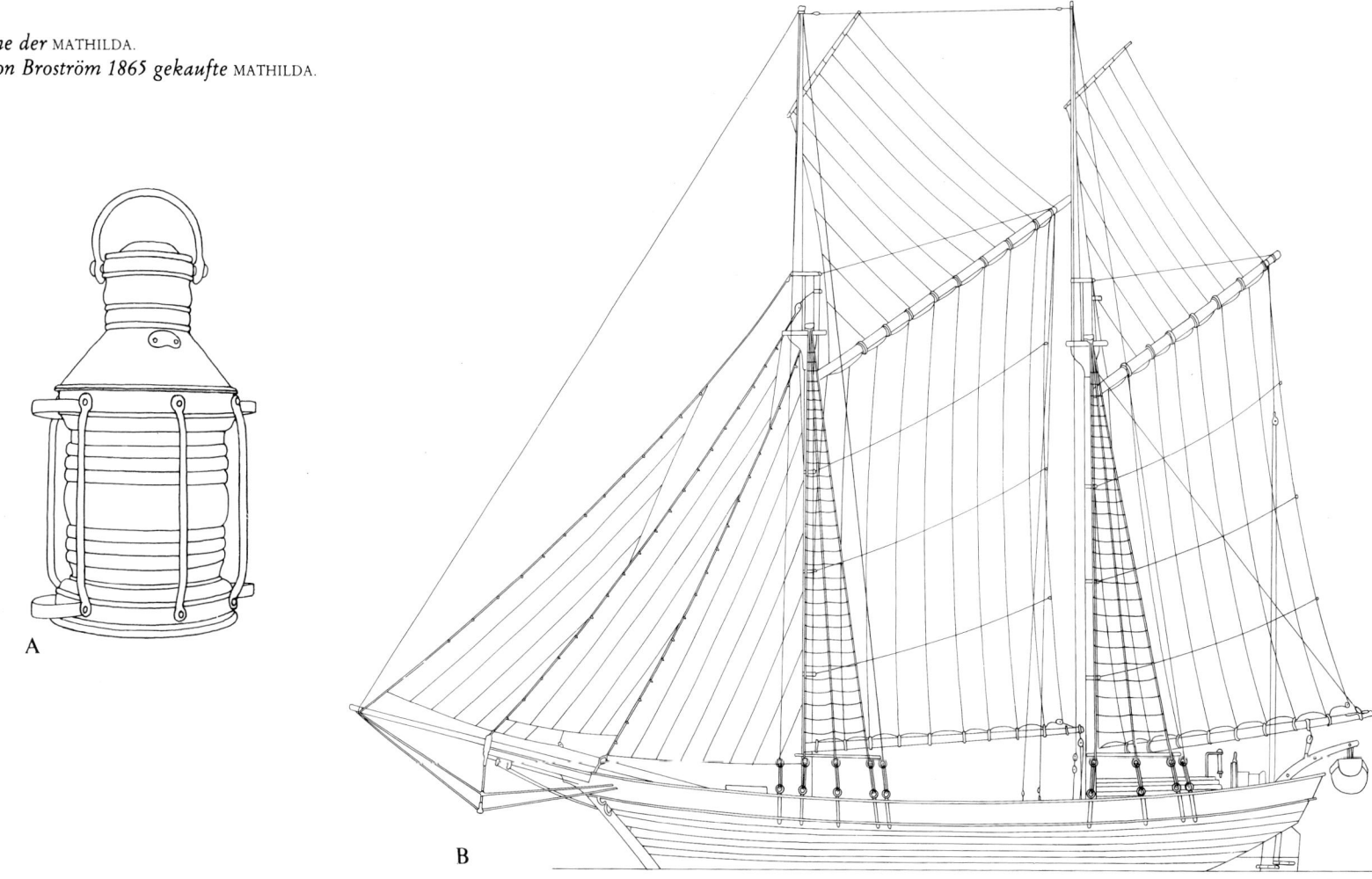

Spezialist für den Teetransport. Doch nicht einmal die englischen Klipper konnten mit dem Suezkanal konkurrieren, als dieser im Jahre 1869 eröffnet wurde. Auch auf diesem Gebiet verdrängte nun das Dampfschiff die Segelschiffe.

DIE TEE-WETTFAHRTEN VON CHINA NACH ENGLAND

Wohl die berühmteste derartige Wettfahrt fand zwischen den beiden Klippern ARIEL und TAEPING statt. Beide verließen Futschou am 30. Mai 1866 mit je einer Ladung Tee für den Londoner Markt. Sie gingen auf Heimatkurs und verloren sich nicht einmal aus der Sicht. Am 5. September, dem 99. Tag der Reise, liefen sie mit einer Geschwindigkeit von 13 kn in den Englischen Kanal ein. Sie lagen weniger als eine Stunde auseinander. ARIEL erreichte die wartenden Schlepper als erstes Schiff. Vierzig Minuten später traf auch die TAEPING ein.

Doch dies war noch nicht alles. Nach diesen beiden Klippern lief die SERICA ein, deren Segel von der TAEPING aus zu sehen waren. Von dieser sah man die Masten der FIERY CROSS und der TAITSING, die etwa eine Stunde achteraus lagen. Tatsächlich machten alle fünf Klipper während derselben Flut fest.

Bei diesem Rennen ging es um mehr als das Prestige, als erstes Schiff einzutreffen. Der erste Tee der neuen Ernte, der gelandet wurde, hatte Seltenheitswert und erzielte auf dem Markt besonders hohe Preise. Bei jenem beschriebenen Rennen von 1866 hatte die Ankunft von fünf Klippern gleichzeitig, die fünf Teeladungen brachten, jedoch den Effekt, daß die Preise auf dem Teemarkt gewaltig fielen, so daß die Tee-Kaufleute zu ihrer Bestürzung keinerlei Spitzenpreise erzielen konnten.

Die Werften, die auf den Bau von Klippern spezialisiert waren, beschäftigten Konstrukteure, die ein hohes Maß an Erfahrung mit den Linien derartiger Schiffe besaßen. Die Werft von Robert Steele and Son in Greenock z. B. hatte einen solchen Konstrukteur. Sowohl ARIEL wie TAEPING und SERICA waren auf dieser Werft erbaut worden. Erfahrene Seeleute konnten vom Anblick her nicht nur die Bauwerft eines Viermasters, sondern auch den Konstrukteur benennen. Bernard Waymouth, der Konstrukteur der THERMOPYLAE, Hercules Linton, der die CUTTY SARK und die TWEED entworfen hatte, und viele andere, ebenso berühmte Konstrukteure hatten ihren Schiffen ein so charakteristisches Gepräge gegeben, daß man dabei geradezu von ihrer persönlichen Handschrift sprechen konnte.

DIE SALPETERFAHRT

Weniger im Licht der Öffentlichkeit als die Tee- und Wollfahrt stand der Guanohandel, der die Landwirtschaft lange vor Erfindung der Kunstdünger mit Düngemitteln versorgte.

Über Jahrhunderte hatten Seevögel wie die Kormorane, Pelikane, Pinguine und Möwen ihre Jungen auf den sogenannten Vogelinseln des Pazifiks aufgezogen. Ihre Exkremente hatten sich abgelagert und einen solchen Umfang angenommen, daß sie regelrechte Düngerlagerstätten darstellten und sich hieraus ein gewinnbringender Handel entwickeln konnte.

Die peruanischen Inseln Chincha, Ballestas, Lobos und Guanape waren die Hauptlieferanten. Diese Inseln waren unbewohnbar und vollkommen trocken. Das Laden der kostbaren Guanomassen konnte bis zu drei Monate in Anspruch nehmen. Die in dieser Fahrt beschäftigten Schiffe mußten zunächst Callao anlaufen. Hier wurden sie inspiziert, verproviantiert und erhielten schließlich ihre Segelorder. Zwischen 1851 und 1872 wurden allein auf Chincha 10 Millionen Tonnen Guano abgebaut. Dieser ungeheure Berg von Vogelexkrementen ergab 5000 Schiffsladungen!

Dieser Handel wurde hauptsächlich von England kontrolliert. Von 1856 bis 1862 besaß Anthony Gibbs and Co., Liverpool, das Monopol.

1865

Der 27jährige Axel Broström, ein ehrgeiziger junger Schwede, leiht sich 110 Pfund und kauft die hölzerne 80-BRT-Ketsch MATHILDA. Broströms Heimatstadt war Kristinehamn am Vänersee, von wo aus man über den Trollhättekanal und den Götaälv Göte-

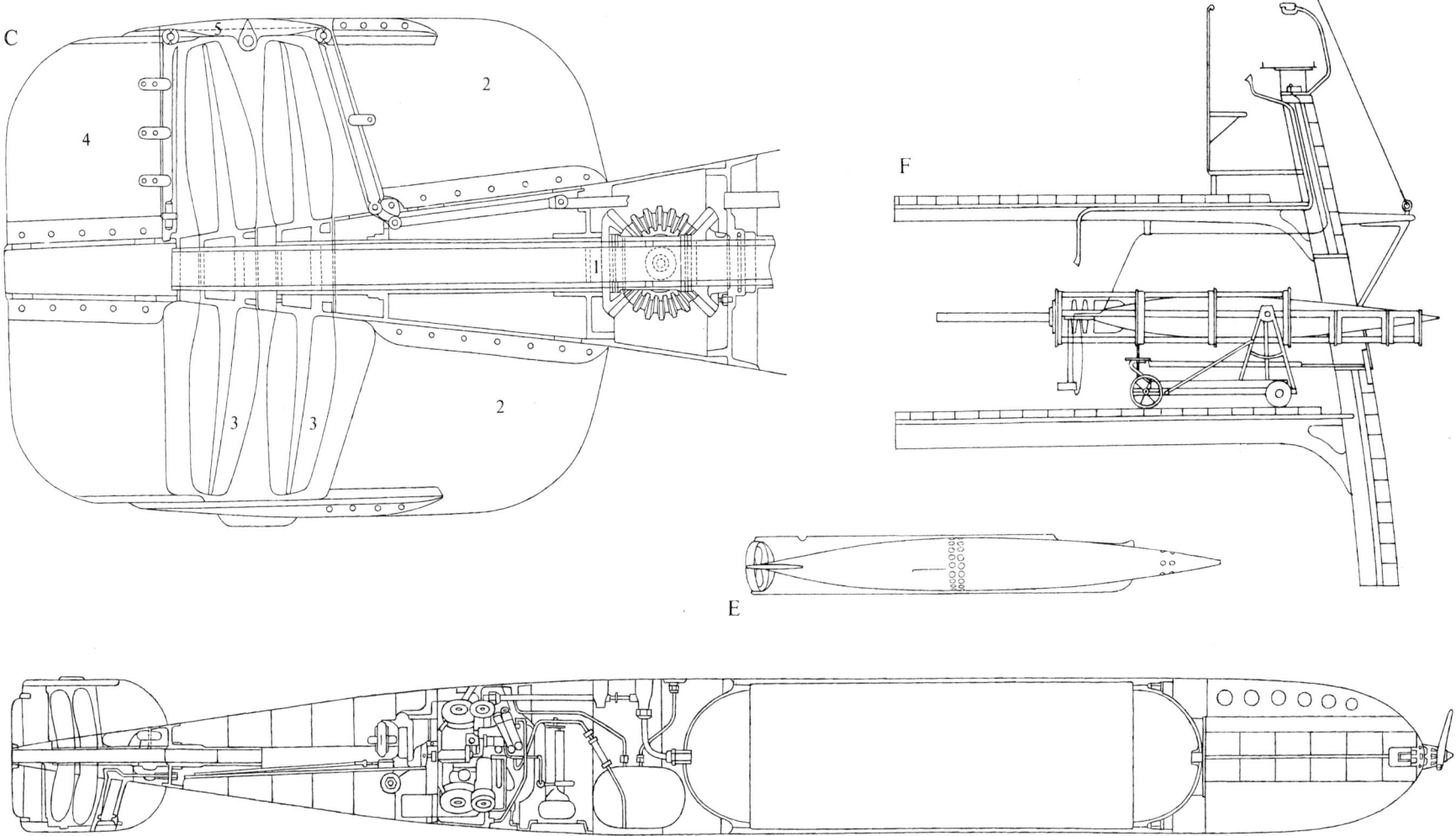

C *Das Schwanzstück eines Whitehead-Torpedos aus dem Jahre 1866.*
1 *Propellerwellen.*
2 *Flossen.*
3 *Propeller (gegenläufig).*
4 *Vertikalruder.*
5 *Horizontalruder.*
D *Längsschnitt durch einen Torpedo.*
E *Der erste Whitehead-Torpedo von 1866.*
F *Abschußvorrichtung für einen frühen Whitehead-Torpedo.*

borg und das Meer erreichen konnte. Als er die MATHILDA erwarb, waren nur vier Schiffe in Kristinehamn registriert.

Im Alter von 31 Jahren kaufte Broström seinen ersten Dampfer, einen umgebauten Schoner namens JOHN. Danach blühte Broströms Unternehmen auf. Bei der Jahrhundertfeier des Kaufs der MATHILDA im Jahre 1965 umfaßte die Broström-Flotte 85 Schiffe, die für die Angf.A/B Tirfing, die Svenska Amerika Linien, die Svenska Ostasiatiska Kompaniet A/B, die Svenska Orient Linien A/B, die Redri A/B Timex, die Angbats A/B Fern, Broströms Tender Service und die Rederi A/B Albatross liefen.

1865

Alfred Holt läßt auf seinen neuen, für den Fernostdienst bestimmten Schiffen AGAMEMNON, AJAX und ACHILLES Compoundmaschinen einbauen. Es handelt sich um Zwillings-Tandem-Maschinen, die auf eine Welle wirken. Die Schiffe verbrauchten im Durchschnitt pro Tag 20 t Kohlen. Ihr Brennstoffvorrat war so groß, daß sie eine Reise nach China und zurück durchführen konnten und nur einmal in Mauritius nachbunkern mußten.

DIE WOLLFAHRT

Seit den Zeiten der Römer war englische Wolle exportiert worden. Ab 1660 durfte nur noch verarbeitete Wolle in Form von Wollerzeugnissen ausge-

führt werden. Der Export unverarbeiteter Wolle blieb bis 1825 untersagt. In gleicher Weise war auch der Import von Wolle verboten. Dieses Verbot wurde 1828 aufgehoben, und Spanien wurde dann der erste Wollieferant für England.

Im Jahre 1788 waren Schafe nach Australien als Fleischlieferanten für die Sträflingskolonien ausgeführt worden. Wieder einmal standen die Reeder hier vor dem jahrhundertealten Problem, das zwar hinreichende Fracht für die Hinreise, nicht jedoch für die Rückreise gegeben war. Die nach Australien gebrachten englischen Schafe wurden dort mit solchen aus Indien gekreuzt und ergaben eine Rasse, die sich zu großen Herden entwickelte. Im Jahre 1820 begann die Verschiffung von Wolle nach England. Die Frachtkosten pro Pfund betrugen 4,5 Pence, der Verkaufspreis in London lag bei 43 Pence. Im Jahre 1850 wurden 130 000 Ballen im Werte von 2,6 Millionen Pfund Sterling verschifft. Danach war für alle Reedereien Wolle die wichtigste Fracht von Australien nach Europa.

In Neuseeland wurden die ersten Schafe 1848 eingeführt. 1856 waren die größten Schafwoll-Exporteure Neuseelands ein Mr. Shaw und ein Mr. Savill, die die Shaw-Savill-Linie gründeten, die spätere Shaw, Savill and Albion Line.

Die Verladung der Schafwolle erfolgte, wie für die Baumwolle beschrieben, mit Hilfe von Schraubpressen. Die Ballen wurden zunächst gestaut und dann so

CUTTY SARK

A *Der Albatros gilt in der Seefahrt als Glücksbringer. Er verkündet günstige Winde.*
B *Die* CUTTY SARK, *einer der größten Klipper, wurde 1869 gebaut.*
C *Schematische Darstellung der Stauung der Teekisten in einem Klipper.*

zusammengepreßt, daß man weitere Ballen jeweils dazwischenzwängen konnte. Mit dieser Methode lud die CUTTY SARK einmal 5010 Ballen, d. h. 800 mehr, als ihre offizielle Kapazität betrug.

Ein unerwünschtes Nebenprodukt der ungereinigten Wolle waren die Flöhe, die das Leben an Bord in den Tropen nahezu unerträglich machten. Um ihnen zu entgehen, schlief die Mannschaft oft an Deck in einem Kranz feuchten Zeuges.

Von einigen Wollseglern wurden Rekordreisen vollbracht. Drei der schnellsten von Australien her waren die der CUTTY SARK in 67, die der PATRIARCH in 68 und die der CRUSADER in 69 Tagen.

20. JULI 1866

Es kommt zur ersten Seeschlacht, an der Panzerschiffe teilnehmen. Es handelt sich hierbei um die Schlacht von Lissa im 3. Unabhängigkeitskrieg, den Italien gegen Österreich führte. Die italienische Flotte versuchte mit drei Geschwadern von insgesamt 24 Schiffen die kleine Insel Lissa vor der dalmatinischen Küste in der Adria zu besetzen. Der Admiral Carlo Pellion de Persano ging hierbei so zaudernd vor, daß er von einer schwächeren österreichischen Streitmacht unter Admiral Wilhelm von Tegetthoff überrascht werden konnte. Das anschließende Gefecht dauerte drei Stunden. Tegetthoffs Flaggschiff, die ERZHERZOG FERDINAND MAX, versenkte hierbei das italienische Flaggschiff RE D'ITALIA. Ein weiteres italienisches Panzerschiff, die PALESTRO unter dem Kommando von Alfredo Cappellini, wird ebenfalls versenkt, die AFFONDATORE schwer beschädigt.

DER TORPEDO
1866

Der Torpedo wird von dem Marineingenieur Robert Whitehead, der in Fiume in österreichischen Diensten arbeitet, zusammen mit Kapitän z. S. Luppis entwickelt. Sein Prototyp wiegt 136 kg und trägt einen Sprengkopf, der mit 8,2 kg Dynamit gefüllt ist. Der Torpedo wurde mit einer dazu gebauten Abschußvorrichtung lanciert, sein Propeller mit Hilfe von Preßluft angetrieben.

1871 kauft die Royal Navy das Patent von Whitehead für 15 000 Pfund. Er kehrt nach London zurück und setzt die Arbeit an dieser Waffe fort.

Im Laufe der Zeit wurden verschiedene Verbesserungen eingebaut. Zum Beispiel ermöglicht das Tiefendruckventil das Halten einer gleichbleibenden Tiefe. 1876 wurde mit dem Einbau eines Servomotors der „Tümmler"-Effekt ausgeschaltet. Noch später wurde 1895 ein Gyroskop als Geradlaufeinrichtung eingebaut. Es kam noch zu weiteren Verbesserungen, doch hat sich das Grundprinzip Whiteheads nicht grundsätzlich verändert. Als die Waffe jedoch erstmalig scharf eingesetzt wurde – dies geschah 1877 durch den Kreuzer SHAH gegen den peruanischen Monitor HUASCAR, dessen Mannschaft gemeutert hatte –, versagte sie. Wenige Monate später versenkte die russische CONSTANTINE im Januar 1878 ein türkisches Wachboot vor Batum im Kaspischen Meer.

In Deutschland wurde der Torpedo von der Firma Schwartzkopff, in den USA von Bliss-Leavitt und Howell weiterentwickelt.

SCHIFFE UND MEER

6. SEPTEMBER 1869
Die Oceanic Steam Navigation Co. wird von Thomas Ismay und Gustave Schwabe gegründet. Sie betreibt die berühmte White Star Line, deren erste vier Schiffe von Harland Wolff in Belfast erbaut werden. Der Neffe Schwabes war Gustav Wolff, ein Mitbegründer dieser Werft. Die vier Schiffe erhielten die Namen OCEANIC, ATLANTIC, BALTIC und REPUBLIC und begründeten damit die Tradition, daß alle Schiffe dieser Linie Namen führen, die mit -ic enden. Diese ersten Schiffe der White Star Line waren allen anderen ihrer Zeit weit voraus, und zwar sowohl in der Ausstattung wie in der Leistung. Um Schritt halten zu können, mußten die anderen Gesellschaften nachziehen und größere und bessere Schiffe in Auftrag geben.

17. NOVEMBER 1869
Die Kaiserin Eugénie eröffnet an Bord der französischen Königsyacht L'AIGLE den Suezkanal. Das Schiff fährt an der Spitze von 69 Dampfschiffen, die vom Mittelmeer her in den Kanal einlaufen. In der vorangegangenen Nacht war die ägyptische Dampffregatte LATIF bei Kantara gestrandet, doch konnte das Fahrwasser, kurz bevor der Konvoi anlangte, freigemacht werden.
Pläne zur Verbindung der beiden Meere durch einen Kanal wurden schon 1504 entwickelt, doch geschah nichts, bis Napoleon Bonaparte 1798 Ägypten besetzte und dem Projekt neues Leben gab. Unglücklicherweise glaubte der Landvermesser Le Père festgestellt zu haben, daß der Spiegel des Roten Meeres ca. 10 m über dem des Mittelmeeres läge, und der Plan wurde erneut beiseite gelegt.
Ein englischer Experte, F. R. Chesney, widerlegte Pères Ansicht schließlich. Die Engländer waren zu diesem Zeitpunkt Herren Ägyptens, jedoch mit dem Bau einer Eisenbahnverbindung zwischen beiden Meeren beschäftigt, so daß wiederum nichts erfolgte. 1854 erteilte der Khedive von Ägypten, Said Pascha, dem französischen Ingenieur Ferdinand de Lesseps die Erlaubnis, mit dem Bau eines derartigen Kanals zu beginnen. Er benötigte fünf Jahre, um die finanziellen Mittel und die Techniker zusammenzubringen, doch schließlich, am 25. April 1859, begann die Arbeit in Port Said.
Der Kanal wurde anfangs wenig benutzt. Im Jahre 1870 passierten ihn nur 486 Dampfer mit einer Durchschnittsgröße von 1000 BRT. Als jedoch Ägypten den Kanal 1956 verstaatlichte, benutzten jährlich rund 14 600 Schiffe mit durchschnittlich 8000 BRT diese Verbindung.

1870
Die Dominion Line ist ein Begriff, der in der ganzen Welt bekannt ist, doch ist er eigentlich nur ein Spitzname. Im Jahre 1870 betrieb die Liverpool and Mississippi S.S.Co. eine Dampferflotte zwischen England und den früheren Südstaaten, die nun fester Bestandteil der United States of America waren. 1872 begann die Gesellschaft einen neuen Dienst mit der MISSISSIPPI nach dem Dominion Kanada. Dieser Dienst sollte nicht nur Hauptfahrtgebiet der Gesellschaft werden, sondern ihr auch den Spitznamen bringen, der sich bei einigen Namensänderungen der Reederei unverändert erhielt. Ab 1903 hieß sie White

A

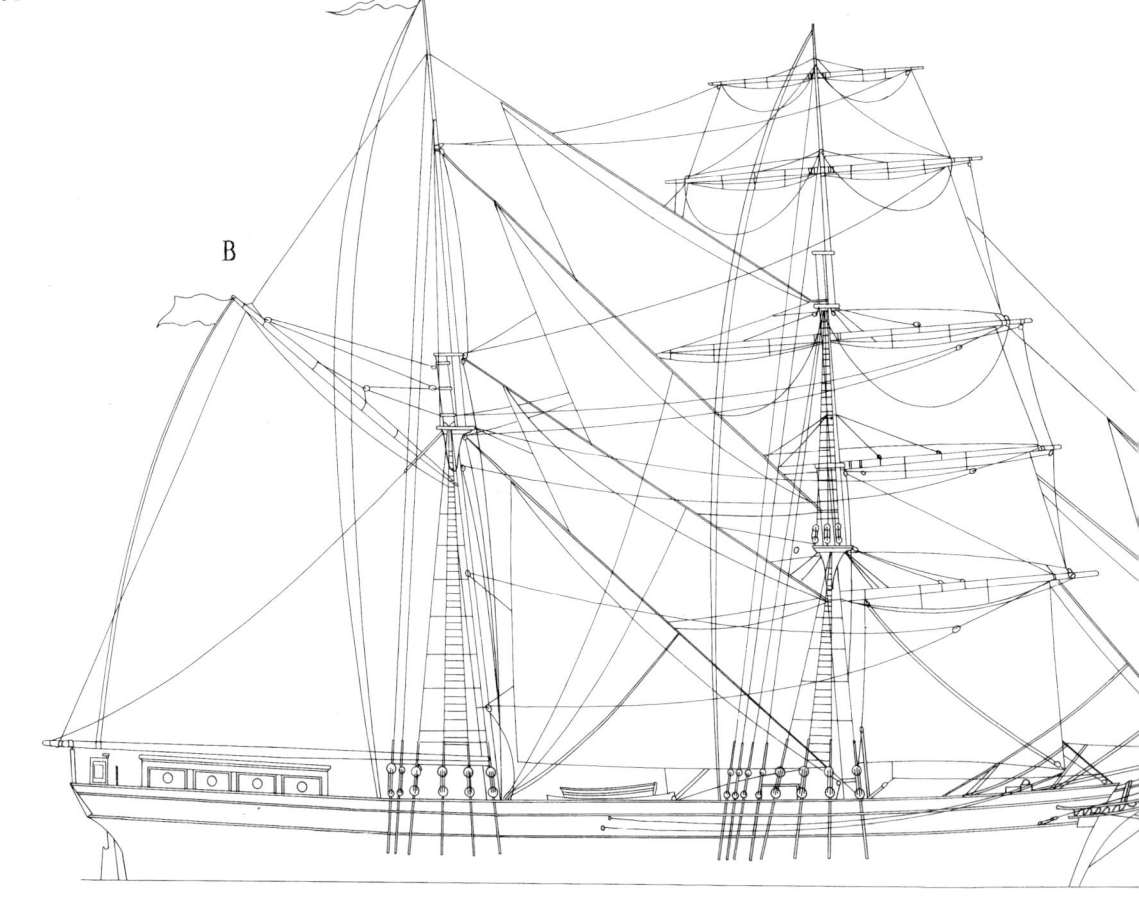

B

A *Die Eröffnung des Suezkanals im Jahre 1869.*
B *Die unglückliche Brigantine* MARY CELESTE, *die 1861 als* AMAZON *vom Stapel lief.*

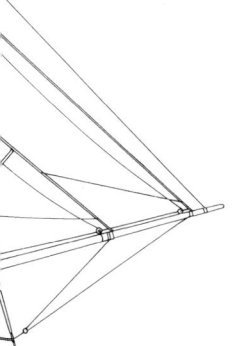

Star Dominion Line. 1926 wurde die White Star Line von der Royal Mail Line übernommen, behielt aber ihren Namen.

1870
Über etwa ein Jahrtausend gab es eine päpstliche Flotte. In der Schlacht von Lepanto 1571 hatte sie eine entscheidende Rolle gespielt. 1754 kaufte Papst Benedict XIV. zwei englische Fregatten von je 30 Kanonen und taufte sie S. PIETRO und S. PAOLO. In Civitavecchia bestand sogar eine päpstliche Werft. Drei Dampfschlepper, ARCHIMEDES, PAPIN und BLASES DE GARAY, versahen 1842 auf dem Tiber Dienst. 1859 wurde das letzte Schiff fertiggestellt. Es handelte sich um die IMMACOLATA CONCEPZIONE, die wie eine elegante Yacht aussah, aber zum Schutze der Fischer bestimmt war.
Papst Pius IX. entschied, daß der Vatikan seine Seefahrtsinteressen aufgeben sollte. Im Jahre 1870 schenkte er die IMMACOLATA CONCEPZIONE Frankreich, wo das Schiff 1883 in LOIRE umbenannt wurde. Es sank 1905 im Mittelmeer.

1870
Die Verbundmaschine wird auch im Nordatlantikverkehr eingeführt. Die HUDSON des NDL wird durch Feuer in Bremerhaven zerstört, an die National Line verkauft und als LOUISIANA wiederhergestellt. 1870 wird das Schiff verlängert, mit Verbundmaschinen ausgerüstet und als HOLLAND im Nordatlantik eingesetzt.

1870
Die New Zealand Shipping Co. wird von einer Gruppe von Kaufleuten aus Christchurch, die mit den unzureichenden und unzuverlässigen Verbindungen nach Neuseeland unzufrieden waren, mit einem Kapital von ¼ Million Pfund gegründet. Die Gesellschaft wollte Schiffe chartern, nicht bauen, und übernahm als erstes das eiserne Segelschiff WAITARA. Alle Schiffe der N.Z.S.Co. erhielten Maorinamen. 1883 entschloß sich die Reederei zum Kauf von Schiffen, deren erstes der Dampfer TONGARIRO wurde.

4. DEZEMBER 1872
Es gibt eine große Zahl von unaufgeklärten Ereignissen auf See. Meist handelt es sich dabei um das Verschwinden von Schiffen, und einige derartige Vorkommnisse wurden bereits hier erwähnt. Von der MARY CELESTE ist jedoch nicht das Verschwinden des Schiffes, sondern das der gesamten Mannschaft zu berichten.
Die Abfahrt der MARY CELESTE aus ihrem Heimathafen New York hatte nichts Außergewöhnliches – jedermann, der mit dem Schiff in irgendeiner Verbindung stand, wußte, daß es zu einer weiteren Reise ausgelaufen war, nach einiger Zeit nach New York zurückkehren und seine eintönige Aufgabe, den Transport unterschiedlicher Ladungen für unterschiedliche Eigner in die verschiedensten Gebiete, weiter verrichten würde.
Am 4. Dezember 1872 sichtete die Brigantine DEI GRATIA aus Neuschottland etwa 600 Seemeilen vor der portugiesischen Küste ein Segelschiff. Sie näherte sich diesem Schiff, und es wurde festgestellt, daß auf ihm Klüver und Vormarssegel gesetzt waren, die Fock jedoch herunterhing. Alle anderen Segel waren geborgen.
Auf verschiedene Anrufe erhielt man auf der DEI GRATIA keine Antwort. Man entsandte ein Boot zu dem seltsamen Schiff, stellte fest, daß es sich um die MARY CELESTE handelte und daß das Schiff verlassen war. Das Logbuch zeigte, daß der Kapitän, ein 38jähriger erfahrener Seemann namens Benjamin Briggs, am 24. November die letzte Eintragung gemacht hatte. Alles schien in Ordnung, ein Tisch war noch zur Mahlzeit gedeckt. In der Kombüse fanden sich Fleischkonserven; ferner gab es hinreichend Nahrung für sechs Monate. Eigenartigerweise waren Beiboot, Sextant, Chronometer und Navigationsbücher nicht zu finden.
Im Vorschiff fand man Anzeichen dafür, daß die Mannschaft es überstürzt verlassen hatte. Doch gab es keine Hinweise darauf, warum dies geschehen war. Das Schiff war unbeschädigt und zeigte keinerlei Schlagseite. Allerdings waren zwei Luken geöffnet, doch die Ladung, 1700 Faß Alkohol, war unbeschädigt bis auf ein Faß, das angezapft war.
Das Schiff wurde nach Gibraltar eingebracht, wo eine umfangreiche Untersuchung durchgeführt wurde. Selbst die Mannschaft der DEI GRATIA geriet in Verdacht, den Kapitän, seine Familie und die Mannschaft umgebracht zu haben, obwohl jede logische Begründung dafür, warum sie dies getan haben sollte, fehlte. Hatte es an Bord eine Meuterei gegeben, und nur das Schiff war als stummer Zeuge dieses Vorfalls übriggeblieben? Doch wiesen die Decks keine Blutspuren auf. Selbst an Piraten von der Berberküste wurde gedacht, wenn auch niemand erklären konnte, wie die vor den Küsten operierenden Piraten so weit auf offene See gekommen sein sollten.
So intensiv die Untersuchungen auch betrieben wurden, es fand sich keine Erklärung. Das Gericht schloß den Vorgang ab, ohne zu irgendeiner Entscheidung gekommen zu sein.
Jahrelang wartete man noch immer auf irgendein Zeichen der verschwundenen Besatzung. Doch bis heute wurde nichts Derartiges gefunden.
Die Geschichte der MARY CELESTE blieb eines der großen ungelösten Rätsel der See. Man weiß nur, daß Kapitän Briggs und seine Mannschaft von der Erdoberfläche verschwanden und als einzige Spur ein durchgescheuertes und zerrissenes Stück Tauwerk hinterließen, das außen am Schiff hing. Bände sind mit Theorien über die Ursache dieses Verschwindens gefüllt worden, doch eine sichere Aufklärung wird es wohl nie geben.

19. JANUAR 1873
Die neugegründete Red Star Line nimmt mit dem Auslaufen der VADERLAND von Antwerpen nach Philadelphia ihren Dienst auf. Die Red Star Line wurde nach ihrer Reedereiflagge benannt und war Eigentum der Société Anonyme de Navigation Belge-Américaine, einer Tochtergesellschaft der International Navigation Co.
Sehr bald wurde auch ein Dienst nach New York eingerichtet, der binnen fünf Jahren wichtiger als der Dienst nach Philadelphia wurde. Um diese Stellung auszubauen, kaufte die International Navi-

A *Leuchtturmlampe mit vier Dochten, die Paraffinöl brannten.*
B *Spanten und Beplattung eines genieteten stählernen Schiffes des späten 19. Jahrhunderts.*

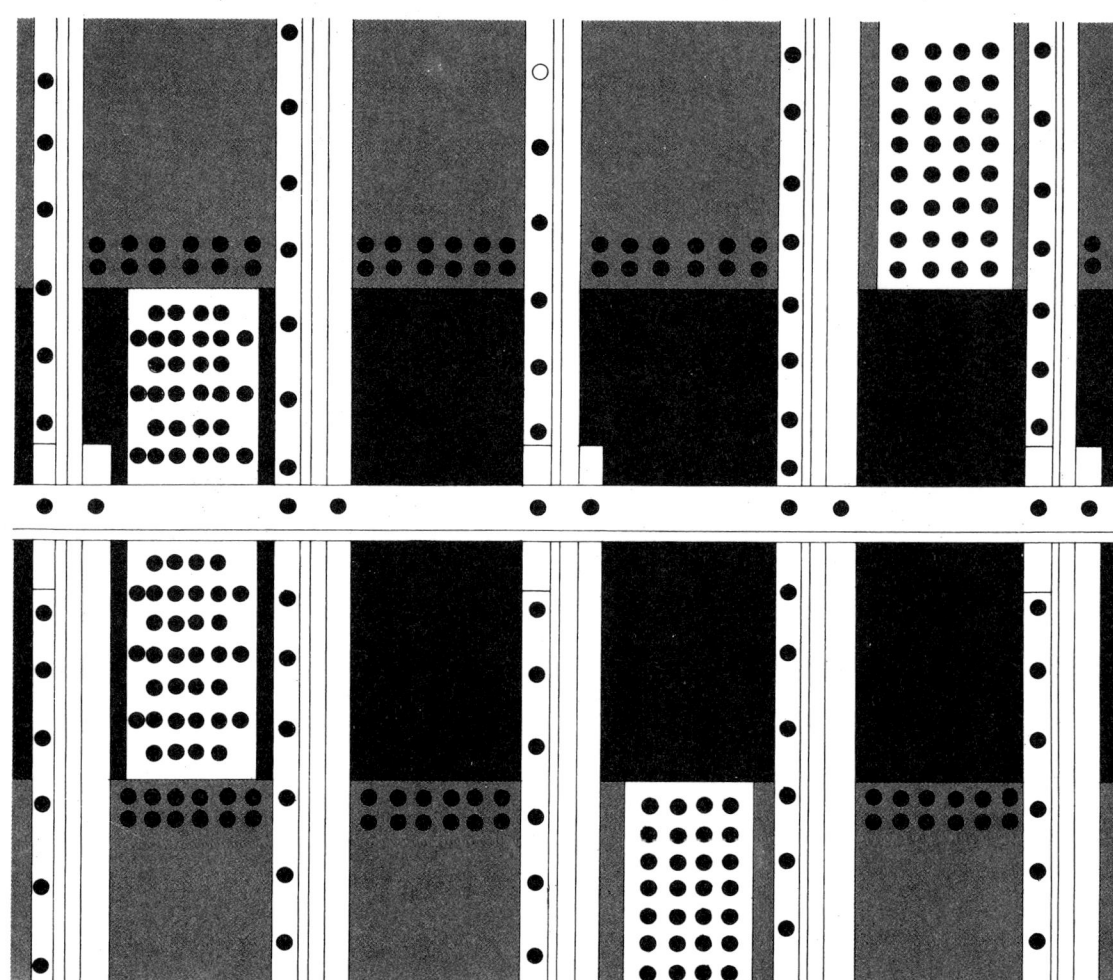

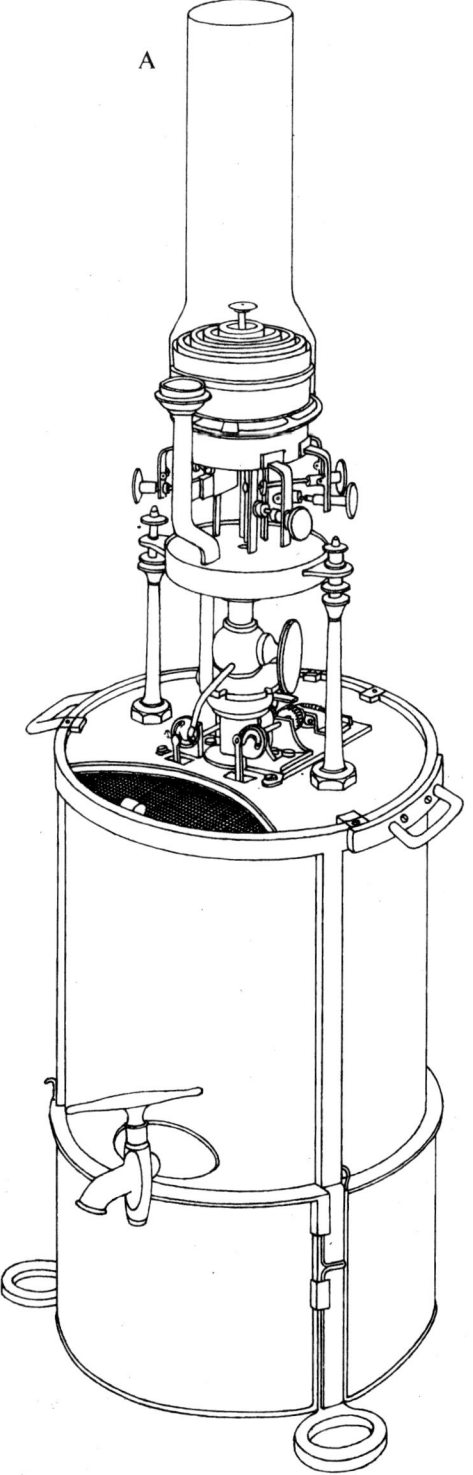

gation Co. 1884 die American Line und 1886 die Inman Line auf. Bis 1901 wurde aus der I.N.C. die International Mercantile Marine Co., in der die White Star, die Dominion, die Atlantic Transport und die Leyland Line aufgegangen waren. Außerdem hatte sie Verbindungen zur HAPAG, zum NDL und zur Holland-America Lijn.

1. APRIL 1873
Die ATLANTIC der White Star Line erleidet vor Halifax Schiffbruch, wobei 585 Menschen umkommen. Es handelt sich um das größte Schiffsunglück bis zu diesem Zeitpunkt.

18. APRIL 1873
Der Plate, Reuchlin und Co.-Konzern gründet in Rotterdam die Holland-America Lijn (H.A.L.) und verkauft die ROTTERDAM und die MAAS an sie. Ein Jahr später kauft die H.A.L. die W. A. SCHOLTEN und die P. CALAND.

1874
Zum erstenmal wird das Rauchen auf Passagierschiffen des Nordatlantiks erlaubt.

1875
Der Schotte James Anderson aus Petershead tritt 1828 in die James Thompson and Co.-Gesellschaft ein. 1869 übernimmt seine Familie diese Gesellschaft. 1874 kann die Pacific Steam Navigation Co. nicht mehr alle ihre Schiffe beschäftigen. Anderson, Anderson and Co. unter der Führung von James Anderson bieten 1875 an, zusammen mit Frederick Green and Co. den Betrieb dieser Dampfer zu übernehmen und einen Liniendienst nach Australien auf der Kap-Route einzurichten.
Das Angebot wurde angenommen. Im März 1877 wurde ein Fahrplan für die LUSITANIA, CHIMBORAZO und CUZCO der Pacific Steam Navigation Co. unter der Bezeichnung Orient Line veröffentlicht. Ein Jahr später wurde die Orient Steam Navigation Co. Ltd. gegründet, die diese Schiffe kaufte, die schon für die Orient Line liefen, außerdem das Schwesterschiff GARONNE, und damit einen Betrieb auf eigene Rechnung aufnahm.

8. DEZEMBER 1875
Die TORRENS, der letzte vollgetakelte Passagierklipper in Kompositbauweise, den die Werft von James Laing in Sunderland gebaut hat, geht auf die Jungfernreise. Heck und Kiel bestanden aus Rüsternholz. Die eisernen Spanten trugen eine Teakholzbeplankung mit Kupferbefestigungen, und das Schiff war bis zur Wasserlinie mit Bronze beschlagen. Die

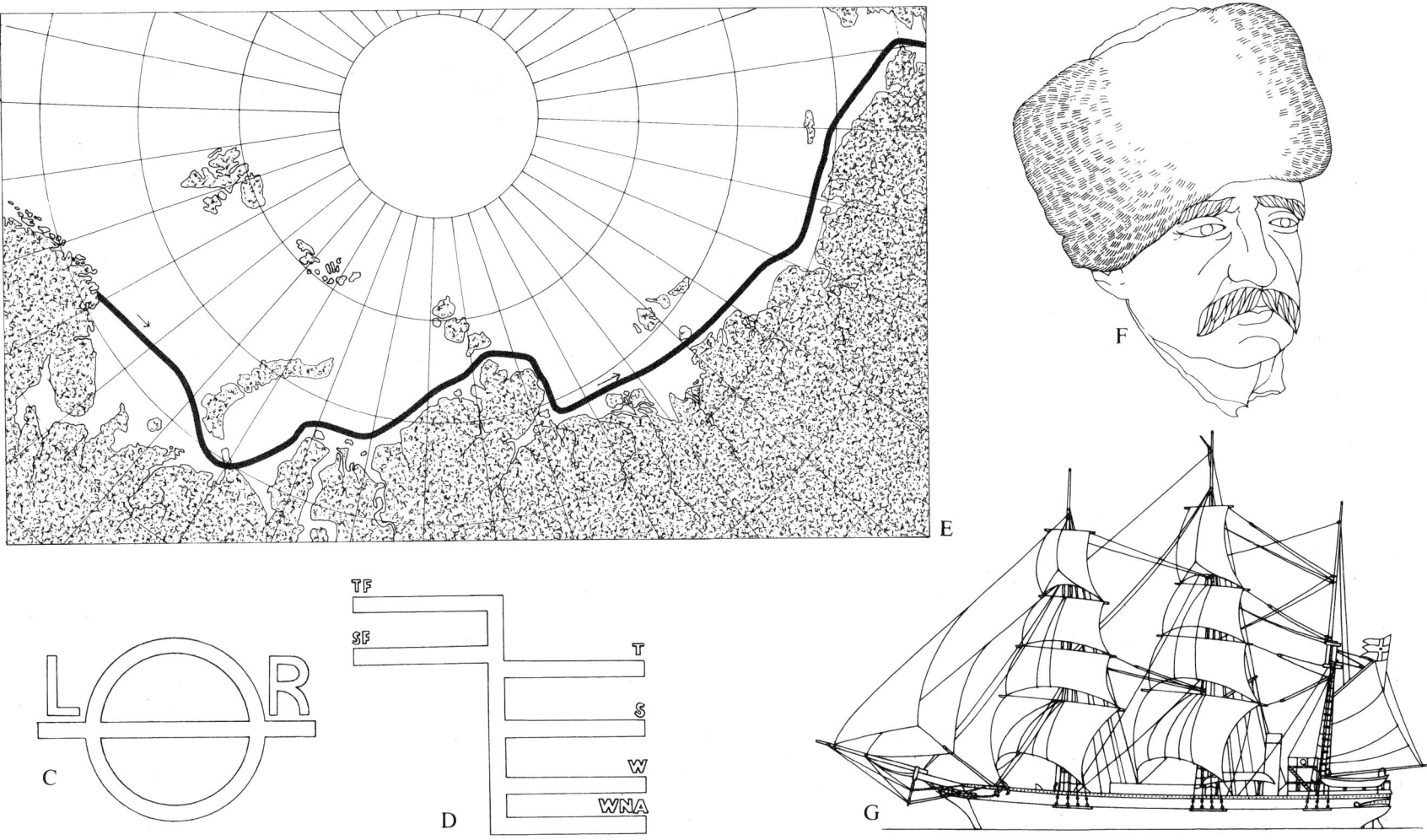

TORRENS war mit 1276 BRT vermessen und hatte 27 257 Pfund gekostet.

1876
Eines der negativen Ergebnisse des Aufblühens des Welthandels seit 1830 war, daß immer mehr Schiffseigner und Agenten schnell reich werden wollten. Dies versuchte man häufig durch skrupelloses Überladen von Schiffen zu erreichen. Als Folge nahmen die Verluste auf See ständig zu. Alte, verkommene Schiffe, sogenannte „schwimmende Särge", wurden ständig absichtlich überladen, damit sie untergingen. Samuel Plimsoll, ein Mitglied des britischen Parlaments, startete eine Kampagne zur Einführung einer Sicherheitsladelinie, zu deren Beachtung die Schiffseigner verpflichtet werden sollten. Seine Bemühungen führten 1876 zum Erfolg, als die sogenannte „Plimsoll Line" (Freibordmarke) zusammen mit anderen Sicherheitsvorschriften, z. B. über das Stauen von Deckladung, eingeführt wurde.

1878
Der Schwede Adolf E. Nordenskiöld segelt entlang der Nordküste Rußlands mit dem Walfänger VEGA durch die Nordostpassage nach Osten.
Die Reise dauert ein Jahr, vom Juli 1878 bis zum Juli 1879. Die Russen benutzen diesen nördlichen Seeweg regelmäßig vom Juli bis zum Oktober, doch müssen Handelsschiffe hier von Eisbrechern geleitet werden.

1879
Die C.G.T. führt auf ihrem Schiff AMÉRIQUE 1876 elektrische Positionslaternen ein. Drei Jahre später wird auf der CITY OF BERLIN der Inman Line der Speisesalon elektrisch beleuchtet.

1880
Die „Thingvalla-Linie" wird in Dänemark gegründet und erhält ihren Namen nach dem Dampfer THINGVALLA, den sie von der Sejl og Dampskibsselskabet erwirbt, für die er 1874 gebaut wurde. Die Thingvalla-Linie betreibt kleine und alte Dampfschiffe. 1898 wird sie von Det Forenede Dampskibs-Selskabet, Kopenhagen, übernommen, und nun blüht der Dienst nach New York unter der Bezeichnung Scandinavian American Line auf.

1880
Die BUENOS AYREAN der Allan Line ist das erste Schiff mit stählernem Rumpf im Nordatlantikdienst.
Von diesem Zeitpunkt an werden stählerne Rümpfe allgemein üblich. Die P & O Line stellte fest, daß sich der Stahlrumpf der RAVENNA viel besser als die

C Lade- oder Plimsoll-Marke.
D Allgemeine Ladelinien. Die Buchstaben bedeuten:
   TF: Tropen-Frischwasser-Ladelinie.
   SF: Sommer-Frischwasser-Ladelinie.
   T: Tropen-Seewasser-Ladelinie.
   S: Sommer-Seewasser-Ladelinie.
   W: Winter-Seewasser-Ladelinie.
   WNA: Winter-Nordatlantik-Ladelinie.
E Der Reiseweg Nordenskiölds auf der ersten erfolgreichen Nordostpassage 1878–1879.
F Baron Nils Adolf Erik Nordenskiöld (1832–1901).
G Die VEGA, das Schiff Nordenskiölds.

A GLÜCKAUF *(1885)*.
B *Parsons' Dampfturbine von 1884.*
C TURBINIA *(1894)*.

eisernen Rümpfe der beiden Schiffe ROHILLA und ROSETTA bewährte, und ließ in Zukunft nur noch stählerne Rümpfe bauen.

1882
Die Pennsylvania Railroad Co. hatte bereits die American Line im Philadelphia–Liverpool-Dienst unterstützt. Jetzt wurde zusammen mit B. N. Baker ein Dienst zwischen Baltimore und Liverpool eingerichtet. Hierfür wurde die Atlantic Transport Line gegründet.
Die amerikanischen Löhne und Kosten übertrafen bereits seit geraumer Zeit die britischen. Daher liefen die Schiffe der neuen Gesellschaft unter der englischen Flagge.

23. NOVEMBER 1882
Die französische Reederei Messageries Maritimes nimmt mit der NATAL den Dienst nach Australien auf. Angelaufen werden Port Said, Réunion, Mauritius und Noumea und verschiedene australische Häfen. Sieben Schiffe werden für diesen Dienst gebaut.

1883
Zu diesem Zeitpunkt startet die Oceanic Steamship Co. mit der ALAMEDA und der MARIPOSA eine Verbindung zwischen San Francisco und Honolulu. Als die Pacific Mail 1885 ihren Postkontrakt im Australdienst nicht erneuert, übernimmt die Oceanic Steamship Co. zusammen mit der Union Steamship Co., Neuseeland, die Verantwortung für den Posttransport. Von der Pacific Mail wird die ZEALANDIA gekauft, und die Oceanic Steamship weitet ihren Passagierdienst nach Australien aus. Aus diesen Anfängen entwickelt sich die berühmte Matson Line.

1884
Alle großen Flotten der Welt lassen Torpedoboote bauen. Mit 115 Stück besitzt Rußland die meisten Torpedoboote.
Frankreich kann 50 vorweisen, erteilt aber zwei Jahre später den Auftrag für 34 weitere.
Großbritannien besitzt zu diesem Zeitpunkt erst 19 Boote.

1884
Charles Parsons erfindet eine Maschine, in der ein Dampfstrahl eine Welle mit vielen Schaufeln in Bewegung setzt, die direkt mit dem Propeller verbunden ist.
Kolben fehlten hier also.

1885
Die GLÜCKAUF, der erste „echte" Tanker, wird gebaut. Er wird von Henry Swann entworfen und von Armstrong Mitchell auf der Werft in Newcastle für die Deutsch-Amerikanische Petroleum-Gesellschaft (DAPG) gebaut. Sie erhält neun für diesen Zweck gebaute Tanks.

1887
Die britische Flotte erhält ihr erstes Unterseeboot, das von einer Besatzung von zwei Mann gefahren wird, die NAUTILUS. Es handelt sich nur um ein Versuchsfahrzeug.

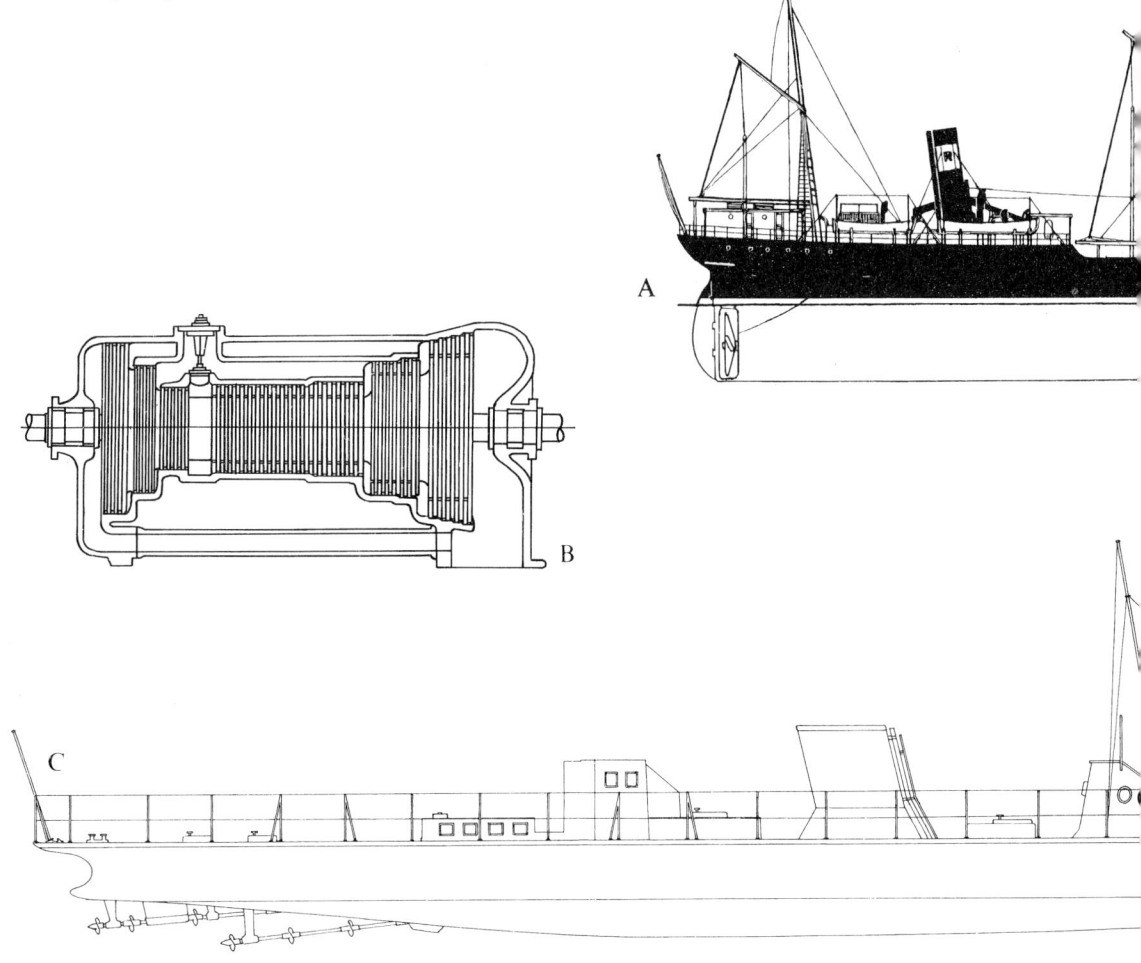
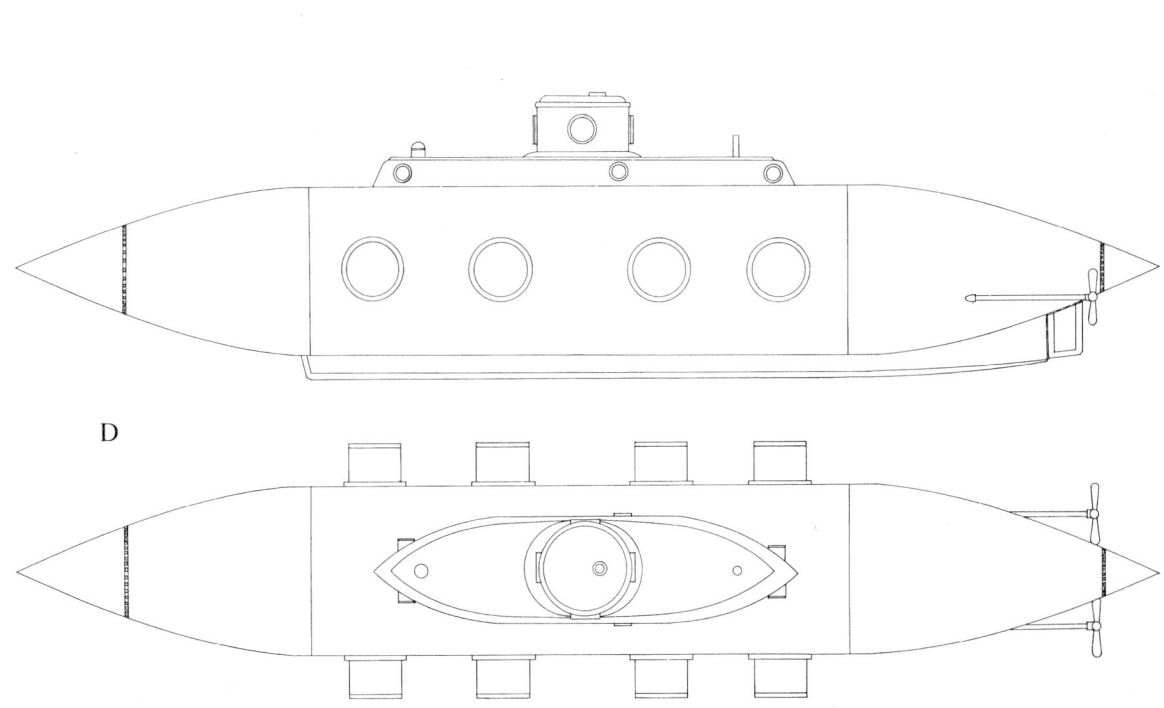

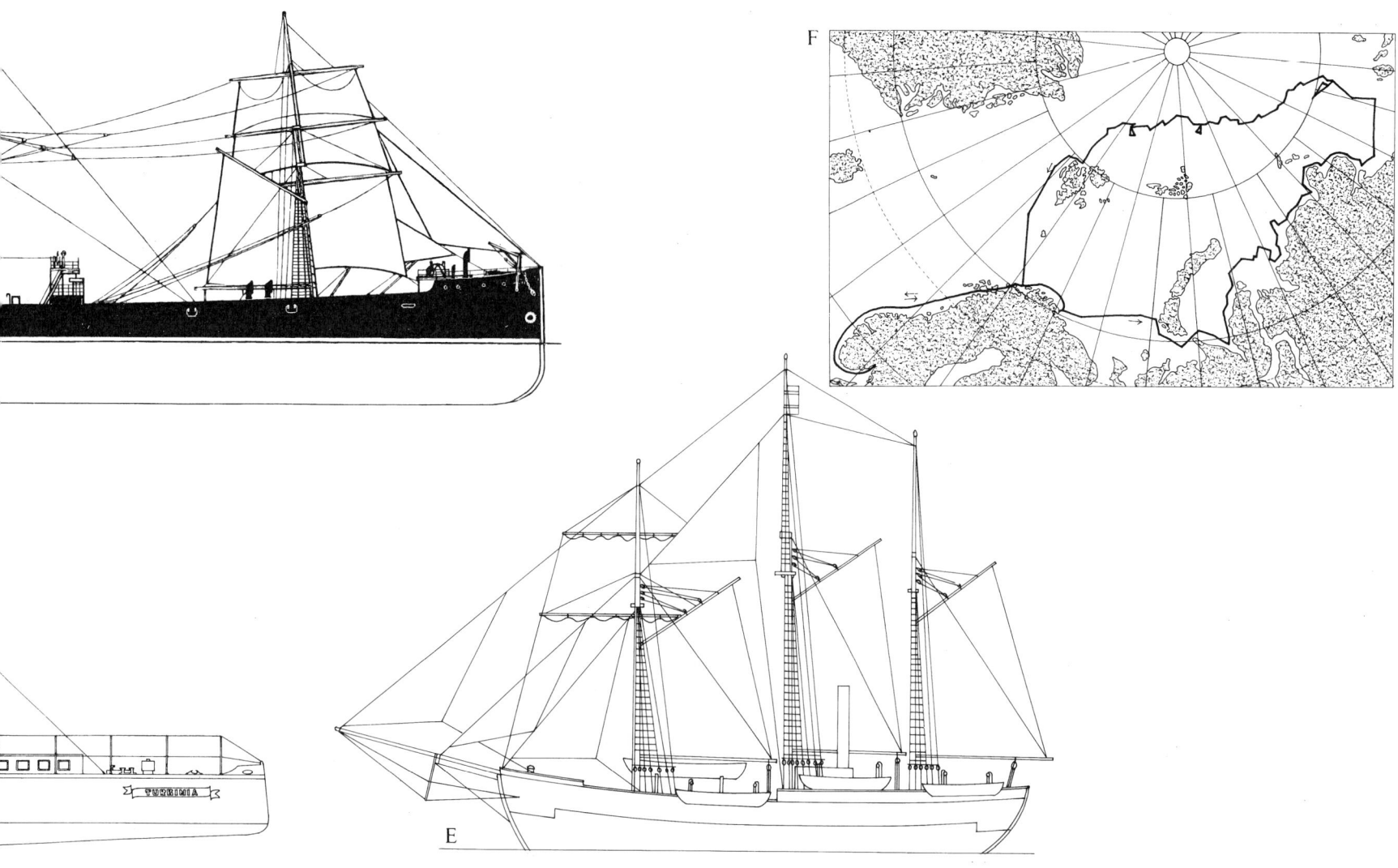

D NAUTILUS, *das erste U-Boot Großbritanniens.*
E FRAM *(1893).*
F *Die Reiseroute der* FRAM *1893–1896.*

1893
Der Norweger Fridtjof Nansen driftet mit seinem speziell für diesen Zweck gebauten Schiff FRAM im Eis von der Beringstraße durch das Polarmeer bis zur nordnorwegischen Küste. Die Reise dauert drei Jahre.

1895
Berichte über das Verschwinden von Schiffen gibt es überreichlich. Viele „verschwundene" Schiffe tauchten jedoch nach längerer Zeit wieder auf. Den Rekord hält wahrscheinlich die HONRESFELD, die wirklich eine sehr lange Zeit benötigte, um endgültig zu verschwinden.
Am 20. Dezember 1892 fing das Schiff 100 sm vor der mexikanischen Küste Feuer. Die Besatzung konnte den Brand nicht eindämmen und verließ das Schiff. Am 28. Dezember 1895 sichtete der Walfänger ALICE KNOWLES das Schiff 700 sm vor den Midway-Inseln. Danach wurde die HONRESFELD nicht mehr gesehen.

1896
Die italienische Marine baut ihr erstes U-Boot, die von Giacinto Pullino entworfene DELFINO.

1896
John P. Holland, der spätere amerikanische U-Boot-Spezialist, baut sein erstes Versuchsboot, die PLUNGER. Dies führt 1899 zum ersten U-Boot der U.S. Navy, dem ersten der „Holland-Boote".
Bei Fahrt über Wasser wurde dieses Boot von einem Ottomotor von 50 PS angetrieben und erreichte damit 7 kn, während unter Wasser ein Elektromotor von 50 PS Fahrt über drei Stunden erlaubte. Es war mit einem Bugtorpedorohr und drei Whitehead-Torpedos ausgerüstet.

1896
Zu Ende des Jahrhunderts war die Geschichte der Schiffahrt die Geschichte der Dampfschiffe. Doch auch die Segelschiffahrt spielte noch eine wesentliche Rolle. Die berühmte Aberdeen Line ließ bis zum Ende des Jahrhunderts noch Segelschiffe bauen. Mit ihren charakteristischen Schiffen mit grünen Rümpfen hatte sie, seit die ANEMONE mit 205 Ladetonnen 1840 Australien angelaufen hatte, ständig dorthin einen von Kennern geschätzten Dienst unterhalten. Im Jahre 1896 verfügte die angesehene Reederei über fünf Dampfer und neun Segelschiffe.

17. AUGUST 1896
Gold wird im Bonanza Creek am Klondyke River in Yukon gefunden. In der Folgezeit strömen 40 000 Menschen mit allen erdenklichen Schiffen dorthin.

1897
Bei der Flottenschau in Spithead 1897 läuft die TURBINIA, ein nach dem neuen Antrieb von Parsons benanntes Fahrzeug, mit 34,5 kn durch die Linien der versammelten Kriegsschiffe. Torpedoboote, die das Fahrzeug abfangen sollen, bleiben hoffnungslos hinter ihm zurück. Einer der interessierten Zuschauer war der deutsche Kaiser Wilhelm II.
Die TURBINIA war mit drei Wellen ausgestattet. Die Steuerbordschraube wurde von einer Hochdruckturbine, die mittlere von einer Mitteldruckturbine und die Backbordschraube von einer Niederdruckturbine angetrieben. Auf letztere war auch eine kleine Rückwärtsturbine zu kuppeln.
Versuche hatten ergeben, daß es bei zu hohen Drehzahlen an den Propellern zu sogenannten Kavitationserscheinungen kam, d. h. im Wasser entstanden regelrechte Hohlräume. Um dies zu vermeiden, wurden drei Propeller hintereinander auf eine Weile gesetzt.

1898
Die Revolte auf Kuba gegen Spanien befand sich auf ihrem Höhepunkt, als die U.S.-Regierung die MAINE zur Wahrung amerikanischer Interessen nach Havanna entsandte. Das Schiff explodierte aus ungeklärter Ursache und sank. Die Amerikaner beschuldigten die Spanier, Urheber zu sein, und erklärten ihnen, obwohl diese sich einer gerichtlichen Untersuchung stellen wollten, den Krieg. Die Feindseligkeiten dauerten sieben Monate. In dieser Zeit wurden die spanischen Flottenverbände bei den Philippinen und bei Kuba besiegt.

DER VIEHHANDEL
Wie bereits erwähnt, bestand in der Mitte des 19. Jahrhunderts das Problem für die Reeder in Europa und Amerika, Ladung für die Heimreisen zu finden. Mit dem Transport von Tee und Wolle nach England und zu anderen europäischen Märkten war diese Frage zum großen Teil gelöst. Sie trat erst wieder auf, als um 1880 die hochindustrialisierten Länder in immer stärkerem Maße Industriegüter exportierten und für die Rückreisen keine volle Ladung mehr aufgebracht werden konnte. Der Transport von Weizen als Schüttgut und von Vieh brachte hier die Lösung.
Erste Versuche mit dem Transport von lebendem Vieh waren erfolgreich. Zunächst transportierte man die Tiere an Deck in zusammenlegbaren Verschlägen. Später wurde das Vieh im elektrisch beleuchteten und hinreichend belüfteten Zwischendeck gefahren. 1888 ließ die White Star Line die CUFIC bauen, der die RUNIC folgte. Es waren die beiden ersten speziell für den Viehtransport entworfenen Schiffe. Auf jedem konnten 1000 Stück Vieh untergebracht werden. Die GEORGIC, die 1894 für die White Star Line gebaut wurde, war der größte je gebaute Viehtransporter.
Nahezu jede im Nordatlantikverkehr tätige Reederei rüstete einige Schiffe für den Viehtransport aus. Der

A *Anordnung der Maschinenanlage auf dem ersten turbinengetriebenen Zerstörer, der* VIPER *(1899).*
B CUFIC *(1888).*
C *Viehverschläge auf der* CUFIC.
D *Das erste moderne U-Boot, die* HOLLAND *(1897).*
E PLUNGER *(1896).*

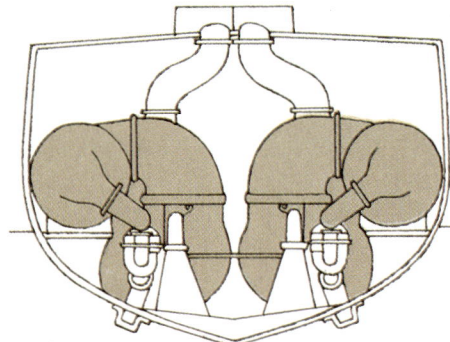

A

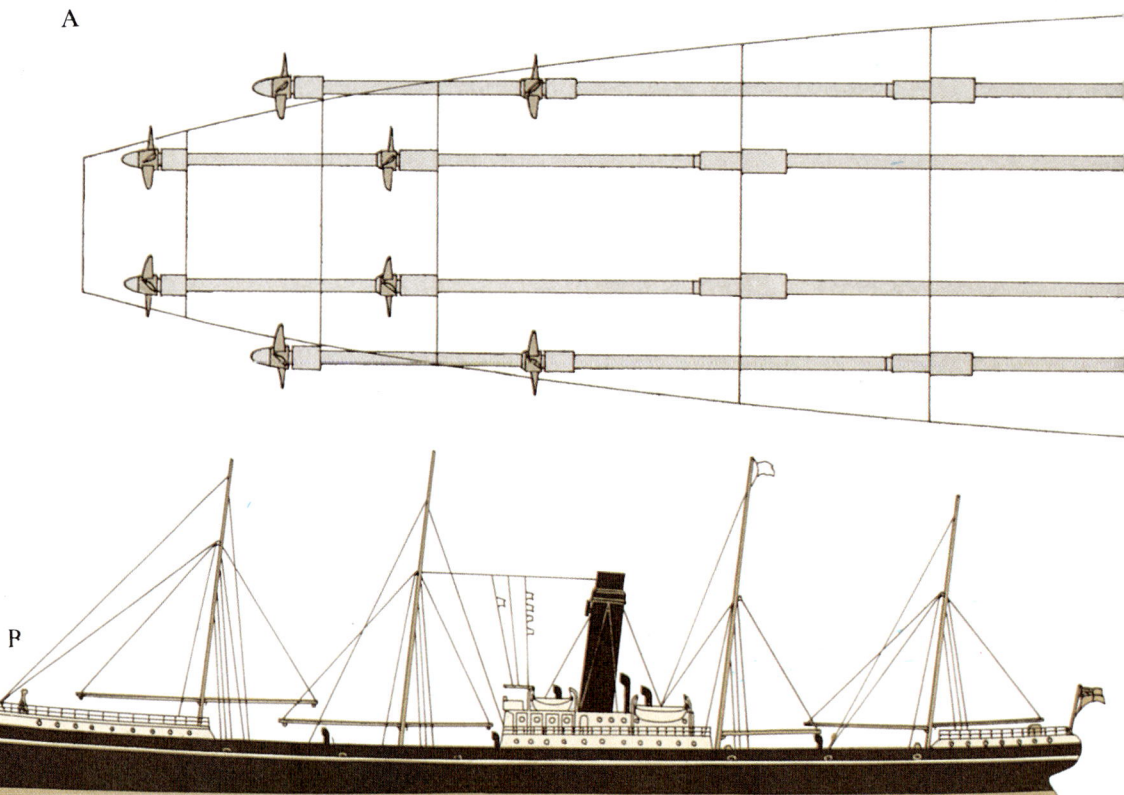

B

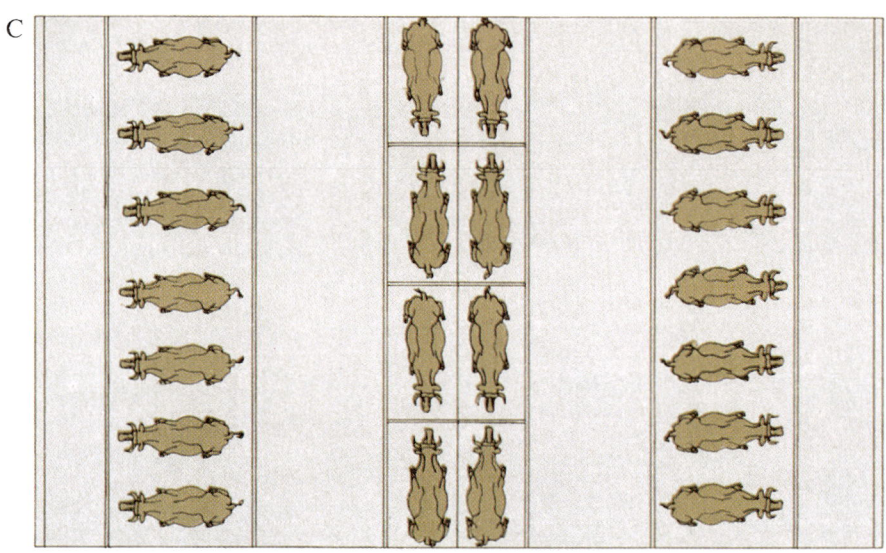

C

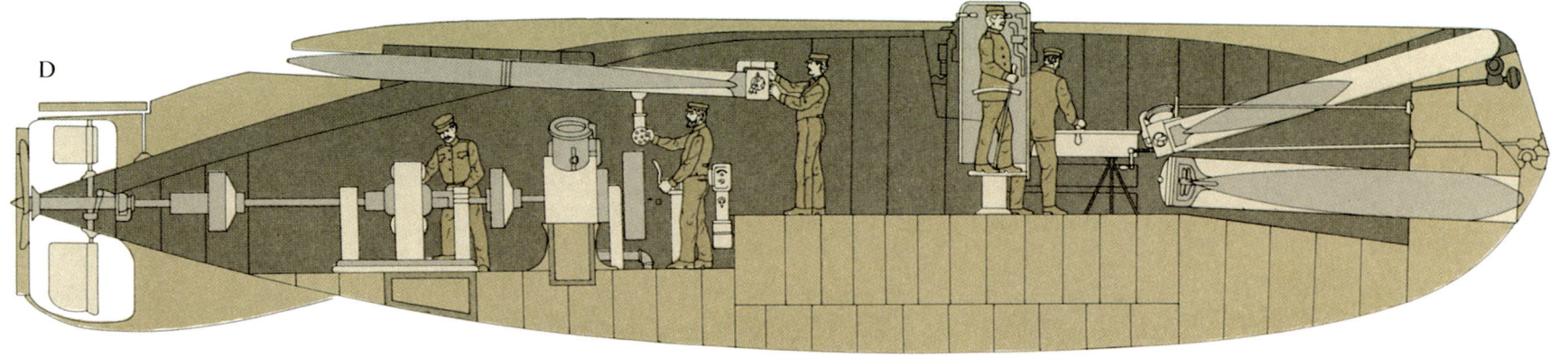

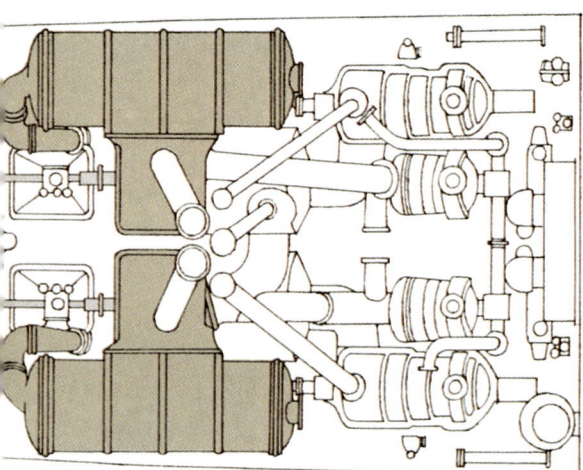
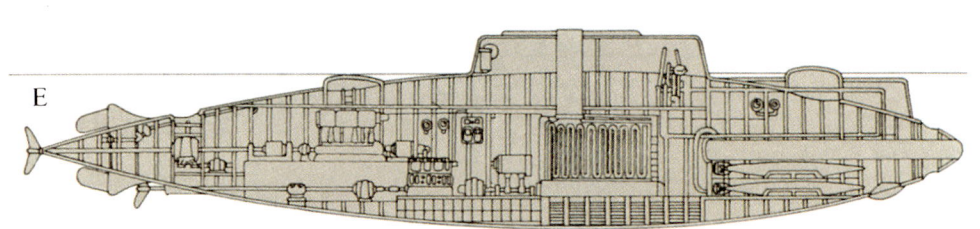

Export lebenden Viehs wurde einer der Haupthandelszweige für alle wichtigen Häfen in Amerika und Kanada. Chikago war das Zentrum dieses Handels.

DAS TORPEDOBOOT

Während die Reeder ihre Sorgen mit den Rückfrachten hatten, mußte man sich in den Flotten um die Torpedos Gedanken machen. Robert Whitehead hatte sie zu einer Waffe gemacht, die allen Flotten der Welt zur Verfügung stand. Die Schwierigkeit für ihren Einsatz bestand darin, daß man nahe genug an den Gegner herankommen mußte, um den Torpedo mit einiger Aussicht auf Erfolg abfeuern zu können. Die Lösung dieses Problems brachte das Torpedoboot. Großbritannien erfand diesen neuen Typ, der dann jedoch von anderen Ländern in viel größerer Stückzahl gebaut wurde. Der Prototyp war die LIGHTNING, die nur 25,6 m lang war, aber eine Geschwindigkeit von 20 kn erreichte. Sie war mit zwei Whitehead-Torpedorohren ausgerüstet. Das Schiff bewies schnell die durchschlagende Wirkung seiner Angriffe. Bei Versuchen „versenkte" es jedes Schiff, gegen das es einen seiner Torpedos abschoß. Um dieser neuen Waffe zu begegnen, ließ die Admiralität zwei Torpedoboots-Zerstörer, die GOSSAMER und die RATTLESNAKE, bauen. Diese beiden Schiffe waren aber nur um 2 kn schneller als ihre vorgesehene Beute. Ihre Angriffe auf Torpedoboote schlugen daher fehl.

William Yarrow war als Erbauer der schnellsten Torpedoboote anerkannt. Ihm wurde daher die Lösung des Problems, ein Schiff zur Abwehr von Torpedobooten zu konstruieren, übertragen. Er legte Pläne für einen Zerstörer vor, von dem die Admiralität zwei Stück bestellte. Sie liefen als HAVOCK und HORNET vom Stapel. Jedes Schiff erreichte eine Geschwindigkeit von 27 kn und war damit den Torpedobooten weit überlegen. Sie waren mit einem 12-Pfünder (7,6 cm) und drei 6-Pfündern und zwei Torpedorohren bestückt.

Die Zerstörer wurden sofort zu einem Erfolg. Innerhalb weniger Jahre besaßen alle größeren Flotten Torpedoboote zur Küsten- und Hafenverteidigung, während auf offener See Zerstörer zum Abfangen angreifender Torpedoboote eingesetzt wurden. Es entstand ein Wettlauf um den Besitz der schnellsten und seegängigsten Zerstörer. Diese beiden Forderungen bewirkten, daß die Zerstörer an Größe gegenüber dem ursprünglichen Entwurf zunehmen mußten. Tatsächlich entwickelte sich dieser Typ so, daß er 1965 die Rolle der Kreuzer übernommen hatte. Wieder führte Großbritannien bei diesem Rüstungswettlauf. Die 1899 gebaute VIPER war jedem anderen Zerstörer dieser Zeit weit überlegen. Sie erreichte 37 kn und war mit den üblichen beiden Torpedorohren bestückt. Die VIPER besaß als erster Zerstörer Turbinenantrieb. Die Kolben und Kurbelwellen der Dampfmaschinen hatten sich als begrenzender Faktor bei der Entwicklung von Geschwindigkeiten über 30 kn herausgestellt. Schwingungen und Metallermüdung richteten schwere Schäden an den Maschinenanlagen an, Unfälle waren häufig. Bei dieser Geschwindigkeit sah man die beweglichen Teile der Maschine nur noch wie einen Nebel aus Metall.

Zu Ende des 19. Jahrhunderts, 50 Jahre nachdem mit der NAPOLEON das erste echte propellergetriebene Linienschiff gebaut worden war, hatten sich die Flotten aller Länder völlig gewandelt. Panzerung, Drehtürme, Geschwindigkeiten im Bereich von 30 kn, Hinterlader mit gezogenen Rohren, Torpedos, Minen – all das trug zu wachsender Schlagkraft der Kriegsschiffe bei. Die Schlacht von Lissa kann man als Generalprobe für das Kommende betrachten.

Die neuen Strategien und Taktiken und die Technik der modernen Flotten sollten jedoch erst zu Beginn des 20. Jahrhunderts in wirklichen Schlachten erprobt werden.

Die erste derartige Gelegenheit dazu sollte der Russisch-Japanische Krieg bieten.

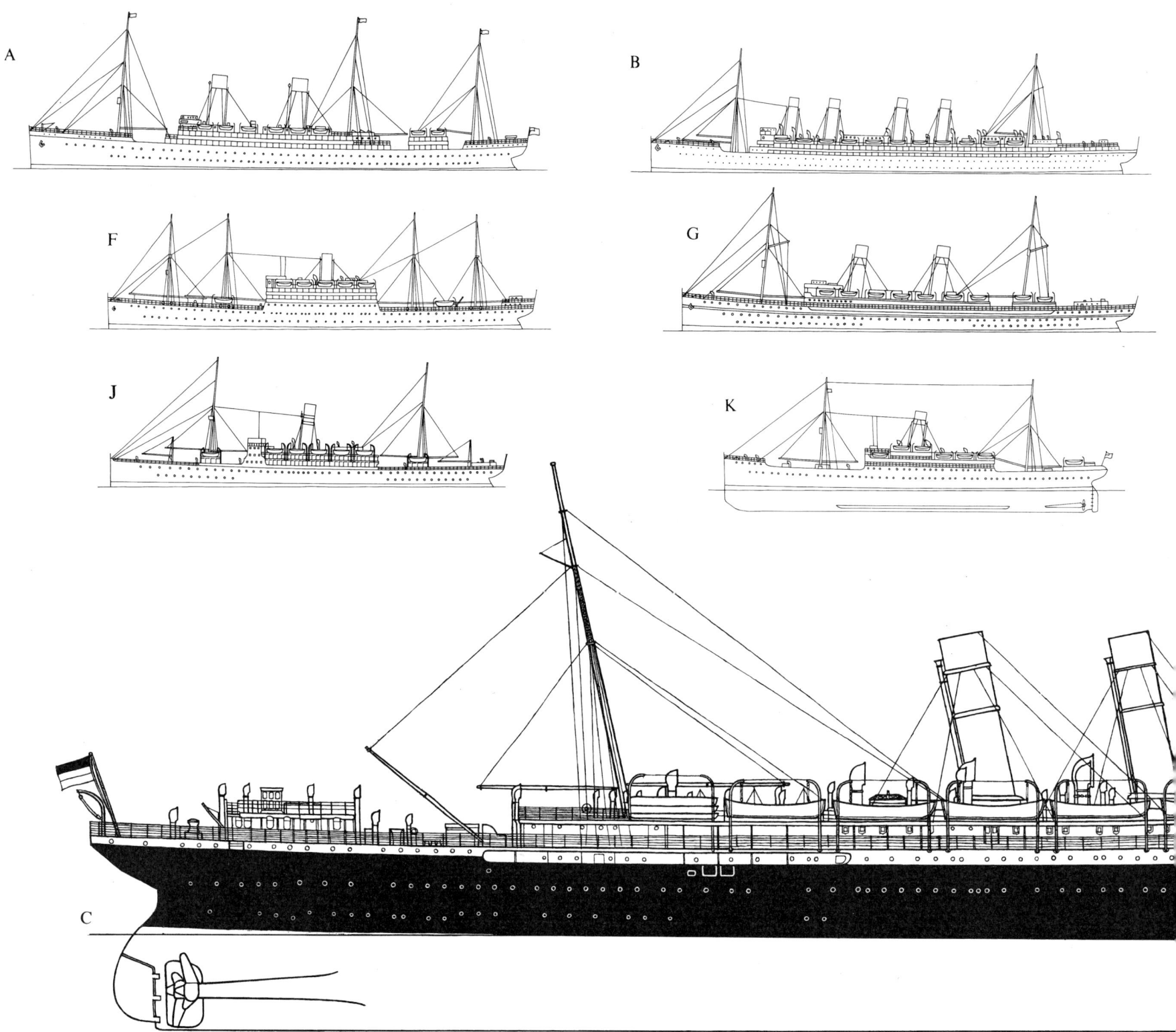

DIE GRÖSSTEN SCHIFFE DER WELT IM JAHRE 1899

A OCEANIC (1899), *White Star Line, 17 274 BRT, 209 x 20,8 m.*
B DEUTSCHLAND (1899), *HAPAG, 16 703 BRT, 203,1 x 20,4 m.*
C KAISER WILHELM DER GROSSE (1897), *Norddeutscher Lloyd, 14 349 BRT, 191,1 x 20,1 m.*
D LUCANIA (1893), *Cunard Steamship Company, 12 950 BRT, 183,2 x 19,8 m.*
E SAXON (1899), *Union Line, 12 385 BRT, 178,6 x 19,5 m.*
F PENNSYLVANIA (1893), *HAPAG, 12 261 BRT, 170,7 x 18,9 m.*
G ST. PAUL (1895), *American Line, 11 625 BRT, 163,1 x 19,2 m.*

H NEW ENGLAND *(1898), Dominion Line, 11 394 BRT, 167,6 x 18 m.*
I LA LORRAINE *(1899), Compagnie Générale Transatlantique, 11 146 BRT, 171,6 x 18,3 m.*
J STATENDAM *(1898), Holland-America Lijn, 10 491 BRT, 157 x 18,3 m.*
K BAVARIAN *(1899), Allan Line, 10 376 BRT, 152,7 x 18 m.*
L EGYPT *(1897), P&O Line, 7 912 BRT, 152,4 x 16,5 m.*
M FRIESLAND *(1899), Red Star Line, 7 116 BRT, 133,2 x 15,6 m.*

SCHIFFE UND MEER

Querschnitt des LA PROVENCE *der Compagnie Générale Transatlantique aus dem Jahre 1906, der einen Eindruck vom Leben an Bord eines großen Passagierschiffs auf der Nordatlantikroute um die Jahrhundertwende vermittelt.*

SCHIFFE UND MEER

KAPITEL 6

Das 20. Jahrhundert begann für die Schiffahrt mit drei „Premieren" als günstigen Vorzeichen. 1901 wurde mit der CELTIC der White Star Line das erste Schiff gebaut, das größer als 20 000 BRT war. Im gleichen Jahr lief das erste Handelsschiff mit Turbinenantrieb, die KING EDWARD, vom Stapel. Schließlich wurde 1905 als erster Liner mit Dreischraubenantrieb die VICTORIAN der Allen Line gebaut. Zu einer weiteren „Premiere", die den Seekrieg verändern sollte, kam es 1904 im Russisch-Japanischen Krieg mit dem ersten erfolgreichen Einsatz von Minen.
Die Geschwindigkeitsdemonstration durch Sir Charles Parsons' TURBINIA beeindruckte die Schiffbauer W. Denny und Brüder aus Dumbarton in Schottland. Diese Werft war für den Bau schneller Schiffe bekannt. Da keine Reederei für den Bau eines Handelsschiffes mit Turbinenantrieb zu interessieren war, gründete Denny zusammen mit Parsons und einem Schiffseigner vom Clyde, Captain Williamson, eine Interessengemeinschaft, das Turbine Steamers Syndicate. Die KING EDWARD wurde auf Dennys Werft gebaut und lief am 16. Mai 1901 vom Stapel. Bei Versuchsfahrten erreichte sie 20,48 kn. Das Schiff wurde in der Passagierfahrt im Firth of Clyde eingesetzt, wo es mit Unterbrechung durch die beiden Weltkriege, in denen es als Truppentransporter verwendet wurde, bis 1951 Dienst tat.
Das nächste kommerzielle Turbinenschiff war das Kanalfährschiff QUEEN, das ab 1903 die Route Dover – Calais schneller und wirtschaftlicher als die dort über viele Jahre eingesetzten Dampfer mit Kolbenmaschinen bedienen konnte.
Der Erfolg der Dampfturbine war gesichert, als sie 1905 von der Cunard Line auf ihrem Liner CARMANIA erprobt und im Vergleich dazu auf dem Schwesterschiff CARONIA eine Vierfach-Expansionsmaschine eingesetzt wurde. Die Cunard Line war mit den Leistungen der CARMANIA so zufrieden, daß bei der Auftragsvergabe für die LUSITANIA und MAURETANIA 1905 sofort Dampfturbinen für vier Wellen vorgesehen wurden.
In vielen Bereichen der Schiffahrt spielt das traditionelle Äußere eines Schiffes eine wesentliche Rolle, und man bemüht sich um möglichst wenige Veränderungen gegenüber dem Herkömmlichen, Eingeführten. Oft wurden zusätzliche Schornsteinattrappen eingebaut, um ein ausgewogenes Bild zu erzielen. Als die SELANDIA 1912 als erstes Motor-Seeschiff in Dienst gestellt wurde, wurde sie als Dreimastschoner getakelt und erhielt keinen Schornstein. Dieser wurde von der dänischen Det Ostasiatiske Kompagni, die zu den ersten Befürwortern des Motorantriebes gehörte, absichtlich fortgelassen. Die meisten Eigner von Motorschiffen behielten jedoch den Schornstein bei und führten die Abgasleitungen der Motoren in ihnen hoch.

Die großen Liniendienste zwischen Nordamerika und Großbritannien, Frankreich, den Niederlanden, Italien und Deutschland waren die einzigen, auf denen große Schiffe mit hohen Geschwindigkeiten wirtschaftlich eingesetzt werden konnten. Die Rivalität der Reedereien auf der Nordatlantikroute bestand aus einer merkwürdigen Mischung von kaufmännischem Denken, dem Verlangen nach Publicity und sportlichem Wettkampf. Das Schiff, welches das „Blaue Band" innehatte, war hochgeachtet. Dieser Wettkampf führte vom Beginn des Jahrhunderts an zum Bau von einem Passagierschiff nach dem anderen, immer schneller, größer und luxuriöser. Für den Norddeutschen Lloyd lief 1901 die KRONPRINZ WILHELM vom Stapel, der 1902 die KAISER WILHELM II. und 1906 die KRONPRINZESSIN CECILIE folgten, jedes Schiff schneller und größer als das vorangegange. Die Antwort der Cunard Line bestand 1907 aus der LUSITANIA und der MAURETANIA. Letztere konnte das „Blaue Band" für die einmalig lange Zeit von 22 Jahren führen, bis der Norddeutsche Lloyd 1928 die BREMEN in Dienst stellte.
Die Politik der Hamburg-Amerika-Linie war es, die extrem aufwendigen Rekordgeschwindigkeiten zu meiden und alles in Größe und Komfort zu investieren. Sie ließ als Antwort auf die Cunard-Schiffe die größten Passagierschiffe der Welt bauen, deren erstes, die IMPERATOR mit 51 969 BRT, 1912 vom

171

Stapel lief. Nach dem 1. Weltkrieg kam es in den Besitz der Cunard Line und wurde BERENGARIA getauft.

Nach dem Kriege mußten die meisten Reedereien große Bauprogramme abwickeln, um die im Kriege verlorengegangenen Schiffe zu ersetzen, doch bestand wenig Interesse an einer Jagd nach dem „Blauen Band". Die Tendenz ging vielmehr dahin, Schiffe mittlerer Größe mit guter Ladekapazität und bequemen Passagiereinrichtungen zu vertretbaren Preisen zu bestellen. Um 1920 wurde eine Reihe guter Schiffe gebaut. Eine Neuerung brachte der Bau der FULLAGAR in Birkenhead 1920. Es war das erste ganzgeschweißte Handelsschiff, in dessen Rumpf keine Nieten mehr zu finden waren.

Die GRIPSHOLM, die 1925 in Newcastle für die Svenska Amerika Linien für den Dienst zwischen Göteborg und New York gebaut wurde, war das erste Passagierschiff des Nordatlantiks mit Dieselantrieb. Wenn es auch hinsichtlich Größe und Geschwindigkeit nicht in einer Reihe mit den berühmten „Linern" stand, versah das Schiff doch über 30 Jahre einen hochangesehenen Dienst im Nordatlantik. Während des 2. Weltkrieges wurde es als Repatriierungsschiff bekannt.

Die Weltwirtschaftskrise zu Ende der 20er und zu Beginn der 30er Jahre brachte der Weltschiffahrt, die Finanzkrisen stets am schnellsten zu spüren bekommt, einen großen Rückschlag. Viele Schiffe wurden aufgelegt oder zum Abwracken verkauft, viele Linien wurden eingestellt. Die Arbeiten an der QUEEN MARY der Cunard Line wurden 1931 unterbrochen und konnten erst mit finanzieller Unterstützung der britischen Regierung 1933 wiederaufgenommen werden. Der wirtschaftliche Aufruhr hatte sich gerade gelegt, als sich düstere politische Wolken zusammenzuballen begannen.

In diesem Abschnitt des 20. Jahrhunderts entstanden drei Kriegsschiffstypen, die das Bild des Seekrieges verändern sollten. Es waren dies das Unterseeboot und der Flugzeugträger als gänzlich neue Waffen. (Wenn das Unterseeboot auch schon im vorangegangenen Jahrhundert entwickelt worden war, wurde es doch erst im 1. Weltkrieg als Waffe verwendet.) Hinzu kam das völlig veränderte Schlachtschiff, das für die kurze Zeit von 40 Jahren zum Rückgrat aller Flotten werden sollte.

Der Russisch-Japanische Krieg 1904/1905 brachte den ersten massierten Einsatz von Torpedobooten und von Seeminen und begründete und bewies die Überlegenheit des turmbestückten Großkampfschiffes in Seeschlachten. Die verschiedenen Treffen zwischen Geschwadern gepanzerter Kriegsschiffe demonstrierten allen Seekriegsstrategen, daß Geschützfeuer mit großen Kalibern über weite Entfernungen dem Einsatz vieler gemischter Kaliber über geringe Entfernung weit überlegen war. Die Wirksamkeit kleiner Geschütze gegen die Panzer der Schiffe war gering, ernste Schäden richteten allein die 30,5-cm-Granaten an. Das führte schnell zur Entwicklung des mit einem einheitlichen, großen Kaliber bestückten Schlachtschiffs. Das erste derartige Schiff, die britische DREADNOUGHT, lief 1906 vom Stapel. Damit waren alle anderen bis dahin gebauten derartigen Schiffe überholt.

Schon vor dem Russisch-Japanischen Krieg hatte man Seeminen verwendet, jedoch ohne Erfolg. Nun sank das russische Linienschiff PETROPAVLOVSK bei der Rückkehr von einem Ausfall gegen die japanische Blockadeflotte durch einen Minentreffer, wobei 600 Mann ums Leben kamen, darunter Admiral Makaroff, der Flottenchef. Später verloren die Japaner zwei Linienschiffe durch russische Minen. Nunmehr stand die Wirksamkeit dieser Waffe außer Zweifel.

Während des 1. Weltkrieges wurden etwa 250 000 Minen von den kriegführenden und den neutralen Mächten ausgelegt. Diese zeitraubende Arbeit wurde von Schiffen vollbracht. Während des 2. Weltkrieges wurde der Mineneinsatz noch wirkungsvoller, als zum Verlegen neben Schiffen auch Flugzeuge eingesetzt werden konnten. Es wird geschätzt, daß die Alliierten etwa 600 000, die Achsenmächte etwa 300 000 Minen eingesetzt haben. Während dieses Krieges gingen etwa 2500 Kriegs- und Handelsschiffe durch Minentreffer verloren. Selbst heute noch verfangen sich gelegentlich Minen beider Weltkriege in den Netzen der Hochsee- und der Küstenfischerei.

In der ersten Phase des 1. Weltkrieges stellte sich heraus, daß die Linienschiffe aus der Zeit vor der DREADNOUGHT den späteren Bauten hoffnungslos unterlegen waren. Die späteren Schlachtschiffe wiederum sahen sich bald von U-Booten bedroht. Der Kampf um die Vorherrschaft auf den Meeren wurde zu einem Kampf der Überwasser- gegen die Unterwasserschiffe. Die Handelsschiffahrt, die den lebensnotwendigen Nachschub transportierte, wurde von den U-Booten stark dezimiert, und erst die Einführung des Konvoisystems bewirkte einen gewissen Wandel.

Durch den Flugzeugträger wurde 1917 eine neue Dimension in den Seekrieg eingeführt. Die trägergestützte Luftwaffe entwickelte ihre Möglichkeiten so schnell, daß sie entscheidend am Ausgang vieler Seeschlachten des 2. Weltkrieges mitwirkte, besonders im Pazifik. Wiederum wurde die U-Boot-Waffe lebensbedrohend für die Versorgung Großbritanniens und der Sowjetunion, und wiederum konnte ihr mit dem Geleitzugsystem entgegengetreten werden.

Nach dem 1. Weltkrieg wurde eine Reihe von Konferenzen abgehalten, die eine Begrenzung des Rüstungswettlaufes zum Ziele hatten, doch wurden dadurch nur die Zahl und die Größe der Kriegsschiffe etwas reduziert. Im Jahre 1935 wurde in London ein Flottenabkommen unterzeichnet, das Deutschland den Wiederaufbau seiner Flotte gestattete. Japan hatte die Aufrüstung seiner Flotte bereits beschleunigt. So wurden unter anderem die Voraussetzungen für einen Krieg geschaffen, der noch schrecklicher als der der Jahre 1914–1918 werden sollte.

Der 2. Weltkrieg vollzog sich im Prinzip in der gleichen Weise wie der Erste – in den Anfangsjahren spielte die deutsche U-Boot-Waffe eine entscheidende Rolle, und später trat Amerika auf die Seite der Alliierten. Der Verlauf dieses Krieges ist in vielen Veröffentlichungen dargestellt worden. Im Rahmen unserer Chronologie genügt der Hinweis, daß sich bei Kriegsende die Handels- und Kriegsflotten der ganzen Welt in einem desolaten Zustand befanden. Erneut mußte man in eine Phase des Wiederaufbaues eintreten. Dies aber gab den Reedereien die Möglichkeit, sich auf den Bau von Spezialschiffen, etwa zum Transport von Rohöl und Schüttgütern, zu konzentrieren. In den folgenden Jahrzehnten sollte daher die Bedeutung der Spezialschiffe in der Weltschiffahrt immer mehr zunehmen.

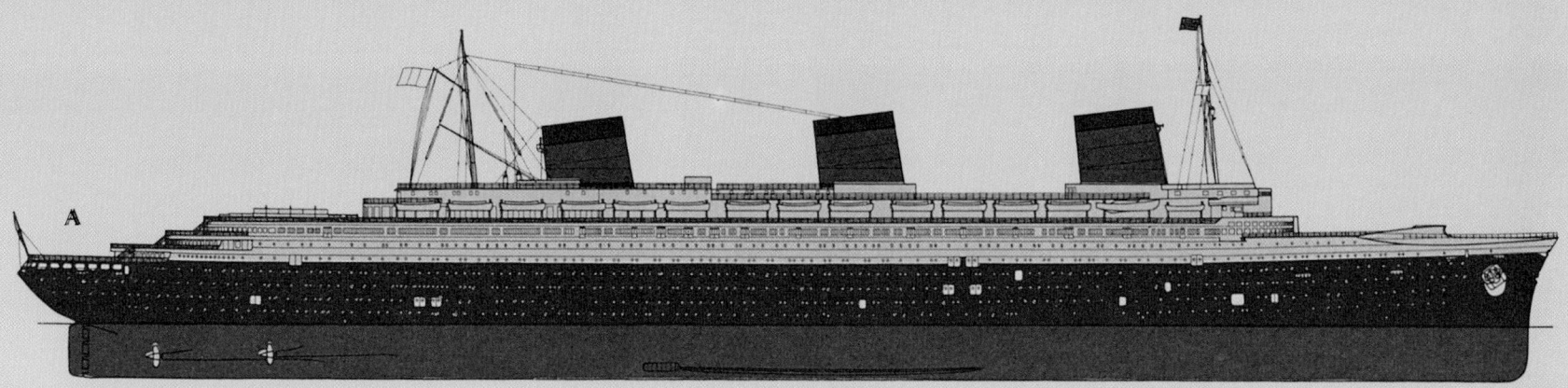

NORMANDIE

A *Der Stolz der Compagnie Générale Transatlantique war das Vierschraubenschiff* NORMANDIE, *das 1932 vom Stapel lief. Es stellte zu diesem Zeitpunkt das Nonplusultra für die 1975 Passagiere dar.*
B *Ein zeitgenössisches Plakat mit der* NORMANDIE.
C *Die Abgasschächte wurden um den Speisesaal 1, Klasse (1), Kabinen (2) und die große Halle (3) herumgeführt.*

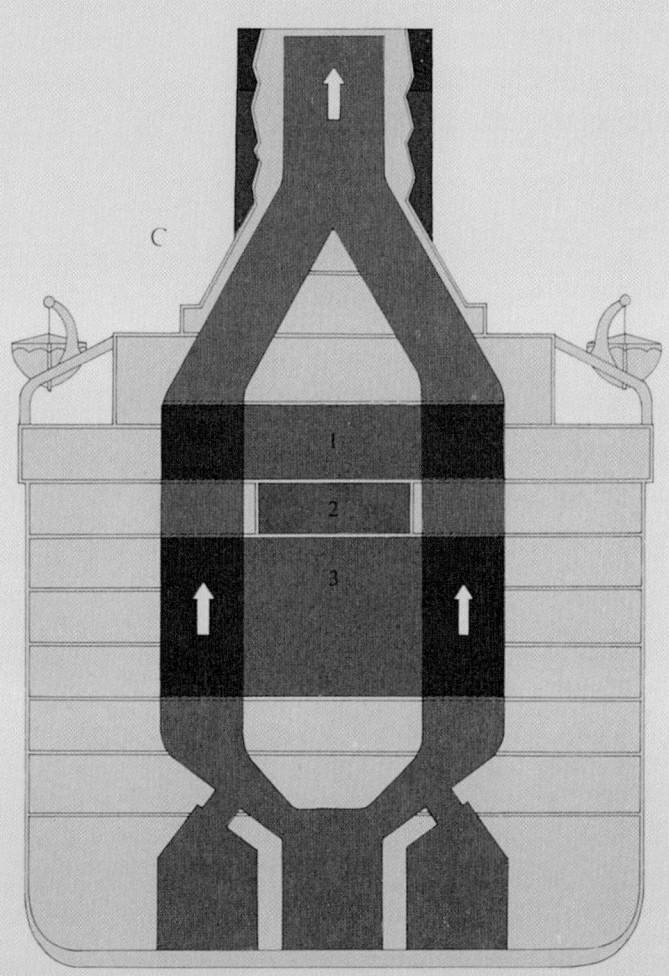

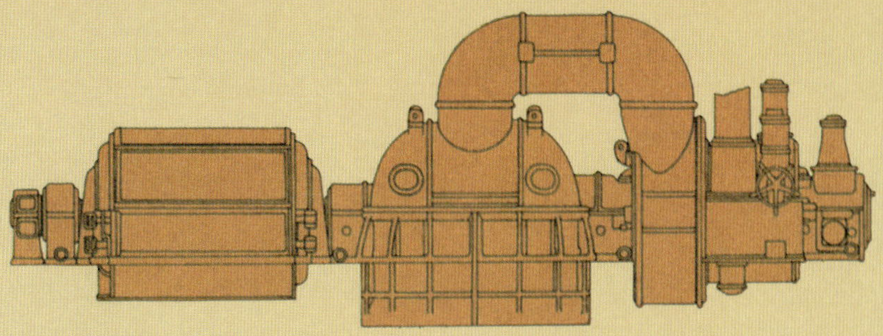

SCHIFFE UND MEER

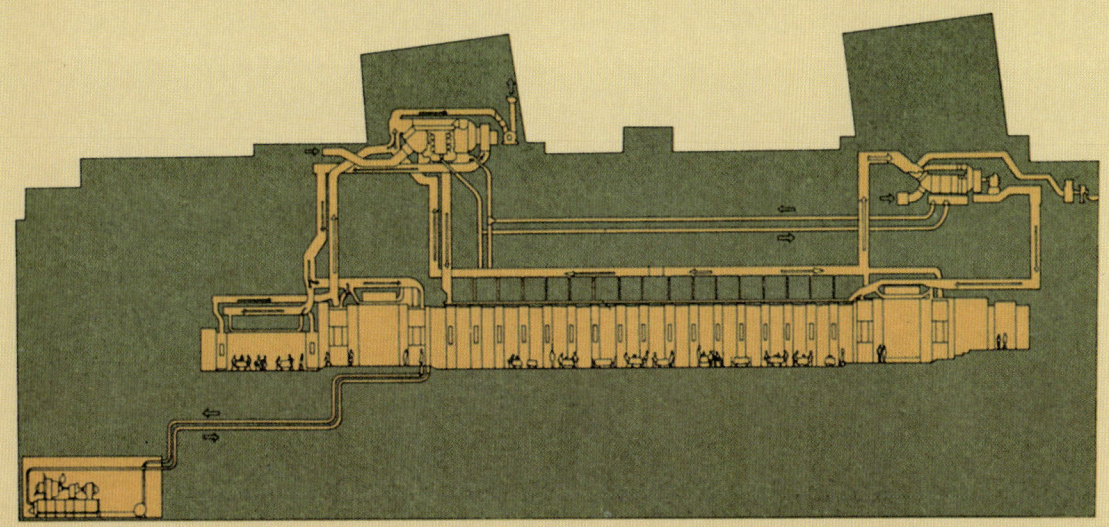

A *Die* NORMANDIE *auf See.*
B *Ansicht eines der zweigehäusigen Turbogeneratoren.*
C *Die Reedereiflagge der Compagnie Générale Transatlantique, der C.G.T.*
D *Einer der großen Wasserrohrkessel des Schiffes, die mit Überhitzern ausgerüstet waren.*
E *Längsschnitt.*
1 Oberes Sonnendeck.
2 Sonnendeck.
3 Bootsdeck.
4 Promenadendeck.
5 Hauptdeck.
6 – 13 Die Decks A bis H.
14 Schiffsboden.
15 Wellen und Wellenlager.
16 Turbogeneratorenraum.
17 Kessel.

SCHIFFE UND MEER

A *Querschnitt eines der Umformer.*
B *Das V-förmige Vorschiff diente als Wellenbrecher.*

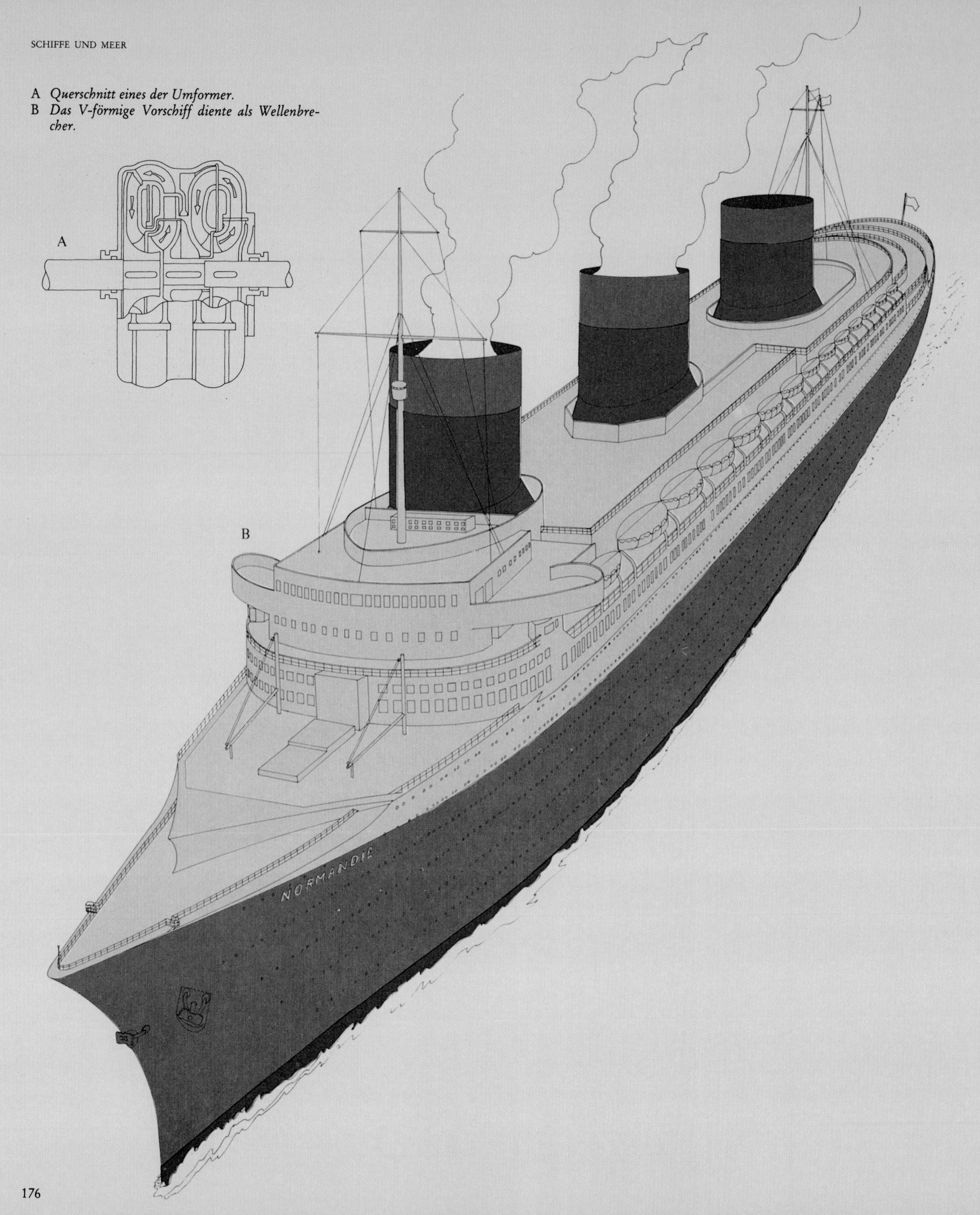

176

A *Der weltberühmte, vom neuseeländischen Parlament unter Schutz gestellt „Pelorus Jack" war ein Rundkopfdelphin.*
B KING EDWARD *(1901)*.
C NARRAGANSETT *(1903)*.

JULI 1900
Die DEUTSCHLAND der HAPAG erobert das „Blaue Band" für die Atlantiküberquerung nach Osten. Damit gewinnt zum zweiten Male ein deutsches Schiff diese Geschwindigkeitstrophäe nach der KAISER WILHELM DER GROSSE, die sie 1897 errang. Daß es sich dabei nicht um eine zufällige Leistung handelte, wurde klar, als das Schiff zwischen 1900 und 1901 den Rekord noch siebenmal unterbot.

1901
Die KING EDWARD wird das erste Handelsschiff mit Turbinenantrieb. Sie wird auf dem Clyde und im Küstenverkehr in seinem Mündungsgebiet eingesetzt.

1901
Die White Star Line läßt mit der CELTIC das erste Schiff bauen, das größer ist als 20 000 BRT. Zusammen mit dem Schwesterschiff CEDRIC steht es an der Spitze aller existierenden Schiffe. Die 1899 gebaute OCEANIC war allerdings 1,5 m länger, jedoch erheblich schmaler. Die beiden Schwesterschiffe waren nicht als extrem schnelle Schiffe gebaut worden. Es war vielmehr das Bestreben dieser Reederei, komfortable Schiffe mit mittlerer Geschwindigkeit zu bauen, was der White Star Line zu ihrer Popularität auf dem Nordatlantik verhalf.

1902
Die International Navigation Co., wie die American Line eigentlich hieß, wird unter der Bezeichnung The International Mercantile Marine Co. (I. M. M.) reorganisiert. Pierpont Morgan, der amerikanische Bankier, erhöht das Kapital der Gesellschaft von 3 Millionen auf 24 Millionen Pfund. Sie erwirbt damit die Aktien der White Star Line, der Dominion Line, der Atlantic Transport Line und der Leyland Line. Außerdem bringt sie wesentliche Beteiligungen an anderen Gesellschaften in ihren Besitz, z. B. 51 % der Holland-America Lijn.
Mit der HAPAG und dem NDL kam es zu einer Zusammenarbeit mit gegenseitiger fiktiver Kapitalbeteiligung von 20 Millionen Mark, für die die I. M. M. eine 6 %ige Verzinsung garantierte. Umgekehrt zahlten die Deutschen von allen Dividenden über 6 % die Hälfte an die I. M. M. Dies war für den NDL, der von 1902 bis 1911 bei ca. 4 % lag, vorteilhaft, für die HAPAG mit 7 % Dividende weniger. Sie leistete erhebliche Zahlungen an den Morgan-Trust.

1903
Die NARRAGANSETT der Anglo-American Oil Co. läuft vom Stapel und wird der größte Tanker der Welt. Die Maschine liegt bei diesem Schiff mittschiffs, nicht achtern, wie es seit Entwicklung der Tanker üblich war. Bei den folgenden Schiffen kehrte man jedoch wieder zu der alten Anordnung zurück.

1903
Die Cunard Line wird der offizielle Agent für die Auswanderung aus Österreich-Ungarn in die USA. Sie richtet Dienste von Triest, Fiume und Venedig nach New York ein. Die AURANIA eröffnet diese Verbindung.

1903
Die GJÖA, auf der sich der berühmte norwegische Forscher Roald Amundsen befindet, läuft zur Nordwestpassage aus. Amundsen ist sich darüber im klaren, daß er nur während der kurzen Sommermonate aktiv segeln kann, während des größeren Teils des Jahres aber vom Eis eingeschlossen sein wird. Er benötigt drei Jahre bis zur Vollendung der Reise.

1904
Eines der lustigsten Seefahrtsgesetze wird vom neuseeländischen Parlament verabschiedet. Es stellt jeden Angriff auf den freundlichen Delphin „Pelorus Jack", der alle einlaufenden Schiffe im Hafen von Wellington begrüßt, unter Strafe. Dieser Delphin war jahrelang eine wohlbekannte Erscheinung und sprang um jedes Passagierschiff herum, das nach einer Fahrt um die halbe Erde einlief.

SCHIFFE UND MEER

Wellington war zu dieser Zeit das entferntste Ziel für Schiffe aus der Alten Welt. Die Länge der Routen von Neuseeland nach London betrug auf dem Kap-Wege, durch den Suezkanal bzw. durch den Panamakanal 13 200 sm (24 446 km), 12 450 sm (23 057 km) bzw. 11 309 sm (20 944 km).

1904
Charles Roux wird Präsident der Compagnie Générale Transatlantique. Zwischen 1905 und 1911 läßt er 17 neue Schiffe für die Gesellschaft bauen. Das größte Passagierschiff hierunter war die LA PROVENCE mit 13 750 BRT, die 1906 vom Stapel lief.

DER RUSSISCH-JAPANISCHE KRIEG
1904–1905
Durch den Friedensvertrag von Shimonoseki 1895 fiel die Halbinsel Liao-Tung mit Port Arthur an Japan, und es wurden ihm Rechte in der Mandschurei eingeräumt. Zwei Jahre später erhielt Rußland, das diese Gebiete abtreten mußte, sie mit Hilfe Deutschlands und Frankreichs zurück. Als nördlichster der eisfreien Häfen war Port Arthur für die russische Wirtschaft von großer Bedeutung. Auf Proteste Japans wurde nicht reagiert. Admiral Alexejew, der russische Vizekönig im Fernen Osten, begann vielmehr mit einer Politik kalkulierter Provokationen.
Die Spannung zwischen beiden Ländern wuchs. Auf ihrem Höhepunkt berief der Oberbefehlshaber der kaiserlich-japanischen Flotte, Admiral Heihachiro Togo, am 5 Februar 1904 eine Beratung auf seinem Flaggschiff MIKASA ein. Sein blankes Samuraischwert auf dem Sitzungstisch kündete allen Teilnehmern den Entschluß zum Kriege. Admiral Togo verfolgte dieselbe Strategie, die 40 Jahre später auch in Pearl Harbour angewendet werden sollte: einen unangekündigten ersten Schlag. Es sollte sich um den ersten Masseneinsatz von Torpedos handeln.

8./9. FEBRUAR 1904
Fünf japanische Zerstörer dringen in den Hafen von Port Arthur ein. Sie geben russische Erkennungssignale ab und können ungehindert passieren. Neun abgeschossene Torpedos treffen die russischen Linienschiffe CESAREVICH und RETVIZAN sowie den Kreuzer PALLADA und versenken sie. Die japanischen Zerstörer können unbeschädigt heimkehren.
Am folgenden Tage kehren 16 japanische Schiffe unter der Führung der MIKASA zurück und beschießen den Hafen und neun große russische Kriegsschiffe aus einer Entfernung von 7,3 km. Diesmal erwidern die Russen das Feuer, und fünf Schiffe auf jeder Seite werden leicht beschädigt.
Ein Krieg des Katz-und-Maus-Spiels hatte begonnen. Obwohl die russische Flotte die japanische nach Zahl der Schiffe übertraf, blieb sie über lange Zeiten im Hafen und unternahm nur kurze Ausfälle gegen die Japaner. Diese wiederum schienen sich mit einer Blockade des Gegners zufriedenzugeben.

25. FEBRUAR 1904
Fünf russische Schiffe unternehmen einen Ausfall aus Port Arthur und stoßen dabei auf sieben japanische, von denen sie in den Hafen zurückgetrieben werden.

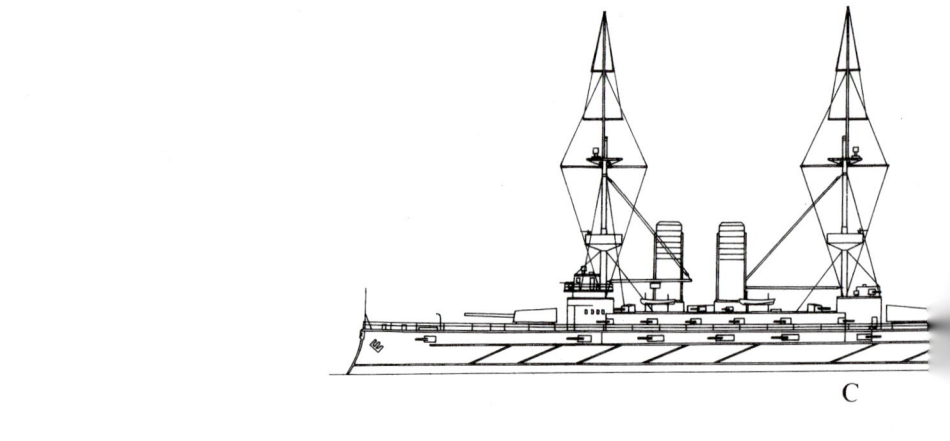
C

A

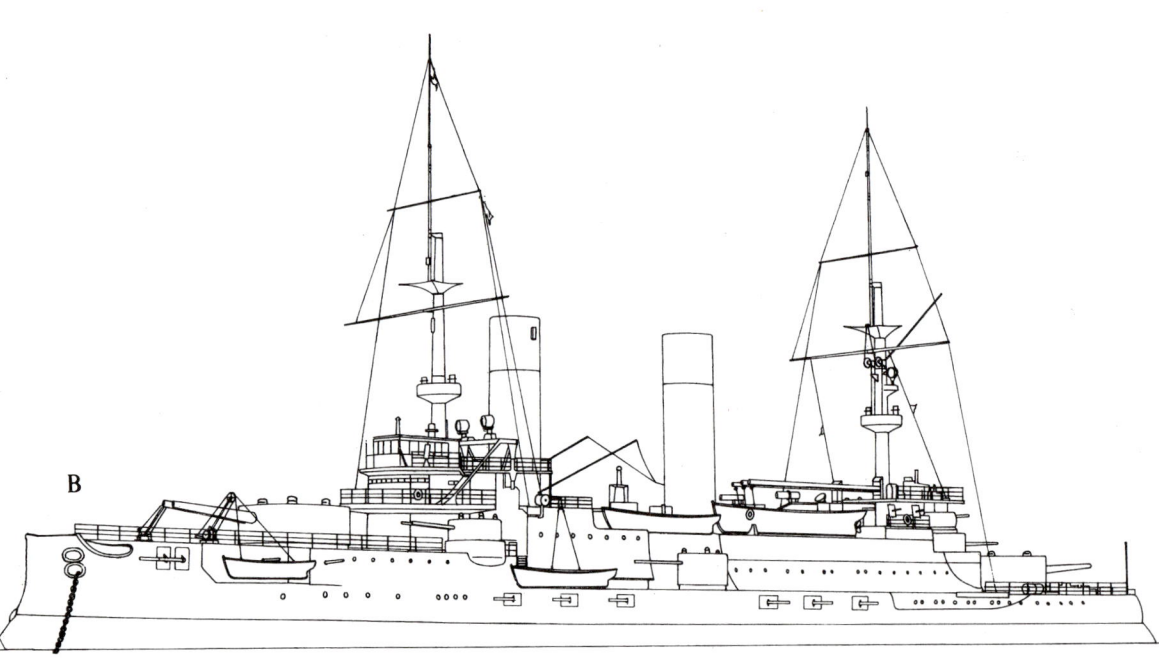
B

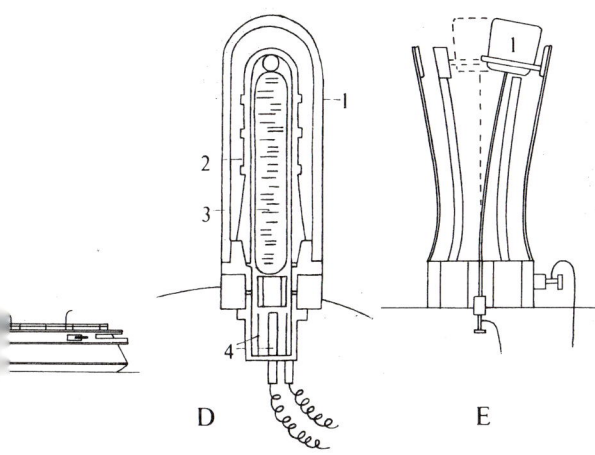

A VICTORIAN *(1904)*.
B KNIAZ SOUVAROFF *(1903), das Flaggschiff Admiral Roschdestvenskys in der Schlacht von Tsushima 1905.*
C *Das japanische Flaggschiff bei Tsushima war die* MIKASA *aus dem Jahre 1899.*
D *Während des Russisch-Japanischen Krieges wurden die russischen Seeminen mit Hilfe von Kontaktzündern, die der Deutsche Herz 1868 erfunden hatte, zur Detonation gebracht.*
1 *Hornmantel.*
2 *Bleihorn.*
3 *Elektrolytbehälter.*
4 *Elektroden.*
E *Die japanischen Minen wurden durch die moderneren Federkontakte gezündet. Wurde die Mine von einem Schiff berührt, schnellte die Feder (1) auf den gegenüberliegenden Kontakt und schloß damit einen Stromkreis.*

11. MÄRZ 1904

Es kommt zu einem Geplänkel ähnlicher Art zwischen Zerstörern beider Seiten vor Lao-Tishan.

MAI 1904

Die beiden Linienschiffe HATSUSE und YASHIMA der japanischen Blockadeflotte sinken in einem russischen Minenfeld. Durch diesen ersten massierten, wirkungsvollen Einsatz von Minen wird die japanische Linienschiffsflotte um ein Drittel dezimiert.

10./11. AUGUST 1904

Es kommt bei einem russischen Ausfall zu einem Gefecht zwischen 10 russischen und 15 japanischen Schiffen. Die erste Phase des Kampfes endet unentschieden. Am stärksten wird das Flaggschiff Admiral Togos, die MIKASA, beschädigt.
Am nächsten Tag treffen beide Seiten in der Meerenge zusammen, die die Inseln von Tsushima auf halbem Wege zwischen Japan und Korea teilen. Die russische Flotte wird schwer mitgenommen und verliert die RURIK, die so stark beschädigt wird, daß sie versenkt werden muß.
In Rußland entschließt man sich angesichts dieser Rückschläge zu einem Überdenken der Flottenstrategie. In europäischen Gewässern besaß man eine Flotte von über 100 Einheiten. Auf den Werften befanden sich vier moderne Linienschiffe im Bau. Man beabsichtigt, verfügbare Teile der europäischen Flotte nach Fernost zu entsenden. Anfang Oktober 1904 standen 42 Schiffe in europäischen Gewässern zum Auslaufen bereit.

16. OKTOBER 1904

Die Verstärkung für die russische Fernostflotte verläßt die Ostsee. Flaggschiff ist das brandneue Linienschiff KNIAZ SOUVAROFF mit Admiral Roschdestvensky als Oberbefehlshaber. Mit den Schwesterschiffen BORODINO, OREL und IMPERATOR ALEKSANDR III. soll es das zweite Pazifikgeschwader bilden. Außerdem gehören eine Reihe Kreuzer und Torpedoboote zum Verband.
Rußland besaß keine überseeischen Basen, und die neutralen Staaten zeigten sich nicht geneigt, eine so große Flotte zu bekohlen. Daher vergaben die Russen den Auftrag an die HAPAG, mit 62 Kohlefrachtern eine halbe Million Tonnen Kohle zur Versorgung dieser Flotte zu transportieren. Es war verabredet, daß die Kohlenübernahme entweder auf See oder aber auf neutralen Reeden erfolgen sollte, was günstiger war. Außerdem führte diese große russische Flotte eigene Lazarett- und Werkstattschiffe mit.

21. OKTOBER 1904

Beim Marsch des 2. und 3. Geschwaders durch die Nordsee kam es zu einem internationalen Zwischenfall, der fast einen Krieg zwischen England und Rußland ausgelöst hätte. Die Fischereiflotte aus Hull fischte in einem Gebiet, das genau auf dem Kurs der russischen Kriegsschiffe lag. Die Fischdampfer brannten zwei grüne Erkennungssignale ab, die von den Russen fälschlich für Signale japanischer Schiffe gehalten wurden. Sie eröffneten das Feuer und schossen in dem entstehenden Durcheinander sogar auf eigene Schiffe. Sie trafen jedoch auch die Fischereifahrzeuge, und die kleine CRANE sank, wobei zwei Mann ums Leben kamen. Einige andere Fischereifahrzeuge wurden beschädigt, ebenso einige der russischen Kriegsschiffe.
Großbritannien machte daraufhin 28 Linienschiffe mobil und versetzte die Festung Gibraltar in den Kriegszustand. Die Wogen der Erregung gingen hoch, als die russische Flotte Vigo anlief. Die besorgten spanischen Behörden gaben den Russen nur 24 Stunden Zeit zum Aufenthalt im Hafen. Als die Russen aus Vigo ausliefen, wurden sie von der britischen Flotte erwartet, die die russische Armada mit ihren Scheinwerfern anstrahlte.
Es stand auf des Messers Schneide, ob ein Krieg ausbrechen würde. Glücklicherweise siegte vernünftige Überlegung, und es kam zu einem Austausch von Erklärungen und Entschuldigungen, die der Situation die Schärfe nahmen. So konnte ein Krieg vermieden werden und die russische Flotte ihre Fahrt fortsetzen.

27./28. MAI 1905

Die baltische Flotte erreicht das Gebiet von Tsushima, zwei Tagesreisen vom endgültigen Ziel Wladiwostok entfernt. Dieser Weg wurde jedoch von Admiral Togo und seiner Flotte versperrt. Bei rauher See und schlechtem Wetter wurde Gefechtsalarm gegeben. Das Wetter war so schlecht, daß die aufklärenden japanischen Torpedoboote in die Häfen zurückgekehrt waren. So trafen die Flotten mit den schweren Einheiten direkt aufeinander.
Admiral Togo verfügte über 20 Großkampfschiffe und 70 Torpedoträger, während Admiral Roschdestvensky 30 große Einheiten unter seinem Befehl hatte. Bei den übrigen russischen Schiffen handelte es sich um Hilfsschiffe. Da die russische Flotte inzwischen sieben Monate auf See war, benötigten fast alle Einheiten eine Werftüberholung.
Admiral Roschdestvensky auf der KNIAZ SOUVAROFF ließ die vier neusten und stärksten Linienschiffe an Steuerbord aufmarschieren, wo sie die Hauptlast des japanischen Angriffs tragen sollten, während Admiral Togo das klassische Manöver des „crossing the T" durchführen wollte und seine Kreuzer und Torpedoboote die Hilfsschiffe vernichten sollten.
Während des ganzen Tages hielt das Artilleriegefecht über eine Entfernung von ca. 8000 m an. In der Nacht wurde das Wetter besser, so daß die japanischen Torpedoboote mehrfach angreifen und mehrere russische Schiffe versenken konnten.
Auch am nächsten Tag dauerte die Schlacht noch an. Dann war die russische Flotte vernichtet. Keines der japanischen Schiffe wurde versenkt, wenn auch die meisten beschädigt waren. Die Verluste der Russen dagegen waren groß: elf Schiffe wurden versenkt, vier erobert, eines zum Wrack geschossen und drei in Manila interniert.

29. MAI 1905

Ganz Rußland wartete fieberhaft auf Nachrichten, als schließlich ein einziger Kreuzer, die ALMAZ, Wladiwostok erreichte. Später folgten noch zwei Zerstörer, die BRAVI und die GROZNYI. Die ALMAZ war der Vernichtung entgangen, weil sie zum Schutz der Transporter abgestellt worden war.
Wider Erwarten war es Japan gelungen, Rußland zu

schlagen. Keine der Weltmächte hatte dies für möglich gehalten. Die USA fungierten als Vermittler bei dem Friedensschluß.

1905

Als erstes Turbinen-Passagierschiff setzt die Allan Line die VICTORIAN im Nordatlantikverkehr ein. Das Schiff ist auch das erste Dreischraubenschiff.

JULI 1905

Die Besatzung des russischen Linienschiffs POTEMKIN meutert im Schwarzmeer-Stützpunkt Odessa, bringt die Offiziere um und hißt eine rote Fahne.

1. AUGUST 1906

Die Russian East Asiatic Steamship Co. nimmt mit der KOREA den Dienst zwischen Libau und New York auf.

4. AUGUST 1906

In Kiel wird das erste Unterseeboot der Kaiserlichen Marine, später U 1 genannt, von einem Werftkran ins Wasser gesetzt. Es war von dem Marineingenieur Gustav Berling konstruiert worden und besaß einen Benzinmotor für Überwasserfahrt und zum Aufladen der Akkumulatoren.

OKTOBER 1906

In Großbritannien läuft die DREADNOUGHT vom Stapel. Durch diesen bahnbrechenden Entwurf sind alle bis dahin existierenden Linienschiffe überholt.

1907

Die LUSITANIA der Cunard Line läuft vom Stapel. Es ist das erste Schiff, das 30 000 BRT überschreitet, und das erste Vierschraubenschiff. Am 16. November 1907 läuft das Schwesterschiff MAURETANIA zur Jungfernfahrt aus. Es erreicht dabei die Rekord-Durchschnittsgeschwindigkeit von 23,69 kn und erobert das „Blaue Band". Über ein Jahr lang konkurriert es mit der LUSITANIA bei jeder Fahrt um Verbesserung des Rekordes, und beide Schiffe übertreffen einander ständig. Endlich erweist sich die MAURETANIA als das schnellere Schiff, das die Trophäe denn auch nicht weniger als neunmal erobert. Sie ist das schnellste Schiff dieser Schiffsgeneration.

13. JUNI 1908

Die Holland-America Lijn stellt die ROTTERDAM, ein Schiff von 24 170 BRT, für den Nordatlantikverkehr in Dienst. Das Schiff leistet treue Dienste, bis es 1915 für den Rest des Krieges aufgelegt wird. Ende des Krieges kommt es wieder in Fahrt. Seine Laufbahn endet 1940 zu Beginn eines neuen Krieges.

APRIL 1909

Mit der LAURENTIC der White Star Line wird eine neue Form des Schiffsantriebes eingeführt. Die drei Schrauben werden von Vierfach-Expansionsmaschinen und einer Niederdruckturbine auf der mittleren Welle angetrieben.

APRIL 1909

Die Red Star Line richtet einen weiteren Nordatlantikdienst zwischen Antwerpen und New York mit der LAPLAND (17 540 BRT) ein.

A DREADNOUGHT, *1906*.
B U I, *das erste deutsche Unterseeboot 1905*.
C SELANDIA, *1912*.
D *Dieselmotor der* SELANDIA.
E *Ein frühes Funkgerät von Marconi*.

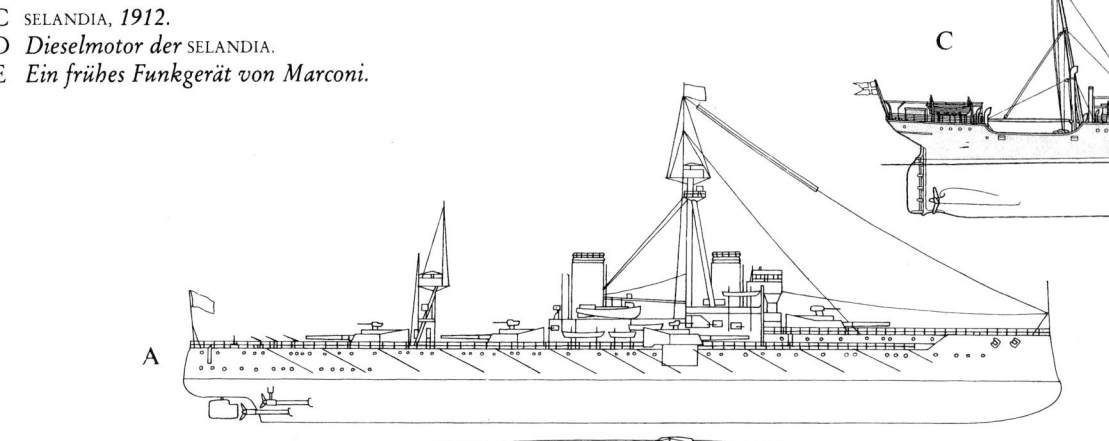

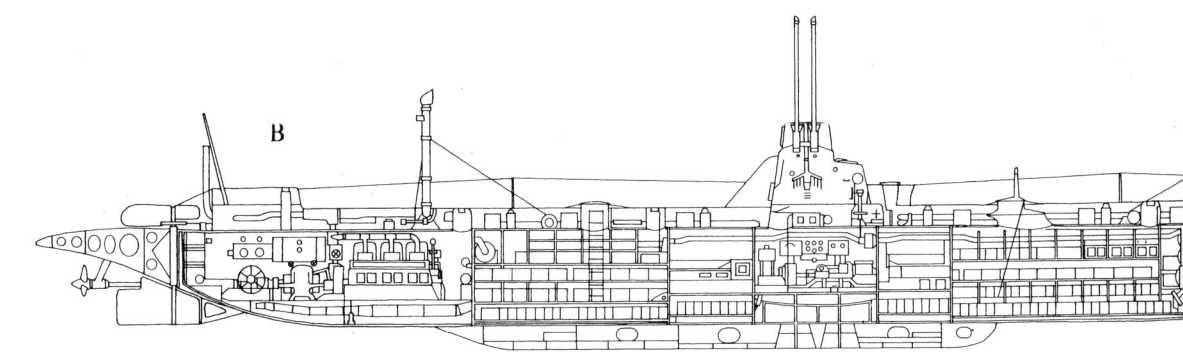

12. JUNI 1909

Der Norddeutsche Lloyd stellt die GEORGE WASHINGTON in Dienst. Für lange Zeit ist sie das größte deutsche Schiff und steht hinter der MAURETANIA und LUSITANIA auf dem dritten Platz der Weltrangliste. Sie erreichte jedoch max. nur 19 kn, stellte also in dieser Hinsicht keine Konkurrenz für die anderen beiden Spitzenschiffe dar. Für den NDL hatte Komfort den Vorrang vor Geschwindigkeit. 1917 wurde die GEORGE WASHINGTON amerikanischer Truppentransporter und erst 1951 abgewrackt.

26. JULI 1909

Die WARATAH, das größte Schiff der Blue Anchor Line William Lund's, läuft von Durban nach London aus, auf der Heimkehr von ihrer Jungfernreise mit 92 Passagieren und einer Besatzung von 119 Mann. Früh am 30. Juli wird das Schiff noch einmal von der CLAN MACINTYRE der Clan Line gesichtet, dann nie wieder. Trotz angestrengter Suche fand sich nicht einmal ein Wrackstück von der WARATAH.

SEPTEMBER 1909

Die MAURETANIA bricht den bestehenden Rekord durch eine Atlantiküberquerung in 4 Tagen, 10 Stunden und 51 Minuten, was eine Durchschnittsgeschwindigkeit von 26,06 kn bedeutet. Dieser Rekord blieb 20 Jahre lang bestehen, bis die BREMEN im Juli 1929 eine noch schnellere Reise machte.

23. JANUAR 1909

Die REPUBLIC der White Star Line kollidiert mit der FLORIDA des Lloyd Italiano. Zum Glück besitzt sie bereits eine Funkeinrichtung und kann damit Hilfe herbeirufen. Ein anderes Passagierschiff der White Star Line, die BALTIC, nimmt den Funkspruch auf und kann alle Passagiere und die Mannschaft der REPUBLIC übernehmen, während das Schiff aufgegeben werden muß. Es ist dies der erste Einsatz von Funk bei einer Rettungsaktion.

14. JUNI 1911

Mit 45 324 BRT ist die OLYMPIC der White Star Line das größte Schiff der Welt, als sie Southampton zur Jungfernreise verläßt. Nach 5 Tagen und 16 Stunden läuft sie in New York ein.

1912

Cunard erwirbt die Anteile der Anchor Line und tritt damit in die Reihe der Großreedereien.

SCHIFFE UND MEER

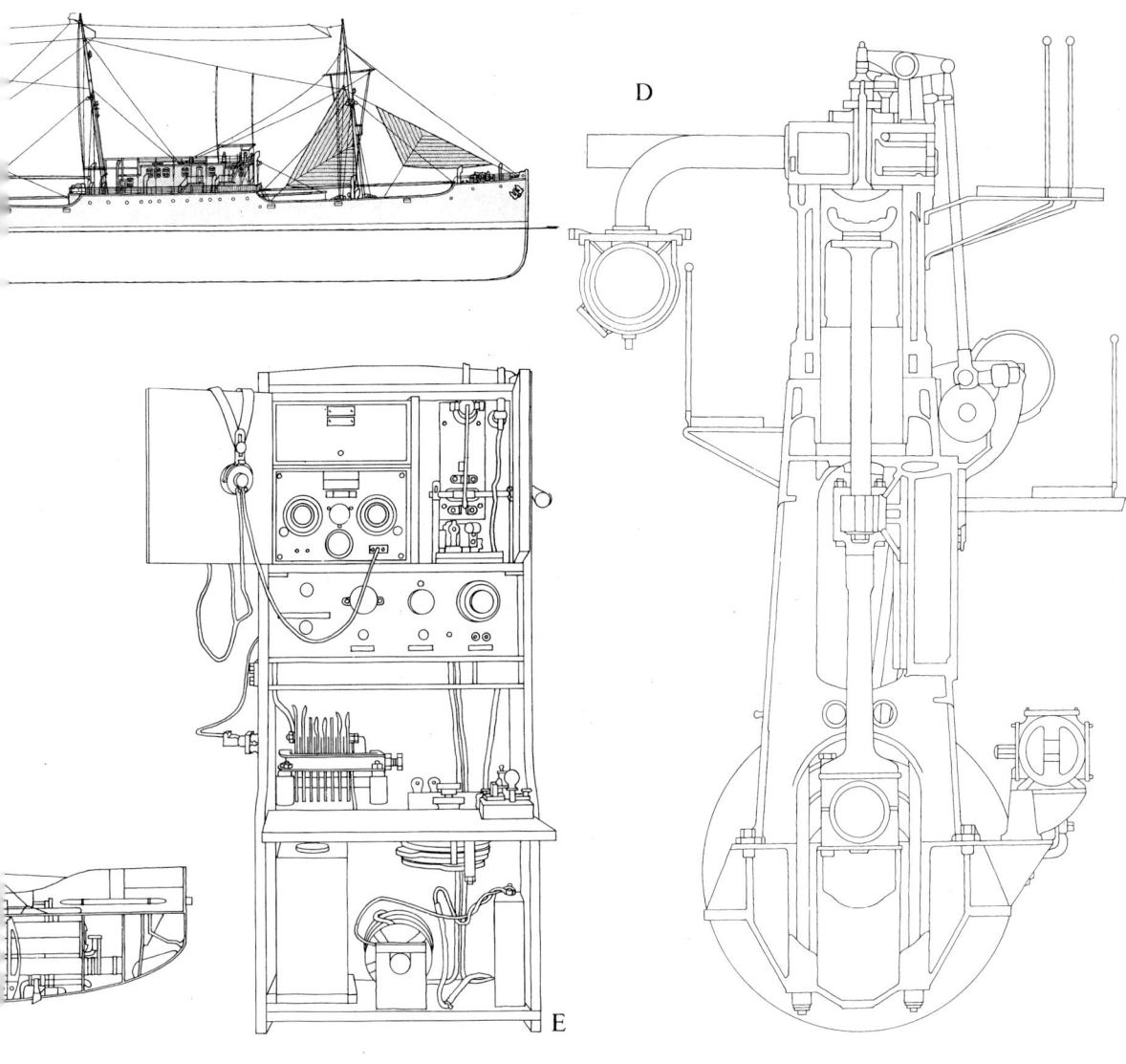

22. FEBRUAR 1912
Das erste seegängige Motorschiff, die SELANDIA, tritt seine Jungfernfahrt an. Es ist von der Østasiatiske Kompagni, einer dänischen Reederei, gebaut worden. Bei seinem ersten Besuch in London wird es von Winston Churchill, zu dieser Zeit erster Lord der Admiralität, besichtigt. Die SELANDIA unternahm insgesamt 55 Rundreisen für ihre Eigner und legte dabei nicht weniger als 1,2 Millionen Seemeilen zurück. 1935 wurde das Schiff verkauft und weiter eingesetzt, bis es am 26. Januar 1942 vor Japan Schiffbruch erlitt. Zu diesem Zeitpunkt besaß es noch immer die ursprüngliche Maschine.
Die SELANDIA hatte zwei Schwesterschiffe, die JUTLANDIA und die FIONIA. Als die FIONIA am 12. Juli 1912 Kiel besuchte, kaufte sie Albert Ballin, der Generaldirektor der Hamburg-Amerika-Linie, für einen sehr hohen Preis. Wenig später wurde sie von Kaiser Wilhelm II. in CHRISTIAN X. umbenannt.

15. APRIL 1912
Die TITANIC war fast ein Schwesterschiff des größten Schiffes der Welt, der OLYMPIC. Als sie am 10. April 1912 zur Jungfernreise ausläuft, gilt sie als „unsinkbares" Schiff.
Sie verläßt Southampton mit 1310 Passagieren und einer Besatzung von 897 Mann, um über Cherbourg und Queenstown nach New York zu gehen. In ihren Safes befindet sich unter anderem ein unschätzbares, mit Juwelen verziertes Exemplar des „Rubaiyat" von Omar Khayyam.
Nach vier Tagen sichtet der Ausguck Frederick Fleet aus dem Vortopp heraus in einiger Entfernung Eis. Er gibt sofort „Eis voraus" zur Brücke durch. Der 1. Offizier William Murdoch gibt das Ruderkommando „Hart Steuerbord!" und den Befehl „Volle Kraft zurück!" an die Maschine.
Der Bug begann sich zu drehen, doch streifte der etwa 30 m hohe Eisberg noch die Seite des Schiffes. Überlebende berichteten später, daß man bei der Kollision etwa dasselbe Gefühl hatte wie beim Anlegen am Kai.
Der 1. Offizier gibt nun die Anweisung, alle Schotten zu schließen, denn auch er hat den leisen Aufprall gespürt, den viele Passagiere gar nicht bemerkten. Dennoch hat der Eisberg das Schiff in Höhe der ersten sechs Abteilungen über eine Länge von etwa 90 m an Steuerbord aufgerissen. Die „unsinkbare" TITANIC war so entworfen worden, daß sie noch mit fünf vollgelaufenen Abteilungen schwimmfähig blieb. Obwohl sie noch ruhig auf dem spiegelblanken Wasser lag, war ihr Schicksal besiegelt – es lief eine Abteilung zuviel voll.
Um 00.05 wird der Befehl gegeben, die Rettungsboote klarzumachen und die Passagiere zusammenzurufen. Minuten später erhält der Funker Phillips die Anweisung, C.Q.D. (Come Quick, Danger), gefolgt vom Rufzeichen des Schiffes, MGY, zu senden. Außerdem ist seit kurzem von den Behörden S.O.S. als Notruf eingeführt worden, den Phillips ebenfalls sendet, das erste Mal, daß dies im Ernstfall geschieht.
Etwa 10 sm entfernt hat die CALIFORNIAN der Leyland Line die TITANIC gesichtet und erkannt. Captain Stanley Lord hatte sein Schiff bereits gestoppt, da er erkannt hatte, daß sein Kurs von London nach Boston vom Eis blockiert war. Er hatte schon die Absicht, dem Passagierschiff eine Eiswarnung zu geben, als dieses noch rechtzeitig nach Backbord abzudrehen schien. Das erste C.Q.D. wurde von der TITANIC um 00.10 gesendet, doch ab 23.30 war der Funkraum der CALIFORNIAN routinemäßig nicht mehr besetzt.
Die Rettungsboote der TITANIC wurden klargemacht, acht hölzerne Boote auf jeder Seite. Dazu besaß das Schiff noch vier sogenannte Englehardt-Boote, zusammenlegbare Segeltuchboote. Das Fassungsvermögen dieser 20 Boote betrug 1178 Personen, doch befanden sich 2207 Menschen an Bord.
Kapitän Smith bleibt nichts übrig, als den Befehl zu geben, Frauen und Kinder zuerst zu retten. Der Präsident der White Star Line, J. Bruce Ismay, befindet sich selbst an Bord. Er kennt die Diskrepanz zwischen Anzahl der Rettungsboote und Personen an Bord und versucht, eine Panik unter den Passagieren zu verhindern. Doch diese bleiben Anweisungen gegenüber verständnislos, so daß halbvolle Rettungsboote weggefiert werden.
Um 00.45 beginnt man, Notraketen abzufeuern, um die CALIFORNIAN, die als Silhouette deutlich am Horizont erkennbar ist, aufmerksam zu machen. Bis zu diesem Zeitpunkt herrscht noch keine kopflose Panik. Die Antworten auf die Rettungsrufe sind ermutigend: Vier Schiffe haben sie bereits bestätigt – die FRANKFURT des NDL in einer Entfernung von nur 150 sm, ein russisches Schiff, die BURMA, die VIRGINIAN der Allan Line und die MOUNT TEMPLE der Canadian Pacific. Die CARPATHIA der Cunard Line steht sogar noch näher, nämlich 58 sm, etwa vier Stunden von der TITANIC entfernt. Die ganze Welt wird auf das Unglück aufmerksam, da man die Funksprüche auch in Cape Race und, wenn auch nur schwach, in New York, dem Bestimmungshafen, aufgefangen hat.
Der Wettlauf zur Rettung der Menschen auf der TITANIC beginnt etwa zum gleichen Zeitpunkt, da Kapitän Smith seinen Offizieren mitteilen muß, daß Mr. Andrews, der Generaldirektor der Werft Harland Wolff, die das Schiff erbaut hat, und der sich an Bord befindet, der Ansicht ist, daß das Schiff in etwa einer oder höchstens eineinhalb Stunden sinken wird. Im Maschinenraum sorgt der leitende Ingenieur Bell dafür, daß Dampf gehalten wird und die Generatoren störungsfrei weiterlaufen, so daß die normale Beleuchtung weiter in Betrieb bleibt. Das ist es, was bei der Wache auf der CALIFORNIAN einen falschen Eindruck hervorruft: sie sehen ein offenbar

181

DIE TITANIC-KATASTROPHE
Einer der größten Schiffsunfälle aller Zeiten war der Untergang der TITANIC *am 15. April 1912 auf der Jungfernreise, wobei 1502 Menschen ums Leben kamen. Das Schiff, das als „unsinkbar" bezeichnet wurde, ist auf der gegenüberliegenden Seite in Seitenansicht und Draufsicht dargestellt. Es war mit 46 329 BRT vermessen, die Abmessungen betrugen 259,8 x 28,19 m.*

gestopptes Schiff in voller Beleuchtung auf ebenem Kiel. Selbst als die abgefeuerten Raketen Verwunderung auslösen, kommt keiner auf den Gedanken, daß die „unsinkbare" TITANIC bereits den Todesstoß erhalten hat und ihr Ende rasch herannaht.
Um 01.45 an diesem Montagmorgen, dem 15. April 1912, weiß jeder an Bord der TITANIC, was bevorsteht. Das Wasser spült über den Bug, und es besteht starke Schlagseite nach Backbord. Der 1. Offizier Wilde gibt den Befehl, daß alle noch an Bord befindlichen Personen sich an Steuerbord sammeln sollen. Der 2. Offizier Lightoller, der für das Besetzen und Zuwasserbringen der Rettungsboote verantwortlich ist, steht zu dieser Zeit bei Boot 4, dem letzten noch an Bord befindlichen. Es faßt 47 Personen, doch 1600 sind noch an Bord.
Nachdem auch dieses Boot zu Wasser gebracht ist, gibt Kapitän Smith den Funkoffizieren den Befehl, den Betrieb einzustellen und das Schiff zu verlassen. An Deck findet sich ein Seemann, der mit einem Boot das Schiff längst verlassen haben sollte. Auf die Frage, was er hier täte, antwortet er: „Noch viel Zeit wegzukommen, Sir!"
Um 02.15 wird die Brücke überspült, und der Mastkorb im Vortopp befindet sich in Höhe des Meeresspiegels. Die TITANIC legt sich wieder nach Backbord über. Die restlichen Menschen an Bord drängen sich am Heck zusammen, und viele springen in das eisige Wasser. Das Schiff scheint nun wieder Fahrt aufzunehmen, doch handelt es sich dabei um den Beginn der Fahrt in die Tiefe.
Drei Minuten später, um 02.18, verlöschen alle Lichter bis auf eine Petroleumlampe im Großmast. Sekunden später bricht der erste Schornstein in einem Funkenschauer zusammen.
Das Ende kommt um 02.20. Die TITANIC steht jetzt senkrecht im Wasser, das Heck ragt gen Himmel, und nur der vierte Schornstein befindet sich noch über Wasser. Mit donnerndem Getöse fallen die 29 Kessel aus ihren Fundamenten. Die TITANIC sinkt nun schnell und hinterläßt eine Totenstille, die nur von den Schreien der mit dem Wasser Kämpfenden durchbrochen wird.
Zu spät kommen die zu Hilfe eilenden Schiffe am Schauplatz der Katastrophe an. Bis 08.30 hat Kapitän Rostron mit der CARPATHIA 705 Überlebende aufgenommen. Er läßt einen kurzen Gottesdienst für die 1502 Opfer abhalten, gibt dann sein ursprüngliches Fahrtziel, Triest, auf und geht auf Kurs nach New York, wo er zwei Tage später eintrifft.
Nicht nur die Weltschiffahrt, sondern die ganze Welt ist von diesem Unglück wie betäubt. Es werden Hilfsfonds für die Überlebenden eingerichtet. Wichtiger ist, daß in Großbritannien und in den USA Untersuchungen über das Unglück durchgeführt werden.
In der Geschichte der TITANIC gibt es viele ungeklärte Fragen. Warum beachtete Kapitän Smith nicht die sechs Eiswarnungen, die er am 14. April 1912 erhielt? Besonders die, die er von der MESABA um 21.30, also wenig über zwei Stunden vor dem Unglück, bekommen hatte, war denkbar ausführlich.
Warum wurde die Fahrt nach Eintreffen der Eiswarnungen nicht herabgesetzt? Dies hätte ein erfahrener Seemann tun sollen. In der gesamten kritischen Zeit wurde jedoch die Fahrt unverändert beibehalten.

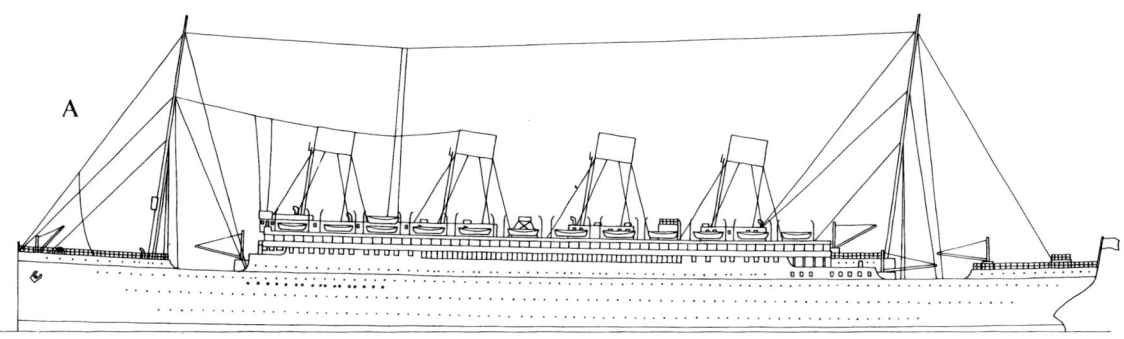

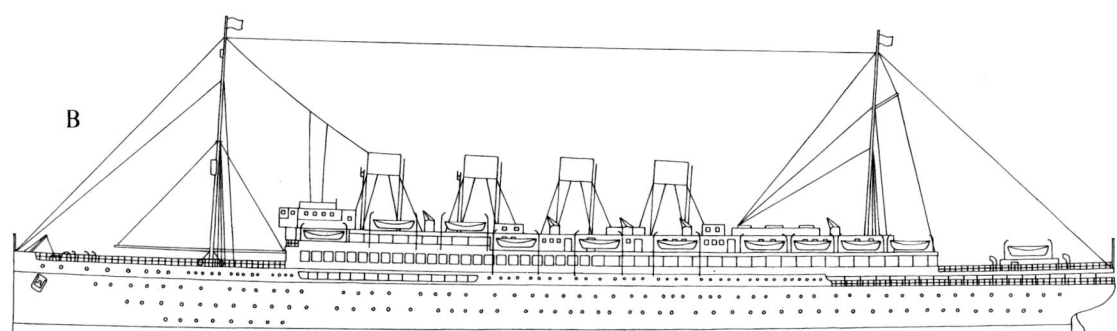

Während des Sonntagabends war ein stetiger Abfall der Wassertemperatur festgestellt worden. Warum schenkte niemand dieser wichtigen Beobachtung Aufmerksamkeit?

Warum vertraute schließlich die Besatzung der CALIFORNIAN nicht dem, was sie mit eigenen Augen sah, sondern dem Werbeslogan vom „unsinkbaren" Schiff?

Ebenso lassen sich viele Überlegungen anschließen, was geschehen wäre, wenn ... Wären die Schotten über das F-Deck hinaus durchgezogen worden, hätte das Schiff auch ein Vollaufen von sechs Abteilungen überstanden. Wäre es eine klare Mondnacht gewesen oder aber das Wasser etwas bewegt, hätte man den Eisberg früher ausmachen können.

Hätte schließlich der 1. Offizier Murdoch den Eisberg voll rammen lassen, anstatt hart nach Steuerbord abzudrehen, wäre der Bug des Schiffes zwar zusammengestaucht worden, jedoch wären nicht so viele Abteilungen vollgelaufen und das Schiff schwimmfähig geblieben.

Die Untersuchungsausschüsse gaben zahlreiche Empfehlungen heraus. Eine Reihe dieser Empfehlungen wurde angenommen und durchgeführt. Sehr bald wurde ein internationaler Eisüberwachungsdienst eingerichtet. Alle Schiffe mußten von nun an mit der Fahrt heruntergehen, sobald Eiswarnungen eintrafen. Auf allen Passagierschiffen wurden die Funkstationen nun 24 Stunden am Tag besetzt, nicht nur zu bestimmten Zeiten. Jedes Passagierschiff mußte in Zukunft mit so vielen Rettungsbooten ausgerüstet sein, daß alle Menschen an Bord darin Platz finden konnten.

Fest steht, daß die TITANIC zwar technisch dem Höchststand ihrer Zeit entsprach, die Betriebsvorschriften für ihren Einsatz jedoch archaisch anmuten. Seit Einführung der ersten „großen" Passagierschiffe viele Jahrzehnte vor der TITANIC hatte sich an ihnen kaum etwas geändert. Die wichtigste Sicherheitsbestimmung dieser alten Vorschriften besagte, daß britische Schiffe über 10 000 BRT 16 Rettungsboote mitführen mußten und so viele Rettungsflöße, daß sie 75% der Kapazität der Rettungsboote ausmachten. So war es völlig legal, daß die TITANIC bei ihrer Jungfernfahrt nur über Rettungsmittel für 962 Menschen verfügte. Tatsächlich war diese Kapazität auf 1178 Personen erhöht worden. Wenn man damit das legale Minimum auch überschritten hatte, reichte dies dennoch nur für knapp die Hälfte der Passagiere und Besatzung aus.

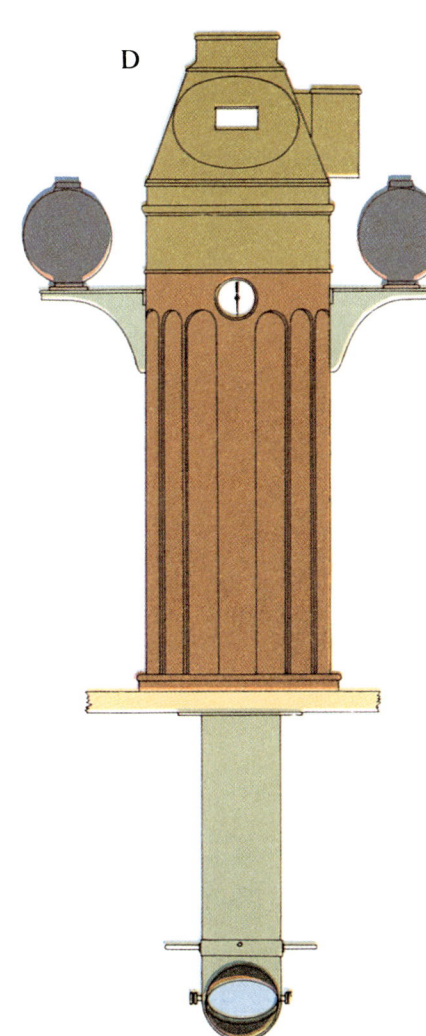

A OLYMPIC *(1911)*.
B FRANCE *(1912)*.
C *Der Panamakanal, der 1914 eröffnet wurde.*
  1 *Panama.*
  2 *Hiraflores-Schleuse.*
  3 *Culebra.*
  4 *Der Fluß Chagres.*
  5 *Gatun-See.*
  6 *Gatun-Schleusen.*
  7 *Staudamm.*
  8 *Der französische Kanal.*
  9 *Die Bucht von Limòn.*
  10 *Die Panama-Eisenbahn.*
D *Kompaßgehäuse eines Schiffes.*

Die Durchführung der Empfehlungen der Untersuchungsausschüsse hatte für die Zukunft größere Sicherheit auf See zur Folge. Es war eine Lehre, die man auf grausame Weise gelernt hatte. Der Verlust der TITANIC mit 1502 Menschen war ein hoher Preis für die Erkenntnis, daß Vorschriften und Verordnungen nicht mit dem technischen Fortschritt dieser Zeit Schritt hielten. Es ist zweifelhaft, ob man diese Lehre jedoch je voll begreifen wird – zu anderen Zeiten an anderen Orten ist z. B. das Erdöl ein Beispiel dafür, daß sich die Technologie über Grenzen hinaus bewegt, bis zu denen eine sichere Handhabung noch zu gewährleisten ist.

20. APRIL 1912
Das größte französische Passagierschiff, die FRANCE der Cie. Générale Transatlantique, geht auf ihre erste Reise.
Sie ist doppelt so groß wie die übrigen Schiffe der C.G.T. und das drittschnellste Schiff der Welt nach der MAURETANIA und LUSITANIA.

1913
Die Hamburg-Südamerika-Linie stellt die CAP TRAFALGAR in Dienst. Mit 18 710 BRT ist sie das größte Schiff, das für den Südamerikadienst gebaut wurde.

18. JUNI 1913
Die riesige IMPERATOR wird von der HAPAG in Dienst gestellt. Mit 51 969 BRT ist erstmalig die 50 000er-Grenze überschritten worden. Wie bei ähnlichen Premieren zuvor gibt es auch hier Anfangsschwierigkeiten. Am 24. Mai sollte sie zum ersten Male auslaufen, geriet aber in der Elbe auf Grund, und die Reise mußte aufgeschoben werden. Eine Explosion im Kesselraum brachte eine weitere Verzögerung.
Der Ausbruch des 1. Weltkrieges beendete jäh die Karriere im Nordatlantik. Nach dem Kriege mußte das Schiff an England ausgeliefert werden und ging als BERENGARIA an die Cunard Line.

DER 1. WELTKRIEG
28. JULI 1914 – 11. NOVEMBER 1918
Als der 1. Weltkrieg ausbrach, befanden sich drei Gruppen der deutschen Flotte in Übersee. Die größte war das Ostasiengeschwader unter dem Kommando von Vizeadmiral Maximilian Graf von Spee. Das Geschwader bestand aus den Panzerkreuzern SCHARNHORST und GNEISENAU und den Kleinen

SCHIFFE UND MEER

Kreuzern EMDEN, LEIPZIG und NÜRNBERG. Im Karibischen Meer befanden sich die Kleinen Kreuzer DRESDEN und KARLSRUHE. Schließlich war noch als Kolonialkreuzer die KÖNIGSBERG in Dar-es-Salam in Deutsch-Ostafrika stationiert.

Keines dieser Schiffe kehrte nach Deutschland zurück. Wohl am bekanntesten wurden die weiteren Unternehmungen der EMDEN.

Am 13. August hielt von Spee mit seinen Kommandanten in Pagan auf den Marianen eine Beratung ab. Als Ergebnis der verschiedenen Überlegungen wurde die EMDEN in den Indischen Ozean detachiert. Ein HAPAG-Schiff, die MARKOMANNIA, stand ihr als Kohlenschiff zur Verfügung. Im September vernichtete der Kreuzer 23 britische Frachter und beschoß die Öllager von Madras. Dann lief das Schiff zurück und versenkte vor Penang am 28. 10. 1914 den russischen Kleinen Kreuzer SCHEMTSCHUG und den es verfolgenden französischen Zerstörer MOUSQUET.

14. SEPTEMBER 1914

Das deutsche Passagierschiff CAP TRAFALGAR unter Kommodore Wirth ist durch Übernahme der Geschütze des alten Kanonenbootes EBER zum Hilfskreuzer ausgerüstet worden. Der Hilfskreuzer CARMANIA, ein Passagierschiff der Cunard Line, trifft auf die CAP TRAFALGAR, als sie vor Trinidad aus Kohlenschiffen bunkert. Im daraus entstehenden Gefecht feuert die CARMANIA 417 Schuß. Die CAP TRAFALGAR wird versenkt, erzielt jedoch vorher 79 Treffer auf der CARMANIA.

22. SEPTEMBER 1914

U 9 unter Kapitänleutnant Weddigen versenkt innerhalb einer Stunde in den Hoofden die drei Panzerkreuzer ABOUKIR, CRESSY und HOGUE.

Bis zu diesem Zeitpunkt hatte man die Möglichkeiten der U-Boot-Waffe unterschätzt. Bei Ausbruch des Krieges besaß Großbritannien 80 U-Boote, während in Deutschland 35 fertig und 70 im Bau oder in der Planung waren. Nach internationalem Recht war das warnungslose Versenken von Handelsschiffen verboten. Der Besatzung mußte die Möglichkeit zum Verlassen des Schiffes gegeben werden, bevor dieses torpediert wurde. Die Handelsschiffe wurden jedoch sehr bald armiert, und am 15. Februar 1915 erklärte Deutschland die Gewässer um England zur Kriegszone. Dies gab den U-Booten das Recht, dort auch neutrale Schiffe anzugreifen. Dies war der Beginn des uneingeschränkten U-Boot-Krieges.

1. NOVEMBER 1914

Es kommt zum ersten größeren Seegefecht des 1. Weltkrieges. Die beteiligten Verbände bestehen jeweils nur aus wenigen Schiffen. Der deutsche Verband ist siegreich. Nach Entlassung der EMDEN ging Spee mit dem Rest seines Geschwaders nach Chile, wo die DRESDEN dazustieß. Der nächste feindliche Verband war der unter Rear-Admiral Sir Christopher Cradock, dessen Flaggschiff der Panzerkreuzer GOOD HOPE war. Weiterhin verfügte er über den Panzerkreuzer MONMOUTH, den Kleinen Kreuzer GLASGOW und den Hilfskreuzer OTRANTO. Dieser Verband war nach Zahl und Bestückung dem Geschwader Spees unterlegen.

A *Deutsches Schlachtschiff* BAYERN *(1915).*
B *Der 1912 für die US-Navy entwickelte Davis-Torpedo.*
C *Britischer Schlachtkreuzer* INVINCIBLE *(1907), der in der Schlacht bei den Falklandinseln 1914 eine wesentliche Rolle spielte.*
D *Der deutsche Schlachtkreuzer* HINDENBURG *(1915), der 1917 zur Hochseeflotte trat.*
E *Motortorpedoboot der englischen Flotte, 1915–1918.*

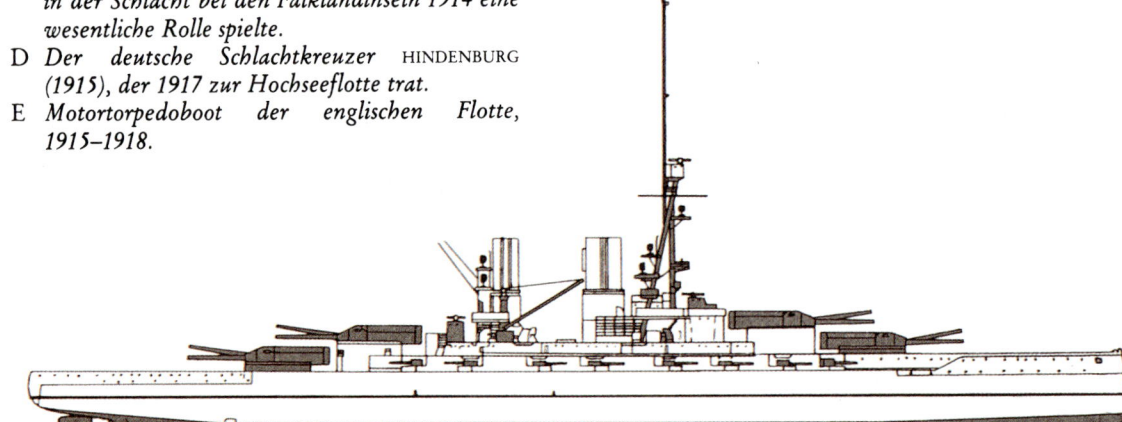

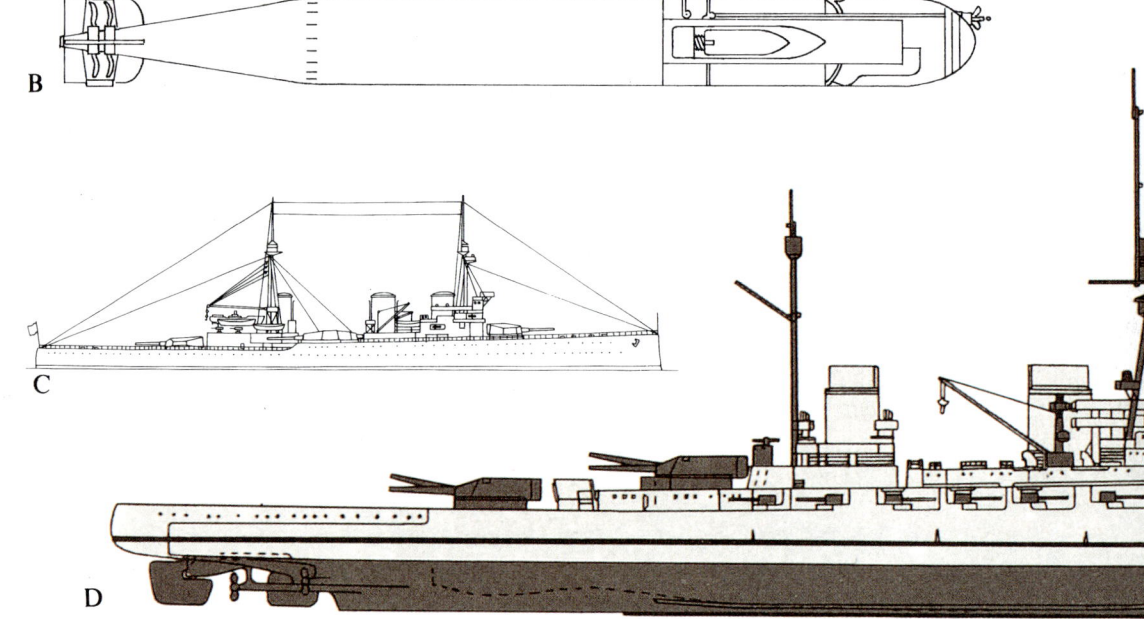

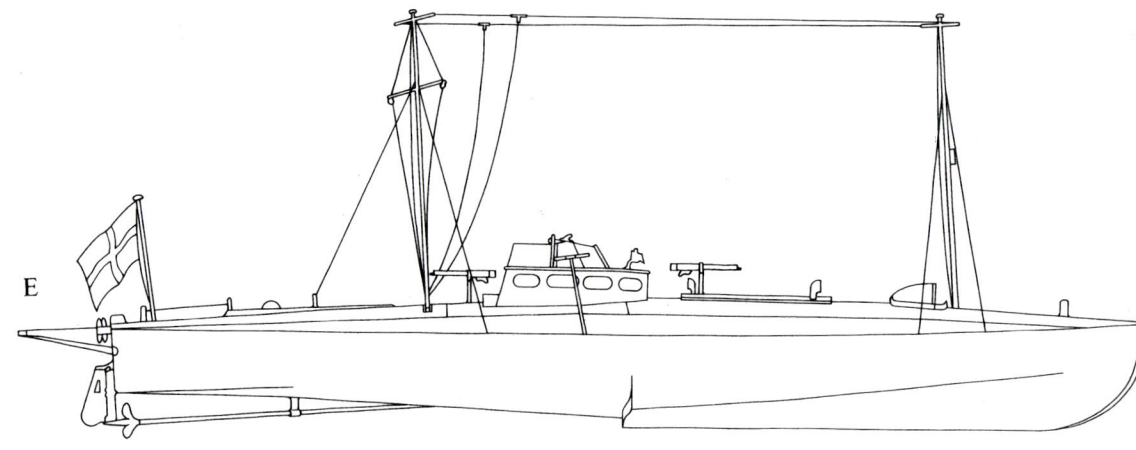

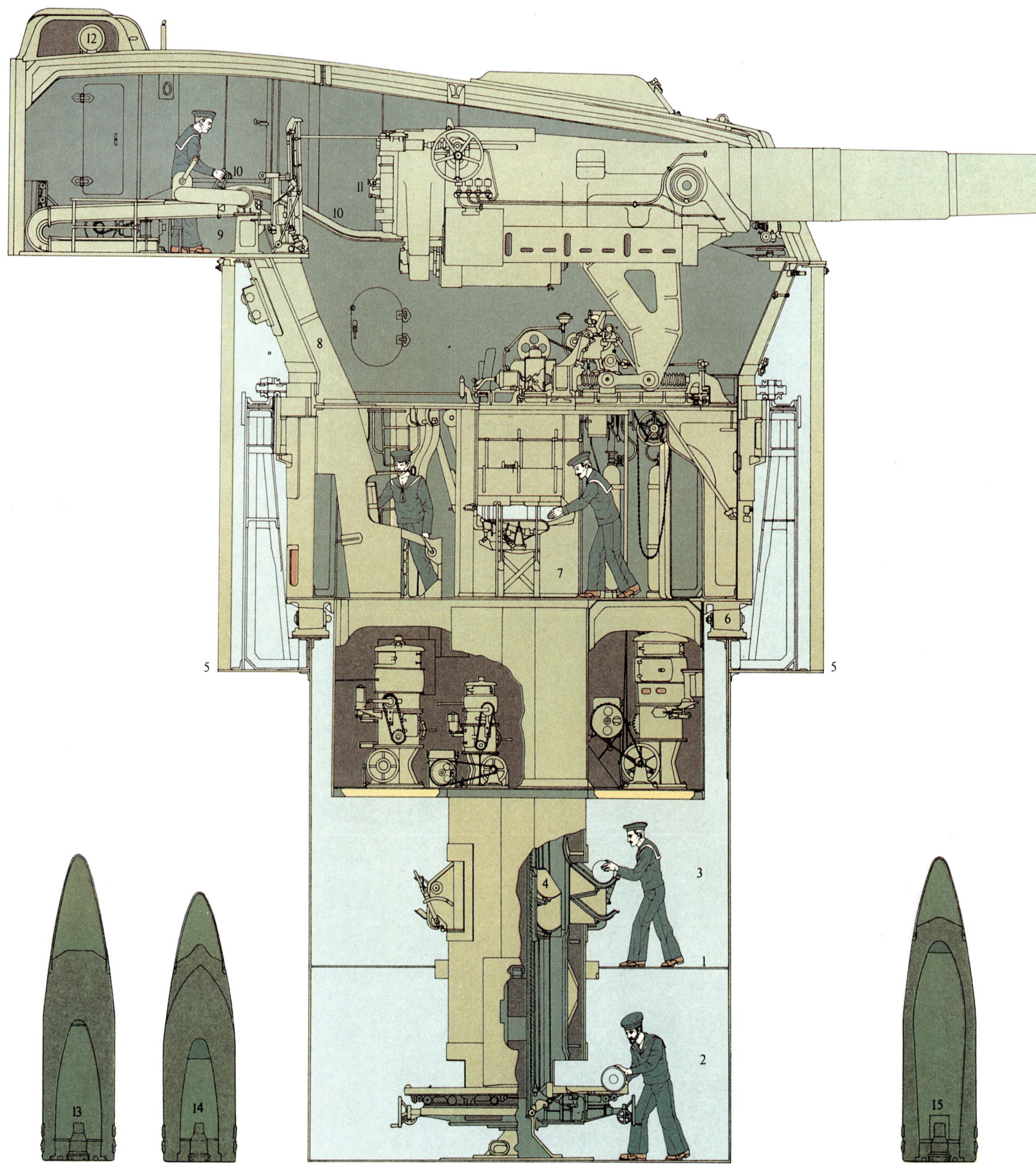

BOFORS-ZWILLINGSTURM, 28 cm (1912)
1 *Die Beschickung des Munitionsaufzugs auf den unteren Decks.*
2 *Munitionskammer.*
3 *Kartuschraum.*
4 *Munitionsaufzug.*
5 *Barbette.*
6 *Kugellager, auf denen der Turm läuft.*
7 *Zwischenplattform.*
8 *Geschoßförderanlage.*
9 *Ladeplattform.*
10 *Ansetzer.*
11 *Verschluß.*
12 *Entfernungsmesser.*
13 *Panzersprenggranate.*
14 *Sprenggranate.*
15 *Brisanzgranate.*

Die beiden Verbände trafen bei Sonnenuntergang vor Coronel in der chilenischen Arauco-Bucht aufeinander. Der Ausgang war unvermeidlich. Die GOOD HOPE und die MONMOUTH wurden mit der gesamten Besatzung versenkt, während GLASGOW und OTRANTO entkommen konnten. Zu ihnen stieß das alte Linienschiff CANOPUS, das zur Unterstützung Cradocks herbeigeeilt war.

In London herrschte Bestürzung, als der Ausgang des Gefechts bekannt wurde. Die beiden modernen Schlachtkreuzer INVINCIBLE und INFLEXIBLE unter Vizeadmiral Sir Doveton Sturdee wurden mit dem Auftrag zu den Falklandinseln beordert, das Geschwader Spees zu vernichten.

9. NOVEMBER 1914

Die EMDEN zerstört die Funkstation auf den Cocosinseln. Die Funker können vorher jedoch noch einen Notruf abgeben, der von dem in der Nähe befindlichen australischen Kreuzer SYDNEY aufgefangen wird. Innerhalb von drei Stunden erscheint dieser auf dem Schauplatz. Mit seinen 15,2-cm-Geschützen ist er den 10,5-cm-Geschützen der EMDEN überlegen. Sie war bald schwer getroffen und von der Besatzung sieben Offiziere und 104 Mann gefallen. Daraufhin setzte der Kommandant das Schiff auf ein Riff.

8. DEZEMBER 1914

Inzwischen war von Spee nach Deutschland zurückbeordert worden. Unterwegs wollte er die Funkstation von Port Stanley auf den Falklandinseln zerstören. Durch einen Zufall trafen Sturdee und von Spee in einem Abstand von 24 Stunden dort ein. Sturdee war mit der Bekohlung seines Verbandes beschäftigt, als die SCHARNHORST gesichtet wurde. Von Spee hätte nur anzugreifen brauchen, wurde aber durch Beschuß durch die CANOPUS und das Auslaufen der KENT zum Abdrehen nach Süden gebracht. Als von Spee gemeldet wurde, man hätte die für Dreadnoughts typischen Dreibeinmasten gesichtet, glaubte er zunächst nicht daran. Als die Schiffe jedoch nach Beendigung der Kohlenübernahme ausliefen, war es ihm klar, daß die Chancen gegen ihn standen. Dennoch entschied er sich zum Angriff.

Im folgenden Kampf versenkte INVINCIBLE die SCHARNHORST, INFLEXIBLE die GNEISENAU, während die BRISTOL und der Hilfskreuzer MACEDONIA, ein Schiff der P&O Line, die Hilfsschiffe SANTA ISABEL und BADEN ausschalteten. Der Kleine Kreuzer LEIPZIG wurde von der CORNWALL, die NÜRNBERG von der KENT versenkt.

Vom Verband konnte nur die DRESDEN entkommen. Drei Monate später, am 14. März 1915, trafen die KENT, die GLASGOW und die ORAMA das nicht gefechtsklare Schiff in der Cumberlandbucht der Insel Juan Fernandez an und blockierten es dort. Der Kommandant, Kapitän z. See Lüdecke, versenkte sein Schiff und ging mit der Mannschaft in die Internierung.

24. JANUAR 1915

Das Gefecht auf der Doggerbank findet statt. Ein deutscher Verband verläßt die Jade, um die englischen Minensucher und Trawler im Gebiet der Doggerbank zu vernichten. Er besteht aus den Schlachtkreuzern SEYDLITZ, MOLTKE, DERFFLINGER und BLÜCHER, einigen Kleinen Kreuzern und zwei Torpedobootsflottillen.

Die britischen Schlachtkreuzer LION, TIGER, PRINCESS ROYAL, NEW ZEALAND und INDOMITABLE treten den deutschen Schiffen entgegen. Das Gefecht beginnt auf eine Entfernung von 228 Hektometern. Die beiden Flaggschiffe, SEYDLITZ und LION, erhalten schwere Treffer. Auch die BLÜCHER wird getroffen und ihre Geschwindigkeit um 5 kn herabgesetzt. Die deutschen Schiffe müssen sich mit der schwerbeschädigten SEYDLITZ zurückziehen und die BLÜCHER ihrem Schicksal überlassen. Nach weiteren 70 direkten Artillerie- und sieben Torpedotreffern kentert sie und nimmt die Männer mit sich in die Tiefe.

7. MAI 1915

Das Passagierschiff LUSITANIA der Cunard Line wird von U 20 unter Kapitänleutnant Schweiger versenkt, wobei 1198 Menschen den Tod finden, darunter viele Amerikaner. Hierüber entsteht große Erregung in den neutralen Staaten.

JULI 1915

Im Dezember 1914 läuft die KÖNIGSBERG von ihrem Stützpunkt Dar-es-Salam zum Golf von Aden aus. Während ihrer Abwesenheit erscheint die ASTREA vor dem Hafen und beschießt die Telegraphenstation. Von deutscher Seite wird das Schwimmdock vor der Hafeneinfahrt als Blockademittel versenkt. Damit fallen Nachrichtenstation und Hafen für die KÖNIGSBERG aus, und sie muß das nahegelegene Rufiji-Delta als Stützpunkt benutzen. Von hier aus greift sie Sansibar an und versenkt den Kreuzer PEGASUS, wird aber danach im Delta eingeschlossen.

Aus England werden die beiden flachgehenden Monitore SEVERN und MERSEY im Schlepp herangeführt, dringen in das Delta vor und vernichten die KÖNIGSBERG, die schließlich von der Besatzung gesprengt wird.

AUGUST 1915

U 24 versenkt den britischen Passagierdampfer

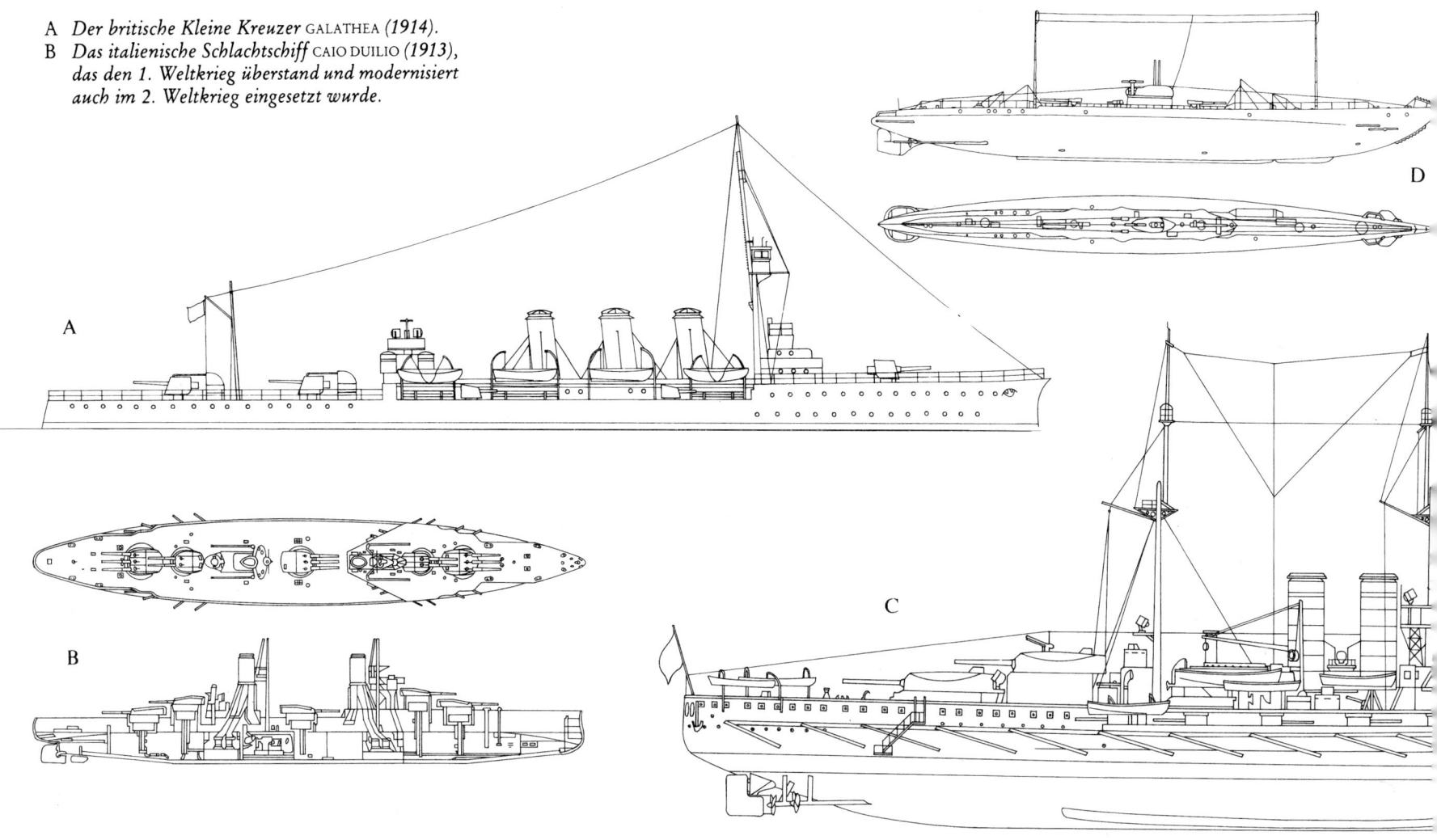

A *Der britische Kleine Kreuzer* GALATHEA *(1914)*.
B *Das italienische Schlachtschiff* CAIO DUILIO *(1913), das den 1. Weltkrieg überstand und modernisiert auch im 2. Weltkrieg eingesetzt wurde.*

ARABIC, wobei 44 Menschen ums Leben kommen. Auf Befehl des Kaisers dürfen danach Passagierschiffe aller Größen nur nach Rettung aller an Bord befindlichen Menschen versenkt werden.

DEZEMBER 1915
Einer der berühmtesten deutschen Hilfskreuzer, die MÖWE, verläßt Hamburg. Auf zwei Fahrten versenkt er 34 britische Schiffe oder bringt sie auf. Außerdem legt er Minen, auf die das ältere Linienschiff KING EDWARD VII. aufläuft und sinkt.
Eine der Prisen ist die YARROWDALE, die als deutscher Hilfskreuzer LEOPARD Verwendung findet. Die Tarnung wird erst im März 1917 durchschaut, als das Schiff die britische Blockade zu durchbrechen versucht und von dem Kreuzer ACHILLES versenkt wird.

JANUAR 1916
Präsident Wilson fordert Großbritannien auf, die Bewaffnung von Handelsschiffen einzustellen, da dies als Begründung für die U-Boot-Angriffe angeführt wird. Großbritannien verweigert dies, und Deutschland nimmt den uneingeschränkten U-Boot-Krieg wieder auf. Einige Wochen später wird die SUSSEX torpediert, wobei einige Amerikaner umkommen oder verwundet werden.

Großbritannien vermint die Straße von Dover, so daß die deutschen U-Boote um Schottland herum in den Atlantik auslaufen müssen.

FEBRUAR 1916
Der deutsche Hilfskreuzer GREIF trifft zwei Tage nach seinem ersten Auslaufen auf die COMUS und die beiden Hilfskreuzer ANDES und ALCANTARA, frühere Passagierschiffe der Royal Mail Line. Im Gefecht gehen die GREIF und die ALCANTARA verloren.

31. MAI 1916
Die Skagerrakschlacht findet statt. Die deutsche Hochseeflotte läuft in zwei Verbänden unter den Admiralen Scheer und von Hipper aus Wilhelmshaven nach Norden aus. Die britische Flotte unter den Admiralen Jellicoe und Beatty befindet sich bereits seit dem vorangegangenen Tage in See. Nördlich Jütland treffen Aufklärungsstreitkräfte beider Flotten aufeinander, als sie denselben dänischen Dampfer untersuchen wollen. Hipper versucht die Engländer auf das Flotten-Gros zu ziehen, und Beatty folgt ihm. Beide Seiten setzen zur Entlastung Torpedoboote ein. Im Feuer der deutschen Schlachtkreuzer fliegen die englischen Schlachtkreuzer QUEEN MARY und INDEFATIGABLE in die Luft und sinken. Als Beatty den Untergang auch des zweiten Schiffs innerhalb kürzester Zeit miterlebt, macht er die berühmte Bemerkung, daß „mit den verdammten Schiffen heute etwas nicht in Ordnung ist".
Zu diesem Zeitpunkt kam das deutsche Gros im Süden in Sicht, und nun drehte Beatty nach Norden auf das Gros der Grand Fleet zu. Mit dem Zusammentreffen der Flotten kam es zum Hauptteil der Schlacht. Hippers Flaggschiff LÜTZOW wurde außer Gefecht gesetzt, aber auf englischer Seite gingen die INVINCIBLE, das Flaggschiff Hoods, DEFENSE und WARRIOR verloren. Erst nach Einbruch der Dunkelheit wurde der Kampf abgebrochen, und die deutsche Flotte lief nach Süden auf ihre Stützpunkte zu. Scharmützel im Verlauf der Nacht führten auf britischer Seite zum Verlust der BLACK PRINCE, während die deutsche Flotte die FRAUENLOB, POMMERN und ELBING verlor. Bei Tagesanbruch erwartete die deutsche Flotte vergeblich die Wiederaufnahme der Schlacht. Jellicoe brach auf Grund der Minen- und U-Boot-Gefahr das Treffen um 11.00 ab und kehrte nach England zurück, Scheer lief am 1. Juni, mit Jubel begrüßt, in Wilhelmshaven ein. Einen Überblick über die Schlacht gibt die Tabelle auf Seite 191.
Die Zahlen zeigen, daß die deutsche Flotte einen nach Zahl und Bewaffnung stärkeren Gegner angriff.

C *Das k.u.k. Schlachtschiff* VIRIBUS UNITIS *(1911)*.
D *Deutsche U-Kreuzer U 140, 141 (1917/1918)*.
E *Das englische Schlachtschiff* HOOD, *während des 1. Weltkrieges begonnen, wurde erst 1920 fertiggestellt.*

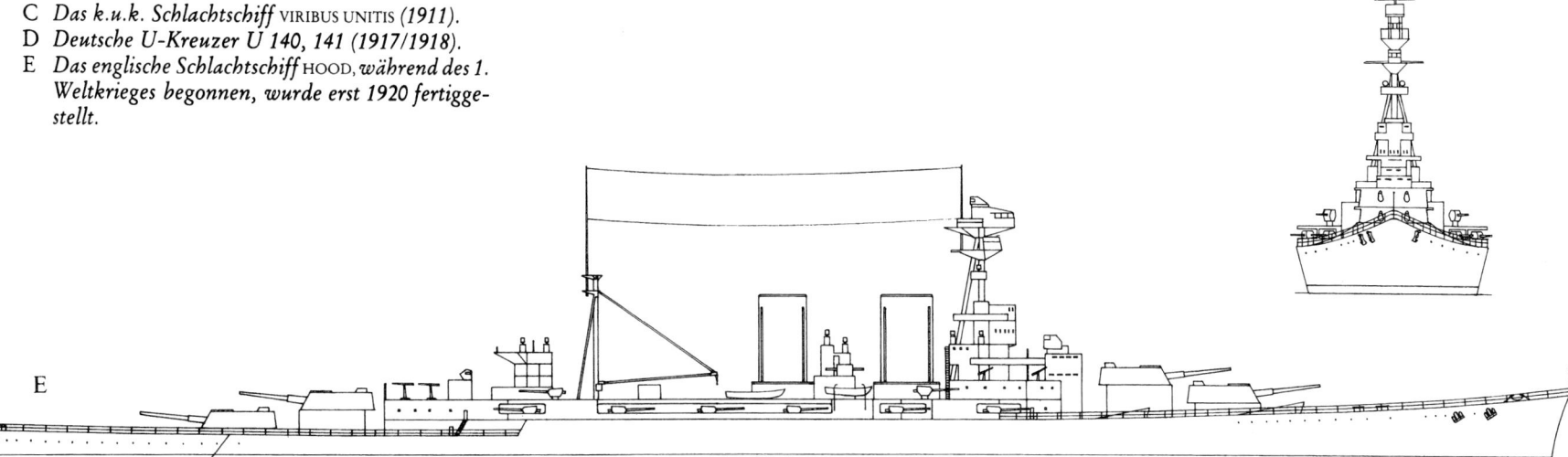

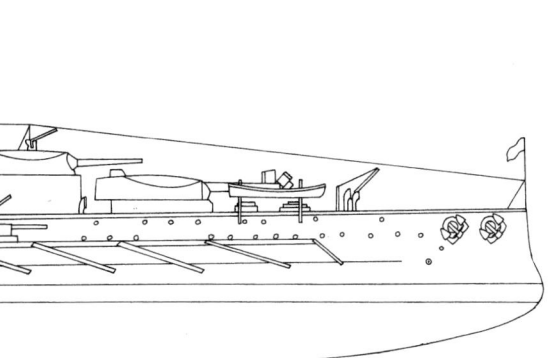

DIE SKAGERRAKSCHLACHT

	Deutschland	England
Schlachtschiffe	22	28
Schlachtkreuzer	5	8
Kreuzer	11	34
Torpedoboote	61	77
Flugzeugmutterschiffe	0	1
Minenleger	0	1
Insgesamt:	99	149
Verluste:		
Schiffe	11	14
Mannschaften	2551	6097
Sonstige Statistik:		
Schwere Geschütze	200	264
Abgeschossene Torpedos	475	457

Jedoch hatte, wie die New York Times es ausdrückte, der Gefangene zwar den Wärter angegriffen, war jedoch im Gefängnis geblieben. Die Seeherrschaft der britischen Flotte blieb während des restlichen Krieges unangetastet.

5. JUNI 1916
U 75 legt westlich der Orkneyinseln eine Minensperre, auf der der Panzerkreuzer HAMPSHIRE aufläuft und sinkt.
Feldmarschall Lord Kitchener, der britische Befehlshaber, kommt dabei um.

4. OKTOBER 1916
Der Truppentransporter FRANCONIA, ein früheres Passagierschiff der Cunard Line, wird im Mittelmeer torpediert; es kommen zwölf Mann ums Leben.

1. FEBRUAR 1917
Deutschland erklärt den uneingeschränkten U-Boot-Handelskrieg gegen England. Die englischen Verluste betragen bis zum April 1,5 Millionen BRT, bis zum August 3 Millionen BRT.

6. APRIL 1917
Die USA treten an der Seite Englands in den Krieg ein. Alle internierten deutschen Schiffe werden beschlagnahmt. Unter den großen Passagierschiffen sind es vom NDL die KRONPRINZESSIN CECILIE, GEORGE WASHINGTON, KAISER WILHELM II., GROSSER KURFÜRST, BARBAROSSA, PRINZESS IRENE, PRINZ EITEL FRIEDRICH, NECKAR und RHEIN, von der HAPAG die VATERLAND, PRESIDENT GRANT, PRESIDENT LINCOLN, AMERIKA, CINCINNATI, HAMBURG und PENNSYLVANIA.

DEZEMBER 1917
Die englische Flotte wird durch die 6. Flotte der U.S.-Navy mit den Linienschiffen NEW YORK, TEXAS, UTAH, NEVADA, ARIZONA, ARKANSAS, WYOMING, FLORIDA und OKLAHOMA verstärkt.

22. APRIL 1918
Die Häfen Zeebrügge und Ostende werden mit der Absicht angegriffen, die Hafeneinfahrten durch die Versenkung von Blockadeschiffen zu sperren. Der Angiff auf Ostende schlug fehl, doch in Zeebrügge werden durch die VINDICTIVE die Mole gesprengt und drei alte Kreuzer, die THETIS, INTREPID und IPHIGENIA, in der Einfahrt versenkt. Von deutscher Seite kann der Hafen innerhalb einer Woche zwar wieder voll benutzt werden, doch die moralische Wirkung dieses Angriffs war groß.

11. NOVEMBER 1918
Der Waffenstillstand wird ausgerufen und der 1. Weltkrieg damit beendet. Die deutsche Hochseeflotte wird in Scapa Flow auf den Orkneyinseln interniert. Sie besteht aus zehn Schlachtschiffen, sechs Schlachtkreuzern, acht Kleinen Kreuzern und 50 Torpedobooten. Die noch vorhandenen U-Boote werden in Harwich interniert.

21. JUNI 1919
Dieses Datum war für die Unterzeichnung des Vertrages von Versailles vorgesehen, doch erfolgte sie erst am 23. Juni. Um 10.00 gab Admiral Reuter den Befehl zur Versenkung der deutschen Flotte. Nur die BADEN, die FRANKFURT, die NÜRNBERG und die neue EMDEN konnten vor dem Untergang bewahrt werden. Die EMDEN wurde Frankreich, die FRANKFURT den USA und die beiden übrigen Schiffe Großbritannien zugeteilt.

1920
Der größte Teil der deutschen Handelsflotte muß zur Erfüllung der Reparationsansprüche aus dem Vertrag von Versailles ausgeliefert werden.
1916 hatte die Tonnage der deutschen Handelsschiffe mehr als 4 Millionen BRT betragen. Nur ein

SCHIFFE UND MEER

kleiner Teil hiervon ging durch Kriegseinwirkung verloren. Ende 1920 umfaßte die gesamte deutsche Handelsflotte nur noch eine halbe Million BRT, und die Durchschnittsgröße der Schiffe lag bei 600 BRT. Alle übrigen Schiffe, insgesamt 434, waren an die verschiedensten Nationen ausgeliefert worden. Großbritannien hatte z. B. 40 Passagierschiffe erhalten, darunter die BISMARCK und die IMPERATOR. Die USA behielten alle Schiffe, die sie bei Eintritt in den Krieg im April 1917 beschlagnahmt hatten.

1921

Einige Vorkriegsschiffe konnten auch in der Nachkriegszeit noch gut eingesetzt werden, wenn auch für andere Eigner. Die HAPAG hatte in dieser Hinsicht große Verluste zu verzeichnen. 1921 übernahm z. B. die Cunard Line die IMPERATOR (52 226 BRT) unter dem Namen BERENGARIA. Die BISMARCK (56 621 BRT), die für die HAPAG nie eingesetzt war, kam als MAJESTIC für die White Star Line in Fahrt. Die VATERLAND schließlich wurde mit 54 282 BRT als LEVIATHAN das Flaggschiff der United States Line.

Auch die Niederlande profitierten von den Ersatzleistungen Deutschlands. Die JOHANN HEINRICH BURCHARD (19 980 BRT) und die WILLIAM O'SWALD (20 200 BRT) der HAPAG wurden im Juni 1916 an den Koninklijke Hollandsche Lloyd als LIMBURGIA und BRABANTIA als Ersatz für Kriegsversenkungen verkauft. Die HAPAG war durch Kriegsverluste und Reparationen ihres Schiffsbestandes so weit beraubt, daß sie zeitweilig nur noch ein altes Schiff, die HANSA mit 16 703 BRT, als Passagierschiff einsetzen konnte.

1924

Gustaf Erikson, ein Reeder aus Mariehamn in Finnland, schwimmt gegen den Strom der Zeit und ist der einzige, der noch eine Flotte von Segelschiffen kommerziell einsetzt.

1925

Das erste große Passagier-Motorschiff wird gebaut. Es ist die GRIPSHOLM der Svenska Amerika Linien mit 17 993 BRT.

1926

Für die deutsche Reederei Laeisz wird das letzte, für die Frachtfahrt vorgesehene Segelschiff, die PADUA, gebaut, die im Chiledienst eingesetzt wird. Ausgehend fährt sie Kohle und Koks, auf der Rückreise Nitrate. Sie wurde stets auf der Route um Kap Hoorn eingesetzt.

1926

In England übernimmt die Royal Mail Line die White Star Line im Zeichen der allgemeinen Tendenz zur Bildung großer Konzerne, eine Erscheinung, die nicht nur auf dem Gebiet der Schiffahrt zu verzeichnen ist.

OKTOBER 1927

Die PRINCIPESSA MAFALDA der Navigazione Generale Italiana verliert vor der brasilianischen Küste ihren Propeller durch Wellenbruch. Normalerweise war so etwas als Betriebsunfall, nicht als Katastrophe zu betrachten. In diesem Fall jedoch riß die Schraube

A *Die* IMPERATOR *der Hamburg-Amerika-Linie, die nach dem Kriege die* BERENGARIA *der Cunard Line wurde.*
B *Der deutsche Adler mit dem Motto „Mein Feld ist die Welt" war anfangs die Galionsfigur der* IMPERATOR.
C GRIPSHOLM *(1925).*
D *Erzfrachter.*
1 *Das schwere Erz wurde in besonders konstruierten Laderäumen mittschiffs gefahren.*
2 *Lud das Schiff auch Öl, so kam dieses in besondere Tanks seitlich und unter den Laderäumen.*

SCHIFFE UND MEER

E *Die Erzfrachter um 1920 waren so konstruiert, daß das schwere Erz nur einen Teil der Laderäume füllte. In dem übrigen Raum wurden leichtere Güter wie Phosphat gestaut.*
F *Die zum Transport von Erz in arktischen Gewässern entworfene* STRASSA *(1921).*

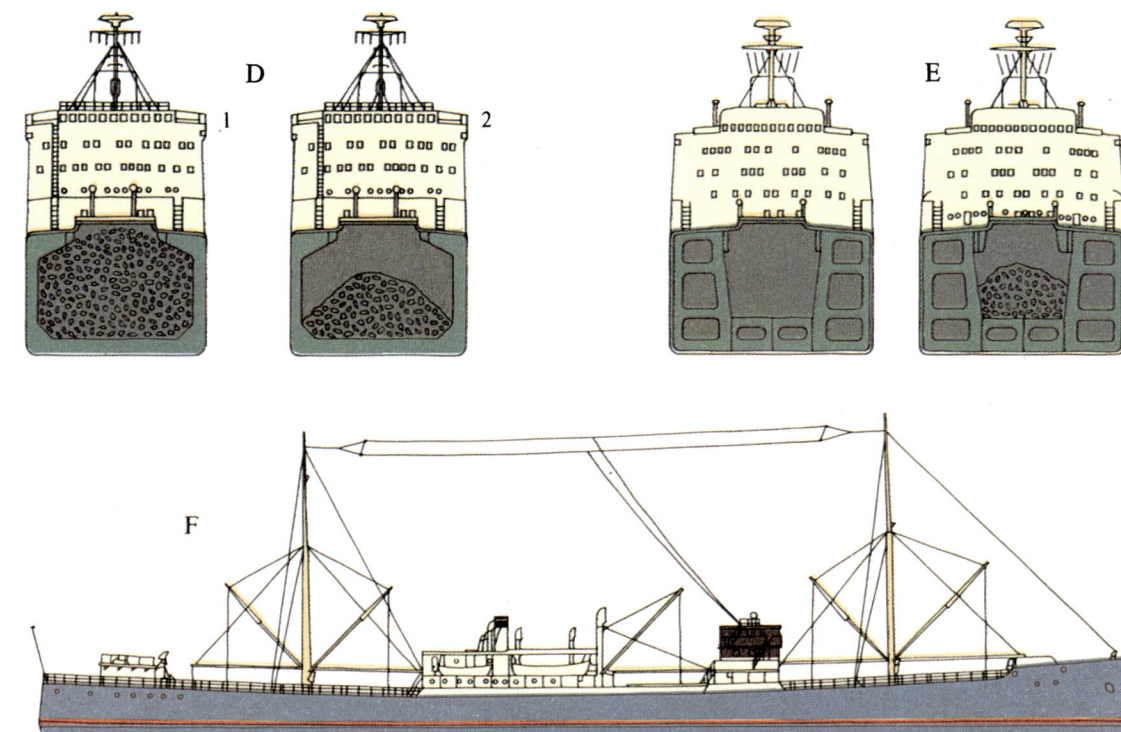

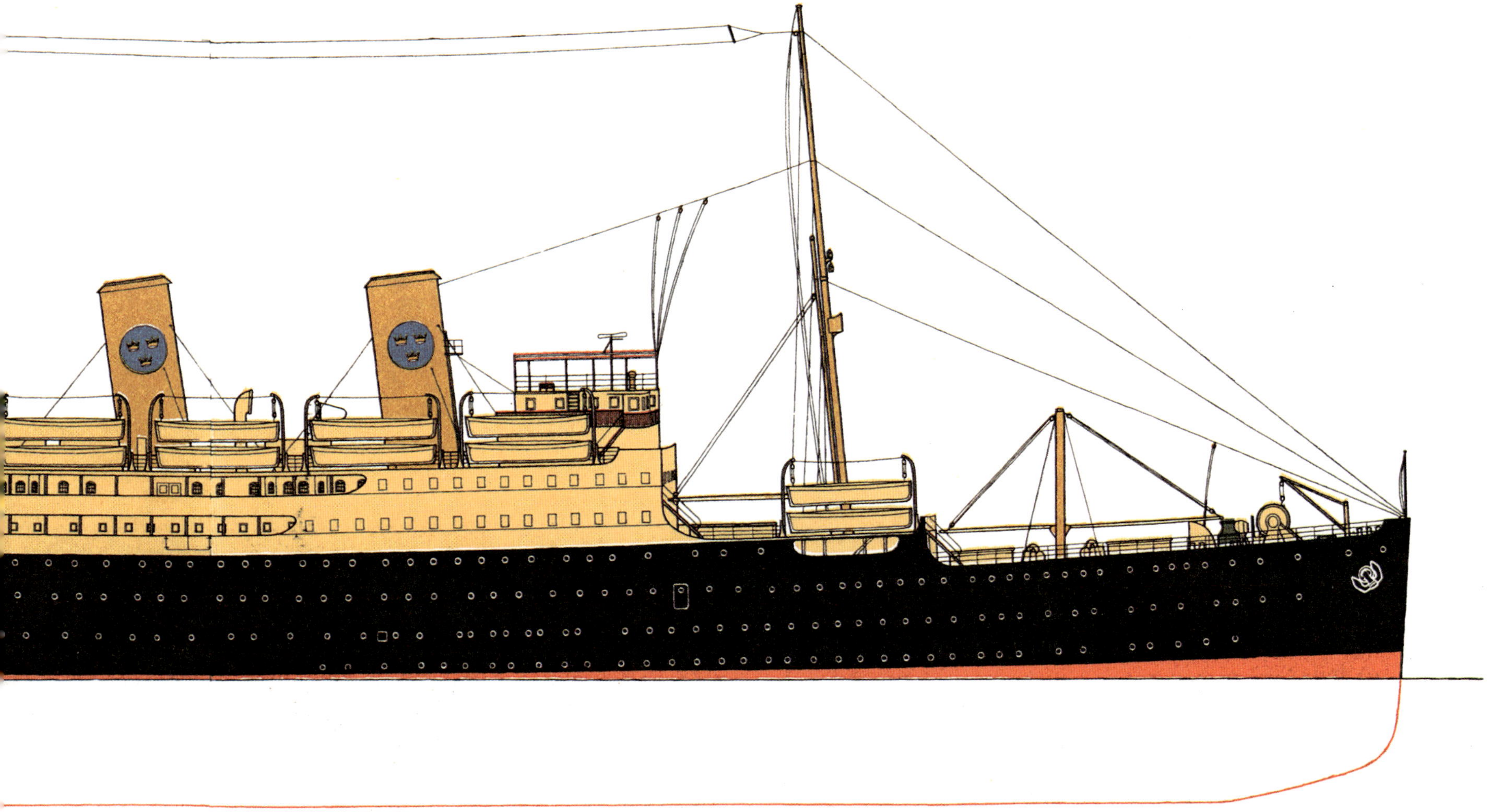

A *1924 kaufte Gustaf Erikson die 1905 gebaute* ARCHIBALD RUSSELL *für seine Flotte an.*
B *Die* KØBENHAVN *(1921), die 1928 mit der gesamten Mannschaft verschollen ist.*
C *Die* BREMEN *(1928), die 1929 der* MAURETANIA *das „Blaue Band" abnahm.*

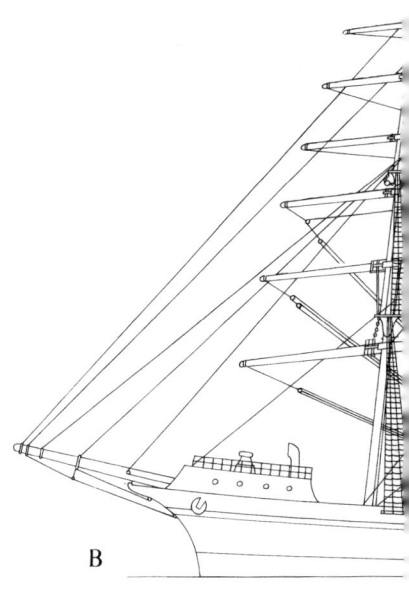

die Welle mit aus dem Wellentunnel, durch den Wasser in das Schiff einbrach, ehe überhaupt ein Alarm gegeben werden konnte. In kürzester Zeit lief das Schiff voll und sank.

1928
Die PENNSYLVANIA, die VIRGINIA und die CALIFORNIA der Panama Pacific Line sind die ersten Passagierschiffe mit turboelektrischem Antrieb.

NOVEMBER 1928
Die der Overseas Steamship Co. in Montreal gehörenden Seatrain Lines richten einen neuen Dienst zwischen New Orleans und Havanna ein. Für diesen Dienst wurde eine große Neuerung eingeführt. Vom Schiff wurden versiegelte Behälter auf Eisenbahnwaggons verladen und erst am Bestimmungsort entladen. Die Seatrain Lines waren damit die Vorläufer der modernen Container-Dienste.

Natürlich waren in Europa schon seit 1849 Eisenbahnwaggons durch Schiffe transportiert worden, als die Edinburgh, Perth and Dundee Railway Co. einen solchen Dienst mit der LEVIATHAN eingerichtet hatte. In Kanada bestand ein ähnlicher Dienst seit 1858 auf den Großen Seen durch die International Buffalo and Lake Huron Railway mit der INTERNATIONAL.

14. DEZEMBER 1928
Die Fünfmastbark KØBENHAVN (1921 BRT), das Schulschiff der Østasiatiske Kompagni, läuft von Buenos Aires nach Melbourne aus. Von dem Schiff traf nie wieder eine Nachricht ein, und man fand auch keinerlei Wrackteile. Es trat damit zu der

großen Zahl verschwundener Schiffe aller Jahrhunderte.

1929
Die MAURETANIA, die über so viele Jahre den Geschwindigkeitsrekord für den Nordatlantik gehalten hat, muß ihren Platz für die BREMEN räumen, die die Hin- und Rückfahrt mit Durchschnittsgeschwindigkeiten von 27,83 bzw. 27,92 kn bewältigt.

1931
Spanien wird Republik. Die Cia. Transatlantica trägt dem durch Umbenennung zweier Schiffe Rechnung: die ALFONSO XIII. (10 551 BRT) wird HABANA, die REINA VICTORIA EUGENIA (10 137 BRT) ARGENTINA.

JUNI 1931 – 26. NOVEMBER 1932
Wohl eines der unglücklichsten Schiffe der modernen Zeit war die 1927 gebaute BERMUDA von Furness Withy in Großbritannien. Bis zum Juni 1931 hatte es kein Unglücksmal getragen. Dann geriet es im Hafen von Hamilton auf den Bermudas in Brand und wurde zu 90% vernichtet. Das Wrack wurde zur Reparatur zu Harland & Wolff nach Belfast geschleppt. Dort war die umfangreiche Wiederherstellung fast vollendet, als am 26. November 1932 erneut ein Brand ausbrach. Diesmal war eine Reparatur unmöglich, und das Schiff wurde zum Abbruch verkauft. Die United Towing Co. sollte das Wrack zur Abbruchwerft schleppen. Während der Überführung durch den Schlepper SEAMAN brach ein Sturm aus, und das Wrack strandete an der schottischen Küste.

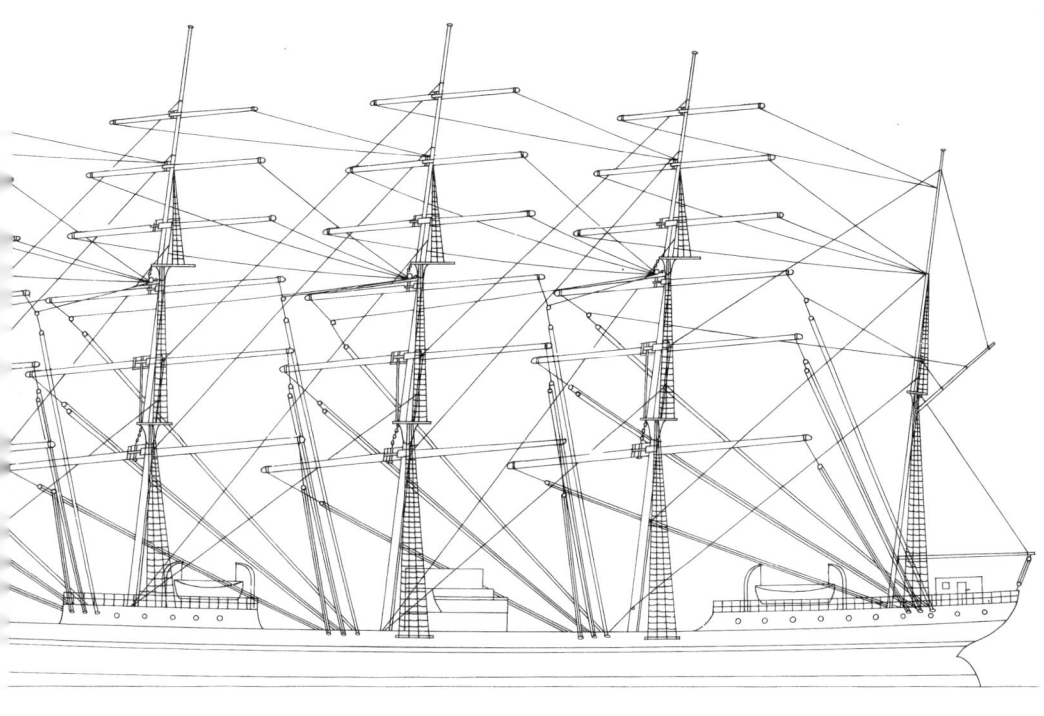

2. JANUAR 1932
Die Depression um 1930 führt zur Bildung der Italia-Flotte Riunite durch Verschmelzung der Cosulich Line, der Lloyd Sabaudo und der Navigazione Generale Italiana. Der neuen Gesellschaft gehören 22 Schiffe.

16. MAI 1932
Die GEORGES PHILIPPAR der Messageries Maritimes gerät vor Cap Gardafui auf der Rückkehr von der Jungfernreise in Brand. 44 Menschen kommen ums Leben. Glücklicherweise befindet sich der sowjetische Tanker SOVETSKAYA NEFT in der Nähe und kann 400 Überlebende bergen. Diese werden später auf das griechische Schiff ATHOS II. übergesetzt und nach Djibouti gebracht.

4. JANUAR 1933
Die L'ATLANTIQUE der Cie. Sud-Atlantique gerät um 02.30 morgens 22 sm westlich Guernsey in Brand. Um 08.00 gibt der Kapitän den Befehl zum Verlassen des Schiffes in der Überzeugung, das Schiff sei verloren. Zum Unglück für die Reederei wird es dann aber doch geborgen. Um das Wrack entsteht ein langandauernder Streit. Nach vielen Prozessen wird es schließlich zwei Jahre nach dem Brand in Port Glasgow abgewrackt.

AUGUST 1933
Die REX der Italia gewinnt das „Blaue Band". Sie benötigt von Gibraltar bis New York 4 Tage, 13 Stunden und 58 Minuten bei einer Durchschnittsge-

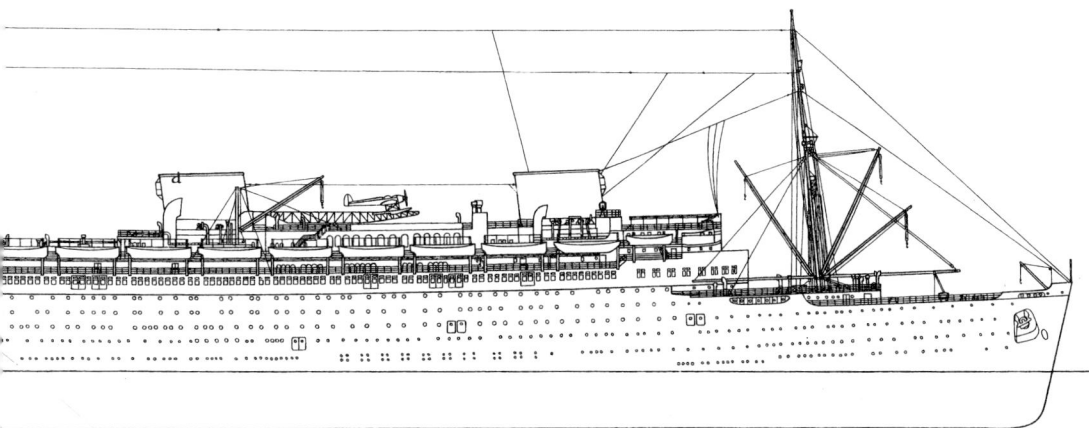

SCHIFFE UND MEER

A *Die* QUEEN MARY *(1934) gewinnt 1936 und wiederum 1938 das „Blaue Band". Während des 2. Weltkrieges wurde das Schiff als Truppentransporter eingesetzt. Es konnte bei einer Reise 15 000 Mann befördern. Nachdem es mehr als 500 000 sm im Kriegsdienst zurückgelegt hatte, wurde es 1947 wieder in der Nordatlantikfahrt eingesetzt. Die* QUEEN MARY *ist jetzt in LongBeach, Kalifornien, als Hotelschiff und Museum verankert.*
B *Einer der Stabilisatoren der* QUEEN MARY.

schwindigkeit von 28,92 kn. Damit ist sie das erste italienische Schiff, das diese Trophäe erringt.

1934
Eine Auswirkung der Weltwirtschaftskrise ist, daß viele Schiffe abgewrackt werden, die normalerweise noch viele Jahre im Dienst geblieben wären. So läßt die Atlantic Transport Line die MINEWASKA und die MINNETONKA, beide 22 000 BRT groß, 1934 verschrotten. Beide Schiffe sind erst zehn Jahre alt. Auch die Gesellschaft muß als Folge der Krise 1936 aufgelöst werden.

In England spürt die White Star Line die Auswirkungen dieser Krise. Sie stößt vier Schiffe ab, eine kleine Zahl, vergleicht man sie mit den 20 Schiffen mittlerer Größe, die in Italien aufgelegt werden mußten. Ein ähnliches Schicksal traf viele gute Schiffe der großen Seefahrtsnationen.

APRIL 1934
Einen kleinen Hoffnungsschimmer möglicher wirtschaftlicher Besserung bringt die Entscheidung zur Wiederaufnahme des Baus der QUEEN MARY für die Cunard Line. Dies war jedoch nur mit finanzieller Unterstützung des Staates möglich.

Die QUEEN MARY war im Mai 1930 auf der Werft von John Brown am Clyde auf Stapel gelegt worden. Ein Jahr später geriet dieser Prestigebau in die Auswirkungen der Depression. Im Dezember 1933 entschied sich die Regierung zur Zahlung eines Zuschusses in Höhe von 3 Millionen Pfund mit der Maßgabe, daß weitere 5 Millionen Pfund gezahlt würden, falls das geplante Schwesterschiff auch gebaut werde. Um eine wirtschaftliche Betriebsführung zu erreichen, wurden die Cunard Line und die White Star Line zur Fusion gezwungen.

26. SEPTEMBER 1934
Königin Mary von England tauft die QUEEN MARY.

SCHIFFE UND MEER

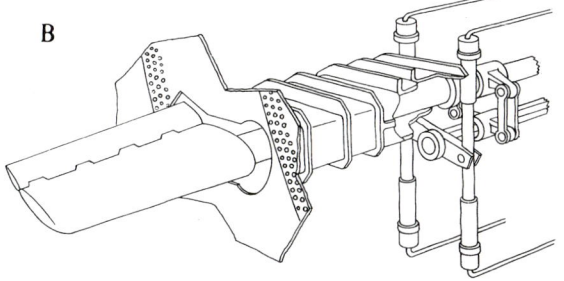

1935
Das deutsch-britische Flottenabkommen wird unterzeichnet. Es erlaubt Deutschland den Wiederaufbau seiner Flotte. Die deutsche Regierung stellt hierfür schließlich den Z-Plan auf, der den Bau von sechs Schlachtschiffen von je 45 000 t vorsieht. Bei Kriegsausbruch wird er praktisch aufgegeben und schließlich der U-Boot-Bau bevorzugt. Deutsche Marineexperten äußern später die Meinung, daß diese Verzögerung des U-Boot-Baues den Sieg gekostet hätte. Hundert U-Boote mehr hätten nach ihrer Ansicht eine Entscheidung zu Deutschlands Gunsten herbeiführen können.

27. MAI 1936
Auf ihrer Jungfernreise erreicht die QUEEN MARY noch keine Rekordgeschwindigkeiten, jedoch auf späteren Reisen im August. Von Bishop's Rock bis zum Ambrose-Feuer (2907 sm) benötigt sie 4 Tage und 27 Minuten, d. h. sie erreicht eine Durchschnittsgeschwindigkeit von 30,14 kn.

17. JULI 1937
Die erste Reise der DELIUS von Lamport and Holt findet statt. Es ist dies das erste Schiff, bei dem Brücke, Funkraum und Funkerkabine in den Schornstein eingebaut sind.

SCHIFFE UND MEER

1938

Die Greek Line wird gegründet. Die kleine Reederei kauft die TUSCANIA der Anchor Line, benennt sie in NEA HELLAS um und setzt sie Anfang 1939 zwischen Piräus und New York ein. Dies war eines der letzten Ereignisse auf dem Gebiet der Handelsschiffahrt, bevor sie erneut von den Gefahren eines Krieges bedroht wurde.

6. MÄRZ 1938

Der schwerste Verlust des spanischen Bürgerkrieges (1936–1939) ist die Torpedierung des Schweren Kreuzers BALEARES (10 670 t).

DER 2. WELTKRIEG
3. SEPTEMBER 1939 – 14. AUGUST 1945

Der 2. Weltkrieg bricht aus. Das erste Schiff, das verlorengeht, ist der deutsche Zerstörer LEBERECHT MAASS, der am 2. September Treffer durch die polnische 15-cm-Batterie auf Hela erhält.

3. SEPTEMBER 1939

Um 21.00 versenkt U 30 unter Oberleutnant z. See Lemp den Passagierdampfer ATHENIA der Donaldson Line, den er irrtümlich für einen Hilfskreuzer hält. 112 Menschen, darunter 28 Amerikaner, kommen um. In den USA entsteht große Erregung in der Öffentlichkeit über diese Wiederholung der Geschichte.
Kapitän z. See Dönitz, der Führer der Unterseeboote, verfügt bei Kriegsausbruch über 57 Boote, von denen 26 Hochseeboote, der Rest Küstenboote sind. Davon kann jedoch stets nur ein Drittel am Feind stehen. Das zweite Drittel befindet sich auf dem An- und Abmarsch, das dritte in den Stützpunkten und bei einer Überholung.

5. SEPTEMBER 1939

Die amerikanische Regierung verabschiedet die Neutralitätsakte. Danach werden alle Passagierschiffs-Abfahrten nach England, Frankreich und Deutschland eingestellt. Die Abfahrten nach Italien waren hiervon ausgenommen, und dies ermöglichte den amerikanischen Linien, weiterhin einen Dienst nach Europa aufrechtzuerhalten, wobei Genua der europäische Abgangshafen war. Um die Bestimmungen der Neutralitätsakte zu umgehen, transferierte die United States Line acht ihrer Schiffe zur Société Maritime Anversoie zum Einsatz unter belgischer Flagge, was legal möglich war.

14. SEPTEMBER 1939

U 39 wird nach einem durch Torpedoversager mißlungenen Angriff auf den Flugzeugträger ARK ROYAL von den Begleitzerstörern versenkt.

17. SEPTEMBER 1939

U 29 unter Kapitänleutnant Schuhart versenkt den Flugzeugträger COURAGEOUS westlich Irland. Captain Makeig-Jones und 518 Mann der Besatzung fallen, 682 Männer werden von der VEENDAM der Holland-America Lijn gerettet.

26. SEPTEMBER 1939

Eine Ju 88 unter dem Gefreiten Adolf Francke erzielt einen Nahtreffer bei der ARK ROYAL, die unter einer

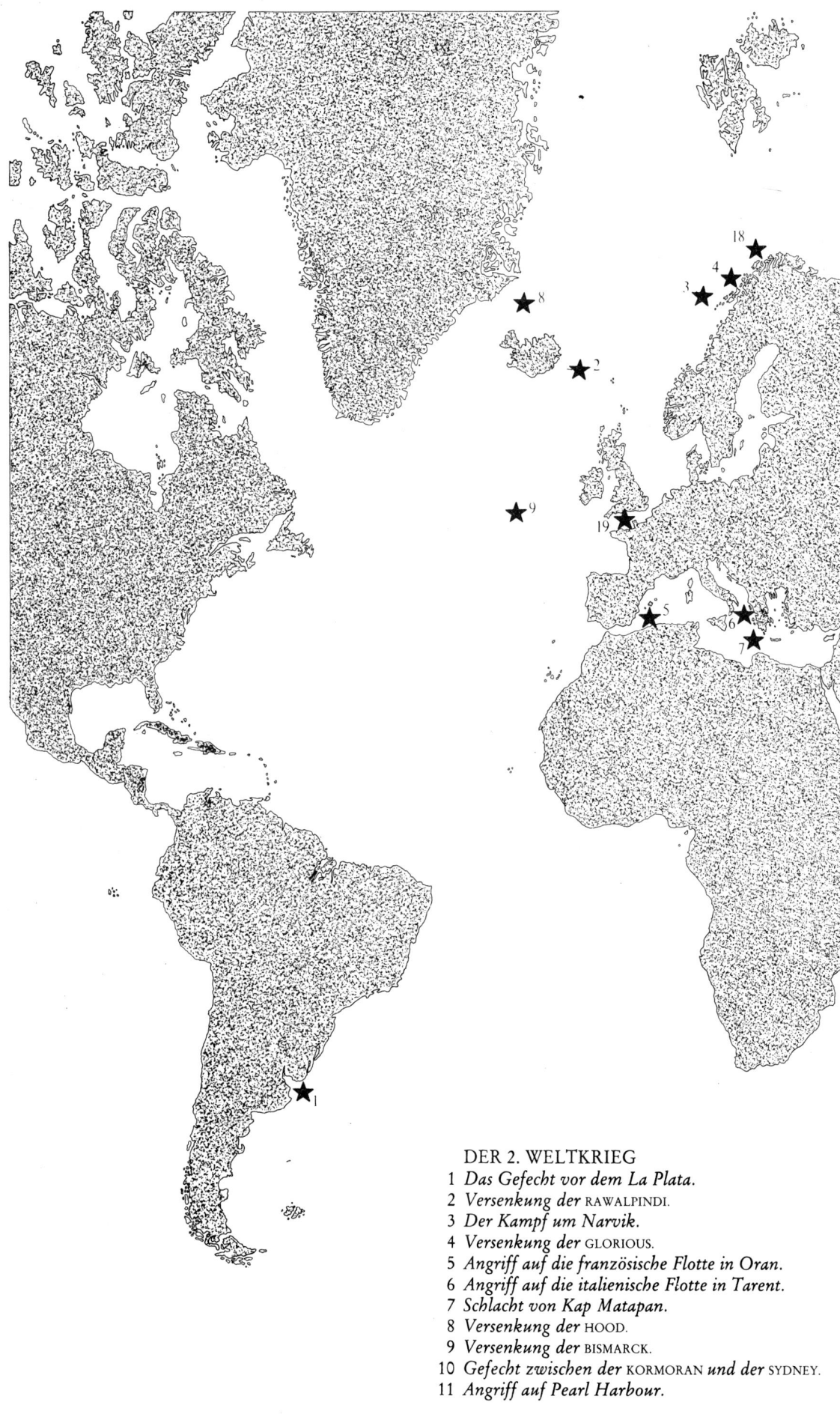

DER 2. WELTKRIEG
1 Das Gefecht vor dem La Plata.
2 Versenkung der RAWALPINDI.
3 Der Kampf um Narvik.
4 Versenkung der GLORIOUS.
5 Angriff auf die französische Flotte in Oran.
6 Angriff auf die italienische Flotte in Tarent.
7 Schlacht von Kap Matapan.
8 Versenkung der HOOD.
9 Versenkung der BISMARCK.
10 Gefecht zwischen der KORMORAN und der SYDNEY.
11 Angriff auf Pearl Harbour.

12 Versenkung der REPULSE *und der* PRINCE OF WALES.
13 *Schlacht in der Java-See.*
14 *Schlacht im Korallenmeer.*
15 *Schlacht von Midway.*
16 *Schlacht bei den Salomonen.*
17 *Schlacht um Guadalcanal.*
18 *Versenkung der* SCHARNHORST.
19 *Invasion in der Normandie.*
20 *Seeschlacht bei den Philippinen.*
21 *Schlacht von Leyte.*
22 *Versenkung der* YAMATO.

hohen Wassersäule verschwindet. Er meldet einen vermutlichen Treffer auf dem Träger. Da ein Aufklärer später nur drei Schiffe, darunter aber keinen Flugzeugträger, erfaßt, wird die Versenkung des Schiffes gemeldet. Tatsächlich aber war dies ein anderer Verband, und der Träger blieb unbeschädigt.

14. OKTOBER 1939
U 47 unter Kapitänleutnant Günther Prien dringt in den Stützpunkt Scapa Flow ein und torpediert das Schlachtschiff ROYAL OAK. Dieses kentert, wobei 833 Mann den Tod finden.

NOVEMBER 1939
Durch die neuen deutschen Magnetminen werden 27 Handelsschiffe und der Zerstörer BLANCHE versenkt, der Kreuzer BELFAST schwer beschädigt. Eine der Minen kann geborgen werden und durch eine Minen-Eigenschutz-Anlage, die das Magnetfeld der Schiffe neutralisiert, ein Gegenmittel gefunden werden.

NOVEMBER 1939
Das deutsche Panzerschiff DEUTSCHLAND wird in LÜTZOW umbenannt, um einem alliierten Propagandafeldzug bei einer eventuellen Versenkung des Schiffes vorzubeugen.

NOVEMBER 1939
Das Panzerschiff ADMIRAL GRAF SPEE versenkt neun britische Handelsschiffe. Unter dem Kommando von Kapitän z. See Hans Langsdorff ist es elf Tage vor Ausbruch des Krieges aus Wilhelmshaven in den Südatlantik ausgelaufen.
Die britische Force H wird von der Admiralität zur Jagd auf das Schiff angesetzt. Sie besteht aus den Kreuzern AJAX, EXETER und ACHILLES unter dem Oberbefehl von Commodore Henry Harwood.

23. NOVEMBER 1939
Der Hilfskreuzer RAWALPINDI unter dem Kommando von Captain E. C. Kennedy wird von der SCHARNHORST und der GNEISENAU versenkt. 38 Überlebende können geborgen werden.
1939 und 1940 werden insgesamt 56 englische Schiffe, vor allem große Passagierschiffe, als Hilfskreuzer ausgerüstet.

13. DEZEMBER 1939
Gefecht vor der La-Plata-Mündung. Die drei britischen Kreuzer treffen mit der ADMIRAL GRAF SPEE vor der Flußmündung zusammen. Die EXETER wird schwer beschädigt, kann jedoch durch Torpedoangriff das deutsche Schiff zu Ausweichmanövern zwingen. Die englischen Kreuzer versuchen, das deutsche Schiff in die Zange zu nehmen. Nach anderthalbstündigem Gefecht haben sie 20 Treffer auf dem Panzerschiff erzielt, doch auch die gesamte schwere Artillerie der EXETER ist ausgefallen.
Da auf Grund der erlittenen Schäden ein sofortiger Durchbruch in die Heimat nicht möglich war, lief Langsdorff, beschattet von AJAX und ACHILLES, Montevideo an. Die EXETER mußte mit 35 Toten die Falklandinseln anlaufen. In Montevideo erhält die ADMIRAL GRAF SPEE drei Tage Zeit für Reparaturen. Langsdorff entschließt sich zu einem Durchbruch

nach Buenos Aires, wird aber durch das Auslaufen eines britischen Frachters nach internationalem Recht für 24 Stunden an den Hafen gefesselt.

17. DEZEMBER 1939
Um 18.15 läuft die ADMIRAL GRAF SPEE, gefolgt von dem Frachter TACOMA der HAPAG, aus. An der Grenze der Dreimeilenzone stoppt Langsdorff und versenkt sein Schiff. Die Mannschaft wird von der TACOMA nach Buenos Aires gebracht.

16. FEBRUAR 1940
Der Versorger der ADMIRAL GRAF SPEE, die ALTMARK, erreicht mit 299 britischen Gefangenen an Bord norwegische Gewässer. Der britische Zerstörer COSSACK folgt ihr und entert das Schiff in neutralen Gewässern. Alle Gefangenen werden befreit. Von norwegischer Seite wird hierbei nicht eingegriffen.

27. FEBRUAR 1940
Das größte je gebaute Passagierschiff, die QUEEN ELIZABETH, wird bei John Brown am Clyde fertiggestellt. Um sie gegen Luftangriffe zu schützen, wird sie insgeheim nach New York entsandt. Auf dieser Reise trifft sie ihre Namensvetterin, das Schlachtschiff QUEEN ELIZABETH.
Das Schiff wurde zum Truppentransporter umgebaut und konnte 15 000 Mann transportieren. Es war bis zum Februar 1946 zu diesem Zweck eingesetzt.

6. APRIL 1940
Die deutsche Besetzung Norwegens beginnt und kommt damit einem gleichen Plan der Aliierten, der nur Tage später verwirklicht werden sollte, zuvor. Die Schlachtschiffe SCHARNHORST und GNEISENAU gehen als Deckung nordwärts, während die ADMIRAL HIPPER und 14 Zerstörer zunächst nach Drontheim, LÜTZOW, BLÜCHER und EMDEN nach Oslo laufen.

8. APRIL 1940
Am Tage vor der Landung trifft der Schwere Kreuzer ADMIRAL HIPPER auf den englischen Zerstörer GLOW-WORM und versenkt ihn, nachdem er selbst gerammt worden ist und eine etwa 35 m lange Beschädigung am Bug davongetragen hat.
Am gleichen Tage verminen die Engländer die norwegischen Gewässer auf der Marschroute der deutschen Schiffe. Das polnische U-Boot ORZEL versenkt den deutschen Transporter RIO DE JANEIRO.

9. APRIL 1940
In schwerer See treffen SCHARNHORST und GNEISENAU auf der Höhe von Narvik auf die RENOWN. Es kommt zu einem ergebnislosen Artilleriegefecht. Inzwischen hatte die ADMIRAL HIPPER Drontheim, KÖLN und KÖNIGSBERG Bergen besetzt. Beim Einlaufen nach Oslo wird die BLÜCHER in der Dröback-Enge torpediert und geht unter. Das britische U-Boot TRUANT versenkt den Kreuzer KARLSRUHE vor Kristiansand.
Bei Einbruch der Dunkelheit hat Norwegen kapituliert. Dänemark erleidet am gleichen Tage das gleiche Schicksal.

10. APRIL 1940
Skua-Sturzbomber der ARK ROYAL versenken in Bergen den Kreuzer KÖNIGSBERG. Es ist das erste

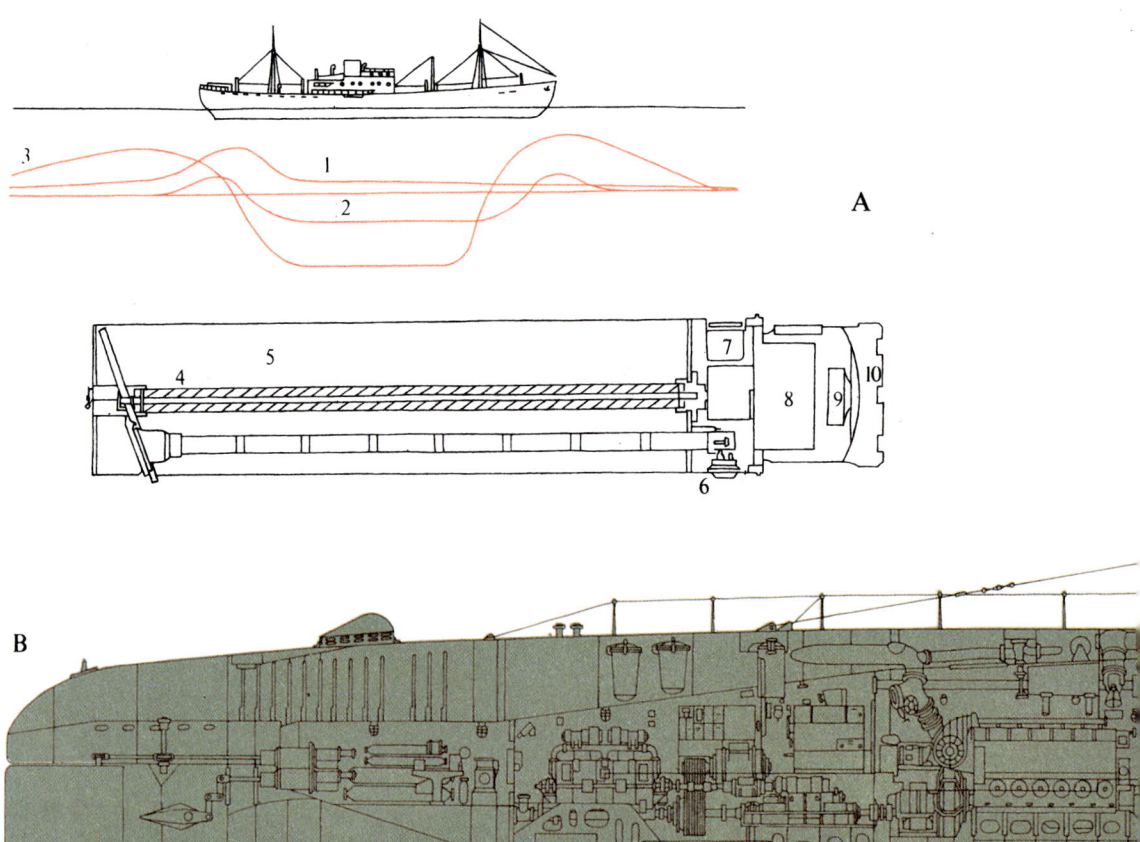

große Kriegsschiff, das auf diese Weise verlorengeht. Die Engländer erkennen die Bedeutung dieser Tatsache nicht, wohl aber die Deutschen und die Japaner. Am selben Tag findet das erste Gefecht um Narvik statt. Die englischen Zerstörer HARDY, HUNTER, HAVOCK, HOTSPUR und HOSTILE laufen in den Fjord ein und greifen die zahlenmäßig überlegenen deutschen Zerstörer an. Hierbei wird die ANTON SCHMITT versenkt und DIETER VON ROEDER, GEORG THIELE, BERND VON ARNIM und HANS LÜDEMANN beschädigt. Die HERMANN KÜNNE hat Maschinenschaden. Der Führer der Zerstörer, Kommodore Bonte, fällt auf der WILHELM HEIDKAMP, die versenkt wird.
Auch die Engländer haben schwere Verluste. Die HARDY und die HUNTER sinken, und Captain Warburton-Lee, der Führer des Verbandes, fällt.

13. APRIL 1940
Drei Tage später kommt es zum zweiten Kampf um Narvik. Das Schlachtschiff WARSPITE, begleitet von Zerstörern, versenkt acht deutsche Zerstörer, darunter alle obengenannten, die den ersten Kampf überlebt hatten. U 64 wird getaucht von einem Flugzeug versenkt. Der britische Zerstörer COSSACK läuft auf Grund, kann aber schließlich abgeschleppt werden.

26. MAI–21. JUNI 1940
Nach der Überwältigung Frankreichs durch deutsche Truppen werden 338 000 alliierte Soldaten aus Dünkirchen evakuiert. Jedes Schiff unter 1000 BRT von Weymouth im Südwesten bis Harwich im Südosten wird dazu einschließlich vieler Binnen-Motorboote herangezogen. Nur 2000 Mann kommen bei der Überführung um.

8. JUNI 1940
Die englischen und französischen Einheiten beenden die Evakuierung Norwegens am 7. Juni. Auf dem Weg in die Heimat wird der Träger GLORIOUS von der SCHARNHORST und der GNEISENAU überrascht und mit den Begleitzerstörern ARDENT und ACASTA versenkt.

3. JULI 1940
Die britische Flotte greift die französische unter Admiral Gensoul in Oran in Nordafrika an, um eine Übernahme durch Deutschland zu verhindern. Wäre die französische Flotte zu den Engländern übergegangen, wäre Frankreich zweifellos deutschen Repressalien ausgesetzt gewesen.
Die Engländer fordern die Demobilisierung und Neutralisierung der französischen Flotte. Admiral Gensoul befiehlt seinen Schiffen, zum Gefecht auszulaufen. Um 18.00 beginnt der britische Angriff. 16 Minuten später ist er vorüber. Nur dem Schlachtschiff STRASBOURG gelingt das Entkommen nach Toulon. Die BRETAGNE sinkt, die DUNKERQUE wird

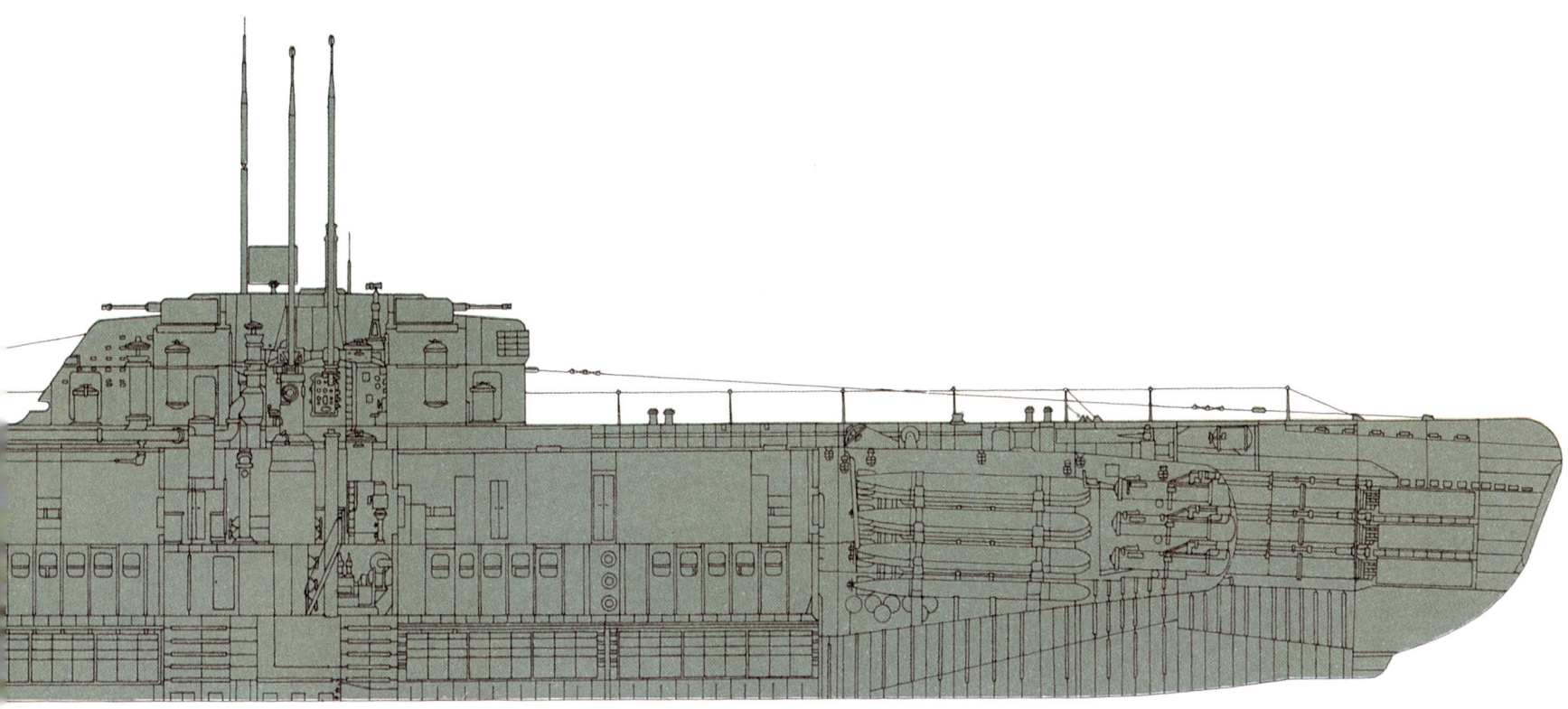

schwer beschädigt, und die PROVENCE gerät brennend auf Grund. Durch einen Volltreffer und anschließende Minenexplosion verliert der Flottillenführer MOGADOR das Heck. 1300 französische Seeleute kommen ums Leben.

19. JULI 1940
Der australische Kreuzer SYDNEY schießt den italienischen Kreuzer BARTOLOMEO COLLEONI manövrierunfähig, der dann mit Torpedoschüssen von den Zerstörern ILEX und HYPERION nordwestlich Kreta versenkt wird.

13. SEPTEMBER 1940
Auf dem Ellerman-Liner CITY OF BENARES befinden sich 90 englische Kinder, die nach Kanada evakuiert werden sollen. Auf dem Wege dorthin wird die CITY OF BENARES torpediert. Nur 13 Kinder können gerettet werden.

5. NOVEMBER 1940
Das deutsche Panzerschiff ADMIRAL SCHEER sichtet im mittleren Atlantik den Konvoi HX 84. Um den Handelsschiffen Zeit zum Zerstreuen zu geben, legt der Hilfskreuzer JERVIS BAY einen Rauchschleier und läuft dem Panzerschiff entgegen. Er wird versenkt, doch kann die ADMIRAL SCHEER nur noch fünf Schiffe des Konvois vernichten.

11. NOVEMBER 1940
Die italienische Schlachtflotte wird im Hafen von Tarent durch 21 Swordfish-Torpedoflugzeuge angegriffen, die von den Flugzeugträgern ILLUSTRIOUS und EAGLE gestartet sind. Das Schlachtschiff CONTE DI CAVOUR sinkt, und zwei andere werden außer Gefecht gesetzt.

8. MÄRZ 1941
U 47, das von einem der bedeutendsten deutschen U-Boot-Kommandanten, Günther Prien, geführt wird, wird von dem Zerstörer WOLVERINE beim Angriff auf das Geleit OB 293 versenkt.

17. MÄRZ 1941
U 99 und U 100 unter dem Kommando der U-Boot-Asse Otto Kretschmer und Joachim Schepke werden von den Zerstörern VANOC und WALKER versenkt.

28./29. MÄRZ 1941
Das Nachtgefecht von Kap Matapan findet statt. Die italienische Flotte unter Admiral Angelo Jachino auf dem Schlachtschiff VITTORIO VENETO trifft auf die britische Mittelmeerflotte mit den Schlachtschiffen BARHAM, VALIANT und WARSPITE. Der Schirm der Luftwaffe ist unzureichend, so daß Trägerflugzeuge der FORMIDABLE Treffer auf der VITTORIO VENETO und

A *Die Magnetmine (oder Akusto-Magnetmine) des 2. Weltkrieges.*
1 *Veränderung des Erdmagnetfeldes unter einem Schiff mit permantem Magnetismus (1) bzw.*
2 *mit Minen-Eigenschutz (2).*
3 *Schalldruckkurve.*
4 *Induktionsspule.*
5 *Sprengladung.*
6 *Zünder mit Zündsatz.*
7 *Sicherung.*
8 *Instrumentenbehälter (mit Relais, Zählkontakt etc.).*
9 *Akustische Anlage.*
10 *Fallschirmbehälter.*
B *Deutsches U-Boot vom Typ XXI im 2. Weltkrieg.*

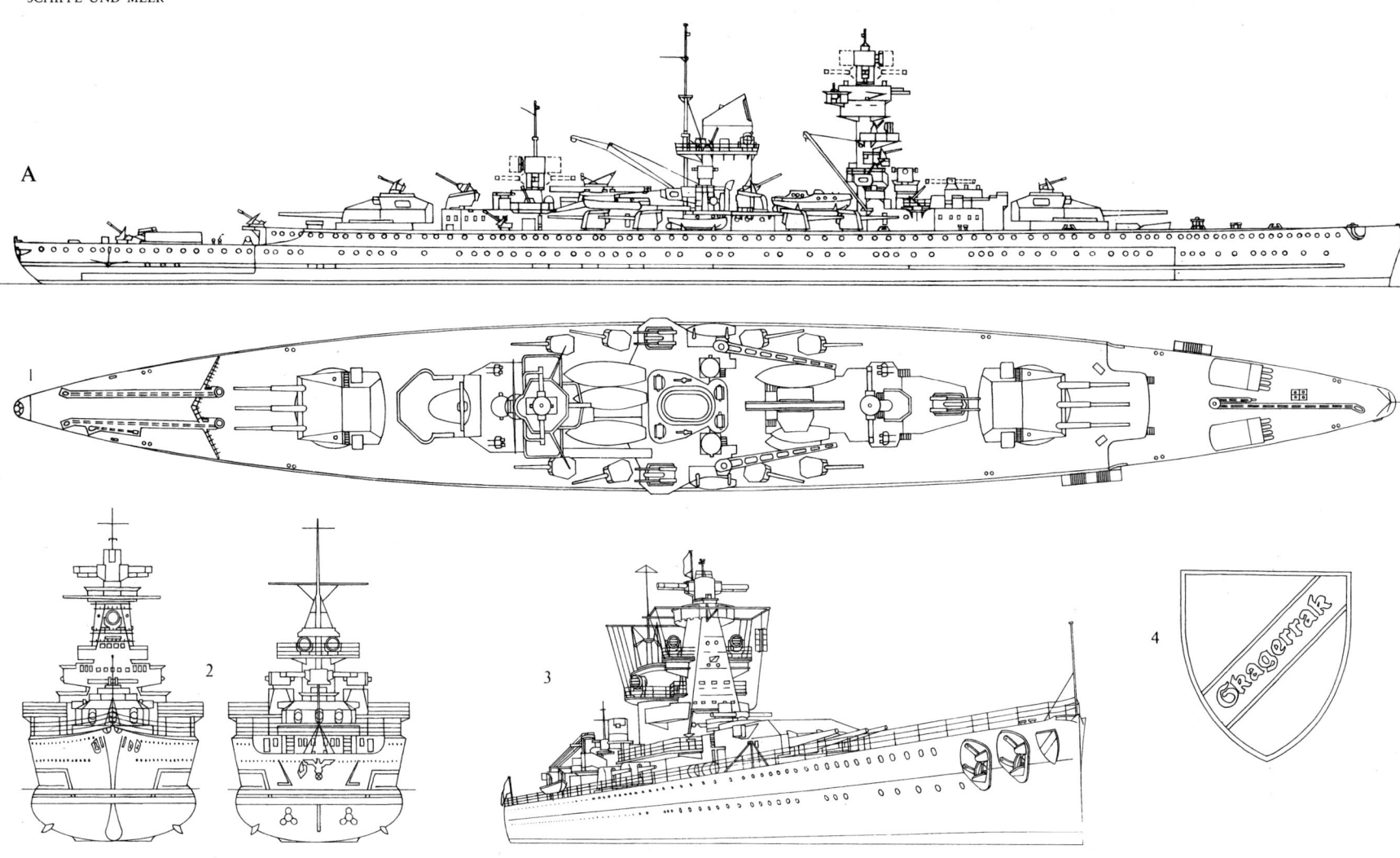

dem Kreuzer POLA erzielen können, der stoppen muß.
Die italienische Flotte bricht den Kampf ab und zieht sich zurück, wobei die Kreuzer ZARA und FIUME zum Schutz der POLA zurückgelassen werden. Alle drei Kreuzer und die Zerstörer GIOSUÈ CARDUCCI und VITTORIO ALFIERI werden versenkt.

22. MAI 1941
Ein Aufklärer der britischen Flotte stellt fest, daß sich die BISMARCK, das größte und stärkste existierende Schlachtschiff, und der Schwere Kreuzer PRINZ EUGEN nicht mehr im Korsfjord bei Bergen befinden. Die Admiralität alarmiert alle Verbände.

23. MAI 1941
Die patrollierenden Kreuzer SUFFOLK und NORFOLK sichten die BISMARCK und die PRINZ EUGEN in der Dänemarkstraße vor Grönland. Die BISMARCK feuert auf die NORFOLK, ohne sie zu treffen.

24. MAI 1941
Das Schlachtschiff PRINCE OF WALES trifft zusammen mit dem größten Schlachtkreuzer der britischen Flotte, der HOOD, ein. Auf 222 Hektometer eröffnet die HOOD das Feuer auf die PRINZ EUGEN, das deutsche Spitzenschiff, während die PRINCE OF WALES ihr Feuer auf die BISMARCK konzentriert. Ein Treffer der PRINZ EUGEN verursacht auf der HOOD einen Brand. Die BISMARCK, die im 22-Sekunden-Takt feuert, konzentriert ihr Feuer auf die HOOD, die mit einer gewaltigen Explosion sinkt. Nur drei der 1419 Mann Besatzung können gerettet werden. Jedoch auch die BISMARCK ist getroffen worden. Ihre Geschwindigkeit ist herabgesetzt, und sie hinterläßt eine Ölspur. Admiral Lütjens läßt Kurs auf St. Nazaire, den einzigen Atlantikhafen mit hinreichend großem Dock, nehmen. PRINZ EUGEN wird zu getrennter Operation entlassen.

25. MAI 1941
Auf der BISMARCK kann man noch immer die Radarechos der verfolgenden englischen Schiffe wahrnehmen. Man nimmt daher irrtümlich an, noch im britischen Ortungsbereich zu sein, obwohl die schwächeren Echos von den englischen Schiffen nicht mehr aufgenommen werden können, und setzt einen langen Funkspruch ab, der angepeilt wird. Tatsächlich hatte man auf den englischen Schiffen schon sechs Stunden zuvor den Kontakt verloren und suchte verzweifelt, ihn wiederherzustellen.

26. MAI 1941
Swordfish-Torpedoflugzeuge der ARK ROYAL werden gestartet und greifen bei unsichtigem Wetter ein Schiff an. Elf Torpedos mit Magnetzündern werden abgeworfen, bevor die Piloten erkennen, daß es sich bei dem angegriffenen Schiff um die SHEFFIELD handelt. Glücklicherweise detonieren fünf Torpedos zu früh, und die übrigen gehen fehl.
Nach Rückkehr werden die Flugzeuge aufgetankt und mit neuen Torpedos versehen und greifen bei einem zweiten Einsatz das richtige Schiff an. Der 14. Torpedo trifft die BISMARCK mittschiffs ohne Wirkung, doch der 15. zerstört die Ruderanlage und blockiert das Ruder in Hartlage steuerbord. Damit kann das Schiff nur noch unzulänglich mit den Schrauben gesteuert werden. U 556 im gleichen Seegebiet kann keine Hilfe leisten, da es sich bereits verschossen hat.

27. MAI 1941
Um 08.47 beginnt der Angriff der Schlachtschiffe RODNEY und KING GEORGE V. mit Unterstützung durch den Schlachtkreuzer REPULSE und die Kreuzer NORFOLK und DEVONSHIRE. Um 10.40 ist er beendet – die BISMARCK legt sich auf die Seite und sinkt.

27. SEPTEMBER 1941
Das erste Liberty-Schiff, die PATRICK HENRY, läuft vom Stapel. Das Liberty-Schiff war ein Äquivalent zu den Standardschiffen des 1. Weltkrieges und aus demselben Grund entworfen worden: die Verluste durch den U-Boot-Krieg auszugleichen. Ende 1940

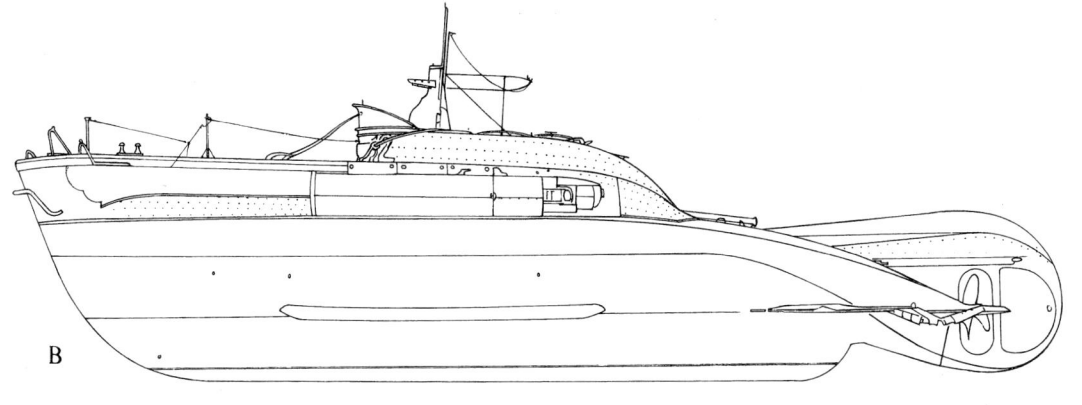

A *Das deutsche Panzerschiff* ADMIRAL SCHEER, *wie es 1945 aussah*.
 1 *Draufsicht*.
 2 *Bug- und Heckansicht der Originalausführung, 1936*.
 3 *Ansicht von Steuerbord, 1936*.
 4 *Das Bugwappen der* ADMIRAL SCHEER.
B *Italienisches Kleinst-U-Boot der Klasse CB (1941–43)*.
C *Der zweite britische Flugzeugträger* ARK ROYAL *(1950)*.
D *Swordfish-Torpedoflugzeug der ersten* ARK ROYAL.

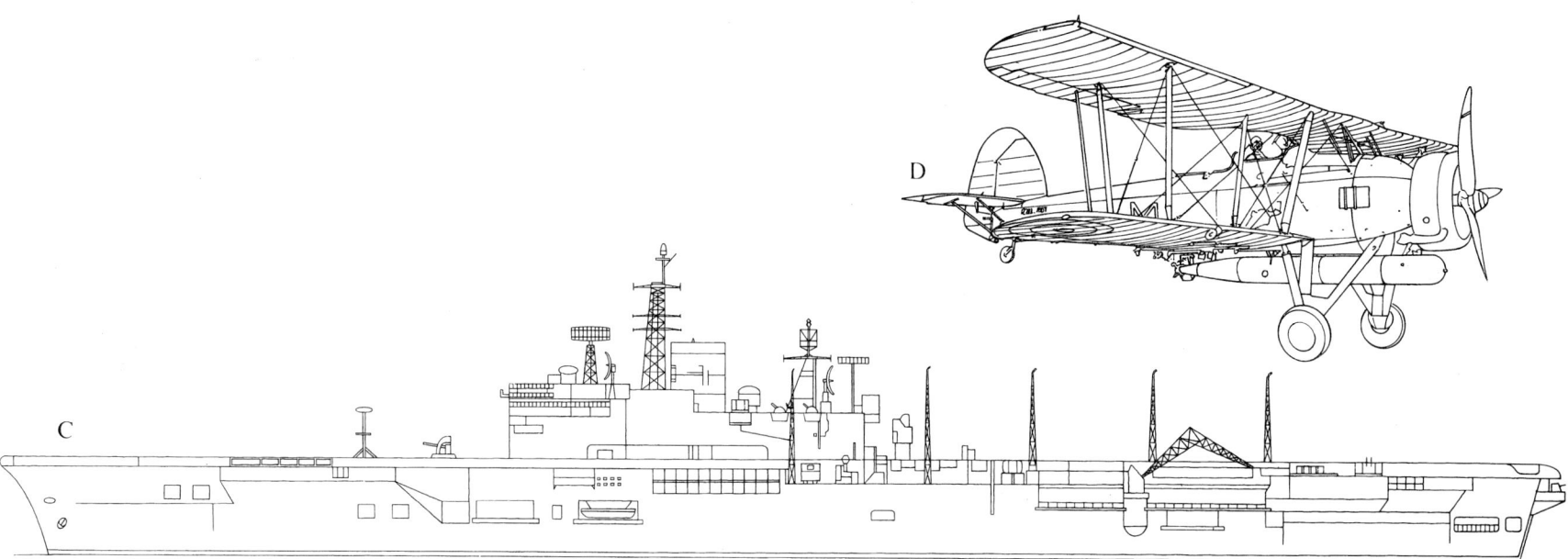

hatte die englische Merchant Shipping Commission die USA besucht und 86 Schiffe bestellt. Ursprünglich war die Lieferung von 50 Schiffen pro Jahr geplant. Die kanadische Regierung bestellte 450 Einheiten, und schließlich stieg die Zahl der gelieferten Liberty-Schiffe auf 2710.

12. NOVEMBER 1941

Die britischen Flugzeugträger ARK ROYAL und ARGUS verstärken die Abwehr Maltas, indem sie Flugzeuge in Flugreichweite heranführen. Sieben Blenheim-Bomber und 37 Hurricans landen sicher in Malta.

13./14. NOVEMBER 1941

Um 15.40 wird die ARK ROYAL von U 81 unter Kapitänleutnant Guggenberger torpediert. Mit schwerer Schlagseite wird sie von den Schleppern THAMES und ST. DAY in Schlepp genommen. Die Schlagseite nimmt jedoch immer mehr zu, bis das Schiff um 06.13 sinkt.

19. NOVEMBER 1941

Der deutsche Hilfskreuzer KORMORAN trifft 150 sm westlich Australiens auf den australischen Kreuzer SYDNEY. Um einem Gefecht auszuweichen, gibt sich der Hilfskreuzer als niederländisches Schiff STRAAT MALAKKA aus. Während er sich langsam nähert, fordert der Kreuzer das geheime Erkennungssignal.

Daraufhin eröffnet die KORMORAN das Feuer. Auf eine Entfernung von 900 m kommt der Kreuzer nicht mehr dazu, wirkungsvoll zu antworten, und wird von einem Torpedo im Vorschiff getroffen. Nach einem vergeblichen Rammversuch kommt er brennend außer Sicht und sinkt später. Auf der KORMORAN kann ein Ölbrand nicht mehr gelöscht werden, so daß das Schiff aufgegeben werden muß. Die deutsche Besatzung erreicht in den Booten das australische Festland. Auf der SYDNEY gibt es keine Überlebenden.

25. NOVEMBER 1941

U 331 trifft die BARHAM mit drei Torpedos mittschiffs auf kurze Entfernung. Das Schlachtschiff kentert und explodiert, wobei 862 Mann den Tod finden.

DER ANGRIFF AUF PEARL HARBOR
7. DEZEMBER 1941

Durch den Angriff der Japaner auf Pearl Harbor wird das ganze Kriegspotential der USA in diesen Krieg gebracht.
Unter dem Befehl von Admiral Chuichi Nagamo laufen am 26. November die sechs Flugzeugträger AKAGI, KAGA, SORYU, HIRYU, SHOKAKU und ZUIKAKU, die Schlachtschiffe HIEI und KIRISHIMA, drei Kreuzer, drei U-Boote, Zerstörer und Tanker aus Etorofu aus. Admiral Yamamoto gibt mit dem Signal „Besteigt den Berg Niitaka" den Befehl zum Angriff am 1. Dezember.
275 sm vor Hawaii starten 183 Flugzeuge. Es ist ein Sonntag, und selbst als die anfliegenden Maschinen auf dem Radar erfaßt werden, wird die U. S. Pacific Fleet in ihrer Sonntagsruhe nicht alarmiert. Um 07.55 beginnen die ersten Angriffe. Um 08.10 explodiert die ARIZONA, wobei 1100 Mann, darunter Fleet Admiral Kidd, ums Leben kommen.
Die zweite Welle mit 170 Maschinen beginnt ihren Angriff, der 40 Minuten dauert, um 09.15. Um 10.00 ist Pearl Harbor unter Rauchwolken verborgen. Von den acht im Hafen liegenden Schlachtschiffen sind die ARIZONA, die OKLAHOMA und die CALIFORNIA bereits gesunken, während die WEST VIRGINIA in brennendem Zustand sinkt. NEVADA liegt auf Grund. Die MARYLAND, TENNESSEE und PENNSYLVANIA sind schwer beschädigt. Innerhalb kurzer Zeit sinken auch das Zielschiff UTAH und die Zerstörer CASSIN und DOWNES. Schwer beschädigt sind auch die Leichten Kreuzer HELENA, HONOLULU und RALEIGH. Andere Einheiten erleiden Beschädigungen unterschiedlichen Ausmaßes.
Auf den Flugfeldern sind 188 Flugzeuge vernichtet und 159 Maschinen beschädigt.
Bei den Amerikanern gab es 2403 Tote, und 1178 Mann wurden verwundet, während die Verluste der Japaner unerheblich waren. Sie büßten 29 Flug-

SCHIFFE UND MEER

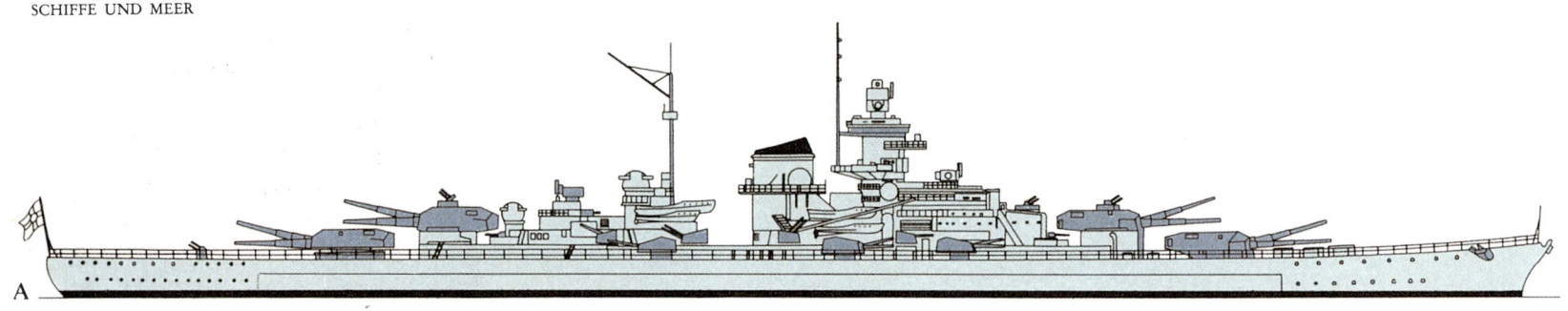

A

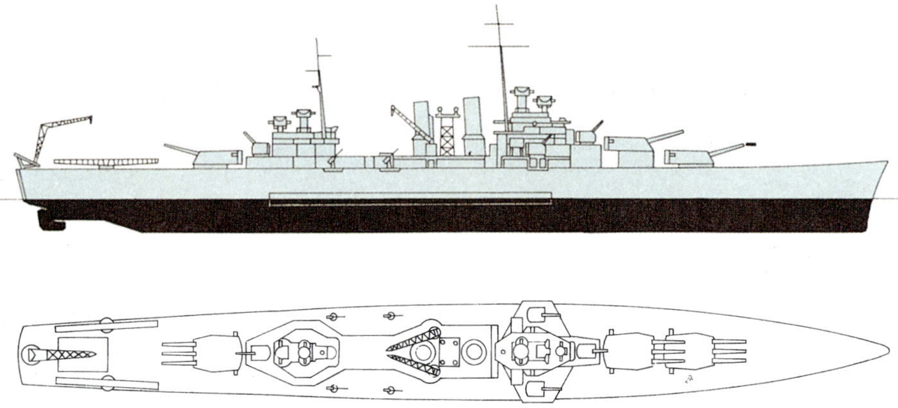

B

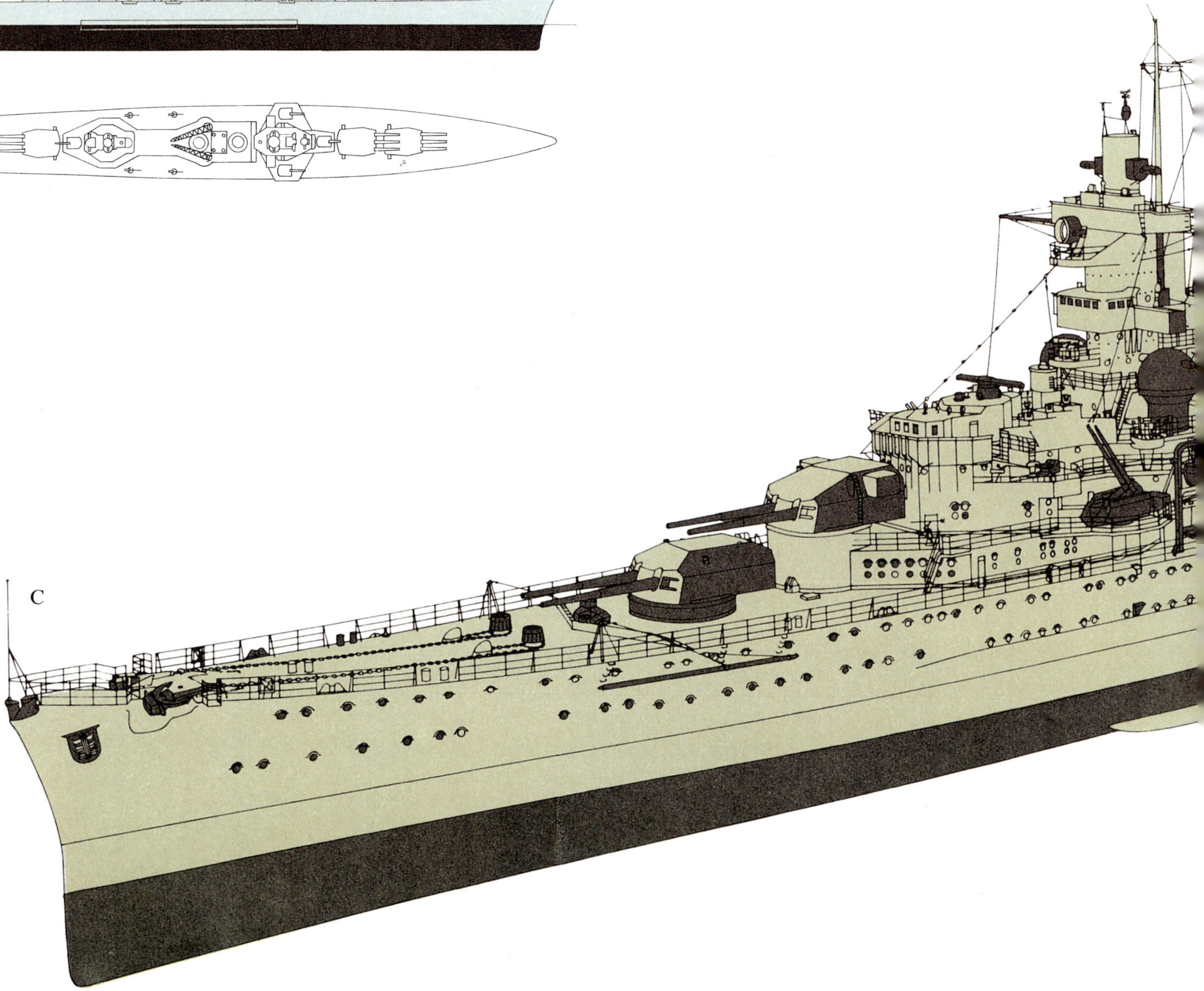

C

204

A *Das deutsche Schlachtschiff* TIRPITZ *im Jahre 1942.*
B *Der amerikanische Schwere Kreuzer* WICHITA (1937).
C *Der deutsche Schwere Kreuzer* ADMIRAL HIPPER (1937) *nach dem Umbau im 2. Weltkrieg.*

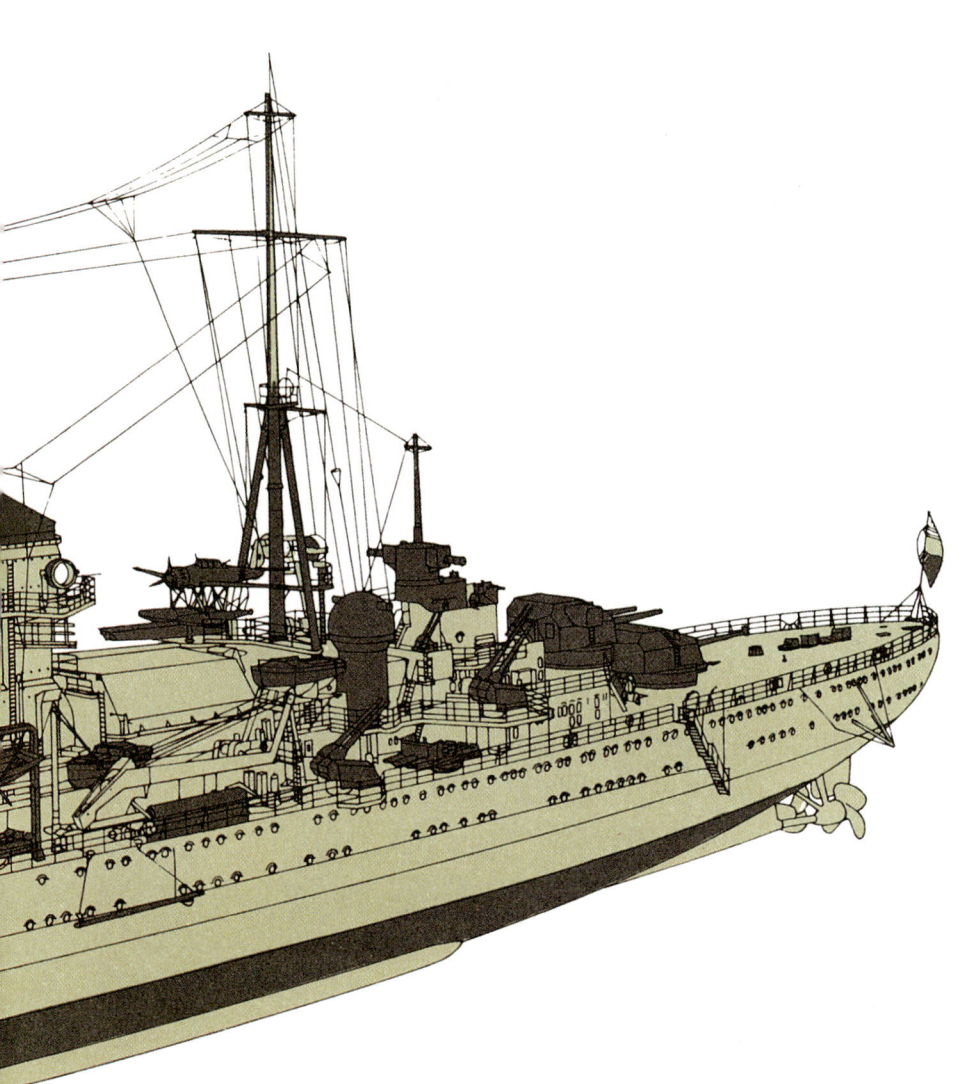

zeuge, ein großes und fünf Kleinst-U-Boote sowie 125 Mann ein.
Innerhalb von zwei Stunden hatten die Japaner das Kräfteverhältnis im Fernen Osten zu ihren Gunsten gewandelt. Drei Tage nach dem Angriff, am 10. 12. 41, besetzt eine japanische Kampfgruppe unter Admiral Goto Guam.

10. DEZEMBER 1941
Die britische Force Z wird im Südchinesischen Meer vor der malayischen Küste vernichtet. Am Vortage wurden das Schlachtschiff PRINCE OF WALES, der Schlachtkreuzer REPULSE, die Zerstörer EXPRESS, ELECTRA und VAMPIRE von dem japanischen U-Boot I 65, das sich auf dem Wege zur japanischen Invasionsflotte in Kuantan befand, erstmalig gesichtet. Aufklärungsflugzeuge der Kreuzer KINU und KUMANO stellten fest, daß der Verband keinen Luftschirm hatte.
95 Flugzeuge des 22. Marine-Fliegergeschwader aus Saigon treffen zunächst auf den Zerstörer TENEDOS, der jedoch den Angriffen entgeht. Bei dem Hauptangriff auf die Force Z werden zunächst Ruder und Schrauben der PRINCE OF WALES durch zwei Torpedotreffer beschädigt. Trotz einiger Beschädigungen kann die REPULSE zunächst 17 Torpedos ausmanövrieren, bevor auch sie acht Torpedotreffer erhält. Die PRINCE OF WALES erhält dann weitere drei Torpedo- und neun Bombentreffer. Beide Schiffe sind damit zum Untergang verurteilt. Die Begleitzerstörer können 1924 Mann retten und nach Singapur bringen.
Die Vernichtung der Force Z bedeutet das eigentliche Ende der Schlachtschiff-Ära. Nach diesem Zeitpunkt werden von keiner Flotte mehr Schlachtschiffe in Bau gegeben.

19. DEZEMBER 1941
Die Verwundbarkeit der Schlachtschiffe wird noch einmal durch das Eindringen von drei italienischen Torpedoreiter-Teams in den Hafen von Alexandrien herausgestellt, die mit ihren Sprengladungen die britischen Schlachtschiffe QUEEN ELIZABETH und VALIANT schwer beschädigen.

9. FEBRUAR 1942
Die LAFAYETTE der United States Line, die frühere NORMANDIE (79 280 BRT), brennt in New York aus und muß verschrottet werden.

12. FEBRUAR 1942
Die deutschen Schlachtschiffe SCHARNHORST und GNEISENAU und der Schwere Kreuzer PRINZ EUGEN sind in Brest durch britische Bomber und französische Sabotage gefährdet. Außerdem nimmt im Norden die Zahl der alliierten Geleite nach Murmansk zu. Der Durchbruch nach Deutschland wird unter Vizeadmiral Otto Ciliax befohlen.
Die Schiffe laufen in der Nacht zum 12. 2. mit Kurs auf den Kanal aus. Am nächsten Tag werden sie durch das erwartete schlechte Wetter begünstigt. Die Luftflotte 3 stellt 176 Flugzeuge als Luftbedeckung ab.
Erst in der Straße von Dover, 350 sm von Brest entfernt, wird der Verband auf der Höhe von Le Touquet entdeckt. Die deutschen Geleitfahrzeuge

nebeln, die englischen Radargeräte werden erfolgreich gestört, und die wenigen englischen Angriffe erfolgen unkoordiniert mit unzureichenden Mitteln. Die SCHARNHORST läuft 2 ½ Stunden nach dem Passieren von Dover auf eine Mine und muß für eine halbe Stunde stoppen, wird aber nicht angegriffen. Bei Einbruch der Dunkelheit erhält auch die GNEISENAU einen, die SCHARNHORST einen weiteren Minentreffer. Bei Anbruch des 13. Februar haben jedoch alle Schiffe Deutschland erreicht. Ende Februar erhält die GNEISENAU in Kiel einen schweren Bombentreffer ins Vorschiff. 1945 wird das Schiff als Blockschiff vor Gdingen versenkt.

27. FEBRUAR 1942
Es kommt zur Seeschlacht in der Java-See. Die Japaner dringen weiter in Niederländisch-Indien vor. Zum Schutz von Java, der nächsten gefährdeten Insel, wird der ABDA(American, British, Dutch, Australian)-Verband aus Kreuzern und Zerstörern aufgestellt.
Man ist sich darüber klar, daß dieser Verband nur einen Zeitgewinn erreichen kann. Unter dem Befehl von Konteradmiral Karel Doorman auf dem niederländischen Kreuzer DE RUYTER läuft der Verband am 27. 2. aus Surabaja aus, um die gemeldete japanische Invasionsflotte anzugreifen.
Bis zum Tagesanbruch kommt es zu keinem Kontakt. Um 09.30 erfolgt der erste Angriff durch japanische Bomber, jedoch ohne Erfolg. Die japanischen Deckungsverbände, Konteradmiral Nishimura mit dem Leichten Kreuzer NAKA und sechs Zerstörern und Konteradmiral Tanaka mit den Schweren Kreuzern NACHI und HAGURO, dem Leichten Kreuzer INTSU und acht Zerstörern, werden an den ABDA-Verband herangeführt.
Aus Osten laufen das alte amerikanische Flugzeugmutterschiff LANGLEY mit 32 einsatzbereiten Kampfflugzeugen vom Typ P 40 und der Frachter SEAWITCH, der weitere 27 an Bord hat, mit Höchstfahrt heran. Die LANGLEY wird entdeckt und versenkt, während die SEAWITCH den Bombenangriffen zwar entgeht, ihre P 40 aber so spät in Tjilatjap landet, daß sie nicht mehr zur Unterstützung des ABDA-Verbandes eingesetzt werden können.
Der Verband besteht aus den niederländischen Kreuzern DE RUYTER und JAVA, der britischen EXETER, der amerikanischen HOUSTON und der australischen PERTH.
Die Voraus-Sicherung besteht aus den englischen Zerstörern ELECTRA, ENCOUNTER und JUPITER, die Nachhut aus den amerikanischen Zerstörern JOHN D. EDWARDS, PAUL JONES, JOHN D. FORD und ALDEN. An Backbordseite laufen die niederländischen Zerstörer EVERTSEN, WITTE DE WITH und KORTENAAR.
Um 16.12 kommt es zum ersten Sichtkontakt. Vier Minuten später beginnt ein allgemeiner Kampf, bei dem die Japaner zahlenmäßig und artilleristisch überlegen sind. Die NAKA unternimmt mit ihren Zerstörern einen Torpedoangriff, doch alle 43 abgeschossenen Torpedos gehen fehl oder explodieren vorzeitig. Die Aufschlagssäulen sind in diesem Gefecht unterschiedlich gefärbt, um die Artilleriebeobachtung für die verschiedenen Schiffe zu erleichtern.
Die Japaner verringern die Entfernung und lancieren

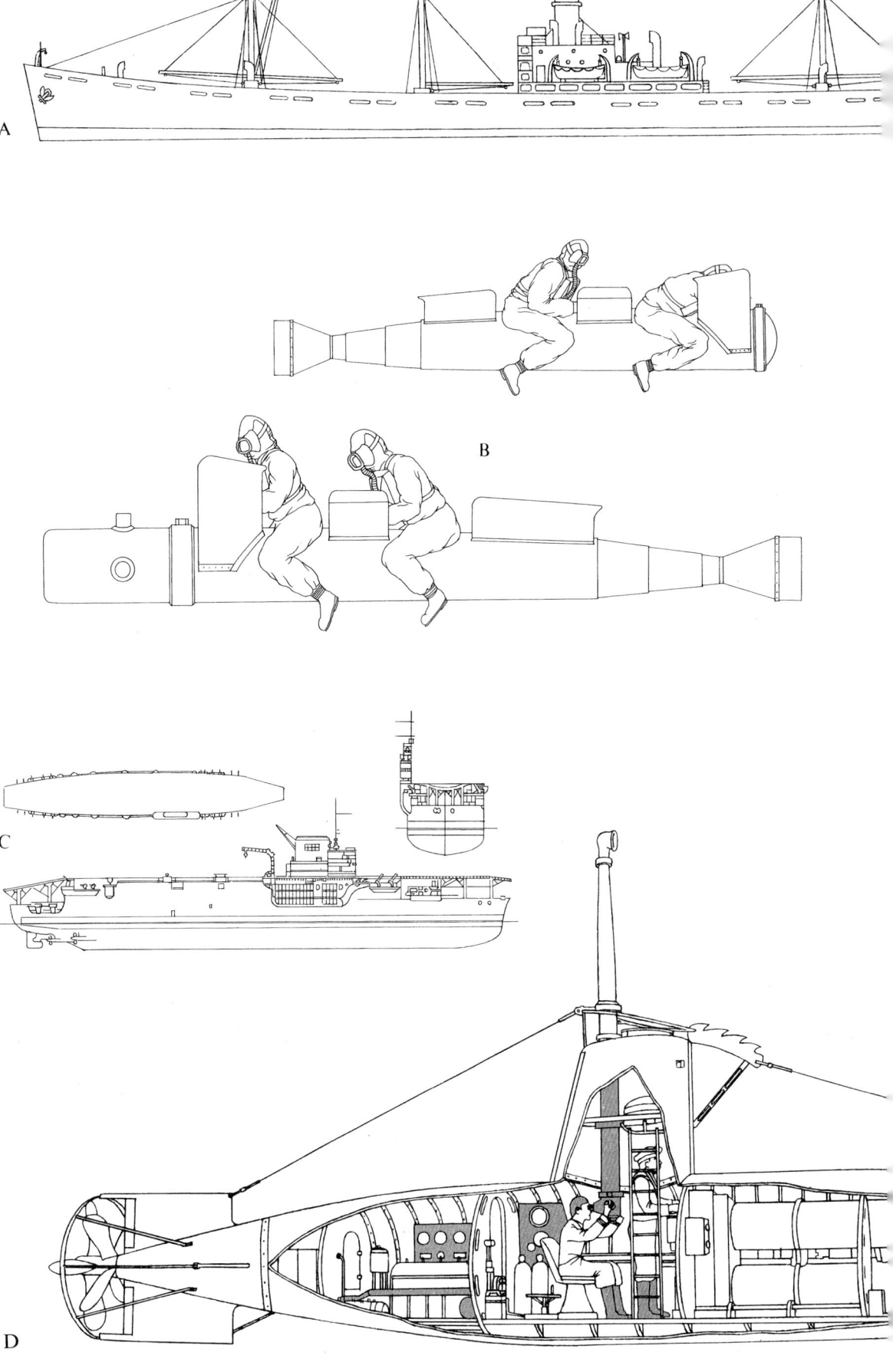

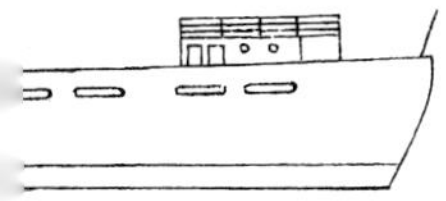

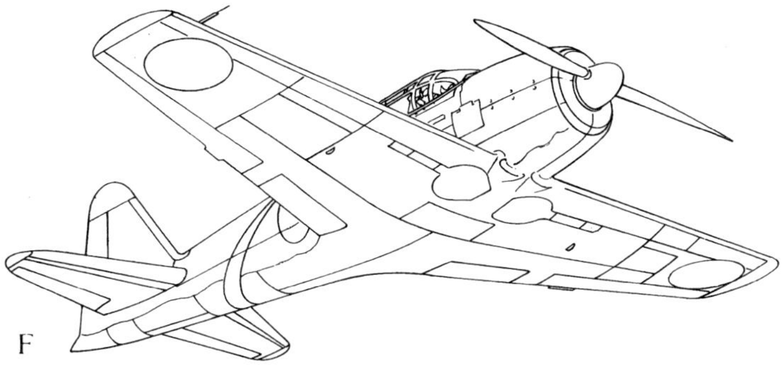

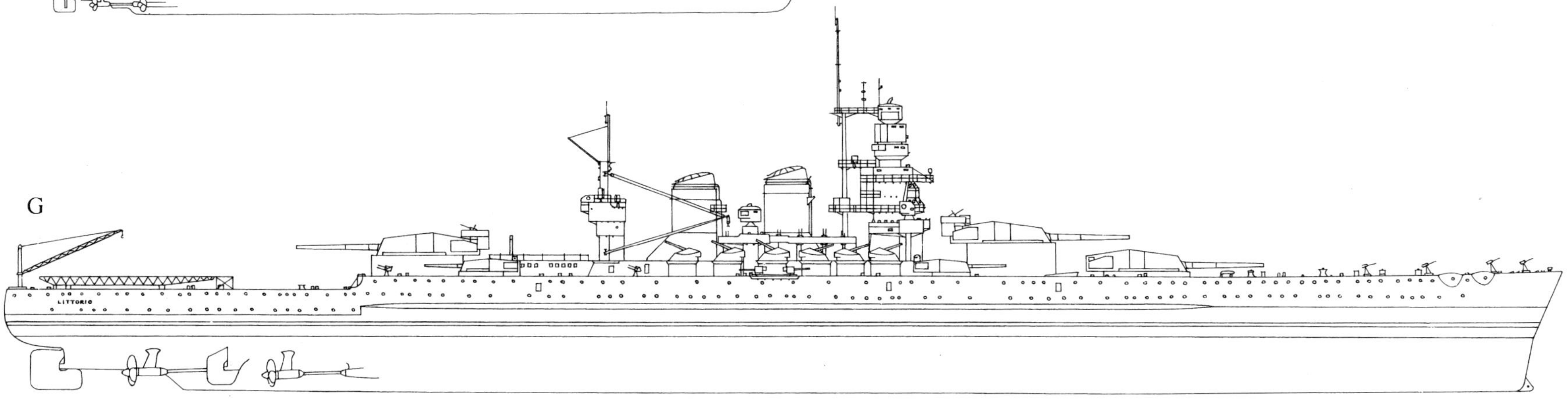

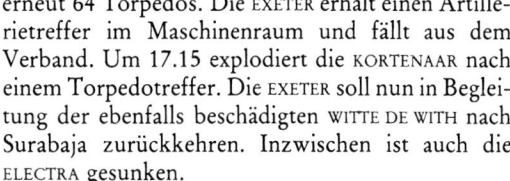

A *Ein Liberty-Schiff des 2. Weltkrieges.*
B *Italienische 2-Mann-Torpedos des 2. Weltkrieges.*
C *Der französische Flugzeugträger* BÉARN *(1927).*
D *Japanisches Klein-U-Boot der Serie A (1934–1942).*
E *Japanischer Flugzeugträger* KAGA, *Aussehen 1942.*
F *Japanisches Jagdflugzeug vom Typ Zero (1942).*
G *Italienisches Schlachtschiff* LITTORIO, *Aussehen 1940.*

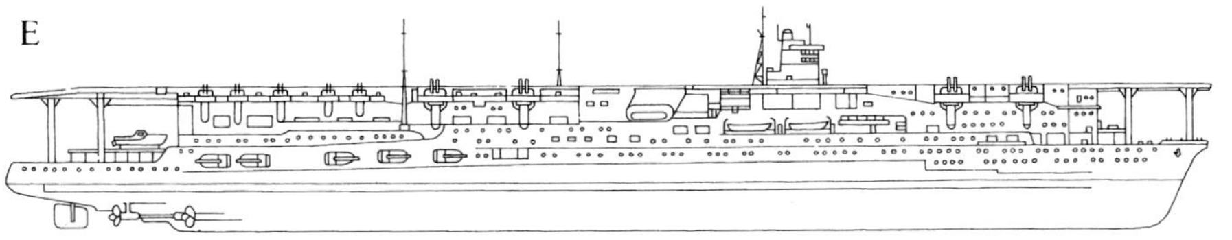

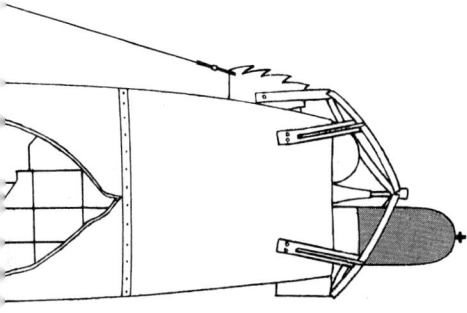

erneut 64 Torpedos. Die EXETER erhält einen Artillerietreffer im Maschinenraum und fällt aus dem Verband. Um 17.15 explodiert die KORTENAAR nach einem Torpedotreffer. Die EXETER soll nun in Begleitung der ebenfalls beschädigten WITTE DE WITH nach Surabaja zurückkehren. Inzwischen ist auch die ELECTRA gesunken.

Der ABDA-Verband hat vier Schiffe verloren, und seine Munitionsvorräte werden knapp. Die Japaner ziehen sich zunächst zur Deckung ihrer Transporter zurück, kehren aber nach Anbruch der Nacht zurück, und es kommt bei hellem Mondschein zum erneuten Kampf.

Die DE RUYTER wird durch zwölf auf sie gefeuerte Torpedos versenkt, und auch die JAVA gerät in Brand und explodiert. Die im Wasser schwimmenden Überlebenden bringen drei Hochs auf die niederländische Königin aus. Admiral Doorman befiehlt der PERTH und der HOUSTON den Rückzug, bevor er mit 344 Mann auf der DE RUYTER untergeht.

Damit liegt Java für die japanische Invasionsflotte offen da, und sie kann die Landung nahezu ohne Widerstand durchführen.

28. FEBRUAR – 1. MÄRZ 1942

Die PERTH und die HOUSTON werden auf dem Wege nach Australien von japanischen Kreuzern versenkt.

1. MÄRZ 1942

Die EXETER und die Zerstörer POPE und ENCOUNTER werden von japanischen Kreuzern versenkt.

27.–28. MÄRZ 1942

Der britische Raid auf St. Nazaire findet statt. Der Zweck ist, die TIRPITZ, das Schwesterschiff der BISMARCK, an der Benutzung des großen Trockendocks in St. Nazaire, dem einzigen, das an der Atlantikküste groß genug für das Schiff ist, zu hindern.

Der frühere US-Zerstörer CAMPBELTOWN läuft mit 24 in den Bug zementierten Wasserbomben, die mit Zeitzündern versehen sind, in Begleitung der Zerstörer ATHERSTONE und TYNEDALE, des Artillerieschnellbootes MGB 314, des Motortorpedobootes MTB 74 und 16 Motorbooten nach St. Nazaire. Er rammt dort unter heftigem Abwehrfeuer das Schleusentor, bleibt darauf hängen und explodiert am nächsten Mittag, womit der gewünschte Erfolg erreicht ist.

5. APRIL 1942

Die beiden britischen Schweren Kreuzer DORSETSHIRE und CORNWALL werden von japanischen Trägerflugzeugen im Indischen Ozean versenkt. Vier Tage später geht der Flugzeugträger HERMES verloren.

18. APRIL 1942

Flugzeuge der amerikanischen Träger HORNET und ENTERPRISE bombardieren Tokio. Es ist dies das erste Mal, daß die japanische Hauptstadt angegriffen wird. Als Ergebnis wird die japanische Flotte aus dem Indischen Ozean zurückgerufen, die Invasion Australiens aufgeschoben und Pläne zur Besetzung von Midway und Hawaii ausgearbeitet, um Tokio gegen Luftangriffe zu schützen. Durch diese Änderung der

Strategie ging der Krieg für die Japaner schließlich verloren.

7.–8. MAI 1942

Anfang Mai werden die Pläne zur Besetzung Australiens wieder aufgenommen und die Insel Tulagi besetzt. Port Moresby auf Neuguinea ist das Hauptziel. Den Japanern ist unbekannt, daß die Amerikaner ihren Code gebrochen haben und Gegenmaßnahmen planen. Admiral Nimitz konzentriert die ihm zur Verfügung stehenden Kräfte, die Träger YORKTOWN und LEXINGTON, die Kreuzer CHICAGO, HOBART und AUSTRALIA sowie Zerstörer, auf Port Moresby.
Zum ersten Kontakt kommt es, als ein japanischer Aufklärer auf den Zerstörer SIMS und einen Tanker trifft, den Hauptverband aber nicht ausmacht. 78 Flugzeuge versenken die SIMS, der Tanker entkommt. Inzwischen spüren die Flugzeuge der YORKTOWN den japanischen Träger SHOHO auf und versenken ihn.
Am nächsten Tage, dem 8. Mai, greift die japanische Flotte an und beschädigt die YORKTOWN schwer. Die LEXINGTON gerät in Brand und muß schließlich versenkt werden. Kein weiterer japanischer Träger wird versenkt, doch erhält die SHOKAKU drei Bombentreffer und zieht sich mit der übrigen Flotte zurück. Mit der Schlacht im Korallenmeer wird der japanische Vormarsch nach Süden gestoppt, was die strategische Absicht war.

JUNI 1942

Deutsche U-Boote versenken in diesem Monat 627 000 BRT an Handelsschiffstonnage, zwei Drittel davon vor der Ostküste der USA.
Im Mittelmeer wird die Versorgung Maltas zunehmend zu einem Problem. Der schwer gesicherte Konvoi „Harpoon" wird von den italienischen Kreuzern EUGENIO DI SAVOIA und RAIMONDO MONTECUCCOLI angegriffen, während das Geleit „Vigorous" mit elf Schiffen Ziel der italienischen Schlachtschiffe VITTORIO VENETO und LITTORIO ist. Von diesen beiden Geleiten erreichen 1 ur zwei Schiffe Malta. Die Geleitverbände verlieren den Kreuzer HERMIONE, die Zerstörer BEDOUIN, HASTY, AIREDALE, NESTOR (australisch) und KUJAWIAK (polnisch) und zwei Minensucher.

4.–6. JUNI 1942

In der Schlacht von Midway wird der Mythos von der japanischen Unbesiegbarkeit endgültig zerstört. Zu diesem Zeitpunkt besaßen die Japaner noch doppelt soviel Flugzeugträger wie die USA. Ihre Flotte bestand aus über 200 Einheiten, darunter 11 Flugzeugträger, 11 Schlachtschiffe, 22 Kreuzer, 65 Zerstörer und 21 U-Boote. Es waren jedoch nicht alle diese Einheiten bei Midway eingesetzt.
Zunächst flogen die auf Midway stationierten amerikanischen Flugzeuge zwei ergebnislose Einsätze. Ihnen folgte ein Angriff der Trägerflugzeuge. Auch dieser blieb ergebnislos. Zu diesem Zeitpunkt änderten die Japaner ihre Absichten. Sie rüsteten die heimkehrenden Maschinen von Bomben auf Torpedos um. Als die Decks voller Flugzeuge, Bomben und Torpedos waren, wurden die Japaner erneut angegriffen.
Die drei Träger KAGA, AKAGI und SORYU werden mehrfach getroffen. Die an Deck stehenden Maschinen explodieren, und die Schiffe sinken.
Der dritte amerikanische Einsatz der Trägerflugzeuge bringt wiederum kein Ergebnis, doch nach dem vierten sinkt auch die HIRYU. Die Schlacht endet so mit einem amerikanischen Sieg.

27. JUNI – 9. JULI 1942

Der Konvoi PQ 17 verläßt Reykjavik nach Murmansk. Er besteht aus 36 Schiffen, die von 6 Zerstörern mit dem Flottillenführer KEPPEL, 4 Korvetten, 3 Minensuchern, 4 U-Jägern, 2 U-Booten, dem mit einer Hurricane ausgerüsteten CAM-Schiff EMPIRE TIDE und zwei Flak-Schiffen geleitet werden.
Im Süden steht ein Verband mit den Kreuzern LONDON, NORFOLK, WICHITA und TUSCALOOSA als Nah- und die Schlachtschiffe DUKE OF YORK und WASHINGTON mit dem Träger VICTORIOUS, 2 Kreuzern und Zerstörern als Fern-Deckungsgruppe. Außerdem wird ein Ablenkungskonvoi in Richtung Norwegen in Marsch gesetzt.
Von deutscher Seite läuft das Unternehmen „Rösselsprung" an. Das Schlachtschiff TIRPITZ, die Schweren Kreuzer ADMIRAL HIPPER, ADMIRAL SCHEER und LÜTZOW und Zerstörer sollen den Konvoi vernichten, nachdem er von U-Booten zersprengt ist.
Während sich der deutsche Verband zum Auslaufen vorbereitet, zieht die Admiralität in Erwartung des überlegenen Angriffs Kreuzer und Zerstörer ab und befiehlt Auflösung des Konvois. Die deutschen schweren Einheiten kehren nach 12 Stunden in die Stützpunkte zurück. Die Vernichtung des Konvois übernehmen U-Boote und Flugzeuge. 10 Schiffe werden von U-Booten, 13 durch Flugzeuge versenkt, 11 erreichen Murmansk, 2 kehren nach Reykjavik zurück.

10.–14. AUGUST 1942

Das Geleit „Pedestal" wird von einer ganzen Flotte auf dem Weg von Gibraltar nach Malta gedeckt. Fünf der vierzehn Frachtschiffe kommen durch, darunter der Tanker OHIO. Während des Marsches wird das Geleit ständig angegriffen. Der Träger EAGLE, die Kreuzer CAIRO und MANCHESTER und der Zerstörer FORESIGHT werden versenkt.

24. AUGUST 1942

Schlacht östlich der Salomonen: Der japanische Flugzeugträger RYUJO wird bei Malaita von Flugzeugen des amerikanischen Trägers SARATOGA versenkt.

SEPTEMBER 1942

Das Liberty-Schiff JOSEPH N. TEAL wird von der Oregon Shipbuilding Corporation, Portland, in zehn Tagen erbaut, ein nicht unterbotener Rekord.

12. SEPTEMBER 1942

Es kommt zum LACONIA-Fall: U 156 unter Korvettenkapitän Hartenstein torpediert die LACONIA. Beim Auftauchen wird festgestellt, daß sich unter den 4000 Mann an Bord 1800 italienische Kriegsgefangene befinden. U 156 rettet 193 Mann, so daß ein Tauchen nicht mehr möglich war. Hunderte schwammen noch im Wasser. Das U-Boot nahm eine Reihe von Rettungsbooten in Schlepp.

Der Flugzeugträger bestand seine Bewährungsprobe während des 2. Weltkrieges besonders im Pazifik.

Nach Meldungen nach Deutschland und Dakar gibt Hartenstein schließlich einen offenen Funkspruch in englischer Sprache ab und fordert alle in der Nähe befindlichen Schiffe zur Hilfeleistung auf. Er sicherte zu, nicht anzugreifen, wenn er selbst unbehelligt bliebe. Einige Schiffe antworten, doch bevor sie eintreffen, wird das U-Boot von einem amerikanischen Liberator-Bomber trotz der Rettungsboote im Schlepp und der Rotkreuzflaggen an Deck angegriffen. Um tauchen zu können, müssen die an Deck Stehenden ins Meer geworfen werden. Es können schließlich nur 1091 Mann gerettet werden.

Nach diesem Zwischenfall erläßt Admiral Dönitz den sogenannten „Laconia"-Befehl, der die Rettung Schiffbrüchiger untersagt. Er wird deswegen im Nürnberger Prozeß angeklagt, jedoch freigesprochen.

30. NOVEMBER 1942

Nachtgefecht von Tassafaronga: 5 amerikanische Kreuzer und 6 Zerstörer versuchen 8 japanische Zerstörer, die Guadalcanal versorgen sollen, abzufangen. Die Japaner versenken mit einem glänzenden Torpedoangriff den Kreuzer NORTHAMPTON und beschädigen 3 weitere. Ein japanischer Zerstörer, die TAKANAMI, geht verloren.

APRIL – AUGUST 1943

Wesentlich für die Wende im Kriegsgeschehen für die Alliierten ist der Ausgang der Schlacht im Atlantik – mit anderen Worten, ihr Sieg über die U-Boot-Gefahr.

Die U-Boot-Verluste im Nordatlantik betragen im April 15 Boote, im Mai 41 Boote, im Juni 17 Boote, im Juli 37 Boote und im August 25 Boote. Somit konnten die Alliierten auf Grund ihrer verstärkten Anstrengungen in diesen fünf Monaten 135 U-Boote versenken und ihre Mannschaften ausschalten. Erfahrene U-Boot-Besatzungen waren aber sicherlich schwerer zu ersetzen als die Boote.

Trotz dieser Erfolge gingen noch immer viele alliierte Schiffe verloren, doch sank die Zahl stark. Als die Luftüberwachung zum verstärkten Geleitschutz hinzutrat, verringerten sich die Verluste rapide. Der Konvoi ONS 5 war der letzte, der eine größere Zahl von Schiffen, insgesamt 13, verlor, doch zeigt er, daß der Angriff auf Geleite inzwischen für die U-Boot-Kommandanten sehr gefährlich geworden war. Bei Angriffen auf den Konvoi ONS 5 sanken am 24. April 1943 U 710, am 4. Mai U 630, am 5. Mai U 192 und U 638 und am 6. Mai U 125, U 531 und U 438.

Somit war die Versenkung von 13 Handelsschiffen mit dem Verlust von sieben U-Booten bezahlt worden – ein zu hoher Preis.

9. JULI 1943

Die alliierte Invasion in Sizilien beginnt. Die Landung war der Erfolg detaillierter Planung. Eine riesige Armada von 580 Kriegsschiffen und ca. 2600 Landungsfahrzeugen landet mit Unterstützung durch Lastensegler und Fallschirmjäger 66 000 Mann amerikanische und 115 000 Mann britische Truppen innerhalb von 24 Stunden auf etwa 130 km der sizilianischen Küste an.

22. SEPTEMBER 1943

6 britische Kleinst-U-Boote, X 5, X 6, X 7, X 8, X 9 und X 10, versuchen die deutschen Schlachtschiffe TIRPITZ, SCHARNHORST und LÜTZOW, die im schwer zugänglichen Alta-Fjord liegen, anzugreifen. X 9 geht auf dem Marsch verloren, X 8 muß wegen Schäden versenkt werden. In der Nähe der TIRPITZ geht X 5 verloren. (Das Wrack wurde im Juli 1974 aufgefunden.) X 10 stellt fest, daß die SCHARNHORST ausgelaufen ist. Inzwischen setzen X 6 und X 7 ihre Minen unter der TIRPITZ ab. Die Mannschaften beider Boote geraten in Gefangenschaft, doch ihre Minen beschädigen die Maschinenanlage des Schiffes schwer.

26. DEZEMBER 1943

Die SCHARNHORST wird bei dem Versuch, den Nordmeer-Konvoi JW 55 B anzugreifen, versenkt. Der Konvoi wird von dem Zerstörerführer ONSLOW und 13 weiteren Zerstörern gedeckt. Die Kreuzer BELFAST, SHEFFIELD und NORFOLK operieren in der Barentsee. Als Ferndeckung dienen das Schlachtschiff DUKE OF YORK, der Kreuzer JAMAICA und vier Zerstörer.

In tiefer Dunkelheit bei starkem Sturm bekommt die BELFAST Radarkontakt mit der SCHARNHORST. Auf dem deutschen Schlachtschiff bemerkt man dies erst, als eine Leuchtgranate über dem Schiff explodiert und das Schiff den ersten Treffer durch die NORFOLK erhält. Beim Versuch, die Kreuzer nach Norden zu umgehen, um an das Geleit zu gelangen, wird das Schiff wiederum von den Kreuzern abgefangen. Diesmal erhält die NORFOLK Treffer.

Inzwischen war die DUKE OF YORK herangeführt worden, die der SCHARNHORST den Weg verlegt, nachdem sie die Kreuzer abgeschüttelt hat. Das deutsche Schiff erhält einige Treffer, kann jedoch noch einmal mit hoher Fahrt ablaufen, bis es durch drei Torpedotreffer bei einem Zangenangriff der Zerstörer SAVAGE, SAUMAREZ, SCORPION und STORD gestoppt wurde. Danach wird es auf kurze Entfernung von der DUKE OF YORK, später auch JAMAICA, BELFAST und NORFOLK beschossen, bis es sinkt.

5. APRIL 1944

Nach erfolgter Reparatur wird die TIRPITZ von einem Großangriff britischer Trägerflugzeuge getroffen. Erst im Oktober kann das Schiff in die Nähe von Tromsö überführt werden, wo es am 12. November 1944 der R.A.F. zum Opfer fällt.

14. APRIL 1944

Die FORT SIKINE, deren Ladung aus 1400 t Munition und 124 Goldbarren besteht, gerät in Bombay in Brand. Trotz äußerster Anstrengungen erreicht das Feuer die Ladung im Vorschiff. Die Explosion verwüstet ein weites Gebiet.

Die JALAPADMA der Scindia Line wurde völlig aus dem Wasser gehoben und quer über den Schuppen 2 geworfen, so daß nur noch der Bug das Wasser berührte. Anstelle des Quai 1 war nur noch ein riesiger Krater vorhanden.

Auf der FORT SIKINE wütete das Feuer weiter. Es erreichte schließlich auch die achteren Laderäume, wo weitere 780 t Sprengstoff lagerten, die zu einer weiteren riesigen Detonation führten. Im Umkreis

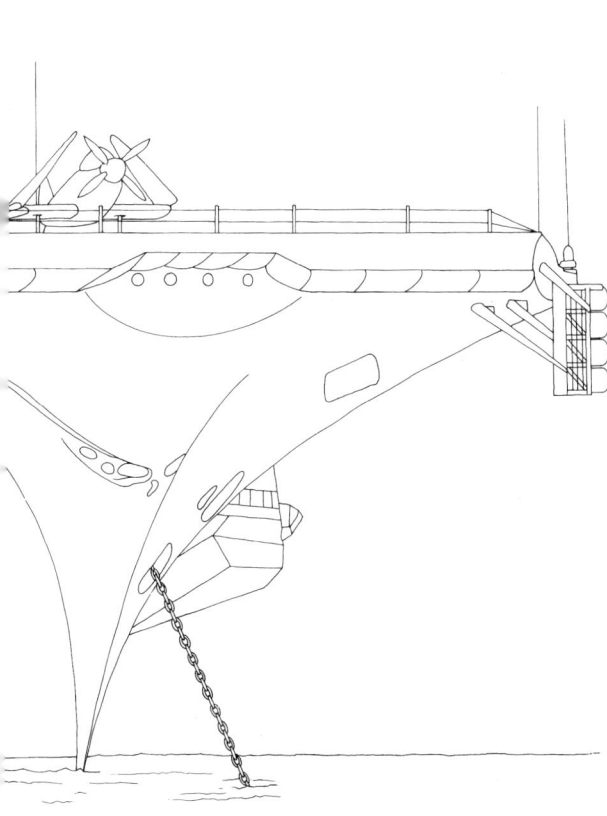

von etwa 1,5 km erfaßte Feuer die Hafenanlagen, und die Gebäude brannten aus und stürzten zusammen. Elf andere Schiffe gingen verloren, darunter die FORT CREVIER, ein Schwesterschiff der FORT SIKINE, die spurlos verschwand. Die Zahl der Toten ging in die Tausende und wurde nie exakt bekannt.

6. JUNI 1944
Der sogenannte D-day, der Beginn der Invasion in der Normandie. Eine große Armada von Landungsfahrzeugen wird aus Südengland von schweren Seestreitkräften vor die Küste der Normandie geleitet. In Arromanches wird ein sogenannter „Mulberry"-Hafen zur Landung von Fahrzeugen und Nachschub errichtet. Als Wellenbrecher zum Schutze dieses Hafens werden Schiffe, darunter das Zielschiff CENTURION, der Kreuzer DURBAN und der niederländische Kreuzer SUMATRA, versenkt. Bei dem Unternehmen geht kein alliiertes Kriegsschiff über Zerstörergröße verloren.

19.–20. JUNI 1944
Schlacht in der Philippinen-See zwischen 5 Schlachtschiffen, 9 Flugzeugträgern, Kreuzern und Zerstörern auf japanischer und 15 Flugzeugträgern mit 956 Maschinen, Kreuzern, Zerstörern und einem U-Boot-Schirm auf amerikanischer Seite. Zwei der U-Boote durchbrechen den japanischen Zerstörerschutz. Die ALBACORE versenkt den Flugzeugträger TAIHO, die CAVALLA den Träger SHOKAKU mit drei Torpedotreffern. Die Japaner ziehen sich nach Osten zurück.
Am nächsten Tage suchen die Flugzeuge der 58. U.S. Task Force nach den Japanern und finden sie nahezu an der Grenze ihrer Reichweite. Sie versenken den Träger HIYO und beschädigen die ZUIKAKU, CHIYODA, HARUNA und MAYA.
Die amerikanischen Flugzeuge müssen fast ohne Treibstoff in der Dunkelheit landen. 72 Maschinen, aber nur 49 Mann gehen dabei verloren.

20. OKTOBER 1944
Die Amerikaner beginnen mit der Besetzung der Philippinen.

17.–28. OKTOBER 1944
Schlacht um Leyte: Die Japaner setzen ihre Südpazifikflotte gegen die starke 3. und 7. Flotte der U.S. Navy ein und verlieren die Schlachtschiffe FUSO, MUSASHI und YAMASHIRO, die Flugzeugträger CHITOSE, CHIYODA, ZUIHO und ZUIKAKU, zehn Kreuzer und große Zerstörer. Auf amerikanischer Seite sinken die Träger PRINCETON, GAMBIER BAY und ST. LO, letzterer als erster Verlust durch einen Kamikaze-Einsatz, drei Zerstörer und ein U-Boot.
Es ist dies die größte Seeschlacht aller Zeiten, an der 282 Schiffe und mehrere hundert Flugzeuge teilnehmen.

19. FEBRUAR 1945
Amerikanische Marineinfanterie landet nach der längsten Beschießung und den heftigsten Luftangriffen des Pazifikkrieges auf Iwo Jima.

1. APRIL 1945
Amerikanische Landung auf Okinawa, nur 350 sm vom japanischen Mutterland entfernt. Beim Kampf um Okinawa kommt es zum Höhepunkt der Kamikaze-Einsätze. Zehn Zerstörer gehen durch die Angriffe dieser Flugzeuge verloren.
Außerdem werden folgende Flugzeugträger durch Kamikaze-Angriffe beschädigt, aber nicht versenkt: FORMIDABLE (englisch), FRANKLIN (amerikanisch), WASP (amerikanisch), YORKTOWN (amerikanisch). Insgesamt gehen im Pazifik durch Kamikaze-Einsätze 34 Marineeinheiten verloren, 368 werden beschädigt.

6. APRIL 1945
Das Riesenschlachtschiff YAMATO läuft aus. Es hat nur Treibstoff für die Fahrt bis Okinawa an Bord und läuft ohne Luftschirm. Jedermann an Bord weiß, daß es sich um eine Opferfahrt handelt.

7. APRIL 1945
Kurz nach Mittag wird das Schiff von Flugzeugen der Trägergruppe unter Admiral Mitscher entdeckt. Etwa 380 Maschinen greifen an. Hiergegen gibt es keine Verteidigung. Das Schiff wird vielfach getroffen und sinkt schließlich.

8. MAI 1945
Der 2. Weltkrieg wird in Europa beendet.

14. MAI 1945
Der größte Teil der verbliebenen U-Boote kapituliert in Londonderry, Nordirland.

15.–16. MAI 1945
Der japanische Kreuzer HAGURO, ein Überlebender aus der Schlacht in der Java-See, wird von der britischen 26. Destroyer Squadron unter Führung der SAUMAREZ mit Torpedoschüssen versenkt. Die SAUMAREZ erzielt drei, VERULAM, VENUS und VIGILANT je zwei Treffer, bevor der Kreuzer sinkt. Es ist dies der letzte größere Einsatz der britischen Flotte im 2. Weltkrieg.

29. JULI 1945
Der amerikanische Kreuzer INDIANAPOLIS wird von dem japanischen U-Boot I 58 nordöstlich Leyte torpediert. Es ist das letzte amerikanische Kriegsschiff, das im 2. Weltkrieg sinkt.

15. AUGUST 1945
Der Krieg mit Japan wird beendet. An diesem Tag sendet der Oberbefehlshaber der 5. U.S.-Flotte folgenden Funkspruch an den Befehlshaber der 5. Pazifik-Flotte:

„Der Krieg mit Japan endet am 15. August um 12.00. Wahrscheinlich werden Kamikazeflieger die Flotte nach diesem Zeitpunkt in einem letzten Schlag angreifen. Jedes Flugzeug des bisherigen Feindes, das die Flotte angreift, ist auf freundliche Weise abzuschießen."

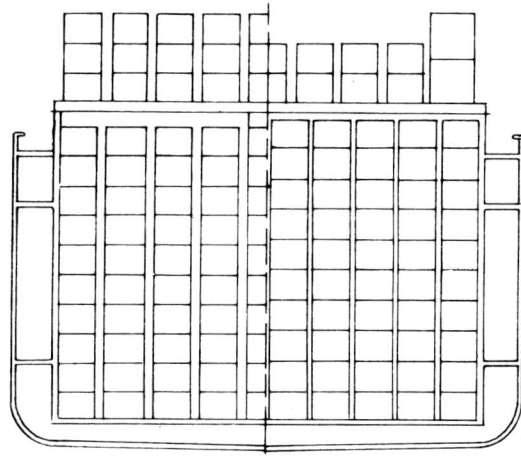

KAPITEL 7

In der langen Geschichte der Schiffe und der Seefahrt hat es stets das Merkmal der Spezialisation gegeben. Gewöhnlich vollzog sie sich durch kleinere Änderungen der gebräuchlichen Schiffstypen des jeweiligen Zeitalters. Zur Spezialisierung in großen Ausmaßen kam es aber erst, als man daranging, als Konkurrenz zum herkömmlichen Stückgutfrachter Schiffe für ein ganz bestimmtes Frachtgut zu bauen. Die zum Walfang gebauten Segelschiffe waren wohl die ersten seegehenden, frachtfahrenden Schiffe, die vom ersten Augenblick an für eine ganz spezielle, von allen anderen klar unterschiedene Art der Fahrt entworfen wurden. In der modernen Zeit stellte der Bau der Tanker den Beginn des Spezialschiffbaus dar. Modern ist natürlich ein relativer Begriff – auch die 1865 gebaute ELIZABETH WATTS könnte Anspruch erheben, der Vorläufer aller modernen Spezialschiffe zu sein, was wiederum von den Liebhabern der LEVIATHAN, einer 51 m langen Dampfradfähre, die schon 1850 für die Edinburgh, Perth and Dundee Railway Co. gebaut wurde, bestritten werden wird.
Auf jeden Fall begann die Spezialisation um 1860, als Schiffe für allgemeine Güter an besondere Frachten angepaßt wurden. Oftmals handelte es sich dabei um Änderungen nur jeweils für die Heimreise. Dies ist verständlich, denn auf der Ausreise von Europa bestand unverändert ein Angebot sowohl an Passagieren wie allgemeiner Fracht. Nur die Rückreisen waren unwirtschaftlich. Hier mußte Einfallsreichtum vorhanden sein, wollte man eine einträgliche Fracht für die Rückreise finden. Gewürze, Tee, Wolle und Reis waren die Produkte des Fernen Ostens und Australiens. Nordamerika lieferte Holz und lebendes Vieh, das in dafür eingerichteten Ställen in den Decks der Schiffe transportiert wurde. Die CUFIC war der erste eigens dafür entworfene Viehtransporter. Sie wurde 1888 von der White Star Line in Dienst gestellt. Neuseeland, Australien und Südamerika waren jedoch für den Transport von lebendem Vieh zu weit entfernt. Dieses Problem wurde durch den Bau von Kühlschiffen gelöst, die gefrorenes Fleisch transportieren konnten. Die für Turnbull Martin 1884 gebaute ELDERSLIE von 2761 BRT war das erste derartige, für den Transport gefrorenen Fleisches entworfene Schiff. Die deutsche Reederei Sloman hatte allerdings schon 1880 eines ihrer Dampfschiffe, die SORRENTO, teilweise für diesen Zweck umbauen lassen.
Die Entwicklung von Spezialschiffen ging langsam voran. Erst 1920, nach dem Ende des 1. Weltkrieges, ist eine merkbare Abkehr vom Transport gemischter Ladungen zu verzeichnen. Eine Reihe namhafter Reedereien baute ihre Flotte nunmehr mit Schiffen auf, die besonderen Routen und Gütern angepaßt waren. Um diese Zeit erhielt der Tanker das heute vertraute Bild mit achtern gelegener Maschine und Brücke mittschiffs, während man zuvor Tanker auch in der herkömmlichen Weise mit mittschiffs gelegener Maschine gebaut hatte. Gefrierschiffe bekamen ein steifes, kistenartiges Aussehen mit großen Deckshäusern und schwachen Ladepfosten. Fruchtschiffe oder „Bananendampfer" waren kleinere, aber schnellere Schiffe als die bisher genannten Typen. Sie waren weiß gestrichen und ähnelten in ihren Linien oft mehr einer Yacht als einem Frachter. Im Gegensatz dazu standen die Kohlenschiffe mit großen Luken, freien Decks und wenigen Ladebäumen.
Um 1920 entstanden auch die ersten Walfang-Mutterschiffe. Wenn sie auch zunächst aus Passagierschiffen umgebaut wurden, konnte man sie in ihrem neuen Aussehen doch nicht mehr als solche wiedererkennen. 1924 führte die norwegische Reederei Christen Smith einen weiteren Typ, das Schwergutschiff, ein. Es war die BELDIS, die mit einem 40-t- und einem 100-t-Baum ausgerüstet war. Auf ihrer Jungfernreise transportierte sie 17 Lokomotiven nach Buenos Aires.
Das eigentliche Zeitalter der Spezialschiffe brach jedoch erst nach Ende des 2. Weltkrieges an. Um es genauer zu sagen, es war die Verstaatlichung des Suezkanals durch Präsident Nasser im Jahre 1956, die diese Veränderung auslöste. Die europäischen Regierungen wie die Schiffahrtsvereinigungen in aller Welt erwogen die Konsequenzen einer politi-

schen Kontrolle, erhöhter Kanalgebühren wie auch der ständig drohenden Gefahr einer Schließung des Kanals aus anderen als wirtschaftlichen Gründen.
Heute werden kaum noch Frachter für gemischte Ladungen aller Art gebaut. Jedes neue Schiff wird für einen bestimmten Zweck entworfen. Diese Beschränkung schafft für den Entwurf oft solche Voraussetzungen, daß das resultierende Schiff kaum einem schon existierenden entspricht, ja oft kaum als Schiff zu erkennen ist. Die Größe, Antriebsanlagen, Geschwindigkeit und Ladekapazität eines modernen Spezialschiffes machen es wirtschaftlich, oft genug aber vom ästhetischen Standpunkt aus häßlich.
Die ersten Anzeichen für ein neues Zeitalter der Schiffahrt war die explosionsartige Zunahme großer Tanker solcher Reeder wie der Griechen Aristoteles Onassis oder Stavros Niarchos. Diese Schiffe, die etwa 30 000 BRT groß und über 230 m lang waren, erschienen groß. Vergleicht man sie mit den heutigen Mammuttankern, waren es unbedeutende Fahrzeuge.
Den stets an Größe zunehmenden Tankern folgte eine Serie von Frachtschiffen, die für Geschwindigkeiten über 20 kn und zum Transport von Spezialfrachten entworfen wurden. Die Rümpfe dieser Schiffe verloren ihre plumpe Gestalt und gewannen klipperähnliche Linien. Der Wulstbug wurde entworfen. Schwergutmasten erschienen. Die Aufbauten wurden nach achtern oder an den Beginn des letzten Drittels verlagert. Eckige, kantige Rümpfe und Aufbauten traten auf den Plan. Die Schornsteine wurden zu langen konischen, oft merkwürdigen Gebilden.
Viele der kurz nach dem 2. Weltkrieg gebauten herkömmlichen Schiffe, die von dieser neuen Schiffsgeneration abgelöst wurden, waren erst knapp zehn Jahre alt und konnten noch lange Dienst tun. Zum größten Teil wurden sie der Grundstock der neuen Flotten der sogenannten Entwicklungsländer.
Zwischen 1955 und 1965 wurden die Entwürfe neuer Schiffe von Mal zu Mal extremer. Inzwischen vollzieht sich der Wandel im Aussehen so schnell, daß neue Typen auf den Plan treten, bevor man sich an die Exzentrizität ihrer unmittelbaren Vorgänger gewöhnen konnte.
Der Wandel in der Seefahrt steht jedoch noch am Anfang. Der 6-Tage-Krieg zwischen Ägypten und Israel blockierte den Suezkanal völlig. Über Nacht lagen die Ölfelder des Mittleren Ostens um ca. 6000 sm weiter entfernt. Die Route in den Fernen Osten, die man als historischen Anachronismus betrachtet hatte, wurde wiederum Realität. Die Tanker waren der erste Schiffstyp, bei dem die durch diese Veränderungen herbeigeführten Gegebenheiten sichtbaren Niederschlag fanden. Ihre Größe, Geschwindigkeit und Tragfähigkeit wuchsen in solchem Maße, daß vor zehn Jahren gebaute „Riesen" heute zu den Zwergen zählen. Die Frachter folgten dem durch die Tanker gegebenen Beispiel. Ihnen folgten die Container-Schiffe mit der in riesige Behälter vorverpackten Ladung. Dann beließ man Container gleich auf den Eisenbahnwaggons, und damit wurde das Roll-on-/Roll-off-Schiff geboren.
Eine Entwicklung der Nachkriegsjahre hatte bisher keinen großen Erfolg: das mit Atomkraft getriebene Schiff. Die SAVANNAH war der Prototyp dieser Gruppe, fand jedoch bisher nicht allgemein Nachfolger. Unter den Kriegsschiffen verbreitet sich der Atomantrieb allerdings zunehmend, und die Polaris-U-Boote oder ähnlich bestückte stellen heute die Ultima ratio der Waffenentwicklung dar.

Die Binnenschiffahrt besteht heute bereits in manchen Bereichen in Verbindung mit LASH-Schiffen. Diese Bezeichnung leitet sich vom angelsächsischen „Lighter Aboard Ship" ab, dem Prinzip, ganze Leichter oder Schuten auf Schiffe zu verladen und sie am Bestimmungsort wieder ins Wasser zurückzusetzen. Es wurde auch die kleinere Version BACAT (Barge Aboard Catamaran) entwickelt.
Weiter entstand eine große Zahl kurzer Verbindungen, auf denen Mini-Liner eingesetzt sind. Und schließlich gibt es die große Zahl von Spezialschiffen, die die Fülle von Zubehör bei der Suche nach Erdöl im Meer im Gebiet des Festlandsockels transportieren und einsetzen.
Trotz des Schwindens der Transatlantikverbindungen und ähnlicher Routen sind große Passagierschiffe nicht ausgestorben. Kreuzfahrten werden zunehmend populär, und diejenigen Schiffe, die hierfür Verwendung finden können, haben neue Aufgaben erhalten.
Im Winter 1973/74 verdoppelten und vervierfachten die erdölexportierenden Länder den Ölpreis. Wiederum mußte sich die Welt auf neue wirtschaftliche Gegebenheiten einstellen. Welche Auswirkungen dies auf Dauer auf die Schiffahrt haben wird, läßt sich schwer vorhersagen und wird sich nur im Verlauf der Zeit herausstellen. Möglicherweise wird es den „wirtschaftlichen" Antrieb fördern, und die Schnelligkeit wird nicht mehr Hauptkriterium für den Transport sein.
Weiter ist eine Reduktion des Schiffsbestandes großer Reedereien zu verzeichnen. Besaßen sie früher 50 Schiffe, so sind es im Jahre 1975 nur noch 10. Das Fassungsvermögen dieser 10 ist jedoch dem jener 50 überlegen.

Während der ganzen Geschichte der Seefahrt haben sich die Methoden und Gebräuche im Zusammenhang mit der Beförderung von Passagieren und Ladung entwickelt. Einige von ihnen wurden hier bereits erwähnt.
Der Frachttransport über See ist so alt wie die Geschichte der Menschheit. Merkwürdigerweise haben sich die Regeln und Bedingungen dieses Frachttransportes im Verlauf der Zeit kaum geändert. Die zu transportierenden Güter werden als Ladung bezeichnet. Unter Frachtkosten, kurz Fracht, versteht man die dafür erhobene Gebühr.
Der Vertrag über die Ladungsbeförderung ist der Frachtbrief oder das Konossement. Mit der Unterzeichnung übernimmt der Schiffseigner die Verantwortung für die Güter und den Transport zum Bestimmungsort.
Es gibt zwei Arten der Charter, die normale und die bare-boat-Charter. Im letzteren Fall wird das Schiff so, wie und wo es sich befindet, gechartert, und der Charterer muß für Besatzung, Treibstoff, Vorräte und alles übrige selbst sorgen. Er zahlt pro Tag, Monat oder Jahr einen Pauschalpreis und behandelt das Schiff, als sei es sein Eigentum.
Im Falle der normalen Charter stellt der Eigner Offiziere und Mannschaft. Der Charterer mietet nur die Transportkapazität oder die Passagiereinrichtungen, der Reeder betreibt das Schiff.
Das Wort „Charter" leitet sich von dem lateinischen Begriff „carta partida" ab. Nach der Unterzeichnung durch beide Seiten bestehen folgende Verpflichtungen:

Der Schiffseigner garantiert, daß das Schiff dicht, seetüchtig und fest ist. Die Ladekapazität – das deadweight – wird genau genannt und die Versicherungsklasse des Schiffes – z. B. 100 A 1 bei Lloyd's – angegeben. Es wird ausdrücklich festgestellt, daß das Schiff imstande ist, mit ausreichender Geschwindigkeit den Ladehafen anzulaufen. Dort erfolgt das Laden, worüber die übliche Formulierung lautet, daß das Schiff „mit der vollen Ladung legaler Waren, für die es zusätzlich zur Takelung, Ausrüstung, Vorräte und Ausstattung zugelassen ist, stets schwimmfähig bleiben muß". Nach dem Laden wird das Schiff, wie im Frachtbrief festgelegt, zum angegebenen Bestimmungshafen auslaufen oder doch so nahe zu ihm, wie unter Wahrung der eigenen Sicherheit möglich, und dort nach Zahlung der vereinbarten Frachtrate die Ladung löschen.

Diese Vereinbarungen bilden die Grundlage jeder Charter. Außerdem werden aber noch weitere Vereinbarungen getroffen:

(a) *Die Art und Weise der Zahlung.*
(b) *Höhe der Vorschüsse, die bei Ladungsübernahme gezahlt werden.*
(c) *Die Rechte des Agenten des Charterers im Hafen.*
(d) *Einzelheiten über Laderäume und Stauungseinrichtungen.*
(e) *Angaben über Raum für Deckladung, wobei Deckfracht stets auf das Risiko des Verladers und nur mit Zustimmung des Kapitäns verladen werden kann.*
(f) *Der Zeitraum, der zum Löschen höchstens zur Verfügung steht, wonach Liegegeld zu zahlen ist.*

Die nächste Gruppe von Klauseln behandelt die seeeigentümlichen Aspekte einer Charter, z. B.:

(a) *Höhere Gewalt.*
(b) *Risiken der See.*
(c) *Feuer an Bord.*
(d) *Baratterie, d. h. Unterschlagungen durch den Kapitän oder die Mannschaft ohne das Wissen des Schiffseigners.*
(e) *Zwischenfälle durch feindliche Eingriffe, Piraterie oder Beschränkungen, die durch Herrscher oder Machthaber auferlegt werden.*
(f) *Unfälle durch Kollision, falsche Navigation und ähnliche Ursachen.*

Der Reeder schränkt seine Verantwortlichkeit ferner ein bei Unfällen oder Verlusten durch Explosionen, Kesselexplosionen, Maschinenunfällen und Schraubenverlust, soweit diese nicht durch Vernachlässi-

gung der Sorgfaltspflicht durch Eigner, Korrespondentreeder oder Betriebsleitung verursacht werden.
Der Reeder behält sich auch das Recht vor, auf der Reise jeden Hafen anzulaufen, den der Kapitän zur Übernahme von Vorräten oder Treibstoff oder Ausschiffung Kranker für notwendig erachtet. Der Kapitän hat ferner das Recht zur Hilfeleistung bei jedem in Seenot befindlichen Schiff und darf zur Rettung von Menschenleben oder Gütern vom festgelegten Kurs abweichen.
Nach der Beladung unterzeichnet der Kapitän die Konossemente erst, wenn er vom Ladungsoffizier die Bordempfangsscheine bekommen hat. Danach besitzt der Schiffseigner das Pfandrecht auf die Ladung bis zu dem Zeitpunkt, da das Löschen vollendet und die Fracht bezahlt ist.
Der Charterer ist in vielfältiger Weise geschützt. Zum Beispiel ist im Frachtbrief die Zahl der Liegetage festgesetzt, d. h. die Zeit, innerhalb der das Schiff zum Laden oder Löschen bereit sein muß. Ist dies nicht der Fall, kann der Vertrag annulliert werden. Dieser Passus ist von besonderer Wichtigkeit bei saisonbedingter Fracht.
Die Grundprinzipien dieser Vereinbarungen sind einfach – ihre Abwandlungen sind zahllos. Unterschiedliche Ladungen, unterschiedliche Schiffstypen, örtliche Gebräuche und Vorschriften – alles das wirft eine große Zahl von Möglichkeiten und Problemen auf. **Aber trotz dieser** vielfältigen Probleme ist das grundlegende Recht einfach. Man kann es so zusammenfassen: Der Eigner eines Passagierschiffes ist der Besitzer eines schwimmenden Hotels; ein Frachtschiff ist ein schwimmendes Lager- oder Kühlhaus.
Die hierfür einschlägigen Gesetze gelten an Land wie auf See.
Zwei Beispiele mögen genügen, um abschließend diese Grundregeln zu verdeutlichen: Über Jahrhunderte galt, daß ein Schiffseigner nur bis zur Höhe des Wertes seines Schiffes haftete. Logischerweise besaß ein gesunkenes Schiff keinen Wert mehr. Für derartige Risiken mußte daher eine Versicherung abgeschlossen werden. Der Versicherer seinerseits sucht durch den Versuch eines Nachweises schuldhafter Verursachung des Verlustes zu einer Entschädigung durch den Schiffseigner zu kommen.
In einem anderen Fall sei angenommen, daß bei einer Kollision die Schuld beide Seiten zu gleichen Teilen trifft. Die Ladungsschäden der einen Partei seien jedoch höher als die der anderen. In diesem Fall werden 50% der Gesamtschadenssumme auf jede Partei umgelegt.
Ein Schiff unterliegt wie jedes andere Eigentum einem Pfändungsrecht, z. B. für geliefertes Ausrüstungsmaterial, Hafengebühren, Schulden u. ä. Es kann in jedem Hafen festgelegt werden („an die Kette gelegt"), bis die Schulden bezahlt sind. Werden diese nicht bezahlt, kann es verkauft oder versteigert und der Erlös zur Abdeckung der Verpflichtungen verwendet werden. Es ist Brauch, daß die Mannschaft vor allem anderen Anspruch auf Zahlung rückständiger Heuer aus diesem Erlös hat.
In den letzten 200 Jahren hat sich der Reeder zu einem öffentlichen Transportunternehmer entwickelt, d. h. er nimmt von jedermann Waren zum Transport zu festgelegtem Tarif zu bestimmten angezeigten Häfen entgegen.
Seit Ende des 2. Weltkrieges ist es zu einer grundsätzlichen Veränderung im Warentransport gekommen. Zunächst hatte sich das Verpacken der Waren in Kisten oder Collis entwickelt. Dann kam es zur Palettierung der Ladung, wobei die Güter auf Holzunterlagen (Paletten) an Land zusammengefaßt und samt diesen verladen wurden. Schließlich wurde der Container entwickelt, in den die Ware bereits in der Fabrik verpackt wird und der fertig zum Verladen in den Hafen gebracht wird. In Zusammenhang damit kam es zu einer interessanten rechtlichen Veränderung. Bisher erfolgte die Verschiffung als Deckslast auf das Risiko des Verladers, wobei die Frachtrate entsprechend reduziert wurde. Heute trägt der Schiffseigner die Haftung für unbeschädigte Anlieferung im Bestimmungshafen, wenn ein Container als Deckslast gefahren wird.

Zu den letzten Entwicklungen der Schiffbautechnik gehört ein automatisches Stabilisierungssystem, das ein Rollen des Schiffes um 30° auf 8° abbremsen kann. Der in untenstehenden Schemazeichnungen dargestellte U-förmige Tank wird mit Wasser gefüllt, das als Gegengewicht fungiert. Erreicht das Schiff die maximale Krängung, schießt das Wasser in die untere (linke) Hälfte des Tanks. Richtet sich das Schiff wieder auf, wird das Wasser durch ein automatisches Preßluftsystem in dieser Position festgehalten und stoppt das Rollen zur anderen Seite ab. Die Pfeile über den Skizzen geben die Bewegungen des Schiffes an, die unter den Skizzen jeweils die Richtung, in der das Gegengewicht Kraft ausübt.

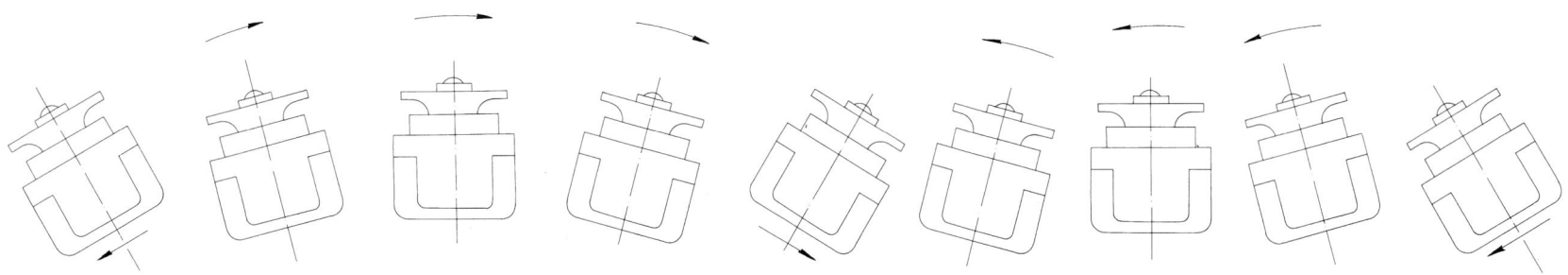

SCHIFFE UND MEER

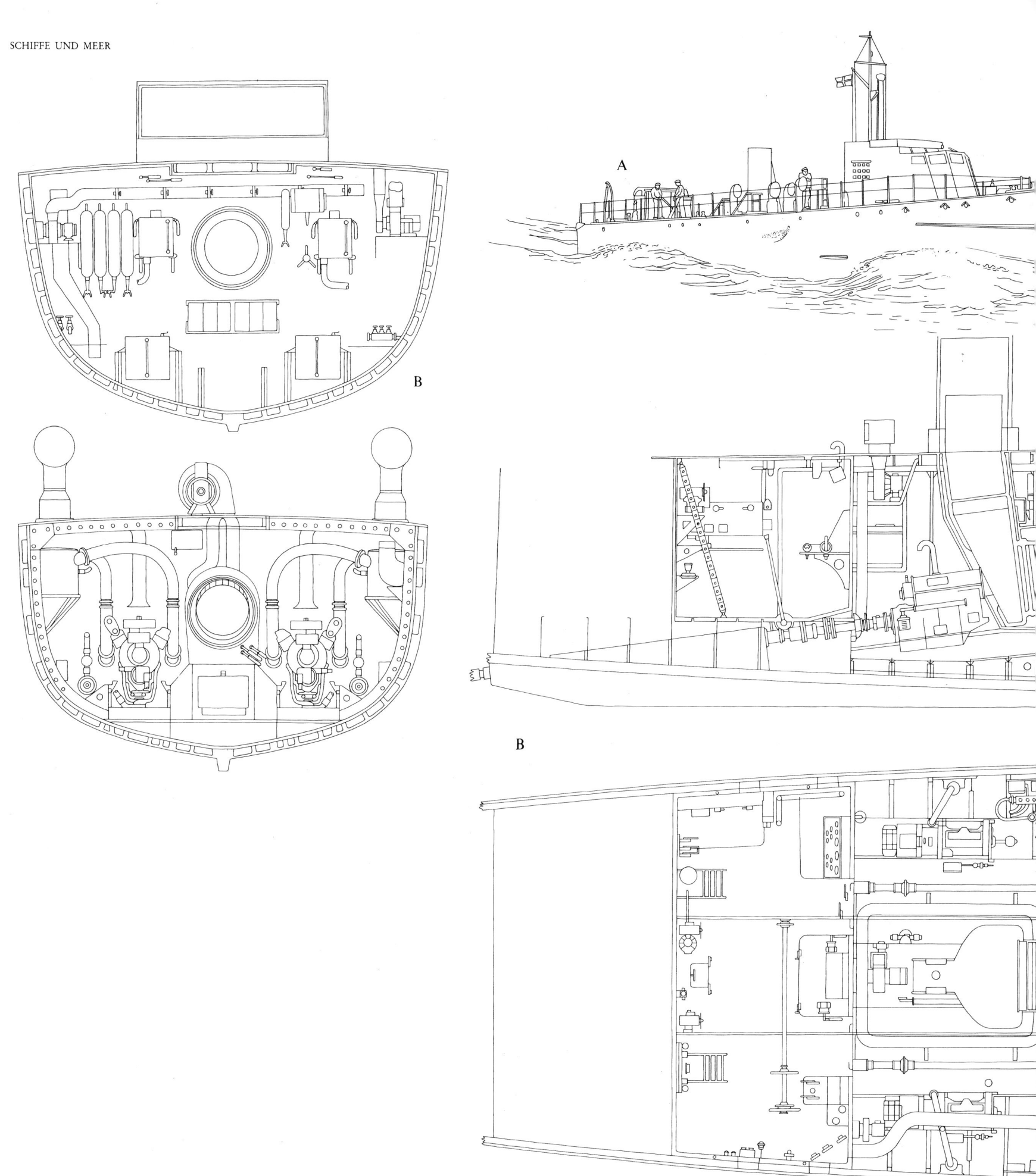

214

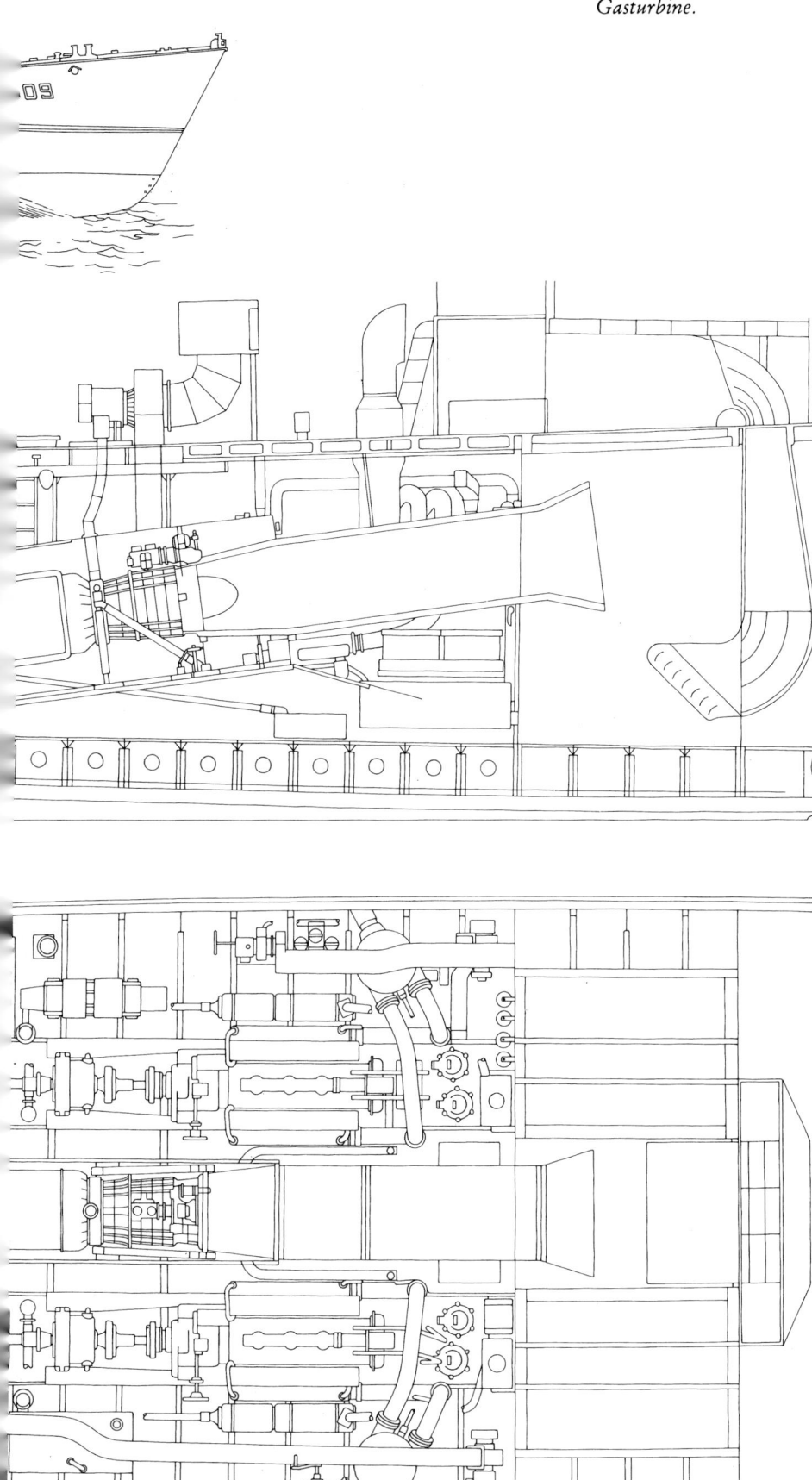

A MGB 2009, das erste Schiff mit Gasturbinenantrieb (1948).
B *Die eingebaute Metropolitan-Vickers-Gatric-Gasturbine.*

1947
Mit dem Bau der MEDIA und der PARTHIA für die Cunard Line und der STOCKHOLM für die Svenska Amerika Linien wird Ersatz geschaffen für die im Krieg verlorengegangenen Passagierschiffe.

1947
Die American President Lines verwenden zwei Rümpfe von P 2-Typ-Schiffen zum Ausbau der Passagierschiffe PRESIDENT CLEVELAND und PRESIDENT WILSON.

19. AUGUST 1947
Die Frau des Generals Smuts vollzieht die Taufe der PRETORIA CASTLE der Union Castle Line auf telefonischem Wege von Pretoria, Südafrika, aus.

1948
Die CARONIA der Cunard Line läuft vom Stapel. Sie erhält den Beinamen „Green Goddess" (grüne Göttin) und ist im Sommer für den Nordatlantikdienst, im Winter zu Kreuzfahrten bestimmt. Da auf jeden Passagier ein Besatzungsmitglied entfällt, ist der Betrieb des Schiffes äußerst kostspielig.

1948
Mit der ORCADES der Orient Lines wird ein neuer Stil im Passagierschiffbau eingeführt.

1948
Die South American Saint Line läßt die Frachter ST. ESSYLT und ST. THOMAS für den Liniendienst bauen. Mit diesen Schiffen beginnt ein neuer Stil auch im Frachterbau.

1948
Für die Silver Line werden die SILVERBRIAR und die SILVERPLANE gebaut, Vorläufer der Frachter mit stromlinienförmigen Aufbauten der 60er und 70er Jahre. Der vordere der beiden großen Schornsteine ist mit in die Brückenaufbauten einbezogen.

28. MAI 1948
Die frühere britische VENERABLE wird der erste niederländische Flugzeugträger. Sie wird nach Admiral KAREL DOORMAN, dem Führer des ABDA-Geschwaders in der Java-See, benannt, der beim Untergang der DE RUYTER fiel.

1949
Die MAGDALENA der Royal Mail Line geht auf ihrer Jungfernreise zwischen Rio de Janeiro und London auf den Cagarras-Riffen verloren.

1949
Die britische Fregatte AMETHYST, die von dem Kreuzer LONDON unterstützt wird, wird von den Chinesen auf dem Jangtse eingeschlossen. Sie durchbricht starkes Sperrfeuer und kehrt zu ihrem Verband zurück.

1950
Ausbruch des Koreakrieges. Die Vereinigten Staaten reaktivieren viele Schiffe ihrer „eingemotteten" Flotte. Besonders besteht Bedarf an Truppentransportern.

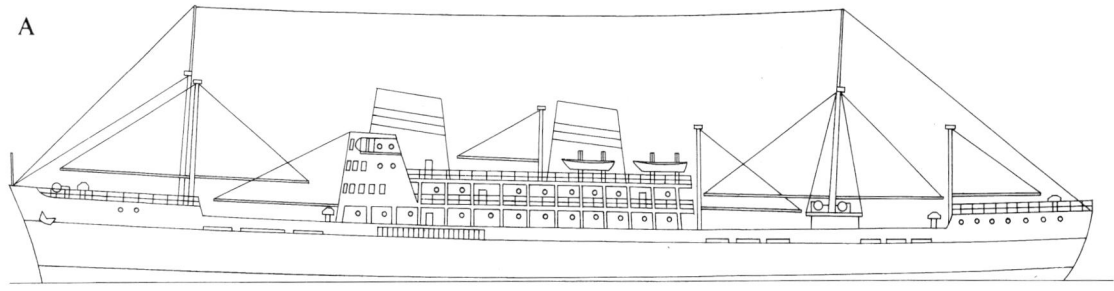

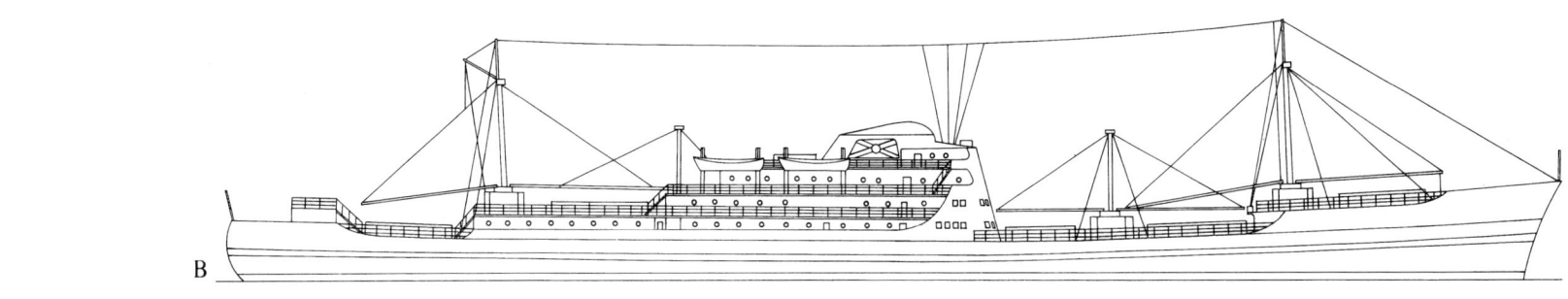

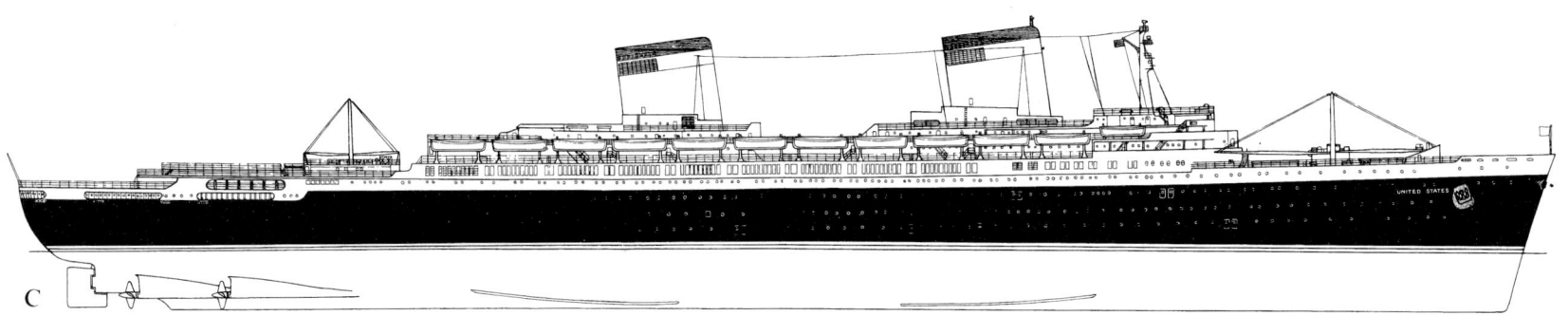

25. AUGUST 1950
Das amerikanische Lazarettschiff BENEVOLENCE sinkt nach Kollision vor San Francisco.

1951
Unter den in diesem Jahr gebauten Schiffen sind sieben, die der Lloyd Triestino für die Fernost- und Australiendienste benötigt. Es handelt sich um zwei sehr ähnliche Klassen. Die AUSTRALIA, NEPTUNIA und OCEANIA gehören zur einen, die AFRICA, ASIA, EUROPA und VICTORIA bilden die andere.

1952
Für amerikanische Interessen werden 45 Schiffe des sehr erfolgreichen Standardtyps C4-S-Ia in Auftrag gegeben. Ursprünglich wurden alle diese Schiffe auf Namen, die mit MARINER endeten, getauft. Die Auslieferung begann 1952, und die Schiffe wurden dann entsprechend dem für die jeweilige Reederei üblichen Namensschema umbenannt.

JULI 1952
Die UNITED STATES wird das schnellste Passagierschiff, das je zwischen Nordamerika und Europa im Einsatz war. Sie legt die Reise nach Europa mit einer Durchschnittsgeschwindigkeit von 35,59 kn, die Rückreise mit gleichfalls beeindruckenden 34,51 kn zurück. Sie liegt damit um 10 Stunden unter der normalen Überfahrtszeit und 4 kn über der Bestleistung der QUEEN MARY. Die UNITED STATES wurde so gebaut, daß sie jederzeit schnell in einen Truppentransporter umgewandelt werden konnte. Es wurden ausschließlich unbrennbare Baustoffe verwendet.

1953
Eine Anzahl von Geleitträgern des 2. Weltkrieges werden zu Passagierschiffen zurückgebaut. Zwei dieser Schiffe sind die COVADONGA und die GUADALUPE, die von der spanischen Compania Transatlantica eingesetzt werden.

A SILVERBRIAR *(1948)*.
B ST. ESSYLT *(1948)*.
C UNITED STATES *(1952)*.

ÖLSUCHE IM MEER

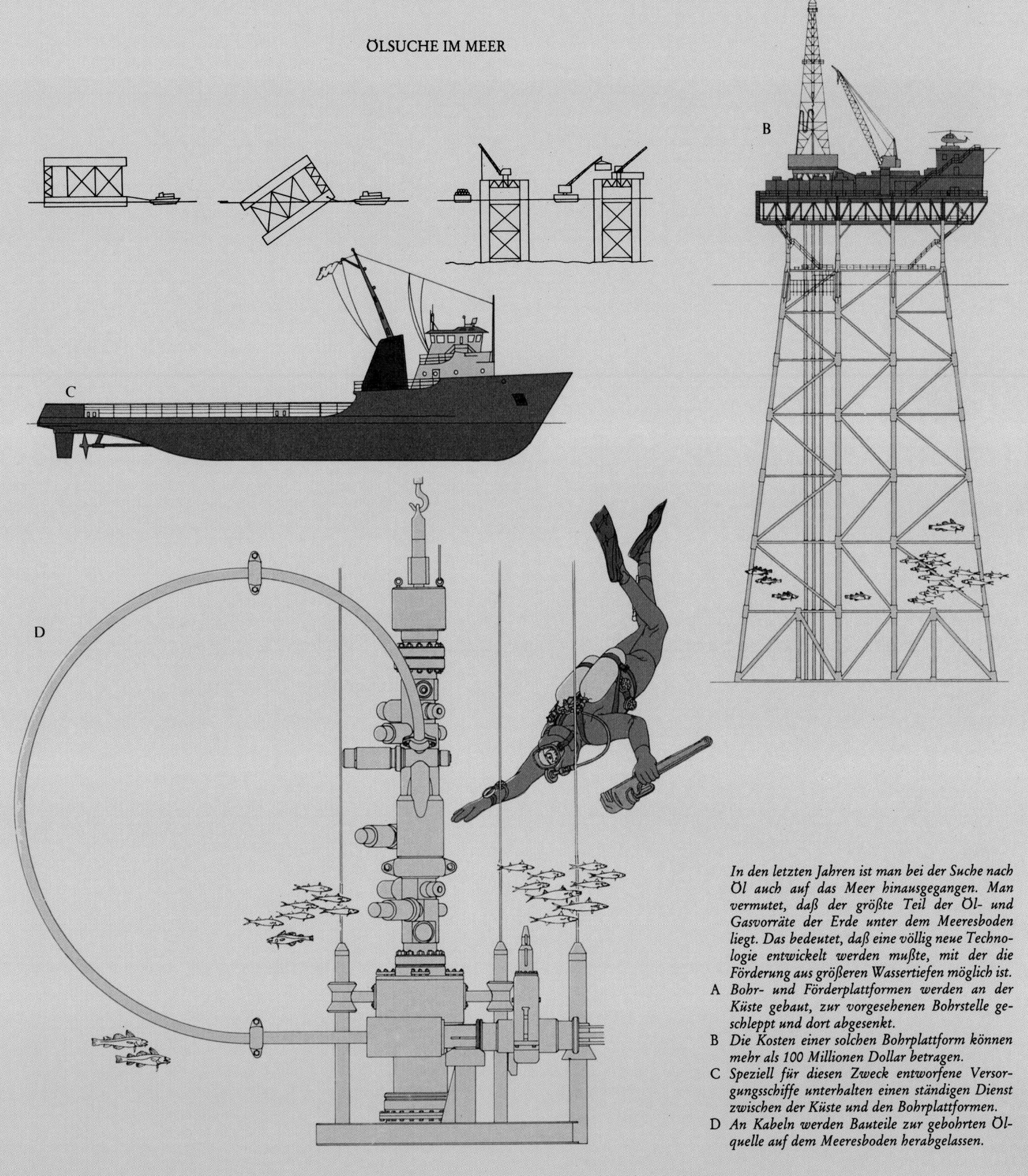

In den letzten Jahren ist man bei der Suche nach Öl auch auf das Meer hinausgegangen. Man vermutet, daß der größte Teil der Öl- und Gasvorräte der Erde unter dem Meeresboden liegt. Das bedeutet, daß eine völlig neue Technologie entwickelt werden mußte, mit der die Förderung aus größeren Wassertiefen möglich ist.

A Bohr- und Förderplattformen werden an der Küste gebaut, zur vorgesehenen Bohrstelle geschleppt und dort abgesenkt.
B Die Kosten einer solchen Bohrplattform können mehr als 100 Millionen Dollar betragen.
C Speziell für diesen Zweck entworfene Versorgungsschiffe unterhalten einen ständigen Dienst zwischen der Küste und den Bohrplattformen.
D An Kabeln werden Bauteile zur gebohrten Ölquelle auf dem Meeresboden herabgelassen.

SCHIFFE UND MEER

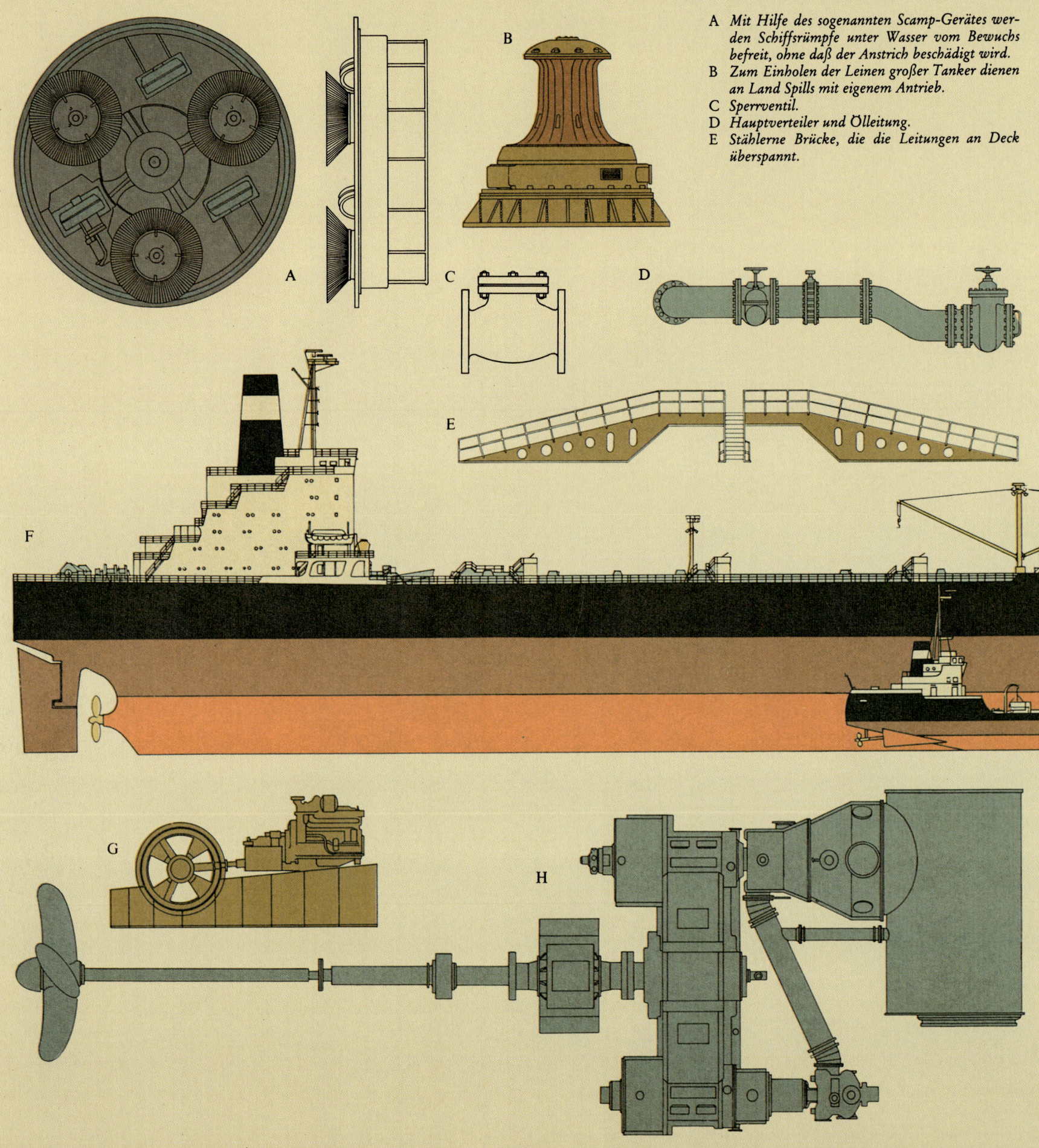

A *Mit Hilfe des sogenannten Scamp-Gerätes werden Schiffsrümpfe unter Wasser vom Bewuchs befreit, ohne daß der Anstrich beschädigt wird.*
B *Zum Einholen der Leinen großer Tanker dienen an Land Spills mit eigenem Antrieb.*
C *Sperrventil.*
D *Hauptverteiler und Ölleitung.*
E *Stählerne Brücke, die die Leitungen an Deck überspannt.*

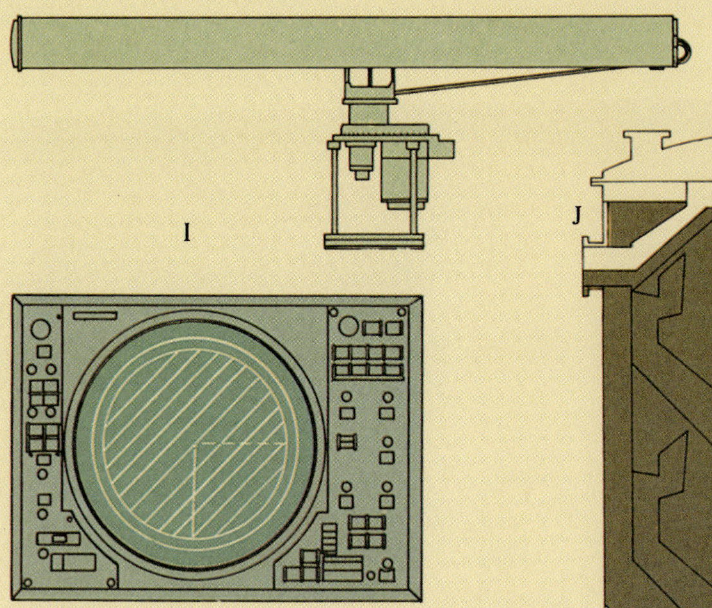

GROSSER ÖLTANKER

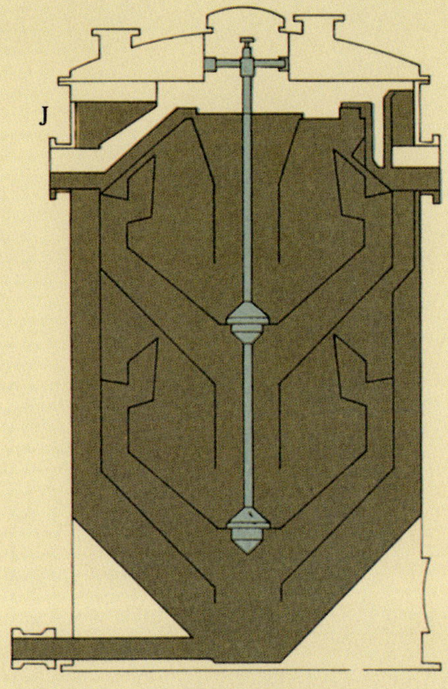

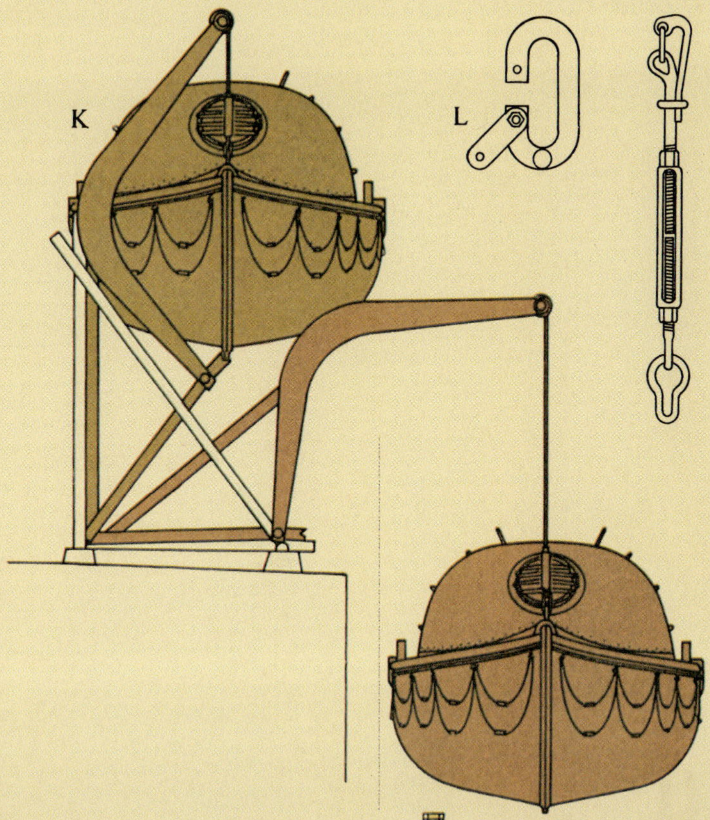

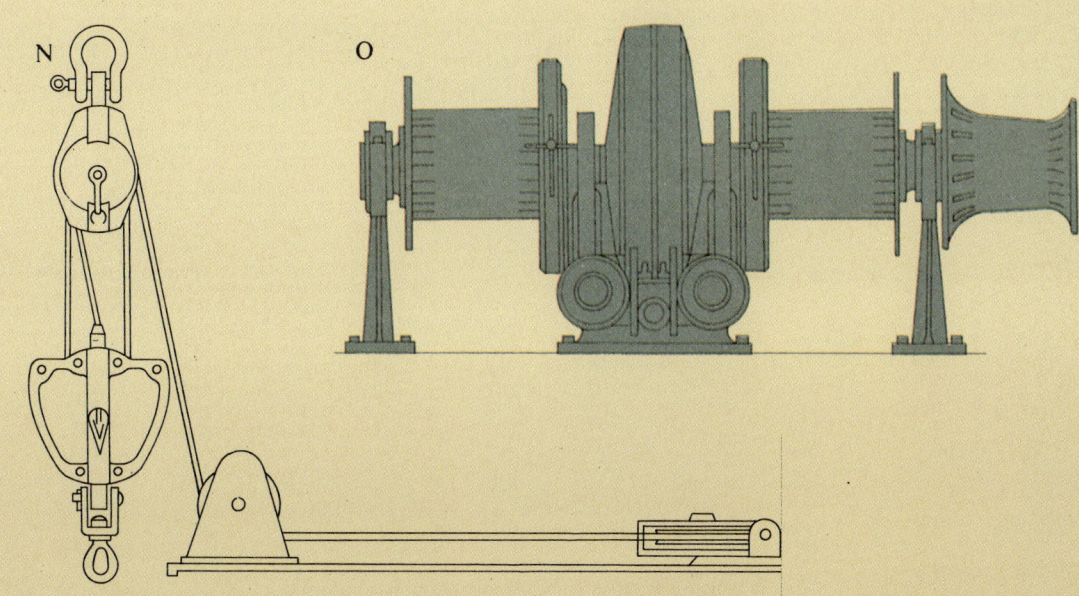

F Die ESSO CALEDONIA *(253 000 tdw)*.
G *Das Bugstrahlruder, ein in einem quer durch das Vorschiff geführten Kanal arbeitender, umsteuerbarer Propeller mit Dieselantrieb verbessert die Manövrierfähigkeit.*
H *Hauptdampfturbine und Propeller eines Tankers.*
I *Radarantenne und Kursradarschirm.*
J *Mit Separatoren wird das Öl aus dem Wasser, das zur Tankreinigung gedient hat, abgeschieden.*
K *Davit mit Rettungsboot, beigeklappt und fertig zum Aussetzen des Bootes.*
L *Stählerner Kettenschäkel.*
M *Vorreiber mit Sliphaken.*
N *Bootstaljenläufer und Poller zum Heißen und Fieren der Boote.*
O *Verholwinsch.*

LADEN UND LÖSCHEN VON ÖL

A *Kupplungsstück der Löschbrücke, das an die Hauptverteilung des Tankers angeschlossen wird.*
B *Verbindung zwischen dem Ventil des Tankers und der Leitung zu den Tanks an Land.*
C *Ladehaken.*
D *Schieber (Absperrvorrichtung).*
E *Das Jotta-Ventil setzt Gase frei, die während des Ladens auftreten.*
F *Ein Tanker pumpt durch eine schwimmende Schlauchleitung Öl in die Basis einer Löschboje, von wo aus es durch eine unterseeische Pipeline zur Küste gepumpt wird.*

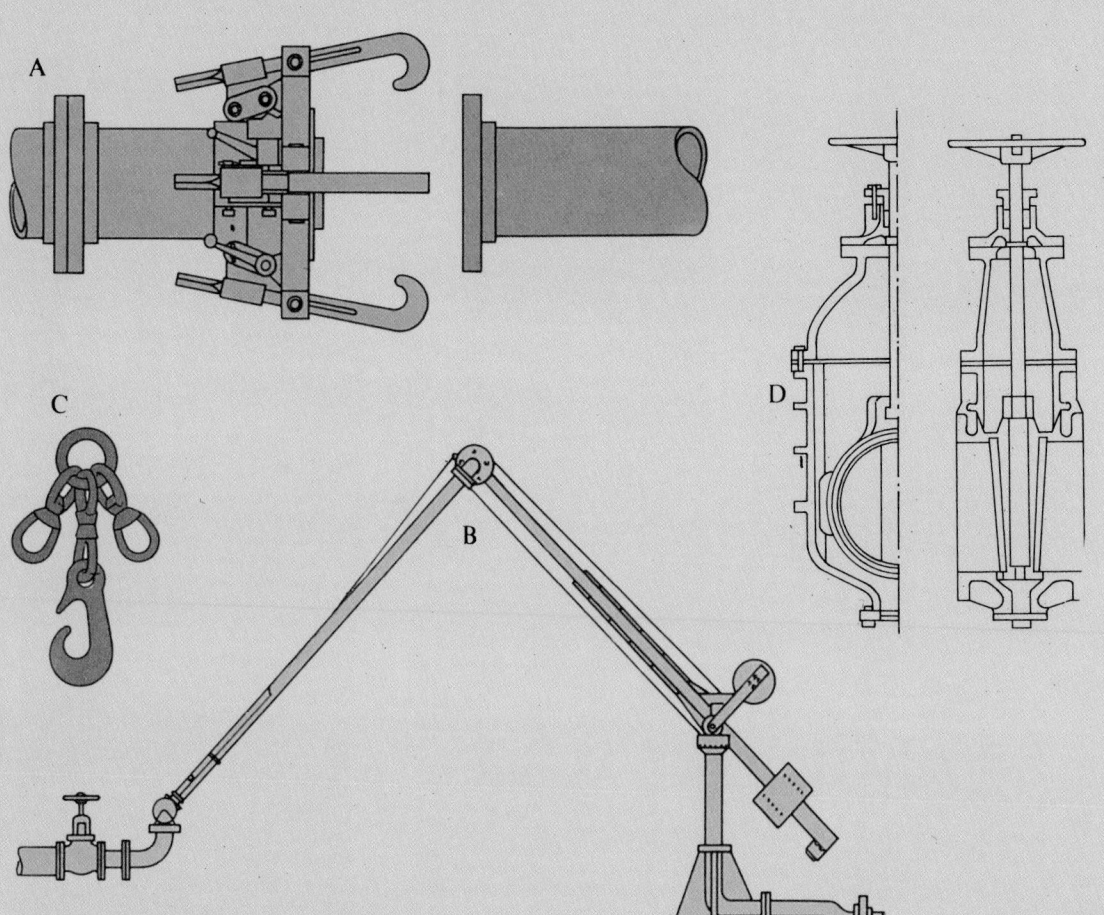
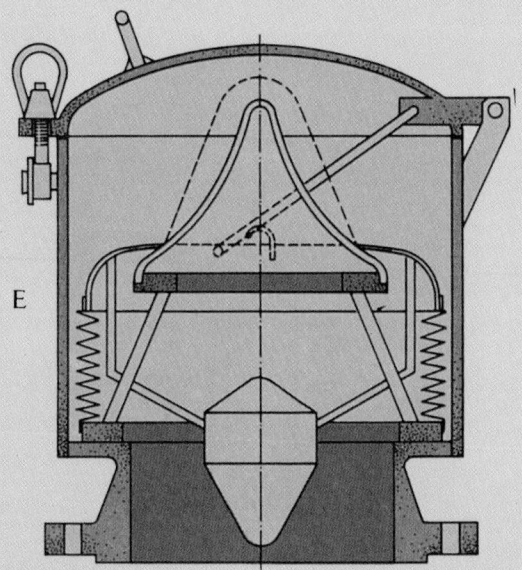

Der niederländische Kreuzer DE ZEVEN PROVINZIEN, *dessen Bau während des 2 Weltkrieges stillag.*

18. NOVEMBER/17. DEZEMBER 1953
Die beiden niederländischen Kreuzer DE RUYTER und DE ZEVEN PROVINZIEN werden abgeliefert. Sie wurden 1939 begonnen, während des Krieges nur schleppend weitergebaut und liefen erst 1944 bzw. 1950 vom Stapel. Diese Bauzeiten gehören mit zu den längsten, die bekannt sind.

1954
Das erste U-Boot der Welt mit Atomantrieb, die NAUTILUS, wird von der U. S. Navy in Dienst gestellt. Von den Gesamtbaukosten von 40 000 000 Pfund entfallen 25 000 000 auf den Reaktor. Der Aktionsradius des Schiffes beträgt 41 000 sm, seine maximale Tauchtiefe 220 m, die Geschwindigkeit 21 kn. Das Schiff hat 101 Mann Besatzung.

1955
Die SOUTHERN CROSS der Shaw, Savill Albion Line ist das erste britische Passagierschiff, bei dem die Maschinen achtern liegen. Es ist für den Dienst rund um die Welt via Neuseeland gebaut und hat keine Frachträume.

26. JULI 1956
Die auf der Reise von Genua nach New York befindliche ANDREA DORIA der Italia wird ca. 45 sm vor Nantucket von der STOCKHOLM der Svenska Amerika Linien gerammt. Elf Stunden nach der Kollision sinkt die ANDREA DORIA, die an Steuerbord kurz hinter der Brücke getroffen wurde. Die CAPE ANN der United Fruit Line und die französische ILE DE FRANCE sind schnell am Unglücksort und können 1661 Menschen von insgesamt 1706 an Bord befindlichen retten.

1957
Der erste Eisbrecher der Welt mit Atomantrieb ist die russische LENIN. Sie kann Eis bis zu einer Stärke von 1,8 m brechen und benötigt nur einmal pro Jahr eine neue Reaktorfüllung.

1957
Die American Seatrain Lines, die bereits 1928 mit dem Transport von Güterwagen begonnen haben, führen den 10,7 m langen Seamobile Container aus Kunststoff ein, der durch einen Stahlrahmen verstärkt ist. Er kann direkt vom Schiff auf entsprechende Güter- oder Lastwagen abgeladen werden. Später werden 350 Aluminium-Container gebaut, die zum Standard werden.

1957
Die American Grace Line baut die beiden C 2-Frachter SANTA ELIANA und SANTA LEONOR für den Transport der 5,2 m langen „Seatrainer" um, die 25,5 m³ fassen. Mit diesen beiden Schiffen wird ein wöchentlicher Dienst zwischen Port Newark, USA, und Caracas, Venezuela, unterhalten.

1957
Die erste Reederei, die Containerschiffe in großem Umfang einsetzt, ist die Sea-Land Service Inc. in New Jersey. Sie beginnt mit umgebauten C 2-Frachtern, von denen die ersten drei die AZALEA CITY, die GATEWAY CITY und die FAIRLAND sind. Später werden Tanker umgebaut, die etwa doppelt soviele Container wie die Frachter transportieren können. Das eigens dazu entworfene Containerschiff liegt noch in der Zukunft, doch entwickelt sich der Bedarf bereits klar ersichtlich.

SCHIFFE UND MEER

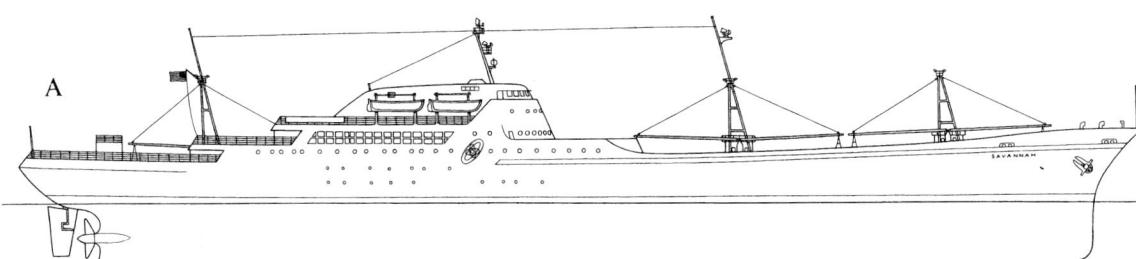

A SAVANNAH *(1959).*
B *Die 1954 für den Rund-um-die-Welt-Dienst gebaute* SOUTHERN CROSS.
C TRITON *(1958).*
D GEORGE WASHINGTON *(1959).*
E NAUTILUS *(1954).*
F VOIMA, *ein von Wärtsilää 1955 für die finnische Regierung gebauter Eisbrecher. Als erster Eisbrecher wurde er mit zwei Bugpropellern ausgerüstet.*

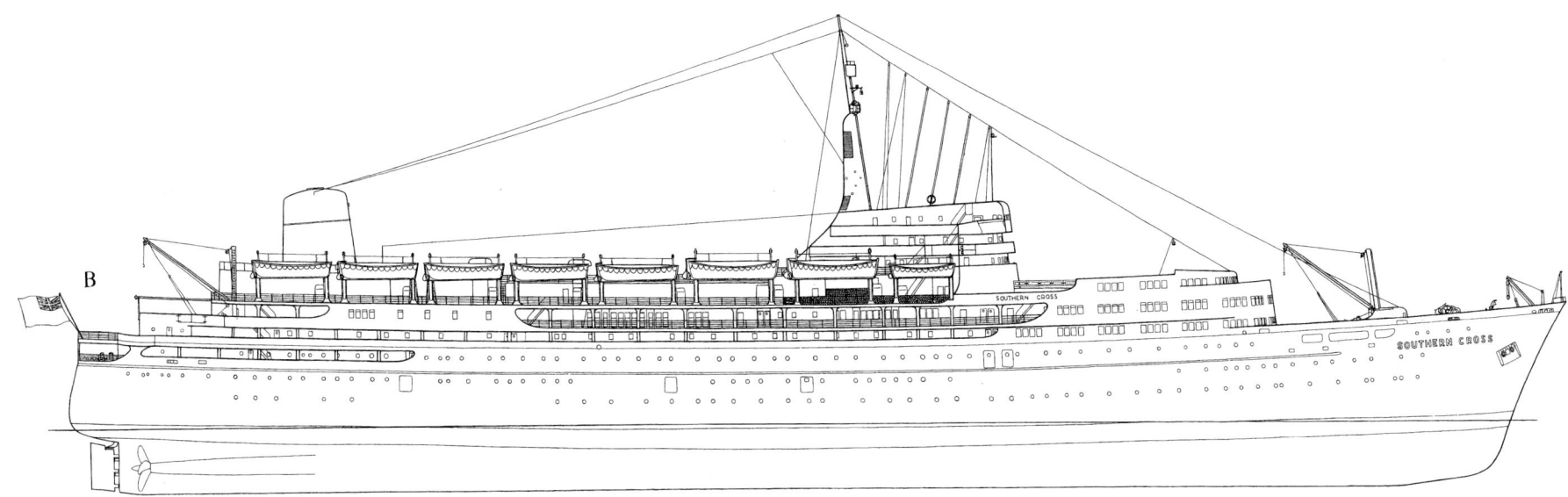

1957
Für die Booth Leasings Corporation in den USA wird der erste Bohrinselversorger entworfen und gebaut, die HOWARD B. COLE JR. Zuvor waren derartige Tender aus umgebauten Schleppern oder Leichtern entstanden. Bei der HOWARD B. COLE JR. lagen die Maschinen achtern, doch erwies es sich bald als sinnvoll, bei diesem Schiffstyp alle Aufbauten vorn zu vereinigen und ein langes freies Achterdeck zu haben.

1958
Für Niarchos-Interessen wird die PRINCESS SOPHIE von der Bethlehem Steel Corporation gebaut, bis dahin der größte Tanker überhaupt und das größte in den USA erbaute Schiff.

1958
Die japanische Marine beginnt mit dem Wiederaufbau ihrer Flotte. Die ersten Schiffe werden von der U. S. Navy übergeben. Weitere werden im Zuge des militärischen Hilfsprogramms der USA gebaut, und zwar nach amerikanischen Entwürfen, aber auf japanischen Werften.

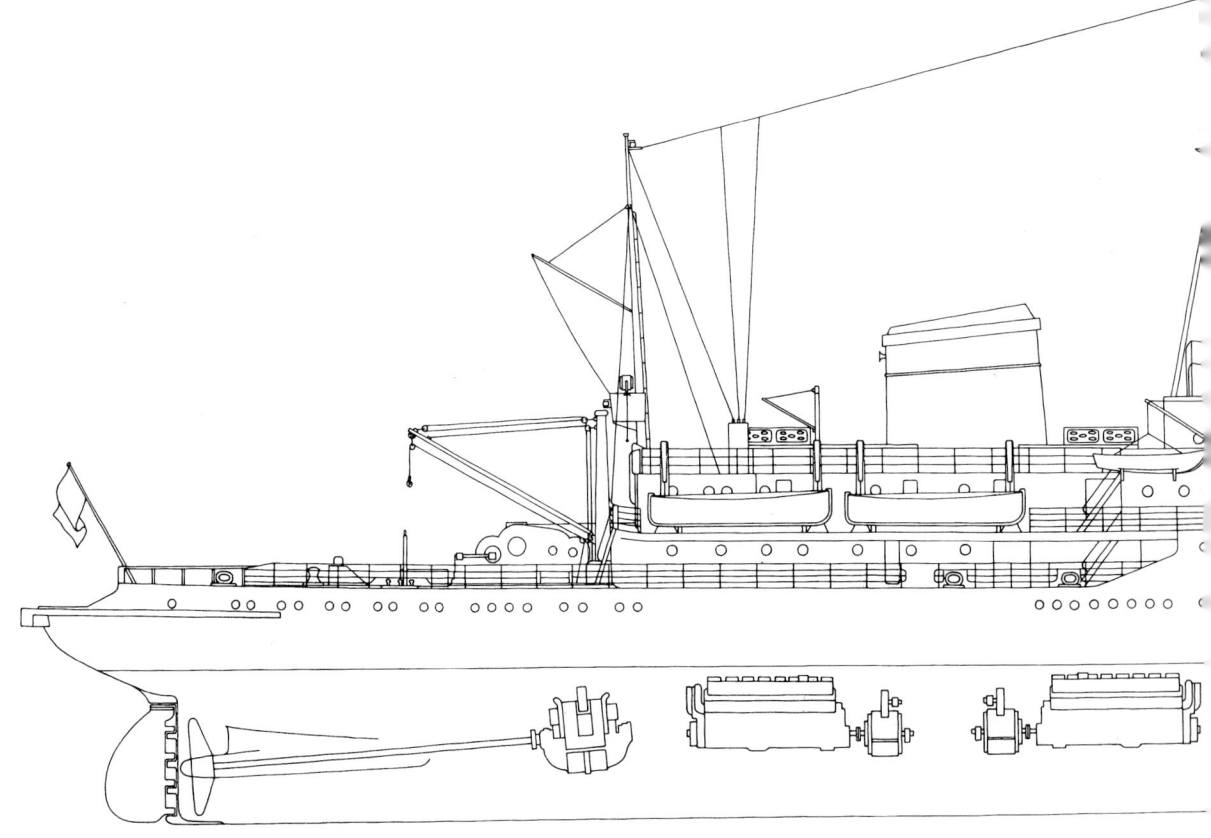

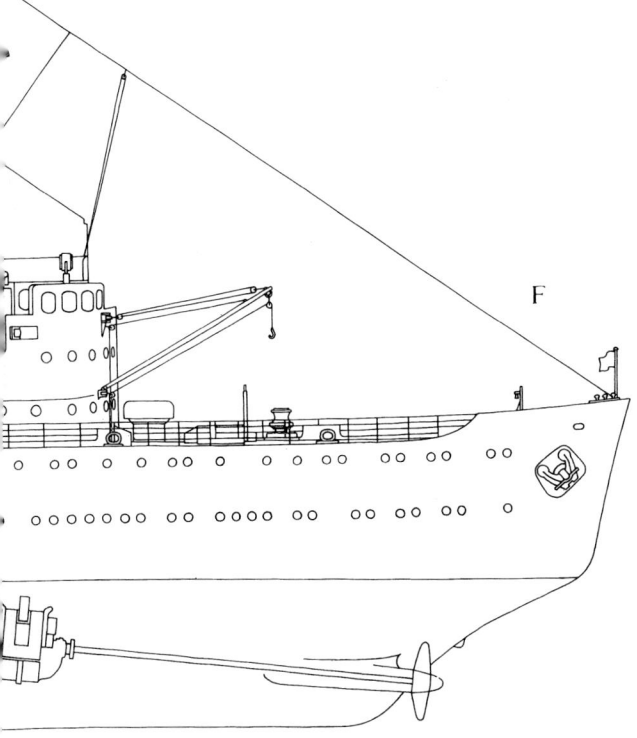

JANUAR 1958
Der seit 1956 im Wiederaufbau befindlichen deutschen Marine wird der erste von sechs amerikanischen Zerstörern, Z 1, in Charleston übergeben. Z 2 bis Z 6 folgen. Im gleichen Jahr werden von England fünf Fregatten als Schulschiffe übernommen, die die Traditionsnamen GNEISENAU, HIPPER, GRAF SPEE, SCHEER und SCHARNHORST erhalten.

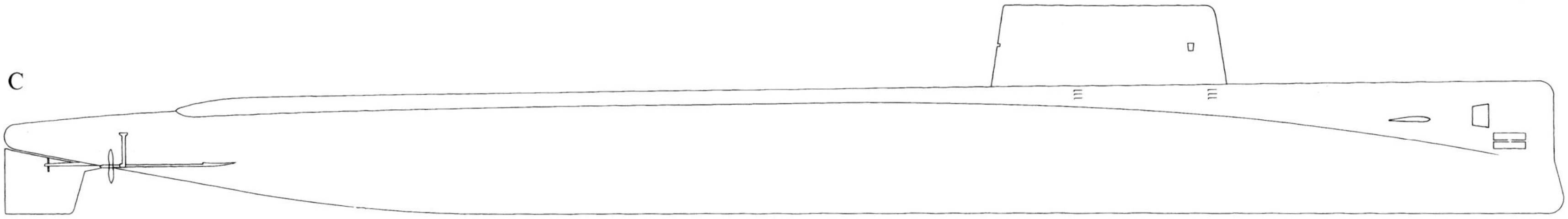

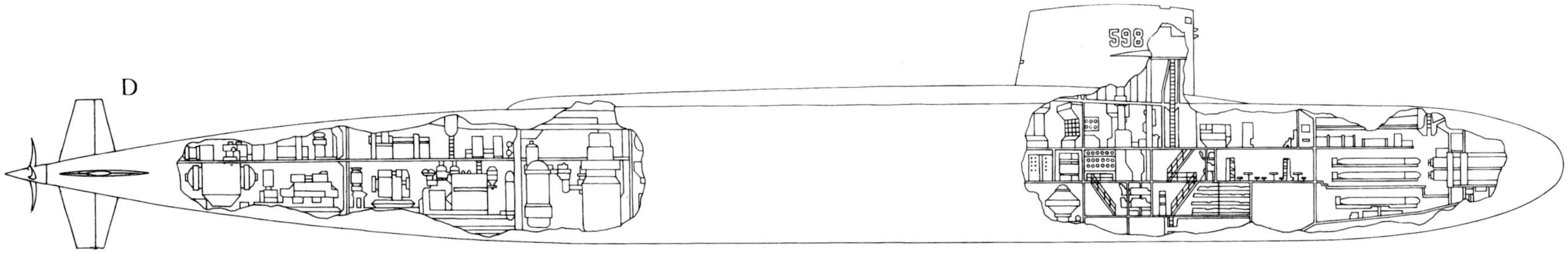

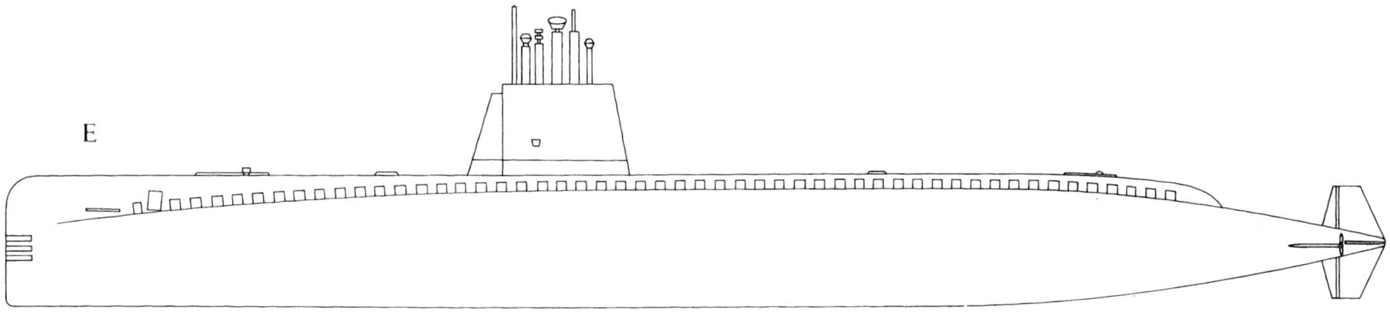

3. AUGUST 1958
Das Atom-U-Boot NAUTILUS der U. S. Navy erreicht unter dem Eis den Nordpol.

1959
Die SAVANNAH der U. S. Maritime Administration läuft vom Stapel, das erste Handelsschiff der Welt mit Nuklearantrieb. Der von dem Reaktor erzeugte Dampf betreibt eine De-Laval-Hauptturbine mit Getriebe, die auf einen fünfflügeligen Propeller arbeitet. Ein Schornstein fehlt. Einrichtungen für 60 Passagiere sind vorhanden. Nach einer Reihe von Versuchsfahrten und verschiedenen Handelsfahrten wird das Schiff aufgelegt.

1959
Als erstes U-Boot mit Atomantrieb der sowjetischen Flotte läuft die LENINSKY KOMSOMOL vom Stapel.

1959
Die Royal Mail Line läßt für die La-Plata-Route die drei Schwesterschiffe AMAZON, ARAGON und ARLANZA bauen. Zwischen Brücke und Passagiereinrichtungen liegt bei ihnen eine Luke, damit alle Löscheinrichtungen an Land gleichzeitig genutzt werden können.

JANUAR 1959
Das dänische Schiff HANS HEDTOFT kollidiert auf seiner ersten Reise im Dänemark-Grönland-Dienst mit einem Eisberg vor Grönland und wird nicht wieder gesehen.

31. JANUAR 1959
Die UNIVERSE APOLLO wird für die National Bulk Carriers in Dienst gestellt. Mit einem Deadweight von 104 520 t ist sie das bis zu diesem Zeitpunkt größte Schiff.

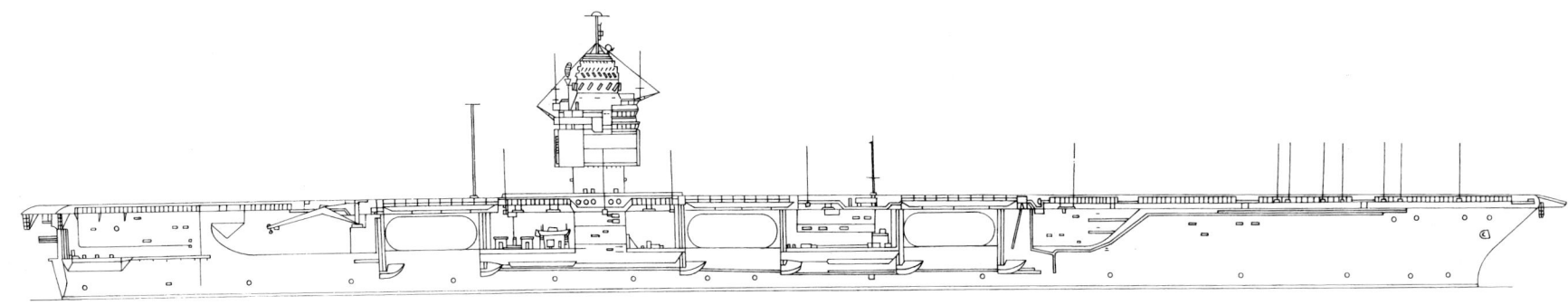

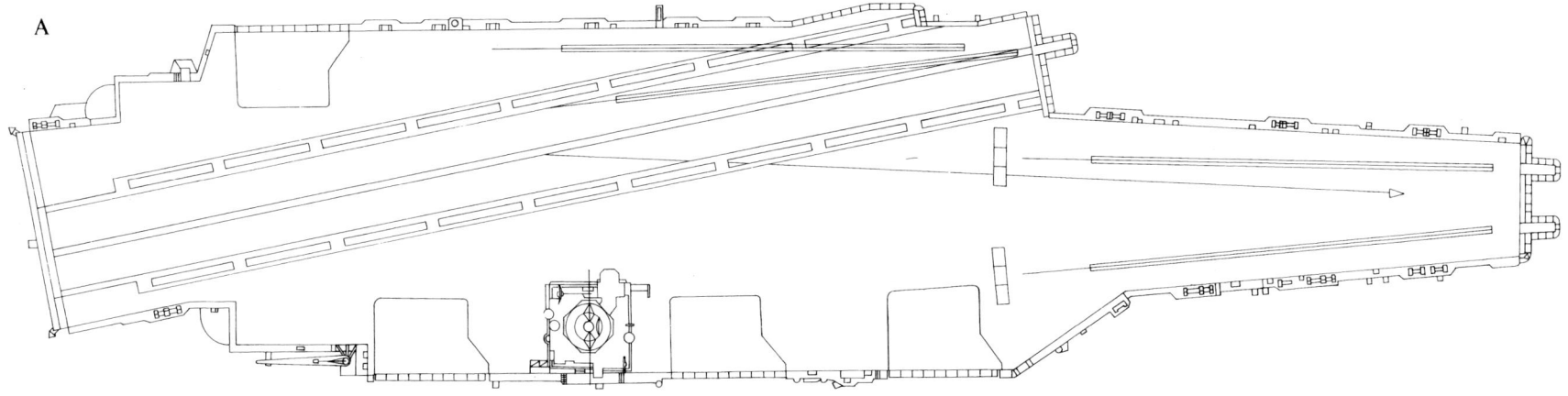

15. APRIL 1959
Die SKIPJACK, das erste U-Boot mit einem auf hohe Geschwindigkeiten ausgelegten, tropfenförmigen Rumpf, wird in den USA in Dienst gestellt.

10. NOVEMBER 1959
Die TRITON ist mit 136,4 m das längste bis dahin gebaute U-Boot.

30. DEZEMBER 1959
Mit der GEORGE WASHINGTON kommt das erste, mit Polaris-Flugkörpern ausgerüstete U-Boot in Dienst. Mit zwei Besatzungen, der „blauen" und der „goldenen", wird es in ständigem Einsatz gehalten.

1960
Die TRITON umfährt als erstes Unterwasserfahrzeug in getauchtem Zustand die Welt. In 83 Tagen wird mit einer Durchschnittsgeschwindigkeit von 18 kn eine Entfernung von 41 400 sm zurückgelegt. Nur vor den Falklandinseln durchbricht sie mit dem Turm die Meeresoberfläche, um einen erkrankten Seemann von Bord zu geben.

1960
Die für die Lykes Brothers, New Orleans, gebaute JAMES LYKES ist der erste Trockenfrachter-Neubau unter amerikanischer Flagge nach dem Kriege.

20. JULI 1960
Die GEORGE WASHINGTON feuert als erstes Schiff Polaris-Flugkörper ab, während sie vor Cape Canaveral auf dem Meeresgrund liegt. Sie ist auch das erste U-Boot, dessen Reaktor eine neue Füllung erhält, nachdem in viereinhalb Jahren 100 000 sm zurückgelegt wurden.

1961
Für die Hamburg-Südamerika-Linie wird die CAP SAN NICHOLAS gebaut, bis heute eines der Schiffe mit am stärksten ausgeprägten stromlinienförmigen Aufbauten.

1961
Die SOVIETSKAYA ROSSIA ist das größte bisher gebaute Walfangmutterschiff und gleichzeitig das größte Schiff der sowjetischen Handelsflotte.

1961
Die CANBERRA der P80-Line ist das größte Schiff im Australiendienst und gleichzeitig auch das größte Passagierschiff, dessen Maschinen achtern liegen.

1961
Mit dem amerikanischen Flugzeugträger ENTERPRISE wird das bis dahin größte Kriegsschiff gebaut. Mit einer Länge von 342,3 m und einer Breite von 78,3 m besitzt es eine Maximalverdrängung von 89 600 t. Die vier Propeller werden von vier Turbinen getrieben, für die acht Reaktoren den Dampf erzeugen. Zur Besatzung gehören 3100 Seeleute und 2400 Mann fliegendes und Bodenpersonal.

A *Der Flugzeugträger mit Nuklearantrieb* ENTERPRISE *(1961).*

SCHIFFE UND MEER

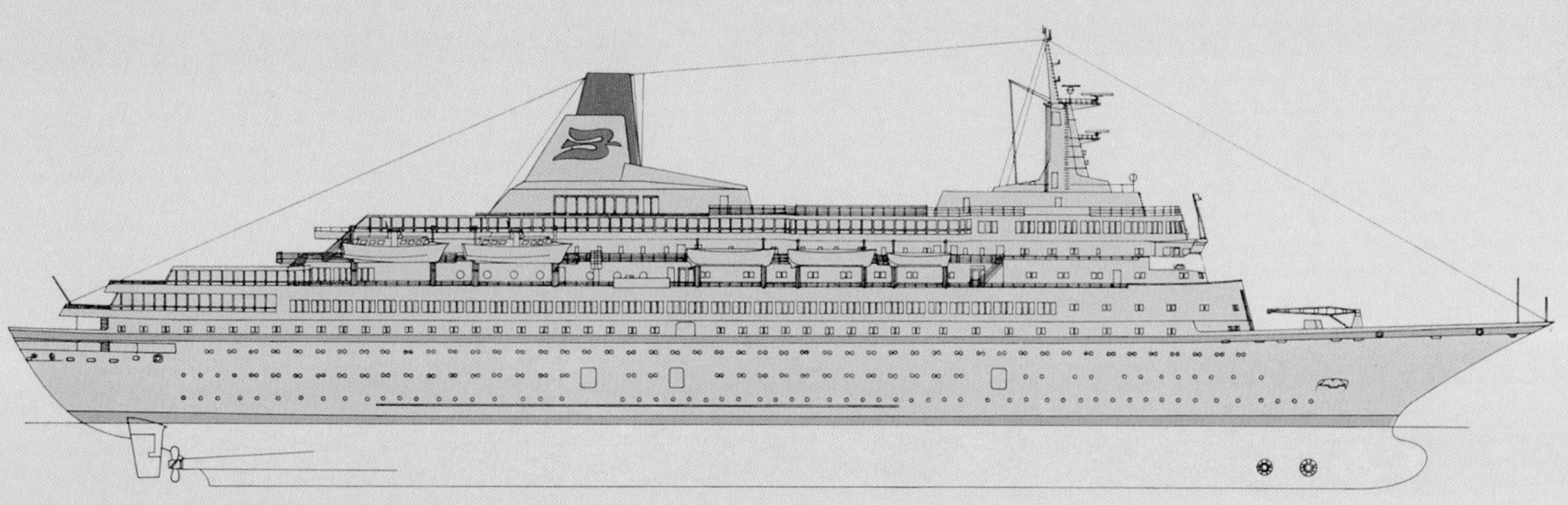

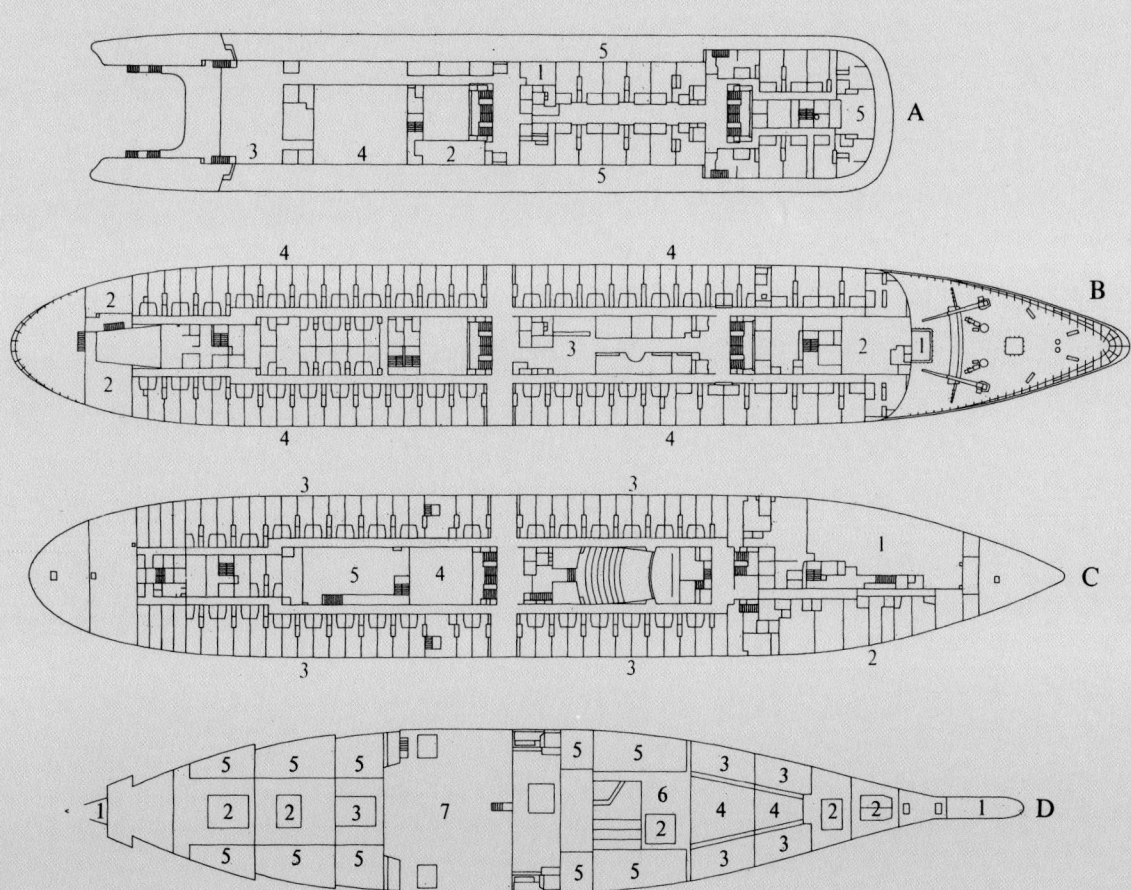

ROYAL VIKING STAR
Ein 1972 von Wärtsilää in Finnland gebautes Kreuzfahrtschiff der Det Bergenske Dampskibsselskab Star Cruises. Seine Geschwindigkeit beträgt 21,5 kn.

A *Promenadendeck.*
1 *Bibliothek.*
2 *Spielzimmer.*
3 *Bar.*
4 *Clubraum.*
5 *Luxuskabinen und Suiten.*
B *Atlantik-Deck.*
1 *Schwimmbad der Mannschaft.*
2 *Aufenthaltsräume der Besatzung.*
3 *Empfang und Läden.*
4 *Kabinen.*
C *Mittelmeer-Deck.*
1 *Messe der Besatzung.*
2 *Hospital.*
3 *Kabinen.*
4 *Maschinenschacht.*
5 *Klimaanlage.*
D *Tankdeck.*
1 *Wasserballast.*
2 *Abwassertanks.*
3 *Frischwassertanks.*
4 *Trinkwassertanks.*
5 *Treibstoffbunker.*
6 *Pumpenraum.*
7 *Hauptmaschinenraum.*

TOR BRITANNIA

A *Eine der größten Autofähren der Welt, die im Juni 1975 zwischen Göteborg, Felixstowe und Amsterdam in Dienst gestellt wurde. Ihre Höchstgeschwindigkeit beträgt 26, die Reisegeschwindigkeit 24,5 kn. Sie hat 140 Mann Besatzung und kann 1230 Passagiere und 420 Autos befördern. Das Schiff wurde von der Flenderwerft, Lübeck, erbaut.*
1 *Bugstrahlruder.*
2 *Brückendeck.*
3 *Sonnendecks.*
4 *Kabinen.*
5 *Sauna.*
6 *Einkaufszentrum.*
7 *Schwimmbad.*
8 *Kasino.*
9 *Maschinenraum.*
10 *Restaurants.*
11 *Hauptmaschinen (4 Pielstick 12PC3V – Diesel mit 4600 PSe).*
12 *Stabilisatoren.*
13 *Oberes Wagendeck.*
14 *Unteres Wagendeck.*
15 *Heckrampe.*
16 *Nachtclub.*
17 *Bar.*
B *Seitenansicht und Kabinenplan.*

SCHIFFE UND MEER

B

227

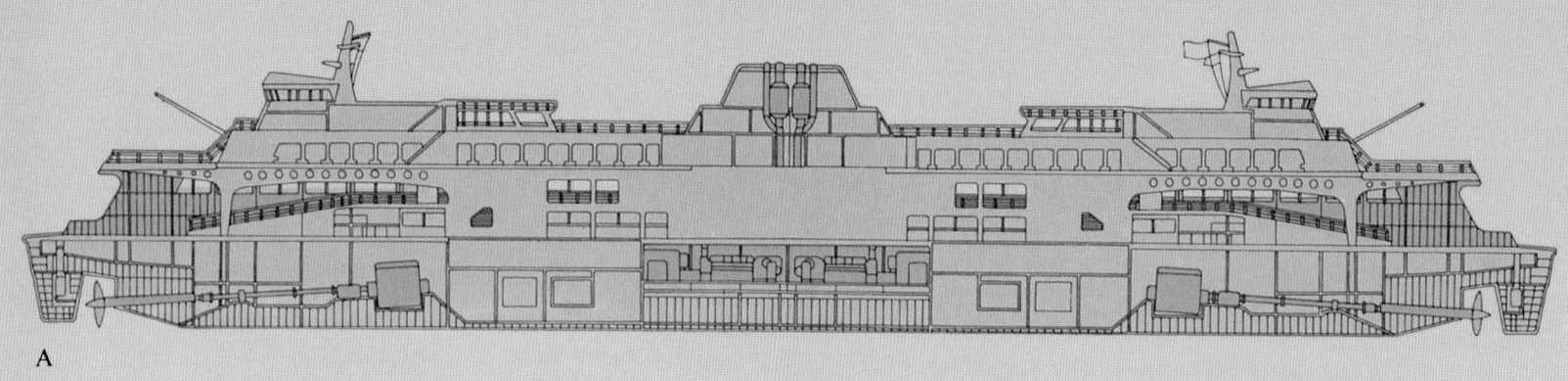
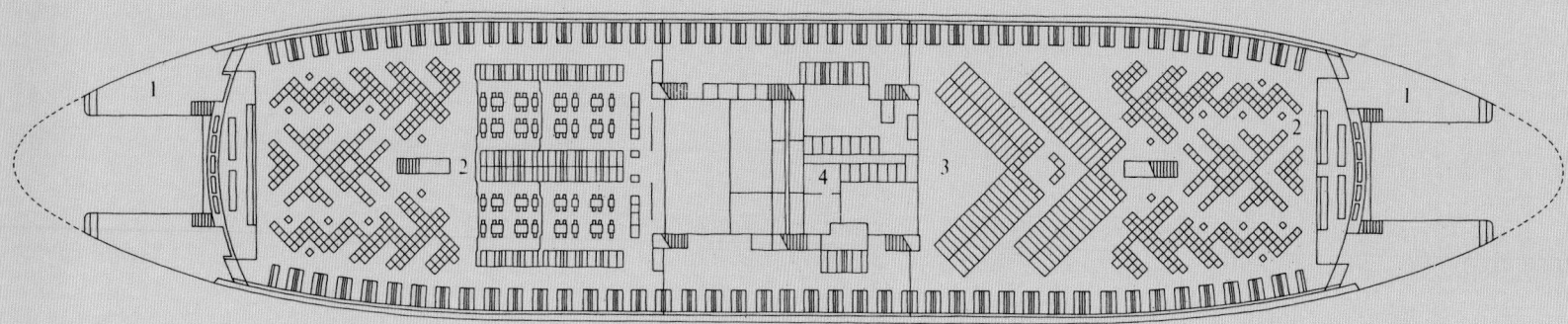

A SPOKANE, eine amerikanische Doppelender-Fähre (1974). Sie wird im Pendelverkehr über kurze Entfernungen eingesetzt und muß keine Wendemanöver fahren. Sie ist für den Verkehr zwischen Inseln in geschütztem Fahrwasser bestimmt.
1 Einschiffungsbereich für die Passagiere.
2 Aufenthaltsräume für die Passagiere.
3 Cafeteria.
4 Kombüse.

B Die AJISAI ist eine japanische Katamaran-Passagierfähre, die 1508 Personen befördern kann. Sie wird zwischen Nagasaki und den Inseln Koyaki und Taka eingesetzt. Ihre Reisegeschwindigkeit beträgt 12,3 kn.
1 Hauptdeck des Schiffes.

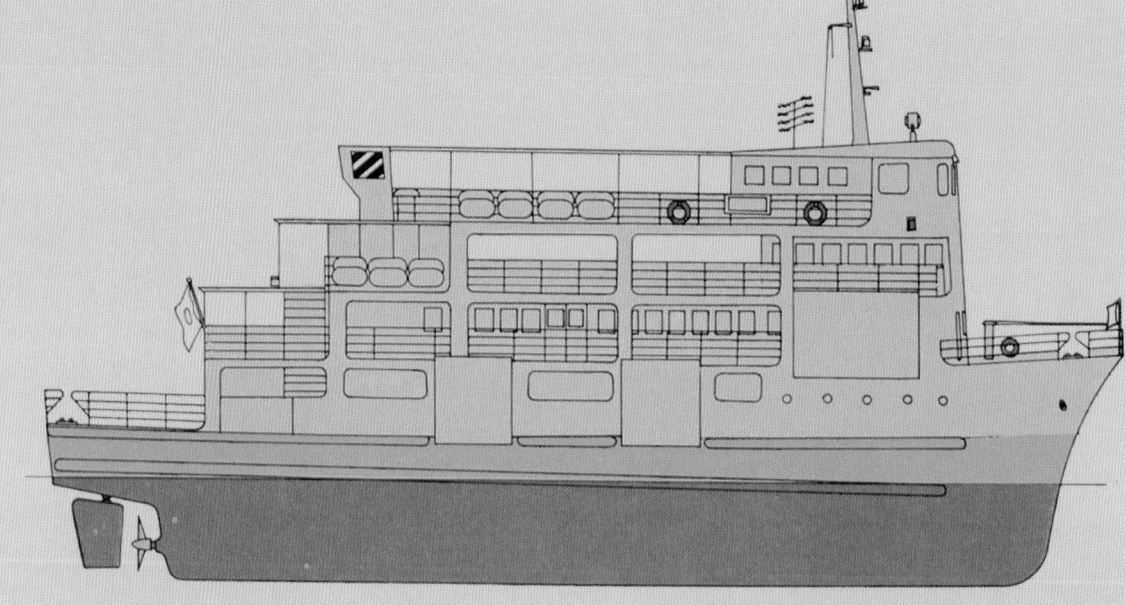
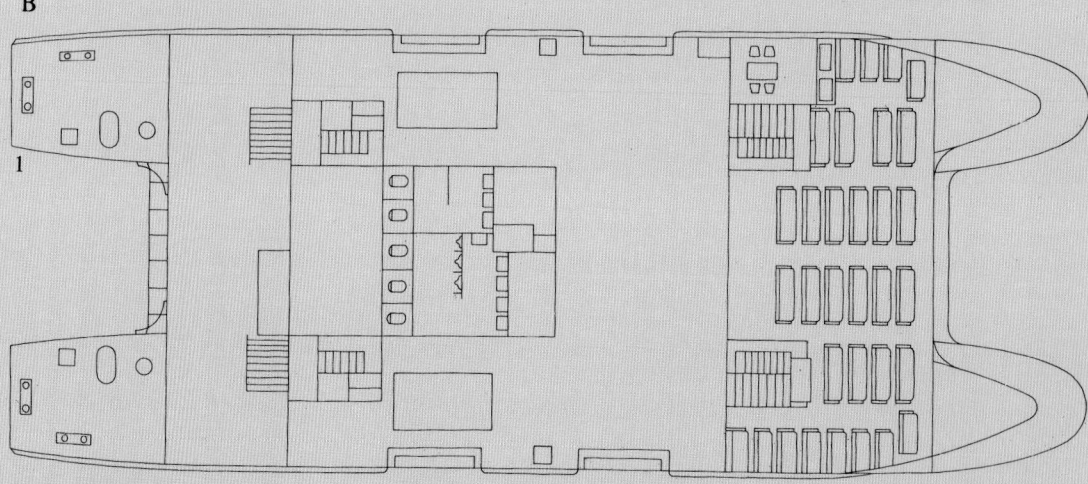

A FRANCE *(1962)*.

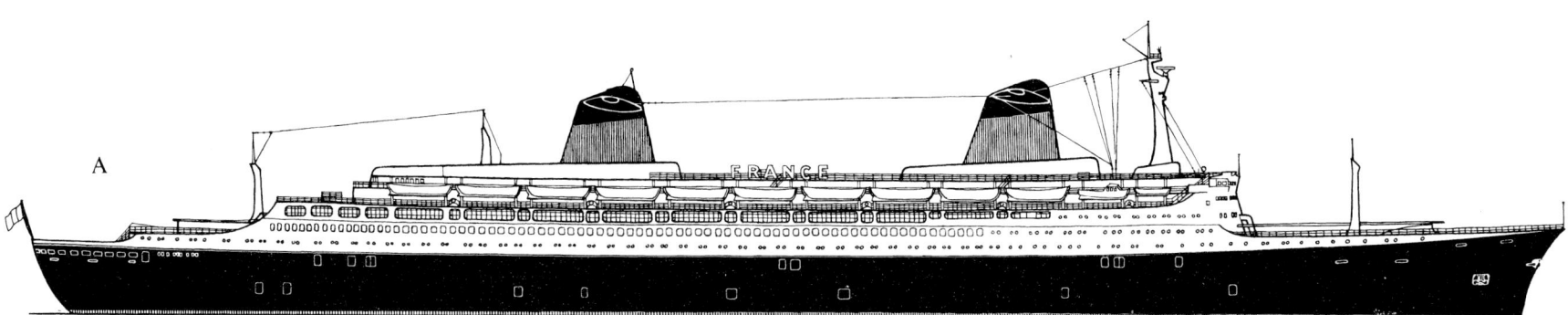

9. SEPTEMBER 1961
Mit dem Kreuzer LONG BEACH wird das erste atomgetriebene Überwasser-Kriegsschiff in Dienst gestellt. Ferner ist es das erste Überwasserschiff, dessen Hauptbewaffnung aus Fernlenkraketen besteht.

1962
Das längste Passagierschiff der Welt wird gebaut, die FRANCE der Compagnie Générale Transatlantique. Dieses Schiff von Penhoet, St. Nazaire, ist der letzte Transatlantik-Liner alter Tradition, die 1907 mit der MAURETANIA der Cunard Line begann.
Die FRANCE, deren Baukosten 30 000 000 Pfund betrugen, ist 315,5 m lang und mit 66 300 BRT vermessen. Ihre Reisegeschwindigkeit beträgt 31 kn, und sie kann 2044 Passagiere aufnehmen.

1962
Mit der PRESIDENT LINCOLN und der PRESIDENT TYLER werden die ersten Frachter für Containertransport gebaut. Nur ein Raum wird für sechs Lagen von Containern, das sind 108 Stück, eingerichtet. Weitere 18 können an Deck gefahren werden. Zum Laden und Löschen erhielt das Ladedeck einen Brückenkran. Diese für die American President Line gebauten Schiffe stellen das Übergangsstadium zwischen herkömmlichen Frachtern und Containerschiffen dar.

1962
Der bis dahin größte Tanker wird für die Manhattan Tanker's der Niarchos-Gruppe gebaut. Es ist die MANHATTAN mit 106 500 t Deadweight. Bei 286,5 m Länge ist sie 40,2 m breit und mit 65 740 BRT vermessen. Später erhält das Schiff einen verstärkten Bug, um die Fahrt zu den Ölfeldern in Alaska zu erproben.

17. APRIL 1963
Die DREADNOUGHT, das erste englische Atom-U-Boot, wird in Dienst gestellt. Der Rumpf wurde in England, die Reaktoren in den USA gebaut.

23. DEZEMBER 1964
Das griechische Passagierschiff LAKONIA, ex JOHAN VAN OLDENBARNEVELDT, gerät auf einer Kreuzfahrt mit 1028 Passagieren vor Madeira in Brand. 132 Menschen kommen um.

1965
Die FRANK H. BROWN der British Yukon Navigation Co. ist das erste Schiff, das ausschließlich für den Containertransport entworfen wurde. Sie ist 7600 BRT groß und wird zwischen Vancouver und Skagway eingesetzt. Sie kann 260 Container transportieren.

1965
Mit der GOOD HOPE CASTLE und der SOUTHAMPTON CASTLE der Union Castle Line werden die bis dahin schnellsten Frachter gebaut. Mit 22,5 kn sind sie ebenso schnell wie Passagierschiffe.

1967
Die ATLANTIC SAGA, ATLANTIC SONG, ATLANTIC SPAN und ATLANTIC STAR der Atlantic Container Line sind die ersten modernen Containerschiffe. Ihre Hauptmerkmale sind das völlige Fehlen von Ladegeschirr. An seine Stelle sind eine Heckrampe und Seitenpforten getreten.
Jedes Schiff hat eine Kapazität von 525 6-m-Containern und einer vollen Ladung Autos, die über die Heckrampe an Bord genommen werden.

1967
Die UdSSR baut ihr bis dahin größtes Raketenortungs- und Flugkörperbeobachtungsschiff, KOSMONAUT VLADIMIR KOMAROV, das auch zur Erforschung der Atmosphäre im tropischen Bereich des Atlantiks eingesetzt wird.

18. MÄRZ 1967
Die TORREY CANYON, einer der neuen Supertanker, ist das größte Schiff, das bis dahin verunglückt ist, als es auf das Seven-Sisters-Riff südwestlich England läuft und sich den Rumpf über fast 200 m Länge aufreißt. Nach der „Erfindung" der VLCC – Very Large Crude Carriers – mit über 100 000 BRT ist dies die erste große Ölverschmutzungskatastrophe. Die TORREY CANYON war mit 117 000 t Rohöl voll abgeladen. Das Wrack wird mit Bomben beworfen und in Brand gesetzt, um soviel Öl wie möglich zu vernichten. Viele Kilometer Küste werden trotz dieser Bemühungen verseucht.

JUNI 1967
Der 6-Tage-Krieg zwischen Israel und den arabischen Nachbarstaaten führt zur Schließung des Suezkanals. 14 Schiffe werden im Großen Bittersee, eines im See Timsah eingeschlossen. Sie müssen dort bleiben, bis der Kanal wieder freigeräumt wird.

23. JANUAR 1968
Die PUEBLO der U. S. Navy unter Leutnant-Commander Bucher wird von Nordkorea als Spionageschiff aufgebracht.

Mai 1968
Die OTTO HAHN wird das erste atomgetriebene Handelsschiff der Bundesrepublik Deutschland und das dritte der Welt.

16. JULI 1968
Indien kauft zunächst vier U-Boote der russischen F-Klasse. Als erstes wird die KALVARI in Dienst gestellt.

24. AUGUST 1968
Die UNIVERSE IRELAND, das erste von sechs Schwesterschiffen für die National Bulk Carriers, ist fertiggestellt. Mit 149 609 BRT ist sie das größte Schiff der Welt.

1969
Für die Freedom Maritime Corporation, Griechenland, wird mit der KHIAN CAPTAIN das erste Schiff gebaut, das die inzwischen völlig verbrauchten Schiffe des Liberty-Typs, der umfangreichsten Klasse von Standardschiffen des 2. Weltkrieges, ersetzen soll.

1969
Mit der VITTORIO VENETO stellt die italienische Marine ihren ersten mit Hubschraubern und Lenkwaffen ausgerüsteten Kreuzer in Dienst. Er trägt Terrier-Raketen und neun U-Jagd-Hubschrauber.

1969
Das erste LASH(Lighter Aboard Ship)-Schiff, die ACADIA FOREST, wird für die norwegische Torrey Mosvold Line gebaut. Sie kann 73 Leichter von je 370 t Kapazität aufnehmen. Sie werden über Heck mit Hilfe eines 510-t-Brückenkrans geladen und gelöscht.

2. MAI 1969
Die QUEEN ELIZABETH II der Cunard Line tritt ihre Jungfernreise an.

1971
Die LE REDOUTABLE wird in Dienst gestellt. Es ist das erste Atom-U-Boot der französischen Flotte.

1971
In diesem Jahr werden sechs Passagierschiffe, alle für Kreuzfahrten, gebaut: Es sind die NORDIC PRINCE, die SONG OF NORWAY und die SUN VIKING für die Royal Carribean Cruise Lines, Norwegen, die SEA VENTURE für die Norwegian Cruising A/S und die CUNARD ADVENTURER und die CUNARD AMBASSADOR für die Cunard Line.

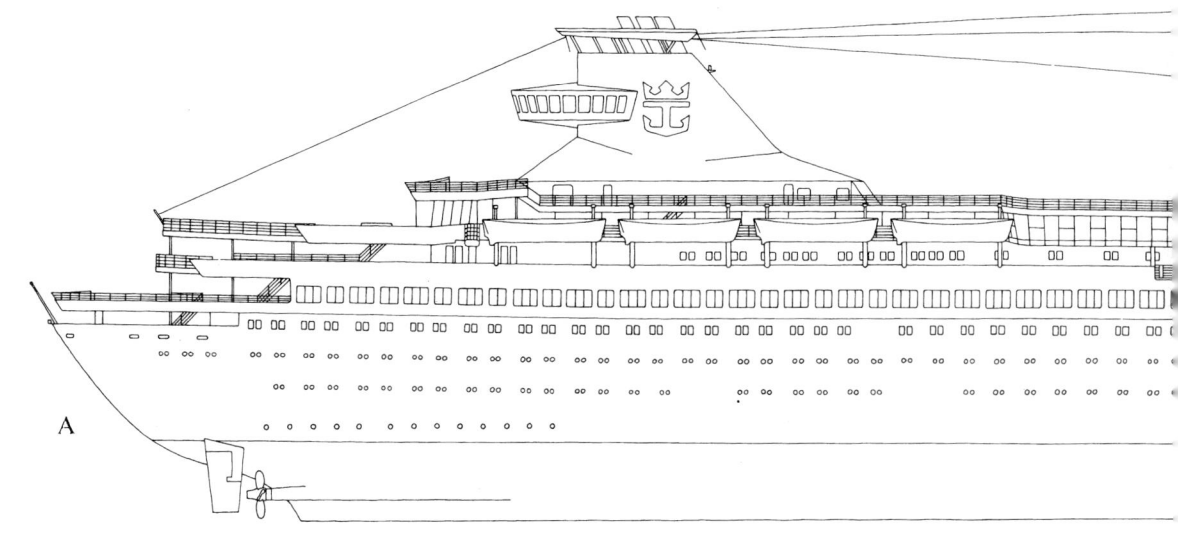

A

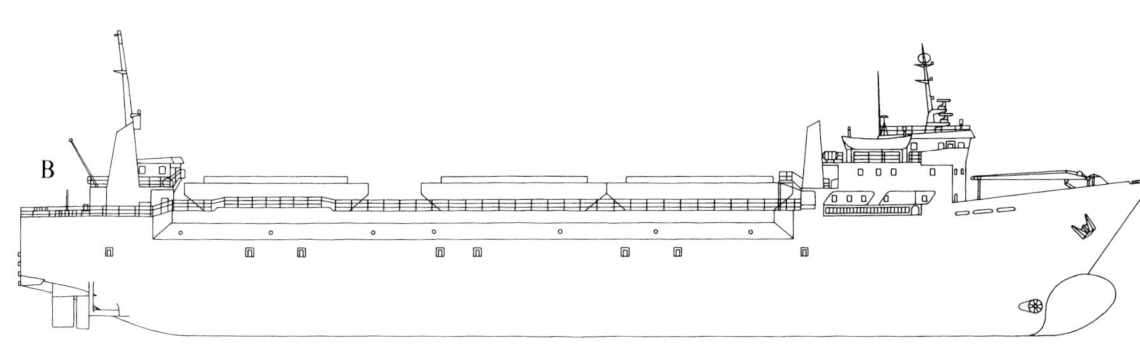

B

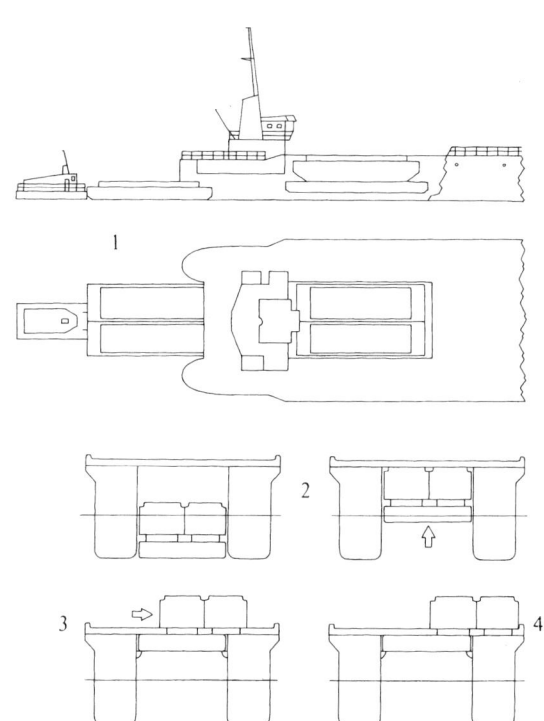

1971
Die EUROLINER der Scarsdale Shipping Co. ist das erste Containerschiff mit Gasturbinenantrieb. Mit 25 kn ist sie gleichzeitig auch das schnellste Schiff dieses Typs. Das Schiff wird von Seatrain International eingesetzt.

6. AUGUST 1971
Mit einem Deadweight von 372 400 t und einer Vermessung von 186 500 BRT wird die NISSEKI MARU der Tokyo Tanker Co. das größte Schiff der Welt. In nur zehn Monaten wurde sie im Dock 2 der Kure-Werft gebaut. Bei 348,1 m Länge ist das Schiff 54,6 m breit.

DEZEMBER 1971
Während des Krieges zwischen Indien und Pakistan gehen vier neutrale Handelsschiffe verloren.

1972
Von drei Reedereien, der deutschen HAPAG-Lloyd, der britischen Ben Line und der japanischen Nippon Yusen, wird die Trio Line gegründet, die den direkten Containerverkehr zwischen Europa und dem Fernen Osten betreiben soll. Die KAMAKURA MARU der N. Y. K. eröffnet den Dienst. Sie kann 1838

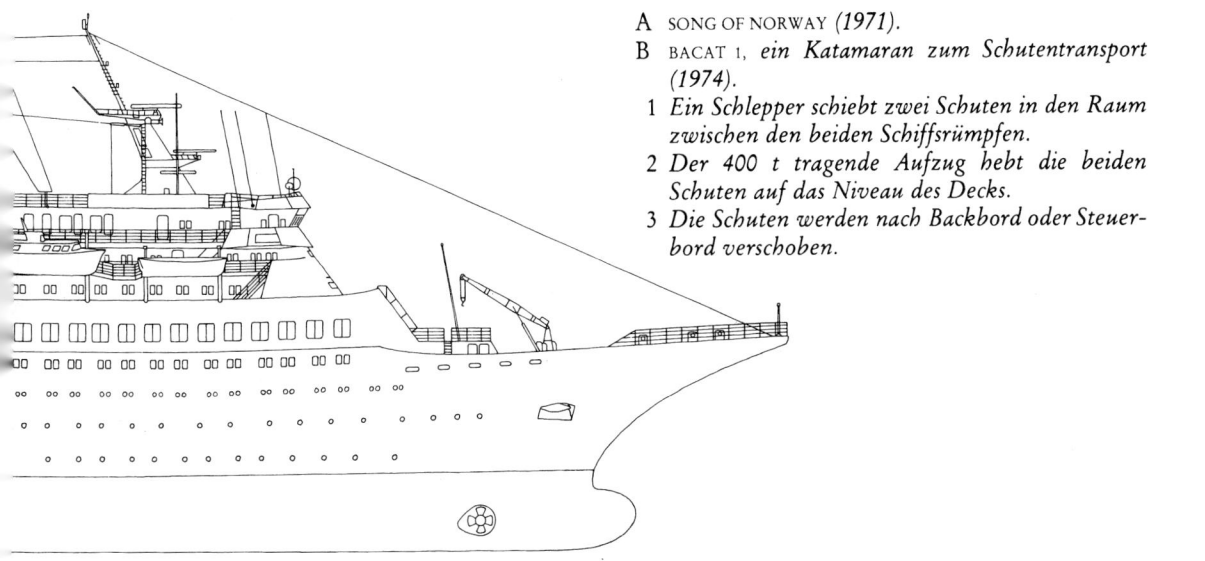

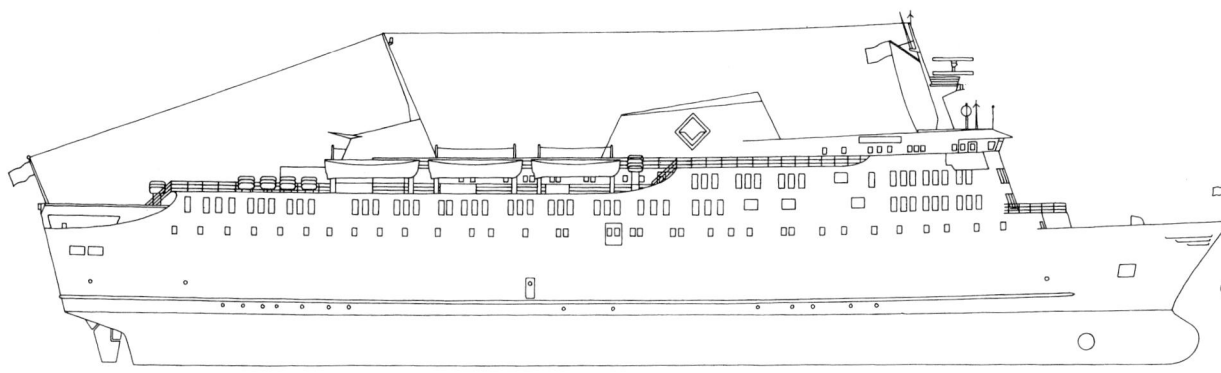

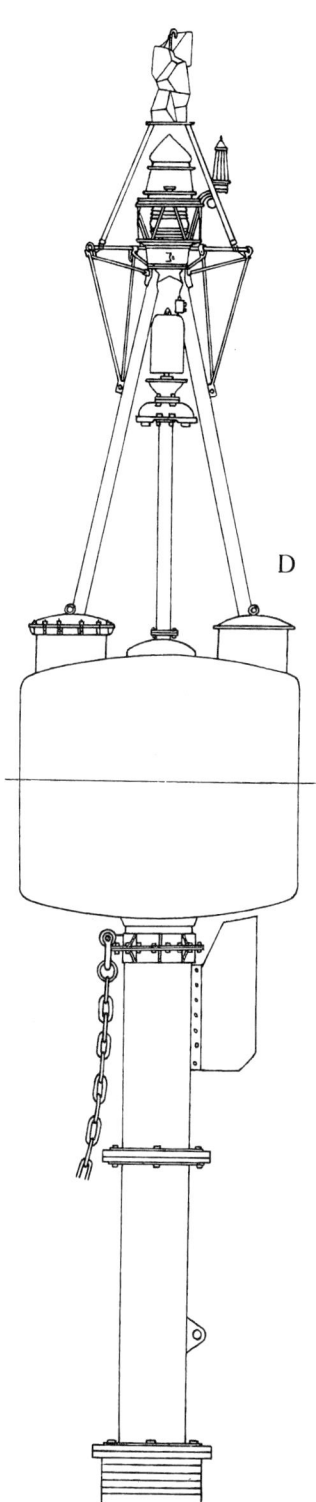

A SONG OF NORWAY *(1971).*
B BACAT I, *ein Katamaran zum Schutentransport (1974).*
1 *Ein Schlepper schiebt zwei Schuten in den Raum zwischen den beiden Schiffsrümpfen.*
2 *Der 400 t tragende Aufzug hebt die beiden Schuten auf das Niveau des Decks.*
3 *Die Schuten werden nach Backbord oder Steuerbord verschoben.*
4 *Mit Hilfe von Winschen werden sie nach vorn in die endgültige Position gezogen.*
C VIKING 5, *eine RoRo-Fähre, die 1974 in Deutschland für den Dienst zwischen Helsinki und Stockholm gebaut wurde.*
D *Moderne Leuchttonne.*

Container befördern, und ihre Durchschnittsgeschwindigkeit beträgt 25,5 kn.

9. JANUAR 1972
Die SEAWISE UNIVERSITY brennt im Hafen von Hongkong aus. Es ist die frühere QUEEN ELIZABETH der Cunard Line, die mit einem Aufwand von 11 Millionen Pfund gerade umgebaut worden war.

1973
Die BENALDER wird das derzeit größte Containerschiff. Ihr Deadweight beträgt 73 596 t, ihre Geschwindigkeit mehr als 30 kn. Bei 288,6 m Länge ist das Schiff 32,3 m breit und kann 2687 20-Fuß-Container befördern.

1973
Für die Broström-Linie wird die SVEALAND gebaut. Mit 282 450 t Deadweight ist dieser Erz/Öl-Frachter das derzeit größte Schiff der Welt für Trockenfracht.

1974
Mit der GLOBTIK LONDON wird an die Globtik Tankers das derzeit größte Schiff der Welt abgeliefert. Auf der Kure-Werft in Japan gebaut, kann es 483 939 t tragen und hat eine Kapazität von 581 000 m³. Es ist 371,8 m lang und 57,9 m breit. Die Besatzung besteht aus nur 38 Mann.

1974
Der Lenkwaffen-Zerstörer NITEROI läuft bei Vosper Thornycroft in England für die brasilianische Marine vom Stapel. Es ist das erste von sechs Schiffen, die Brasilien im September 1970 für insgesamt 100 Millionen Pfund bestellt hat. Das letzte dieser Schiffe soll 1979 ausgeliefert werden.

1974
Die Arbeiten zur Räumung des Suezkanals, der seit dem 6-Tage-Krieg blockiert war, beginnen. Britische, amerikanische und französische Marineeinheiten unternehmen die gefährliche Aufgabe, alle im Kanal liegenden Sprengkörper zu entfernen.

5. JUNI 1975
Der Suezkanal wird, nachdem er von den Wracks und Sprengkörpern geräumt ist, für die zivile Schiffahrt wieder freigegeben. Mit einem Aufwand von 130 Millionen Pfund wurden über 600 000 Explosivkörper aller Art entfernt. Mit dieser Wiedereröffnung verkürzt sich die Reisedauer etwa vom Persischen Golf nach Rotterdam von 28 auf 18 Tage.

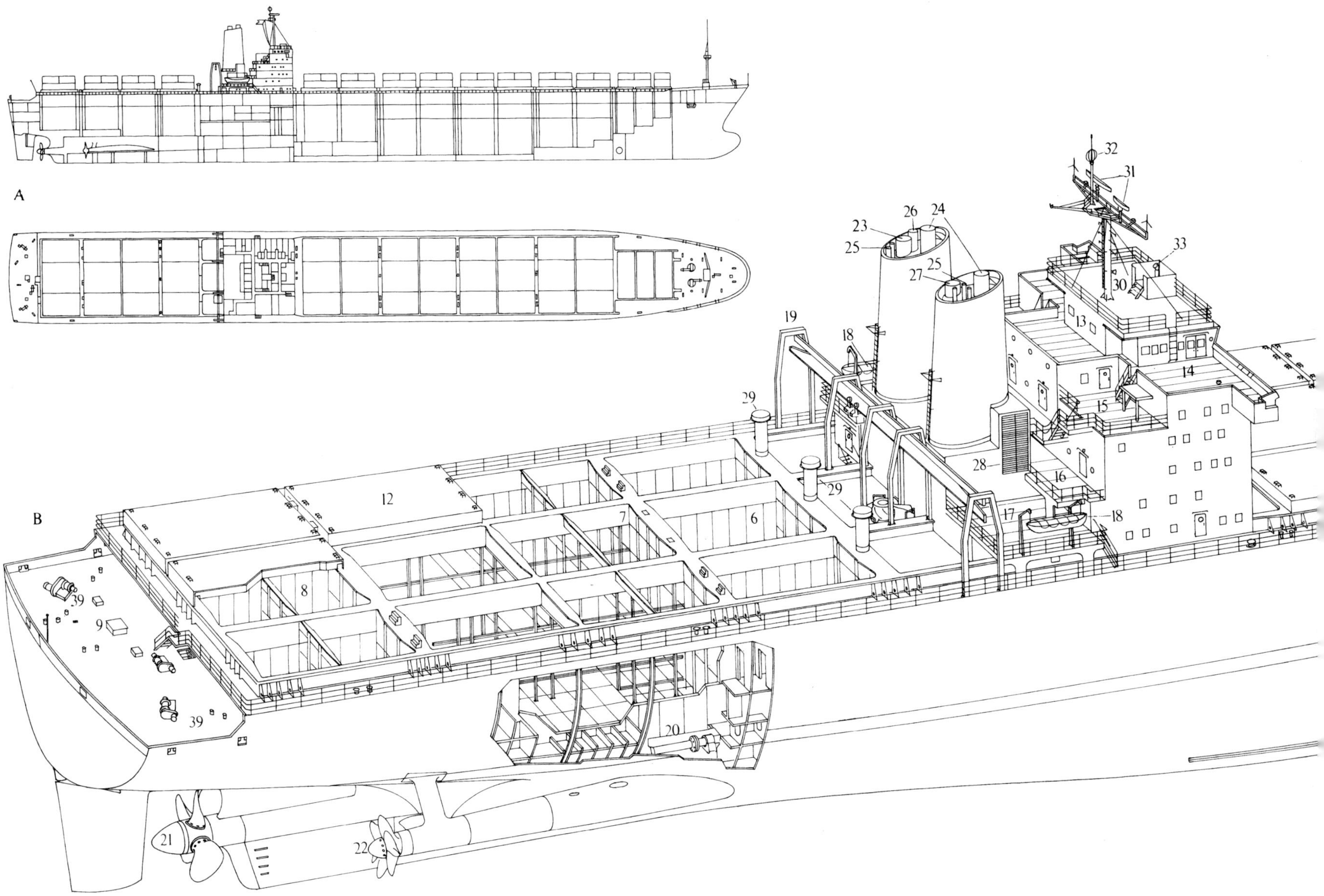

SCHIFFE UND MEER

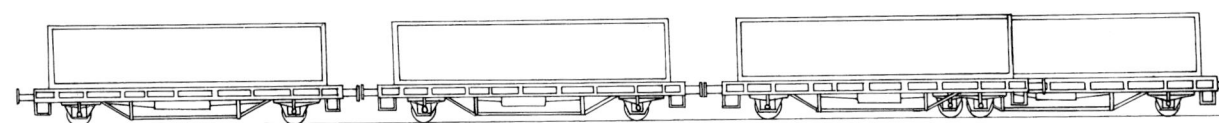
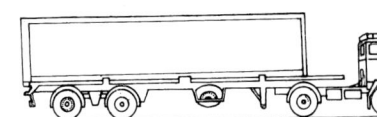

SELANDIA
Ein Dreischrauben-Containerschiff der Østasiatiske Kompagni.

A *Seitenansicht und Draufsicht, um die Anordnung der Container zu zeigen.*
B *Anordnung der Schiffsräume.*

1-8 Laderäume.
9 Achterdeck zum Festmachen.
10 Hauptquerschott.
11 Wasserballasttanks.
12 Lukendeckel.
13 Ruderhaus.
14 Brückendeck.
15 Kapitänsdeck.
16 Offiziersdeck.
17 Bootsdeck.
18 Motorrettungsboot.
19 Portalkran.
20 Mittlere Welle.
21 Mittlerer vierflügeliger Propeller.
22 Sechsflügeliger Propeller der Seitenwelle.
23 Abgasleitung der mittleren Maschine.
24 Abgasleitungen der seitlichen Maschinen.
25 Abgasleitungen der Hilfsmaschinen.
26 Schornstein des Ölkessels.
27 Schornstein der Abfallverbrennungsanlage.
28 Maschinenraumbelüftung.
29 Lüfter für die Laderäume.
30 Radarmast.
31 Radarantennen.
32 Peilantenne.
33 Magnetkompaß.
34 Bugstrahlruder.
35 Stabilisatoren.
36 Schlingerkiel.
37 Fockmast.
38 Kombinierte Winsch und Ankerspill.
39 Verhol- und Festmachewinsch.
40 Versetzbarer Davit.

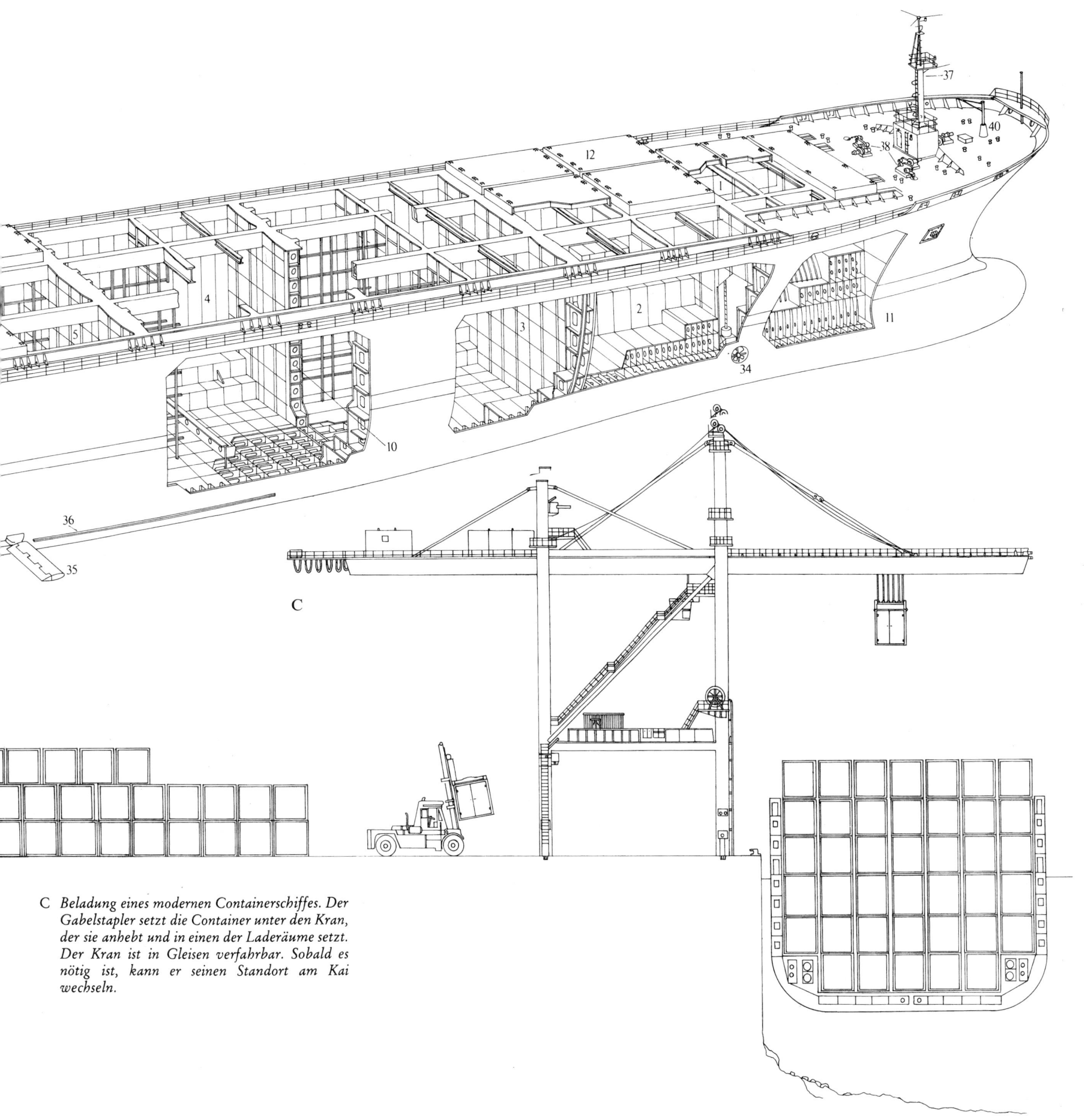

C Beladung eines modernen Containerschiffes. Der Gabelstapler setzt die Container unter den Kran, der sie anhebt und in einen der Laderäume setzt. Der Kran ist in Gleisen verfahrbar. Sobald es nötig ist, kann er seinen Standort am Kai wechseln.

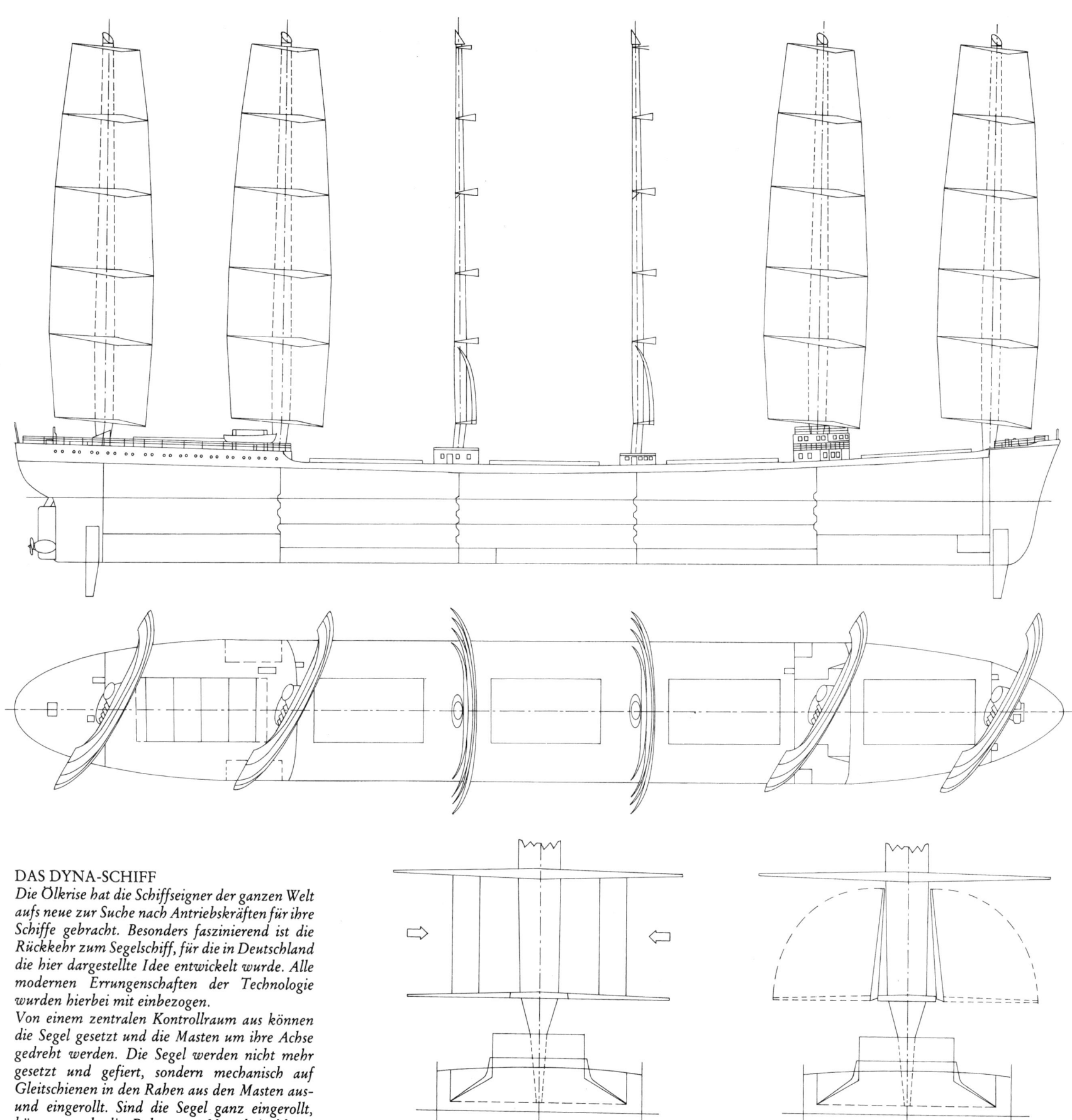

DAS DYNA-SCHIFF

Die Ölkrise hat die Schiffseigner der ganzen Welt aufs neue zur Suche nach Antriebskräften für ihre Schiffe gebracht. Besonders faszinierend ist die Rückkehr zum Segelschiff, für die in Deutschland die hier dargestellte Idee entwickelt wurde. Alle modernen Errungenschaften der Technologie wurden hierbei mit einbezogen.

Von einem zentralen Kontrollraum aus können die Segel gesetzt und die Masten um ihre Achse gedreht werden. Die Segel werden nicht mehr gesetzt und gefiert, sondern mechanisch auf Gleitschienen in den Rahen aus den Masten aus- und eingerollt. Sind die Segel ganz eingerollt, können auch die Rahen am Mast beigeklappt werden.

Das Schiff erhält über Wettersatelliten genaueste Wettervorhersagen, so daß der Kurs nach den günstigsten Winden abgesteckt werden kann.

15. JULI 1975
Island erweiterte einseitig seine Fischereigrenzen von 50 auf 200 Seemeilen. Aus diesem Grund kam es zu einem „Kabeljaukrieg" zwischen Island und England, das die Gewässer um Island als seine eigenen Hoheitsgewässer betrachtete. Dieser Krieg sollte sich noch bis zum 1. Juni des folgenden Jahres fortsetzen.

18. JANUAR 1976
Ein japanisches Fischerboot fand ein kleines Rettungsboot mit zwei spanischen Seeleuten an Bord. Es handelte sich um die einzigen Überlebenden des norwegischen 200 000-t Frachters BERGE ISTRA. Das Schiff transportierte Mineralerz, als am 19. Dezember der Funkkontakt abbrach. Die Spanier erzählten, daß das Schiff am 7. Januar nach drei Explosionen in zwei Hälften brach und mit 30 Mann an Bord innerhalb weniger Minuten versank.

MAI 1976
Der spanische Öltanker URQUIOLA lief vor der Hafeneinfahrt von La Coruña in Nordspanien auf Grund. Das Schiff mit 118 000 t Rohöl an Bord fing Feuer und zerbrach in zwei Hälften. Fast das gesamte Rohöl lief aus. Das war der bis dahin schlimmste Ölunfall.

14. FEBRUAR 1977
Die Sowjetunion erweiterte ihre Fischereigrenzen im Japanischen Meer, im Ochotskischen Meer, im Beringmeer sowie in der Arktis und im Pazifischen Ozean auf 200 sm.

1. MÄRZ 1977
Als Reaktion auf die anderen Staaten erweiterten die USA ihre Fischereigrenzen ebenfalls auf 200 sm.

11. APRIL 1977
Die Vereinigten Staaten von Amerika spürten zwei russische Fischerboote innerhalb der neuen Grenzen auf und brachten sie nach Boston, wo sie nach einer strengen diplomatischen Warnung freigegeben wurden.

19. APRIL 1977
Der US-Senat verabschiedete den zweiten Panama-Vertrag, wonach der Kanal bis zum Jahr 2000 sukzessive an Panama zurückgegeben wird.

21. November 1977
Bewaffnete Piraten enterten in Lagos, Nigeria, ein dänisches Frachtschiff. Es entwickelte sich ein heftiger Kampf, wobei der Kapitän getötet und 14 Besatzungsmitglieder verletzt wurden. Die Piraten konnten fliehen und einen Großteil der Ladung mitnehmen.

16. DEZEMBER 1977
Zwei amerikanische Supertanker unter liberianischer Flagge, die VENOIL und die VENPET, beide 330 000 t schwer, kollidierten im dichten Nebel vor der Küste von Südafrika und fingen Feuer.

6. MÄRZ 1978
Der griechische Öltanker ELENI V stieß vor der Südküste Englands mit einem französischen Frachter zusammen und zerbrach in zwei Teile. Nach einer aufwendigen Bergungsaktion wurde das Heck des Tankers nach Rotterdam geschleppt. Der Bug aber mußte vor Ort gesprengt werden.

16. MÄRZ 1978
Die AMOCO CÁDIZ, ebenfalls unter liberianischer Flagge, lief nach einem Versagen des Ruders vor der Küste der Bretagne auf Grund. Nach ein paar Tagen kam ein heftiger Sturm auf, der das Schiff in zwei Teile zerbrach. 210 000 t Rohöl liefen aus den Tanks und verschmutzten einen mehr als 200 km langen Küstenstreifen: der bis zu diesem Tag folgenreichste Ölunfall.

1978
Das Thema dieses Jahres waren die Bootsflüchtlinge. Zehntausende Vietnamesen flohen auf überladenen, zerbrechlichen und absolut nicht seetüchtigen Booten vor dem Regime in Südvietnam. Viele ertranken, andere fuhren von Hafen zu Hafen, ohne daß sie an Land gehen durften. Trotzdem gelang es den meisten, irgendein Flüchtlingslager zu erreichen und schließlich eine neue Heimat zu finden.

1. JANUAR 1979
Ein französischer Öltanker fing vor der Südküste Irlands Feuer und explodierte wie eine Bombe. 50 Besatzungsmitglieder kamen ums Leben.

21. JUNI 1979
Die beiden Öltanker ATLANTIC EMPRESS und AEGEAN CAPTAIN kollidierten vor der karibischen Insel Tobago. Sie hatten mehr als 500 000 t Rohöl geladen. An Bord der ATLANTIC EMPRESS waren noch über 100 000 t, als sie explodierte und versank.

14. AUGUST 1979
Der Regattasport erlebte seine schlimmste Katastrophe, als zwischen England und Irland ein gewaltiger Sturm tobte – genau auf der Route der Fastnet-Regatta. Viele Boote sanken oder wurden aufgegeben. 15 Teilnehmer kamen ums Leben.

NOVEMBER 1979
Der norwegische Mineralerzfrachter BERGE VANGA verschwand spurlos im Südatlantik. Wie schon bei seinem Schwesterschiff BERGE ISTRA im Jahr 1976 gab es zahllose Theorien über sein Schicksal.

18. JANUAR 1980
Der Frachter STAR CLIPPER, der unter der liberianischen Flagge fuhr, rammte den östlichen Träger der Brücke von Almä, die die schwedischen Inseln Orust und Tjörn mit dem Festland verbindet. Acht Autofahrer kamen ums Leben, als ihre Fahrzeuge von der Brücke fielen.

24. FEBRUAR 1980
Vor den griechischen Inseln explodierte und versank der Öltanker IRENES SERENADES mit ungefähr 100 000 t Rohöl an Bord.

27. MÄRZ 1980
Die Ölbohrinsel Alexander Kielland kenterte im Edda-Ölfeld in der Nordsee, als bei einem Sturm eine ihrer fünf Stützen brach. Von den 212 Personen an Bord kamen 123 ums Leben. An dem gigantischen Rettungseinsatz nahmen über 2000 Menschen in 47 Schiffen und 23 Hubschraubern teil.

9. MAI 1980
Ein unter liberianischer Flagge fahrender Frachter krachte in eine Brücke südlich von Tampa, Florida. Es gab eine ähnliche Katastrophe wie vier Monate zuvor im schwedischen Almä: 31 Autofahrer kamen ums Leben, als ihre Fahrzeuge von der Brücke fielen.

21. SEPTEMBER 1980
Während einer kurzen Seeschlacht im Rahmen des ersten Golfkriegs wurden acht iranische Kanonenboote von irakischen Kriegsschiffen versenkt. Es kam immer wieder zu Gefechten zwischen beiden Ländern.

4. OKTOBER 1980
Ein 330 m langes Schwimmdock, das von einer aufgegebenen schwedischen Werft verkauft wurde, riß sich beim Transport zu seinen neuen russischen Besitzern nach Murmansk von der Kette los und wurde schwer beschädigt. Es mußte zu seinem Heimathafen zurückgeschleppt und repariert werden.

OKTOBER 1981
Das sowjetische U-Boot U-137 der Whisky-Klasse lief auf Grund, während es in dem schwedischen Sperrgebiet Gåsefjörd in der Nähe des Marinehafens Karlskrona an der Oberfläche spionierte. Es lief unmittelbar vor der Bucht auf einen Felsen und wurde von Fischern entdeckt, die die Küstenwache, Marine und Luftwaffe alarmierten. Es kam zu einer politischen und diplomatischen Krise zwischen Schweden und der Sowjetunion, die von den Medien in aller Welt genau verfolgt wurde. Eine Woche lang befaßten sich Zeitungen, Fernsehen und Radio mit diesem Zwischenfall. Beide Marinen standen sich in schwedischen Gewässern gegenüber, aber schließlich bargen schwedische Patrouillenschiffe das U-Boot und geleiteten es in die hohe See.

25. NOVEMBER 1982
Der schwedische Atommülltransporter SIGYN, der verbrauchte Brennstäbe von Schweden zur Wiederaufarbeitung nach Frankreich bringen sollte, lief bei der ersten Fahrt zum Atomkraftwerk Barsebäck auf Grund.

19. DEZEMBER 1982
Zwei Frachter kollidierten während der Fahrt von England nach Holland und versanken. Die EUROPEAN GATEWAY riß fünf Besatzungsmitglieder in den Tod. Nach dem Unfall kam es erneut zu einer hitzigen Debatte über die Sicherheit des Schiffsverkehrs im Ärmelkanal.

DER FALKLANDKRIEG

Der größte Seekrieg seit dem 2. Weltkrieg, der Falklandkrieg zwischen England und Argentinien, begann am 19. März 1982. An diesem Tag gingen argentinische Soldaten auf der Insel South Georgia an Land, um diesen Teil der Falklandinseln wieder unter argentinische Herrschaft zu bringen. Zwei Wochen später, am 2. April, landete ein starkes argentinisches Kontingent auf den Falklandinseln selbst und eroberte Port Stanley. Am 5. April machten sich die britischen Flugzeugträger HERMES und INVINCIBLE von Portsmouth in den Südatlantik auf. Kurz darauf folgten die Truppentransporter H.M.S. FEARLESS und INTREPID. Der Luxuskreuzer CANBERRA wurde in aller Eile zum Truppentransporter umfunktioniert. Auf seiner Fahrt in den Südatlantik eskortierten ihn zwei Zerstörer und zahlreiche andere Schiffe: Öltanker, Transporter, Lazarettschiffe und Versorgungsschiffe, darunter die in Schweden gecharterte STENA SEASPREAD.

Die Flotte versammelte sich bei der Insel Ascension, bevor sie Kurs auf die Falklandinseln nahm, die inzwischen von fast 15 000 argentinischen Soldaten besetzt waren. Es war eine beeindruckende Flotte, darunter sechs amphibische Landungs- und Versorgungsschiffe, die nach den Rittern der Tafelrunde benannt waren, das Containerschiff ATLANTIC CONVEYOR, das Hubschrauber sowie Senkrechtstarter mitführte, der Frachter NORLAND, der Ro-Ro-Frachter ELK, mehrere Öltanker und Hilfsschiffe sowie sieben Zerstörer und Fregatten: die ANTRIM, BROADSWORD, BRILLIANT, ARGONAUT, PLYMOUTH, YARMOUTH und ARDENT. Zu diesen mehr als 30 Schiffen kamen kurz darauf noch die Zerstörer SHEFFIELD, COVENTRY und GLAMORGAN sowie die Fregatten ANTELOPE und PENELOPE. Am 25. April wurde South Georgia in einer Blitzoperation durch den Zerstörer ANTRIM, die Fregatte PLYMOUTH und das Aufklärungsschiff H.M.S. ENDURANCE zurückerobert. Bei der Landung wurde das argentinische U-Boot SANTA FE kampfunfähig gemacht.

Die richtige Seeschlacht begann am 2. Mai, als das englische Atom-U-Boot CONQUEROR den argentinischen Kreuzer BELGRANO versenkte. Von allen Besatzungsmitgliedern des Kreuzers konnten nur 70 Mann gerettet werden; 350 gingen unter. Das U-Boot hatte den Kreuzer drei Tage lang verfolgt, erhielt aber erst dann den Befehl, ihn zu versenken, als der Kreuzer und sein Begleitzerstörer Kurs auf die Falklandinseln nahmen. Zwei Tage nach dem Untergang der BELGRANO griffen argentinische Flugzeuge den Zerstörer SHEFFIELD an. Das Schiff konnte sich nicht gegen die angreifenden Tieffliegern wehren und wurde von einem Exocet-Lenkflugkörper getroffen. Es fing Feuer und versank. Gleichzeitig gelang es dem Zerstörer YARMOUTH, sein Abwehrsystem mit Aluminiumstreifen einzusetzen, mit dem die Flugkörper abgelenkt werden sollten.

Am 20. Mai landeten die ersten Truppen in San Carlos auf der östlichen Insel. Zahlreiche englische Schiffe drangen in die Seestraße zwischen den beiden Hauptinseln ein und wurden von argentinischen Flugzeugen angegriffen. Mehrere Zerstörer und Fregatten sanken. Am 21. Mai ging die Fregatte ARDENT verloren, am 24. Mai die ANTELOPE. Am 25. Mai folgte der Zerstörer COVENTRY.

Am 15. Juni ergaben sich die argentinischen Truppen. Bis dahin hatten die britischen Kommandotruppen Port Stanley und weitere wichtige strategische Stellungen auf der östlichen Insel erobert.

Die Rückeroberung der so weit entfernten Falklandinseln war eine beachtliche militärische Leistung, vor allen Dingen, weil die Flugzeuge des Gegners die Inseln innerhalb einer Stunde erreichen konnten. Diese Schlacht war für England nicht nur finanziell sehr kostspielig; sie forderte auch zahlreiche Menschenleben. Von den etwa 5000 Mann, die in das Gefecht gingen, kamen 255 ums Leben. Trotzdem waren die Verluste sehr gering, wenn man bedenkt, wie schwierig die Aufgabe war. Der Falklandkrieg brachte den Marinen in aller Welt neue Einblicke in die moderne Seekriegsführung. Der Verlust so vieler technisch fortschrittlicher Schiffe durch angreifende Flugzeuge lag in der intelligenten Nutzung der neuen tieffliegenden Exocet-Lenkflugkörper durch die argentinische Luftwaffe begründet. Ohne den Falklandkrieg hätte die Entwicklung von Abwehrsystemen gegen diese Waffen wesentlich länger gedauert.

6. JANUAR 1983

Zwischen Großbritannien und Dänemark kam es zu einem größeren Fischereikrieg. Englische Kriegsschiffe wurden entsandt, um die Dänen am Fischen in englischen Hoheitsgewässern zu hindern. Einige dänische Trawler wurden sogar von englischen Fregatten in den Hafen eskortiert.

1. FEBRUAR 1983

Das dänische Schulschiff ACTIV versank nach einem schweren Sturm in der Nordsee. Acht Besatzungsmitglieder kamen ums Leben.

14. OKTOBER 1983

Ein Konvoi von 50 sowjetischen Schiffen war nördlich von Sibirien im Eis gefangen. Alle Besatzungsmitglieder konnten mit Hubschraubern gerettet werden.

23. MÄRZ 1985

Die Besatzung eines Torpedobootes der chinesischen Marine meuterte und nahm mit dem Boot Kurs auf einen Hafen in Südkorea, wo die Meuterer um politisches Asyl baten. Während der Meuterei wurden sechs Offiziere und Besatzungsmitglieder getötet.

SEPTEMBER 1985

Die RAINBOW WARRIOR von der Umweltschutzorganisation Greenpeace wurde in Auckland, Neuseeland, versenkt, bevor sie sich auf den Weg zum Mururoaatoll machte, wo sie gegen französische Atomversuche protestieren wollte. Die französische Zeitung *Le Monde* fand später heraus, daß hinter dem Anschlag der französische Geheimdienst D.G.S.E. steckte. Dieses Ereignis belastete die diplomatischen Beziehungen zwischen Neuseeland und Frankreich schwer.

8. OKTOBER 1985

Eine Gruppe von PLO-Terroristen kaperte das italienische Kreuzfahrtschiff ACHILLE LAURO. Ein amerikanischer Passagier wurde getötet und über Bord geworfen, bevor die Terroristen sich der ägyptischen Polizei in Alexandria ergaben. Dort wurde ihnen freies Geleit nach Libyen zugesichert. Diese Episode ging aber erst am 11. Oktober zu Ende, als das ägyptische Flugzeug mit den Terroristen an Bord von vier amerikanischen Jägern zur Landung in Sizilien gezwungen wurde. Die Terroristen kamen vor Gericht.

24. MÄRZ 1986

Die US-Marine führte Manöver im Golf von Sirte vor Libyen durch. Einige Flugzeuge des Flugzeugträgers NIMITZ wurden von libyschen Schiffen angegriffen, vier wurden zerstört.

MAI 1986

Die Auto- und Passagierfähren waren inzwischen so groß wie früher die Atlantikliner. Die Viking Line, eine der größten Fährgesellschaften der Welt, die zwischen Finnland und Schweden verkehrte, brachte mit der OLYMPIA eine luxuriös ausgestattete Auto- und Passagierfähre, die nach allerstrengsten Normen gebaut wurde. Sie konnte bei einer Gesamtzuladung von 37 800 t, einer Länge von 177 m und einer Breite von 29 m 600 Fahrzeuge und 2400 Passagiere transportieren, war 22 kn schnell und hatte die skandinavische Kategorie 1A Super für Eisfahrten – die gleiche wie die größten Eisbrecher. Die OLYMPIA befuhr die Linie Stockholm-Helsinki.

6. MÄRZ 1987

Die englische Autofähre HERALD OF FREE ENTERPRISE kenterte bei der Ausfahrt aus dem Hafen von Zeebrügge in Belgien. Die Ladeklappen waren bei der Abfahrt noch geöffnet. Als das Schiff losfuhr, erzeugte es Wellen, die bis an das Fahrzeugdeck reichten. Als die Fähre drehte, drangen Tausende von Tonnen Wasser in das Fahrzeugdeck ein. Der Schwerpunkt verlagerte sich, so daß die Fähre in einer Minute 1 km vor der Hafeneinfahrt kenterte. Viele Passagiere waren noch in ihren Fahrzeugen und konnten sich nicht aus diesem Deck retten. Insgesamt starben 200 Menschen bei dieser Katastrophe. Das wahre Ausmaß des Unglücks zeigte sich erst, als die Fähre einen Monat später mit Hilfe dreier riesiger Kranschiffe aus dem Wasser gehoben wurde.

18. MAI 1987

Während des schon sechs Jahre dauernden Kriegs im Persischen Golf zwischen Iran und Irak griffen irakische Flugzeuge den Zerstörer USS STARK an. Die STARK gehörte zu einem amerikanischen Verband, der in dem Gebiet patrouillierte, um sicherzustellen, daß neutrale Schiffe nicht angegriffen wurden. Der Zerstörer wurde von zwei Exocet-Flugkörpern getroffen. 37 Mann kamen bei den Explosionen und dem anschließenden Feuer ums

SCHIFFE UND MEER

A. *Die russische* AKADEMIC FEDOROW, *das erste zivile Schiff der Welt speziell für Expeditionen in der Antarktis, wurde 1987 von Rauma Repola in Finnland gebaut. Sie ist 140 m lang und kann mit einer Geschwindigkeit von 2 kn durch 1 m dickes Eis fahren.*

B. *Die* MICROPERI 7000, *ein halb versenkbares Kranschiff, wurde in Italien gebaut, um schweres Gerät vom Wasser aus anzuheben und einzubauen.*

C. *Die* MICROPERI 7000 *bei der Arbeit. Sie bringt eine Plattform zum Zusammenbau. Um die Stabilität zu erhöhen, sind die Tanks gefüllt. Der Tiefgang beträgt bei Seitenwind 10,5 m, bei leichter Beladung 20 m und bei schwerer Beladung maximal 27,8 m.*

Leben. Die irakische Regierung sprach von einem Versehen. Präsident Reagan gab den Befehl, daß die Amerikaner künftig „erst schießen und dann fragen" sollten. Rätselhaft ist, warum die STARK nicht ihre Phalanx-Abwehrflugkörper gegen die Exocet einsetzte. Schließlich war das Phalanx-System nach dem Falklandkrieg genau für diesen Zweck entwickelt worden.

18. MAI 1987

Einer der lukrativsten U-Boot-Aufträge der Nachkriegszeit wurde vergeben. Die australische Marine beschaffte sechs U-Boote für über 15 Millionen schwedische Kronen von der Australian Submarine Corporation (A.S.C.), deren größter Anteilseigner Kockums Marine aus Schweden ist. Die Verhandlungen dauerten sieben Jahre, die sieben größten Werften der Welt hatten sich um diesen Auftrag beworben. Die in Schweden konstruierten U-Boote vom Typ 471 waren eine modernisierte Version des A-17, das bis 1990 für die schwedische Marine gebaut wurde. Mit einer Verdrängung von 1000 t sind sie außerordentlich wirtschaftlich und verfügen über die modernste Technologie.

10. SEPTEMBER 1987

Das erste zivile Schiff der Welt speziell für Expeditionen in der Antarktis, die russische AKADEMIC FEDOROW, wurde 1987 von Rauma Repola in Finnland an die russische Goskomgidromet übergeben. Sie sollte hauptsächlich sieben russische Forschungsstationen in die Antarktis bringen. Sie kann mit einer Geschwindigkeit von 2 kn durch 1 m dickes Eis fahren, ist 140 m lang und 23,2 m breit. Der Tiefgang liegt bei 8,5 m und die Gesamtzuladung bei 7600 t. Sie hat Platz für 160 Passagiere und einen dieselelektrischen Antrieb mit zwei 2250-kW- und zwei 6000-kW-Maschinen. Im offenen Wasser erreicht sie eine Geschwindigkeit von 16 kn.

1987

In diesem Jahr wurde auch das größte Kranschiff aller Zeiten, die MICROPERI 7000, in der italienischen Werft Fincantieri de Monfalcone gebaut. Diese Schiffe, deren Klasse auch als halb versenkbare Super-Kranschiffe bezeichnet wird, werden hauptsächlich zum Transport und Zusammenbau von Ölbohrplattformen auf hoher See eingesetzt. Die MICROPERI 7000 hat beeindruckende Ausmaße: 185 m lang, 87 m breit und 43,5 m hoch. Die beiden Kräne haben eine Nutzlast von jeweils 7700 t! Die Kräne sind 140 m lang, die Verkabelung dafür knapp 87 km. Die Oberfläche des Lastendecks beträgt 9000 m², es kann 15 000 t tragen. Es gibt Kabinen für 800 Personen. Das Schiff ist so ausgelegt, daß es bis zu 35 m hohen Wellen und Winden von über 50 m/sek widerstehen kann.

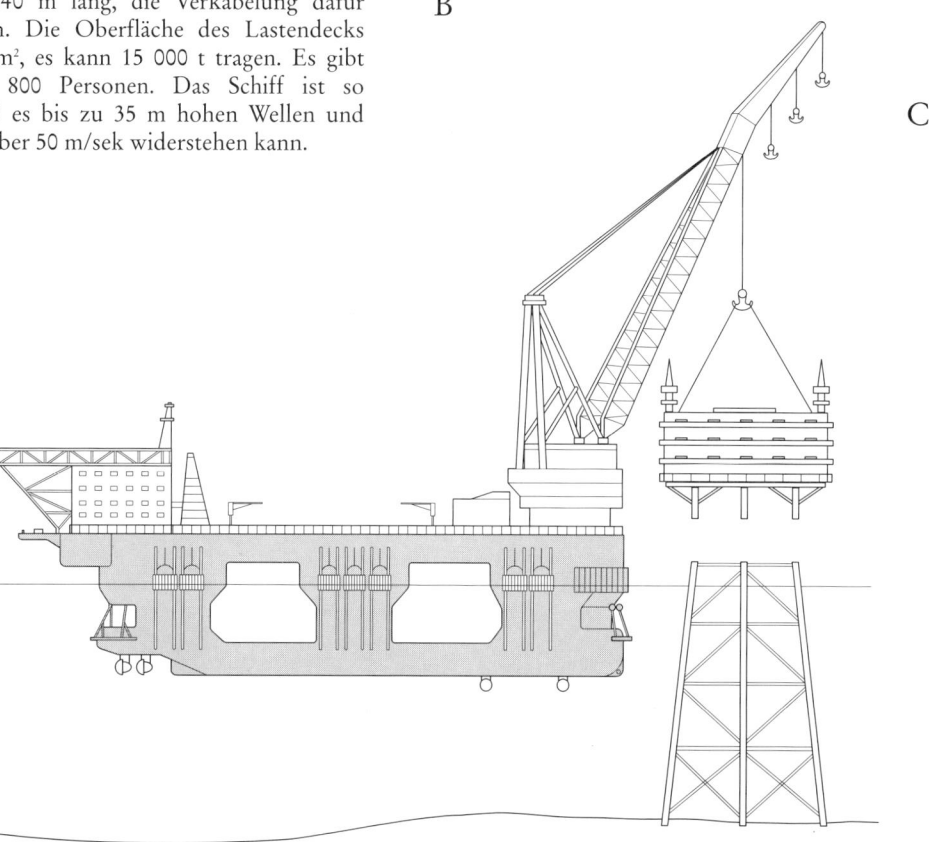

20. DEZEMBER 1987

Die völlig überladene philippinische Fähre DONA PAZ versank nach einem Zusammenstoß mit dem kleinen Öltanker VICTOR in der Tablasstraße südlich von Manila. Es war das schlimmste Fährunglück in Friedenszeiten und forderte mindestens 3000 Menschenleben. Nach einigen Berichten soll die tatsächliche Zahl eher bei 5000 gelegen haben.

1988

Zwei neue Schiffe, die in diesem Jahr vom Stapel liefen, belegten die Vielfalt des Schiffbaus. Zunächst baute Wärtsilä in Turku, Finnland, das Luxus-Kreuzfahrtschiff ROYAL VIKING SUN für die in norwegischem Besitz befindliche Schifffahrtsgesellschaft Kloster Cruise in Miami. Das etwa 120 Millionen Dollar teure Schiff ist 204 m lang. Um die 768 Passagiere kümmerte sich eine Besatzung von insgesamt 460 Personen. Dabei entspricht die Gesamtzuladung genau der der im Jahr zuvor fertiggestellten Fähre OLYMPIA der Viking Line, die immerhin Platz für 2400 Passagiere bot. Außerdem wurde die SHUTTLE GÖTEBORG neben ihrem Schwesterschiff SHUTTLE KARLSTAD in Dienst gestellt. Dabei handelt es sich um ein modernes Transportsystem, das speziell für die schwedische Holzgesellschaft Stora entwickelt wurde. Beide Schiffe bringen Papierprodukte von den Häfen am Vänernsee durch den Götakanal nach Göteborg, wo die Ladung auf wesentlich größere Ro-Ro-Schiffe verladen und damit nach Südeuropa gebracht wird. Die Papierrollen sind in Frachtcontainern verstaut, die in ihrer Form Kassetten ähneln. Beide Schiffe kehren mit leeren Kassetten zurück und führen dann unter anderem Erdölprodukte in ihren sechs Laderäumen mit. Die Schiffe sind speziell dafür konstruiert, möglichst viel Ladung durch den Götakanal und seine Schleusen zu transportieren, und haben zu diesem Zweck ein unkonventionelles Antriebssystem: Sechs Dieselmotoren, in zwei Reihen zu je drei gekoppelt, treiben ein Paar verstellbarer Propeller an.

28. FEBRUAR 1988

Das Ro-Ro-Schiff VINCA GORTHON versank in der Nordsee. Die Ladung, hauptsächlich Papierprodukte auf Anhängern, war verrutscht und hatte für starke Schlagseite gesorgt. Es war ein spektakulärer Unfall. Nachdem die Besatzung durch Hubschrauber aus Holland gerettet worden war, driftete das Schiff noch 40 km durch die Nordsee, bevor es ausgerechnet in einem Gebiet versank, wo zahlreiche Pipelines von den Erdölfeldern der Nordsee zu den Raffinerien an Land verliefen. Eine Pipeline mußte vorübergehend geschlossen werden, der Produktionsausfall führte zu täglichen Verlusten von einer halben Million niederländischer Gulden.

19. MÄRZ 1988

Der Krieg am Persischen Golf zwischen Iran und Irak flackerte wieder auf. 51 Besatzungsmitglieder kamen ums Leben, als irakische Jäger die beiden iranischen Öltanker AVAJ und SANADAJ im Ölhafen Kharg angriffen. Die Tanker wurden von mehreren

A

B

SCHIFFE UND MEER

Raketen in Brand geschossen. Nie wieder sollte ein einzelner Angriff in diesem Krieg für so viele Opfer sorgen.

14. MAI 1988
Der Irak griff den Ölhafen Larak an und sorgte mit dieser Attacke für nie dagewesene Verluste an Schiffen. Vier Öltanker wurden dabei getroffen, darunter die SEAWISE GIANT mit 5000 t und die BARCELONA mit 23 000 t.
Letztere wurde noch Tage später von einer Explosion erschüttert, als sie abgeschleppt wurde. Einer der Schlepper, der der BARCELONA zu Hilfe geeilt war, die SCAN PARTNER, versank mit neun Mann Besatzung an Bord.

24. MÄRZ 1989
Wenige Minuten vor Mitternacht lief der 1986 gebaute nordamerikanische Öltanker EXXON VALDEZ mit einer Gesamtzuladung von 215 000 t im Bligh-Riff im Prince William Sound vor Alaska auf Grund. Er war auf dem Weg vom Verladehafen Valdez nach Kalifornien gewesen. Ein Fünftel der Ladung, 35 000 t Rohöl, lief aus. Es kam zu einer ökologischen Katastrophe. Nach ein paar Tagen mit relativ gutem Wetter kamen starke Winde aus Nordost auf, die das Öl zu einer Emulsion machten, die nur sehr schwer von den Felsen und Stränden wieder zu entfernen war.

Obwohl ein Großteil des Öls verdunstete oder sich auf natürliche Weise abbaute, waren insgesamt 11 000 Menschen und 1400 Schiffe mit den Reinigungsmaßnahmen beschäftigt. Das Ganze kostete mehr als zwei Millionen Dollar. Als Folge dieser Katastrophe erließen die Vereinigten Staaten strengere Gesetze zur Kontrolle der Öltanker. Das Gesetz von 1990 über Ölverschmutzung enthielt neue Vorschriften über Bau und Betrieb dieser Schiffe und über die Haftung der Gesellschaften, deren Schiffe amerikanische Häfen anlaufen. Alle Öltanker müssen eine Bescheinigung mitführen, daß die Gesellschaft in der Lage ist, für die Kosten einer eventuellen Katastrophe aufzukommen.

A. *1988 wurde das Luxus-Kreuzfahrtschiff* ROYAL VIKING SUN *an die norwegische Schiffahrtsgesellschaft Kloster Cruise in Miami ausgeliefert. Das von Wärtsilä in Turku, Finnland, gebaute Schiff hat eine Besatzung von 460 Mann und Platz für 768 Passagiere.*

B. *Die 1988 fertiggestellte* SHUTTLE GÖTEBORG *wurde speziell für das Transportsystem einer großen schwedischen Holzgesellschaft gebaut. Es verkehrt zwischen Göteborg und dem größten schwedischen See, dem Vänernsee.*

C. *Die* VINCA GORTHON *war nicht einmal ein Jahr im Einsatz gewesen, als sie sank. Das Ro-Ro-Schiff war 166 m lang, 22,6 m breit und hatte einen Tiefgang von 6,7 m und eine Gesamtzuladung von 9700 t.*

D. *Das schwedische Ro-Ro-Schiff* VINCA GORTHON *sank am 28. Februar 1988 nach einer starken Schlagseite, denn die Ladung war auf Anhängern verstaut, die sich in Bewegung setzten und den Schwerpunkt verschoben.*

7. APRIL 1990

Die auf den Bahamas registrierte Fähre SCANDINAVIAN STAR verließ mit 383 Passagieren und einer Besatzung von 99 Mann die norwegische Hauptstadt Oslo mit Ziel Frederikshavn, Dänemark. Die Eigner hatten das Schiff erst eine Woche zuvor übernommen und setzten es ohne große Vorbereitungen sofort ein. Zwischen 1.45 und 2.00 Uhr morgens wurde ein brennender Haufen Kleidung vor einer Kabine auf Deck 4 gemeldet. Die Flammen und die giftigen Dämpfe breiteten sich schnell über die Decks 4 und 5 aus. Um 2.24 Uhr wurde SOS gemeldet, und um 2.30 Uhr verließen der Kapitän und die Besatzung mit einigen Passagieren das Schiff. Viele waren aber noch an Bord. Die Gesellschaft und die Besatzung wurden danach stark kritisiert. Die Gesellschaft hatte den Kapitän trotz unzureichender Vorbereitungen des Schiffs und der Besatzung zur Fahrt gezwungen. Die Mannschaft war schlecht ausgebildet, kam aus unterschiedlichen Ländern und konnte sich nicht in einer gemeinsamen Sprache verständigen. Wegen der unglaublich schlechten Organisation wurde das vorhandene Rettungs- und Feuerlöschgerät kaum genutzt. Beispielsweise kamen nur zwei der sieben Gasmasken zum Einsatz. So starben 158 Menschen, darunter zwei Besatzungsmitglieder, hauptsächlich an Rauchvergiftungen.

14. MÄRZ 1991

Die Informationstechnologie hielt Einzug in die Zeremonie des Stapellaufs. Die schwedische Gesellschaft Frontline ließ drei Schiffe vom Stapel, die bei Hyundai und Daewoo in Südkorea gebaut wurden. Der Eigner und seine Gäste versammelten sich im Wasa-Museum in Stockholm und nahmen die traditionelle Schiffstaufe mit der Champagnerflasche am Bug eines Modells vor. Die Bilder der Zeremonie wurden per Satelliten an die Werft übertragen, wo die Kapitäne dem Eigner dankten. Die FRONT DRIVE, die FRONT LEADER und die FRONT BREAKER waren die ersten drei einer Reihe von acht Schiffen mit jeweils 167 000 t Gesamtzuladung. Diese Frachter der sogenannten OBO-Klasse (Oil – Bulk – Oil) können gleichzeitig Trockenfracht und Flüssigfracht (wie Öl und Eisen) befördern.

10.–11. APRIL 1991

Innerhalb von nur 14 Stunden gab es zwei schwere Unfälle vor der italienischen Küste. Die Passagierfähre MOBY PRINCE kollidierte mit dem Öltanker AGIP ABRUZZO, der bei Livorno vor Anker lag. Die Rettungsarbeiten wurden durch dichten Nebel behindert, und die Hilfskräfte sahen zunächst nur den brennenden Tanker. Dessen Besatzung wurde dann auch gerettet. Die Fähre war unterdessen vom Unfallort abgetrieben. Als sie endlich gefunden wurde, waren 140 Menschen an Bord an Rauchvergiftungen gestorben. Nur ein einziges Mitglied der Besatzung überlebte. Am nächsten Tag ereignete sich vor Genua eine Explosion an Bord des zypriotischen Öltankers HAVEN. Fünf Besatzungsmitglieder starben. Das Schiff und der Großteil der Ladung brannten drei Tage lang und sanken dann in eine Tiefe von 75 m. Die HAVEN, mit einer Gesamtzuladung von 232 000 t, hatte 143 000 t iranisches Rohöl an Bord. Die Explosion, vermutlich ausgelöst durch Überdruck in einem der Tanks, erfolgte, als verbotenerweise Öl von einem Tank in einen anderen gepumpt wurde,

A

A. *Einer der schlimmsten Brände in norwegischen Gewässern brach am 7. April 1990 auf der Fähre* SCANDINAVIAN STAR *aus. Die Katastrophe kostete 158 Menschenleben.*

B. *Der neue Schlepper* JOHN *wird an die Red Company in Göteborg übergeben. Er wurde in Japan gebaut und mit dem starken Kranschiff* FAIRMAST *zu seinem Heimathafen gebracht, wo er in der Bucht von Göteborg vom Stapel lief.*

während das Schiff in der Bucht vor Anker lag. 40 000 t Rohöl liefen ins Meer und verbrannten zum großen Teil. Nach diesem Unglück gab es Klagen auf Schadenersatz in Höhe von 1,4 Milliarden Dollar. Die 1973 gebaute HAVEN war ein Schwesterschiff der AMOCO CADIZ, die 1978 vor der Bretagne gesunken war und mehr als 200 000 t Öl ins Meer fließen ließ.

6. JUNI 1991
In Göteborg in Schweden fand ein ungewöhnlicher Stapellauf statt. In dem traditionsreichen Hafen hatte es früher viele Stapelläufe gegeben, aber inzwischen waren alle Werften geschlossen. Der neue Schlepper JOHN wurde von Matsuura Tekko Zosen in Japan für die Red Company gebaut und von dem Kranschiff FAIRMAST in den Rivöfjord vor den Hafen von Göteborg gebracht. Die 500 t schwere JOHN ist ein Hochseeschlepper mit zwei verstellbaren Schrauben. Das Schiff ist 32 m lang,

10 m breit und erreicht eine Höchstgeschwindigkeit von 14,5 kn. Als Mehrzweckschlepper ist die JOHN auch für die Brandbekämpfung ausgerüstet und hat zwei Wasserschaumkanonen mit einer Leistung von je 6000 l/min. Ihre Maschinen sind mit 4000 PS ebenso stark wie die der FAIRMAST, die den Schlepper sicher nach Göteborg gebracht hatte. Die FAIRMAST selbst wiegt 6800 t, ist 110 m lang und hat zwei 500-t-Ladekräne.

15. DEZEMBER 1991
Die ägyptische Ro-Ro-Passagierfähre SALEM EXPRESS war auf dem Weg von Dschidda in Saudi-Arabien nach Safaga in Ägypten, als sie im Roten Meer auf ein Korallenriff lief und vor dem Morgengrauen versank. Wegen des schlechten Wetters konnten die Retter erst nach Tagesanbruch zu dem Schiff vordringen. Über 450 von 660 Menschen an Bord starben.

SOMMER 1992

Die italienische Yacht DESTRIERO sicherte sich das Blaue Band, einen internationalen Preis, der für die schnellste Überquerung des Nordatlantiks ausgelobt wird. Sie fuhr von New York nach Bishop Rock an der Südküste Englands und benötigte dafür 58 Stunden und 35 Minuten. Bei einer Durchschnittsgeschwindigkeit von über 50 kn erreichte sie Spitzenwerte von bis zu 65 kn. Die DESTRIERO ist 67 m lang, besteht aus Aluminium und hat drei Gasturbinen, die einzelne Reihen von Wasserstrahlsystemen antreiben. Den Rekord für die Atlantiküberquerung hatte bis dahin der Katamaran HOVERSPEED GREAT BRITAIN gehalten, der 1990 bei einer Durchschnittsgeschwindigkeit von 37 kn 74 Stunden und neun Minuten benötigt hatte.

Im Jahr 1952 war das Blaue Band an das US-Passagierschiff UNITED STATES gegangen. Dieses brauchte bei einer Durchschnittsgeschwindigkeit von 35,6 kn dreieinhalb Tage und erreichte bis zu 42 kn.

23. AUGUST 1992

Die Passagierfähre ROYAL PACIFIC wurde in der Straße von Malakka von dem taiwanesischen Fischerboot TERFU 51 gerammt. Die griechische Fähre versank innerhalb weniger Minuten, wobei neun der 534 Menschen an Bord starben. Die TERFU 51 beteiligte sich zunächst an der Rettung, setzte sich dann aber vom Unfallort ab. Das verschwundene Boot wurde mit Schiffen und Flugzeugen gesucht und schließlich auf dem Weg zu seinem Heimathafen entdeckt. Als es über Funk angesprochen wurde, ignorierte es die Funksprüche und gab keine Antwort. Das Fischerboot war nicht einmal versichert, die Royal Pacific jedoch für 51 Millionen Dollar in London.

1992

In Finnland wurde das Kreuzfahrtschiff RADISSON DIAMOND mit einem neuartigen Rumpf fertiggestellt. Sie war das größte Schiff in SWATH-Technik (Small Water Line Area Twin Hull), 131 m lang, 32 m breit, mit einem Tiefgang von 8,4 m und Plätzen für 354 Passagiere. Diese Schiffe haben zwei Rümpfe, die auf der Wasserlinie extrem dünn sind und unter Wasser wieder dicker werden. Mit dieser Konstruktion sind sie auf rauher See besonders stabil.

8. NOVEMBER 1992

Umweltschützer und Schiffe im Auftrag der Atomindustrie lieferten sich ein schweres Gefecht auf See. Die speziell für den Transport von verbrauchten Brennstäben gebaute AKATSUKI MARU nahm in Cherbourg 1,5 t Plutonium an Bord und wollte damit nach Yokohama in Japan. Vor der bretonischen Küste rammte das japanische Begleitschiff SHIKISHIMA die SOLO von Greenpeace. Nach Aussagen der Umweltschützer geschah dies vorsätzlich. Die AKATSUKI MARU brauchte bei dieser Fahrt ungewöhnlich lange, da viele Länder ihr die Durchfahrt durch ihre nationalen Gewässer verweigerten.

Das Plutonium befand sich in Behältern, die nach Aussage der französischen Regierung einem Druck standhalten konnten, wie er nicht einmal an der tiefsten Stelle des Ozeans bei den Marianen, 11 000 m unter dem Meeresspiegel, vorkommt. Außerdem behauptete Frankreich, daß sie 90 Minuten lang einer Temperatur von 1000°C standhalten konnten.

A. *Die italienische Yacht* DESTRIERO *holte sich im Sommer 1992 das Blaue Band für die schnellste Atlantiküberquerung. Für die Fahrt zwischen New York und Bishop Rock benötigte sie 58 Stunden und 35 Minuten. Somit lag die Durchschnittsgeschwindigkeit bei über 50 kn.*

SCHIFFE UND MEER

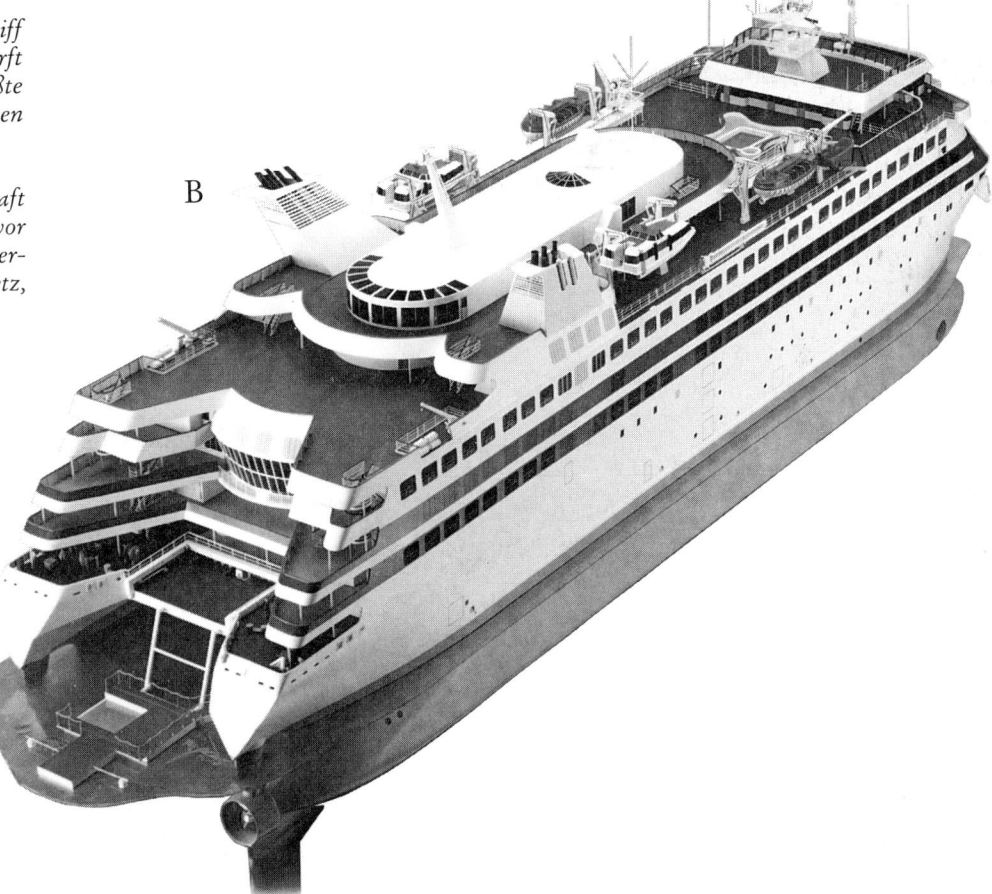

A. Am 30. April 1992 wurde das Passagierschiff **RADISSON DIAMOND** von einer finnischen Werft ausgeliefert. Es handelt sich um das größte SWATH-Schiff der Welt. Die 177 Kabinen bieten Platz für 354 Passagiere.

B. Hier erkennt man deutlich die Seelandschaft zwischen den Rümpfen, wenn das Schiff vor Anker liegt. Es gibt ein Zentrum für Wassersport und einen Swimmingpool mit einem Netz, das Haie fernhält.

A. *Der Öltanker* BRAER, *nachdem er im Januar 1993 vor den Shetlandsinseln auf Grund gelaufen war. Er blieb dort eine Woche und zerbrach dann in vier Teile. Obwohl das Öl in das Wasser lief, war der Umweltschaden letztendlich geringer als von den Behörden und Einwohnern befürchtet.*

B. *Das amerikanische Libertyschiff* JEREMIAH O'BRIEN *kehrte am 6. juni 1994 zum 50. Jahrestag der Invasion in der Normandie an die normannische Küste zurück. Während des 2. Weltkriegs wurden mehr als 2700 Schiffe dieser Art gebaut. Jedes Schiff konnte 10 865 t Fracht oder bei entsprechender Umrüstung 650 Soldaten transportieren.*

A

5. JANUAR 1993

Um 5.19 Uhr morgens funkte der Öltanker BRAER SOS. Er war mit 84 500 t Rohöl aus der Nordsee auf dem Weg von Mongstad in Norwegen nach Quebec. Südlich vom Kap Sumburg Head, der südlichsten Stelle der Shetlandinseln, trieb der Tanker nordwärts auf die Inseln zu, da in einem schweren Sturm seine Haupt- und Hilfsmaschinen ausgefallen waren. Die Küstenwache fürchtete, daß der Tanker auf Grund laufen würde, und evakuierte vorsorglich die Besatzung. Das bedeutete aber, daß kein Tau auf der BRAER angebracht werden konnte, um sie mit Hilfe des hochseetüchtigen Schiffs STAR SIRIUS aus der Gefahr zu retten. Um 11.13 Uhr lief der Tanker auf Grund. Er blieb dort für eine Woche gestrandet, bis der Sturm den Rumpf in vier Teile zerbrach und das gesamte Öl in das Meer floß. Die 1975 in Japan gebaute BRAER war eigentlich in gutem Zustand gewesen. Bei dem schweren Sturm hatten sich aber einige Entlüftungsrohre der Kraftstofftanks auf Deck gelockert und waren gebrochen. Wasser drang in die Tanks und brachte die Maschinen zum Stoppen. Zum Glück war der Umweltschaden wesentlich geringer als zunächst befürchtet.

14. JANUAR 1993

Kurz vor Mitternacht brach die polnische Fähre JAN HEWELIUSZ von Swinoujscie in Polen nach Ystad in Schweden auf. Auf der Ostsee herrschten starke Winde und schwerer Seegang von Backbord. Etwa um zwei oder drei Uhr morgens erhielt das Schiff 10° Schlagseite, die die Besatzung mit Ballastwasser zu kompensieren versuchte.

Das Schiff versuchte zu drehen und stellte zunächst das Heck, später den Bug, in den Wind und die Wellen, aber die überforderten Maschinen konnten diesen Kurs nicht halten, und das Schiff trieb leewärts ab. Als sich die Ladung löste, wurde die Schlagseite immer schlimmer; die Eisenbahnwaggons und Lastwagen kippten um. Um 4.30 Uhr wurde der Alarm für die Rettungsboote ausgelöst und erst dann ein SOS-Spruch abgesetzt. Die JAN HEWELIUSZ versank, und von 63 Menschen an Bord wurden nur neun gerettet, allesamt Besatzungsmitglieder. Bei einer Untersuchung wurde später festgestellt, daß die Fähre in schlechtem Zustand war. Sie wurde 1977 in Norwegen gebaut und sofort auf der Route zwischen Schweden und Polen eingesetzt. Im Jahr 1982 hatte sie bereits einen spektakulären Unfall, als sie beim Entladen im Hafen von Ystad kenterte, weil das Trimmsystem eine falsche Berechnung lieferte.

14. MÄRZ 1994

Der Frachter SHIPBROKER mit einer Gesamtzuladung von 25 400 t fuhr durch den Bosporus zum Schwarzen Meer. Nach einem Stromausfall durch einen Kurzschluß klemmte das Ruder, und das Schiff rammte den Öltanker NASSIA, der russisches Rohöl von Noworossisk nach Genua bringen sollte. Beide Schiffe fingen Feuer, 29 Seeleute kamen ums Leben. Die NASSIA brannte fünf Tage. Solange blieb der Bosporus geschlossen, und 350 Schiffe mußten auf die Durchfahrt warten. Nach dem Unfall wurden strengere Sicherheitsvorschriften und getrennte Einbahnwege für den Schiffsverkehr eingeführt.

6. JUNI 1994

Zum 50. Jahrestag der Invasion in der Normandie kehrte das amerikanische Libertyschiff JEREMIAH O'BRIEN, normalerweise als Museum in San Francisco zu besichtigen, an die normannische Küste zurück. Es ist eines der wenigen noch existierenden Schiffe, die an der Invasion teilnahmen. Während des 2. Weltkriegs wurden mehr als 5800 standardisierte Handelsschiffe in Serie gebaut, die meisten in neuen Werften. Darunter waren über 2700 Libertyschiffe. Sie wurden in der Werft nur zusammengesetzt; die Abschnitte kamen aus verschiedenen amerikanischen Städten. Die Bauzeit vom Auftrag bis zur Auslieferung betrug in der Regel 62 Tage; der Rekord lag bei sieben Tagen. Der berühmte Ausdruck „Kilroy was here" stammt übrigens aus dieser Zeit. Ein Werftinspektor namens Kilroy schrieb diesen Spruch mit Kreide auf die inspizierten Abschnitte.

B

28. SEPTEMBER 1994

Die estnische Ro-Ro-Passagierfähre ESTONIA versank in den frühen Morgenstunden auf dem Weg von Tallinn nach Stockholm mit 989 Menschen an Bord. Nur 137 überlebten die schlimmste Katastrophe der zivilen Ostseeschiffahrt. Das Wetter war zwar schlecht, aber nicht außergewöhnlich; der Wind kam mit 18–20 m/sek aus Südosten. Die internationale Untersuchungskommission stellte später folgenden Ablauf des Unfalls fest: Um 0.55 Uhr informierte ein Wachoffizier nach einem Rundgang die Brücke über ungewöhnliche metallische Geräusche vom Bugabschnitt. Dabei bebte das Schiff so stark, daß der Offizier beinahe zu Boden gerissen worden wäre. Die Brücke gab ihm den Auftrag, die Ursache der Geräusche zu erkunden. Als er nach fünf Minuten nichts Ungewöhnliches feststellte, ging er zurück zur Brücke und traf dort etwa um 1.05 Uhr nach dem Kapitän ein. Niemand ahnte etwas von den tatsächlichen Problemen. Kurz danach informierte ein Mitglied der Besatzung den Wachoffizier über erneute Geräusche vom Bug. Der Offizier wurde auf das Fahrzeugdeck zurückbeordert; weitere Maßnahmen wurden nicht getroffen. Er kam aber nie dort an. Als er auf Deck 5 wartete, legte sich die ESTONIA plötzlich um 15° auf die Seite.

Wasser drang in das Schiff ein. Der Schiffsingenieur sah das Wasser zwar, informierte die Brücke aber nicht. Jeder auf der Brücke hätte es auch selbst sehen können, denn dort waren die Monitore der Überwachungskameras. Allerdings konnten die Monitore vom Ruder aus nicht gesehen werden.

Nun ging alles sehr schnell. Nach ein paar Minuten meldete der Wachoffizier, daß die Passagiere die unteren Decks verließen und schrien, daß Wasser eingedrungen war. Die Brücke befahl dem Maschinenraum, die Schlagseite durch das Pumpen von Ballast auszugleichen. Sie betrug aber inzwischen 30°, und die Pumpen zogen nur noch Luft. Um 1.20 Uhr blieben die Hauptmaschinen stehen, und der erste Notruf wurde abgesetzt. Der Funkverkehr wurde noch acht Minuten aufrechterhalten. Kurz vor zwei Uhr verschwand die ESTONIA.

Warum? Die internationale Untersuchungskommission meinte, daß die Verriegelung und die Scharniere der Bugklappe zu schwach waren. Als die Verriegelung riß, brachen die Scharniere, und die Klappe mitsamt Rampe brach ab. So war das Fahrzeugdeck offen, und das einströmende Wasser sorgte für die Schlagseite. Der diensthabende Offizier wußte nicht, daß der Bug offen war, und drehte nach Backbord in die Wellen. Das wäre normalerweise das Richtige gewesen, nur in diesem Fall brachte es genau den gegenteiligen Effekt. Als auch die Maschinen ausfielen, wurde die Schlagseite immer schlimmer. Die ESTONIA kreuzte gegen den Wind, trieb mit 40° Schlagseite ab und setzte die Steuerbordseite den Wellen aus. So wurde sie immer schneller überflutet und kenterte schließlich. Die Katastrophe zeigte etliche Mängel in der Ausrüstung und der Organisation der Sicherheitsmaßnahmen auf. Trotz einer riesigen Rettungsaktion konnten nur noch 137 Menschen gerettet werden. Die Verbindungen zwischen den Rettungsstationen an Land waren schlecht. Der Alarmruf ging zu spät an die Hubschrauber, und einige mußten aufgeben, weil ihre Winden nicht richtig funktionierten. Wegen des schlechten Wetters konnten die anderen Schiffe keine Rettungsflöße herablassen. Besonders schlecht stand es hinterher um die Übernahme der Verantwortung und die Regelung des Schadenersatzes.

Zumindest theoretisch hat die Katastrophe aber Verbesserungen in der Gesetzgebung und neue Sicherheitsmaßnahmen gebracht. Das Thema wird wohl noch lange Zeit heiß umstritten sein.

A. *Die estnische Ro-Ro-Passagierfähre* ESTONIA, *die die schlimmste Katastrophe der zivilen Schiffahrt in der Ostsee verursachte.*

A

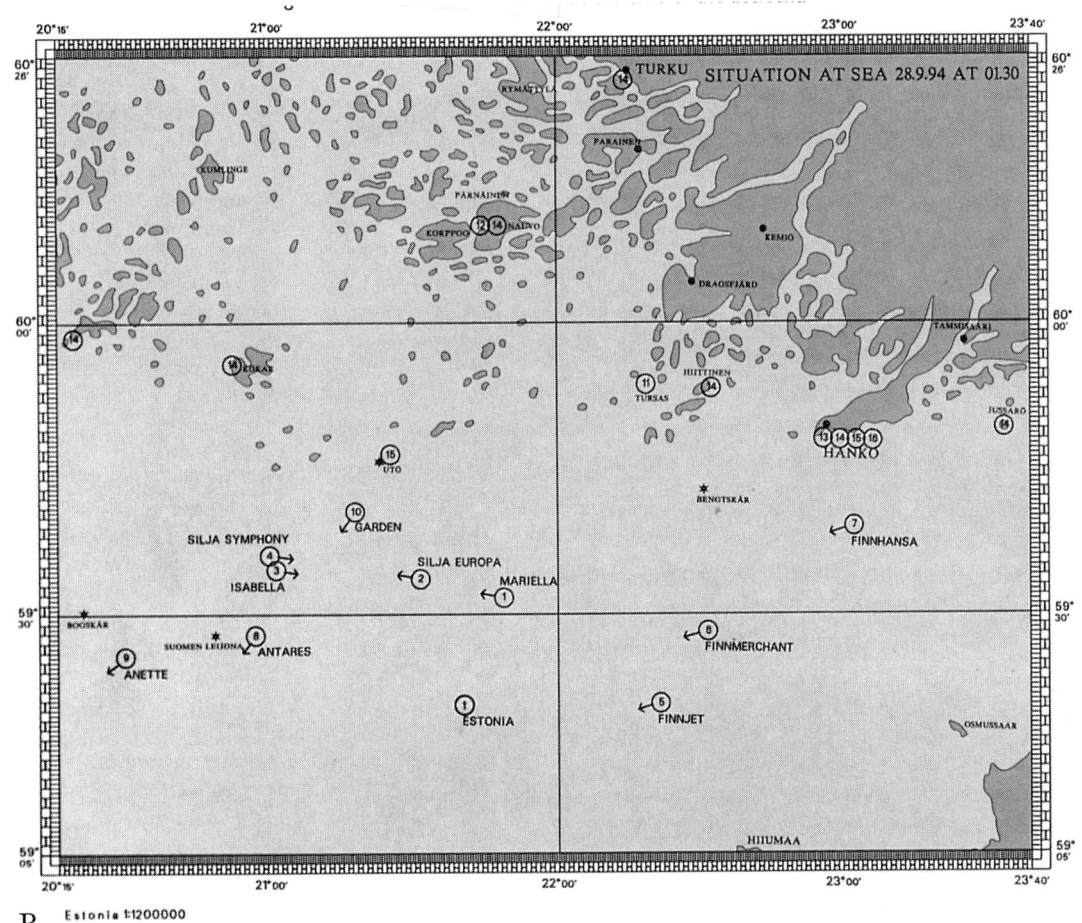

B. Die Karte zeigt den Ort, an dem ESTONIA unterging, und die Standorte der in der Nähe befindlichen Schiffe. Als erstes traf die Fähre MARIELLA der Viking Lines am Unglücksort ein. Da sich das Unglück an einer vielbefahrenen Route zwischen Stockholm und Helsinki ereignete, kamen schnell vier weitere Fähren hinzu. Insgesamt befanden sich in einem Umkreis von 30 sm zehn Schiffe.

C. Die Skizze zeigt den vermuteten Hergang des Abbrechens der Bugklappe laut der internationalen Untersuchungskommission. Die Schließvorrichtungen waren zu klein und brachen. Als die Bugklappe schließlich auch von den Scharnieren losgebrochen war, kippte sie nach vorne und zog die Fahrrampe mit sich. Dadurch bekamen die Wellen freien Zugang zum Autodeck des Schiffes.

D. An der Rettungsoperation nahmen 25 Hubschrauber teil: 14 aus Schweden, acht aus Finnland, zwei aus Dänemark und einer aus Estland. Obwohl zahlreiche Fähren, Frachter und Einheiten der Küstenwache zu Hilfe kamen, konnten nur 137 der 300 Leute, die es auf Deck schafften, gerettet werden. Insgesamt waren 989 Passagiere an Bord gewesen.

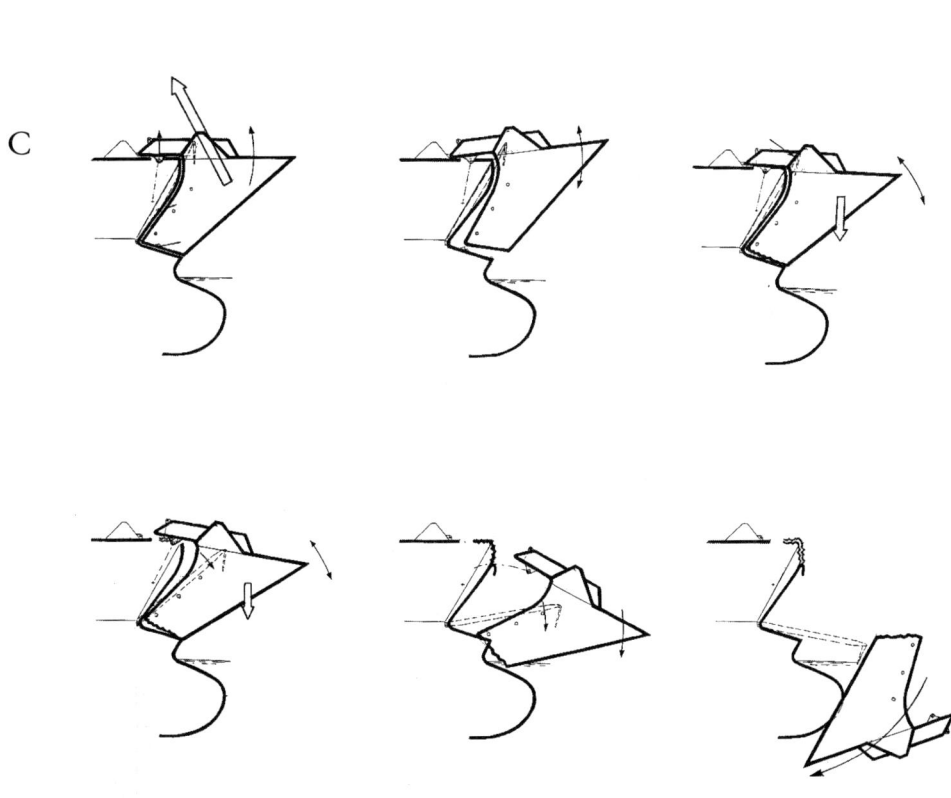

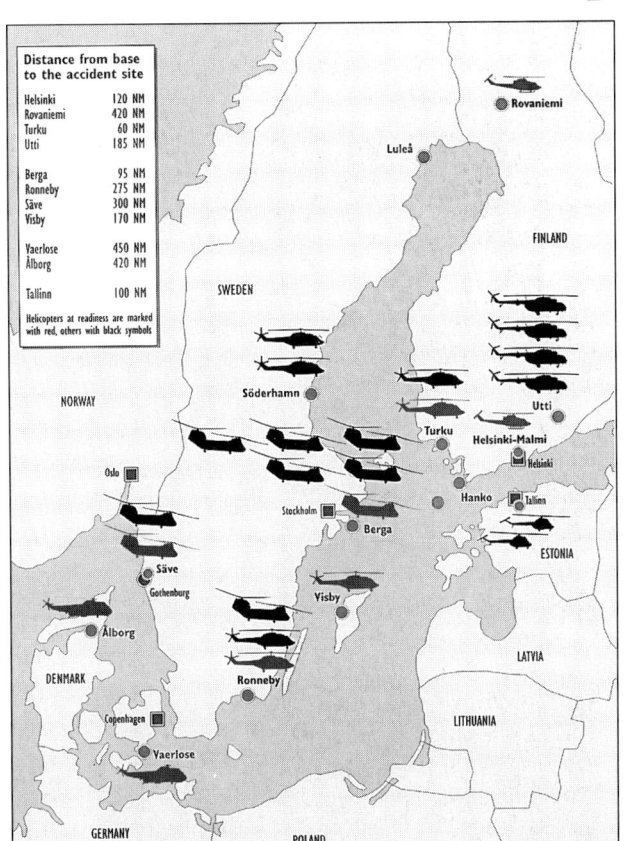

SCHIFFE UND MEER

1995

Das größte Schiff der Welt, der norwegische ultragroße Rohöltanker JAHRE VIKING, passierte auf der Fahrt von Le Havre zum Persischen Golf den Suezkanal. Die Kanalgebühren betrugen knapp 400 000 Dollar. Dieser Tanker kann 564 450 t Öl befördern. Er wurde 1979 in Japan gebaut, ist 450 m lang und 70 m breit. Bei voller Beladung beträgt der Tiefgang fast 25 m.

Die australische Incat-Werft lieferte die schnellste Fähre der Welt, die JUAN PATRICIO, an Buquebus in Uruguay aus. Sie kann 436 Passagiere und 56 Fahrzeuge befördern. Die vier mit Wasserstrahlsystemen gekoppelten Dieselmotoren leisten insgesamt 21 000 PS. Die Fähre erreicht mehr als 50 kn und befährt die Strecke zwischen Montevideo und Buenos Aires. Was früher zwischen neun und zwölf Stunden gedauert hatte, schafft der neue Katamaran in etwas über zwei Stunden. Damit ist er sogar ein ernsthafter Konkurrent für das Flugzeug.

31. JANUAR 1996

Die Werft von Odense in Dänemark brach mit der Auslieferung der REGINA MAERSK an A. P. Müller gleich mehrere Rekorde. Es handelte sich um das größte Containerschiff der Welt und das erste für mehr als 6000 20-Fuß-Container. Gleichzeitig ist es das größte Kühlschiff der Welt und bietet allein Platz für 700 Kühlcontainer, mehr als doppelt so viel wie der vorherige Rekordhalter. In seinem riesigen Maschinenraum steht der größte Dieselmotor aller Zeiten, ein unter Lizenz in Japan gebauter MAN-B&W mit zwölf Zylindern. Jeder einzelne Zylinder leistet 6200 PS.

Die Höchstgeschwindigkeit liegt bei 25 kn, die Reisegeschwindigkeit bei 22,5 kn und der Verbrauch bei 200 t Flüssigkraftstoff pro Tag. Der Tank faßt 11 000 t wie bei einem mittleren Öltanker. Am Bug befindet sich ein quer angebrachter Bugpropeller, der fast 30 t Druck aufbauen kann, ähnlich einem mittleren Schlepper.

Zwei weitere ähnliche Propeller am Heck bauen jeweils 15 t Druck auf. Die REGINA MAERSK ist 320 m lang, 43 m breit und hat 14 m Tiefgang. Sie ist so ausgelegt, daß sie mit 13 bis 15 Besatzungsmitgliedern auskommt, und ist das erste aus einer Serie von zwölf Schiffen. Nach dem Bau dieser riesigen Schiffe mußten die Häfen ebenfalls investieren. Göteborg mußte zwei neue Kräne kaufen. Sie sind jeweils 103 m hoch und damit die höchsten Bauwerke der Stadt.

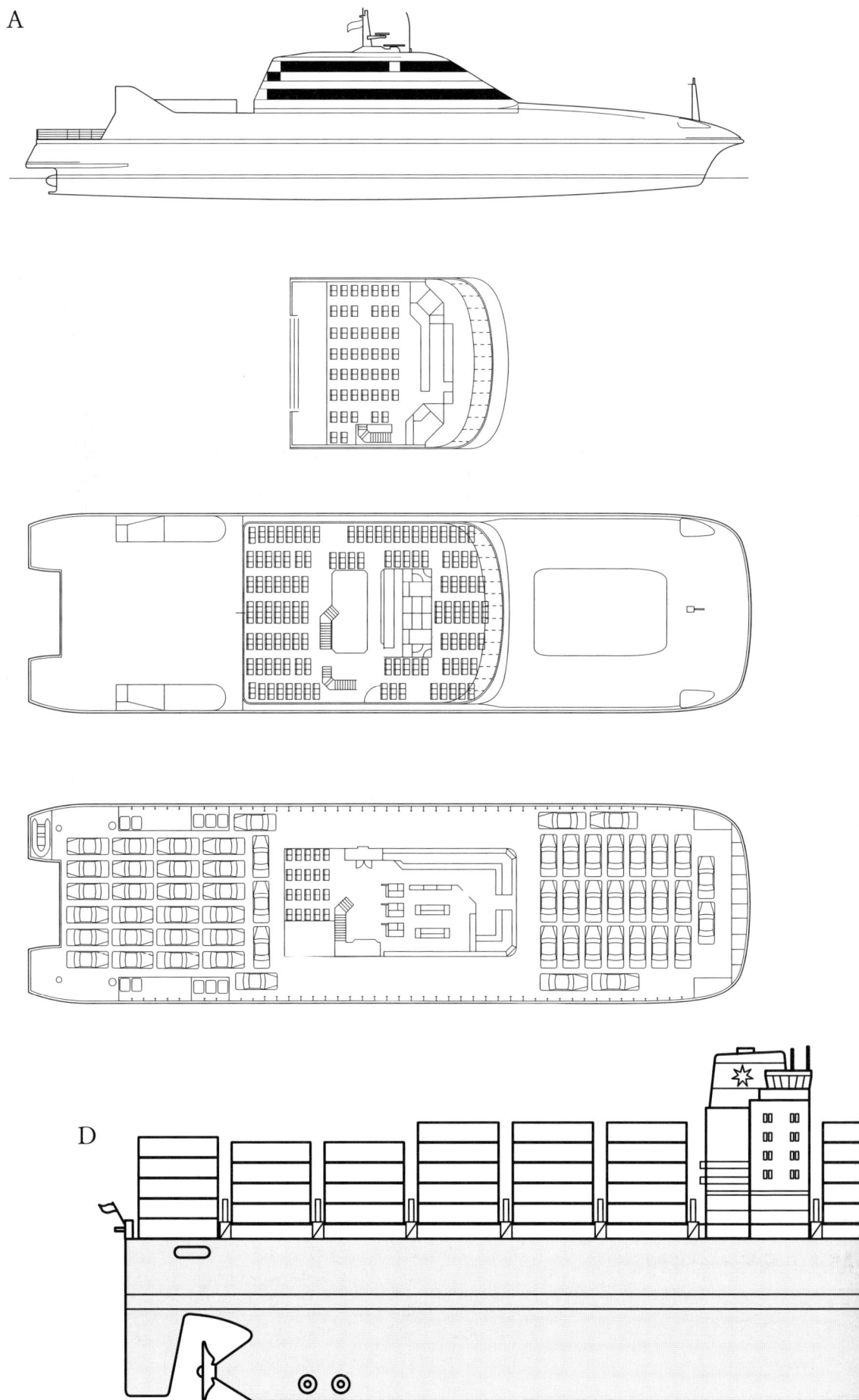

248

B

A. *Die schnellste Autofähre der Welt, die* JUAN PATRICIO, *wurde 1995 in der australischen Incat-Werft auf Tasmanien für Buquebus in Uruguay fertiggestellt. Als Spezialisten für leichte Hochgeschwindigkeitsfähren sind die australischen Schiffbauer in der Welt führend. Die* JUAN PATRICIO *ist 70,4 m lang, 19,5 m breit und hat einen Tiefgang von nur 2,15 m.*

B. *Die* REGINA MAERSK *wurde in der dänischen Werft Odense Steel Shipyard gebaut. Am 31. Januar 1996 wurde sie an die dänische Reederei A.P. Møller als das erste Fahrzeug von den insgesamt 12 von A.P. Møller bestellten Schiffen geliefert. Die gesamten Investitionskosten betrugen über 10 Mrd. dänische Kronen.*

C. *Die neue Generation der Containerschiffe erfordert große Investitionen in den Häfen. Dieses Bild zeigt einen Vergleich zwischen der Breite der neuen Containerschiffe und der Breite der größten älteren Containerschiffe. Die älteren Containerkräne kommen nicht an die Container, die sich ganz seewärts befinden.*

D. *Die* REGINA MAERSK *ist das erste Containerschiff der Welt, das mehr als 6000 20-Fuß-Container faßt. Sie kann 700 Kühlcontainer befördern, ist 320 m lang, 43 m breit, hat einen Tiefgang von 14 m und eine Gesamtzuladung von 35 080 t.*

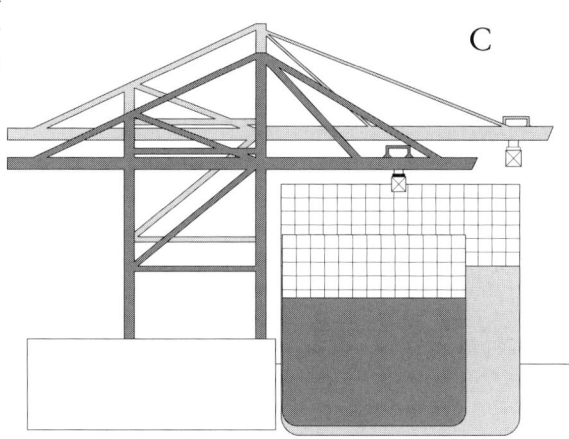

C

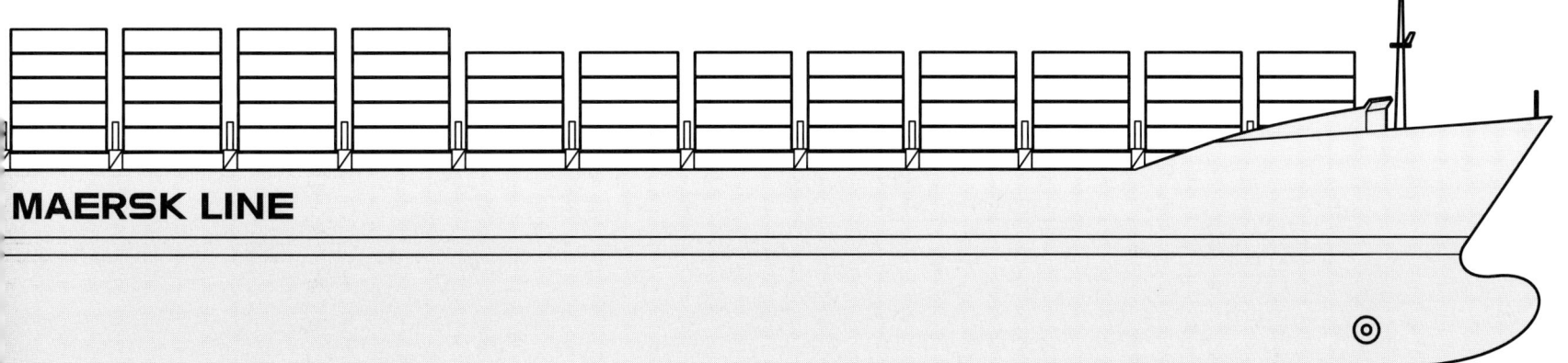

16. FEBRUAR 1996

Die Fähre STENA EXPLORER fuhr von der Finnyard-Werft in Rauma in die Irische See und tauschte unterwegs im westschwedischen Hafen Lysekil die finnische gegen die britische Flagge. Sie war die erste von drei Fähren, die Finnyard für Stena, den weltweit größten Betreiber von Fähren, baute. Sie gehört zur Klasse Stena HSS 1500 und ist eine Hochgeschwindigkeitsfähre für 1500 Passagiere. Diese Fähre und die HSS-Technologie läuteten eine neue Ära ein. Die STENA EXPLORER ist ein außergewöhnliches Schiff mit einem außergewöhnlichen Transportsystem, das Holyhead in England mit Dun Laoghaire in Irland verbindet. Die Fähre ist 127 m lang, 27,5 m hoch, 40 m breit und hat einen Tiefgang von 4,5 m. Angetrieben wird sie von zwei großen und zwei kleinen Gasturbinen, die insgesamt 100 000 PS entwickeln. Sie erreicht eine Höchstgeschwindigkeit von 50 kn. Die Reisegeschwindigkeit von 40 kn wird auch bei 5 m hohen Wellen und bei noch schlechteren Bedingungen erreicht. Der Fahrplan basiert auf einer Geschwindigkeit von 33 kn, und damit reduziert die Fähre die Fahrzeit von 3 Stunden und 15 Minuten auf 1 Stunde 45 Minuten. Mit ihrer Geschwindigkeit und ihrem Platz für Fracht und Passagiere kann die STENA EXPLORER zwei herkömmliche große Fähren ersetzen. Sie selbst kostete 100 Millionen Dollar und weitere 20 Millionen Dollar der Ausbau der Terminals. Es handelt sich um die erste Hochgeschwindigkeitsfähre aus Aluminium und Verbundwerkstoffen, die auch schwere Lkws transportieren kann. Sie hat Platz für 375 Pkws oder 100 Pkws und 50 Lkws. Fahrzeuge und Passagiere werden über zweistöckige Rampen an Bug und Heck an Bord gebracht. Die Passagiere gehen sofort auf das 4000 m² große Passagierdeck, während die Fahrzeuge in zwei eigenen Decks verstaut werden. Be- und Entladen einschließlich Betankung erfolgen in nur 20 Minuten. Im Hafen benötigt die Fähre keine Ankertaue, denn sie wendet und fährt mit dem Heck voraus an ein spezielles Terminal, das die Fähre mit dem Dock verbindet. Das Terminal hat zwei Haken, die die Fähre in Stellung ziehen und festhalten. Das Anschlussterminal verfügt über Fahrzeugrampen und Fußgängerbrücken. Dazu kommen Anschlüsse zum Betanken. Kraftstoff und Trinkwasser werden aufgetankt, das Abwasser wird gleichzeitig in ein Klärwerk gepumpt. Dieses Terminal funktioniert bei jedem Seegang. In Holyhead beträgt der Tidenhub immerhin bis zu 6,60 m.

Beobachtung, Steuerung und Navigation erfolgen von der Brücke aus. Der Maschinenraum wird von 57 Kameras überwacht. Die Besatzung kann die Fähre im Hafen auf einen Meter genau steuern. Das ist auch erforderlich, denn die Fähre dockt rückwärts an, und die Offiziere können das Terminal dabei nicht sehen. Der Kapitän wird unterstützt durch Außenkameras und ein Radargerät am Heck. Die STENA EXPLORER ist nach strengen Sicherheitsvorschriften gebaut. Nach Berechnungen und Simulationen liegt die Schlagseite bei höchstens 15 Prozent, selbst wenn einer der Rümpfe auf voller Länge aufgerissen ist. Wenn beide Rümpfe beschädigt sind und voll laufen, hört das Schiff auf zu sinken, sobald das Wasser zwei Meter unter dem Fahrzeugdeck steht. Wenn die Passagiere das Schiff verlassen müssen, gehen sie über vier Stationen mit aufblasbaren Rampen – ähnlich wie bei Flugzeugen – in die Rettungsboote. Damit können sämtliche 1500 Passagiere und die Besatzung innerhalb von 18 Minuten evakuiert werden.

HERBST 1996

In Dänemark wurden Pläne zum Bau hochseetüchtiger windgetriebener Frachter für bis zu 50 000 t Massengut bekannt. Die Kombination aus Maschinen und Segeln bringt eine Durchschnittsgeschwindigkeit von 11 kn. Die Masten sind 60 m hoch, die Segelfläche beträgt 10 000 m². Wie wirtschaftlich diese Schiffe sind, hängt von den Kraftstoffpreisen und Umweltauflagen ab, denn im Bau sind sie heute noch etwa 10 % teurer als konventionelle Frachter.

6. FEBRUAR 1997

20 polnische Seeleute fanden den Tod, als der unter zypriotischer Flagge fahrende Frachter LEROS STRENGTH vor der norwegischen Küste sank. Alles ging sehr schnell. Weniger als eine Stunde nach dem SOS-Ruf fanden die Hubschrauber nur noch Wrackteile des Schiffs und zwei leere Rettungsflöße. Das 21 Jahre alte Schiff mit einer Gesamtzuladung von 21 673 t hatte 18 000 t Mineralerz aus Murmansk geladen. Nach dem Unfall gab es wieder die Debatten um alte, schlecht gewartete Frachtschiffe.

A

SCHIFFE UND MEER

A. Die HSS-Schiffe der Stena Line haben eine neue Ära eingeläutet. Sie schaffen eine hochtechnisierte Verbindung im Rahmen einer äußerst wirtschaftlichen Transportkette. Stena besitzt zwei HSS-Fähren unterschiedlicher Größe für 1500 bzw. 900 Passagiere. Das erste Schiff, die STENA EXPLORER, nahm 1996 den Dienst in der Irischen See auf.

B. Die HSS-Schiffe werden über ein spezielles Terminal angedockt, das von Norent in Göteborg gebaut wurde. Damit sind die Schiffe nicht mehr vom Tidenhub abhängig. Es gibt auch eine Einrichtung zum automatischen Andocken und Schnellkupplungen für Wasser, Kraftstoff und Abwasser.

C. Die kommerzielle Seefahrt unter Segeln ist vielleicht auf dem Weg zurück. 1996 präsentierte die Firma Knud E. Hansen in Kopenhagen ein Konzept mit segelnden ozeantauglichen Bulkcarriers mit einer Tragfähigkeit von 50 000 t. Diese Schiffe, die auch mit einem Motor ausgerüstet werden sollen, sollen eine Durchschnittsgeschwindigkeit von 11 kn halten können.

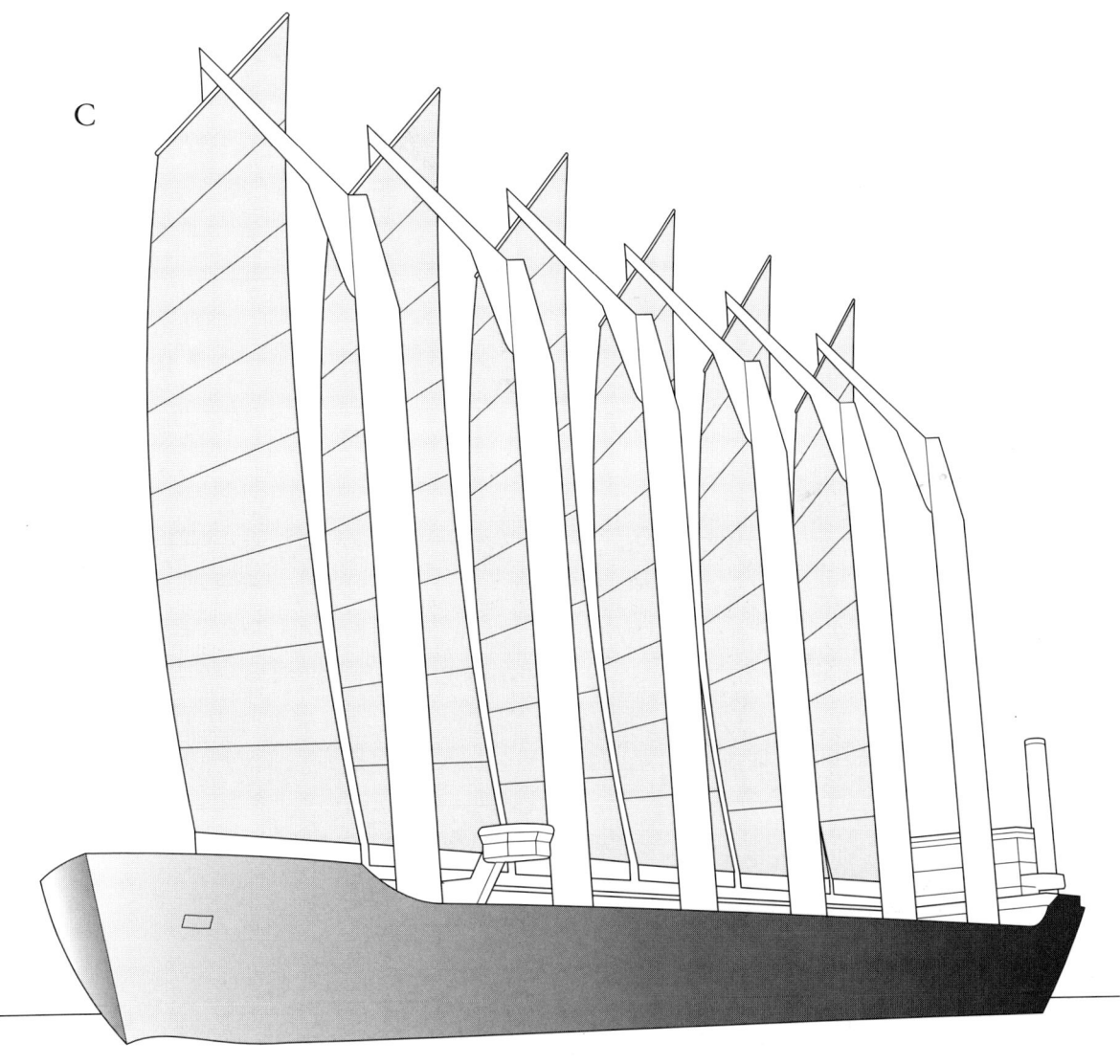

251

1997

In Hobart auf Tasmanien stellte die australische Incat-Werft die Fähre DEVIL CAT fertig. Die äußere Form der Fähre basiert auf dem Beutelteufel, einem Raubtier, das nur auf Tasmanien vorkommt. Die erste Fahrt machte die Fähre zwischen George Town auf Tasmanien und der australischen Stadt Melbourne. Die australischen Werften sind Pioniere im Bau von Hochgeschwindigkeitsfähren und bauten mit der DEVIL CAT die größte Fähre außerhalb Europas. Die DEVIL CAT ist ein Katamaran von 91,3 m Länge und 23 m Breite und mit einem Tiefgang von 3,7 m. Sie hat vier Dieselmotoren mit insgesamt 9500 PS, die bei voller Beladung eine Geschwindigkeit von 43 kn ermöglichen.

Sie kann 900 Passagiere und 240 Fahrzeuge befördern. Incat baut diese Hochgeschwindigkeitsfähren ähnlich wie Autos und Flugzeuge auf einem Fließband. Der Bau erfolgt in zwei Phasen: der Bau der einzelnen Komponenten und der dreistufige Zusammenbau. Es sind gleichzeitig stets vier oder fünf Schiffe in Bau; alle elf bis zwölf Wochen wird ein Schiff fertig. In diesem Jahr wurde auch ein neues Konzept für den Seetransport vorgestellt. Eine norwegische Gesellschaft wollte Wasser von einem Hafen im Hardanger-Fjord nach Mexiko bringen, wo es in Flaschen abgefüllt und in den USA verkauft wird. Der hierbei eingesetzte völlig neue Typ von Transportschiffen heißt Pick-Up Cat und besteht aus zwei separaten Teilen.

Der hintere Teil ist ein Katamaran mit zwei Maschinen, Kontrollraum und Kabinen für die Besatzung. Vorn sind die Behälter und das Umschlaggerät. Es werden weniger Katamarane als Frachter gebaut. Zu einem System gehören je ein Katamaran und drei Frachter, von denen einer im Terminal A entladen wird, während der zweite im Terminal B beladen wird und der dritte auf dem Weg von A nach B ist. Durch die optimale Nutzung des Katamarans und der Maschinen und den Verzicht auf den Bau von „kompletten" Frachtschiffen sollte dieses System wirtschaftlicher sein.

31. DEZEMBER 1997

Bis zum Ende des Jahres wurden weltweit 229 Angriffe durch Piraten gemeldet. Dabei kamen 51 Seeleute ums Leben, 31 wurden verletzt, und 412 wurden als Geiseln genommen. Die tatsächliche Zahl ist aber unbekannt, denn meistens melden die Reedereien diese Ereignisse nicht. Wir denken oft, daß es Piraterie seit dem letzten Jahrhundert nicht mehr gibt. Laut Definition der Vereinten Nationen ist das sogar richtig, denn sie sehen die Piraterie als einen ungesetzlichen Akt in internationalen Gewässern.

Diese Angriffe finden heutzutage jedoch in nationalen Gewässern statt und betreffen immer mehr zivile Schiffe. Das International Maritime Bureau (I.M.B.) in London versucht, den Betrug auf See und die Piraterie zu bekämpfen. Das I.M.B. definiert die Piraterie als das Entern eines Schiffs zwecks Raub oder eines anderen Verbrechens unter der Androhung oder Anwendung von Gewalt. Zur Unterstützung des I.M.B. haben die Versicherer und Reeder in Malaysia ein Meldezentrum für Piraterie eingerichtet. Das Zentrum erhält immer mehr Meldungen über Piraterie auf See und sogar in Häfen. Am schlimmsten betroffen von der Piraterie sind Südostasien (besonders um Indonesien, die Philippinen und entlang der thailändischen Küste), Westafrika (hier hauptsächlich Nigeria) und Teile von Südamerika (hier vor allem Brasilien).

Die moderne Piraterie läßt sich in fünf Kategorien unterteilen, die sich in der Regel auf bestimmte Regionen beziehen:

(1) Asiatische Piraterie. Hier wird das Schiff geentert, um Geld oder Wertsachen zu stehlen, aber es kommt in den seltensten Fällen zur Anwendung von Gewalt.

(2) Piraterie in Brasilien und Westafrika durch bewaffnete Banden, die Schiffe im Hafen oder vor Anker angreifen. Diese Banden sind wesentlich gewalttätiger und nehmen meist alles mit, was nicht niet- und nagelfest ist.

(3) Im Fernen Osten gibt es eine neue Art von Piraterie. Hier werden sogar ganze Schiffe gestohlen, die Besatzung in Ruderbooten ausgesetzt oder einfach über Bord geworfen. Dann wird der Name des Schiffs geändert, manchmal übermalt, und es wird ein „Geisterschiff", das in dem gleichen Gebiet illegale Transporte durchführt.

(4) Politische und militärische Piraterie. Schiffe werden nicht nur von Terroristen, sondern auch von Marineschiffen angegriffen. Oft ist schwer zu erkennen, ob es sich um Marineschiffe oder aber um getarnte Piraten handelt.

(5) Immer häufiger, besonders in Südostasien, wird auch eine Form der Piraterie, bei der ein fahrendes Schiff geentert, die Besatzung bedroht und die Ladung gestohlen wird. Anschließend erhält die Besatzung die Kontrolle über das Schiff zurück.

A. *Der Beutelteufel, ein gefräßiges Raubtier von der Größe einer Katze, lebt nur auf der Insel Tasmanien südlich von Australien. Er diente als Anregung für das gewagte Design der* DEVIL CAT.

B. *Die* DEVIL CAT *ist ein Katamaran, der sich durch die Wellen bohrt. Er befördert 900 Passagiere und 240 Fahrzeuge mit über 40 kn. Die Fähre ist 91,3 m lang, 23 m breit und hat 3,7 m Tiefgang.*

FEBRUAR/APRIL 1998

Kvaerner Masa Yards in Turku, Finnland, lieferte im Februar mit SUPERFAST III und im April mit SUPERFAST IV die schnellsten Fähren der Welt mit konventionellem Schiffsrumpf und Dieselmaschinerie. Die neuen Schiffe werden von den griechischen Superfast Ferries eingesetzt und machen eine Rundfahrt auf der Adria, zwischen Patras in Griechenland und Ancona in Italien, in 48 Stunden. Die Seefahrt zwischen Patras und Ancona entlang der Adria dauert mit den neuen Fähren 19 Stunden. Sie sind 193,4 m lang, 25 m breit und haben 6,5 m Tiefgang. Die Passagierkapazität beträgt 1400. An Bord gibt es 222 Kabinen mit insgesamt 750 Betten. Auf dem Autodeck gibt es Platz für 122 Lkws und 160 Pkws. Vier Wärtsilä Dieselmotoren, mit je 10 560 kW, sorgen für eine Geschwindigkeit von 28,5 kn.

JULI 1998

Während des Sommers eroberten zwei Katamarane derselben Werft den blauen Atlantik, mit nur einer Woche Zwischenraum. Zunächst der spanische Katamaran CATALONIA, der während der Lieferungsreise von der australischen Werft Incat auf Tasmanien mit einer Durchschnittsgeschwindigkeit von 39 kn einen neuen Geschwindigkeitsrekord über den Atlantik aufstellte. Er wurde für die Reederei Buquebus gebaut und befährt die Strecke zwischen Barcelona und Palma auf Mallorca. Er kann 877 Passagiere und 225 Autos aufnehmen und hat eine Geschwindigkeit von 43 kn bei 40 000 PS.
Eine Woche später schlug der dänische Katamaran CAT LINK 5 den Rekord. Der Katamaran gehört Scandlines Cat-Link und war auf dem Weg ins Heimatfahrwasser in Dänemark, wo er für den Fähreinsatz zwischen Århus und Kalundborg vorgesehen war. Der Rekord ist der erste, der unter 3 Tagen lag, nämlich 2 Tage, 20 Stunden und 9 Minuten, was einer Durchschnittsgeschwindigkeit von 41,2 kn entspricht. Weil der Katamaran umdrehen mußte, um nach einem Piloten zu suchen, der mit seinem einmotorigen Flugzeug abgestürzt war, verlor er zwei Stunden. Die zwei Stunden wurden angerechnet. Der Katamaran kann 800 Passagiere und 220 Autos befördern. Zwei Ruston-Motoren mit je 38 000 PS (28 320 kW) erreichen eine Höchstgeschwindigkeit von 43 kn.

NOVEMBER 1998

Concordia Maritime in Göteborg bestellte zwei große VLCC des neuen Typs V-Max mit Option für sechs weitere bei Hyundai Heavy Industries in Südkorea. Sie werden 2001 geliefert. Die Schiffe werden gebaut, um einem sehr hohen technischen Sicherheitsniveau zu entsprechen. Sie bekommen sowohl doppelte Schiffsrümpfe, doppelte, getrennte Maschinenräume, doppelte Ruder und Steuermaschinen als auch doppelte Propeller. Diese Ausstattung bedeutet, daß z.B. eine Maschine für Unterhaltungsarbeiten abgestellt werden kann, während das Schiff die Reise mit der zweiten Maschine fortsetzen kann. Die großen Vorteile bestehen aber in der hohen Sicherheit und einer ausgezeichneten Manövrierfähigkeit. Die Schiffe sind extrem tiefgehend dank der großen Breite –

A. *Auf dem Weg in die heimischen dänischen Gewässer über den Atlantik schlug der Katamaran* CAT LINK 5 *mit seiner Durchschnittsgeschwindigkeit von 41,2 kn einen Rekord – dies trotz der verlorenen zwei Stunden, die die Mannschaft dazu benötigte, den Piloten eines abgestürzten einmotorigen Flugzeugs zu retten.*

B. *Die* SUPERFAST III, *in der finnischen Werft Kvaerner Masa Yards gebaut, ist das schnellste Passagierfährschiff der Welt mit konventionellem Rumpf und Dieseltriebwerk. Es ist 193,4 m lang, 25 m breit und kann 1400 Reisende aufnehmen.*

A

B

A. *Im Frühjahr 2000 wurde ein Trimaran der Firma Vosper Thornycraft an die britischen Streitkräfte ausgeliefert. Das Schiff ist aus Stahl gebaut und hat eine Länge von 97 m.*

B. *Mit einer Länge von beinahe 13 200 m, einer Breite von 221 m und mit einem Aufbau von 25 Stockwerken kann das Projekt* FREEDOMSHIP *mit einem gewöhnlichen Vergnügungskreuzer kaum noch verglichen werden.*

C. *Das Projekt* FREEDOMSHIP *ist eine Vision, die mehr einer ganzen Stadt als einem Schiff ähnelt. Die vom Ingenieur und Unternehmer Norman Niton entworfene schwimmende Stadt wird 50 000 Menschen beherbergen und die Erde jährlich zur Hälfte umrunden.*

D. *Das Projekt* FREEDOMSHIP, *von achtern gesehen.*

A. *Die* VOYAGER OF THE SEAS, *der größte Vergnügungskreuzer der Welt mit einer Länge von 311 m, ist für 3840 Passagiere gebaut. Dieses Schiff ist mehr als doppelt so groß wie die herkömmlichen Passagierfähren. An Bord gibt es sogar eine Eisbahn zum Schlittschuhlaufen und eine Kletterwand.*

70 m im Vergleich zu 58–60 m, was für einen normal konstruierten VLCC üblich gewesen wäre. Sie haben eine Tragfähigkeit von 269 000 t bei 16,75 m Tiefgang beziehungsweise 315 000 t bei 19 m. Sie sind 336 m lang. Mit ungefähr 43 000 PS erreicht die Maschine eine Geschwindigkeit von 16,9 kn.

FRÜHLING 1999

Vosper Thornycroft aus Großbritannien baute einen Trimaran, der im Frühjahr 2000 an die britischen Streitkräfte geliefert wurde. Das Schiff, aus Stahl gebaut, ist 97 m lang und 22,5 m breit. Es hat 3,2 m Tiefgang und ein Deplacement von etwa 1100 t. Bei einer Höchstgeschwindigkeit von 20 kn beträgt der Operationsradius 3000 sm. Die britischen Streitkräfte werden zusammen mit dem amerikanischen Verteidigungsministerium den Schiffstyp auswerten, um das Potential der Konstruktion als Kriegsschiff der Zukunft zu bestimmen.

MÄRZ 1999

Die italienische Fincantieri Cantieri Navali in Ancona lieferte TOR SELANDIA, DFDS Tor Lines neues Ro-Ro-Schiff. Das neue Schiff ist das erste in einer Reihe von drei hocheffektiven Ro-Ro-Schiffen, die speziell für Linienfahrten über die Nordsee zwischen Schweden und Großbritannien gebaut wurden. Mit einer Tragfähigkeit von etwa 2800 Trailermetern ist es so groß wie Ro-Ro-Schiffe, die vor 20 Jahren gebaut wurden, um weltweit eingesetzt zu werden. Es ist 197,5 m lang und 25,9 m breit.

Zwei Wärtsilä NSD Dieselmotoren mit je 10 800 kW erreichen eine Geschwindigkeit von 21,1 kn.

AUGUST 1999

Die Leitung des FREEDOMSHIP-Projektes besuchte Honduras, um die Möglichkeiten zu prüfen, ihre Vision eines Schiffes, das mehr einer Stadt als einem Schiff ähnelt, dort bauen zu können. Für 50 000 Menschen werden 17 000 Wohnungen, 3000 Hotelzimmer und eine kommunale Belegschaft von 15 000 Menschen benötigt. Die neue Stadt wird 29 km² groß und wird die Erde jährlich zur Hälfte umrunden. FREEDOMSHIP ist fast 1320 m lang, 221 m breit, 25 Stock hoch und hat ein Deplacement von 2,7 Millionen t. Dieses „Schiff" kann selbstverständlich nicht in einer traditionellen Werft gebaut werden, sondern nur an einer Küste mit langen Stränden.

520 Stahlmodule werden zu einem Schiffsrumpf mit flachem Boden zusammengesetzt. 50–100 Dieselmotoren werden in dem Schiffsrumpf plaziert, um jeweils einen rotierenden Thruster anzutreiben. Wenn die Stadt auf den Weltmeeren gleitet, werden Besucher, Bewohner und Bedarfsartikel von dem Flugplatz auf dem oberen Deck auf FREEDOMSHIP befördert.

OKTOBER 1999

Die Kvaerner Masa Yards-Werft auf Turku lieferte mit VOYAGER OF THE SEAS das größte Kreuzfahrtschiff der Welt an Royal Carribian. 311 m lang, 48 m breit, 15 Deck hoch und mit einem Bruttogewicht von 140 000 t, ist es fast zweimal so groß wie die großen Passagierfähren, die zwischen Schweden und Finnland eingesetzt werden. Ein diesel-elektronisches Fahrwerk mit 42 Megawatt sorgt für eine Geschwindigkeit von 22 kn. Es ist für 3840 Passagiere vorgesehen. Mit Hilfe von vier festen Seiten-Thrusters mit insgesamt 12 Megawatt und einem Azipod-System für das Fahrwerk kann das Schiff bei 40 kn Seitenwind im Hafen sicher manövriert werden. An Bord gibt es sowohl Eisbahnen als auch eine Kletterwand.

Zum Jahrtausendwechsel war die Zeit für eine der wichtigsten Innovationen des 19. Jahrhunderts vorüber. In der Silvesternacht wurden die Decca-Stationen abgestellt und die Positionsbestimmung mit Hilfe von Systemen auf Satellitenbasis übernommen. Decca war ein Radionavigationssystem, das in Großbritannien während des 2. Weltkrieges entwickelt wurde. Es bestand seine Feuertaufe im Zusammenhang mit der Invasion in der Normandie am 6. Juni 1944, als Minensuchboote, mit Decca ausgerüstet, sichere Fahrrinnen für die Invasionsschiffe durch die Minenfelder räumten.

Register der Schiffsnamen

Kursive Seitenzahlen verweisen auf Abbildungen

AARON MANBY *116* 117
ABOUKIR 186 187
ACADIA FOREST 230
ACASTA 201
ACHILLE LAURO 236
ACHILLES (Dampfschiff) 120
ACHILLES (Kreuzer 1914/18) 190
ACHILLES (Kreuzer 1939/45) 199 200
ACTIV 236
ADMIRAL GRAF SPEE 199 200
ADMIRAL HIPPER 200 204 205
ADMIRAL SCHEER 201 *202-203*
ADRIATIC 149 150
ADVENTURE 103
AEGEAN CAPTAIN 235
AFFONDATORE 159
AFRICA 216
AGAMEMNON 120 157
AGAMEMNON (Kriegsschiff) 137 142 143
AGAMEMNON (Nelson) 103
AGIP ABRUZZO 240
AIREDALE 208
AJAX (1807) 141
AJAX (Kriegsschiff) 135
AJAX (Passagierschiff) 120 157
AJAX (Kreuzer) 199 200
AJISAI 228
AKADEMIC FEDOROW *237*
AKAGI 203 208
AKATSUKI MARU 242
ALABAMA 154
ALAMEDA 164
ALBACORE 210
ALBATROS 209
ALBION 140
ALBURKAK 117
ALCANTARA 190
ALDEN 206
ALECTO 133-35
ALERT 113
ALEXANDER III 179
ALFONSO III 195
ALICE KNOWLES 165
ALMA 149
ALMAZ 179
ALTMARK 200
AMAZON (hölzernes Postschiff) 142
AMAZON (später MARY CELESTE) 160
AMERIKA 191
AMERIQUE 163
AMETHYST 215
AMITY 117
AMOCO CADIZ 235 241
ANDES 142 143-44
ANDES (Hilfskreuzer) 190
ANDREA DORIA 221
ANDREW DORIA 104
ANEMONE 165
ANN MCKIM 126
ANTELOPE 236

ANTON SCHMITT 200
ANTRIM 236
ARABIA 121 142-43
ARABIC 189
ARCADIA 135
ARCHIBALD RUSSELL 194
ARCHIMEDES 129 130 133
ARCHIMEDES (Schlepper) 161
ARCTIC 144
ARDENT 201 236
ARGENTINA 195
ARGONAUT 236
ARGUS 202 203
ARIEL (Dampfschiff) 149
ARIEL (Klipper) 155 156
ARIZONA 191 203
ARKANSAS 191
ARK ROYAL (englisches Flaggschiff) 81 83
ARK ROYAL (Flugzeugträger) 199 200 202 203
ASIA 216
ASSOCIATION 101
ASTREA 189
ATHENIA 198
ATHERSTONE 207
ATHOS II 195
ATLANTA 209
ATLANTIC 159 162
ATLANTIC CONVEYOR 236
ATLANTIC EMPRESS 235
ATLANTIC SAGA 229
ATLANTIC SONG 229
ATLANTIC SPAN 229
ATLANTIC STAR 229
AURANIA 177
AUSTRALIA (Kreuzer) 208
AUSTRALIA (Passagierschiff) 216
AUSTRIA 149 151
AVAJ 238
AYANAMI 209
AZALEA CITY 221

BACAT 1 230-31
BADEN 189 191
BADGER 103
BALEARES 198
BALTIC (Dampfschiff, 1857) 149
BALTIC (Dampfschiff, 1869) 159
BALTIC (Passagierschiff) 180
BARBAROSSA (ex BRITANNIA) 135
BARBAROSSA (Passagierschiff) 191
BARCELONA 239
BARCELONE 149
BARHAM 201 203
BARTOLOMEO COLLEONI 201
BAVARIA 149
BAVARIAN 168-69
BAYERN 186 187
BÉARN 206-07
BEAVER (Dampfschiff) 127
BEAVER (Kriegsschiff) 103

BEDOUIN 208
BELDIS 211
BELFAST 199 210
BELGRANO 236
BELLE ISLE 110
BENEDICT 79
BENEVOLENCE 215
BERENGARIA (IMPERATOR) 175 182 192
BERGE ISTRA 235
BERGE VANGA 235
BERMUDA 195
BERND VON ARNIM 200
BISMARCK (Passagierschiff) 192
BISMARCK (Schlachtschiff) 198-99 202 204-05
BLACK PRINCE 190
BLANCHE 199
BLASES DE GARAY 161
BLÜCHER (1914/18) 189
BLÜCHER (1939/45) 200
BONAVENTURE 81
BORODINO 179
BORUSSIA 149
BOULONNAIS 209
BOUNTY 104 105
BRABANTIA 192
BRAER *244* 245
BRANDON 142
BRAVI 179
BREMEN (1858) 150 151
BREMEN (1928) 172 180 194-95
BRETAGNE 201
BRILLIANT 236
BRISTOL 189
BRITANNIA 133 135
BRITISH QUEEN 126-127
BROADSWORD 236
BUCENTAURE 110
BUENOS AYERAN 163
BURMA 181

CADIX 149
CAIO DUILIO 190
CAIRO 208
CALCUTTA 149
CALEDONIA 121
CALIFORNIA 194
CALIFORNIA 203
CALIFORNIAN 181 183 184
CAMPBELTOWN 207
CANBERRA 236
CANOPUS 189
CAPE ANN 221
CAPE OF GOOD HOPE 149
CAPRI 117
CAP SAN NICHOLAS 224
CAP TRAFALGAR 185 186
CAPTAIN 108
CARMANIA 171 186
CAROLINA 115
CARONIA (1905) 171
CARONIA (1948) 215
CARPATHIA 181 183
CASSIN 203
CATALONIA 253
CATLINK 5 *253*
CAVALLA 210
CB 12 203
CEDRIC 177
CELTIC 153 171 177
CENTURION (1743) 102
CENTURION (1914/18) 210
CHARLOTTE DUNDAS 100 108-109 112
CHICAGO 208

CHIMBORAZO 162
CHITOSE 210
CHIYODA 210
CHRISTIAN X 181
CHRISTOPHER 79
CHRISTOPHER OF THE TOWER 58
CINCINNATTI 191
CITY OF BENARES 201
CITY OF BERLIN 163
CITY OF GLASGOW 142 144
CITY OF PHILADELPHIA 144
CIVETTA 129
CLAN MACINTYRE 180
CLERMONT (NORTH RIVER) 110 112-13 122
CLYDE 123
COLUMBIA 136
COLUMBUS 133
COMET 100 112-13 122-23
COMUS 190
CONCEPCIÓN 74
CONQUEROR 236
CONSTANTINE 159
CONTE DI CAVOUR 201
CORDELIER 72
CORNWALL (1914/18) 189
CORNWALL (1939/45) 207
COSSACK 200
COURAGEOUS 198
COVADONGA 216
COVENTRY 236
CRANE 179
CRESSY 186-87
CRUSADER 157
CUFIC 166 211
CURAVAO 117
CUTTY SARK 8 156-57 158-59
CUZCO 162

DARTMOUTH (Frachter) 103
DARTMOUTH (Kriegsschiff) 127
DEFENCE 190
DEI GRATIA 161
DELIUS 197
DEMOLOGUS 112-13
DE RUYTER (1939/45) 206-07
DE RUYTER (1953) 221
DERFFLINGER 189
DESTRIERO *242*
DEUTSCHLAND (Passagierschiff) 168 177
DEUTSCHLAND (Panzerschiff) 199
DEVASTATION (Schlachtschiff) 120
DEVASTATION (schwimm. Batterie) 144
DEVIL CAT *252*
DEVONSHIRE 202
DE ZEVEN PROVINZIEN 221
DIETER VON ROEDER 200
DISCOVERY (Auswanderer Amerika) 89
DISCOVERY (Capt. Cook) 103
DISDAIN 83
DONA PAZ 238
DONCASTER 129
DORSETSHIRE 207
DOWNES 203
DREADNOUGHT 172 180
DREADNOUGHT (U-Boot) 229
DRESDEN 186 189
DUKE 97
DUKE OF YORK 208 210
DUNCAN 209

DUNKERQUE 201
DURBAN 210
DUYFKEN 88

EAGLE (Kriegsschiff) 104
EAGLE (Flugzeugträger) 201 208
EBER 186
EGYPT 169 212
ELBING 190
EL DELFINO 165
ELDERSLIE 211
ELEANOR 103
ELECTRA 205-206
ELENI V 235
EL ICTINEO 154
ELISE (MAJORY) 114-15
ELIZABETH 79
ELIZABETH WATTS 154 211
ELK 236
EMDEN 186-89
EMDEN (1916) 191
EMPIRE TIDE 208
ENCOUNTER 206-07
ENDEAVOUR 103
ENDURANCE 236
ENTERPRISE (Dampfschiff) 117
ENTERPRISE (1939/45) 207 209
ENTERPRISE (Atomträger) 224
ERCALANO 117
EREBUS 135
ERICSSON 149
ERIDANO 115
ERIE 112
ERZHERZOG JOHANN 135
ESSEX (Fregatte) 113
ESSEX (schwerer Kreuzer) 199
ESSO CALEDONIA 218-19
ESTONIA *246* 247
EUGENIO DI SAVONIA 208
EUROLINER 230
EUROPA 216
EUROPEAN GATEWAY 235
EUROTAS 127
EVERTSEN 216
EXETER 199 206-07
EXPERIMENT 100
EXPRESS 205
EXXON VALDEZ 239

FAIRLAND 221
FAIRMAST *241*
FEARLESS 236
FERDINANDO MAX 159
FERDINANDO PRIMO 115 124
FIERY GROSS 156
FIONIA 181
FIUME 201
FLEMING 66
FLORIDA (Freibeuter) 154
FLORIDA (Passagierschiff) 180
FLORIDA (Schlachtschiff) 191
FORESIGHT 208
FORMIDABLE 201 210
FORT CREVIER 210
FORT SIKINE 210
FOUGUEUX 209
FRAM 165
FRANC-COMTOIS 149
FRANCE (Passagierschiff) 184-85
FRANCE (mod. Passagierschiff) 229
FRANCIS B. OGDEN 130
FRANCIS SMITH 130
FRANCOIS ARAGO 149
FRANCONIA 191
FRANKFURT 181 191

FRANK H. BROWN 229
FRANKLIN (Dampfschiff) 142 149
FRANKLIN (Flugzeugträger) 210
FRAUENLOB 190
FREEDOMSHIP *254* 255
FRIEDRICH CARL 135
FRIESLAND 169
FRONDEUR 209
FRONT BREAKER 240
FRONT DRIVE 240
FRONT LEADER 240
FULLAGAR 172
FURUTAKA 209
FUSO 210

GALATEA 190
GARONNE 162
GATEWAY CITY 221
GENISCHESK 229
GEORG THIELE 200
GEORGE WASHINGTON (Passagierschiff) 180 191
GEORGE WASHINGTON (U-BOOT) 222 223-224
GEORGES PHILIPPAR 195
GEORGIC 167
GIOSUE CARDUCCI 201
GIRONA 84
GJÖA 177
GLAMORGAN 236
GLASGOW 189
GLOBTIK LONDON 231
GLOIRE 150-51
GLORIOUS 198-99 201
GLOWWORM 200
GLÜCKAUF 164
GNEISENAU (1914/18) 186 189
GNEISENAU (1939/45) 199-201 205
GNEISENAU (früher britisch) 223
GODSPEED 89
GOLDEN AGE 142-43
GOLDEN HIND 8 78-80
GOLDEN LION 85
GOOD HOPE 189
GOOD HOPE CASTLE 229
GOSSAMER 167
GRAF SPEE (1939/45) 199 200
GRAF SPEE (früher britisch) 223
GRAND FRANCOIS 72 73
GREAT BRITAIN 130 132 134 142
GREAT EASTERN 118 120 127 134 145-48 151 153
GREAT HARRY 72-73
GREAT LIVERPOOL 128-29
GREAT ST. MICHAEL 72
GREAT WESTERN 127-28 134 151
GREIF 190
GRIFFIN (britisch) 84-85
GRIFFIN (französisch) 97
GRIPSHOLM 172 192-93
GROBER KURFÜRST 191
GROSNIJ 179
GUADALUPE 216

HABANA 195
HAGURO 206 210
HALF MOON 88
HAMBURG 191
HAMMONIA 149
HAMPSHIRE 191
HANSA 192
HANS HEDTOFT 223

HANS LÜDEMANN 200
HARDY 200
HASTY 208
HATSUSE 179
HAVEN 240 241
HAVOCK (c. 1900) 167
HAVOCK (1939/45) 200
HELENA 203
HENRI QUATRE 117
HENRY GRÂCE À DIEU 72-73
HERALD OF FREE ENTERPRISE 236
HERMANN 133
HERMANN KÜNNE 200
HERMES 207 236
HERMIONE 208
HIEI 203
HIMALAYA 144 151
HINDENBURG 186
HIPPER (1939/45) 200 208
HIPPER (früher britisch) 223
HIRYU 203 208
HIYO 210
HOBART 208
HOEL 210
HOGUE 186-87
HOLLAND (Dampfschiff) 120 161
HOLLAND (U-Boot) 165-66 167
HONOLULU 203
HONRESFELD 165
HOOD 191 198-99 202
HOPE 86
HORATIO 141
HORNET (Flugzeugträger) 207 209
HORNET (Zerstörer) 167
HOSTILE 200
HOTSPUR 200
HOUSTON 205-07
HOWARD B. COLE JR. 222
HOVERSPEED GREAT BRITAIN 242
HUASCAR 159
HUDSON 149 151 161
HUNTER 200
HYPERION 201

ILE DE FRANCE 221
ILEX 201
ILLUSTRIOUS 201
IMMACOLATA CONCEPZIONE 161
IMPERATOR 172 185 192
INCA 149
INDEFATIGABLE 190
INDIANAPOLIS 210
INDOMITABLE 189
INFLEXIBLE 189
INTERNATIONAL 194
INTREPID 191 236
INVINCIBLE 186 189 236
IPHIGENIA 191
IRENES SERENADES 235

JACQUART 149
JAHRE VIKING 248
JALAPADMA 210
JAMAICA 210
JAMES LYKES 224
JAMES WATT 116-17
JAN HEWELIUSZ 245
JAVA 206-07
JEAN BART 209
JEMTCHUK 186
JEREMIAH O'BRIEN *244* 245

JERVIS BAY 201
JINTSU 206
JOHAN VAN OLDENBARNEVELDT 229
JOHANN HEINRICH BURCHARD 192
JOHN 156 *241*
JOHN D. FORD 206
JOHN P. EDWARDS 206
JOSEPH N. TEAL 208
JUAN PATRICIO 248 *249*
JUMNA 117
JUPITER 206
JUTLANDIA 181

KAGA 203 207-08
KAISER WILHELM DER GROBE 168-69
KAISER WILHELM II 171 191
KALVARI 230
KAMAKURA MARU 230
KANGOROO 104
KAREL DOORMAN 215
KARLSRUHE (1914/18) 186
KARLSRUHE (1939/45) 200
KARTERIA 117
KEARSARGE 154-55
KENT 189
KEPPEL 208
KHIAN CAPTAIN 230
KING EDWARD 171 177 190
KING GEORGE V 202
KINU 205
KINUGASA 209
KIRISHIMA 203 209
KNIAZ SUWAROFF 178-79
KFBENHAVN 194-95
KÖNIGSBERG 189 200
KOREA 180
KORMORAN 198-99 203
KORTENAER 206
KOSMONAUT WLADIMIR KOMAROV 229
KRONPRINZ 135
KRONPRINZ WILHELM 171
KRONPRINZESSIN CECILIE 171 191
KUJA WIAK 208
KUMANO 205

LACONIA 208
LA DAUPHINE 70
LAFAYETTE 205
L'AIGLE 160
LAKONIA 229
LA LORRAINE 169
LANGLEY 206
LAPLAND 180
LA PROVENCE 170 178
LATIF 160
L'ATLANTIQUE 195
LATONA 105
LAURENTIC 180
LAVE 144
LEBERECHT MAASS 198
LEIPZIG 186 189
LENIN 221
LENINSKY KOMSOMOL 223
LEONIDAS 127
LEOPARD 190
LE PLONGEUR 154
LE REDOUTABLE 230
LE SOLEIL ROYAL 98
LEROS STRENGTH 250
LEVIATHAN (GREAT EASTERN) 151

LEVIATHAN (Rad-Fährschiff) 194 211
LEVIATHAN (ex VATERLAND) 192
LEXINGTON 208
LIGHTNING (Klipper) 142
LIGHTNING (Torpedoboot) 167
LIMBURGIA 192
LION (Lord Howards Schiff) 81
LION (Schlachtkreuzer) 189
LITTLE LIVERPOOL 129
LITTORIO 207-08
LIVERPOOL (GREAT LEVERPOOL) 128
LOIRE 161
LONDON 208 215
LONG BEACH 229
LORD WILLIAM BENTINCK 117
L'ORIENT 109
LOUISIANA 161
LUCANIA 168-69
LUSITANIA (Pacific Steam Navigation Co.) 162
LUSITANIA (Cunard Line) 171 180 185 189
LÜTZOW 199 200 209
LYCURGUE 127
LYONNAIS 149

MAAS 162
MACEDONIA 189
MAGDALENA 215
MAINE 166
MAINE TORPEDO 104-05
MAJESTIC 192
MAJORY/MARGERY 113-15
MAMOTH 151
MANCHESTER 208
MANHATTAN 229
MANSFIELD 117
MARCO POLO 136-37
MARGARET RAIT 131
MARIA CHRISTINA 117
MARIELLA *247*
MARIGOLD 79
MARIPOSA 164
MARKOMANNIA 186
MARS 109
MARY CELESTE 160-61
MARYLAND 203
MARY ROSE 75 77
MASSACHUSETTS 209
MATHILDA 156
MATTHEW 69 70-71
MAURETANIA 171 180 185 195-95
MAYFLOWER 8 90-91
MEDIA 215
MEGNA 117
MENTOR 127
MERRIMACK 120 153-54
MERSEY 189
MESABA 184
MGB 314 207
MGB 2009 215
MICROPERI 7000 *237*
MIKASA 178-79
MILAN 209
MILES BARTON 142
MINNETONKA 196
MINNEWASKA 196
MISSISSIPPI 160
MOBY PRINCE 240
MOGADOR 201
MOLTKE 189

MONGIBELLO 117
MONITOR 120 152 153-54
MONMOUTH 189
MORA 49
MOUNT TEMPLE 181
MOUSQUET 247
MÖWE 190
MUSHASHI 210

NACHI 206
NAKA 206
NAPOLEON 137 142-43 167
NARRAGANSETT 177
NASSIA 245
NATAL 164
NATCHEZ 125
NAUTILUS (britisches U-Boot) 164-65
NAUTILUS (amerik. Atom-U-Boot) 221 222-23
NEA HELLAS 198
NECKAR 191
NEDERLANDER 117 124
NEPTUNIA 216
NESTOR 208
NEVADA 191 203
NEW ENGLAND 169
NEW JERSEY 130
NEW YORK (Passagierschiff) 151
NEW YORK (Schlachtschiff) 191
NEW ZEALAND 189
NIMITZ 236
NIÑA 68-69
NISSEKI MARU 230
NITEHROI 231
NORDIC PRINCE 230
NORFOLK 202 208 210
NORLAND 236
NORMANDIE 173-76 205
NORTHAMPTON 209
NORTH RIVER (CLERMONT) 112-13
NORTH STAR 149
NORTHUMBERLAND 154
NOWSHERA 149
NÜRNBERG 186 189

OCEANIA 216
OCEANIC (1869) 159
OCEANIC (1899) 153 168 177
OHIO 208
OKLAHOMA 203
OLYMPIA 236 238
OLYMPIC 180-81 184-85
ONSLOW 210
ORAMA 189
ORCADES 215
ORIGINAL 108
ORYOL 179
ORZEL 200
OTRANTO 189
OTTO HAHN 230
OUR LADY OF THE CONCEPTION 80

PACIFIC (Walfänger) 131
PACIFIC (Passagierschiff) 149
PADUA 192
PALESTRO 159
PALLADA 178
PANDORA 105
PAPIN 161
PARTHIA 215
PATRIARCH 157
PATRICK HENRY 202
P. CALAND 162

257

PEGASUS 189
PELICAN (GOLDEN HIND) 8 79-80
PENELOPE 236
PENNSYLVANIA (Kreuzer) 172
PENNSYLVANIA (HAPAG) 168 191
PENNSYLVANIA (Panama Pacific Line) 194
PENNSYLVANIA (Schlachtschiff) 203
PERSIA 149
PERTH 206-07
PETROPAVLOSK 172
PETROPOLIS 149
PINTA 68-69
PLUNGER 165-67
PLYMOUTH 236
POLA 201
POMMERN 190
POPE 207
POTEMKIN 179
PRESIDENT CLEVELAND 215
PRESIDENT GRANT 191
PRESIDENT LINCOLN (President Line) 229
PRESIDENT LINCOLN (HAPAG) 191
PRESIDENT TYLER 229
PRETORIA CASTLE 215
PRIMAUGET 209
PRINCE OF WALES 198-99 202 205
PRINCESS ROYAL 189
PRINCESS SOPHIE 222
PRINCIPESSA MAFALDA 194
PRINZ EUGEN 202 205
PRINZESS IRENE 191
PRINZ EITEL FRIEDRICH 191
PRINZESSIN CHARLOTTE V. PREUBEN 114 121
PROVENCE 201
PUEBLO 230
PYROSCAPHE 100

QUEEN 171
QUEEN ELIZABETH (Passagierschiff) 200 231
QUEEN ELIZABETH (Schlachtschiff) 200 205
QUEEN ELIZABETH II 230
QUEEN MARY (Schlachtkreuzer) 190
QUEEN MARY (Passagierschiff) 172 196-97 216

RADISSON DIAMOND 242 243
RAIMONDO MONTECUCCOLI 208
RAINBOW WARRIOR 236
RALEIGH 203
RATA CORONADA 83
RATTLER 119 133 134-35
RATTLESNAKE 167
RAVENNA 164
RAWALPINDI 198-99
REALE 77
RE D'ITALIA 159
REDOUTABLE 110
REGENT 67 72
REGINA MAERSK 248 249
REINA VICTORIA EUGENIA 195
RENOWN 200

REPUBLIC 159 180
REPULSE 198-99 202 205
RESOLUTION 103
RETVIZAN 178
REVENGE 83 86
REX 196
RHEIN 191
RICHESSE 54
RIO DE JANEIRO 200
RISING STAR 116
ROBERT E. LEE 125
ROBERT F. STOCKTON 128-30
ROB ROY 114 117
RODNEY 202
ROHILLA 164
ROSETTA 164
ROTTERDAM (H.A.L., C. 1873) 162
ROTTERDAM (H.A.L., C. 1908) 180
ROYAL OAK 199
ROYAL PACIFIC 242
ROYAL SOVEREIGN (Bucht von Vigo) 101
ROYAL SOVEREIGN (Trafalgar) 109-10
ROYAL VICTORIA (BRITISCH QUEEN) 126 127
ROYAL VIKING STAR 225
ROYAL VIKING SUN 238 239
ROYAL WILLIAM 128
RUNIC 166
RURIC 179
RYUJO 208

ST. DAY 203
ST. ESSYLT 215-16
ST. GABRIEL 70-71
ST. LO 210
ST. MICHAEL 70
ST. PAUL 120 168
ST. RAPHAEL 70
ST. THOMAS 215
SALEM EXPRESS 241
SAMUEL CUNARD 131
SANADAJ 238
SAN ANTONIO 74
SAN CARLOS 104
SAN FELIPE 81
SAN JOSEF 108
SAN MARTIN 81
SAN NICHOLAS 108
SANTA ANA 109
SANTA ANNA 72
SANTA ELIANA 221
SANTA FE 236
SANTA ISABEL 189
SANTA LEONOR 221
SANTA MARIA 8 68
S. PAOLO 160
S. PIETRO 160
SANTIAGO 74
SANTISIMA TRINIDAD 108
SAO JOAO 72
SARAH SANDS 135 136-37
SARATOGA 273
SAUMERAZ 210
SAVANNAH (Dampfschiff) 100 114-16
SAVANNAH (Atomschiff) 212 222-23
SAXON 168-69
SAXONIA 149

SCAMANDRE 127
SCANDINAVIAN STAR 240 241
SCAN PARTNER 239
SCHARNHORST (1914/18) 186 189
SCHARNHORST (1939/45) 198-99 200-01 205 209-10
SCHARNHORST (früher britisch) 223
SCHEER (1914/18) 208
SCHEER (früher britisch) 223
SEAMAN 195
SEA VENTURE 230
SEAWISE GIANT 239
SEAWITCH 206
SELANDIA (Containerschiff) 232-33
SELANDIA (Motorschiff) 171 180-81
SERICA 156
SEVERN 189
SEYDLITZ 189
SHAH 159
SHEFFIELD 202 210 236
SHIKISHIMA 242
SHIPBROKER 245
SHOHO 208
SHOKAKU 203 208 210
SHUTTLE GÖTEBORG 238 239
SHUTTLE KARLSTAD 238
SIGNET 131
SIGYN 235
SILVERBRIAR 215-16
SILVERPLANE 215
SIMS 208
SIR WILLIAM WALLACE 117
SIRIUS 8 126 127-28 137
SKIPJACK 223
SOLO 242
SONG OF NORWAY 230-31
SOPHIA AMALIA 96
SORRENTO 211
SORYU 203 208
SOUTHAMPTON CASTLE 229
SOUTH DAKOTA 209
SOUTHERN CROSS 221 222
SOVEREIGN 67
SOVEREIGN OF THE SEAS 94-95
SOVIETSKAJA NEFT 195
SOVIETSKAJA ROSSIA 224
SPHINX 126
SPOKANE 228
STAR CLIPPER 235
STAR SIRIUS 245
STARK 236 237
STATENDAM 168-69
STENA EXPLORER 250 251
STENA SEASPREAD 236
STOCKHOLM 215 221
STOCKHOLMSHÄXAN 114-15
STORA KRAFVER 72
STRAAT MALAKKA 203
STRASBOURG 201
STRÅSSA 193
SUFFOLK 202
SUMATRA 210
SUN VIKING 230
SUPERFAST III 253
SUPERFAST IV 253
SUSAN CONSTANT 89
SUSSEX 190
SVEALAND 231

SWIFTSURE 113
SYDNEY (1914/18) 189
SYDNEY (1939/45) 198-99 201 203
SYRACUSA 29 30-31

TACOMA 200
TAEPING 155-56
TAIHO 210
TAITSING 156
TAKANAMI 209
TALBOT 115
TANCREDE 127
TECTONIA 201
TENEDOS 205
TENNESSEE 203
TERFU 51 242
TERROR 135
TEUTONIA 149
TEXAS 191
THAMES (Passagierschiff) 117
THAMES (Schlepper) 203
THERMOPYLAE 156
THETIS 191
THINGVALLA 163
THOMAS 55
TIGER (1588) 84-85
TIGER (1915) 189
TIRPITZ 207-10
TITANIC 181 182-83 184-85
TONGARIRO 161
TONNANTE 144
TOR BRITANNIA 226-27
TOR SELANDIA 255
TORRENS 162
TORREY CANYON 229
TRENCHE LE MER 50
TRINIDAD 74
TRITON 223-24
TRIUMPH 835
TRUANT 200
TSESAREVITCH 178
TURBINIA 120 164-66 171
TURTLE 104-05
TUSCALOOSA 208
TUSCANIA 198
TUSCANY 126
TWEED 156
TYNEDALE 207

U-137 235
U-Boote (1914/18) 186 189-91
U-Boote (1939/45) 198-203 208-10
UNION 133
UNITED STATES (1848) 136-37
UNITED STATES (1952) 216 242
UNIVERSE APOLLO 223
UNIVERSE IRELAND 230
UNTERSEEBOOT NO. 1 180
URQUIOLA 235
UTAH (1914/18) 191
UTAH (1939/45) 203

VADERLAND 161
VALIANT 201 205
VALPARAISO 149
VAMPIRE 205
VANADIS 141
VANOC 201
VATERLAND 191-92
VEENDAM 198
VEGA 163
VENERABLE 215

VENOIL 235
VENPET 235
VENUS 210
VERULAM 210
VESTA 144
VESUVIO 117
VICTOR 238
VICTORIA (1519) 74
VICTORIA (1951) 216
VICTORIAN 171 178-79
VICTORIOUS 208
VICTORY (1588) 83
VICTORY (1805) 109 110-11
VIGILANT 210
VIGO 149
VIKING 5 231
VINCA GORTHON 238 239
VINDICTIVE 191
VIPER 166-67
VIRGINIA 194
VIRGINIAN 181
VIRIBUS UNITIS 191
VITTORIO ALFIERI 201
VITTORIO VENETO (Schlachtschiff) 201 208
VITTORIO VENETO (Lenkwaffen/Flugdeck-Kreuzer) 230
VOIMA 223
VOYAGER OF THE SEAS 255

W. A. SCHOLTEN 162
WAITARA 161
WARATAH 180
WARRIOR (1860) 150-51
WARRIOR (1914/18) 190
WARSPITE 200-01
WASA 61-64 90 94
WASHINGTON (Postdampfer) 133 136-37
WASHINGTON (Passagierschiff) 154-55
WASHINGTON (Schlachtschiff) 208-09
WASP 210
WESER 151
WEST VIRGINIA 203
WHITE SHIP 49
WHITE STAR 120
WICHITA 204-05 208
WILHELM HEIDKAMP 200
WILLIAM O'SWALD 192
WILLIAMS 116
WITTE DE WITH 206
WOLVERINE 201
WYOMING 191

YAMASHIRO 210
YAMATO 198-99 210
YARMOUTH 236
YARROWDALE 190
YASHIMA 179
YORKETOWN 208 210
YUDACHI 209

Z1-Z6 223
ZARA 201
ZEALANDIA 164
ZUIHO 210
ZUIKAKU 203 210